Die Chronik-Bibliothek des 20. Jahrhunderts

Die Chronik-Bibliothek des 20. Jahrhunderts
wird herausgegeben von Bodo Harenberg

Matthias Felsmann/Dorothee Merschhemke

# Chronik 1935

## Tag für Tag in Wort und Bild

Chronik Verlag

**Abbildungen auf dem Schutzumschlag**
(oben links beginnend)
Mao Tse-tung (M.) führt den »Langen Marsch« der chinesischen Kommunisten.
NSDAP-Versammlung in Saarbrücken zur Abstimmung über die Wiedereingliederung des Saargebiets in das Deutsche Reich.
Der französische Passagierdampfer »Normandie« gewinnt 1935 das »Blaue Band«.
Nach der Wiedereinführung der Wehrpflicht wird der erste Rekrutenjahrgang eingezogen.
Adolf Hitler weiht den ersten Teilabschnitt der Reichsautobahn zwischen Frankfurt am Main und Darmstadt ein.
George Gershwin, Komponist der Oper »Porgy and Bess«
In Berlin wird erstmals ein regelmäßiges Fernsehprogramm gesendet: Zuschauer in einer öffentlichen Fernsehstube.
Elegante Abendmode 1935

Chefredakteur: Dr. Dirk Bavendamm
Redaktion: Manfred Brocks; Holger Joel (Text), Margit Schramm (Bild)
Fachautoren: Dr. Ingrid Loschek (Mode), Felix R. Paturi (Wissenschaft und Technik), Jochen Rentsch (Musik)
Anhang: Ludwig Hertel, Bernhard Pollmann, Karl Adolf Scherer
Herstellung: Barbara Reppold-Hinz, Annette Retinski
Satz und Druck: Mohndruck Graphische Betriebe GmbH, Gütersloh

Leihgeber für Zeitungen und Zeitschriften: Institut für Zeitungsforschung, Dortmund



ISBN 3-611-00074-4

# Inhalt

Der vorliegende Band aus der »Chronik-Bibliothek des 20. Jahrhunderts« führt Sie zuverlässig durch das Jahr 1935 und gibt Ihnen – aus der Sicht des Zeitzeugen, aber vor dem Hintergrund des Wissens von heute – einen vollständigen Überblick über die weltweit wichtigsten Ereignisse in Politik und Wirtschaft, Kultur und Sport, Alltag und Gesellschaft. Sie können das Jahr in chronologischer Folge an sich vorüberziehen lassen, die »Chronik 1935« aber auch als Nachschlagewerk oder als Lesebuch benutzen. Das »Chronik«-System verbindet eine schier unübersehbare Fülle von Artikeln, Kalendereinträgen, Fotos, Grafiken und Übersichten nach einheitlichen Kriterien und macht damit die Daten dieses Bandes mit jedem anderen Band vergleichbar. Wer die »Chronik-Bibliothek« sammelt, erhält ein Dokumentationssystem, wie es in dieser Dichte und Genauigkeit nirgends sonst zu haben ist.

**Hauptteil (ab Seite 8)**

Jeder Monat beginnt mit einem Kalendarium, in dem die wichtigsten Ereignisse chronologisch geordnet und in knappen Texten dargestellt sind. Sonn- und Feiertage sind durch farbigen Druck hervorgehoben. Pfeile verweisen auf ergänzende Bild- und Textbeiträge auf den folgenden Seiten. Faksimiles von Zeitungen und Zeitschriften, die im jeweiligen Monat des Jahres 1935 erschienen sind, spiegeln Zeitgeist und herausragende Ereignisse.
Wichtige Ereignisse des Jahres 1935 werden – zusätzlich zu den Eintragungen im Kalendarium – in Wort und Bild beschrieben. Jeder der 339 Einzelartikel dieses Bandes bietet eine in sich abgeschlossene Information. Die Pfeile des Verweissystems machen auf Artikel aufmerksam, die an anderer Stelle dieses Bandes ergänzende Informationen zu dem jeweiligen Thema vermitteln.
620 teils farbige Abbildungen und grafische Darstellungen illustrieren die Ereignisse und Entwicklungen des Jahres 1935 und werden damit zu einem historischen Kaleidoskop besonderer Art.
Hinter dem Hauptteil (auf S. 212) geben originalgetreue Abbildungen einen Überblick über alle Postwertzeichen, die im Jahr 1935 im Deutschen Reich neu ausgegeben wurden.



**Übersichtsartikel (ab Seite 25)**

19 Übersichtsartikel, am blauen Untergrund zu erkennen, stellen Entwicklungen des Jahres 1935 zusammenfassend dar.
Alle Übersichtsartikel aus den verschiedenen Jahrgangsbänden ergeben – zusammengenommen – eine sehr spezielle Chronik zu den jeweiligen Themenbereichen (z. B. Film von 1900 bis 2000).



**Anhang (ab Seite 213)**

Der Anhang zeigt das Jahr 1935 in Statistiken und anderen Übersichten. Ausgehend von den offiziellen Daten für das Deutsche Reich (mit Österreich) und die Schweiz, regen die Zahlen und Fakten zu einem Vergleich mit vorausgegangenen und nachfolgenden Jahren an.
Für alle wichtigen Länder der Erde sind die Staats- und Regierungschefs im Jahr 1935 aufgeführt und werden wichtige Veränderungen aufgezeigt.
Die Zusammenstellungen herausragender Neuerscheinungen auf dem Buchmarkt sowie der Premieren auf Bühne und Leinwand werden zu einem Führer durch das kulturelle Leben des Jahres 1935.
Das Kapitel »Sportereignisse und -rekorde« spiegelt die Höhepunkte des Sportjahres 1935.
Internationale und deutsche Meisterschaften, die Entwicklung der Leichtathletik- und Schwimmrekorde sowie alle Ergebnisse der großen internationalen Wettbewerbe im Automobilsport, Eiskunstlauf, Fußball, Gewichtheben, Pferde-, Rad- und Wintersport sowie im Tennis sind wie die Boxweltmeister im Schwergewicht nachgewiesen.
Der Nekrolog enthält Kurzbiographien von Persönlichkeiten, die 1935 verstorben sind.



**Register (ab Seite 233)**

Das *Personenregister* nennt – in Verbindung mit der jeweiligen Seitenzahl – alle Personen, deren Namen in diesem Band verzeichnet sind.
Werden Personen abgebildet, so sind die Seitenzahlen kursiv gesetzt. Herrscher und Angehörige regierender Häuser mit selben Namen sind alphabetisch nach den Ländern ihrer Herkunft geordnet.
Wer ein bestimmtes Ereignis des Jahres 1935 nachschlagen möchte, das genaue Datum oder die Namen der beteiligten Personen aber nicht präsent hat, findet über das spezielle *Sachregister* Zugang zu den gesuchten Informationen.
Oberbegriffe und Ländernamen erleichtern das Suchen und machen zugleich deutlich, welche weiteren Artikel und Informationen zu diesem Themenfeld im vorliegenden Band zu finden sind. Querverweise helfen bei der Erschließung der immensen Informationsvielfalt.

# Der Stürmer

Deutsches Wochenblatt zum Kampfe um die Wahrheit

HERAUSGEBER: JULIUS STREICHER

Nummer 38 | Nürnberg, im September 1935 | 13. Jahr 1935

## Esra
## der Retter des jüdischen Volkes

### Adolf Hitler
### der Neuschöpfer des deutschen Volkes

Einer der größten Führer des Judentums war Moses gewesen. Er war es, der die Juden bei der Austreibung aus Aegypten vor völliger Vernichtung rettete. Er war es gewesen, der den Juden ein Grundgesetz schuf, das ihren Bestand als Rasse und Volk fürderhin gewährleisten konnte. Dieses Gesetz ist überliefert im 5. Buch Mose, 7. 2. 3. Es lautet:

„So sollt ihr nun eure Töchter nicht geben ihren Söhnen, und ihre Töchter sollt ihr euren Söhnen nicht nehmen."

Moses hat mit diesem Gesetz also folgendes bestimmt:

1. Jüdische Mädchen sollen keine nichtjüdischen Männer heiraten.

2. Jüdische Männer sollen keine nichtjüdischen Mädchen ehelichen.

Was wollte Moses mit der Schaffung dieses Gesetzes bezwecken? Wer diese Frage beantworten will, der muß folgendes wissen: wenn alle Neger sich mit weißen Frauen verbinden würden, dann ginge die Negerrasse zu Grunde und es entstünde ein Gemisch von schwarzen und weißen Menschen (Mulatten). Ebenso wäre es, wenn die gelbhäutigen Mongolen sich mit weißen Frauen verbinden würden. Die Vermischung gegensätzlicher Rassen löst diese also auf und schafft Mischrassen. Wollte Moses also die körperliche und seelische Eigenart des jüdischen Volkes erhalten, dann mußte er verhindern, daß sich die Angehörigen des jüdischen Volkes mit Angehörigen anderer Völker und Rassen vermischen. Dies geschah durch jenes Gesetz, das befahl, daß jüdische Männer jüdische Mädchen und jüdische Mädchen jüdische Männer ehelichten. Aber Moses wußte, daß Gesetze nur dann ihre Aufgabe erfüllen können, wenn sie vom Volke, für das sie geschaffen wurden, auch wirklich beachtet werden. Um das von Moses geschaffene Ehegesetz recht eindringlich zu machen, ließ er dem jüdischen Volk durch seine Priester sagen, Gott habe das Gesetz ge-

### Gesetz zum Schutze des deutschen Blutes und der deutschen Ehre

Durchdrungen von der Erkenntnis, daß die Reinheit des deutschen Blutes die Voraussetzung für den Fortbestand des deutschen Volkes ist, und beseelt von dem unbeugsamen Willen, die deutsche Nation für alle Zukunft zu sichern, hat der Reichstag einstimmig das folgende Gesetz beschlossen, das hiermit verkündet wird.

§ 1

(1) Eheschließungen zwischen Juden und Staatsangehörigen deutschen oder artverwandten Blutes sind verboten. Trotzdem geschlossene Ehen sind nichtig, auch wenn sie zur Umgehung dieses Gesetzes im Auslande geschlossen sind.

(2) Die Nichtigkeitsklage kann nur der Staatsanwalt erheben.

§ 2

Außerehelicher Verkehr zwischen Juden und Staatsangehörigen deutschen oder artverwandten Blutes ist verboten.

§ 3

Juden dürfen weibliche Staatsangehörige deutschen oder artverwandten Blutes unter 45 Jahren nicht in ihrem Haushalt beschäftigen.

§ 4

(1) Juden ist das Hissen der Reichs- und Nationalflagge und das Zeigen der Reichsfarben verboten.

(2) Dagegen ist ihnen das Zeigen der jüdischen Farben gestattet. Die Ausübung dieser Befugnis steht unter staatlichem Schutz.

§ 5

(1) Wer dem Verbot des Paragraphen 1 zuwiderhandelt, wird mit Zuchthaus bestraft.

(2) Der Mann, der dem Verbot des Paragraphen 2 zuwiderhandelt, wird mit Gefängnis oder mit Zuchthaus bestraft.

(3) Wer den Bestimmungen der Paragraphen 3 oder 4 zuwiderhandelt, wird mit Gefängnis bis zu einem Jahr oder mit Geldstrafe oder mit einer dieser Strafen bestraft.

§ 6

Der Reichsminister des Innern erläßt im Einvernehmen mit dem Stellvertreter des Führers und dem Reichsminister der Justiz die zur Durchführung und Ergänzung des Gesetzes erforderlichen Rechts- und Verwaltungsvorschriften.

§ 7

Das Gesetz tritt am Tage nach der Verkündung, § 3 jedoch erst am 1. Januar 1936 in Kraft.

Nürnberg, 15. September 1935.

Der Führer und Reichskanzler.
Der Reichsminister des Innern.
Der Reichsminister der Justiz.
Der Stellvertreter des Führers.

**Die Juden sind unser Unglück!**

# Das Jahr 1935

Ende März 1935 fährt der britische Außenminister John Simon zu einem seit längerem geplanten Besuch nach Berlin, um mit der nationalsozialistischen Regierung Abrüstungsgespräche zu führen. Unmittelbar vorher fragt London in einer Note an, ob der Besuch den Deutschen denn noch genehm sei, obwohl Großbritannien gegen die am 16. März angekündigte Wiedereinführung der allgemeinen Wehrpflicht im Reich protestiert habe. So bescheiden diese kleine diplomatische Begebenheit wirkt, so treffend illustriert sie doch einen Grundzug der Politik in der zweiten Hälfte der 30er Jahre, der 1935 Konturen anzunehmen beginnt: die Strategie des »Appeasement«, der Beschwichtigung der faschistischen Regierungen in Deutschland und Italien, die eine bedrohliche Rüstungs- und Kriegspolitik vorantreiben. Auf dem Weg der Konfliktvermeidung hofft insbesondere Großbritannien, eigene Interessen wahren und den Frieden erhalten zu können.
Unterschätzt und verkannt wird international ein Ereignis, das weitreichende Folgen für die im Deutschen Reich lebenden Juden hat: Im September 1935 verabschiedet der aus Anlaß des NSDAP-Parteitags versammelte Reichstag die sog. Nürnberger Gesetze, die Antisemitismus und Judenverfolgung auf eine gesetzliche Grundlage stellen. Das »Reichsbürgergesetz« und das »Gesetz zum Schutz des deutschen Blutes und der deutschen Ehre«, von Hitler zynisch als Versuch bezeichnet, »ein erträgliches Verhältnis zum jüdischen Volk herstellen zu können«, degradiert Juden zu Bürgern zweiter Klasse. Es schafft zudem einen Rahmen für ihre systematische Diskriminierung, an deren Ende die Vernichtung in Konzentrationslagern steht. Diese Perspektive, die historische Bedeutung der »Nürnberger Gesetze«, wird 1935 weder innerhalb noch außerhalb des Deutschen Reiches erkannt. Obwohl im Vorfeld der Olympischen Spiele 1936 in Berlin der Antisemitismus der nationalsozialistischen Politik zu verschiedenen internationalen Olympia-Boykottbewegungen führt, verlaufen diese Initiativen doch letztlich im Sande.
Nicht zuletzt die relativ günstige wirtschaftliche Entwicklung legitimiert das nationalsozialistische Regime vor der deutschen Bevölkerung. Besonders die Arbeitslosigkeit ist im internationalen Vergleich seit der katastrophalen Weltwirtschaftskrise Anfang der 30er Jahre ungewöhnlich stark gesunken. Der scheinbare Erfolg kommt freilich in erster Linie aufgrund der exorbitant wachsenden Rüstungsanstrengungen zustande. 1935 wendet die deutsche Regierung ein Vielfaches dessen für militärische Belange auf, was sie 1933 – im Jahr des Machtantritts – dafür ausgab. Die Wiedereinführung einer Wehrpflichtigenarmee mit einer Friedensstärke von 500 000 Mann holt entsprechend viele potentielle Arbeitsuchende von der Straße. Gemeinsam mit der durch Rüstungsausgaben stimulierten Beschäftigung wird so ein weit größerer Einfluß auf den Arbeitsmarkt ausgeübt als durch andere Arbeitsbeschaffungsmaßnahmen wie etwa der gefeierte Bau der Autobahn, deren erste Teilstrecke im Mai 1935 eingeweiht wird.
Mit dem Aufbau der Wehrmacht, der Luftwaffe und einer U-Boot-Flotte zerreißt die deutsche Regierung den Friedensvertrag von Versailles aus dem Jahr 1919, der jeden einzelnen dieser Schritte explizit untersagte. Zwar betrachtet namentlich Großbritannien den Vertrag ohnehin mittlerweile eher als Hindernis für eine friedliche Koexistenz mit dem Deutschen Reich, dennoch bedeutet das einseitige deutsche Vorgehen einen beispiellosen Affront gegenüber den anderen europäischen Mächten. Wird in der Presse unmittelbar nach Bekanntgabe der Wehrpflicht darüber spekuliert, ob Frankreich militärisch reagieren und ins Rheinland einmarschieren werde, so sieht die Reaktion Europas auf das Vorpreschen des NS-Staates de facto anders aus: Protestnoten werden geschickt, auf der Konferenz von Stresa verurteilen Frankreich, Großbritannien und auch Italien die deutschen Maßnahmen. Die britische Regierung selbst aber unterhöhlt die eigenen Bekundungen, indem sie mit dem Deutschen Reich im Juni ein sensationelles Flottenabkommen schließt, das den deutschen Forderungen völlig entspricht und den Bruch des Versailler Vertrages noch gleichsam offiziell honoriert. Die Hoffnung der Briten: Den »höllisch dynamischen« Hitler (so Eric Phipps, britischer Botschafter in Berlin) durch ein Abkommen zu zähmen, gewissermaßen zu besänftigen, um größeres Unheil zu verhüten.
Ähnlich unentschlossen und zweigleisig verfahren Großbritannien und Frankreich auch angesichts des spektakulärsten Ereignisses des Jahres 1935, Italiens Kolonialkrieg gegen Abessinien (heutiges Äthiopien). Mussolini wagt den Angriff erst, als er nach einem Abkommen mit Frankreich, in dem die Staaten noch einmal ihre kolonialen Interessensphären in Nordafrika abstekken, auf Stillschweigen aus Paris zählen kann. Großbritannien verzichtet auf eine konsequente Haltung gegenüber Italien im Abessinienkrieg, weil man den Partner der »Stresafront« auf seiner Seite behalten und nicht etwa dem Deutschen Reich in die Arme treiben möchte – eine vergebliche Hoffnung, wie sich schon 1936 zeigt.
Sanktionen des Völkerbundes gegen den Aggressor Italien laufen schon deshalb ins Leere, weil die USA, die nicht Mitglied der Staatengemeinschaft sind, Italien weiter mit Öl versorgen. Da sich auch die Mitgliedsländer nur in Übereinstimmung mit ihren jeweiligen Interessen und Abhängigkeiten an die eigenen Sanktionsbeschlüsse halten, hat Italien wenig Schwierigkeiten, den Krieg 1936 siegreich zu beenden und Abessinien zu annektieren. Mussolinis Kolonialfeldzug geht nicht nur als Resultat faschistischen Expansionsdranges in die Geschichte ein, sondern auch als Symbol für das Versagen der Völkerbundsidee, Konflikte friedlich zu regeln.

*Matthias Felsmann, Dorothee Merschhemke*

◁ *Bildmontage: Während Adolf Hitler auf dem Nürnberger Parteitag der NSDAP vor zehntausenden Deutschen spricht, feiert das NS-Hetzblatt »Der Stürmer« auf dem Titelblatt seiner Septemberausgabe die auf dem Parteitag beschlossenen »Nürnberger Gesetze«.*

# Januar 1935

| Mo | Di | Mi | Do | Fr | Sa | So |
|---|---|---|---|---|---|---|
| | 1 | 2 | 3 | 4 | 5 | 6 |
| 7 | 8 | 9 | 10 | 11 | 12 | 13 |
| 14 | 15 | 16 | 17 | 18 | 19 | 20 |
| 21 | 22 | 23 | 24 | 25 | 26 | 27 |
| 28 | 29 | 30 | 31 | | | |

**1. Januar, Neujahr**

In seiner Neujahrsansprache erklärt Führer und Reichskanzler Adolf Hitler: »Kein Land kann das Bedürfnis nach Frieden tiefer empfinden als Deutschland...«. →S. 13

Im Rahmen der Gleichschaltung und Zentralisierung des Bildungsbereiches wird das Reichsministerium für Wissenschaft, Erziehung und Volksbildung mit dem Preußischen Ministerium für Wissenschaft, Erziehung und Volksbildung vereinigt.

In einer Note an den Völkerbund macht Abessinien (Äthiopien) Italien für Zusammenstöße im Grenzgebiet zu Italienisch-Somaliland verantwortlich und bezichtigt es außerdem, Militäroperationen auf abessinischem Gebiet durchzuführen.

Der Vorverkauf für die XI. Olympischen Sommerspiele, die vom 1. bis 16. August 1936 in Berlin stattfinden sollen, läuft im Deutschen Reich an. Es werden sog. Olympiapässe verkauft, die zum Besuch aller Veranstaltungen der Spiele berechtigen. →S. 26

**2. Januar, Mittwoch**

Bei einer Auseinandersetzung zwischen Mitgliedern der Deutschen Front und Anhängern der Freiheitsfront kommt es in Saarbrücken zu einer Schießerei, bei der drei Personen getötet werden. Die Deutsche Front befürwortet die Wiedereingliederung des Saarlands ins Deutsche Reich, während die Freiheitsfront die Aufrechterhaltung des Status quo erreichen will.

Bei einem Schwimmwettkampf in Miami (US-Bundesstaat Florida) verbessert die Amerikanerin Eleanor Knight den Weltrekord über 500 m Freistil von 7:12,0 min auf 7:08,2 min. Die Amerikanerin Alice Bridges stellt in 6:12,0 min über 400 m Rücken ebenfalls einen Weltrekord auf.

**3. Januar, Donnerstag**

Das Reichserziehungsministerium erläßt eine neue Habilitationsordnung. Neben einer Habilitationsschrift ist künftig vom Habilitand und seiner Ehefrau auch der Nachweis arischer Abstammung vorzulegen. Darüber hinaus muß er Dienst in einem nationalsozialistischen Gemeinschaftslager absolvieren. →S. 27

In der Berliner Oper Unter den Linden findet eine demonstrative Treuekundgebung der Partei-, Staats- und Wehrmachtsführung für Adolf Hitler statt. →S. 12

Abessinien bittet den Völkerbund um Unterstützung bei den eskalierenden Grenzkonflikten mit Italienisch-Somaliland, die seit Jahresbeginn von seiten der Italiener immer wieder provoziert werden (→3. 10./S. 168).

Die britische Kolonialregierung in Indien gibt eine Warnung vor Mohandas Karamchand »Mahatma« Gandhi heraus, in der es heißt, Gandhi organisiere insgeheim die Volksmassen, um einen neuen Feldzug des bürgerlichen Widerstands zu eröffnen. →S. 22

Marie Luise Kaschnitz gewinnt den Lyrik-Wettbewerb der Zeitschrift »Die Dame«. →S. 28

**4. Januar, Freitag**

In seiner Jahresbotschaft vor dem US-amerikanischen Kongreß in Washington kündigt Präsident Franklin D. Roosevelt ein Programm der sozialen Reform an und leitet damit die zweite Phase der Politik des »New Deal« ein. →S. 22

Im Rahmen der Zentralisierung der Rechtsprechung wird in München die bayerische Justizverwaltung dem Reich unterstellt.

In Berlin wird Kurt Liebermann, Führungsmitglied der Sozialdemokratischen Partei (SPD), zu sechs Jahren Arbeitsdienst und Verlust seiner Bürgerrechte verurteilt. Der Volksgerichtshof wirft ihm vor, er habe ausländisches »Propagandamaterial« ins Deutsche Reich geschmuggelt und damit Vorbereitungen zum Hochverrat getroffen.

Zum 150. Geburtstag des Märchendichters und Sprachwissenschaftlers Jakob Grimm findet in der Preußischen Akademie der Wissenschaften in Berlin eine Gedenkfeier statt.

**5. Januar, Samstag**

Vor dem Führerkorps der Deutschen Arbeitsfront in Berlin sagt Reichsorganisationsleiter Robert Ley, die vordringlichste Aufgabe für 1935 sei, alles das wegzuräumen, »was noch an Resten des Vergangenen vorhanden ist«.

In einer Rundverfügung an die Justizbehörden verlangt das Reichsjustizministerium schärfere Urteile bei Hoch- und Landesverrat.

Im Wiener Akademietheater wird Franz Molnárs Schauspiel »Die Zuckerbäckerin« uraufgeführt.

**6. Januar, Sonntag**

Der Leiter der Deutschen Arbeitsfront (DAF) Robert Ley ernennt den bisherigen Präsidenten des Deutschen Industrie- und Handelstages, Theodor von Renteln, zum Stabsleiter der Deutschen Arbeiterfront.

Eine Woche vor der Abstimmung über die Wiedereingliederung des Saarlandes ins Deutsche Reich finden in Saarbrükken Großkundgebungen der Deutschen Front und der Freiheitsfront statt.

Reichspropagandaminister Joseph Goebbels eröffnet im Berliner Reichstagsgebäude die große Saarausstellung. Die Ausstellung soll im Vorfeld der Abstimmung über die Wiedereingliederung des Saarlandes ins Deutsche Reich ein Bild von Land und Volk sowie der Geschichte und den wirtschaftlichen Verhältnissen vermitteln.

Auf der Tsunyi-Konferenz der Kommunistischen Partei Chinas wird Mao Tsetung zum Vorsitzenden des Politbüros der KP gewählt. →S. 23

Bei einem schweren Zugunglück auf der Strecke Leningrad–Moskau sterben 23 Menschen, 79 werden verletzt.

**7. Januar, Montag**

Auf Anordnung der Reichsorganisationsleitung der NSDAP wird die Presse der Deutschen Arbeitsfront (DAF) vereinheitlicht. Alle Einzelverlage werden im Zentralverlag der DAF zusammengefaßt.

Die württembergische Justizhoheit geht auf das Reich über. Mit diesem Schritt wird die Zentralisierung im Justizwesen fortgesetzt.

In einem Schreiben an alle Gau-, Kreis- und Ortsgruppenleiter verlangt der Vorsitzende des Reichsbundes der Deutschen Beamten, Hermann Neef, daß jeder Beamte mindestens eine NSDAP-Zeitung regelmäßig beziehen müsse.

Der französische Außenminister Pierre Laval und der italienische Ministerpräsident und Duce Benito Mussolini schließen in Rom ein Abkommen über Kolonialkompensation in Nordafrika. →S. 35

Der Berliner Bildhauer Robert Stieler und die Architekten Walter Bangert und Jürgen Siebrecht erhalten den großen Staatspreis der Akademie der Künste.

**8. Januar, Dienstag**

In Großbritannien tritt ein neues Arbeitslosen-Fürsorgesystem in Kraft. Der Staat zahlt künftig allen versicherten und unversicherten Arbeitnehmern, die arbeitslos werden, eine finanzielle Unterstützung auf unbestimmte Zeit.

In Berlin wird eine Wiederaufführung des Charlie-Chaplin-Films »Goldrausch« aus dem Jahr 1925 verboten. Sämtliche Filme des Nichtariers Chaplin fallen von jetzt an unter die Zensur. →S. 28

Anläßlich des orthodoxen Weihnachtsfestes erläßt der bulgarische König Boris III. eine Strafamnestie. Bei mehreren hundert Zivilgerichtsurteilen wird das Strafmaß herabgesetzt und 80 Urteile, die nach dem »Gesetz zur Sicherung des Staates« verhängt worden waren, werden vollständig aufgehoben.

**9. Januar, Mittwoch**

In Berlin werden mehrere französische und britische Zeitungen wegen kritischer Berichterstattung über die Verhältnisse im Saarland konfisziert.

**10. Januar, Donnerstag**

Das Deutsche Reich lehnt die Einladung Großbritanniens ab, an der bevorstehenden außerordentlichen Ratstagung des Völkerbundes über das Saargebiet teilzunehmen. Das Deutsche Reich hat den Völkerbund bereits 1933 verlassen.

Auf Antrag der deutschen Studentenschaft sollen zwanzig Mitglieder der Hitlerjugend ohne Abitur zu den Vorlesungen an der Heidelberger Universität zugelassen werden. Bei Bewährung soll nach zwei Semestern die Immatrikulation erfolgen.

**11. Januar, Freitag**

Einem Bericht des Völkerbundrates zufolge haben Deutsche in der ehemaligen Kolonie Südwestafrika die Hakenkreuzfahne eingeführt und befürworten den Wiederanschluß des Gebietes an das Deutsche Reich. →S. 24

Im Auftrag der Reichschrifttumskammer beschlagnahmt die Gestapo die zwei Romane des amerikanischen Schriftstellers Theodore Dreiser, »Eine amerikanische Tragödie« (1925) und »Das Genie« (1915). In der Begründung für die Beschlagnahmung heißt es, in den Werken werden »üble Liebesaffairen« beschrieben. Das menschliche Leben bestehe aber nicht nur aus »Huren und Hurenverhältnissen«.

Der Schutzverband Deutscher Schriftsteller in Paris veranstaltet einen Diskussionsabend mit dem französischen Schriftsteller und Mitglied der Kommunistischen Partei Frankreichs Manès Sperber.

In Berlin wird der deutsche Film »Hermine und die sieben Aufrechten« uraufgeführt. Regie führte Frank Wisbar, die Hauptrolle spielt Heinrich George. Der Film wird als »staatspolitisch und künstlerisch besonders wertvoll« ausgezeichnet.

**12. Januar, Samstag**

Die Reichswirtschaftskammer übernimmt das Vermögen des Deutschen Industrie- und Handelstages, der Selbstverwaltungsorganisation gewerblicher Unternehmer im Deutschen Reich.

Zahlreiche deutsche Zeitungen loben zum 42. Geburtstag des Propagandaautors Alfred Rosenberg dessen Werk »Der Mythus des 20. Jahrhunderts« und reihen es neben Hitlers »Mein Kampf« in die »ersten Bücher der Nation« ein.

**13. Januar, Sonntag**

Bei der Abstimmung im Saargebiet über die Wiedereingliederung in das Deutsche Reich stimmen 90,5% der Wähler für Deutschland, 9% für den Status quo und 0,4% für Frankreich. →S. 14

**14. Januar, Montag**

Zur Förderung der Eheschließungen erhöht Reichsfinanzminister Johann Ludwig Graf Schwerin von Krosigk das durchschnittliche Ehestandsdarlehen von 500 auf 600 Reichsmark. →S. 20

Reichsorganisationsleiter Robert Ley ordnet an, daß aktive politische Leiter keine Aufsichtsratsmandate in Wirtschaftsunternehmen innehaben dürfen.

*Einen Tag vor der Abstimmung über die Wiedereingliederung des Saargebietes ins Deutsche Reich versammelt sich in Saarbrücken eine riesige Menschenmenge zu einer Kundgebung der nationalsozialistischen Deutschen Front (Titelblatt der britischen Wochenzeitung »The Illustrated London News« vom 12. Januar 1935).*

THE ILLUSTRATED LONDON NEWS

The Copyright of all the Editorial Matter, both Engravings and Letterpress, is Strictly Reserved in Great Britain, the Colonies, Europe, and the United States of America.

SATURDAY, JANUARY 12, 1935.

SAAR PLEBISCITE ENTHUSIASTS DEFY RAIN AND SNOW: A VAST PHALANX OF UMBRELLAS AT AN OPEN-AIR MEETING OF THE NAZI DEUTSCHE FRONT, NEAR SAARBRÜCKEN—SHOWING A SPEAKER'S TRIBUNE (ON THE RIGHT).

Rival factions in the Saar, the Nazi Deutsche Front and the anti-Nazi Einheitsfront, each held a great open-air meeting at Saarbrücken on Sunday, January 6, just a week before the date of the Plebiscite. Their ardour was not damped by the rain, which turned to sleet and snow. The Deutsche Front met in the morning, at the suburb of St. Arnual, where about 150,000 people stood beneath a vast phalanx of umbrellas, greeting the arrival of flags and leaders with shouts of "Heil!" It was a middle-class crowd, mostly men, in contrast to the artisan and feminine element among the anti-Nazis. The Einheitsfront meeting (illustrated on page 41) was held at 3 p.m. at a sports ground, and a company of the East Lancashires was stationed near to deal with any attempt at molestation, but none occurred. The rival crowds were in close juxtaposition at Saarbrücken station, as the Nazis were leaving and their opponents arriving, but skilful police arrangements and a show of force—Italian army lorries with a machine-gun—prevented a clash. As they passed each other, the Nazis sang the Horst Wessel Song and their rivals replied with the Internationale.

Der deutsche Film »Oberwachtmeister Schwenke« wird in Berlin uraufgeführt. Unter der Regie von Carl Froelich spielen Gustav Fröhlich, Marianne Hoppe, Emmy Sonnemann und Harald Paulsen die Hauptrollen.

**15. Januar, Dienstag**

Reichserziehungsminister Bernhard Rust dehnt den Erlaß über »Vererbungslehre und Rassenkunde in den Schulen« vom 13. September 1933, der bisher nur in Preußen gültig war, auf das ganze Deutsche Reich aus. Der Schüler soll lernen, daß »die wichtigste Eigenschaft seines Volkes die Rasse ist«.

In Berlin wird der Film »Die klugen Frauen«, eine deutsch-französische Koproduktion unter der Regie von Jacques Feyder, uraufgeführt.

Die Deutsche Hanni Hölzner verbessert in Kopenhagen den Weltrekord im 100-m-Brustschwimmen um eine Zehntelsekunde auf 1:24,5 Minuten. →S. 28

**16. Januar, Mittwoch**

Als Konsequenz der Wiederangliederung des Saargebietes ans Deutsche Reich wird eine Zollgrenze zwischen Frankreich und dem Saarland errichtet. →S. 16

In der Mailänder Scala wird die Oper »Nerone« von Pietro Mascagni unter der Leitung des Komponisten uraufgeführt.

**17. Januar, Donnerstag**

Der Völkerbund beschließt einstimmig die Wiedervereinigung des Saarlandes mit dem Deutschen Reich (→13. 1./S. 14).

Die spanische Regierung in Madrid hebt den im Oktober letzten Jahres verhängten Kriegszustand in Teilen des Landes auf. →S. 24

Die hohen sowjetischen Parteifunktionäre Grigori J. Sinowjew und Lew B. Kamenew werden in Leningrad zu Haftstrafen verurteilt. Ihnen wird vorgeworfen, die Ermordung des Leningrader Parteisekretärs Sergei M. Kirow angestiftet zu haben. →S. 24

**18. Januar, Freitag**

Reichserziehungsminister Bernhard Rust erläßt eine Verordnung zur Neuregelung des Jurastudiums. Danach sollen in den ersten beiden Semestern die »völkischen Grundlagen der Wissenschaft« erlernt werden. →S. 27

Der ehemalige britische Ministerpräsident David Lloyd George schlägt für die Wirtschaft seines Landes einen »New Deal« nach US-amerikanischem Muster vor. Durch den Bau von Verkehrswegen und eine Reihe weiterer Arbeitsbeschaffungsmaßnahmen soll die hohe Arbeitslosenzahl von 2,3 Mio. verringert werden (→4. 1./S. 22).

Gold- und Silberbarren aus 55 Eisenbahnwaggons werden im britischen Southampton auf das US-amerikanische Schiff »Manhattan« verladen und in die USA gebracht. Die Ausfuhr großer Goldmengen ist die Reaktion auf Kurssteigerungen des Dollar Anfang vergangener Woche.

Die peruanische Hauptstadt Lima feiert ihren 400. Geburtstag. Die 300 000-Einwohner-Stadt wurde 1535 von dem spanischen Eroberer Francisco Pizarro gegründet.

Auf einer Veranstaltung deutscher Emigranten in Paris stellt der deutsche Schriftsteller Bodo Uhse, der seit 1933 im Exil lebt, die Werke der Autoren Oskar Maria Graf und Klaus Mann vor.

**19. Januar, Samstag**

Die Kommunistische Internationale weist ihre deutsche Sektion, die KPD, an, der SPD eine Einheitsfrontpolitik vorzuschlagen (→25. 7./S. 121; 26. 9./S. 157).

**20. Januar, Sonntag**

Der Bischof von Münster, Clemens August Kardinal Graf von Galen, predigt gegen das »Gesetz zur Verhütung erbkranken Nachwuchses«. →S. 21

Zwischen Barcelona und der Mittelmeerinsel Mallorca wird eine regelmäßige Flugverbindung eröffnet.

**21. Januar, Montag**

Bei einem Grubenunglück im serbischen Kohlebergwerk Avranica kommen 30 Bergleute ums Leben.

**22. Januar, Dienstag**

Die Sowjetunion verkauft in Tokio die Ostchinabahn an Japan. Die quer durch den japanischen Satellitenstaat Mandschukuo führende Bahnlinie war seit Ende des Ersten Weltkrieges immer wieder Gegenstand von Auseinandersetzungen zwischen der Sowjetunion und Japan. →S. 23

Nach Angaben des französischen Innenministeriums sind nach der Eingliederung des Saargebietes ins Deutsche Reich 2600 Personen aus dem Saarland nach Frankreich eingewandert. Sie fürchten deutsche Repressionen. →S. 17

Infolge der stark angewachsenen Zahl jüdischer Einwanderer steigt die Arbeitslosigkeit in Palästina, besonders in Jerusalem und Jaffa. Wegen der gleichzeitig zunehmenden Auseinandersetzungen zwischen Juden und Arabern wird in Großbritannien die Forderung nach Einwanderungsbeschränkungen laut.

In Haifa werden die Verladeeinrichtungen einer neugebauten Ölpipeline eröffnet. Sie beginnt in den Ölfeldern von Kirkuk (Irak) und führt zum Mittelmeerhafen Haifa.

In New York wird eine Ausstellung mit Werken des surrealistischen Malers Salvador Dalí eröffnet.

**23. Januar, Mittwoch**

Japanische und mandschurische Truppen greifen chinesische Stellungen in der Provinz Chahar an, die im Nordosten Chinas liegt und an den japanischen Satellitenstaat Mandschukuo grenzt. →S. 23

Die Bevölkerung Leningrads hat sich seit 1931 um zwei Mio., diejenige Moskaus um eine Mio. vergrößert. Moskau hat nunmehr 3,6 Mio. Einwohner. Grund für den schnellen Zuwachs ist vor allem die extreme Landflucht in der Sowjetunion.

**24. Januar, Donnerstag**

US-Präsident Franklin D. Roosevelt stellt in einer Sonderbotschaft vor dem Kongreß in Washington einen 20-Jahres-Plan vor. Danach sollen u. a. 100 Mrd. US-Dollar (248 Mrd. RM) für die Nutzbarmachung natürlicher Resourcen investiert werden (→4. 1./S. 22).

In Richmond (US-Bundesstaat Virginia) kommt erstmals probeweise Dosenbier auf den Markt. →S. 26

**25. Januar, Freitag**

Durch Überschwemmungen im Oberlauf des Mississippi werden 18 000 Menschen in den USA obdachlos. Im Nordwesten des Landes sind zehn Städte, u. a. Vancouver, nach Erdrutschen von der Außenwelt abgeschnitten.

Die Hagia Sophia in Istanbul – ehemals Krönungskirche der oströmischen Kaiser – wird nach der Freilegung byzantinischer Fresken als Museum eröffnet.

**26. Januar, Samstag**

4000 Gäste aus aller Welt nehmen am ersten Wiener Opernball nach dem Ersten Weltkrieg teil.

Alle Werke des jüdischen Schriftstellers Heinrich Eduard Jacob werden im Deutschen Reich verboten.

**27. Januar, Sonntag**

Der preußische Ministerpräsident Hermann Göring trifft zu einem viertägigen Staatsbesuch in Warschau ein, wo er mit der Regierung Polens erfolglos über ein deutsch-polnisches Militärbündnis gegen die UdSSR verhandelt.

Bei einem Lohnstreik in den chinesischen Fuschun-Kohlegruben in der Nähe der Stadt Mukden erschießt die Polizei 86 Arbeiter. 60 weitere werden verwundet und über 500 verhaftet.

In einem Fußballänderspiel in Stuttgart schlägt Deutschland die Schweiz 4:0.

Kanada wird durch einen 4:2-Sieg über die Schweiz in Davos Eishockeyweltmeister. →S. 28

**28. Januar, Montag**

Der sowjetische Außenminister Wjatscheslaw M. Molotow betont vor dem 7. Sowjetkongreß, er lege trotz der deutschen Herrenvolkideologie Wert auf gute Beziehungen zwischen der UdSSR und dem Deutschen Reich.

Der Gouverneur des US-Bundesstaats Louisiana, O. K. Allen, ruft Bundestruppen in die Stadt Baton Rouge, um Straßenkämpfe und die Besetzung öffentlicher Gebäude zu beenden. Streitpunkt sind die radikal-sozialen Reformpläne des Senators Huey Long, der u.a. eine maximale Einkommensgrenze für jeden Bürger fordert (→8. 9./S. 156).

383 Juden, die zwischen 1918 und 1933 die preußische Staatsangehörigkeit erworben hatten, werden aus Preußen und gleichzeitig aus dem Deutschen Reich ausgebürgert. →S. 21

Unwetter in Süd- und Südwesteuropa machen den Betrieb der internationalen Zugverbindungen zwischen Westeuropa und Vorderasien zeitweise unmöglich. Die Bahndämme des Simplon- und des Orientexpresses sind in Bulgarien durch Hochwasser unterspült. →S. 26

Der US-amerikanische Pilot Wiley Post (→15. 8./S. 141) stellt mit 15 240 m einen Höhenweltrekord für Flugzeuge auf.

**29. Januar, Dienstag**

Der US-amerikanische Senat lehnt in Washington den Beitritt der USA zum internationalen Gerichtshof in Den Haag ab. Die Entscheidung bedeutet eine schwere Niederlage für Präsident Franklin D. Roosevelt, der ein stärkeres Engagement der USA in Fragen europäischer Politik befürwortet (→31. 8./S. 138).

**30. Januar, Mittwoch**

Die deutsche Regierung erläßt eine neue Gemeindeordnung, die der NSDAP unmittelbaren Einfluß auf die kommunalen Verwaltungen verschafft. Gleichzeitig ergeht ein neues Reichsstatthaltergesetz, das die Stellung der Statthalter als Aufsichtsorgane der Reichsregierung über die Länder modifiziert. →S. 18

Hjalmar Schacht wird nach dem Rücktritt seines Vorgängers Kurt Schmitt neuer Reichswirtschaftsminister. →S. 20

**31. Januar, Donnerstag**

Der stellvertretende sowjetische Kriegsminister, Michail N. Tuchatschewski, gibt bekannt, daß die Rote Armee in den letzten vier Monaten von 600 000 auf 940 000 Mann verstärkt und auch die sonstige Rüstung erheblich ausgeweitet worden sei. Als Begründung führt Tuchatschewski an, daß mit einem Krieg der kapitalistischen Staaten gegen die UdSSR gerechnet werden müsse.

Die französischen Studenten boykottieren einen Tag lang sämtliche Lehrveranstaltungen. Damit protestieren sie gegen die Beschäftigung ausländischer Akademiker – besonders Ärzte – in Frankreich und die entsprechende Stellenverknappung für Franzosen.

Die zwei Mio. Einwohner zählende Hauptstadt Argentiniens, Buenos Aires, feiert ihren 400. Geburtstag.

**Das Wetter im Monat Januar**

| Station | Mittlere Lufttemperatur (°C) | Niederschlag (mm) | Sonnenscheindauer (Std.) |
|---|---|---|---|
| Aachen | 1,6 ( 1,8) | 90 (72) | — (51) |
| Berlin | –0,4 (–0,4) | 56 (43) | — (56) |
| Bremen | 1,7 ( 0,6) | 49 (57) | — (47) |
| München | –3,0 (–2,1) | 40 (55) | — (56) |
| Wien | –2,3 (–0,9) | 36 (40) | 46 (56) |
| Zürich | –1,6 (–1,0) | 45 (68) | 45 (46) |

( ) Langjähriger Mittelwert für diesen Monat
– Wert nicht ermittelt

*Im Zusammenhang mit dem 42. Geburtstag des preußischen Innenministers Hermann Göring berichtet die in Prag erscheinende antifaschistische »Arbeiter-Illustrierte-Zeitung« über Korruption bei den Sammlungen für das Winterhilfswerk. Ein Artikel in dieser Ausgabe über Görings Beteiligung an Korruptionen ist überschrieben: »Selbst essen macht fett« (Titelblatt der Ausgabe vom 31. Janur 1935).*

*Die NS-Führerschaft demonstriert in Berlin Geschlossenheit und Treue zu Adolf Hitler (1. v. l.).*

# Treuekundgebung in der Berliner Oper

**3. Januar.** In der Berliner Oper Unter den Linden findet eine kurzfristig anberaumte Kundgebung der Partei-, Staats- und Wehrmachtsführung für Führer und Reichskanzler Adolf Hitler statt.
An der Veranstaltung nehmen sämtliche Reichsminister, Reichsstatthalter, Vertreter der Wehrmacht sowie die Führer von SA und SS teil. Hochrangige Parteimitglieder mußten ihren Urlaub abbrechen und mit Sonderflugzeugen nach Berlin zurückkehren, um an der innerhalb von 24 Stunden organisierten Kundgebung teilzunehmen.
Durch die Veranstaltung will die NSDAP Gerüchten über schwere Differenzen innerhalb der Partei entgegenwirken, die bereits im Dezember 1934 besonders im Ausland aufgekommen waren. Danach wurden in den letzten Wochen mehrere führende Parteimitglieder verhaftet. In einigen Fällen soll es zu Hinrichtungen gekommen sein.
Die Reichsregierung verurteilte die Anschuldigungen des Auslands als Propaganda zur Beeinflussung der bevorstehenden Abstimmung im Saarland über die Wiedereingliederung ins Deutsche Reich.
Hintergrund dieser Anschuldigungen ist der Machtkampf zwischen der Wehrmacht und der SS um das Waffenmonopol. In den vergangenen Wochen war es wiederholt zu Zusammenstößen zwischen SS und Wehrmacht und zu zahlreichen Verhaftungen gekommen. Ende Dezember verhinderte die SS in Berlin gewaltsam die Beschlagnahmung eines ihrer Waffenlager durch die Reichswehr.
Die Entmachtung der SA im Verlauf der Röhm-Affäre im Juni 1934 hatte die Position der Reichswehr deutlich gestärkt. Im Anschluß an diesen »Putsch« wurde die SS, die bis dahin der Obersten SA-Führung unterstellt war, am 25. Juli 1934 zur selbständigen Organisation der NSDAP ernannt. Reichsführer SS Heinrich Himmler konnte nun mit dem systematischen Ausbau seiner Organisation beginnen. Im Bereich der inneren Sicherheit verstand Himmler es rasch, der SS eine Monopolstellung zu sichern. Seine militärischen Ambitionen stießen jedoch auf den Widerstand der Wehrmacht, die die Durchbrechung ihres Waffenmonopols befürchtete.
Um diesen Machtkampf vor der deutschen Öffentlichkeit geheimzuhalten, verbietet das Propagandaministerium den deutschen Medien, über die Kundgebung in der Berliner Oper zu berichten.

*Die Parteiführung bei der Ankunft vor der Oper Unter den Linden; starke SS-Verbände sperren die Strecke zwischen Reichskanzlei und Oper ab.*

## Paladine schwören blinden Gehorsam

Die Redner bei der Treuekundgebung in der Berliner Oper Unter den Linden beteuern einerseits die Treue und den Gehorsam der NSDAP gegenüber Adolf Hitler und üben andererseits heftige Kritik an ausländischen Berichten über angebliche schwere Differenzen innerhalb der Partei.
Der Stellvertreter des Führers Rudolf Heß betont in seinem Referat die »unerschütterliche Loyalität« aller Parteimitglieder und schließt seine Rede mit den Worten: »Gemeinsam grüßen die Spitzen der Partei und des Staates – Ihre Paladine, Ihre Generale, Ihre Minister – Sie als den Führer Deutschlands in Dankbarkeit und Verehrung«.
Hermann Göring spricht von einer »unverantwortlichen und durchsichtigen Hetze im Ausland… Der Versuch, uns durch diese systematische raffinierte Pressekampagne mürbe zu machen, wird an unseren eisernen Nerven und unserer gegenseitigen Treue scheitern. In blindem Gehorsam werden wir alle auch in diesem Jahr Ihnen als unserem Führer folgen.«
In seiner einstündigen Ansprache richtet Führer und Reichskanzler Adolf Hitler schwere Angriffe gegen die im Ausland lebenden deutschen Emigranten, die er für die »anti-deutsche Propaganda« verantwortlich macht. Deutschland werde mit Verleumdungen überschüttet. Es solle der Anschein von Mißtrauen und Uneinigkeit zwischen den Führern Deutschlands erweckt werden. Das Motto sei: »Lügen verbreiten sich immer schneller als die Wahrheit, daher lüge, lüge immer zu, vielleicht bleibt doch etwas hängen«. Es gebe nichts, was so blöde und unverschämt sein könne, als daß es nicht geschrieben werde. Man spekuliere mit der Dummheit der Menschen. Durch ihre eigenen Prophezeiungen über den bevorstehenden Zusammenbruch des Deutschen Reichs seien bis zum heutigen Tag diese Verleumder immer wieder Lügen gestraft worden.

*Adolf Hitler (r.) mit dem französischen Botschafter André François-Poncet, der seinen Posten in Berlin seit 1931 innehat.*

*Der polnische Botschafter Jożef Lipski überbringt Hitler die Neujahrsglückwünsche seines Landes.*

*Ebenfalls zu Gast im »Haus des Reichspräsidenten«: Der sowjetische Botschafter Jakob Suritz bei der offiziellen Begrüßung.*

# Aggressive Töne in Goebbels' Jahresbilanz

Nach dem Tod Paul von Benekkendorff und von Hindenburgs am 2. August 1934 empfängt erstmals Adolf Hitler in der Funktion des Staatsoberhauptes die ausländischen Diplomaten zum Neujahrsempfang im Berliner »Haus des Reichspräsidenten«. In seiner Antwort auf die Rede des päpstlichen Nuntius Cesare Orsenigo, der das diplomatische Korps vertritt, präsentiert sich Hitler als Friedensbewahrer: »Sie haben, Herr Nuntius, von dem heißen Wunsche der Menschheit nach Erhaltung des Friedens gesprochen und mit Recht hervorgehoben, daß ohne die Gewißheit des Friedens auf keinem Gebiete menschlicher Tätigkeit ein gedeihlicher Fortschritt zu

Als »Führer und Reichskanzler« vereint Adolf Hitler seit dem 12. August 1934 die Ämter des Staatspräsidenten und desReichskanzlers in seiner Hand und ist damit faktisch Alleinherrscher im Deutschen Reich.

erhoffen ist... Kein Land kann das Bedürfnis nach Frieden tiefer empfinden als Deutschland, das nach schweren Jahren voller Not und Leid alle Kräfte für seinen inneren Wiederaufbau zusammengefaßt hat, das diesen Wiederaufbau in Ruhe vollziehen will und das für seine Lebensrechte von den anderen Ländern nur die gleiche Anerkennung und Achtung fordert, die es ihnen selbst entgegenbringt. Mit seiner Politik, die unverrückbar auf diesen Grundsätzen beruht, wird Deutschland stets ein sicherer Garant des Friedens sein. Wenn Sie, Herr Nuntius, auf Schwierigkeiten und Sorgen hingedeutet haben, die sich aus der gegenwärtigen Lage ergäben, so bin ich mit Ihnen der Ansicht, daß sie sich bei allseitigem guten Willen sehr wohl beseitigen lassen. Ich sehe in den Beziehungen der Völker kein Problem, das nicht bei verständnisvoller Behandlung einer gütlichen Lösung zugänglich wäre ... Das deutsche Volk und seine Regierung sind jedenfalls entschlossen, das ihrige zu einer Gestaltung der Völkerbeziehungen beizutragen, die ein ehrliches Zusammenwirken auf der Grundlage der Gleichberechtigung aller sicherstellt und dadurch allein das Wohl und den Fortschritt der Menschheit gewährleistet...«

Der Minister für Volksaufklärung und Propaganda, Joseph Goebbels, richtet am Silvesterabend eine Rundfunkansprache an das

Seit 1933 leitet Joseph Goebbels das Ministerium für Volksaufklärung und Propaganga; er ist verantwortlich für die nationalsozialistische Ausrichtung von Massenmedien und Kultur.

deutsche Volk. Goebbels' Bilanz des abgelaufenen Jahres läßt innerhalb des positiv gezeichneten Gesamtbildes wirtschaftliche und soziale Probleme in Deutschland erkennen: »Niemand weiß besser als wir, daß noch in weiten Kreisen der deutschen Arbeiterschaft die Lohn- und Gehaltsfrage sehr im argen liegt. Es wird Aufgabe kommender Anstrengungen sein, den Lebensstandard des ganzen Volkes auf eine Höhe zu heben, die als menschen- und kulturwürdig in jedem Sinne ausgesprochen werden kann... Unsere Anstrengungen müssen wirtschaftlich dahin gehen, die Arbeitslosigkeit in konzentrischem Angriff des kommenden Frühjahrs und Sommers aufs neue zu attackieren, um sie wiederum, und diesmal entscheidend, zurückzuwerfen. Es muß uns dabei gelingen, in der Devisen- und Rohstoff-Frage zu greifbaren Ergebnissen und fühlbaren Erleichterungen zu kommen«. In bezug auf die Auseinandersetzung zwischen Staat und Kirche schlägt er aggressive Töne an: »Leider haben die inneren Spannungen auf dem Gebiet der kirchlichen Auseinandersetzung mancherorts unerfreuliche Formen angenommen. Eine kleine Schicht von ewigen Kritikastern betreibt im Schutze des sog. Kirchenkonflikts Sabotagearbeit am Staate selbst... Es bedarf keiner Betonung, daß Partei und Regierung mit wachsamem Auge diese Entwicklung beobachten, ohne einen Zweifel darüber zu lassen, daß sie keineswegs gewillt sind, dem Staate oder dem Volke Schaden antun zu lassen... Außenpolitisch ist die ganze Nation von dem sehnlichen Wunsch erfüllt, am 13. Januar das deutsche Saarvolk geschlossen wieder zurück zum Reich zu holen...«

Am 5. Januar übermittelt der britische Premierminister James Ramsay MacDonald seine Neujahrsbotschaft im Rundfunk. Im Mittelpunkt stehen die Nachwirkungen der Weltwirtschaftskrise auf Großbritannien. Zur Verbesserung der schlechten Arbeitsmarktlage fordert McDonald öffentliche Arbeitsbeschaffung und eine protektionistische Politik in der Landwirtschaft: »Die Arbeitslosigkeit hat ein Ausmaß wie seit Generationen nicht mehr... Vielen jungen Männern und Frauen bietet sich keinerlei Perspektive bei ihrem Eintritt ins Arbeitsleben. Das ist das Schlimmste von allem. Der Aufschwung des Handels wird zwar einigen von ihnen Arbeit verschaffen, für viel mehr aber müssen wir aktiv Beschäftigungsmöglichkeiten einrichten, so schwierig das auch sein mag... Eine neue Landwirtschaftspolitik soll es möglich machen, den heimischen Markt der heimischen Produktion vorzubehalten...«

James Ramsay MacDonald, Mitbegründer der Labour Party, ist seit 1931 britischer Premierminister. Ohne die Unterstützung großer Teile der eigenen Partei leitet er eine Koalitionsregierung.

Im außenpolitischen Teil seiner Rede betont MacDonald die friedenserhaltende Rolle des 1919 gegründeten Völkerbundes: »Die Friedensverträge, die den Krieg beendeten, haben, wenn auch sonst nicht viel, so doch eins erreicht: Sie haben ein höchst zerbrechliches Windlicht – den Völkerbund – vor dem improvisiert zusammengezimmerten Altar des Friedens aufgestellt.«

# Das Saargebiet »kehrt wieder heim ins Deutsche Reich«

**13. Januar.** Bei der Abstimmung im Saargebiet über die Wiedereingliederung ins Deutsche Reich feiert Führer und Reichskanzler Adolf Hitler seinen ersten großen außenpolitischen Erfolg. Von 539 541 Stimmberechtigten nehmen 528 005 an der Wahl teil: 477 119 (90,5%) stimmen für den Wiederanschluß an das Deutsche Reich. Für die Aufrechterhaltung des Status quo sprechen sich 9% und für den Anschluß an Frankreich 0,4% der Wähler aus.

300 Abstimmungskommissare des Völkerbundes und Truppenkontingente aus Großbritannien, den Niederlanden, Schweden und Italien überwachen die Abstimmung in dem seit dem Ersten Weltkrieg unter der Kontrolle des Völkerbundes stehenden ehemaligen deutschen Gebiet. Da an der korrekten Durchführung der Abstimmung keine Zweifel bestehen, wird vom Völkerbund der 1. März als Termin für die feierliche Übergabe des Saargebiets an das Deutsche Reich festgelegt.

Die Nationalsozialisten hatten den Wahlkampf mit großem propagandistischem Aufwand und massivem Druck auf die Gegner des Anschlusses geführt. Immer wieder war es zu blutigen Zusammenstößen zwischen Anhängern der 1933 gegründeten rechtsradikalen Deutschen Front, die den Wiederanschluß ans Reich propagierte, und Anhängern der Freiheitsfront, die sich für die Aufrechterhaltung des Status quo aussprach, gekommen.

Im Vorfeld der Wahl hatten zahlreiche deutsche Bischöfe und Kardinäle – u.a. der evangelische Reichsbischof Ludwig Müller und auch der Münchner Kardinal Michael von Faulhaber – die Gläubigen zu Gebeten für einen guten Ausgang der Abstimmung aufgerufen. Die katholische Kirche gab das patriotische Motto aus: »Wer seinem Vaterland die Treue bricht, hält sie auch unserem Herrgott nicht«.

Die Appelle gegen den Wiederanschluß von seiten zahlreicher emigrierter deutscher Schriftsteller wie Heinrich Mann, Bertolt Brecht, Lion Feuchtwanger, Anna Seghers, Alfred Kerr u.a. blieben ohne Wirkung. Selbst ihre Hinweise auf die Existenz von Konzentrationslagern im Deutschen Reich hielt die Saarbevölkerung nicht davon ab, mit großer Mehrheit für den Anschluß ans Reich zu votieren.

*◁ Vor dem Haus der Deutschen Front in Saarbrücken versammelt sich nach Bekanntgabe des Ergebnisses eine große Menschenmenge. Unter dem Jubel der Anhänger des Wiederanschlusses wird auf dem Dach des Hauses die Hakenkreuzflagge gehißt. Die Deutsche Front hatte sich 1934 aus allen deutschen bürgerlichen und Rechtsparteien im Saargebiet als Einheitspartei zusammengeschlossen und die Wiedervereinigung mit dem Deutschen Reich propagiert. Ihre Wahlaufwendungen wurden vom Propagandaministerium in Berlin finanziert, die Reichssender brachten unterstützende Sendungen. Nach dem Abstimmungssieg geht die Organisation in der NSDAP auf.*

*▽ In vielen Städten, wie hier in Saarbrücken, bejubeln die Anhänger der Deutschen Front das Abstimmungsergebnis mit Umzügen und Volksaufmärschen. Überall in der Stadt wird die Reichsfahne gehißt. Mit einem Fackelzug und großer Festbeleuchtung wird die Rückkehr ins Deutsche Reich bis tief in die Nacht hinein gefeiert. Auf dem Berliner Königsplatz vor dem Reichstagsgebäude kommt es zu einer Großkundgebung der NSDAP, bei der Propagandaminister Joseph Goebbels der begeisterten Menschenmenge das Abstimmungsergebnis im Saarland verkündet.*

*Plakatträger fordern die Wähler drastisch zum Schweigen auf.*

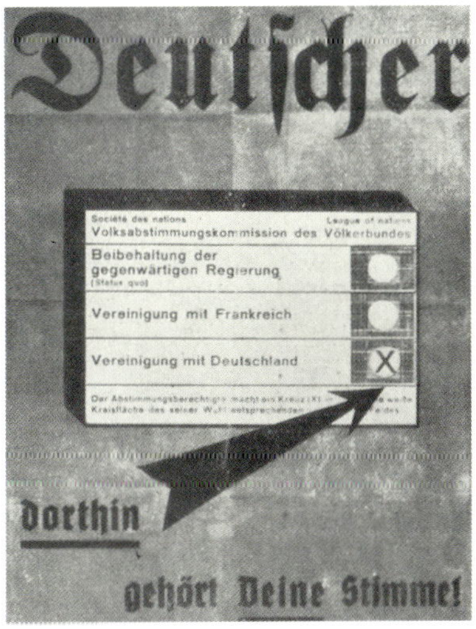


*Mit massiver Propaganda wird der Anschluß ans Reich unterstützt.*

*Auf Plakaten wird der Bevölkerung das Wahlergebnis mitgeteilt.*

*In der Wartburg bei Saarbrücken zählen Wahlhelfer die Stimmzettel aus. Um Zwischenfälle zu verhindern, bewachen britische Soldaten das Gebäude.*

*Nach der Abstimmung werden die Wahlurnen unter militärischer Bewachung zur Auszählung abtransportiert.*

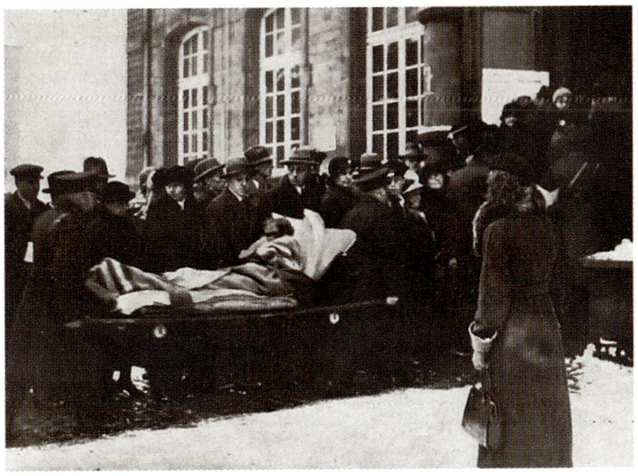

*Ein Schwerkranker wird auf einer Bahre zum Wahllokal transportiert: »Jede Stimme zählt«.*

*Die Abstimmungskommission mit dem Schweden Rohde an der Spitze (stehend M.) gibt das Endergebnis bekannt.*

*Unter Polizeikontrolle verläßt ein Wähler die Abstimmungskabine in einer als Wahllokal fungierenden Schule.*

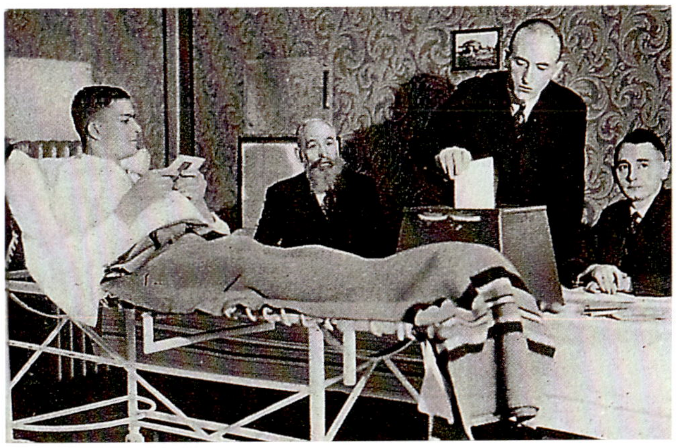

*Kranken wird auch in Krankenhäusern, hier in Saarbrücken, die Möglichkeit gegeben, ihr Stimmrecht auszuüben.*

# Zwischen Völkerbund und Deutschem Reich

Im Zuge der durch den Versailler Vertrag am 28. Juni 1919 festgelegten Gebietsabtretungen des Deutschen Reichs wurde das Saargebiet im sog. Saarstatut der Verwaltung des Völkerbundes unterstellt. Nach 15 Jahren sollte in einer Volksabstimmung über das politische Schicksal des Gebietes entschieden werden. Der aus fünf preußischen und zwei bayerischen Landkreisen gebildete Bezirk umfaßte ein Gebiet von fast 2000 km$^2$ mit 800 000 Einwohnern.

Der französische Plan einer Annexion des Saargebietes scheiterte 1919 am britischen und amerikanischen Widerstand. Zur Wiedergutmachung der Kriegsschäden wurde das Gebiet jedoch Frankreich zur wirtschaftlichen Ausbeutung überlassen. Eine Völkerbundkommission unter französischer Leitung nahm die staatlichen Hoheitsrechte wahr.

Die politische Landschaft im katholischen Saargebiet unterschied sich Anfang der dreißiger Jahre deutlich von der im Deutschen Reich. Unangefochten stärkste Partei war das Zentrum, das bei den Landratswahlen im März 1932 43,2% der Stimmen erhielt, vor der KPD mit 23,1%, der SPD mit 9,6% und der NSDAP mit 6,7%. Nach der Machtergreifung Hitlers änderten sich die Verhältnisse jedoch grundlegend. Politiker und Industrielle, die sich mit der Bitte um wirtschaftliche Unterstützung an Hitler wandten, erhielten eine Zusage nur für den Fall, daß sich alle »nationalen Kräfte« mit Blick auf die Abstimmung über den Wiederanschluß ans Reich zusammenschlössen. Daraufhin gründete sich 1933 die Deutsche Front, die sich aus allen bürgerlichen und rechten Parteien im Saargebiet zur Einheitspartei zusammenschloß. Schlüsselstellungen in Partei und Wirtschaft wurden von Nationalsozialisten besetzt, ein SA-ähnlicher Ordnungsdienst zur Einschüchterung von Gegnern eingerichtet. Firmen setzten ihre Belegschaft unter Druck, für die Deutsche Front zu stimmen. Die Voraussetzungen für den überwältigenden Abstimmungserfolg am 13. Januar waren damit geschaffen.

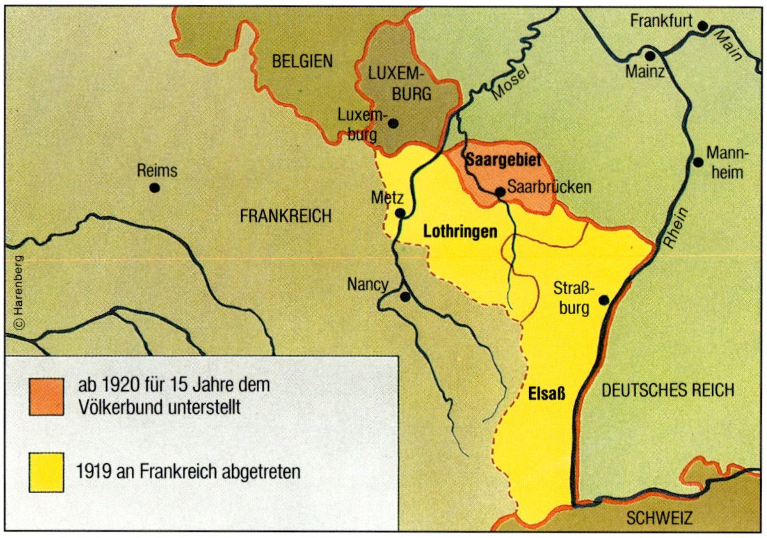

◁ *Werbewirksames Foto aus der »Illustrated London News«: Gerade im Saargebiet eingetroffen, um mit Truppenkontingenten aus drei weiteren Staaten den ordnungsgemäßen Verlauf der Saarabstimmung zu gewährleisten, schließen britische Soldaten Freundschaft mit Saarbrücker Schuljungen.*

▽ *Demonstranten protestieren im März 1919 in Berlin gegen die deutschen Gebietsabtretungen, die von den Siegermächten des Ersten Weltkrieges gefordert werden. Das Deutsche Reich verliert durch die Bestimmungen des Versailler Vertrages rund 10% seines Staatsgebietes. In mehreren Gebieten sollen Volksabstimmungen über die staatliche Zugehörigkeit entscheiden.*

## Vereinbarung über neue Zollgrenzen

**16. Januar.** Vor der Rückgabe des Saargebietes an das Deutsche Reich wird auf Anordnung der französischen Generalzolldirektion zwischen Frankreich und dem Saargebiet eine Zollgrenze errichtet.

Das Deutsche Reich kündigt seinerseits für den 20. Februar die Aufhebung der Zollgrenze mit dem Saargebiet an. Am selben Tag soll auch die Reichsmark als Zahlungsmittel im Saargebiet eingeführt werden. Der französische Franc bleibt nur noch bis Ende Februar gültig.

Laut Beschluß des Finanzausschusses des Völkerbundes gehen am 1. März, dem Tag der Übergabe der Gesamtverwaltung des Saargebietes an das Deutsche Reich, die Saargruben und die drei saarländischen Verbindungsbahnen nach Lothringen für 900 Mio. Francs in den Besitz des Deutschen Reichs über. Sie sollen mit der im Saarland umlaufenden fremden Währung bezahlt werden. Das Deutsche Reich verpflichtet sich im Gegenzug zur Übernahme bestehender Verträge über Kohlelieferungen ins Ausland.

## Gefängnisstrafen werden erlassen

**23. Januar.** Aufgrund der Ermächtigung des Völkerbundrates erläßt die Regierungskommission des Saargebietes eine Amnestie für politische, wirtschaftliche und disziplinarische Straftaten sowie für steuerrechtliche Vergehen.

Gefängnisstrafen von bis zu sechs Jahren werden erlassen, längere Haftstrafen werden um sechs Jahre herabgesetzt. Anhängige Verfahren werden eingestellt, wenn die Tat vor dem 17. Januar begangen wurde und die zu erwartende Haftstrafe nicht über sechs Jahren liegt.

Neben diesen Straferlassen hebt die Kommission das Verbot des freiwilligen Arbeitsdienstes und die Meldepflicht für SA-Angehörige auf. Der vom Völkerbund eingesetzte Regierungspräsident hat den deutschen Arbeitsdienst im Saargebiet im September 1934 verboten, da Berichte über umfangreiche militärische Ausbildungsmaßnahmen in seinen Reihen bekannt geworden waren: 10 000 Männer sollen für den Wahlkampf im Saargebiet einer speziellen Schulung unterzogen worden sein.

*In der Nähe von Forbach überqueren Flüchtlinge mit wenigen Habseligkeiten die Grenze nach Frankreich.*

# Saarlandflüchtlinge nach Frankreich

**22. Januar.** Als Reaktion auf die Abstimmung über die Rückgliederung des Saargebietes in das Deutsche Reich haben nach Angaben des französischen Innenministeriums bereits 2600 Personen das Land verlassen.

Von den Flüchtlingen, die nach dem Anschluß Repressalien befürchten, sind 1913 Saarländer, 85 Franzosen und 440 Flüchtlinge anderer Nationalität.

Bei den Flüchtlingen handelt es sich um Sozialdemokraten und Kommunisten sowie um Exilierte. Diese Personengruppen waren schon vor dem Wiederanschluß ans Deutsche Reich den Verfolgungen besonders durch die Anhänger der Deutschen Front ausgesetzt. In Frankreich werden sie zunächst in Flüchtlingslagern untergebracht. Der französische Außenminister Pierre Laval bezeichnet die Flüchtlingsproblematik als ein internationales Problem, dessen Lösung Aufgabe des Völkerbundes sei. Aus Gründen der Menschlichkeit habe Frankreich den Saarflüchtlingen den Grenzübertritt nicht untersagt, aber an Kontrollbedingungen geknüpft.

Das unerwartet gute Abstimmungsergebnis bedeutet vor allem gegenüber Frankreich einen großen außenpolitischen Prestigegewinn für das nationalsozialistische Regime.

In seiner Ansprache nach der Bekanntgabe des Ergebnisses sagt Führer und Reichskanzler Adolf Hitler, durch den Wiederanschluß des Saargebietes sei eine der schwersten Spannungen Europas beseitigt worden, man könne darin den ersten und entscheidenden Schritt zu einer allmählichen Aussöhnung erblikken. Er könne nunmehr die Erklärung abgeben, daß nach der Rückgliederung des Saargebietes das Deutsche Reich keine territorialen Forderungen mehr an Frankreich stellen werde.

Der französische Ministerpräsident Pierre Flandin erklärt hierzu, Grundlage der französischen Politik sei die Achtung der Verträge. Kein Franzose denke daran, das Ergebnis der Abstimmung zu bestreiten. Die Regelung der Saarfrage sei für die Besserung der deutsch-französischen Beziehungen von weittragender Bedeutung.

Unmittelbar im Anschluß an die Abstimmung kommt es im Saargebiet zu Aktionen gegen Gegner des NS-Regimes. In der Nacht zum 14. Januar werden die kommunistischen Zeitungsredaktionen von der Polizei besetzt, die Sonderpolizei wird wegen angeblicher Putschabsichten auf Regierungsbefehl entwaffnet. Am 30. Januar beschließt die Sozialdemokratische Partei des Saarlandes ihre Auflösung.

*Ein Flüchtlingstransport aus dem Saarland kommt in Toulouse an. Die meisten Emigranten werden zunächst in Flüchtlingslagern untergebracht.*

## Positives Echo im Ausland

Das Abstimmungsergebnis im Saargebiet findet im Ausland eine allgemein positive Bewertung. Es wird als ein wichtiges Resultat für die Friedenssicherung in Europa beurteilt. Kritische Stimmen warnen jedoch vor einem erstarkenden Deutschen Reich.

Der französische Ministerpräsident Pierre Flandin äußert sich in einer ersten Stellungnahme zum Wahlergebnis optimistisch: »Ich bin sicher, daß die große Mehrheit der Franzosen hofft, daß sich die deutsch-französischen Beziehungen mit dem gemeinsamen Ziel europäischen Friedens stetig verbessern werden... Wenn wir von unserer Seite alles tun, um den Sonderstatus des Saargebietes baldmöglichst zu beenden, dann haben wir das Recht, von der deutschen Regierung das gleiche Maß an gutem Willen und Respekt für die Menschenrechte zu verlangen...«

Die in London erscheinende »Times« schreibt: »Der erste Eindruck, den das Abstimmungsergebnis hier gemacht hat, scheint große Erleichterung zu sein. Obwohl ein Sieg des Deutschen Reichs allgemein vorhergesehen wurde, war das Votum für die Wiedervereinigung stärker als erwartet. Das Ergebnis, so nimmt man an, unterstreicht die Tatsache, daß die Saarländer als Deutsche für das Deutsche Reich gestimmt haben, unabhängig von ihren individuellen Gefühlen für das Hitler-Regime. Die Erklärung Hitlers, das Deutsche Reich habe keine territorialen Ansprüche mehr an Frankreich, wird als formaler Verzicht auf Elsaß und Lothringen begrüßt. Es gibt allerdings Kreise, die das Ergebnis mit einigen Vorbehalten betrachten, da es eine Stärkung des Hitler-Regimes bedeutet und Hitlers ersten großen Erfolg auf außenpolitischem Gebiet darstellt, den das Dritte Reich auszuschlachten weiß. Es ist zu befürchten, daß künftige Verhandlungen mit dem Deutschen Reich nicht leichter, sondern schwieriger werden.«

# NSDAP sichert sich die Macht über Gemeindeverwaltungen

**30. Januar.** Im Reichsgesetzblatt Nummer sechs wird die neue »Deutsche Gemeindeordnung« veröffentlicht. Das von Führer und Reichskanzler Adolf Hitler und Reichsinnenminister Wilhelm Frick unterzeichnete Gesetz tritt am 1. April 1935 in Kraft. Mit ihm zerstören die Nationalsozialisten die Selbstverwaltung der deutschen Gemeinden und bringen die Gleichschaltung der Staatsverwaltung ein entscheidendes Stück voran.

Durch die Gemeindeverfassung, die in der Einleitung das »Grundgesetz des nationalsozialistischen Staates« genannt wird, sichert sich die NSDAP formaljuristisch legal einen ausschlaggebenden Einfluß auf die Gemeindeverwaltungen. Zu diesem Zweck wird jeder Kommune ein Beauftragter der NSDAP zugeordnet, ohne den keine wichtige Entscheidung getroffen werden kann. Der Beauftragte wird von Hitler-Stellvertreter Rudolf Heß ernannt und ist im allgemeinen identisch mit dem Kreisleiter der Partei bzw. – in großen Städten – mit dem Gauleiter (Gaue sind die größten, Kreise die nächst kleineren regionalen Parteigliederungen).

Der NSDAP-Beauftragte wirkt entscheidend mit bei der Berufung der Bürgermeister sowie der Stadträte und Gemeinderäte. Wenn eine hauptamtliche Bürgermeisterstelle (in Gemeinden mit mehr als 10 000 Einwohnern) zu besetzen ist, schreibt die Gemeinde den Posten öffentlich aus. Bewerbungen gehen an den NSDAP-Beauftragten, der seiner Aufsichtsbehörde – je nach Größe der Gemeinde das Reichsinnenministerium, der Reichsstatthalter bzw. der Regierungspräsident – bis zu drei Bewerber vorschlägt und nach Annahme der Empfehlungen dann einen Bewerber ernennt. Auch der finanzielle Handlungsrahmen der Kommunen wird eingeengt. So dürfen sie nur noch dann Wirtschaftsunternehmen errichten, wenn ein »öffentlicher Zweck« nachgewiesen werden kann. Darlehen aufzunehmen wird den Gemeinden grundsätzlich verboten. Für jedes Rechnungsjahr muß eine »Haushaltssatzung« erstellt werden, die der Genehmigung durch die Aufsichtsbehörde bedarf.

Mit der Gemeindeordnung führt das NS-Regime seine Praxis fort, Staats- bzw. Verwaltungsämter und Parteiämter miteinander zu verquicken. Darüber hinaus wird nun das sog. Führerprinzip bis hinunter in die lokalen Gebietskörperschaften verwirklicht, wo der Einfluß der NSDAP dank der in sich geschlossenen Verwaltungsbürokratie bisher begrenzt geblieben ist. Nach dem »Führerprinzip« wird nur der oberste Führer Hitler in seinem Amt plebiszitär bestätigt, alle untergeordneten »Führer« werden vom nächst höheren ernannt. Das Prinzip der Gemeindeordnung illustriert ein Gesetzeskommentar des Staatssekretärs im Reichsinnenministerium, Ludwig Grauert: Da das Volk durch die NSDAP repräsentiert werde, müßten die lokalen Entscheidungsträger nicht durch Wahl, sondern durch die NSDAP bestellt werden. Die NSDAP wiederum werde entsprechend durch den Beauftragten der Partei vertreten.

Die NS-Regierung bemüht sich, die neue Gemeindeordnung historisch herzuleiten. In der Einleitung des Gesetzes wird betont, es sei »im wahren Geiste des Schöpfers gemeindlicher Selbstverwaltung, des Reichsfreiherrn vom Stein« abgefaßt. Die durch Heinrich Friedrich Karl Reichsfreiherr vom und zum Stein 1808 in Preußen eingeführte Städteordnung gilt als Beginn kommunaler Selbstverwaltung, die nun durch die Nationalsozialisten restlos beseitigt wird.

Eine weitere Traditionslinie zieht die NS-Regierung, indem sie die neue Gemeindeordnung als Grundlage einer umfassenden »Reichsreform« darstellt. Damit bezieht sie sich auf den Artikel 18 der sonst von der nationalsozialistischen Propaganda gänzlich abgelehnten Weimarer Verfassung von 1919, der eine territoriale Neugliederung des Deutschen Reiches vorsah. Das übermächtige Preußen sollte zugunsten eines stärkeren Föderalismus aufgelöst werden. Obwohl sie auch in diesem Fall das genaue Gegenteil verwirklicht, versucht sich die NS-Regierung in die Tradition dieses in der Weimarer Republik nicht realisierten Reformvorhabens zu stellen.

## *Streit um Position der Reichsstatthalter*

Durch ein ebenfalls am 30. Januar erlassenes Gesetz können die Reichsstatthalter in Zukunft gleichzeitig als Länderministerpräsidenten fungieren.

Mit der neuen Regelung versucht die NS-Regierung, Kompetenzstreitigkeiten um das Amt des Reichsstatthalters zu schlichten. Die Statthalter wurden 1933 als Aufsichtsorgane des Reichs über die Länderregierungen eingesetzt. Die meisten von ihnen sind gleichzeitig NSDAP-Gauleiter. In der Vergangenheit weigerten sich die Statthalter häufig, Weisungen der übergeordneten Reichsministerien auszuführen, weil sie nur Hitlers persönlichen Anordnungen folgen wollten. Die von den Statthaltern beaufsichtigte Länderpolitik geht daher oft Wege, die den Reichsministern nicht passen. In diesem Zusammenhang nannte Finanzminister Johann Ludwig Graf Schwerin von Krosigk die Statthalter »viel hartnäckigere Föderalisten als vor ihnen die Länderministerpräsidenten«. Die Möglichkeit zur Ämtervereinigung soll die eigenwilligen Reichsstatthalter nun befrieden.

*Fritz Sauckel wurde 1932 für ein Jahr Ministerpräsident und ab 1933 Reichsstatthalter in Thüringen.*

*Martin Mutschmann, seit 1925 NSDAP-Gauleiter, wurde 1933 Reichsstatthalter von Sachsen.*

*Robert Wagner, in typischer Kombination Gauleiter und Reichsstatthalter in Baden; Wagner hat 1923 am Hitler-Putsch teilgenommen.*

*Hermann Göring, Ministerpräsident und Reichsstatthalter von Preußen; außerdem ist Göring Reichsluftfahrtminister und Reichsjägermeister.*

*Franz Xaver Ritter von Epp, Reichsstatthalter in Bayern; der Weltkriegsoffizier leitet das »Kolonialpolitische Amt« der NSDAP.*

*Jakob Sprenger, Reichsstatthalter in Hessen, gehört zu Hitlers alten Mitstreitern. Der SA-Obergruppenführer ist seit 1922 in der NSDAP.*

## Das Deutsche Reich wird gleichgeschaltet

Nach der Machtübernahme 1933 begann die nationalsozialistische Regierung mit der Verwirklichung ihres Zieles, alle Teile der Gesellschaft radikal auf die NS- Politik zu verpflichten. Für diesen Prozeß prägte Justizminister Franz Gürtner 1933 den Begriff »Gleichschaltung«.

Die verfassungsmäßigen Grundlagen für die Verwirklichung der Gleichschaltung schuf sich die Regierung vor allem durch das sog. Ermächtigungsgesetz vom 23. März 1933 und die sog. Reichstagsbrandverordnung vom 28. Februar 1933. Die neuen Bestimmungen beseitigten wichtige Elemente des Rechtsstaats und ermöglichten es der NS-Regierung, nach Belieben Gesetze und Verordnungen zu erlassen.

In folgenden Bereichen wurde die Gleichschaltung bis 1935 besonders weit vorangetrieben:

- ▷ Parteien
- ▷ Selbstverwaltung der Länder und Gemeinden
- ▷ Verbände und Gewerkschaften
- ▷ Kultur
- ▷ Die Lenkung individuellen Verhaltens, z. B. in der Freizeit

Das erste »Gesetz zur Gleichschaltung der Länder mit dem Reich« (31. 3. 1933) entmachtete die Länderparlamente. Die Regierungen der Länder wurden ermächtigt, Gesetze ohne die Zustimmung der Parlamente zu erlassen, was diese praktisch überflüssig machte. Durch das sog. Reichsstatthaltergesetz wurden im April 1934 NSDAP-Funktionäre als Kontrollinstanzen des Reichs über die Länderregierungen eingesetzt. Die Reichsstatthalter konnten die Mitglieder der Länderregierungen entlassen, die dadurch – wie schon die Parlamente – bedeutungslos wurden. Im Zuge des »Gesetzes über den Neuaufbau des Reiches« (30. 1. 1934) wurden die Länderparlamente aufgelöst, die Hoheitsrechte der Länder gingen auf das Reich über (z. B. Gerichtsbarkeit, Polizei). Entsprechend werden am 1. April 1935 die Justizbehörden der Länder in Reichsbehörden umgewandelt. Mit der neuen Gemeindeordnung vom 30. Januar 1935 wird die Gleichschaltung der Gemeinden vorangetrieben.

Nach dem Verbot von KPD und SPD und der Selbstauflösung der bürgerlichen Parteien (z. B. Zentrum) sanktionierte die NSDAP ihre Alleinherrschaft mit dem »Gesetz gegen die Neubildung von Parteien« (14. 7. 1933). Auch das Amt des Staatspräsidenten wurde »gleichgeschaltet«, als Hitler am 1. August 1934 die Funktionen von Reichspräsident und Regierungschef in seiner Person vereinte. Seither läßt er sich »Führer und Reichskanzler« nennen.

In der Gleichschaltung der Verbände – so in der Errichtung der »Deutschen Arbeitsfront« (DAF) anstelle der zerstörten Gewerkschaften oder der Zwangsvereinigung der Bauernorganisationen im »Reichsnährstand« – spiegelt sich die NS-Ideologie der »Volksgemeinschaft« wider: Politische und soziale Unterschiede existieren offiziell nicht mehr, die Verbände sind wie in mittelalterlichen Zünften »ständisch« organisiert. Immer hat die NSDAP darin entscheidenden Einfluß bzw. bildet sogar, wie im Fall der DAF, die Dachorganisation.

Das Ministerium für Volksaufklärung und Propaganda unter Joseph Goebbels wurde am 13. März gegründet, um Presse, Rundfunk und das gesamte kulturelle Leben im Reich gleichzuschalten. Mit Hilfe täglicher Presseanweisungen übt das Ministerium praktisch eine Zensur auf die gesamte deutsche Zeitungsberichterstattung aus. Goebbels präsidiert auch über die Reichskulturkammer, in der alle im Kulturbereich beruflich tätigen Personen Mitglieder sein müssen. Durch die »Hitlerjugend« (HJ), den »Bund Deutscher Mädel« (BDM), SA und SS sind große Teile der deutschen Bevölkerung fest in NS-Organisationen eingebunden. Diese Erfassung ist ganz im Sinne der programmatischen Forderung des deutschen Professors für Verwaltungsrecht Ernst Forsthoff, der 1933 schrieb: »Der totale Staat... stellt die totale Inpflichtnahme jedes einzelnen für die Nation dar. Diese Inpflichtnahme hebt den privaten Charakter der Einzelexistenz auf. In allem und jedem... verantwortet jeder einzelne das Schicksal der Nation.«

# Rassen- und Vererbungslehre in Schulen

**15. Januar.** Reichserziehungsminister Bernhard Rust dehnt den bisher nur in Preußen gültigen Erlaß über »Vererbungslehre und Rassenkunde in den Schulen« vom 13. September 1933 auf das ganze Deutsche Reich aus.
Mit diesem Erlaß wird die nationalsozialistische Erziehungspolitik für alle Schulen verbindlich festgeschrieben. Die Kenntnis und Beachtung der »biologischen Grundtatsachen« wird darin zur unerläßlichen Voraussetzung für die Erneuerung des deutschen Volkes erklärt. In den Unterrichtsrichtlinien heißt es: »Der Schüler soll lernen, sich als Glied in der ewigen Kette seines Volkes zu fühlen; er muß wissen, daß die wichtigste Eigenschaft seines Volkes die Rasse ist.« Dem Schüler soll der »nordrassische, schöne und gesunde Körper sowie der gestählte Wille« als Idealbild vermittelt werden.
Erstes Ziel der nationalsozialistischen Bildungs- und Erziehungsarbeit ist die Weitergabe und Verbreitung des Rassegedankens. Bereits in der Grundschule soll mit der rassischen Schulung begonnen werden, damit kein Knabe und kein Mädchen die Schule verläßt, »ohne zur letzten Erkenntnis über die Notwendigkeit und das Wesen der Blutreinheit geführt worden zu sein«.
Rasse- und Vererbungslehre soll Eingang in jedes Unterrichtsfach erhalten. Selbst vor dem Mathematikunterricht macht der Erlaß keinen Halt, wie diese Mathematikaufgabe verdeutlicht: Ein Geisteskranker kostet täglich etwa 4 RM, ein Krüppel 5,50 RM, ein Verbrecher 3,50 RM. Stelle diese Zahlen bildlich dar. Solche Beispiele sollen den Sinn für »minderwertiges Leben« schärfen und das Überlegenheitsgefühl der »Herrenrasse« fördern.

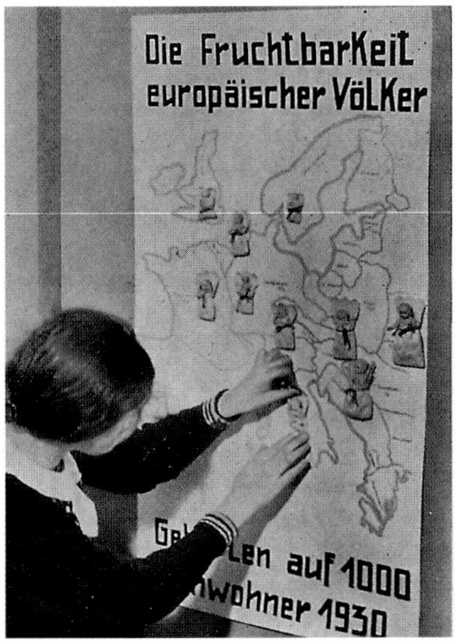

◁ *Rassenkundlicher Unterricht in einer Berliner Mädchenschule: Von den Schülerinnen angefertigte Wikkelpuppen werden auf einer Schautafel angebracht, die die Geburtszahlen in Europa veranschaulicht.*

*Schülerinnen schreiben die rassenideologischen Grundsätze des NS-Regimes auf Plakate, die »als mahnende Schriftbänder« (»Berliner Illustrirte Zeitung«) an den Wänden der Klassenzimmer aufgehängt werden. Die bevölkerungspolitische Aufklärungsarbeit müsse schon bei der Jugend beginnen, schreibt die Zeitung. Aufgabe der Schule sei es daher, den Gedanken der »völkischen Erneuerung« zu verbreiten.*

Hjalmar Schacht auf der Leipziger Messe

## Schacht Minister

**30. Januar.** *Hjalmar Schacht übernimmt das Reichswirtschaftsministerium, das er bereits seit dem 30. August 1934 für seinen erkrankten Vorgänger Kurt Schmitt kommissarisch verwaltet. Schacht war von 1924 bis 1929 Reichsbankpräsident; seit 1933 hat er dieses Amt erneut inne. Der parteilose, konservative Politiker förderte aktiv Hitlers Machtübernahme 1933, indem er u. a. die Krupp AG und die I. G. Farben zur Wahlkampffinanzierung für die NSDAP bewegte.*

# Ehestandsdarlehen soll den »Willen zum Kind« fördern

**14. Januar.** Zur Förderung von Eheschließungen und zur Senkung der Arbeitslosigkeit ordnet Reichsfinanzminister Johann Ludwig Graf Schwerin von Krosigk die Erhöhung des durchschnittlichen Ehestandsdarlehens von 500 auf 600 RM an. Die Höchstförderungsgrenze bleibt bei 1000 RM.
Die nach Abschnitt 5 des 1. Gesetzes zur Verminderung der Arbeitslosigkeit vergebenen Kredite erhalten Frauen, die sich verpflichten, nach der Heirat nicht mehr berufstätig zu sein. Diese Bedingung wird jedoch im Zeichen des beginnenden Arbeitskräftemangels bereits 1937 wieder aufgehoben.
Das Darlehen wird nur solchen Frauen gewährt, die den rassenideologischen Maßstäben der Nationalsozialisten entsprechen, also nachweislich arischer Abstammung sind. Sie müssen darüber hinaus als »politisch zuverlässig« und »bedürftig« eingestuft sein.
Die berechtigten Frauen bekommen das Darlehen in Form von Bedarfsdeckungsscheinen ausgezahlt, mit denen sie Möbel und Haushaltsgegenstände anschaffen können. Die Tilgung des Kredites beträgt 1% monatlich. Ein Viertel des Betrages wird den Familien bei der Geburt des ersten Kindes erlassen.
Zur Finanzierung des Ehestandsdarlehens erhebt der Staat von allen Ledigen mit Einkommen eine Sondersteuer, die Ehestandshilfe. Von 1933 bis 1935 werden 523 000 Ehestandsdarlehen in Höhe von fast 300 Mio. RM vergeben.

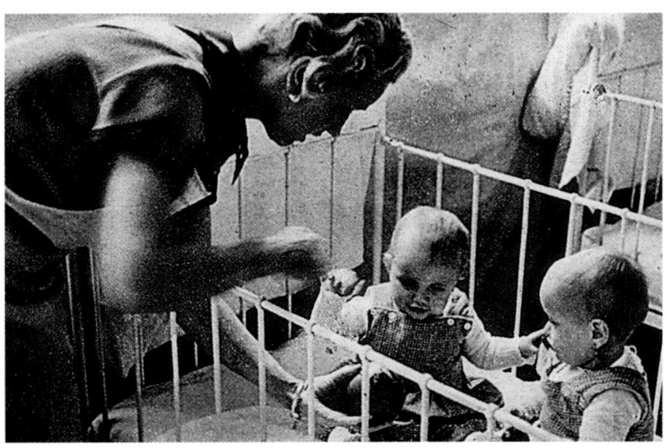

*Hausarbeit und Kindererziehung sind nach nationalsozialistischer Vorstellung die Hauptaufgaben der deutschen Frau, die sie aufopferungsvoll und pflichtbewußt erfüllen soll.*

*Durch größere finanzielle Anreize soll der Kinderreichtum beim Volk gefördert werden. Die »ideale« deutsche Familie ist die Großfamilie mit mindestens vier Kindern.*

# Bischof Galen gegen Sterilisationsgesetz

**20. Januar.** Während einer Predigt in Münster greift Bischof Clemens August Ferdinand Graf von Galen vehement das am 14. Juli 1933 erlassene »Gesetz zur Verhütung erbkranken Nachwuchses« an, das die Sterilisation sog. Erbkranker vorschreibt. Galen wendet sich grundsätzlich gegen die Unfruchtbarmachung: »Es ist unerlaubt, sich selbst sterilisieren zu lassen oder den Antrag zur Sterilisation zu stellen.«
Die katholische Kirche lehnt die nationalsozialistische Sterilisationspraxis im Einklang mit einer Papst-Enzyklika aus dem Jahr 1930 ab. Anders als Galen aber wollen viele deutsche Bischöfe wegen dieser Frage nicht in offene Opposition zum NS-Regime treten.
Das Gesetz ermöglicht die Zwangssterilisierung u. a. bei »angeborenem Schwachsinn, Schizophrenie, zirkulärem Irresein, erblicher Fallsucht... und schwerem Alkoholismus«. Im ersten Jahr nach dem Erlaß des Gesetzes sind im Deutschen Reich 80 000 Männer und Frauen zwangssterilisiert worden.
Bereits in seinem programmatischen Buch »Mein Kampf« (1925/26) forderte Adolf Hitler, der Staat habe, »was irgendwie ersichtlich krank und erblich belastet und damit weiter belastend ist, zeugungsunfähig zu erklären und dies auch praktisch durchzusetzen«. Auf dem Nürnberger Parteitag der NSDAP 1929 sprach er davon, 700 000 bis 800 000 »der Schwächsten« zu »beseitigen«, um eine Kräftesteigerung des Volkes zu erreichen. Die nationalsozialistische Regierung beginnt mit der Umsetzung dieses Programmes durch das Gesetz zur Verhütung erbkranken Nachwuchses, das gleichzeitig eine Vorstufe bildet zur beschönigend »Euthanasie« (Sterbehilfe) genannten Aktion der »Vernichtung lebensunwerten Lebens«.

*Der Bischof von Münster, Kardinal von Galen (Abb.), zählt bei der Sterilisationsproblematik zu den Verfechtern der von Papst Pius XI. in der Ehe-Enzyklika von 1930 vorgegebenen Haltung. Diese spricht dem Staat das Recht zum Eingriff in die körperliche Beschaffenheit seiner Untertanen ab. Die katholischen Bischöfe verurteilten das Sterilisationsgesetz 1933: »Das... Mittel der gesetzlichen Sterilisierung aber lehnt (die katholische Kirche) ab... als Verstoß gegen das unabänderliche natürliche Sittengesetz.« Gleichwohl arrangieren sich viele deutsche Bischöfe mit dem Staat, wie z. B. der Münchner Kardinal Faulhaber, der sich Hitler gegenüber für die Internierung Erbkranker anstelle ihrer Sterilisation ausspricht.*

# Zahlreiche Juden ausgebürgert

**28. Januar.** Auf Veranlassung des Berliner Polizeipräsidenten Magnus von Levetzkow werden 383 Juden, die die preußische Staatsangehörigkeit in der Zeit zwischen dem 9. November 1918 und dem 30. Januar 1933 erworben haben, aus der Reichshauptstadt ausgebürgert.
Zugleich teilt der Polizeipräsident mit, daß die Ausgebürgerten durch diese Verfügung auch ihre deutsche Staatsangehörigkeit verlieren.
Rechtliche Grundlage dieser Bestimmung ist das Reichsgesetz über den Widerruf von Einbürgerungen und die Aberkennung der deutschen Staatsbürgerschaft vom 14. März 1933. Dieses Gesetz gibt dem Staat eine Blankovollmacht zur Ausbürgerung von politischen Emigranten und Juden an die Hand.
Bereits nach dem Ersten Weltkrieg versuchte die Reichsregierung im Zeichen hoher Arbeitslosigkeit die im Reich befindlichen Ausländer möglichst schnell in ihre Heimat zurückzuführen. In der Landwirtschaft der Ostprovinzen führten diese Maßnahmen jedoch zu Schwierigkeiten: Die zumeist polnischen Landarbeiter konnten nicht durch deutsche Arbeiter ersetzt werden, so daß die Beschäftigung von 50 000 ausländischen Landarbeitern genehmigt wurde.

# SA-Männer neuerdings auch in japanischen Kaufhäusern

**Januar.** Im Kaufhaus »Shirokiya« in Tokio findet die Ausstellung »Neue deutsche Kultur« statt, die vom deutsch-japanischen Kulturinstitut ausgerichtet und vom japanischen Kultusministerium unterstützt wird.
In der Ausstellung, die nach Tokio in einer Reihe weiterer japanischer Städte zu sehen ist, präsentiert sich das nationalsozialistische »neue Deutschland« mit Fotografien, Grafiken und Pappmachéfiguren dem fernöstlichen Besucher als militärisch straff geordneter Einheitsstaat. Die massive deutsche Sympathiewerbung in Japan steht in Zusammenhang mit der politischen Annäherung zwischen den beiden Staaten, die auf internationaler Ebene wegen ihrer aggressiven Außenpolitik isoliert sind.

*Ein SA-Mann aus Pappmaché vor dem Warenhaus in Tokio*

*Besucher vor einem Foto des Nürnberger Reichsparteitags 1934*

*Transparente weisen auf die NS-Ausstellung im Kaufhaus hin.*

# Roosevelt führt Reformpolitik weiter

**4. Januar.** In seiner Jahresbotschaft vor dem Kongreß in Washington kündigt US-Präsident Franklin Delano Roosevelt eine Modifizierung der Politik des sog. New Deal (Neue Handlungsweise) an, die er bei seiner Amtsübernahme 1933 begonnen hatte. Der »New Deal« soll die Folgen der Weltwirtschaftskrise in den USA überwinden helfen.

Als wesentliche Punkte seines neuen Wirtschaftsprogrammes nennt der Präsident:

- ▷ Die bessere Nutzung und Verteilung der natürlichen Ressourcen des Landes
- ▷ staatliche Ausgaben zur Beschäftigung der rund fünf Mio. Arbeitslosen anstelle von Fürsorgezahlungen
- ▷ Nutzung dieser Arbeitsbeschaffungsmaßnahmen zur Beseitigung städtischer Elendsviertel durch Wohnungsbau und zur Eindämmung der in den Agrargebieten des Mittelwestens rasch fortschreitenden Bodenerosion.
- ▷ die Errichtung einer »neuen Ordnung« im Sozialbereich durch die Einführung einer Arbeitslosen-, Renten- und Krankenversicherung.

Bekämpfte die »New-Deal«-Politik bislang die unmittelbaren Folgen der Weltwirtschaftskrise in den USA durch Nothilfezahlungen für Arbeitslose, Absicherung des Bankwesens und Wirtschaftsankurbelung, so markiert die Roosevelt-Rede eine zweite Phase des New Deal. Dieser Abschnitt ist durch umfangreiche Sozialreformen zugunsten von Arbeitern und kleinen Farmern gekennzeichnet. Roosevelts Politik bricht angesichts einer Arbeitslosenrate von 21,9% (1934) mit der traditionellen Nichteinmischung des US-amerikanischen Staates in Angelegenheiten der individuellen Lebensführung, wozu in den USA auch Wirtschaft und Arbeit zählen. Mit seinem Plädoyer für einen bewußteren Umgang mit der Natur betritt der Präsident ebenfalls Neuland.

Die populären sozialen Maßnahmen färben auch auf die Demokratische Partei ab, der Roosevelt angehört, und bringt ihr den Ruf der »Partei des kleinen Mannes« ein. Von den Präsidentschaftswahlen 1936 an wird sie auch von der schwarzen Bevölkerung der USA mehrheitlich gewählt.

*Farmer vor seinem Haus im US-Bundesstaat Oklahoma; die Landwirtschaft des Mittelwestens ist besonders betroffen von Bodenerosion, Dürre und Armut.*

## »New Deal«: Der Staat greift ein

Nachdem Roosevelts Vorgänger im Präsidentenamt, Herbert C. Hoover (1929–1933), kein Mittel gegen die katastrophalen Folgen der seit 1929 andauernden Wirtschaftskrise in den USA gefunden hatte, plädiert Roosevelt mit seinem »New Deal« (ursprünglich aus dem Kartenspiel stammender Begriff) für radikale staatliche Interventionen in die Wirtschaft und Arbeitsbeschaffung durch öffentliche Ausgaben. Einen Großteil seines Programms konnte der Präsident bereits in den ersten hundert Tagen seiner Amtszeit durchsetzen, als eine Flut neugeschaffener Bundesbehörden z. B. Löhne, Preise und Wettbewerbsbedingungen zu regeln begann. Das Ziel, die hohe Arbeitslosigkeit zu beseitigen, erreichte Roosevelt mit seinen Maßnahmen jedoch nicht. Die tiefgreifenden Reformen des »zweiten New Deal« (1935 bis 1939), den Roosevelt in seiner Jahresbotschaft einleitet, installieren erstmals ein soziales Netz und einklagbare gewerkschaftliche Rechte in der US-Gesellschaft.

# Kolonialregierung warnt vor neuen Plänen Gandhis

**3. Januar.** Die britische Kolonialregierung in Delhi warnt die Provinzregierungen vor neuen Aktivitäten Mohandas Karamchand Gandhis, einem Führer der indischen Unabhängigkeitsbewegung.

Gandhi organisiere insgeheim die Volksmassen, um einen neuen Feldzug des bürgerlichen Widerstands zu eröffnen. Dabei gründe er harmlos erscheinende industrielle Dorfverbände, die in Wirklichkeit Organisationen für seine politische Bewegungen seien.

Gandhi, gen. Mahatma (»dessen Seele ist groß«), war bis zu seinem Austritt 1934 der Führer des Indischen Nationalkongresses (INC). Unter seiner Präsidentschaft entwikkelte sich die Partei zu einer Massenbewegung, die eigenständige politische Interessen gegenüber der Kolonialmacht Großbritannien vertrat.

Gandhis pazifistische Lebensphilosophie bestimmt seinen Kampf für die Unabhängigkeit Indiens. Mit seinem gewaltlosen Widerstand, der durch die Methode des »Festhaltens an der Wahrheit« gekennzeichnet ist, will er den politischen Gegner zur Einsicht in sein Fehlverhalten und zur Änderung seines Verhaltens bringen. Um seine Ziele durchzusetzen, weigert er sich z. B. mit Behörden zusammenzuarbeiten und entwickelt die Methode des bürgerlichen Ungehorsams. Seine einzigartige politische Macht gründet besonders auf seiner Überzeugung, daß politisches Handeln nur auf der Basis von moralischen Grundsätzen stattfinden darf.

Durch unkonventionelle Maßnahmen wie der »home-spun-Idee«, der Förderung des Spinnens in indischen Familien und dem damit verbundenen Boykott britischer Textilien, sowie seinem »Salzmarsch«, den er 1930 aus Protest gegen das britische Salzmonopol unternahm, kam es immer wieder zu Konflikten mit den britischen Behörden.

Zusammen mit zahlreichen Anhängern wurde Gandhi wiederholt verhaftet. Wegen seines hohen Ansehens im Ausland – Gandhi nimmt als Vertreter des INC an mehreren Konferenzen teil – wird er jedoch auf internationalen Druck hin wieder freigelassen. Gegen den gewaltlosen Widerstand finden die britischen Behörden kein Mittel.

***Gandhi-Widerstand für Indien***

*Der indische Freiheitskämpfer und Verfechter des gewaltlosen Widerstandes Mohandas Karamchand Gandhi kämpfte als junger Rechtsanwalt in Südafrika für die dort lebenden indischen Einwanderer. 1912 legte er ein Gelübde zum Verzicht auf jedes Privateigentum ab. Zurück in Indien, leitete Gandhi zwischen 1920 und 1934 den INC als Präsident. In dieser Eigenschaft führte er die Kampagnen des bürgerlichen Widerstands gegen die britische Kolonialregierung an. 1934 gab er sein Amt auf und zog sich für zwei Jahre vom politischen Leben zurück.*

# Japaner greifen chinesische Städte an

**23. Januar.** 2000 japanische und mandschurische Soldaten attackieren vom Staatsgebiet Mandschukuos aus chinesisches Territorium im Osten der Provinz Chahar. Der Angriff ist Teil der bewaffneten Grenzkonflikte, die Japan seit 1934 mit dem Ziel provoziert, von der Basis seines Satellitenstaates Mandschukuo aus ein »Groß-Ostasien« unter Einbezug weiter Teile Chinas zu errichten. In der Mandschurei hatte dieses Expansionsstreben bereits Erfolg.

Unter dem Vorwand, das Gebiet entgegen japanischen Forderungen nicht entmilitarisiert zu haben, greifen die japanisch-mandschurischen Truppen mit Bombenflugzeugen, Artillerie und Infanterie die Städte Kuyuan, Tungshatse und Tushihkou an. Die chinesische Zentralregierung in Nanking beschuldigt Japan, die Zivilbevölkerung in den Orten zu bombardieren, was von Japan abgestritten wird.

Für das sich rasch industrialisierende Japan bildete die zum chinesischen Staatsgebiet zählende Mandschurei aufgrund ihrer geographischen Nähe, ihrer reichen Bodenschätze, der Fruchtbarkeit des Landes und der relativ spärlichen Bevölkerung seit dem späten 19. Jahrhundert das Hauptziel imperialistischen Expansionsstrebens. Nach der Abdankung des letzten Kaisers der Mandschu-Dynastie, P'u I, im Jahr 1912 und dem Scheitern der ersten chinesischen Republik (1916) wurde die Herrschaft in China zunehmend von einer Vielzahl regionaler und lokaler Militärkommandeure ausgeübt, während der Einfluß der Zentralregierung schwand.

Die Schwäche der chinesischen Regierung ermöglichte Japan 1931 die Besetzung der Mandschurei und 1932 die Proklamation des Marionettenstaates Mandschukuo. Von Tokio aus wurde P'u I 1932/34 als Kaiser des neuen Staatsgebildes installiert. Auf die Proteste des Völkerbundes gegen sein Vorgehen reagierte Tokio mit dem Austritt aus dem Völkerbund (1933). Seither bedrängt Japan die chinesische Regierung mit Ultimaten, die den Rückzug der chinesischen Militärs aus den angrenzenden Provinzen fordern und die als Vorboten einer weiteren territorialen Expansion Japans gedeutet werden.

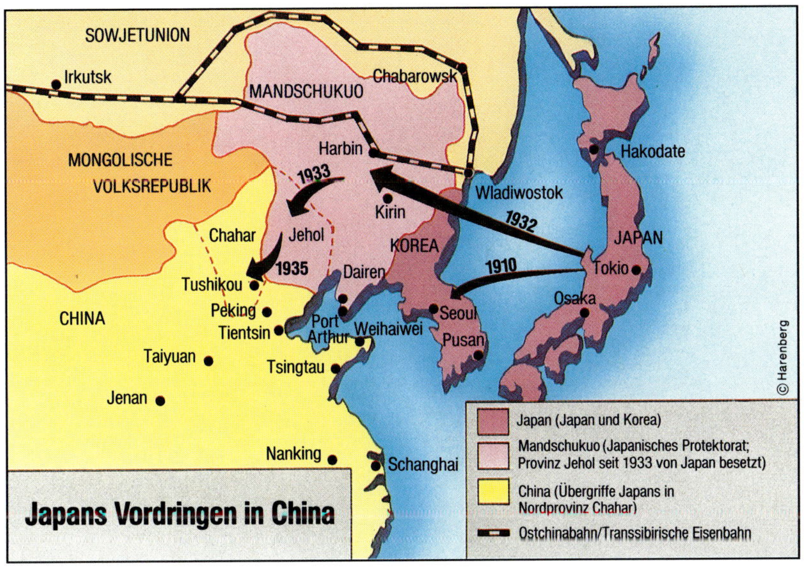

Japans Vordringen in China

# Mao Tse-tung übernimmt Führung der KP

**6. Januar.** Während einer Ruhepause auf dem sog. Langen Marsch wird Mao Tse-tung in der Stadt Tsunyi (Provinz Kweitschou) zum Vorsitzenden des Politbüros der Kommunistischen Partei Chinas (KPCh) gewählt (→ 20. 10./S. 171).

Die Kuomintang-Partei (KMT), die in Nanking die chinesische Zentralregierung führt, war 1922 ein Zweckbündnis mit der ein Jahr zuvor gegründeten KPCh eingegangen. Das hatte die UdSSR zur Bedingung ihrer Unterstützung beim Aufbau einer nationalen Republik gemacht. Schon bevor dies 1928 gelang, löste Chiang Kai-sheks KMT 1927 das Bündnis und begann, die Kommunisten zu verfolgen. Diese errichteten 1931 eine »Sowjetrepublik« in der im Osten gelegenen Provinz Kiangsi und enteigneten dort die Großgrundbesitzer zugunsten von Kleinbauern. Nach fünf Belagerungsfeldzügen durch Chiang Kai-sheks Truppen zog sich die kommunistische Rote Armee im Oktober 1934 aus Kiangsi zurück und trat den »Langen Marsch« an, um im Nordwesten Chinas einen neuen Stützpunkt aufzubauen.

*Mao Tse-tung wurde 1893 als Sohn eines reichen Bauern geboren. 1921 nahm er an der Gründung der Kommunistischen Partei Chinas (KPCh) teil und führte seit 1928 die Partisanen- und Rätebewegung südchinesischer Bauern an, ehe er Anfang der 30er Jahre vorübergehend seine Machtposition in der KPCh einbüßte.*

*Händedruck der Regierungsvertreter beim Vertragsabschluß in Tokio*

# UdSSR verkauft Eisenbahn an Japan

**21. Januar.** Die Sowjetunion verkauft die durch die nördliche Mandschurei laufende Ostchinabahn an das von Japan dominierte Mandschukuo. Mit diesem Schritt überläßt sie den Einfluß in der Mandschurei endgültig Japan.

In Tokio handeln die Vertreter der Regierungen einen Preis von 170 Mio. Yen (rund 101 Mio. RM) für die Eisenbahnstrecke aus, die von »Ostchinabahn« in »Nord-Mandschurische Bahn« umbenannt wird. Ein Drittel des Gesamtbetrags bezahlt Mandschukuo in bar, den Rest läßt sich die Sowjetunion in den nächsten drei Jahren in Form von Gütern wie Seide und Kupfer bezahlen.

Rußland hatte aufgrund eines Geheimvertrages mit China im Jahr 1896 den Bau der Ostchinabahn von Sibirien nach Wladiwostok als Endstück der transsibirischen Eisenbahn begonnen und 1916 fertiggestellt. Dieser Schritt richtete sich gegen die japanischen Interessen in der zu China gehörigen Mandschurei. Die Spannungen zwischen den beiden Ländern gipfelten 1904/05 im russisch-japanischen Krieg: Rußland mußte den Süden der Mandschurei Japan als Interessensphäre überlassen. In der Folge versuchten beide Länder, den Status quo gegen wirtschaftliche Interessen dritter Staaten, vor allem den USA, zu sichern. Nach der Oktoberrevolution 1917 konzentrierte sich das bolschewistische Rußland auf die innenpolitische Stabilisierung und überließ die De-facto-Herrschaft über die Nord-Mandschurei Japan.

# Urteile nach Mord an Kirow

**17. Januar.** Der Oberste Sowjetische Gerichtshof in Leningrad verurteilt die ehemaligen hohen Parteifunktionäre Grigori J. Sinowjew und Lew B. Kamenew zu zehn bzw. fünf Jahren Gefängnis.

Den beiden Politikern, die zwischen 1923 und 1925 neben Parteichef Josef W. Stalin die Führung der Kommunistischen Partei der Sowjetunion (KPdSU) innehatten, wird die »moralische Verantwortung« für die Ermordung des Leningrader Parteisekretärs Sergei M. Kirow (1. 12. 1934) zugeschrieben.

Der Mord dient Stalin als Vorwand, durch Massenverhaftungen wirkliche und vermeintliche politische Gegner aus dem Weg zu räumen. Dazu zählen auch Sinowjew und Kamenew, die 1925 gemeinsam mit Leo Trotzki die »Vereinigte Opposition« gegen Stalin gebildet hatten und dafür 1926/27 aller Parteiämter enthoben worden waren. Der Mord an Kirow geht auf Stalins eigene Initiative zurück. Kirow galt als enger Vertrauter Stalins. Er hatte eine steile Karriere in der KPdSU hinter sich und saß in den höchsten politischen Führungsgremien. Wegen seiner Popularität erschien Kirow dem Parteichef als Rivale. Deshalb ließ Stalin ihn beseitigen.

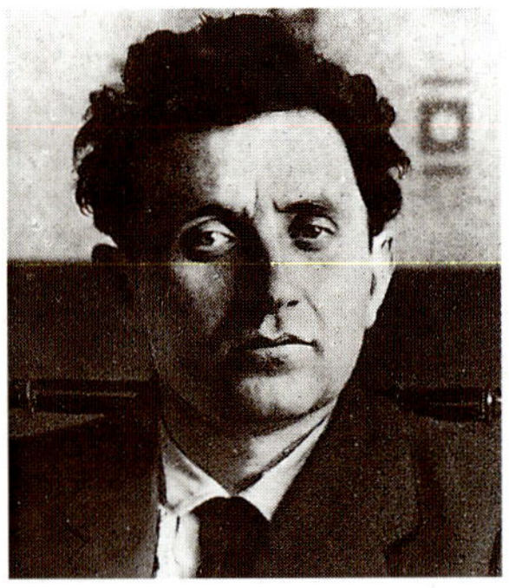

*Grigori J. Sinowjew (l.) und Lew B. Kamenew spielten eine führende Rolle in der russischen Oktoberrevolution von 1917. Weil sie Stalin im Weg stehen, werden sie zu Gefängnisstrafen verurteilt.*

## Kriegszustand in Spanien beendet

**17. Januar.** Die spanische Regierung unter Ministerpräsident Alejandro Lerroux y García wandelt den am 6. Oktober 1934 verhängten Kriegszustand in 35 der 50 Provinzen Spaniens in einen »Alarmzustand« um. Nachdem Truppenverbände den Aufstand in Asturien, der zur Verhängung des Kriegsrechts geführt hatte, im Oktober 1934 blutig niedergeschlagen haben, verfolgt die konservative Regierung dennoch weiterhin unerbittlich ihre Gegner auf seiten der Linken.

Die liberal-sozialistische erste Regierung der seit 1931 bestehenden spanischen Republik hatte bis 1933 umfangreiche Reformen begonnen, die Kernprobleme der spanischen Gesellschaft betrafen: Agrarreform mit Stoßrichtung gegen Großgrundbesitzer, Trennung von Staat und Kirche, Autonomiestatut für die Provinz Katalonien. Die Regierung Lerroux, die die Kräfte von Monarchie, Militär und katholischer Kirche repräsentiert, hatte die Reformen wieder rückgängig gemacht, was zu dem Oktoberaufstand führte.

## Hakenkreuzfahne in Südwestafrika

**11. Januar.** In einem Bericht des Völkerbundrates heißt es, NS-Propaganda in der ehemals deutschen Kolonie Südwestafrika habe die deutschstämmige Bevölkerung in zwei feindliche Lager gespalten.

Eine Gruppe von Deutschen hat demnach die Hakenkreuzfahne eingeführt und plädiert für den Wiederanschluß Südwestafrikas an das Deutsche Reich. Eine andere politische Gruppe verlangt die Aufrechterhaltung des Status quo – den Anschluß des Landes an die Südafrikanische Union.

Nach der Kapitulation der deutschen Schutztruppen am Ende des Weltkrieges erhielt die Südafrikanische Union 1920 vom Völkerbund das Mandat über das Land zugesprochen. Um nationalsozialistische Propaganda einzugrenzen, wurde 1933 ein Gesetz erlassen, das die Anstiftung zum Boykott jüdischer Geschäfte, das Tragen von Uniformen und die Gründung unionsfeindlicher Organisationen verbietet. Dennoch gründete sich eine NS-Organisation, die 1934 verboten wurde.

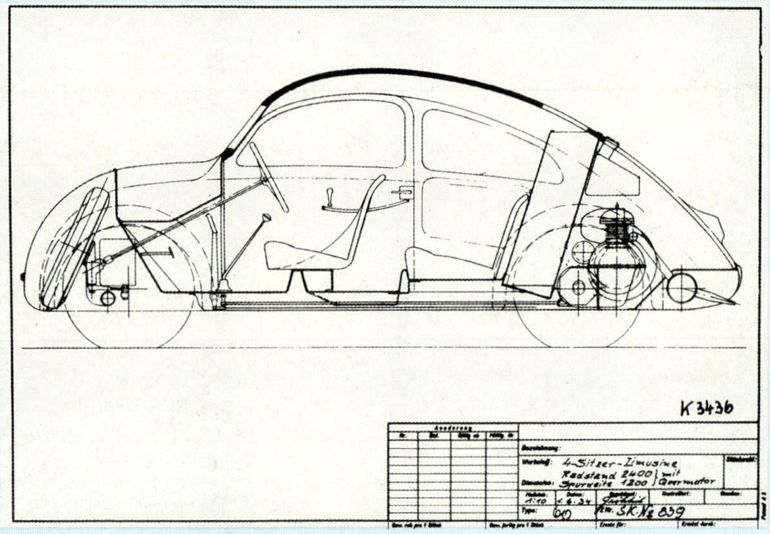

*△ Porsche-Konstruktionszeichnung für den VW-Prototyp; die viersitzige Limousine mit luftgekühltem Heckmotor soll etwa 1000 RM kosten.*

*◁ An die Speicherung von Benzol bei der Kohlevergasung knüpfen sich große Hoffnungen für eine unabhängige deutsche Treibstoffversorgung.*

*▽ Grafik der »Leipziger Illustrirten Zeitung« zur Gasnutzung.*

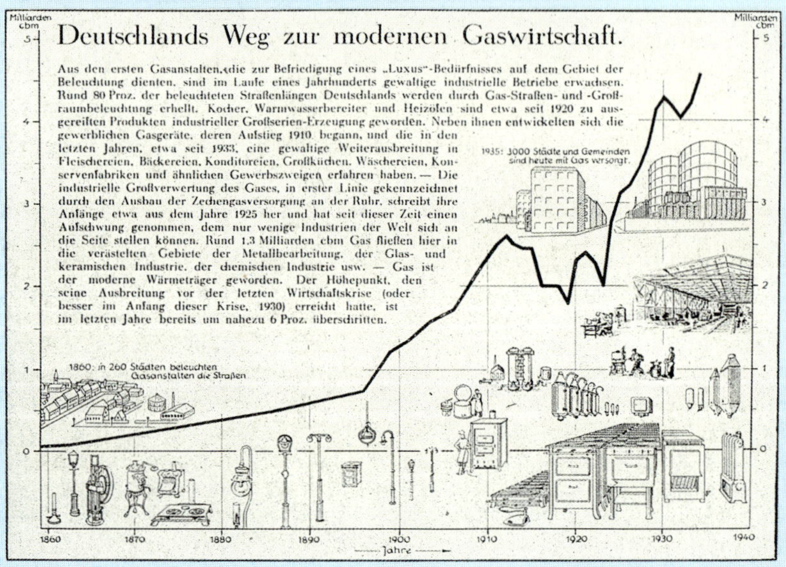

Wissenschaft und Technik 1935:

# Synthetische Stoffe: Das Plastikzeitalter bricht an

Die Schwerpunkte technischen Fortschritts liegen 1935 auf dem Kunststoffsektor und in der Phonobranche. 1912 hatten deutsche Chemiker ein Patent auf ein Verfahren zur Herstellung von Polyvinylchlorid (PVC) angemeldet. Das neue Synthetikmaterial war aber noch hart und brüchig und für die großindustrielle Produktion ungeeignet. Jetzt findet der deutsche Chemiker G. Wick ein Verfahren, PVC bei Temperaturen über 150 °C zu verarbeiten, was die Massenerzeugung des Kunststoffes ermöglicht. Im April wird darüber hinaus ein neuer PVC-Typ durch Einsatz von Weichmachern entwickelt. Dies ist die Grundlage für die Verwendung von PVC als universeller Werkstoff für Rohre, Schläuche, Behälter aller Art, Fußbodenbeläge, Spielzeuge und vieles mehr.

Technisch neu in der Kunststoffindustrie ist die Formgebung durch Spritzgießen. Nach diesem Verfahren lassen sich selbst komplizierte Formteile wirtschaftlich in großen Mengen herstellen. Dafür sind zunächst nur Kunststoffe geeignet, die durch Erwärmen weich werden und beim Abkühlen erhärten.

Als völlig neuer Kunststoff macht ein Material des US-amerikanischen Chemikers Wallace Hume Carrothers und seiner Mitarbeiter von sich reden: Das Nylon, das zielstrebig nach sorgfältigen Analysen des molekularen Aufbaus von Naturseide entwickelt wurde. Die großtechnische Erzeugung von Nylon nimmt 1938 der US-Konzern Du Pont de Nemours auf.

Ein zweites Feld umfassender technischer Neuerungen ist der Bereich Rundfunk/Film/Fernsehen. In Deutschland geht 1935 der erste UKW-Sender in Betrieb. Zugleich nimmt in Berlin der erste reguläre, vollelektronisch arbeitende Fernsehsender der Welt seine Tätigkeit auf (→ 22. 3./S. 59). Während sich die Filmaufnahmen nur optisch speichern lassen, entwickeln die deutschen Unternehmen AEG und I. G. Farben gemeinsam ein Kunststoffband mit einer magnetisierbaren Eisenoxidbeschichtung für die Magnettonaufzeichnung. Der neue dünne Tonträger ersetzt die seit 1928 gelegentlich verwendeten Stahlbänder.

Für die Übertragung von Fernsehsignalen, vor allem aber für die Fortleitung telefonischer Ferngespräche werden in Deutschland erstmals Koaxialkabel, konzentrisch aufgebaute Doppelleiter, eingesetzt. Der schon 1884 von Sebastian de Ferranti erfundene Kabeltyp kennt keine Energieverluste durch Abstrahlung und gestattet die Übertragung hoher Frequenzen.

Interessant für das breite Kinopublikum wird 1935 ein fünf Jahre zuvor entwickeltes Verfahren: Technicolor. Der erste abendfüllende Spielfilm in Farbe heißt »Becky Sharp« und kommt aus den USA.

Aufsehen in der Öffentlichkeit erregt auch ein im Auftrag Adolf Hitlers von dem österreichischen Kraftwagenkonstrukteur Ferdinand Porsche entwickelter neuer Kraftfahrzeugtyp, der »Volkswagen« (VW). War das Automobil bislang ein Luxusgut, so soll es – ähnlich wie der »Volksempfänger« – nunmehr für die breite Bevölkerung erschwinglich werden. Dem VW-Prototyp folgen 1936 die drei ersten Testwagen. Zur Massenproduktion kommt es aber erst nach dem Zweiten Weltkrieg.

Zwei technische Superlative unterschiedlicher Natur hat die Energiewirtschaft zu verzeichnen. In den USA wird an der Grenze zwischen Nevada und Arizona im Boulder-Canyon der 221 m hohe und 379 m lange Hoover-Staudamm fertiggestellt (→ 1. 2./S. 42). Er ist Teil eines Wasserkraftwerks von 1250 Megawatt elektrischer Leistung. Schließlich geht bei Jalta am Schwarzen Meer das erste nennenswerte Windkraftwerk mit 100 kW elektrischer Leistung in Betrieb.

Der neue Windkanal der Royal Air Force bei der Einweihung

## Windsimulation spart Benzin

In Farnborough wird Großbritanniens erster Windkanal für Flugzeuge eingeweiht. Bei Windkanalversuchen wird das Flugzeug simulierten Windgeschwindigkeiten bis zu 185 km/h ausgesetzt. Die britische Luftwaffe hofft, durch die bei den Versuchen gewonnenen Erkenntnisse in Zukunft Benzin einsparen zu können.

Die Erbauer des AEG-»Magnetophons« präsentieren ihr Werk.

## Tonbandtechnik verbessert

Durch eine Gemeinschaftsentwicklung zweier deutscher Firmen, der AEG und der I. G. Farben, tritt die Technik des Tonbandgerätes in eine neue Phase: Dünne und flexible Kunststoffbänder mit einer Eisenoxidbeschichtung machen aufwendige Stahlbänder überflüssig. Zunächst bedienen sich Rundfunkanstalten der Erfindung.

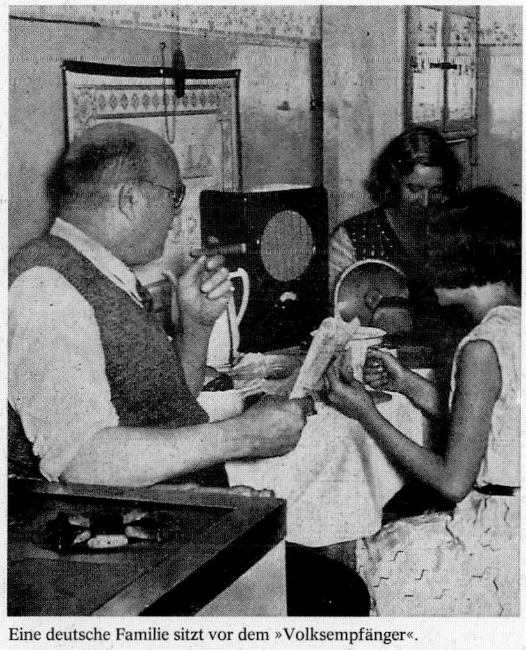

Eine deutsche Familie sitzt vor dem »Volksempfänger«.

## Radio wird selbstverständlich

Der »Volksempfänger« gehört nicht zu den technischen Spitzenleistungen seiner Zeit. Das 1933 auf Veranlassung des Propagandaministeriums entworfene Rundfunkgerät besitzt nur einen Mittelwellenteil, mit dem ausländische Sender meist nicht zu empfangen sind. Die Großserienfertigung macht das Gerät dafür erschwinglich.

# Kartenvorverkauf für Olympische Spiele 1936 beginnt

**1. Januar.** Am ersten Tag des neuen Jahres beginnt der Kartenvorverkauf für die XI. Olympischen Sommerspiele, die vom 1. bis 16. August 1936 in Berlin ausgetragen werden.
Die ersten auf deutschem Boden stattfindenden Olympischen Sommerspiele werden vom NS-Staat, der sich von dem Sportereignis vor allem Prestigegewinn im Ausland verspricht, mit großem organisatorischen Aufwand vorbereitet. An der spektakulären Veranstaltung nehmen 4069 Sportler aus 49 Ländern teil und kämpfen um 129 Goldmedaillen in 20 Sportarten. Das Deutsche Reich selbst stellt mit 470 Teilnehmern erstmals die größte Mannschaft bei den Spielen.
In den Vorverkauf kommen drei verschiedene Arten von Eintrittskarten: Einzelkarten, die für eine Sportart an einem Tag gelten; Dauerkarten, die für alle Wettkämpfe einer Sportart gelten, und sog. Olympiapässe, die zum Besuch aller Veranstaltungen an allen Tagen berechtigen. Der übertragbare Olympiapaß kommt mit Jahresbeginn in den Verkauf, die Dauerkarten können ab Anfang Juli erworben werden. Stehplatzkarten werden im Vorverkauf für Haupttage mit Entscheidungskämpfen für 2 RM, an anderen Tagen zum Preis von 1 RM verkauft. Für Sitzplatzdauerkarten setzt das Organisationskomitee der Olympischen Spiele die Kartenpreise in drei verschiedenen Kategorien fest.
Im Zuge der Vorbereitung der Spiele ist bereits mit umfangreichen Baumaßnahmen begonnen worden. Bei Döberlitz, 14 km vom Reichssportfeld entfernt, wird das olympische Dorf errichtet. Hier werden für die rund 3000 männlichen Sportler aus aller Welt Unterkünfte und Trainingsstätten gebaut. Je zwei Sportler werden in 12 m² großen Zimmern untergebracht. Die Kosten für Verpflegung und Beförderung zu den Wettkampfstätten betragen 6 RM pro Tag und Sportler. Die weiblichen Teilnehmerinnen werden in gesonderten Quartieren untergebracht, Besuchern ist der Zutritt zum Olympiadorf nicht gestattet.
Geplant sind weiterhin ein Empfangsgebäude, ein Wirtschaftsgebäude mit 40 Küchen, Badehäuser und eine Sportplatzanlage, die genau den Maßen der Olympiasportstätte entspricht. Ferner ist der Bau einer Thingstätte im olympischen Dorf vorgesehen, einer Freilichtbühne für Schauspielaufführungen.
Nach dem Tod des Reichspräsidenten Paul von Beneckendorf und von Hindenburg im August 1934 hat Hitler persönlich die Schirmherrschaft über die Spiele übernommen.

*Der Wettlauf um Karten für die Olympischen Spiele setzt gleich nach der Eröffnung des Vorverkaufs ein: An der Verkaufsstelle des Organisationskomitees in der Hardenbergstraße in Berlin drängen sich die Sportbegeisterten, da nur ein begrenztes Kontingent an Karten in den Vorverkauf kommt.*

### Sitzplatzkarten für Olympia '36

| | Kat. I | Kat. II | Kat. III |
|---|---|---|---|
| Olympiapaß | 100,– | 60,– | 40,– |
| Dauerkarten: | | | |
| Leichtathletik | 40,– | 30,– | 20,– |
| Schwimmen | 40,– | 30,– | – |
| Boxen | 40,– | 30,– | 20,– |
| Fechten | 35,– | – | – |
| Rudern und Kanu | 35,– | 25,– | – |
| Ringen und Gewichtheben | 30,– | 20,– | – |
| Fußball (Schluß- und Zwischenrunde) | 30,– | 20,– | 15,– |
| Hockey | 25,– | – | – |
| Handball | 15,– | – | – |

Eleganz und Leichtheit signalisiert das Werbefoto für Dosenbier; auch Frauen sind angesprochen.

## Ex und Hopp: Dosenbier ist auf dem Markt

**24. Januar.** *Die Firma »Krueger Beer« bringt in Richmond (US-Bundesstaat Virginia) erstmals Dosenbier auf den Markt. Zwei Jahre nach dem Ende der 13 Jahre dauernden Prohibition in den USA – dem Verbot, alkoholische Getränke herzustellen und zu verkaufen – trägt dieser Schritt zu einer Revolutionierung US-amerikanischer Trinkgewohnheiten bei: Die Bierdose überflügelt in der Beliebtheit der Konsumenten Pfand- und Einwegflaschen, weil sie leichter, unzerbrechlich und damit besonders auf Reisen praktischer ist. In Europa bleibt Dosenbier dagegen relativ unwichtig.*

Entwurzelte Bäume und umgeknickte Laternenpfähle in einer französischen Ortschaft

## Winterliche Unwetter legen Verkehr lahm

**28. Januar.** *Schwere Unwetter in Südwesteuropa und in weiten Teilen des Balkans richten großen Sachschaden an und legen den Betrieb der internationalen Bahnverbindungen für einige Tage lahm.*
*Durch beginnendes Tauwetter und starke Regenfälle in den vergangenen Wochen kommt es in Bulgarien, Rumänien und in Teilen Griechenlands zu Überschwemmungen, die zur Zerstörung von Brücken und Dämmen führen und ganze Ortschaften von der Umwelt abschneiden. In Spanien führen Schneestürme zum Zusammenbruch des Verkehrswesens.*

## Habilitation nur mit Ariernachweis

**3. Januar.** Der Reichs- und preußische Minister für Wissenschaft, Erziehung und Unterricht, Bernhard Rust, erläßt eine neue Habilitationsordnung, wonach der Nachweis arischer Abstammung des Bewerbers und seines Ehepartners für die Habilitation obligatorisch wird.

Mit dieser Maßnahme wird die »Reinigung« der Universitäten fortgesetzt, der schon 1933 durch die Anwendung des Arierparagraphen auf Hochschulangestellte 1200 jüdische Professoren zum Opfer fielen. Das Ausscheiden dieser Professoren aus dem Universitätsbetrieb hatte ein deutliches Absinken des wissenschaftlichen Niveaus zur Folge.

Neben den wissenschaftlichen Prüfungen muß der Bewerber in Zukunft auch einen Dienst in einem nationalsozialistischen Gemeinschaftslager ableisten. Diese Trainingslager dienen der körperlichen Ertüchtigung der Akademiker und sollen die »Vereinigung der Arbeiter der Stirn und der Faust« vorantreiben. Die Beurteilung dieses Dienstes fließt in die Entscheidung über den Habilitationsantrag ein.

## »Völkische Lehre« im Jurastudium

**18. Januar.** Reichserziehungsminister Bernhard Rust erläßt eine neue Studienordnung für das Fach Jura, die für die ersten zwei Semester die Lehre der »völkischen Grundlagen der Wissenschaft« als Pflichtfach für die Studenten festlegt.

Vorlesungen über Rasse und Sitte, Volkskunde und die politische Entwicklung des Deutschen Reichs besonders in den letzten 100 Jahren soll der »Heranbildung eines volksnahen und umfassend gebildeten Rechtswahrerstandes« dienen. Mit diesem Erlaß geht erstmals nationalsozialistisches Gedankengut in die Planung eines Universitätsstudiums ein. Als Grundlage seines mindestens sechs Semester dauernden Studiums soll dem Studenten die nach der nationalsozialistischen Ideologie notwendige Verknüpfung von Recht und Rasse vermittelt werde. Der erste Leitsatz für Jurastudenten lautet: »Ihr sollt nicht Prüfungskenntnisse in Euch anhäufen, sondern Wahrer des deutschen Rechts werden«.

*Der tschechische Außenminister Beneš und seine Frau*

*Hitlerstellvertreter Rudolf Heß (M.) auf Skiern*

## Wintervergnügen für Prominente

Der immer beliebter werdende Wintersport lockt internationale Prominenz in die Alpen. Neben bekannten ausländischen Persönlichkeiten des öffentlichen Lebens finden sich auch die Parteigrößen der NSDAP in den bekannten Wintersportorten ein und geben sich beim Skifahren unbekümmert volksnah und sportlich.

Die weiße Pracht wird jedoch auch zur Wehrhaftmachung des Heeres genutzt: Beim Patrouillenlauf der Heeres-Skimeisterschaft werden Laufausdauer und die schießsportlichen Fähigkeiten der Teilnehmer trainiert.

*Der preußische Ministerpräsident Hermann Göring (r.) verbringt seinen Winterurlaub in den bayerischen Alpen; hier bei einem Skiausflug in der Nähe seines Landhauses. In der Öffentlichkeit gibt sich Göring gerne naturverbunden, was besonders in seiner Funktion als Reichsforstmeister zum Ausdruck kommt.*

*S. Hoare, britischer Politiker*

*Joseph Goebbels im Viererbob*

*Indische Prinzessin auf dem Eis*

## Kaschnitz gewinnt Lyrikwettbewerb

**3. Januar.** Bei einem Lyrikwettbewerb der Frauenzeitschrift »Die Dame« wird die deutsche Dichterin Marie Luise Kaschnitz mit dem ersten Preis ausgezeichnet.

Die gelernte Buchhändlerin Marie Luise Kaschnitz, geboren am 31. Januar 1901, steht in den 30er Jahren am Anfang ihrer Karriere als Schriftstellerin.

Die mit 1000 RM dotierte Auszeichnung erhält Kaschnitz für ihr Gedicht »Die Wellen«. Kaschnitz' Dichtung ist stark autobiographisch geprägt. Ihren ersten großen Erfolg hatte sie 1933 mit dem Roman »Liebe beginnt«.
Zu den weiteren Preisträgern gehören einige noch völlig unbekannte Dichter. So wird u.a. das Gedicht »Der Dieselmotor« des Arbeiterdichters Heinrich Dachs prämiert.

*Die Schwimmerin Hanni Hölzner zeigt sich in Kopenhagen in Bestform.*

## Hölzner schwimmt 100-m-Weltrekord

**15. Januar.** Hanni Hölzner aus Plauen verbessert bei einem International besetzten Schwimmfest in Kopenhagen den Weltrekord über 100 m Brust um eine Zehntelsekunde auf 1:24,5 min.
Die 200-m-Strecke, auf der sie 1934 EM-Silber holte, gewinnt sie in 3:10,7 min. Die 22jährige stellt am 3. März über 200 Yards (2:48,0 min) einen weiteren Weltrekord auf.

## Chaplin-Filme unter Zensur

**8. Januar.** Auf Veranlassung von Reichspropagandaminister Joseph Goebbels verbietet die Filmoberprüfstelle einem Berliner Kino die Wiederaufführung des Charlie-

Der am 16. April 1889 geborene britische Schauspieler, Drehbuchautor und Produzent Charlie Chaplin dreht seit 1923 alle Filme der United Artist Corporation, die er 1919 mitbegründet hat.

Chaplin-Films »Goldrausch« aus dem Jahr 1925.
In der Begründung für das Verbot heißt es, der Film entspreche nicht »dem Geist der neuen Zeit«. »Goldrausch« war mit großem Erfolg im Deutschen Reich gespielt worden, wurde jedoch zuletzt nur noch in kleinen Lichtspielhäusern aufgeführt. In Zukunft fallen alle Filme des weltberühmten jüdischen Schauspielers unter die Zensur.

*Das deutsche Team, hier im Spiel gegen Italien, belegt Platz neun.*

## Kanada verteidigt Eishockey-Titel

**27. Januar.** Bei der Eishockey-Weltmeisterschaft in Davos verteidigt die Mannschaft Kanadas ihren Titel durch einen 4:2-Sieg über die Schweiz, die Europameister wird.
Die deutsche Mannschaft, 1934 noch Europameister und WM-Dritter, enttäuscht diesmal: Sie qualifiziert sich nicht für das Finalturnier der besten Acht und wird als Sieger der Trostrunde nur Neunter.

Musik 1935:

## Kultur: »Armes Deutschland«

Das deutsche Musikleben im Jahre 1935 vollzieht sich größtenteils reibungslos und erweckt mit einer Vielzahl von Veranstaltungen aller Art den Eindruck – insbesondere im europäischen Ausland – als gäbe es keinerlei nennenswerte Spannungen oder gar Kontroversen zwischen privaten Initiativen und den Anordnungen des herrschenden NS-Systems.
Dieser Zustand paßt durchaus in das Konzept der nationalsozialistischen Kulturfunktionäre, da anläßlich der im nächsten Jahr stattfindenden Olympischen Spiele in Berlin – die auch ein umfassendes kulturelles Beiprogramm beinhalten – für die zahlreichen aus dem Ausland zu erwartenden Besucher die »Schokoladenseite« des NS-Kulturlebens vor Augen und Ohren geführt werden soll. Zu keinem Zeitpunkt der nationalsozialistischen Diktatur wird – von der Ausschaltung jüdischer Künstler im Musikbetrieb einmal abgesehen – ein derart großes Maß an Toleranz geduldet wie im Jahre 1935. Natürlich wird dieser Trend von der Goebbels'schen Propagandamaschinerie auch entsprechend verwertet.
Daß die ersten Jahre der NS-Herrschaft im Bereich der Künste generell ohne größere Differenzen verlaufen, ist zudem dem Umstand zu verdanken, daß das System noch keine massive Auslandskritik gebrauchen kann.
Führende Kräfte in der Musik – z.B. der Komponist Paul Hindemith – sondern sich mehr und mehr vom NS-Kulturleben ab, werden sogar als »undeutsch« verfemt (→28. 2./S. 44) und emigrieren schließlich ins Ausland. Wegen des »Totschweigens« derartiger Vorkommnisse bleiben sie für die Bevölkerung weitgehend unbekannt.
Somit demonstrieren die NS-Kulturfunktionäre und ihre zentral zusammengefaßten »Fachkammern« nach außen hin das Bild vollständiger Harmonie.
Im Vorfeld der Olympiade ist dem System praktisch alles genehm, was den Eindruck einer ungetrübten und großartigen Vielfalt in künstlerischen Belangen erweckt. Verschiedene Uraufführungen neuer Operetten und Opernwerke – z.B. »Der Günstling« von Rudolf Wagner Régeny, »Der Prinz von Homburg« von Paul Graener oder »Die Zaubergeige« von Werner Egk – unterstreichen diese Entwicklung, ohne hierbei einem besonderen oder gar zukunftsweisenden künstlerischen Anspruch zu genügen. Werner Egks Oper fügt sich z.B. nahtlos in die Auffassung der Nationalsozialisten von »Volkstümlichkeit« in der Musik ein. Er verarbeitet bayerische Weisen in seiner märchenhaften Oper und läßt Kaspar und Gretl Duette im Terzen- und Sextenstil singen. So entsteht eine leichte Unterhaltungsoper, die dem Zuhörer vertraute Melodik bietet. »Die Zaubergeige« gehört mit 198 Aufführungen bis 1941 zu den meistgespielten Werken in der NS-Musikszene.
Der Polit-Eklat bei der Uraufführung von Richard Strauss' neuestem Opernwerk, der »Schweigsamen Frau« in der Dresdener Staatsoper mit Karl Böhm am Dirigentenpult, kann vor der deutschen Öffentlichkeit jedoch nicht verheimlicht werden: Nach der glanzvollen Premiere (→24. 6./S. 114) werden weitere Aufführungen des Werkes untersagt, weil das Libretto von dem jüdischen Schriftsteller Stefan Zweig stammt. Diese Maßnahme, die die zukünftige Vorgehensweise im kulturellen Bereich nach der Berliner Olympiade 1936 vorwegnimmt, stößt im gesamten Ausland auf heftigen Widerstand und bissige Kritik. Besonders in Großbritannien und den USA, wohin bereits mehrere führende Komponisten, Musiker und Musikwissenschaftler sowie Theaterregisseure emigriert waren, weil ihr Schaffen wegen ihres Judentums im Deutschen Reich als »entartet« gebrandmarkt wurde, wird dem NS-System und seiner Zweckpolitik des Stillhaltens die Maske heruntergerissen. In diesen Ländern wird 1935 auch der Begriff »Armes Deutschland« geprägt.
Mit Konzessionen und raffinierten Tricks gelingt es den Machthabern jedoch weitgehend, derartige »Pamphlete« zumindest Mitte der 30er Jahre vergessen zu machen.
(Siehe auch Übersicht »Uraufführungen« im Anhang.)

Eine Szene aus George Gershwins Oper »Porgy and Bess«, in der ausschließlich Schwarze mitspielen.

## Gershwins zweiter großer Erfolg

George Gershwins Oper »Porgy and Bess« wird im September mit großem Erfolg in Boston uraufgeführt (→ 30. 9./S. 160).

Die Verbindung von Blues, Negro Spirituals und Jazzrhythmen in Gershwins Werken wird vom Publikum als die neue amerikanische Musik schlechthin gefeiert. Der Durchbruch gelang dem amerikanischen Musiker mit seinem Klavierkonzert mit Jazzorchester, der »Rhapsody in Blue« (1924). Danach schrieb Gershwin eine Vielzahl von Instrumentalwerken, z. B. »Ein Amerikaner in Paris« (1928). Wegen seiner jüdischen Abstammung und seiner Musik wird Gershwin im Deutschen Reich als »entarteter Künstler« verfemt.

*Im Frankfurter Opernhaus wird Werner Egks Oper »Die Zaubergeige« uraufgeführt. Das volkstümliche Werk steht unter der musikalischen Leitung von Oskar Waelterlin, das Bühnenbild stammt von Kaspar Neher.*

*Die Titelpartie der Aminta in Richard Strauss' umstrittener Oper »Die schweigsame Frau« singt Maria Cebotari (im Bild r. neben Friedrich Plaschke). Karl Böhm dirigiert die erfolgreiche Uraufführung in der Dresdener Staatsoper.*

*Der österreichische Dirigent Karl Böhm leitet als Generalmusikdirektor die Dresdener Staatsoper.*

*Der Komponist Hans Pfitzner bei der Orchesterprobe zu seinem 1917 entstandenen Hauptwerk »Palestrina«*

*Der neue Direktor der Berliner Staatsoper, Clemens Kraus, bei seiner täglichen Arbeit mit dem Orchester*

*Der junge Komponist Werner Egk feiert mit seiner Oper »Die Zaubergeige« seinen ersten großen Erfolg.*

# Februar 1935

| Mo | Di | Mi | Do | Fr | Sa | So |
|---|---|---|---|---|---|---|
| | | | | 1 | 2 | 3 |
| 4 | 5 | 6 | 7 | 8 | 9 | 10 |
| 11 | 12 | 13 | 14 | 15 | 16 | 17 |
| 18 | 19 | 20 | 21 | 22 | 23 | 24 |
| 25 | 26 | 27 | 28 | | | |

**1. Februar, Freitag**

Mit einer Flugblattaktion in Großbetrieben ruft die Deutsche Arbeitsfront zum Boykott jüdischer Ärzte und Geschäfte auf.

Das städtische Schulamt in Leipzig erläßt neue Richtlinien für den Religionsunterricht an Volksschulen. Danach sollen Lehrer künftig stärker die germanische Religion und das germanische Brauchtum gegenüber dem Alten Testament thematisieren. Es sei zu betonen, daß Jesus »schon wegen seiner arischen Abstammung als Feind des Judentums angesprochen wurde«.

In den USA wird der Bau des Colorado-Staudamms nach viereinhalb Jahren Bauzeit vollendet. → S. 42

**2. Februar, Samstag**

In einer Rede auf dem Rätekongreß in Moskau wirft der Volkskommissär für die Schwerindustrie der UdSSR, Grigori Ordschonikidse, Hitler »völlige Ignoranz in Fragen des wirtschaftlichen und des technischen Fortschritts überhaupt und der Sowjetunion im besonderen« vor.

Die deutsche Equipe gewinnt beim Berliner Reitturnier den Preis der Nationen und den Preis des Führers und Reichskanzlers vor Frankreich.

**3. Februar, Sonntag**

In London verabschieden Vertreter Frankreichs und Großbritanniens zum Abschluß einer dreitägigen Konferenz ein Kommuniqué über kollektive Sicherheit in Europa. → S. 34

Bei einem plötzlich einsetzenden Schneesturm kommen im Riesengebirge vier Menschen ums Leben.

**4. Februar, Montag**

Im Rahmen der Ermittlungen wegen Devisenvergehen (→ 17. 5./S. 89) beginnen Gestapo und Zollfahndung mit einer systematischen Durchsuchungsaktion in zahlreichen Klöstern, bei der es zu einer Reihe von Verhaftungen kommt.

Adolf Hitler erläßt eine Neuordnung des Gnadenrechts und des Rechts der Beamtenernennung. → S. 38

Reichspropagandaminister Joseph Goebbels eröffnet im Berliner Harnach-Haus das Reichsfilmarchiv, das als größtes seiner Art in der Welt gilt. In seiner Eröffnungsrede kündigt Goebbels die Schaffung eines »repräsentativen deutschen Filmes« an.

In Prag erheben die Behörden Strafantrag gegen Otto Strasser wegen illegaler Betreibung eines Rundfunksenders. Der ehemalige NSDAP-Funktionär Strasser war nach der Machtergreifung der Nationalsozialisten aus dem Deutschen Reich geflohen, weil er mit Hitlers Politik nicht übereinstimmte (→ 5. 12./S. 204).

Der österreichische Ministerrat beschließt ein Gesetz über Beamtenanwärter. Danach sollen Bewerber, die vor dem 1. Juli 1917 eine militärische Ausbildung absolviert haben, ungedienten Bewerbern gegenüber bevorzugt werden.

Internationale Hilfsorganisationen weisen in London auf die Gefahr einer Hungersnot in Teilen der Sowjetunion hin. Die schlechte Ernte des vergangenen Jahres wirke sich besonders auf die Landbevölkerung aus.

Eine Malariaepidemie in Ceylon hat nach amtlichen Schätzungen in den vergangenen Monaten mehr als 30000 Todesopfer gefordert.

**5. Februar, Dienstag**

Das tschechoslowakische Parlament verabschiedet in Prag ein Gesetz zum Schutz vor Fliegerangriffen, das u. a. Hausbesitzer zum Bau von Luftschutzräumen verpflichtet.

**6. Februar, Mittwoch**

Auf dem 7. Rätekongreß der Sowjetunion wird Wjatscheslaw M. Molotow als Regierungschef bestätigt. Außerdem wird die sog. Stalin-Verfassung beschlossen. → S. 36

In der Türkei findet die Wahl zur fünften Großen Nationalversammlung erstmals mit aktivem und passivem Wahlrecht für Frauen statt. → S. 36

In Süddeutschland werden mehrere Männer, die infolge von »Trunksucht« nicht mehr für den Unterhalt ihrer Familien aufkommen können, zum Arbeitseinsatz ins Konzentrationslager Dachau eingeliefert.

**7. Februar, Donnerstag**

Der Völkerbund gibt die endgültige Weisung für den Abzug der internationalen Truppen aus dem Saarland. Bis zum 1. März, dem Tag der offiziellen Rückkehr des Saargebiets ins Deutsche Reich, sollen alle dort stationierten Truppen abgezogen sein.

Anläßlich des zehnten Jahrestages der faschistischen Miliz in Italien veröffentlicht die gesamte italienische Presse die »Zehn Gebote für Schwarzhemden«, in denen es u. a. heißt: »Der faschistische Milizsoldat darf nicht an den dauerhaften Frieden glauben; Mussolini hat immer Recht« und »Etwas steht über allem: Das Leben des Duce«.

In Berlin eröffnet die NSDAP ein außenpolitisches Schulungshaus. Hier soll nach dem Plan des Parteiideologen Alfred Rosenberg die Geschichte und Geographie »verschiedener Lebensräume« studiert werden.

Die Heeresleitung erläßt neue Bestimmungen für die Begrüßung des Führers und Reichskanzlers. Grüßt Hitler eine Reichswehrabteilung mit »Heil« so antwortet die Truppe künftig mit »Heil mein Führer«.

Das Deutsche Reich und Spanien schließen ein Abkommen über die Aufnahme einer regelmäßigen Flugverbindung zwischen beiden Staaten.

In Berlin wird der deutsche Kriegs- und Abenteuerfilm »Mein Leben für Maria Isabell« mit Viktor De Kowa, Bernhard Minetti und Veit Harlan in den Hauptrollen uraufgeführt. Regie führt Erich Waschneck.

**8. Februar, Freitag**

Im Deutschen Reich wird das Gesetz über die Devisenwirtschaft veröffentlicht, das die totale staatliche Regulierung des Außenhandels festschreibt. → S. 39

Im Alter von 87 Jahren stirbt in Berlin der bedeutende impressionistische Maler Max Liebermann.

In Berlin wird der deutsche Film »Frühjahrsparade« mit Paul Hörbiger in der Hauptrolle uraufgeführt. Der Film, in dem Geza von Bolvary Regie führt, wurde auf der Biennale in Venedig 1934 mit der Goldenen Medaille für den besten Musikfilm ausgezeichnet.

Im Zentralverlag der NSDAP erscheint das »Nationalsozialistische Handbuch für Recht und Gesetzgebung« von Reichsminister Hans Frank. Das Buch ist das erste parteiamtliche Werk über die Neuordnung des Rechtslebens im Deutschen Reich.

**9. Februar, Samstag**

Der bayerische Verwaltungsgerichtshof in München fällt in einem Musterprozeß die Entscheidung, daß eine Frau, die »ohne zwingende Gründe« die Ehe mit einem »Angehörigen einer fremden Rasse« eingeht und zu diesem Zweck auch den Glauben wechselt, nicht mehr als »unbescholten« im Sinne des Gesetzes gelten kann.

Bei den Eiskunstlauf-Weltmeisterschaften in Wien gewinnt die Norwegerin Sonja Henie zum neunten Mal in Folge den Titel. → S. 43

**10. Februar, Sonntag**

In einer aufsehenerregenden Predigt protestiert der Münchener Kardinal Michael von Faulhaber gegen die von den Nationalsozialisten geförderte Einheitsschule. Er setzt sich für den Erhalt der konfessionell gebundenen Schulen ein. → S. 38

Bei Ausgrabungsarbeiten zwischen Bagdad und dem Persischen Golf entdecken Archäologen die Ruinen einer fast 5700 Jahre alten Stadt. Neben Häusern und Haushaltsgegenständen sind auch die Wände eines Tempels und einige Grabstätten erhalten.

**11. Februar, Montag**

In der japanischen Stadt Schizuoka nördlich von Tokio ereignet sich ein heftiges Erdbeben, das nach amtlichen Meldungen 25 Todesopfer fordert.

**12. Februar, Dienstag**

Der »Zentrale britische Fond für deutsche Juden« ruft in London zum dritten Mal zu einer Spendenaktion zur Unterstützung der nach Palästina ausgewanderten Juden auf. Seit der Machtübernahme Hitlers sind etwa 20000 Juden nach Palästina gegangen.

Bei einem schweren Sturm stürzt 100 Seemeilen südöstlich von San Francisco das größte Marineluftschiff der Welt, die US-amerikanische »Macon«, ins Meer und versinkt. → S. 42

**13. Februar, Mittwoch**

Unter dem Motto »Das Ideal des deutschen Volkes ist die Arbeit, sein Wille die Leistung und seine Sehnsucht der Friede« ruft die Reichsregierung die deutsche Jugend zum zweiten Reichsberufswettkampf vom 18. bis 23. März auf (→ 18. 3./S. 60).

Im Reichserziehungsministerium wird das Amt »K« für körperliche Erziehung eingerichtet. → S. 39

Reichserziehungsminister Bernhard Rust verbietet sämtlichen Beamten und Lehrpersonen die Teilnahme an den Veranstaltungen des Deutschen Philologenverbandes. Der Grund dafür liegt in den von der nationalsozialistischen Ideologie abweichenden Erziehungsprinzipien des Verbandes.

Der Pathologe und Bakteriologe Gerhard Domagk führt die Sulfonamide in die Chemotherapie bakterieller Infektionen ein.

Bruno Hauptmann wird in Flemington (US-Bundesstaat New Jersey) wegen Entführung und Ermordung des Lindbergh-Babys zum Tode verurteilt. → S. 42

In Heidelberg wird der deutsche Film »Winternachtstraum« mit Magda Schneider, Hans Moser und Theo Lingen uraufgeführt. Regie: Geza von Bolvary.

**14. Februar, Donnerstag**

Unter dem Vorsitz des stellvertretenden Parteiführers Rudolf Heß und in Anwesenheit Hitlers treffen sich in Berlin die Reichsleiter der NSDAP zu einer Konferenz. → S. 37

Vier katholische Lehrerinnen werden in München aufgrund von Beschuldigungen von Nachbarn verhaftet. Die vier Frauen hatten sich im Zusammenhang mit dem Kampf gegen die Einheitsschule über das Vorgehen der Nationalsozialisten beklagt.

In Berlin wird die Internationale Automobil- und Motorradausstellung eröffnet. → S. 42

Die Krefelderin Martha Genenger stellt in Bochum mit 2:49,2 min einen Weltrekord über 200-y-Brustschwimmen auf.

Der Bob-Weltverband FIBT richtet auf seinem Kongreß in St. Moritz eine Sektion Rennrodeln ein. Er bittet das Internationale Olympische Komitee vergeblich um die Zulassung dieser Sportart bei olympischen Spielen.

*Italienische Soldaten nehmen auf dem Bahnhof von Rom Abschied von ihren Familien. Sie werden nach Eritrea transportiert, um Mussolinis Truppen bei den von Italien provozierten Grenzkonflikten mit Abessinien zu verstärken (Titelbild der französischen Zeitung »L'Illustration« am 23. Februar 1935).*

L'abonné à l'édition N° 1 reçoit avec ce numéro LA PETITE ILLUSTRATION contenant la fin du roman : EGALITÉ, par la princesse Bibesco.

93e ANNÉE — N° 4799

# L'ILLUSTRATION

23 FÉVRIER 1935

LOUIS BASCHET, Directeur-adjoint. RENÉ BASCHET, Directeur. GASTON SORBETS, Rédacteur en chef.

A Rome : un départ de miliciens vers le port d'embarquement pour l'Erythrée.

LE CONFLIT ITALO-ÉTHIOPIEN

*Phot. Trampus. — Voir les pages suivantes.*

**15. Februar, Freitag**

Die Saargruben gehen nach der Wiedereingliederung des Saarlandes in deutsches Eigentum über (→13. 1./S. 14).

Ein Kriegsgericht in Oviedo verurteilt Gonzalez Pena, einen der Führer des Oktoberaufstandes in der spanischen Provinz Asturien ein Jahr zuvor, zum Tode und zu 200 Mio. Peseten (68 Mio. RM) Entschädigung. Der Aufstand hatte sich gegen die rechte Regierung des Ministerpräsidenten Alejandro Lerroux y García gerichtet (→17. 1./S. 24).

In St. Moritz wird der deutsche Viererbob mit Steuermann Hans Kilian Weltmeister. →S. 43

**16. Februar, Samstag**

Zwei Inder werden in Alipore zum Tode verurteilt, weil sie einen Großgrundbesitzer durch Infizierung von Pestbazillen umgebracht haben sollen.

Der Tischtennis-Weltverband ITTF legt in London fest, daß es nur noch »Spieler« geben soll. Die Termini »Amateur« und »Professional« werden aus den Statuten gestrichen.

**17. Februar, Sonntag**

3000 faschistische Milizionäre werden aus Italien nach Somaliland verschifft, weitere 10000 folgen im Laufe des Monats nach. Hintergrund sind die Spannungen zwischen Italien und Abessinien um den italienischen Kolonialbesitz am Horn von Afrika. →S. 35

In Portugal wird António Oscar de Fragoso Carmona erneut zum Staatspräsidenten gewählt. Carmona hat dieses Amt seit 1928 inne.

Ein neues Musterstatut für Kollektivwirtschaften in der Sowjetunion erlaubt ehemaligen reichen Bauern und deren Söhnen den Eintritt in Kolchosen, »vorausgesetzt, daß sie ihren Klassenstandpunkt überwunden haben.« Außerdem soll schrittweise der Privatbesitz von Land eingeführt werden.

Zugunsten des Saarlandes findet im Deutschen Reich ein »Eintopftag« statt.

Durch eine neue Arbeitszeitordnung wird im Deutschen Reich der Achtstundentag als verbindliche Arbeitszeit eingeführt.

Ein Orkan über Nord-, Mittel- und Osteuropa fordert sieben Todesopfer, zahlreiche Verletzte und verursacht erhebliche Sachschäden.

Nach einem Beschluß des Obersten Gerichtshofs in Paris wird der Urheberschutz des »Copyrights« auf die Herstellung von Damenkleidern ausgedehnt. Plagiate in der Modebranche wurden bis dahin nicht geahndet.

In Amsterdam gewinnt Deutschland ein Fußball-Länderspiel gegen die Niederlande 3:2. →S. 43

In Budapest wird der Österreicher Karl Schäfer zum sechsten Mal Weltmeister im Eiskunstlauf. →S. 43

**18. Februar, Montag**

Wegen »Verrats militärischer Geheimnisse« werden Benita von Falkenhayn-Berg und Renate von Natzmer in Berlin-Plötzensee hingerichtet. Der Volksgerichtshof fällte das Urteil nur zwei Tage vorher.

In Kanada beschließt das Parlament die Einführung einer Arbeitslosenversicherung.

Italien führt die 40-Stunden-Woche für Arbeitnehmer ein. Außerdem soll das Wochenende für alle Personen bis zum 55. Lebensjahr zur politischen und militärischen Schulung verwendet werden.

Die Reichsmusik- und die Reichstheaterkammer erlassen zehn Bestimmungen »zur Bekämpfung kulturschändlicher Entstellung bayerischer Volksbräuche und -sitten«. Danach muß u. a. jeder »Auftretende« eine Zulassungsurkunde vorweisen.

Die New Yorker Fahrstuhlführer beenden einen eintägigen Lohnstreik, der vorübergehend zum Zusammenbruch aller Büroarbeiten in zahlreichen Wolkenkratzern führt. →S. 42

Vor 5000 Zuschauern gewinnt der SC Rießersee in München das Endspiel um die deutsche Eishockey-Meisterschaft 2:1 gegen den EV Füssen.

**19. Februar, Dienstag**

Die Nachrichten vom italienisch-abessinischen Konflikt rufen im überwiegend von Schwarzen bewohnten New Yorker Stadtteil Harlem Unruhen hervor. Aus Solidarität mit der schwarzen Bevölkerung Abessiniens wird hier ein Boykott italienischer Gaststätten, Eisverkäufer und Straßenhändler organisiert.

**20. Februar, Mittwoch**

Um die Wiedereingliederung des Saarlandes ins Deutsche Reich zu vollenden, hebt die Reichsregierung die Zollgrenze auf (→13. 1./S. 16).

Eine US-amerikanische Forschungsexpedition entdeckt im Westen von Honduras eine etwa 1700 Jahre alte Stadt, die durch unmittelbar vorhergehende Erdbeben freigelegt wurde. Die Stadt gilt als das bedeutendste Zentrum der mittelamerikanischen Mayakultur, das bisher gefunden wurde.

In Prag lehnt der Bund der Landwirte ein Fusionsangebot des Vorsitzenden der Sudetendeutschen Partei (SDP), Konrad Henlein, ab (→19. 5./S. 90).

An der Dresdener Staatsoper wird die Oper »Der Günstling« von Rudolf Wagner Régeny und Caspar Neher (nach Georg Büchners Version von Victor Hugos »Marie Tudor«) uraufgeführt.

**21. Februar, Donnerstag**

Eine Schlägerei zwischen Nationalsozialisten und Kommunisten sprengt die Sitzung des Danziger »Volkstages«, des Lokalparlaments der Freien Stadt. Die Nationalsozialisten streben die Auflösung dieses Parlaments an (→7. 4./S. 72).

Die Gestapo erteilt dem jüdischen Schriftsteller und Philosophen Martin Buber ein totales Redeverbot. →S. 39

Die Leitung der »Bekennenden Kirche«, die sich gegen eine Vereinnahmung des Protestantismus durch den Nationalsozialismus wendet, verurteilt das »Neuheidentum« im Deutschen Reich. →S. 38

**22. Februar, Freitag**

Die bulgarische Regierung verbannt den Vorsitzenden der verbotenen Sozialdemokratischen Partei, Kresto Pastuchoff, auf eine Insel im Schwarzen Meer. Pastuchoff gilt als prominenter Kritiker des autoritären Regimes in Bulgarien.

Der österreichische Bundeskanzler Kurt Schuschnigg trifft mit Außenminister Egon Berger-Waldenegg zu einem Staatsbesuch in Paris ein. Hauptgegenstand der Gespräche mit der französischen Regierung ist der Abschluß eines mitteleuropäischer Nichtangriffspaktes.

Im Emsland beginnen Arbeiten zur Urbarmachung von Moorgebieten. Dabei werden zunächst Freiwillige des Arbeitsdienstes, später auch inhaftierte Zwangsarbeiter eingesetzt. →S. 39

In Paris wird der französische Film »Toni« von Jean Renoir uraufgeführt.

Frankreich wird von einer Grippeepidemie heimgesucht, die, nachdem sie zuerst in der Armee auftrat, nun auch unter der Zivilbevölkerung zahlreiche Todesopfer fordert.

**23. Februar, Samstag**

Paraguay verläßt den Völkerbund. Der Schritt steht im Zusammenhang mit dem seit 1932 geführten sog. Chaco-Krieg zwischen Paraguay und Bolivien. →S. 36

**24. Februar, Sonntag**

Im Münchener Hofbräuhaus feiern führende Vertreter der NSDAP den 15. Jahrestag der Verkündung des 25-Punkte-Programms der Partei. In einer Ansprache betont Führer und Reichskanzler Adolf Hitler, daß die ersten beiden Regierungsjahre nur eine Ankündigung dessen seien, was einmal sein werde.

Mehrere französische Zeitungen berichten über forcierte Luftrüstung im Deutschen Reich. Demnach stellen 13000 Arbeiter bei Junkers täglich 14 Kampfflugzeuge her, während bei Heinkel angeblich alle zwei Tage eine Maschine gebaut wird (→26. 2./S. 38).

Bei einer Volksabstimmung in der Schweiz sprechen sich 54% der Befragten gegen und 46% für eine Erhöhung der Wehrausgaben des neutralen Staates aus.

Daimler-Benz stellt in Stuttgart einen »Autobahnomnibus« mit 12-Zylinder-Dieselmotor und einer Höchstgeschwindigkeit von 120 km/h vor.

Der Italiener Tazio Nuvolari gewinnt auf Alfo Romeo den Großen Preis von Pau, das erste Rennen der Automobil-Rennsaison.

**25. Februar, Montag**

Ein westfälischer Vikar wird in Münster wegen einer »politischen Kanzelrede« zu 200 Mark Geldstrafe verurteilt. In einer Predigt sprach er von einem »Märtyrertod« des Engelbert Dollfuß. Der österreichische Bundeskanzler war am 25. Juli 1934 bei einem nationalsozialistischen Putschversuch ermordet worden.

Die britische Kolonialregierung lehnt in Neu-Delhi die Reduzierung ihrer Truppen in Indien und in diesem Zusammenhang eine stärkere »Indianisierung« der indischen Armee ab.

**26. Februar, Dienstag**

Hitler verkündet vor dem Reichskabinett die offizielle Einrichtung einer Luftwaffe als dritten Teil der deutschen Wehrmacht neben Heer und Kriegsmarine. →S. 38

Ein Gesetz bestimmt im Deutschen Reich die Einführung eines Arbeitsbuches, das als amtlicher Ausweis über Bildung und berufliche Entwicklung sowie als Kontrollmittel dienen soll. →S. 39

Auf einer Festveranstaltung des jüdischen Kongresses in New York zu Ehren des 1934 aus Deutschland ausgebürgerten jüdischen Physiknobelpreisträgers Albert Einstein fordert der New Yorker Bürgermeister Fiorello H. La Guardia eine Weiterführung des Boykotts gegen deutsche Waren.

Die neugewählte türkische Nationalversammlung beschließt, Familiennamen obligatorisch einzuführen. →S. 36

In Miami Beach (US-Bundesstaat Florida) verbessert der US-Amerikaner Ralph Flanagan den Weltrekord im Kraulschwimmen über eine Meile (1609 m) um mehr als 18 sec auf 20:48,3 min.

**27. Februar, Mittwoch**

Im Kairo-Museum in Chicago wird eine sechs Meter hohe Statue des ägyptischen Königs Tutanchamun aufgestellt. Die Statue des 1337 v. Chr. gestorbenen Herrschers hatte sich in dem 1922 entdeckten Grab nur bruchstückweise erhalten. Sie wurde anschließend in den USA rekonstruiert.

**28. Februar, Donnerstag**

Der Dirigent Wilhelm Furtwängler und Reichspropagandaminister Joseph Goebbels treffen sich zu einer Aussprache im »Fall Hindemith«. →S. 44

Die französische Regierung richtet per Gesetz in Departements mit hoher Arbeitslosenzahl Arbeitslager ein, in denen Arbeitslose mit Rodungen und dem Bau von Waldwegen beschäftigt werden.

**Das Wetter im Monat Februar**

| Station | Mittlere Lufttemperatur (°C) | Niederschlag (mm) | Sonnenscheindauer (Std.) |
|---|---|---|---|
| Aachen | 3,9 (2,1) | 105 (59) | — (74) |
| Berlin | 2,6 (0,4) | 72 (40) | — (78) |
| Bremen | 3,9 (0,9) | 75 (48) | — (68) |
| München | 1,2 (–0,9) | 96 (50) | — (72) |
| Wien | 1,6 (0,6) | 73 (41) | 92 (81) |
| Zürich | 2,4 (0,2) | 167 (61) | 68 (79) |

( ) Langjähriger Mittelwert für diesen Monat
– Wert nicht ermittelt

*Ein USA-Bild, wie es sich viele Europäer als typisch vorstellen, entwirft die Leipziger »Illustrirte Zeitung«: Am Ende der düsteren Straßenschluchten Chicagos erhebt sich majestätisch ein Wolkenkratzer, gegen den die Passanten wie Ameisen wirken (Titelblatt der Ausgabe vom 21. Februar 1935).*

# »Londoner Protokoll« gegen Aufrüstung

**3. Februar.** Ministerpräsident Pierre Étienne Flandin und Premierminister James Ramsay MacDonald unterzeichnen in der britischen Hauptstadt das »Londoner Protokoll« über Abrüstung und Sicherheit in Europa. Sie beenden damit nach dreitägigen Beratungen eine britisch-französische Konferenz, an der auch die Außenminister der beiden Länder Pierre Laval und John Simon teilnahmen.

In dem Kommuniqué wird das Deutsche Reich aufgefordert, einem mittel- und osteuropäischen System kollektiver Sicherheit beizutreten: Gemäß den Bestimmungen des Versailler Vertrages solle sich das Deutsche Reich jeder »einseitigen Aktion« in Rüstungsfragen enthalten. Zweck der Verhandlungen sei es außerdem gewesen, durch stärkere europäische Kooperation im Geiste freundschaftlichen Vertrauens den Frieden in der Welt voranzutreiben und jene Tendenzen zu unterbinden, die das Wettrüsten und damit die Kriegsgefahr beschleunigen. In diesem Zusammenhang würdigen die beiden Regierungen die Arbeit und die erfolgreichen Ergebnisse des Völkerbundes bei seinem Bemühen, die Versöhnung und Zusammenarbeit der Nationen voranzutreiben.

Für die Verwirklichung ihrer sicherheitspolitischen Ziele sehen Frankreich und Großbritannien die Notwendigkeit einer direkten und intensiven Mitarbeit des Deutschen Reichs, das am 19. Oktober 1933 aus dem Völkerbund ausgetreten ist. Die Rüstungsbeschränkungen, die dem Deutschen Reich durch den Versailler Vertrag auferlegt sind, dürften nicht durch einseitige Aktionen geändert werden. Zur Wiederherstellung des Vertrauens müsse eine allgemeine Regelung für die Beziehungen zwischen dem Deutschen Reich und den Staaten des Völkerbundes gefunden werden. Das Deutsche Reich solle mit den europäischen Staaten bilaterale Verträge abschließen, die die Sicherheit in Europa und die gegenseitige Unterstützung in Osteuropa fördern.

Mit Bezug auf die Sicherheit Österreichs begrüßen die Unterzeichnerstaaten das im Januar geschlossene Abkommen zwischen Frankreich und Italien (→ S. 35), in dem neben den Vereinbarungen über Kolonialkompensation in Nordafrika auch eine Übereinkunft für die Sicherung der Unabhängigkeit Österreichs getroffen wurde. Frankreich und Italien fordern darin die »Nachbar- und Nachfolgestaaten Österreichs« (Deutschland, Österreich, Ungarn, Tschechoslowakei, Jugoslawien, Polen, Rumänien) dazu auf, die gegenseitige Achtung der Grenzen und die Nichteinmischung in die inneren Angelegenheiten der Länder zu gewährleisten. Großbritannien und Frankreich bekunden in ihrem Abkommen den Willen, die Souveränität Österreichs zu sichern.

Im Zeichen der zügigen Entwicklung der Luftfahrt, die nach Ansicht Großbritanniens und Frankreichs eine besondere Gefahr für den Frieden darstellt, sichern sich beide Staaten für den Fall eines Angriffs durch ein europäisches Land gegenseitige Unterstützung zu. Italien, Belgien und das Deutsche Reich werden aufgefordert, dieser Konvention beizutreten. Der Entschluß, auch das Deutsche Reich in diesen Teil des Abkommens einzubeziehen, verdeutlicht die Bemühungen Flandins und MacDonalds, Deutschland als gleichberechtigten Partner zu behandeln, obwohl die massive Wiederaufrüstung des Deutschen Reiches eindeutig gegen die Bestimmungen des Versailler Vertrages verstößt.

Die in London festgelegten Positionen sind Teil der britischen »Appeasement«-Politik (engl.; Beschwichtigung), die durch Verhandlungen die wachsende Kriegsgefahr in Europa eindämmen will und zu weitgehenden Zugeständnissen gegenüber dem NS-Regime bereit ist. Gleichzeitig versucht Großbritannien mit dieser Politik auch seine innenpolitischen Schwierigkeiten in den Griff zu bekommen. Seit der Weltwirtschaftskrise kämpft das Land mit einer gesellschaftlichen und wirtschaftlichen Krise, die durch das internationale Wettrüsten weiter verschärft wurde. Die Verkennung des nationalsozialistischen Regimes und seiner expansionistischen Absichten wird endgültig durch das Münchner Abkommen vom 30. September 1938 deutlich, das die deutsche Besetzung der Tschechoslowakei nur kurzfristig verhindert.

*Begrüßung in London: Frankreichs Ministerpräsident Flandin und Premierminister MacDonald (r.).*

*P. Laval (r.) und P. É. Flandin stellen sich vor dem Amtssitz des britischen Premierministers der internationalen Presse.*

## Bündnisse sollen Frieden sichern

Das europäische Bündnis- und Sicherheitsgefüge der dreißiger Jahre basiert auf dem »System von Locarno«, das am 1. Dezember 1925 mit dem Locarno-Pakt besiegelt wurde. Der Vertrag zwischen Frankreich, Belgien, Großbritannien und dem Deutschen Reich beinhaltet die gegenseitige Anerkennung der westeuropäischen Grenzen, wie sie im Versailler Vertrag festgelegt worden waren.

Der 1926 unterzeichnete deutsch-sowjetische Freundschaftsvertrag und die seit 1926 bestehende Mitgliedschaft des Deutschen Reichs im Völkerbund stärkte das europäische Sicherheitssystem zusätzlich. Durch den sog. Kellogg-Pakt (1928) erhielt der Völkerbund eine weitere Aufwertung: 60 Nationen traten ihm bei und ächteten damit jede Form kriegerischer Auseinandersetzung als Mittel der Konfliktlösung.

Das Bestreben des Deutschen Reichs nach internationaler Gleichberechtigung fand im Juli 1933 seinen Ausdruck im »Vierer-Pakt«, der zwischen Großbritannien, Frankreich, Italien und dem Deutschen Reich geschlossen wurde. Diese Staaten vereinbarten eine gemeinsame Friedenspolitik, die die Möglichkeit einer Revision der Friedensverträge von Versailles auf der Grundlage der Gleichberechtigung beinhaltete.

Das Ausbleiben eines »Ost-Locarno« zur Befriedigung deutscher Ansprüche gegenüber Polen und der Tschechoslowakei sowie die expansionistische Politik des nationalsozialistischen Regimes, das bereits 1933 heimlich aufzurüsten begann, gefährden alle internationalen Friedensbemühungen. Im April 1935 kommt es daher zu der gemeinsamen Resolution der »Stresafront« (→ 11. 4./S. 70). Einen Monat später schließen Frankreich und die Sowjetunion einen Beistandspakt (→ 2. 5./S. 90). Der Gedanke eines gesamteuropäischen Bündnis- und Sicherheitssystems ist damit zugunsten bilateraler Abkommen aufgehoben.

*Vor dem Auslaufen nach Eritrea und Somaliland: Der italienische Truppentransporter »Vulcania« im Hafen von Messina*

# Mussolini macht mobil gegen Abessinien

**17. Februar.** Von Neapel aus werden 3000 faschistische Milizionäre in die italienische Kolonie Somaliland am Horn von Afrika verschifft. Gleichzeitig mobilisiert Ministerpräsident und Duce Benito Mussolini zwei reguläre Armeedivisionen in Florenz und Messina.

Italien beginnt damit offen mit Kriegsvorbereitungen gegen das ostafrikanische Abessinien, das seit Jahrzehnten Gegenstand italienischer Kolonialambitionen ist (→ 3. 10./S. 168). Unmittelbarer Anlaß der Mobilisierungen sind Grenzstreitigkeiten zwischen Italienisch-Somaliland und dem benachbarten Abessinien.

Am Vorabend ihrer Einschiffung paradieren die sog. »Schwarzhemden« vor Mussolini, der Ihnen damit seine Reverenz erweist. Insgesamt 70 000 Angehörige dieser paramilitärischen faschistischen Organisation haben sich in Italien freiwillig für einen Einsatz in Afrika gemeldet. Im Laufe des Februar werden noch 15 000 Soldaten regulärer Truppen nach Afrika verschifft.

Auch Italien hatte sich am Ende des 19. Jahrhunderts am europäischen »Wettlauf um Afrika« beteiligt und sich Eritrea und Somalia 1889/90 als Kolonien gesichert. Gemeinsam mit kleineren britischen und französischen Besitzungen umschließen diese Kolonien den souveränen Staat Abessinien am Horn von Afrika, der Mitglied des Völkerbundes ist. Beim Versuch, auch dieses Land zu erobern, wurde die italienische Armee 1896 in der Schlacht von Adua vernichtend geschlagen. Die Niederlage hatte starken Symbolwert, weil es einem afrikanischen Staat zum ersten Mal gelungen war, eine europäische Kolonialmacht militärisch zu besiegen. Die kolonialen Eroberungspläne Italiens konnte die verlorene Schlacht aber nur kurzzeitig eindämmen. Im Zuge faschistischer Siedlungsbestrebungen begann Mussolini ab 1922 mit den Vorbereitungen für die Eroberung des afrikanischen Landes. Besonders seit dem Ende der 20er Jahre wurden zur Anbahnung des Konflikts Kampagnen gegen Abessinien in der italienischen Presse lanciert. Auf den Landkarten in Italien verschwinden im Gefühl des sicheren Sieges bereits die Grenzen zwischen Abessinien und Italienisch-Somaliland. Von dort aus versucht Italien den Krieg mit Abessinien zu provozieren.

*Maulesel werden als Zugtiere für die Artillerie an Bord genommen.*

*»Schwarzhemden« mit Pionierausrüstung auf dem Weg in die Kolonien*

## *Rückendeckung für Italiens Ziele*

Ein Abkommen, das der französische Außenminister Pierre Laval am 7. Januar bei einem Besuch in Rom mit Ministerpräsident und Duce Benito Mussolini schloß, gibt Italien die notwendige Rückendeckung für seine militärischen Vorhaben in Ostafrika.

Neben einem Passus über Österreich und Mitteleuropa enthält der Vertrag kleinere Zugeständnisse der Kolonialmacht Frankreich an Italien in Afrika. So tritt Frankreich einen Streifen seines Besitzes Französisch-Somaliland ab und überläßt den Italienern Aktienanteile der Eisenbahnlinie von der abessinischen Hauptstadt Addis-Abeba nach Djibuti am Golf von Aden, das im Gebiet von Französisch-Somaliland liegt. Im Gegenzug verzichtet Mussolini auf die alten italienischen Ansprüche in Tunesien, das die Franzosen beherrschen.

Die eigentliche Bedeutung des Vertrages liegt nicht in den konkreten Absprachen, sondern darin, daß Mussolini die festgeschriebene Übereinstimmung der Länder in der Kolonialpolitik nun als Freibrief für seine Expansionspläne in Abessinien benutzen kann. Dadurch kommt der Duce der Realisierung seines Ziels näher, das alte römische Weltreich wiederherzustellen. Als Ausgangspunkt dieser Bemühungen bietet sich Abessinien an: Es gehört zu den wenigen afrikanischen Ländern, die nicht in französischem oder britischem Besitz sind. Zudem will Mussolini die Niederlage gegen Abessinien im Krieg von 1896 rächen.

Die französischen Motive für die Zugeständnisse an Italien haben mit der europäischen Mächtekonstellation zu tun: Sowohl Großbritannien als auch Frankreich sind sehr daran interssiert, Italien als Gegengewicht zum nationalsozialistischen Deutschen Reich auf ihre Seite zu ziehen. Die Duldung des italienischen Kolonialimperialismus im Stil des 19. Jahrhunderts scheint als Preis für dieses Ziel gering.

# In der Türkei wählen erstmals Frauen

**6. Februar.** In der Türkei findet die Wahl zur 5. Großen Nationalversammlung statt. Erstmals dürfen Frauen mit aktivem und passivem Wahlrecht teilnehmen.

Von den rund 400 Abgeordneten werden 17 Frauen zu Mitgliedern der Nationalversammlung gewählt. Alle Kandidaten wurden von der Regierung im Einvernehmen mit der republikanischen Volkspartei aufgestellt: Es gab weder eine oppositionelle Wahlliste noch einen Wahlkampf zwischen den Kandidaten.

Die Tatsache, daß neben den Frauen zum ersten Mal auch Nicht-Moslems der gesetzgebenden Versammlung angehören dürfen, wird als Zeichen wachsender Liberalisierung in der Türkei gewertet.

Nach ihrer Amtseinführung verabschiedet die neue Regierung eine Reihe von Gesetzesvorlagen. Ein neues Namengesetz verpflichtet alle Türkinnen und Türken, Familiennamen zu tragen. Demzufolge heißen die Mitglieder der Regierung künftig: Präsident der Republik Kemal Atatürk, Ministerpräsident Ismet Inönü, Außenminister Tevfik Rüstü Aras usw.

Im Mai des Jahres wird der Sonntag an Stelle des Freitags zum Ruhetag erklärt. Weitere wichtige Maßnahmen sind die Einführung der internationalen Jahreszählung, des lateinischen Alphabets und einer europäischen Gesetzgebung; außerdem wird die Einehe obligatorisch.

Die neuen Gesetze sind deutliche Zeichen für eine Neuorientierung der türkischen Gesellschaft auf sozialem, ideologischem und kulturellem Gebiet nach europäisch-westlichem Vorbild.

Diese Umgestaltung setzte unter Ministerpräsident Atatürk nach der Niederlage des Osmanischen Reiches im Ersten Weltkrieg ein. Nach dem Verlust aller europäischen und asiatischen Besitzungen führte Atatürk den Aufbau des aus Anatolien und Thrakien bestehenden Kernlandes zum Nationalstaat nach europäischem Muster z.T. mit repressiven Methoden durch. Die Übertragung der Souveränität auf das Parlament – nach Ausrufung der Republik am 29. Oktober 1923 – gehörte ebenso zu dieser gesellschaftlichen Umstrukturierung wie die Abschaffung des Islam als Staatsreligion und die Einführung der lateinischen an Stelle der arabischen Schrift.

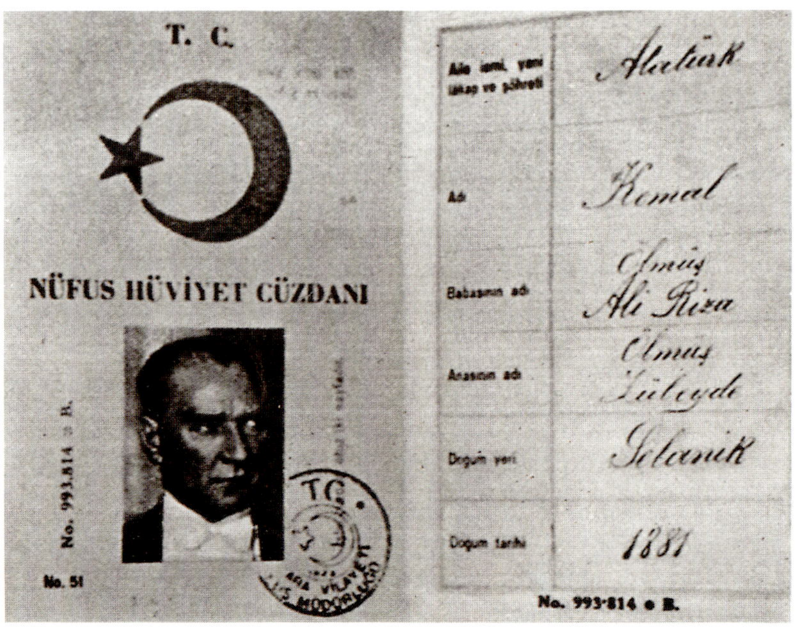


△ *Eine traditionell gekleidete Türkin studiert die Wahllisten für die Nationalversammlung.*

◁ *Die türkische Frauenrechtlerin Iffet Halim bei einer kämpferischen Rede in Istanbul.*

▽ *Der Personalausweis Kemal Atatürks, dessen Nachname »Vater der Türken« bedeutet.*

# Paraguay verläßt den Völkerbund

**23. Februar.** Die Regierung von Paraguay erklärt den Austritt des lateinamerikanischen Staates aus dem Völkerbund. Sie wirft dem internationalen Staatenbund vor, Bolivien, Paraguays Gegner im sog. Chaco-Krieg, bei der Klärung des Konfliktes zu begünstigen.

Bolivien hatte 1932 den Krieg gegen Paraguay um die erdölreiche Grenzregion des Gran Chaco begonnen. Trotz zahlenmäßiger Unterlegenheit gelangen der paraguayischen Armee in den folgenden zwei Jahren einige militärische Erfolge. Eine Völkerbundskommission hielt sich zur Untersuchung des Konflikts in der Region auf. Im Mai 1934 kam sie zu dem Ergebnis, daß Paraguay durch seine überraschenden militärischen Erfolge überheblich geworden sei und das Scheitern von Vermittlungsbemühungen des Völkerbunds zu verantworten habe. Da beide Staaten mangels eigener Rüstungsproduktion auf Waffenimporte angewiesen waren, schlug die Kommission ein internationales Waffenembargo vor. Dieses Embargo wurde vom Völkerbund am 12. Februar 1935 gegenüber Bolivien aufgehoben, weil Paraguay sich den Forderungen einer internationalen Schiedskommission, die Bedingungen für eine Friedenskonferenz ausarbeitet, widersetzte. Aus Protest gegen die einseitige Aufhebung des Embargos verläßt jetzt Paraguay die internationale Friedensorganisation (→ 12. 6./S. 104).

# Neue Verfassung in der Sowjetunion

**6. Februar.** In Moskau geht der 7. Rätekongreß der UdSSR zu Ende. Die Delegierten beschließen eine Änderung der sowjetischen Verfassung, die als sog. Stalin-Verfassung 1936 wirksam wird.

Neben der Einführung des allgemeinen und freien Wahlrechts sieht der Entwurf eine Reihe weiterer demokratischer Rechte wie Versammlungs-, Presse- und Demonstrationsfreiheit vor. Neu ist außerdem die Gleichheit aller Bürger vor dem Gesetz. In der Praxis gewinnt die »Stalin-Verfassung« zwar keine Bedeutung, sie macht aber international Eindruck als Zeichen einer Demokratisierung in der UdSSR.

*Auf der Reichsleitertagung (hintere Reihe): Richard Walther Darré (2. v. l.), Heinrich Himmler (3. v. l.), Walter Buch (4. v. l.)*

# NSDAP zwischen Elite- und Massenpartei

**14. Februar.** Unter dem Vorsitz von Hitler-Stellvertreter Rudolf Heß findet in Berlin eine Tagung der 18 Reichsleiter der NSDAP statt. Den beteiligten NS-Führungspersönlichkeiten, u. a. Propagandaleiter Joseph Goebbels und Alfred Rosenberg, Leiter des außenpolitischen Amtes der NSDAP, geht es dabei vor allem um die Wahrung eines einheitlichen Erscheinungsbildes der Partei.

Ohne konkrete Beschlüsse zu fassen, wird auf der Reichsleitertagung eine »Säuberung« der NSDAP von unerwünschten Mitgliedern erwogen, um die Partei auf einen verläßlichen »Kernbestand« zu reduzieren. Dem brisanten Gegenstand der Tagung entsprechend veröffentlicht die deutsche Presse lediglich nichtssagende Berichte. So ist etwa in der »Berliner Illustrirten Zeitung« zu lesen: »Die Tagung befaßte sich mit aktuellen politischen Fragen, die zur Zeit im Vordergrund der Parteiarbeit stehen. Nach einer ausgedehnten Aussprache wurden Maßnahmen innerpolitischer und parteiorganisatorischer Art besprochen, die von Bedeutung für die Durchführung der staatspolitischen Aufgaben der NSDAP sind.«

Die auf der Konferenz debattierte »Säuberung« der Partei steht in Zusammenhang mit der Frage, ob die NSDAP gemäß ihrer eigenen Ideologie eine Eliteorganisation sein soll oder aber eine Massenpartei, die in ihren Verästelungen die gesamte Gesellschaft durchdringt. Der Elitegedanke soll idealtypisch an der SS als einer Art Vorhut der Partei verwirklicht werden. Über die SS sagt Heinrich Himmler 1935, sie solle »als ein soldatisch nationalsozialistischer Orden nordisch bestimmter Männer« Keimzelle des NS-Staates sein.

Für die Gesamtpartei wurden die Elitevorstellungen problematisch, als nach der Machtübernahme im März 1933 eine Eintrittswelle in die NSDAP einsetzte. Im Parteijargon war in diesem Zusammenhang von den »Märzgefallenen« die Rede. Allein vom 30. Januar bis zum 1. Mai 1933 verzeichnete die NSDAP 1,6 Mio. neue Mitglieder, denen nur 850 000 alte »Parteigenossen« gegenüberstanden.

*Während einer Goebbels-Rede (v. l.): Robert Ley (Chef der Deutschen Arbeitsfront), Hitler-Stellvertreter Rudolf Heß und Martin Bormann*

Um den Charakter der NSDAP als einer straffen Kaderorganisation nicht völlig zu verwässern, erließ die Parteiführung am 1. Mai 1933 eine sechsjährige Aufnahmesperre. Auf dem Nürnberger Parteitag 1933 erklärte Hitler: »Aus 45 Millionen erwachsener Menschen haben sich drei Millionen Kämpfer organisiert als Träger der politischen Führung der Nation.« Zukünftig solle die Auswahl noch strenger werden.

Die Selektion für die Parteimitgliedschaft läßt allerdings Ausnahmen zu und wird zunehmend abgemildert. Das Ideal der Kaderpartei rückt gegenüber einer möglichst breiten Parteiorganisation in den Hintergrund, da so eine weitgehende Kontrolle der Bevölkerung möglich ist.

## *Die Ämterhäufung der Reichsleiter*

Die 18 Reichsleiter stehen an der Spitze von weit über einer halben Million »politischer Leiter« innerhalb der NSDAP. Mit Ausnahme der Reichsleiter sind allen NS-Amtsinhabern bestimmte »Hoheitsgebiete« zugeordnet, deren Größe mit steigender Position in der Hierarchie zunimmt. So gibt es z. B. Blockleiter, Zellenleiter, Ortsgruppenleiter, Kreisleiter und schließlich 32 Gauleiter. Die Reichsleiter sind zwar formal für das gesamte deutsche Staatsgebiet zuständig. Ihre Funktion erstreckt sich aber nicht auf ein bestimmtes Territorium, sondern gliedert sich in unterschiedliche Aufgabenfelder, die in entsprechenden NSDAP-Ämtern bearbeitet werden. So gibt es etwa ein Außenpolitisches Amt, ein Kolonialpolitisches Amt, ein Reichsrechtsamt oder ein Amt für Agrarpolitik. Offizieller Sitz der Reichsleitung ist das sog. Braune Haus in München.

Nach Hitlers programmatischer Definition sollen die Reichsleiter dafür sorgen, »daß auf allen Gebieten des Lebens eine Führung vorhanden ist, die unbeirrbar zur nationalsozialistischen Lebensanschauung steht«. Diese Führungsaufgabe besteht darin, Partei und Bevölkerung zu überwachen; außerdem sollen die Reichsleiter eine enge Verbindung zwischen NSDAP und Staat gewährleisten. Fast alle Reichsleiter üben in Personalunion mehrere Ämter aus, wobei sich charakteristischerweise Partei- und Staatsämter überschneiden. Richard Walther Darré ist beispielsweise Leiter des Amtes für Agrarpolitik und Reichsminister für Ernährung und Landwirtschaft. Als Chef des Reichsrechtsamtes ist Hans Frank zugleich Minister ohne Geschäftsbereich. Andere Reichsleiter üben neben ihrer internen Parteiposition zwar kein Ministeramt aus, haben dafür aber wichtige administrative Positionen inne. Max Amann etwa, der das Reichsamt für die Presse leitet, ist auch Präsident der Reichspressekammer.

# Luftwaffe wird offiziell Wehrmachtsteil

**26. Februar.** Vor dem Kabinett kündigt Führer und Reichskanzler Adolf Hitler den Aufbau einer Luftwaffe als dritter Waffengattung der Wehrmacht neben Heer und Kriegsmarine an. Mit diesem Schritt, der ab 1. März Wirklichkeit werden soll, setzt sich die deutsche Regierung über den Versailler Friedensvertrag vom 28. Juni 1919 hinweg, der dem Deutschen Reich jegliche Luftrüstung untersagt.

International wird das Vorgehen der NS-Regierung durch ein Interview publik, das Reichsluftfahrtminister Hermann Göring am 10. März einem Reporter der britischen Zeitung »Daily Mail« gibt. Göring benutzt dabei die britisch-französische Aufforderung an mehrere europäische Staaten, eine Konvention gegen die Luftrüstung abzuschließen (→ 3. 2./S. 34) als Anlaß, die Existenz deutscher Luftstreitkräfte bekanntzugeben. Die europäischen Regierungen, insbesondere Großbritannien, tolerieren den Vertragsbruch. Sie werten ihn als notwendiges Übel auf dem Weg zur deutschen Gleichberechtigung.

Bereits die Regierungen der Weimarer Republik versuchten, das Wiederaufrüstungsverbot des Versailler Vertrages zu umgehen. Die Forderung nach militärischer Gleichberechtigung des Deutschen Reiches stand in Zusammenhang mit dem Haß auf das Versailler »Schanddiktat«, mit der schwierigen Integration von zahlreichen, durch die Abrüstung beschäftigungslos gewordenen Soldaten und Offizieren und mit der Instabilität der internationalen Situation. Schon Anfang der 20er Jahre begann das nach dem Krieg international geächtete Deutsche Reich mit der Sowjetunion militärisch zusammenzuarbeiten, die seit der Oktoberrevolution 1917 ebenfalls isoliert war. Die Zusammenarbeit erstreckte sich auch auf den Aufbau einer illegalen Luftwaffe. In der Sowjetunion wurden deutsche Piloten ausgebildet und deutsche Flugzeuge erprobt. Im Deutschen Reich selbst betrieben Offiziere in der Tarnorganisation des »Luftsportverbandes« militärische Ausbildung.

*Ein deutscher Soldat mit einem Flugzeugmodell aus Holz; aufgrund der Beschränkungen des Versailler Vertrages übt die Wehrmacht mit Attrappen.*

## Hitler entscheidet bei Begnadigungen

**4. Februar.** Führer und Reichskanzler Adolf Hitler erläßt eine Neuordnung des Gnadenrechts und des Rechts auf Beamtenernennung. Mit diesem Erlaß geht in wichtigen Fällen das Recht auf Begnadigung und auf Beamtenernennung auf Hitler persönlich über, der auch Gerichtsurteile willkürlich aufheben kann.

Das neue Gnadenrecht sieht vor, daß Hitler persönlich bei Todesstrafen, Hoch- und Landesverrat und bei Freiheitsstrafen von mehr als sechs Monaten gegen Wehrmachtsangehörige die letzte Entscheidungsbefugnis erhält. Er behält sich mit diesem Erlaß auch das Recht vor, Dienstentlassungen, die aus disziplinarischen Gründen vorgenommen wurden, aufzuheben. Ferner kann er die beamtenrechtlichen Folgen einer strafrechtlichen Verurteilung aufheben und Beamten bisher eventuell vorenthaltene Ruhegehaltsbezüge zuerkennen.

Das neue Recht auf Beamtenernennung regelt die Berufung und Entlassung von Beamten einheitlich für das Reich und die Länder, über die Einstellung der Beamten des höheren Dienstes entscheidet künftig Hitler selbst.

# Predigt gegen Einheitsschule

**10. Februar.** Der Münchener Kardinal Michael von Faulhaber hält in München eine Predigt, in der er gegen die von den Nationalsozialisten betriebene Einführung der Einheitsschule protestiert.

Vor einer großen Gemeinde von Gläubigen, unter denen sich auch der päpstliche Nuntius Eugenio Pacelli befindet, plädiert Faulhaber für den Erhalt der konfessionell gebundenen Schulen, der im Artikel 23 des am 20. Juli 1933 geschlossenen Konkordats zwischen der deutschen Reichsregierung und dem Heiligen Stuhl festgelegt worden war. Mit seiner Predigt reagiert Faulhaber auf eine von den bayerischen Nationalsozialisten geführte Kampagne für die Einführung der Einheitsschule. »Wer immer ein Gesetz gegen die Freiheit der Kirche erläßt, verfällt der Exkommunikation«, sagt der Kardinal und fordert alle Katholiken auf, ihre Kinder weiterhin in katholische Schulen zu schicken. Welche Garantien – so Faulhaber – gebe es schließlich, »daß die deutsche Einheitsschule... nicht auch den Weg zur deutschen Einheitskirche bilden wird?«

Das mit dem Vatikan geschlossene Konkordat diente dem NS-System zunächst zur Konsolidierung seiner Macht und verschaffte ihm vor allem in katholischen Ländern außenpolitische Anerkennung. Es konnte jedoch nicht die Repressalien und Eingriffe in kirchliche Belange verhindern, die unmittelbar nach Abschluß des Konkordats von seiten der Reichsgewalt einsetzten.

Michael von Faulhaber, am 5. März 1869 in Heidenfeld bei Schweinfurt geboren, ist seit 1917 Erzbischof von München-Freising. 1921 wurde er von Papst Benedikt XV. zum Kardinal berufen.

# »Neuheidentum« kritisiert

**21. Februar.** Unter der Losung »Seid nüchtern und wachet!« schreibt die Leitung der Bekennenden Kirche einen Brief an die Gemeinden, in dem sie das von den Nationalsozialisten geförderte »Neuheidentum« im Deutschen Reich verurteilt.

Mit ihrem Aufruf wendet sich die Bekennende Kirche besonders gegen die Agitation der von der NSDAP unterstützten »Deutschen Glaubensbewegung«, die sich 1933 als Zusammenschluß völkischer Sekten gegründet hat. Diese Bewegung leugnet den Christenglauben und propagiert einen germanisch-heidnischen Gottglauben.

In ihrem Brief warnt die Leitung der Bekennenden Kirche vor der neuen Lehre: »In dieser neuen Religion wird wieder Raum für die Götter unserer heidnischen Vorväter«. Das Verhältnis zwischen Gott und Mensch werde umgekehrt, der Mensch schaffe Gott nach seinem Bilde unter dem Motto: »Wäre ich nicht, so wäre Gott auch nicht«.

Die Bekennende Kirche wurde 1934 als Opposition gegen den nationalsozialistischen Gleichschaltungsdruck auf die evangelische Kirche gegründet. Sie wandte sich auch gegen die Wahl von Hitlers Kirchenbeauftragten Ludwig Müller zum Reichsbischof. Als die allein rechtmäßige evangelische Kirche, wie sie sich selbst versteht, kämpft die Bekennende Kirche auf theologischem Gebiet gegen die deutsch-christlichen NS-Lehren und die völkische und antisemitische Rassenpolitik des Nationalsozialismus.

Der am 23. Juni 1883 in Gütersloh geborene Reichsbischof Ludwig Müller hatte sich im Ersten Weltkrieg als Marinepfarrer betätigt. Nach dem Krieg wurde er Garnisonspfarrer in Wilhelmshaven.

## Martin Buber erhält totales Redeverbot

**21. Februar.** Die Geheime Staatspolizei (Gestapo) in Berlin erteilt dem jüdischen Schriftsteller und Religionsphilosophen Martin Buber ein totales Redeverbot.
Buber legte 1933, nach der Machtergreifung der Nationalsozialisten, seine Professur für jüdische Religionswissenschaft und Ethik an der Universität Frankfurt am Main nieder, um einem Lehrverbot zuvorzukommen. Ihm wird jetzt jede öffentliche Betätigung untersagt.
Der in Wien geborene Philosoph gilt als einer der führenden Theoretiker der jüdischen Religion und Weltanschauung. Sein Werk »Ich und Du« (1923), in dem er das dialogische Prinzip zur Grundlage des menschlichen Miteinanders wie auch der Beziehung des Menschen zu Gott erhebt, beeinflußte auch die christliche Theologie und Ethik.
Der Schwerpunkt seiner Arbeit liegt in der Erwachsenenbildung. Auf seine Initiative hin entstand 1933 eine »Mittelstelle für jüdische Erwachsenenbildung«. Trotz ständiger Behinderungen, Bedrohungen und Redeverbote bleibt Buber bis 1938 im Deutschen Reich, bevor er nach Palästina auswandert.

*Auch junge Frauen werden in das »Körperertüchtigungsprogramm« mit einbezogen, das die Nationalsozialisten zur Wehrhaftmachung propagieren.*

## Amt »K« wird eingerichtet

**13. Februar.** Im Reichserziehungsministerium wird das Amt »K« für »Körperliche Erziehung« unter der Leitung von Ministerialdirektor Carl Krümmel eingerichtet.
Aufgabe dieses Amtes ist die Erarbeitung von Richtlinien für den Sportunterricht an Schulen und Universitäten. Die körperliche Ertüchtigung der Bevölkerung wird von den Nationalsozialisten mit dem Ziel der Wehrhaftmachung besonders gefördert. Dabei stehen Abhärtung und Stärkung der Kampfbereitschaft im Vordergund.
Ab 1939 organisiert das Amt Lehrgänge in Wehrertüchtigungslagern, bei denen Jungen im Alter zwischen 14 und 18 Jahren eine vormilitärische Ausbildung erhalten.

## Konsumverzicht für die Aufrüstung

**8. Februar.** Im Reichsgesetzblatt wird mit dem Gesetz über die Devisenbewirtschaftung eine Zusammenfassung aller vorhandenen Devisenbestimmungen und -richtlinien im Deutschen Reich veröffentlicht. Das Gesetz dokumentiert die totale staatliche Kontrolle des deutschen Außenhandels.
Die NS-Wirtschaftspolitik steht vor dem Problem, einerseits massiv aufrüsten zu wollen, andererseits aber infolge der Weltwirtschaftskrise Anfang des Jahrzehnts nur wenig Devisen für rüstungswichtige Rohstoffimporte zu besitzen. Als Konsequenz wurde 1934 mit dem »Neuen Plan« eine Devisenbewirtschaftung eingeführt, mit deren Hilfe der Staat Umfang und Art sämtlicher Im- und Exporte bestimmt. Gleichzeitig wurden Zahlungen an das Ausland im allgemeinen verboten. Um Devisen zu sparen, strebt die NS-Wirtschaftsstrategie langfristig eine Selbstversorgung mit Lebensmitteln und Rohstoffen an. Diese Strategie geht aber auf Kosten der Versorgung der Bevölkerung mit Lebensmitteln und Fertigwaren, deren Import zugunsten der Rohstoffeinfuhr drastisch gekürzt wird.

Landgewinnung: Beim Deichbau an der Westküste Schleswig-Holsteins schaufeln Arbeiter Erde auf ein Endlosförderband von mehr als 200 m Länge.

### »Landeroberung« mit Freiwilligen und Zwangsarbeitern

**22. Februar.** *Der »Beauftragte des Führers für den Reichsarbeitsdienst«, Konstantin Hierl, leitet mit einer Rede vor 1800 freiwilligen Mitgliedern des Arbeitsdienstes in Meppen die Urbarmachung von über 300 km² Moorland im Uferbereich der Ems ein. Durch die Arbeiten, bei denen zahlreiche Strafgefangene eingesetzt werden, soll das Moor in Ackerboden für Siedler umgewandelt werden und auf diese Weise der nationalsozialistischen Politik der sog. Reagrarisierung dienen.*
*Hierl bezeichnet in seiner Rede die versammelten Freiwilligen als »Speerspitze« der Bewegung zur Landeroberung, die in erster Linie eine Aufgabe für freie Deutsche sei. Damit spielt er auf die 21 000 Strafgefangenen an, die nach Plänen des preußischen Justizministeriums als Zwangsarbeiter die Kultivierung des Ödlandes mitbetreiben sollen. Es handelt sich dabei um kriminelle wie um politische Gefangene, die in insgesamt sieben Strafgefangenenlagern im Emsland interniert sind. Diese Lager, deren Insassen extremen Arbeitsanforderungen und körperlichen Mißhandlungen ausgesetzt sind, werden seit 1934 errichtet.*

## Keine Beschäftigung ohne Arbeitsbuch

**26. Februar.** Die Reichsregierung beschließt per Gesetz die Einführung eines Arbeitsbuches. Darin muß jeder Arbeiter und Angestellte Art und Dauer seiner Beschäftigung eintragen. Ziel der Maßnahme ist die »Lenkung des Arbeitseinsatzes« und damit die Kontrolle über den Arbeitsmarkt.
In dem Gesetz heißt es, das Arbeitsbuch solle dazu dienen, »den Zudrang zu überfüllten Berufen und die Landflucht abzubremsen und Schwarzarbeit zu verhindern«. Die Arbeitsämter stellen nach dem neuen Gesetz die Arbeitsbücher ab 1. April aus und führen Karteien über alle Eintragungen. Personen ohne Arbeitsbuch dürfen nicht mehr beschäftigt werden.
Obwohl 1935 noch durchschnittlich 2,1 Mio. Deutsche arbeitslos sind, schafft sich die Reichsregierung mit dem Arbeitsbuch schon früh ein Instrument zur totalen Überwachung des Arbeitsmarktes.

Arbeit und Soziales 1935:

# Mit Aufrüstung aus der Krise

Die Industriestaaten versuchen auch noch 1935 die Folgen der Weltwirtschaftskrise, die mit dem New Yorker Börsenkrach 1929 begann und Anfang der 30er Jahre auf ihrem Höhepunkt war, in den Griff zu bekommen.

Im Zentrum der Bemühungen steht der Abbau der nach wie vor hohen Arbeitslosigkeit. Dabei vertrauen die meisten Regierungen nicht mehr, wie noch in den 20er Jahren, der Selbstregulierung des Marktes, sondern greifen selbst aktiv in die Wirtschaft ein. Öffentliche Investitionen und Arbeitsbeschaffungsmaßnahmen sollen die Beschäftigungslage verbessern. In den USA und in Skandinavien verbindet sich mit dieser Politik eine Stärkung demokratischer Rechte und die Verbesserung der sozialen Absicherung der Arbeiter (→ 5. 7./S. 121). Während die nationalsozialistische Regierung durch ihre Arbeitsbeschaffungsmaßnahmen auf den ersten Blick eine ähnliche Politik betreibt, forciert sie gleichzeitig den systematischen Abbau von Arbeiterrechten.

Im Deutschen Reich ist die Arbeitslosigkeit von 29,9% im Jahr 1932 auf 10,3% im Jahr 1935 gesunken, was in diesem Ausmaß international einzigartig ist. So konnte in den USA die Arbeitslosigkeit im gleichen Zeitraum lediglich von 23,6% auf 20,1% verringert werden. Hitler scheint mit seiner 1933 geäußerten Prognose recht zu behalten: »Binnen vier Jahren muß die Arbeitslosigkeit endgültig überwunden sein, gleichlaufend ergeben sich die Voraussetzungen für das Aufblühen der Wirtschaft.«

Der Rückgang der Arbeitslosigkeit im Deutschen Reich läßt sich vor allem auf drei Faktoren zurückführen: Gestiegene öffentliche Aufträge zur Aufrüstung, Arbeitsbeschaffungsmaßnahmen und das Verdrängen bestimmter Personengruppen vom Arbeitsmarkt.

Auf allen drei Gebieten bringt das Jahr 1935 wichtige Entwicklungen. Die Wiedereinführung der Wehrpflicht (→ 16. 3./S. 50) und der offizielle Aufbau einer deutschen Luftwaffe (→ 26. 2./S. 38) markieren formal den Beginn massiver Aufrüstung. 1935 pumpt die Regierung über fünf Mrd. RM in die Rüstung; das ist weit mehr, als alle übrigen öffentlichen Investitionen verschlingen. Unter den Arbeitsbeschaffungsmaßnahmen ragt das Projekt »Reichsautobahn« heraus, das nicht nur aus beschäftigungspolitischen, sondern auch aus militärstrategischen Gründen begonnen wurde. Für den Bau der Autobahn wendet die Regierung 1935 700 Mio. RM auf. Durchschnittlich sind 90 000 Personen mit Tiefbauarbeiten beschäftigt (→ 19. 5./S. 86).

Die neue Wehrpflicht sowie der ab 1935 nicht mehr freiwillige, sondern obligatorische Arbeitsdienst sorgen dafür, daß Hunderttausende junger Männer für eine gewisse Zeit vom Arbeitsmarkt ferngehalten werden. Einen ähnlichen Effekt erzielen die Nationalsozialisten, indem sie Frauen im NS-Staat ausschließlich auf eine Mutterrolle festzulegen versuchen. Frauen, die als »Doppelverdiener« das Einkommen ihrer Ehemänner aufbessern, sind Drangsalierungen von staatlicher Seite ausgesetzt. »Ehestandsdarlehen« werden nur dann vergeben, wenn sich die Frau verpflichtet, nicht zu arbeiten (→ 14. 1./S. 20).

Trotz guter Konjunktur und Belebung der Produktion bewegen sich die Löhne im Deutschen Reich 1935 etwa auf dem Niveau von 1932, als die Weltwirtschaftskrise auf ihrem Höhepunkt war und deutlich unter dem Niveau des Jahres 1928. Dies ist möglich durch das 1934 in Kraft getretene Arbeitsgesetz, nach dem die Regierung u.a. die Lohnhöhe festsetzen kann. Streiks gelten als gesetzwidrig, sog. Treuhänder der Arbeit, die vom Arbeitsministerium eingesetzt werden, überwachen Tarif- und Betriebsordnungen. Eine Tarifautonomie existiert damit nicht mehr. 1935 finden letztmals Vertrauensrätewahlen in den größeren Betrieben statt (→ 12. 4./S. 73). Die »Vertrauensräte« sind 1934 anstelle der zerschlagenen Betriebsräte institutionalisiert worden, haben aber weniger Rechte als diese und werden darüber hinaus vom »Betriebsführer« und NS-Funktionären ernannt. Mit dem Wegfall der Wahlmöglichkeit der »Vertrauensräte« fällt in der Folgezeit eine der letzten Fassaden demokratischer Mitbestimmung.

△ *Straßenbauarbeiter versuchen einen Wagen flottzumachen, der während einer Inspektionsfahrt auf dem Gelände der späteren Autobahn steckengeblieben ist.*

◁ *Fritz Todt (M.), Generalinspekteur für das deutsche Straßenwesen, besucht regelmäßig die Autobahnbaustellen im Reich, um sich persönlich über den Stand der Baumaßnahmen zu informieren.*

▽ *Arbeiter in einem der beiden Stahlmasten für den im Bau befindlichen britischen Passagierdampfer »Queen Mary«: Sie bereiten die Aufrichtung des 71 m hohen Mastes auf dem Ozeanriesen vor.*

Diese Modellwerkstatt in Berlin steht exemplarisch für den Propagandafeldzug »Schönheit der Arbeit«.

Bei einem Streik im März 1935 kippen Molkereiarbeiter in Toledo (US-Bundesstaat Ohio) einen Milchlaster um. Militante Streiks sind in den USA der 30er Jahre eine häufige Erscheinung.

In vielen Städten der USA werden Straßenbauarbeiten im Rahmen von Arbeitsbeschaffungsmaßnahmen durchgeführt, die von einer 1935 neugeschaffenen Bundesbehörde koordiniert werden.

Werbeplakat für den Beitritt zur Einheitsgewerkschaft »Deutsche Arbeitsfront«, die seit 1935 Teil der NSDAP ist.

## International nur US-Gewerkschaften im Aufwind

In vielen Industrieländern mußten die Gewerkschaften durch die Weltwirtschaftskrise ab 1929 Rückschläge hinnehmen. Hohe Arbeitslosigkeit führte dazu, daß Lohnabhängige fast jede Arbeit bedingungslos annahmen und auf gewerkschaftliche Forderungen und Organisierung verzichteten. So sackte etwa die Mitgliederzahl der britischen Gewerkschaften, die sich zwischen 1910 und 1920 mehr als verdreifacht hatte, bis 1933 wieder von 8,3 auf 4,3 Mio. ab. Die Schwäche der deutschen Gewerkschaften in der Krise machte es den Nationalsozialisten leicht, die gewerkschaftlichen Organisationen zu zerstören und an ihre Stelle die »Deutsche Arbeitsfront« (DAF) zu setzen. Die DAF hat aber mit einer Vertretung von Arbeiterinteressen nur noch wenig zu tun, sondern dient als Ableger der NSDAP vor allem der Propagierung des NS-Ideals der klassenübergreifenden »Volksgemeinschaft«.

In den USA übersteht die Gewerkschaftsbewegung die Wirtschaftsdepression besser: 1935 wird es den US-Gewerkschaften durch das sog. Wagner-Gesetz ermöglicht, Tarifverträge kollektiv abzuschließen, womit die schwache Verhandlungsposition des einzelnen Arbeiters aufgehoben wird (→5. 7./S. 121). Die Gründung des »Committee for Industrial Organization« (CIO) durch den Chef der Bergarbeitergewerkschaft, John Lewis, leitet 1935 den Übergang zur gewerkschaftlichen Vertretung auch ungelernter Arbeiter in den USA ein. Der Dachverband »American Federation of Labor« (AFL) vertrat bislang nur Fachkräfte und schloß Schwarze, Immigranten und Ungelernte aus.

# Entführer des Lindbergh-Babys verurteilt

**13. Februar.** Ein Gericht in Flemington (US-Bundesstaat New Jersey) verurteilt den deutschstämmigen Bruno Richard Hauptmann wegen Entführung und Ermordung des Lindbergh-Babys zum Tode.

Das Gericht befindet Hauptmann in einem reinen Indizienprozeß für schuldig, den eineinhalbjährigen Sohn des bekannten Atlantikfliegers Charles A. Lindbergh am 1. März 1932 entführt und bald darauf ermordet zu haben. Hauptmann leugnete seine Täterschaft während des ganzen Prozesses.

In den US-amerikanischen und internationalen Medien sorgte der Fall wochenlang für Schlagzeilen. Lindbergh hatte am 20./21. Mai 1927 in einem Nonstop-Flug als erster Mensch alleine den Atlantik in west-östlicher Richtung überquert, wodurch er über Nacht zu einem Volkshelden wurde. Die Entführung seines Sohnes löste eine Welle der Empörung in der US-amerikanischen Bevölkerung aus und ließ die Forderung nach schärferen Gesetzen laut werden. Drei Monate nach der Tat beschloß der Kongreß in Washington das »Lindbergh-Kidnap-Gesetz«, mit dem in den USA für Menschenraub die Todesstrafe eingeführt wurde. Darüber hinaus darf die Bundespolizei seither bei Kindesentführungen nicht nur Hilfe anbieten, sondern kann auch selbständig eingreifen.

Am 19. September 1934 war Hauptmann von der US-amerikanischen Bundespolizei verhaftet worden. Obwohl Verfahren und Urteil in diesem wohl spektakulärsten Kriminalfall der dreißiger Jahre auf viel Kritik stoßen, lehnt das Oberste Bundesgericht in Washington die Wiederaufnahme des Verfahrens am 16. Februar 1936 ab. Das Todesurteil gegen Hauptmann wird am 3. April 1936 in Trenton vollstreckt.

*In einer Prozeßpause spricht Bruno R. Hauptmann (l.) mit seiner Frau. Der Angeklagte leugnet die Tat während des gesamten Verfahrens.*

# Wolkenkratzer ohne Fahrstühle

**18. Februar.** Die New Yorker Fahrstuhlführer beenden einen Streik, der das öffentliche Leben in zahlreichen Hochhäusern der Stadt einen Tag lang lahmlegte.

Der Streik hatte sich an Lohnforderungen entzündet und war ursprünglich für eine Dauer von mehreren Tagen geplant. Der New Yorker Oberbürgermeister Fiorello H. La Guardia hatte jedoch den Forderungen schnell entsprochen, nachdem sich das Ausmaß des Streiks abzeichnete.

Weil die Fahrstühle in den Wolkenkratzern Manhattans nicht per »Selbstbedienung« betätigt werden können, erreichen Zehntausende von Büroangestellten ihre Arbeitsplätze nicht. Allein im 1931 erbauten Empire State Building, mit 381 m das höchste Gebäude der Erde, fallen durch den Streik 73 Aufzüge aus. Das Telephonnetz bricht zusammen, weil zahllose Angestellte ihren Chefs mitteilen möchten, daß sie nicht zur Arbeit kommen. Eine Reihe von Personen wird beim Treppensteigen ohnmächtig.

»Stromlinienform« heißt der Trend auf der Berliner Ausstellung.

## Autoschau in Berlin eröffnet

**14. Februar.** *In Berlin eröffnet Führer und Reichskanzler Adolf Hitler die Internationale Automobil- und Motorradausstellung 1935. Die Ausstellung soll vor allem den Aufschwung der deutschen Automobilindustrie demonstrieren. In seiner Eröffnungsrede kündigt Hitler die Produktion eines kostengünstigen Kleinwagens, des »Volkswagens«, an.*

Die Staumauer des Dammes ist 221 m hoch und 379 m breit.

## Hoover-Damm vollendet

**1. Februar.** *Nach vierjähriger Bauzeit wird an der Grenze zwischen den US-Bundesstaaten Nevada und Arizona der Hoover-Staudamm fertiggestellt. Das Bauwerk staut den Colorado-Fluß zu einem der größten künstlichen Seen der Welt, dem Lake Mead, auf. Ein angeschlossenes Elektrizitätswerk sichert die Stromversorgung großer Teile des Südwestens der USA.*

Die »Macon«, das größte Luftschiff der Welt, beim Landeanflug

## US-Luftschiff abgestürzt

**12. Februar.** *Bei einem Flottenmanöver vor der US-amerikanischen Pazifikküste gerät das Luftschiff »Macon« in einen schweren Sturm und stürzt ab. Zwei Personen kommen ums Leben. Innerhalb von 10 Jahren verliert die US-Marine den dritten Luftkreuzer. Der Kapitän der »Macon« hat bereits die Abstürze der »Shenandoah« und der »Akron« miterlebt.*

# Neunter WM-Titel in Folge für »Häseken« Sonja Henie

**9. Februar.** Bei der Eiskunstlauf-Weltmeisterschaft der Damen sichert sich die Norwegerin Sonja Henie vor 10 000 Zuschauern in Wien zum neunten Mal in ununterbrochener Reihenfolge den Titel.

Bereits nach dem Pflichtprogramm, bei dem ihr einige Fehler unterlaufen, führt die 23jährige mit großem Vorsprung. Obwohl sie in der Kür betont vorsichtig läuft, um nicht wie ihre Konkurrentinnen durch Stürze zurückgeworfen zu werden, baut Henie ihre Führung aus und gewinnt souverän. Auf dem zweiten Rang landet überraschend die Britin Cecila Colledge, die durch ihr schwieriges Kürprogramm zum Publikumsliebling avanciert, vor Vivianne Hultén aus Schweden.

Der Gewinn der Weltmeisterschaft bestätigt erneut die Ausnahmestellung von Sonja Henie im Eiskunstlauf. Mit elf Jahren gewann sie zum ersten Mal die norwegische Meisterschaft, ehe ihr bei den Weltmeisterschaften 1927 und ein Jahr später bei den Olympischen Spielen in St. Moritz der internationale Durchbruch gelang. Den Grundstein für ihren Erfolg legte ihr Vater Willem, der als Radrennfahrer in Norwegen zu den bekanntesten Sportlern gehörte. Er verpflichtete die besten Trainer, u. a. die ehemalige Weltmeisterin Herma Szabo, und überwachte das tägliche Übungspensum seiner talentierten Tochter.

Nach ihrem zweiten Olympiasieg 1932 in Lake Placid hatte Sonja Henie erstmals angekündigt, daß sie dem Wettkampfsport den Rücken kehren und ins Profilager überwechseln wolle. 1936 macht sie diesen Entschluß wahr und wirkt u.a. in zahlreichen Revuefilmen in den Vereinigten Staaten mit. Das »Häseken«, wie sie vom Berliner Publikum genannt wurde, entwickelt sich zum »Glamour-Girl«, das sich vorwiegend auf die kommerzielle Seite ihres Sports konzentriert.

***Schäfer dominiert Konkurrenz***

*Der Österreicher Karl Schäfer, am 17. Mai 1909 geboren, ist das Pendant zu Sonja Henie im Eiskunstlauf der Herren. Der Ausnahmeathlet Schäfer gewinnt bei den Titelkämpfen in Budapest am 17. Februar zum sechsten Mal in ununterbrochener Reihenfolge die Weltmeisterschaft. Erneut ist der Olympiasieger von 1932 ohne ernsthafte Konkurrenz, obwohl ihm im Pflichtprogramm einige Unsauberkeiten unterlaufen. Er verteidigt seinen großen Vorsprung auch im Kürprogramm vor Jack Dunn aus Großbritannien und dem Drittplazierten Pataky aus Ungarn.*

*Herber, Egedius, Henie und Landbeck (v. l.)*

*Im Elternhaus in Oslo zeigt S. Henie stolz ihre Pokalsammlung.*

# Deutscher Erfolg bei der Viererbob-WM

**14. Februar.** Die Viererbob-Weltmeisterschaft im schweizerischen St. Moritz endet mit dem überlegenen Sieg von Bob »Deutschland I« mit Hans Kilian am Steuer.

Kilian und seine Mannschaft, Heinrich von Valta, Alex Gruber und Fritz Schwarz führen bereits nach dem ersten Tag, an dem zwei Läufe ausgetragen werden, deutlich vor den beiden schweizerischen Bobs.

Am zweiten Tag fährt Kilian erneut am gleichmäßigsten von allen Teilnehmern und hält seinen Vorsprung von rund 1 sec vor Bob »Schweiz II« und »Schweiz I«. Der zweite deutsche Bob mit dem deutschen Meister Fritz Grau am Steuer stürzt im dritten Lauf, nachdem er nach dem ersten Tag noch den vierten Rang belegt hatte.

Der 29jährige Kilian kann in St. Moritz seinen im Vorjahr gewonnen Titel erfolgreich verteidigen. Bereits bei den Olympischen Spielen 1928 und 1932 im Fünfer- bzw. Viererbob hatte er durch dritte Plätze aufhorchen lassen. 1931 hatte er zusammen mit seinem Copiloten Sebastian »Wastl« Huber auf Anhieb die Weltmeisterschaft im erstmals ausgetragenen Zweierbob-Wettbewerb errungen.

*Hans Kilian am Steuer seines Bobs beim Start in der Viererbob-Weltmeisterschaft in St. Moritz. Titelkämpfe in den Bobdisziplinen werden seit 1930 alljährlich ausgefahren – mit Ausnahme der Olympia-Jahre: Die olympischen Rennen werden gleichzeitig als Weltmeisterschaftswettbewerbe anerkannt.*

# Glücklicher Treffer kurz vor Spielende

**17. Februar.** In einem Fußball-Länderspiel besiegt Deutschland die Niederlande in Amsterdam 3:2.

Die deutsche Elf legt gleich nach dem Anpfiff los »wie die Feuerwehr« (»Berliner Illustrirte Zeitung«). Bereits nach 10 Minuten führt sie vor mehr als 40 000 Zuschauern durch Treffer von Conen (FV Saarbrücken) und Kobierski (Fortuna Düsseldorf) 2:0.

Nach der Pause bietet sich den Zuschauern ein völlig verändertes Bild. Die Niederländer greifen pausenlos an und erzielen innerhalb von 10 Minuten den verdienten Ausgleich. Gegen die vom Publikum frenetisch angefeuerten Gastgeber muß die deutsche Elf bange Augenblicke überstehen, ehe ihr kurz vor Spielende durch Mittelstürmer Karl Hohmann (VfL Benrath) aus stark abseitsverdächtiger Position der glückliche Siegtreffer gelingt.

*Wilhelm Furtwängler dirigierte neben den Berliner Philharmonikern bis 1922 auch das Leipziger Gewandhausorchester mit großem Erfolg.*

# Furtwängler rehabilitiert

**28. Februar.** Nach monatelangen Auseinandersetzungen um den »Fall Hindemith« kommt es zu einer Aussprache zwischen dem Dirigenten Wilhelm Furtwängler und dem Präsidenten der Reichskulturkammer, Joseph Goebbels.

Der renommierte Komponist Paul Hindemith galt seit seinen radikalen Frühwerken wie »Mörder, Hoffnung der Frauen« (1921) oder »Minimax« (1922) als einer der Bahnbrecher der modernen Musik. In konservativ-nationalistischen Kreisen brachte ihm seine Musik jedoch schon früh den Vorwurf des »Kulturbolschewismus« ein.

Trotzdem führte Furtwängler, seit 1933 Direktor der Berliner Staatsoper, im März 1934 die Hindemith-Sinfonie »Mathis der Maler« mit großem Erfolg auf. Am 25. November 1934 setzte er sich in einem »offenen Brief« in der »Deutschen Allgemeinen Zeitung« für den als »undeutsch« verfemten Komponisten ein. Wegen dieses Engagements kam es in der Folge zu heftigen Auseinandersetzungen zwischen Furtwängler und Goebbels, dem die Musik des »Ariers« Hindemith ein Beweis dafür ist, »wie tief sich die jüdisch-intellektualistische Infizierung bereits in unserem eigenen Volkskörper festgesetzt hat«.

Furtwängler, als international anerkannter Dirigent Aushängeschild der nationalsozialistischen Kulturpolitik, legte daraufhin am 4. Dezember 1934 seine Ämter als Vizepräsident der Reichsmusikkammer, Leiter des Berliner Philharmonischen Orchesters und als Direktor der Berliner Staatsoper nieder.

Um den schwelenden Konflikt beizulegen, einigen sich Goebbels und Furtwängler nun auf die diplomatische Erklärung, daß der Dirigent den offenen Brief nur in seiner Funktion als Musikexperte geschrieben habe

*Die Werke des Komponisten Paul Hindemith haben Aufführungsverbot.*

und daß er die politischen Konsequenzen, die der Brief nach sich zog, weder vorhergesehen noch gewünscht habe.

Nach diesem Arrangement wird Furtwängler von den NS-Kulturbehörden ein großer Freiraum zugestanden, der es ihm auch ermöglicht, die jüdischen Mitglieder seines Orchesters vor dem Zugriff der Nationalsozialisten zu schützen.

Literatur 1935:

## Schriftsteller-Elite im Exil

Zwei Jahre, nachdem Propagandaminister Joseph Goebbels in Berlin aus den Flammen brennender Bücher den neuen »deutschen Geist emporsteigen« sah, ist die Literaturszene im Deutschen Reich weitgehend verödet. Die Bücherverbrennungen im April/Mai 1933, der die Werke zahlreicher jüdischer, bürgerlicher oder marxistisch-pazifistischer Schriftsteller der letzten zwei Jahrhunderte wie Karl Marx, Sigmund Freud, Erich Kästner, Karl von Ossietzky und Heinrich Heine zum Opfer fielen, markierte den Anfang dieser Entwicklung. Mit der Schaffung der Reichskulturkammer bzw. der Reichsschrifttumskammer am 22. September 1933 wurde der Gleichschaltungsprozeß im kulturellen Leben auch auf administrativer Ebene abgeschlossen.

Um ihr künstlerisches Schaffen fortsetzen zu können, bleibt daher zahlreichen deutschen Schriftstellern keine andere Möglichkeit als die Emigration. Amsterdam, wo Heinrich Mann seinen Roman »Die Jugend des Königs Henri Quatre« veröffentlicht, Paris und Moskau bilden in dieser Zeit die wichtigsten Zentren deutscher Exilliteratur. Hier beteiligen sich auch zahlreiche Literaten an der Organisierung des politischen Widerstandes gegen das Deutsche Reich.

In vielen ausländischen Städten finden sich deutsche Schriftsteller zusammen und veranstalten Lesungen und Diskussionsabende. Nur wenigen Autoren gelingt es allerdings, im Exil Fuß zu fassen und ihre Werke zu veröffentlichen. Die wirtschaftliche Situation der meisten Autoren ist äußerst angespannt. Wie stark der Druck der Exilierung auf vielen Literaten lastet, beleuchtet das Schicksal von Kurt Tucholsky. Nach tiefen Depressionen begeht Tucholsky, der sich nach seiner Ausbürgerung am 25. August 1933 selbst als »aufgehörter Deutscher« bezeichnete, in Schweden Selbstmord.

Neben der äußeren Emigration wählen zahlreiche Autoren den Weg der »Emigration nach innen«, den Rückzug auf »unverdächtige« Themen. Unter diesen sind indessen nur wenige, in deren Werken Oppositionsgeist und Regimekritik erhalten bleiben. Dazu gehört Werner Bergengruen, dessen Roman »Der Großtyrann und das Gericht« (1935) Machtmißbrauch anprangert und zu einem wichtigen Werk für die im Reich verbliebenen regime-kritischen Autoren wird.

Die vom nationalsozialistischen Regime geförderte »artgemäße« und zeitgenössische Dichtung fußt vor allem auf Werken, die bereits im Jahrzehnt zuvor geschrieben wurden und ideologisch den Nationalsozialismus mit vorbereiteten. Heimat- und Weltkriegsromane sowie nationalsozialistische Marsch- und Kampflyrik bilden hier die bevorzugten Genres. Die große Bereitschaft von zuvor meist unpolitischen Dichtern, sich dem Regime zu »verschreiben«, läßt Mitte der 30er Jahre eine Flut von linientreuen Werken entstehen. So tritt eine Reihe unbekannter Dichter wie Heinrich Anacker, Hans Baumann und Kurt Eggers mit völkisch-nationaler oder heldischer Dichtung an die Öffentlichkeit.

Zu den Kennzeichen dieser Literatur gehört ein ausgeprägter Antiintellektualismus, der wegen seiner systemstabilisierenden Wirkung vom Regime unterstützt wird. Dabei ist der Rückgriff auf Elemente der romantischen Literatur, deren Aufbruchsgeist in bewußter Verkehrung seiner Intentionen mit ideologischen Versatzstücken des Nationalsozialismus vermengt wird, bei den Autoren sehr beliebt.

Der starke Provinzialismus der NS-Literatur zeigt sich besonders deutlich in der Arbeiterdichtung und den »Blut und Boden-Romanen«, die die Idee einer durch »rassische Höherwertigkeit« gerechtfertigten Ausweitung des Lebensraumes aufgreifen oder Ansprüche auf afrikanische Kolonien zum Thema haben. Die Sprache dieser Literatur ist rührselig-emotional oder bombastisch überzogen. Immer wieder tauchen Worte wie Fahne, Erde oder Art auf, die auch von der nationalsozialistischen Propaganda häufig benutzt werden. Darüber hinaus sind Glut- und Feuermetaphern sowie religiöses Vokabular – Weihe, Heil – beliebte sprachliche Mittel.

(Siehe auch Übersicht »Buchneuerscheinungen« im Anhang.)

## Woche des Buches in der Goethestadt

Die »Woche des deutschen Buches«, die vom 27. Oktober bis zum 3. November in Weimar stattfindet, soll, ausgehend von Adolf Hitlers 1923 entstandenem Buch »Mein Kampf«, der Darstellung des neuen deutschen Schrifttums dienen. Mit der Propagandaveranstaltung in der Goethe- und Schillerstadt Weimar versucht das nationalsozialistische Regime auch, an die Klassiker der deutschen Literatur anzuknüpfen. Das Motto der Veranstaltung »Das Buch ein Schwert des Geistes« betont die ideologische Bedeutung, die der Literatur im NS-Staat zugeschrieben wird.

*◁ Die »Woche des deutschen Buches« soll zum Lesen anregen.*

*Heinrich Anacker, Autor vieler Kampflieder der NS-Bewegung*

*Werner Bergengruen schreibt zahlreiche regimekritische Werke.*

*△ Der 1913 erstmals erschienene Zukunftsroman »Der Tunnel« wird 1935 vom S. Fischer Verlag neu aufgelegt (Abb. Schutzumschlag). Bernhard Kellermann beschreibt die Entwicklung einer sich verselbständigenden Technik und ihre sozialen Folgen anhand eines Tunnelprojektes zwischen den USA und Europa.*

## Soziale Themen dominieren im Ausland

Die internationale Literaturszene steht Mitte der dreißiger Jahre noch ganz unter dem Eindruck der Weltwirtschaftskrise des Jahres 1929. In den Vereinigten Staaten versucht US-Präsident Franklin D. Roosevelt mit Hilfe seines »New Deal«-Progamms (→ S. 22) zur Stabilisierung der US-Wirtschaft auch die wirtschaftliche Situation der Schriftsteller zu verbessern.
Soziale und wirtschaftliche Fragestellungen verdrängen den in der Literatur vorherrschenden Einfluß der Psychologie. Die Literaten beginnen, sich in zumeist linksorientierten Schriftstellergewerkschaften zu organisieren, wie der »League of American Writers«, die sich 1935 gründet.
Die in diesem Jahr erscheinenden Werke, wie William Faulkners Roman »Wendemarke« oder John Steinbecks »Die wunderlichen Schelme von Tortilla Flat«, greifen die vorherrschenden sozialen Themen auf.
Auch die französische Literatur schließt sich dieser Entwicklung an. Schriftsteller wie André Gide (»Neue irdische Nahrung«) oder Louis Guilloux (»Das schwarze Blut«) machen darüber hinaus den Kampf der politischen und ideologischen Systeme in Frankreich zu literarischen Themen.

*◁ Hermann Hesses Erzählungen »Fabulierbuch«, die literarisch Gottfried Kellers »Legenden« zum Vorbild haben, entstanden zwischen 1904 und 1927; 1935 erscheinen sie mit einem von Gunter Böhmer gestalteten Schutzumschlag.*

# März 1935

| Mo | Di | Mi | Do | Fr | Sa | So |
|---|---|---|---|---|---|---|
| | | | | 1 | 2 | 3 |
| 4 | 5 | 6 | • 7 | 8 | 9 | 10 |
| 11 | 12 | 13 | 14 | 15 | 16 | 17 |
| 18 | 19 | 20 | 21 | 22 | 23 | 24 |
| 25 | 26 | 27 | 28 | 29 | 30 | 31 |

**1. März, Freitag**

Mit einem feierlichen Akt wird in Saarbrücken die Übergabe des vom Völkerbund verwalteten Saarlandes an das Deutsche Reich begangen. Gauleiter Josef Bürckel wird als Reichskommissar für das Saarland in sein Amt eingeführt (→ 13. 1./S. 14).

In Wien kommt es anläßlich der Feierlichkeiten zur Rückgliederung des Saarlands in das Deutsche Reich zu Demonstrationen nationalsozialistischer Studenten. Die Demonstranten skandieren Hochrufe auf das Deutsche Reich und hissen eine Hakenkreuzflagge auf dem Dach des Gewerkschaftshauses.

**2. März, Samstag**

Führer und Reichskanzler Adolf Hitler ernennt sieben neue Reichstagsabgeordnete aus dem Saargebiet.

Ein Schwurgericht in Salzburg verurteilt 17 österreichische Nationalsozialisten wegen Verstoßes gegen das Sprengstoffgesetz zum Tode. → S. 56

Bei den US-amerikanischen Hallenmeisterschaften im New Yorker Madison Square Garden stellt Jesse Owens mit 7,85 einen Hallenweltrekord im Weitsprung auf.

**3. März, Sonntag**

In Leipzig beginnt die Frühjahrsmesse. Über 8000 Aussteller aus 19 Ländern stellen ihre Produkte zur Schau. → S. 58

Eine Vereinsstaffel des Schwimmvereins »Magdeburg 1896« schwimmt bei einem Klubkampf gegen den »Bremischen SV« in Magdeburg Europarekord über 4 × 200 m Freistil. Die Staffel legt die Strecke in 9:22,2 min zurück.

**4. März, Montag**

Auf einer Kundgebung der NSDAP in Köln kündigt Gauleiter Josef Grohé einen »aufrührenden Propagandafeldzug« zur Vertiefung der weltanschaulichen Einigung des Deutschen Reiches an. Diese Aktion stellt eine Kampfansage an beide Konfessionen dar, deren Tätigkeit auf seelsorgerische Belange beschränkt werden soll.

Die britische Regierung veröffentlicht ein Rüstungsweißbuch, in dem sie ihre Besorgnis über die Aufrüstungsmaßnahmen im Deutschen Reich zum Ausdruck bringt. Der geplante Besuch des britischen Außenministers John Simon wird daraufhin von deutscher Seite verschoben (→ 24. 3./S. 57).

Der deutsche Film »Baccarole« wird in Berlin uraufgeführt. Unter der Regie von Gerhard Lamprecht spielen u.a. Gustav Fröhlich, Willy Birgel und Hilde Hildebrand.

**5. März, Dienstag**

Die Bekenntnissynode der evangelischen Kirche der altpreußischen Union wendet sich in einem Aufruf gegen die Entstehung einer neuen Religion, in der »die rassisch-völkische Weltanschauung zum Mythos wird« (→ 17. 3./S. 53).

Italien und Abessinien einigen sich auf die Schaffung einer neutralen Zone im Grenzgebiet zwischen den beiden Hoheitsgebieten. Ungeachtet dieser Einigung fährt Italien jedoch fort, seine Truppenkontingente in diesem Gebiet zu verstärken.

In Los Angeles werden drastische Erziehungsmaßnahmen für Verkehrssünder eingeführt. → S. 58

In New Haven (USA) schwimmt der US-Amerikaner Peter Fick in 56,6 sec Weltrekord über 100 m Freistil.

Hanni Hölzner schwimmt in Plauen mit 2:48,0 min einen neuen Weltrekord über 200 y und verbessert damit die alte Bestmarke der Krefelderin Martha Genenger um eine Sekunde. → S. 65

**6. März, Mittwoch**

Die französische Regierung kündigt in Paris die Verlängerung der Militärdienstzeit um ein Jahr auf zwei Jahre an. Ministerpräsident Pierre É. Flandin begründet die Maßnahmen mit der Aufrüstung im Deutschen Reich (→ 16. 3./S. 50).

Im Deutschen Reich erscheint die erste Ausgabe des SS-Wochenblattes »Das Schwarze Korps«. → S. 52

Zur Einschüchterung der Vertreter des kritischen politischen Karnevals läßt der hessische Gauleiter Jakob Sprenger am Aschermittwoch das gesamte Komitee des »Mainzer Karneval Vereins« festnehmen. → S. 60

**7. März, Donnerstag**

In einem Brief an den Internationalen Gewerkschaftsbund (IGB) regt die Rote Gewerkschaftsinternationale (RGI) den gemeinsamen Wiederaufbau freier Gewerkschaften im Deutschen Reich an.

Der Staatssekretär des US-amerikanischen Arbeitsministeriums Frances Perkins gibt in Washington bekannt, daß in den USA 20,5 Mio. Menschen Sozialhilfe erhalten.

In Daytona erreicht Malcolm Campbell mit 445,486 km/h einen Geschwindigkeitsrekord für Automobile. → S. 65

Der US-Amerikaner Peter Fick verbessert in New Haven seinen eigenen Weltrekord über 100-m-Freistil von 56,8 sec auf 56,6 sec. → S. 65

**8. März, Freitag**

Die Reichspressekammer in Berlin fordert zahlreiche nichtarische Verleger von Tageszeitungen und Fachzeitschriften auf, ihre Unternehmen an Arier zu verkaufen. → S. 64

In Eupen und Malmédy unternimmt die Polizei umfangreiche Hausdurchsuchungen bei belgischen Nationalsozialisten wegen des Verdachts einer anti-belgischen Verschwörung. Dabei kommt es zu mehreren Verhaftungen. → S. 56

Zum 25. Jahrestag der Frauen-Internationale veröffentlicht das Zentralkomitee der Kommunistischen Partei der Sowjetunion (KPdSU) eine Verfügung zur Hebung des Einflusses und der Stellung der Frau im politischen Leben. Darin heißt es, Frauen sollten in noch stärkerem Maße als bisher an politischen Arbeiten teilnehmen und mehr verantwortliche Posten der politischen und staatlichen Verwaltung übernehmen.

Der deutsche Film »Alle Tage ist kein Sonntag« mit Adele Sandrock in der Hauptrolle wird in Berlin uraufgeführt. Regie führt Walter Janssen.

**9. März, Samstag**

Hitler läßt den ausländischen Regierungen offiziell mitteilen, daß sich das Deutsche Reich wieder im Besitz einer Luftwaffe befindet. → S. 38

Als erste Spanierin gewinnt Alicia Navarro den europäischen Schönheitswettbewerb und wird zur Miss Europa gekürt.

**10. März, Sonntag**

Die nationalsozialistische Sport- und Freizeitorganisation »Kraft durch Freude« (KDF) verschickt 3000 Arbeiter auf eine dreiwöchige Seereise nach Madeira.

In einem Ausscheidungskampf um die Box-Weltmeisterschaft im Schwergewicht schlägt Max Schmeling den US-Amerikaner Steve Hamas in der neunten Runde durch technischen K.o. → S. 65

**11. März, Montag**

Auf einer Sitzung der Arbeitsgemeinschaft II des Sachverständigenbeirates für Bevölkerungs- und Rassenpolitik diskutieren deren Mitglieder mit Ministerialbeamten die illegale Sterilisierung farbiger deutscher Kinder. → S. 53

Der außenpolitische Ratgeber Hitlers, Joachim von Ribbentrop, verbietet im Deutschen Reich alle Presseangriffe gegen den Führer der Sudetendeutschen Heimatfront (SHF), Konrad Henlein (→ 19. 5./S. 90).

Unter dem Titel »Eine Krise in der Universitätswelt« veröffentlicht der Völkerbund einen Bericht über die Auswanderung deutscher Gelehrter. → S. 53

In Athen wird ein Putschversuch republikanischer Militärs unter Führung des ehemaligen Ministerpräsidenten Eleftherios Weniselos von Regierungstruppen niedergeschlagen. → S. 56

**12. März, Dienstag**

Die Reichs- und Preußischen Minister für Wissenschaft, Erziehung und Volksbildung, Bernhard Rust, sowie Finanzen, Johann Ludwig Graf Schwerin von Krosigk, ordnen gemeinsam eine Senkung der Kirchensteuer um 20% an.

Der Reichskommissar für Preisüberwachung Karl Friedrich Goerdeler verbietet dem Handwerkerstand, sich öffentlich mit Preisfragen zu beschäftigen.

Zwischen Berlin und Tokio wird eine Funkfernsprechverbindung eröffnet.

Nach einer Gasexplosion bei Reinigungsarbeiten gerät im britischen Southampton ein Tank mit rund 1,1 Mio. l Erdöl in Brand. Tagelang bemühen sich Feuerwehrleute vergeblich, das Feuer unter Kontrolle zu bringen.

In Berlin wird der als »künstlerisch wertvoll« eingestufte deutsche Spielfilm »Artisten« uraufgeführt. Harry Piel führt Regie und spielt neben Susi Lanner und Hilde Hildebrand die Hauptrolle.

**13. März, Mittwoch**

Der griechische Kriegsminister General Georg Kondylis erklärt in einem Interview, daß Griechenlands neues innenpolitisches Programm »sich nicht viel vom Programm des großen Formers des neuen Deutschland, Hitler, unterscheiden wird«.

**14. März, Donnerstag**

Ein Militärgericht in Wien verurteilt den früheren Landeshauptmann der Steiermark und Unterrichtsminister Anton Rintelen wegen dessen Verwicklung in den 1934 gescheiterten Putsch gegen den österreichischen Bundeskanzler und Außenminister Engelbert Dollfuß zu lebenslanger Haftstrafe (→ 2. 3./S. 56).

Der Reichsminister für Volksaufklärung und Propaganda, Joseph Goebbels, verbietet mehrere Berliner »Skandalblätter«. In der Begründung heißt es, die verbotenen Zeitungen hätten Volksgenossen in der Öffentlichkeit herabgesetzt und dadurch Klatschsucht und übelste Sensationshascherei gefördert.

Nach dem gescheiterten Putschversuch des früheren Ministerpräsidenten Eleftherios Weniselos beschließt die griechische Regierung, das Parlament aufzulösen. Neuwahlen zur Nationalversammlung sollen erst in sechs Monaten ausgeschrieben werden.

Die Oper »Prinz von Homburg« von Paul Graener nach dem gleichnamigen Stück von Heinrich von Kleist wird an der Berliner Staatsoper uraufgeführt.

In Berlin wird der deutsche Sensations- und Kriminalfilm »Der blaue Diamant« unter der Regie von Kurt Blachnitzky uraufgeführt. Es spielen u. a. Salto King, Ursula Grabley, Oscar Sabo und Adele Sandrock.

**15. März, Freitag**

In Berlin wird der deutsche Film »Blutsbrüder« uraufgeführt. Unter der Regie von J. A. Hübler-Kahla spielen Brigitte Horney, Willy Eichberger und Attila Hörbiger die Hauptrollen.

*Weltweiten Protest löst die Bekanntgabe der deutschen Regierung aus, die Wehrpflicht im Deutschen Reich wiedereinzuführen. Die Bedeutung, die diesem Bruch des Versailler Vertrages international beigemessen wird, dokumentiert der Raum, den die Zeitungen Europas – hier das »Prager Tagblatt« – dem Thema auf ihren Titelseiten einräumen.*

Umfang **24** Seiten

**Beilage: DER SONNTAG**



TELEPHON Nr. 241-41

Drahtanschrift TAGBLATT PRAG

# Prager Tagblatt

POSTSPARKASSA Nr. 58929

Nr. 65 60. JAHRGANG

PREIS Kč 1·30 - MONATL. 22 Kč - MIT „ABENDZEITUNG" 27 Kč
(einschließlich 5 Heller Porto für jede Nummer)

● Sonntag, 17. März 1935 ●

Nachdruck von Aufsätzen, Eigenberichten und sonstigen geschützten Beiträgen verboten.

### Das Wetter

*Die Abkühlung hat sich gestern von der Slowakei aus auch über die westlichen Länder des Staates ausgedehnt. Die Temperatur bewegte sich hier bei südöstlichem Wind, der auf der Schneekoppe zum Sturm ausartete, zwischen 6 und 8 Grad Celsius. Heute ist vorwiegend heiteres bis wechselnd bewölktes Wetter zu erwarten. Beim Zurückweichen des russischen Hochdruckgebietes wird bei uns voraussichtlich wieder eine Erwärmung eintreten, doch dürfte der abflauende Südostwind morgen eine etwas unsichere Wetterlage bringen. (Nach den Mitteilungen der Meteorologischen Staatsanstalt.)*

# Allgemeine Wehrpflicht in Deutschland

### Einseitige Aufhebung der Militärklauseln von Versailles

**Berlin. Die deutsche Reichsregierung hat durch Kabinettsbeschluß die allgemeine Wehrpflicht in Deutschland eingeführt, d. h. die Militärklausel des Versailler Vertrags annulliert. Gleichzeitig wird ein Aufruf Hitlers an das deutsche Volk veröffentlicht, in dem erklärt wird, daß die Abrüstungsbestimmungen des Versailler Vertrages einseitig von der Gegenpartei durch ihre Aufrüstung gebrochen worden seien.**

**Die Reichsregierung teilte den Botschaftern Frankreichs, Großbritanniens und Italiens, sowie den diplomatischen Vertretern der anderen Signatare des Versailler Vertrages die Beschlüsse der Reichsregierung mit.**

Das Gesetz hat folgenden Wortlaut:

Die Reichsregierung hat folgendes Gesetz beschlossen, das hiemit verkündet wird:

§ 1.

Der Dienst in der Wehrmacht erfolgt auf der Grundlage der allgemeinen Wehrpflicht.

§ 2.

Das deutsche Friedensheer einschließlich der überführten Truppenpolizeien gliedert sich in 12 Korpskommandos und 36 Divisionen.

§ 3.

Die ergänzenden Gesetze über die Regelung der allgemeinen Wehrpflicht sind durch den Reichswehrminister dem Reichsministerium vorzulegen.

**Das Kabinett wartet die Einzelheiten von seiten der englischen Botschaft in Berlin ab. Dann erst wird die Regierung über die politischen Schritte, die sie auf Grund der veränderten Situation unternehmen wird, beraten. Offiziell wird es abgelehnt, etwas darüber verlauten zu lassen, daß der Besuch Sir John Simons in Berlin infolge der „neuen politischen Situation" möglicherweise abgesagt werden würde. In unterrichteten diplomatischen Kreisen erwartet man, daß die englische und die französische Regierung in Besprechungen eintreten werden, um die Linie ihres außenpolitischen Vorgehens festzulegen. Verantwortliche englische Kreise erklären: daß das Gesetz gründlichster Prüfung bedürfe, ginge aus der Tatsache hervor, daß durch die Aufteilung des Friedensheeres in 36 Divisionen eine halbe Million Deutscher unter Waffen stehen werde.**

Die Londoner Abendzeitungen veröffentlichen die Aufhebung der Militärklausel des Versailler Friedensvertrags durch Deutschland in großer Aufmachung auf der ersten Seite. „Evening Standard", der von einer ungeheuren Sensation spricht, überschreibt die kommentarlose Meldung mit der Schlagzeile Diese Entscheidung ist das Ende von Versailles".

**Das offiziöse Reuterbureau meldet: In diplomatischen Kreisen wird mit größter Besorgnis diskutiert, welche Wirkung die deutsche Entscheidung auf den beabsichtigten Besuch Sir John Simons und des Lordgeheimsiegelbewahrers Eden in Berlin haben könne, und diese Kreise fragen sich, ob die Dispositionen für diesen Besuch nicht werden geändert werden.**

## Paris:

**Paris.** (Eigenbericht.) An unterrichteten Stellen wird begreiflicherweise gegenüber der Berliner „Bombe", als die man den durch Goebbels der Presse übermittelten Entschluß der Reichsregierung bezeichnet, zunächst eine gewisse Zurückhaltung beobachtet.

**Dies ist, abgesehen von dem außerordentlichen Ernst des Ereignisses, namentlich auch darin begründet, daß die Zerreißung des Versailler Vertrages in einem seiner wichtigsten, wenn nicht überhaupt dem wichtigsten Punkt nicht eine lediglich deutsch-französische Angelegenheit ist, sondern sich zwischen Deutschland einerseits und allen anderen Unterzeichnern des Vertrages andererseits abspielt. Es wird daher, so wird gesagt, vor allem nötig sein, mit den übrigen Vertragspartnern und in erster Linie mit denen, die sich durch das Vorgehen der Hitlerregierung am stärksten betroffen fühlen müssen, in Verbindung zu treten, um womöglich eine gemeinsame Stellungnahme zu erzielen, die sich zunächst in einem formalen Protest gegen die einseitige Außerkraftsetzung des Vertrages äußern dürfte. Darüber hinaus ist es freilich schon jetzt sicher, daß der Akt der Reichsregierung eine völlig neue Lage schafft, die sich bereits hinsichtlich der geplanten Berliner Reise des englischen Außenministers bemerkbar machen wird, sofern diese unter solchen Umständen überhaupt noch ihre Aktualität bewahrt.**

Man hört über die Art der Bekanntmachung einer so folgenschweren Maßregel die gleichen Bemerkungen, die bereits über die Göringsche Mitteilung über das deutsche Militärflugwesen gemacht worden sind, die gleichfalls mit Umgehung des diplomatischen Weges in die Welt gesetzt worden ist. Allerdings, so wird hinzugefügt, bedeutet die Handlungsweise der Reichsregierung als krasser Vertragsbruch schon an sich eine so große Unkorrektheit, daß es auf ein bißchen mehr oder weniger kaum noch ankommt.

François Cardort, der Vorsitzende des Marineausschusses der Kammer, erklärte einem Vertreter der United Preß:

**„Ich hoffe, daß dieser Schritt Deutschlands alle friedliebenden Nationen Europas überzeugen wird, daß jetzt eine Rettung des Friedens nur von gegenseitigen Unterstützungs-**

## Erwartete Ueberraschung

Prag, 16. März.

Die von der deutschen Regierung heute verkündigte Einführung der allgemeinen Wehrpflicht ist eine Aenderung des Vertrags von Versailles. Dieser Eindruck ist beinahe stärker als der, den die militärische Reform an sich erweckt. Ein Deutschland in Waffen überrascht nicht mehr, da man sich seit etlichen Jahren an die Tatsache gewöhnt hat, daß die deutsche Wehrmacht das in Versailles festgesetzte Maß überschreitet. Die Oeffentlichkeit in allen Ländern hat sich mit der Wiederaufrüstung Deutschlands abgefunden, sie weiß, daß die Zeiten, in denen alliierte Kommissionen den deutschen Waffenbeständen nachspürten, der Vergangenheit angehören. Auch die Staatskanzleien hatten die geänderte Lage in Wirklichkeit schon längst zur Kenntnis genommen. Die internationalen Verhandlungen der letzten Jahre gingen nicht mehr um die Erhaltung eines abgerüsteten Deutschland, sondern darum, in welcher Form und bis zu welchem Grad die deutsche Neubewaffnung erfolgen sollte. Sogar Frankreich, der gewissenhafteste Hüter der Paragraphen von Versailles, war genötigt, die deutsche Rüstung zur Kenntnis zu nehmen, wie das gerade gestern aus der Rede des Ministerpräsidenten Flandin hervorging. Die Aufstellung eines deutschen Heeres von größerem Umfang als der Vertrag von Versailles zuläßt, ist also nichts Neues. Neu ist auch nicht die Beweisführung, mit der das deutsche Kabinett die Maßnahme begleitet. Alle diese Argumente hat man schon vernommen, und man muß zugeben, daß viele von ihnen nicht der Berechtigung entbehren. Uebrigens ist die Regierung Hitler nicht die Erfinderin dieser Argumentation, die vielmehr schon von den demokratischen Kabinetten Deutschlands verwendet wurde. Es kann nicht bestritten werden, daß die Siegermächte sich ins Unrecht gesetzt haben, indem sie die Abrüstungsverpflichtung von Versailles nur in ihrem auf die unterlegenen Staaten bezüglichen Teil erfüllten. Von dieser Differenz zwischen Zusage und Erfüllung zehrte in Deutschland die nationalistische Propaganda so lange, bis sie die gemäßigten Regierungen und schließlich die Demokratie selbst zu Fall brachte. Leider haben die Mächte den deutschen Linksregierungen keine Erfolge und bescheidene Zugeständnisse erst dann gegönnt, als es zu spät war. Nun ist es das Regime Hitler, das die auch von seinen Vorgängern erhobene Forderung nach Gleichberechtigung eigenwillig in jenem Punkt durchsetzt, in dem sie sich dem deutschen Volk am einprägsamsten darstellt.

Obwohl alle Welt darauf gefaßt war, daß Deutschland auch offiziell die Wehrbeschränkung aufheben werde, überrascht es doch, daß der Schritt gerade jetzt, unmittelbar vor dem Besuch der englischen Minister in Berlin, erfolgt. Das scheint kein glücklicher diplomatischer Zug zu sein, wofern man nicht das Unwahrscheinliche annimmt, daß England von diesem Unternehmen vorher verständigt wurde. Da dies kaum glaublich ist und auch Italien, von Frankreich ganz zu schweigen, das deutsche Vorgehen, nicht dem Inhalt, aber der Form nach, als etwas Unvorhergesehenes empfinden muß, sind wohl Auseinandersetzungen zu erwarten, die jedoch an dem deutschen Entschluß schwerlich etwas ändern werden. Unleugbar wird in das Werk von Versailles eine Bresche geschlagen, aber man würde der europäischen Ruhe kaum dienen, wenn man bei diesem Anlaß von einer Zerreißung des Vertrages als einem epochalen Ereignis sprechen wollte. In Wirklichkeit ist dieser Vertrag schon an vielen Stellen revidiert worden, und nicht immer im Einvernehmen mit allen Partnern. Die einseitige Aenderung der militärischen Bestimmungen durch Deutschland ist freilich die gewichtigste der bisher vorgenommenen Revisionen, schwerwiegend vor allem durch die Art, wie sie ins Werk gesetzt wird. Deutschland läßt es dabei allerdings an beruhigenden Zusicherungen nicht fehlen, die dahin lauten, daß es von seinem vergrößerten Heer nur zu Verteidigungszwecken Gebrauch machen will. Da die anderen Staaten — und gerade das ist ja ein Kernpunkt der deutschen Argumentation — in ihren Rüstungen keineswegs zurückgeblieben sind, können sie zum mindesten auf ein machtpolitisches Gleichgewicht vertrauen. Der anderthalb Jahrzehnte alte Friedensvertrag ist nun wohl nicht mehr intakt, aber wenn auch der Vertrag beschädigt ist, so braucht, angesichts der überall getroffenen Vorsichtsmaßregeln, der Friede nicht bedroht zu sein.

# Friedensbeteuerung Hitlers

### ‚Kein Instrument kriegerischen Angriffs, sondern der Verteidigung'

Der Aufruf Hitlers an das deutsche Volk beteuert die friedlichen Absichten der Reichsregierung.

**Als Wahrerin der Ehre und der Interessen der deutschen Nation, wünsche die deutsche Regierung das Ausmaß jener Machtmittel sicherzustellen, die nicht nur für die Erhaltung der Integrität des Deutschen Reichs, sondern auch für die internationale Respektierung und Bewertung Deutschlands als eines Mitgaranten des allgemeinen Friedens erforderlich sind. In dieser Stunde erneuere die deutsche Regierung vor dem deutschen Volk und vor der ganzen Welt die Versicherung ihrer Entschlossenheit, über die Wahrung der deutschen Ehre und der Freiheit des Reiches nie hinauszugehen und insbesondere in der nationalen deutschen Aufrüstung kein Instrument kriegerischen Angriffes als vielmehr ausschließlich der Verteidigung und damit der Erhaltung des Friedens bilden zu wollen.**

# Eindruck in der Welt: Bestürzung

### Simons Berliner Besuch zweifelhaft

## London:

**London.** (United Preß.) Die Mitglieder des englischen Kabinetts haben die Nachricht von der Wiedereinführung der allgemeinen Militärdienstpflicht in Deutschland in ihren Ministerien erhalten.

**Daß die Aufhebung der Militärklauseln des Versailler Vertrags einseitig ist, wird von maßgebenden politischen Kreisen mit Bestürzung zur Kenntnis genommen. Von der englischen Regierung wird jeder Kommentar abgelehnt.**

### 16. März, Samstag

Führer und Reichskanzler Adolf Hitler verkündet die Wiedereinführung der allgemeinen Wehrpflicht im Deutschen Reich. Diese Ankündigung, die einen Bruch des Versailler Vertrages von 1919 bedeutet, löst im Deutschen Reich Begeisterung, im Ausland heftige Proteste aus. →S. 50

In Mekka scheitert ein Attentatsversuch auf den König Saudi-Arabiens, Abd Al Asis Ibn Saud. Die drei mit Dolchen bewaffneten Attentäter werden von Leibwächtern des Königs überwältigt. Sie gehören zu einem Stamm, den Ibn Saud im Laufe der Eroberung der arabischen Halbinsel unterworfen hatte.

Der Hamburger Erwin Sietas verbessert in Düsseldorf den Weltrekord über 200 m Brust von 2:46,2 min auf 2:42,4 min. →S. 65

### 17. März, Sonntag

700 Pfarrer der oppositionellen »Bekennenden Kirche« werden überwiegend in Berlin, Schlesien und anderen Teilen Preußens verhaftet oder unter Hausarrest gestellt. Damit wollen die Behörden die weitere Verlesung eines Manifestes gegen das »neue Heidentum« des Nationalsozialismus verhindern. Unter den Verhafteten befindet sich auch der regimekritische Pfarrer Martin Niemöller. →S. 53

In einem Fußball-Länderspiel unterliegt Frankreich in Paris Deutschland 1:3.

### 18. März, Montag

Der im Exil lebende Schauspieler Wolfgang Langhoff, der zwischen 1933 und 1934 in einem Konzentrationslager inhaftiert war, berichtet auf einem Treffen deutscher Exilschriftsteller in Paris über seine KZ-Erfahrungen.

### 19. März, Dienstag

Britische Truppen feuern in Karatschi im Nordwesten Indiens auf demonstrierende Moslems und töten dabei 37 Menschen. Die britische Kolonialregierung in Indien begründet das Vorgehen der Soldaten mit dem Schutz hinduistischer Stadtbewohner. →S. 57

In Berlin findet eine großangelegte Luftschutzübung statt. →S. 53

Mit 173,3 km/h stellt ein britischer Expreßzug auf der Strecke Newcastle–London einen Geschwindigkeitsrekord auf.

### 20. März, Mittwoch

Der französische Außenminister Pierre Laval protestiert in einem Telegramm an den Völkerbund in Genf gegen die Remilitarisierung des Deutschen Reichs, die sich im Aufbau einer Luftwaffe und in der Wiedereinführung der Wehrpflicht äußere. Laval fordert eine Sondertagung des Völkerbundes. →S. 51

Im vorwiegend von Farbigen bewohnten New Yorker Stadtteil Harlem kommt es zu Unruhen, bei denen 36 Personen verletzt und über 150 festgenommen werden. Anlaß für den Aufruhr unter der schwarzen Bevölkerung ist die Nachricht, daß ein kleiner Junge für das Stehlen eines Messers vom Ladenbesitzer fast zu Tode geprügelt worden war.

Der Frankfurter Oberbürgermeister Friedrich Krebs weist die Stadtverwaltung an, in Zukunft für gängige Fremdworte nur noch deutsche Bezeichnungen zu verwenden. →S. 58

In Berlin wird der deutsche Expeditionsfilm »Der Dämon des Himalaya« unter der Regie von Günther Oskar Dyhrenfurth uraufgeführt. Die Filmmusik hat Arthur Honegger geschrieben.

### 21. März, Donnerstag

Für die Studentenzahl an Großstadtuniversitäten erläßt Reichserziehungsminister Bernhard Rust Höchstgrenzen. So dürfen etwa in Berlin höchstens 5600, in Frankfurt 1400 und in Münster 2500 Deutsche studieren. Die Studenten sollen in kleinere Orte gezogen werden, um die »Verbindung zwischen den Arbeitern der Stirn und der Faust« zu fördern.

### 22. März, Freitag

Das Reichswehrministerium bedankt sich bei der Bevölkerung für täglich eingehende Geldspenden zum Aufbau der Wehrmacht und bittet um weitere Beiträge auf das Konto »Wehrdank« bei der Deutschen Bank.

In Berlin wird das erste regelmäßig ausgestrahlte Fernsehprogramm der Welt gestartet. →S. 59

Mit finanzieller Beteiligung der Deutschen Lufthansa wird in Berlin die »Deutsche Zeppelin Reederei G.m.b.H.« gegründet. Ziel des Unternehmens ist es, einen regelmäßigen Linienverkehr in der Luftschiffahrt einzurichten.

Der deutsche Film »Hundert Tage«, ein historisches Drama um Napoleon I., wird in Berlin uraufgeführt. Franz Wenzler führt Regie, Gustaf Gründgens ist in einer Nebenrolle zu sehen.

### 23. März, Samstag

Für die Aufnahme in höheren Schulen müssen nach einer Verordnung des Reichserziehungsministers Bernhard Rust schriftliche, mündliche und körperliche Eignungsprüfungen abgelegt werden. Behinderten Jugendlichen und solchen mit Erbkrankheiten bleibt der Zugang verwehrt.

In Berlin eröffnet Reichsinnenminister Wilhelm Frick die größte deutsche Ausstellung des Jahres 1935, »Das Wunder des Lebens«. In sieben Hallen wird, so Frick, »das frische, kerngesunde, pulsierende Leben in all seinen Erscheinungsformen« dargestellt. →S. 58

### 24. März, Sonntag

Der britische Außenminister John Simon und der Lordsiegelbewahrer (Minister ohne Geschäftsbereich) Robert Anthony Eden treffen zu einem viertägigen Staatsbesuch in Berlin ein. Gegenstand der Gespräche, die sie unter anderem mit Adolf Hitler führen, sind französisch-britische Vorschläge für einen europäischen Sicherheitspakt. Zu weiteren Informationsgesprächen reist Eden anschließend weiter nach Moskau, Warschau und Prag (→S. 57; 3. 2./S. 34).

Die vierte »Thingstätte« im Deutschen Reich wird in Koblenz eröffnet. Insgesamt sind 23 dieser Kultstätten vorgesehen, die u. a. der Reaktivierung germanischer Kultur dienen sollen. →S. 52

Verheerende und andauernde Sandstürme verwandeln weite Teile des US-amerikanischen Mittelwestens in Wüsten. Zahlreiche Farmer werden in den wirtschaftlichen Ruin getrieben. →S. 61

### 25. März, Montag

In New York sind etwa eine Mio. Menschen arbeitslos. Ein städtisches Komitee, das das Problem der Arbeitslosigkeit untersucht, schätzt die Zahl der dadurch mitbetroffenen Familienmitglieder auf 2,66 Mio. oder 37% der Gesamtbevölkerung der Stadt.

### 26. März, Dienstag

Durch Erlaß Hitlers wird die »Organisation der gewerblichen Wirtschaft«, in dem alle deutschen Unternehmen Mitglied sein müssen, der »Deutschen Arbeitsfront« (DAF) eingegliedert. Mit der Zusammenlegung bezweckt die Regierung, das angebliche Verschwinden von Klassengegensätzen zwischen Arbeitern und Unternehmern zugunsten der nationalsozialistischen »Volksgemeinschaft« zu demonstrieren.

In der litauischen Hauptstadt Kovno endet ein Hochverratsprozeß gegen memelländische Deutsche mit vier Todesurteilen und 15 Haftstrafen. →S. 56.

Über 70 Anhänger der anti-britischen »Irisch-Republikanischen-Armee« (IRA) werden in Dublin nach tagelangen Unruhen verhaftet. Grund ist die Unterstützung, die die IRA einem illegalen Streik der Transportarbeiter Dublins zukommen läßt. Die IRA versucht, soziale Unruhen für die Beseitigung der seit 1921 bestehenden Teilung des Landes in das britische Nordirland und die Republik Irland zu nutzen.

### 27. März, Mittwoch

Die Geschäftsleitung der Deutschen Lufthansa AG fordert in Berlin im Namen der internationalen Fluggesellschaften die Postverwaltungen auf, internationale Sendungen nur noch per Flugzeug zu befördern. Die deutsche Reichspost hat bereits angekündigt, Briefe nach Großbritannien nur noch auf diesem Weg zu transportieren.

### 28. März, Donnerstag

Adolf Hitler inspiziert als Oberbefehlshaber der Wehrmacht erstmals offiziell die neue Reichsluftwaffe. Zusammen mit Reichsluftfahrtminister Hermann Göring besucht er das »Geschwader Richthofen« in Döberitz (→26. 2./S. 38).

Der sowjetische Botschafter im Deutschen Reich, Jakob Suritz, protestiert bei Reichsaußenminister Konstantin Freiherr von Neurath in Berlin gegen die zunehmende antisowjetische Propaganda in den deutschen Medien. Suritz droht mit einer Verschlechterung der Beziehungen zwischen den beiden Staaten und mit der Streichung von Aufträgen für deutsche Unternehmen in der UdSSR.

Im Berliner UFA-Palast wird Leni Riefenstahls Film über den Nürnberger Reichsparteitag 1934, »Triumph des Willens« uraufgeführt. →S. 64

### 29. März, Freitag

Der belgische Ministerpräsident Paul van Zeeland verkündet vor dem Parlament in Brüssel die Abwertung der belgischen Währung – seit 1926 »Belga« genannt – um 25%. Die Zahl wird einen Tag später auf 28% korrigiert. Durch die Abwertung hofft die Regierung, die Probleme der Zahlungsbilanz zu beheben, den Export anzukurbeln und den Devisenabfluß stoppen zu können.

### 30. März, Samstag

Die nationalsozialistische Regierung verabschiedet in Berlin das Gesetz über die Haushaltsführung des Reiches. Es sieht u. a. Arbeitsbeschaffungsmaßnahmen im Bereich der Bodenurbarmachung und öffentliche Bürgschaften für die Finanzierung des Kleinwohnungsbaus vor.

### 31. März, Sonntag

Die Umorganisation der Bewachung und Zuständigkeit für Konzentrationslager ist beendet. Die der SS angehörenden Wachmannschaften übernehmen damit endgültig diesen Zuständigkeitsbereich von der SA. →S. 52

Die Reichsmusikkammer lehnt die Erneuerung der ablaufenden Ausweise ihrer nichtarischen Mitglieder ab. Im Laufe des Monats März sind außerdem etwa 1000 nichtarische Schriftsteller sowie Journalisten aus ihren Berufsverbänden ausgeschlossen worden. Ohne die Mitgliedschaft in diesen Verbänden darf der jeweilige Beruf im Deutschen Reich nicht ausgeübt werden.

Die Emeritierung des Münchner Physikprofessors Arnold Sommerfeld leitet einen zwei Jahre dauernden Streit um seine Nachfolge an der Universität München ein. Befürworter einer »arischen Physik« lehnen die Kandidatur des Sommerfeld-Schülers Werner Heisenberg ab. →S. 60

### Das Wetter im Monat März

| Station | Mittlere Lufttemperatur (°C) | Niederschlag (mm) | Sonnenscheindauer (Std.) |
|---|---|---|---|
| Aachen | 5,4 (5,5) | 31 (49) | — (125) |
| Berlin | 3,0 (3,9) | 30 (31) | — (151) |
| Bremen | 4,4 (4,0) | 25 (42) | — (117) |
| München | 2,3 (3,3) | 27 (46) | — (142) |
| Wien | 3,1 (4,9) | 49 (42) | 163 (135) |
| Zürich | 3,8 (4,2) | 33 (69) | 182 (149) |

( ) Langjähriger Mittelwert für diesen Monat
– Wert nicht ermittelt

*Gustaf Gründgens, einer der meistgefeierten Schauspieler des »Dritten Reichs«, in dem Ufa-Film »Das Mädchen Johanna«. Der Historienfilm, in dem Gustav Ucicky Regie führt, versucht die Geschichte der Jungfrau von Orleans aus nationalsozialistischer Perspektive darzustellen (Titelblatt des Magazins »Filmwelt« vom 31. März 1935).*

# Hitler verkündet die Wiedereinführung der Wehrpflicht

**16. März.** In einer Erklärung »an das deutsche Volk« gibt Adolf Hitler über alle Reichssender die Wiedereinführung der allgemeinen Wehrpflicht bekannt.

Das Gesetz über den Aufbau der Wehrmacht sieht bis 1939 die Schaffung von 36 Divisionen mit 580000 Mann vor. Damit sagt sich das Deutsche Reich von den im Versailler Vertrag (→ S. 51) festgelegten Truppenbeschränkungen los und bestätigt gleichzeitig offiziell die insgeheim seit der Machtübernahme betriebene Aufrüstung. Schon die Tatsache, daß Hitler im Februar (→ 26. 2./S. 38) vor dem Kabinett den Besitz einer schlagkräftigen Luftwaffe verkündete, war ein Beweis für die verstärkten Rüstungsanstrengungen im Deutschen Reich.

Die instabile politische Lage in Europa führt Mitte der dreißiger Jahre in vielen Ländern zu verstärkter Aufrüstung. Am 4. März 1935 gibt die britische Regierung in einem Weißbuch erstmals seit Kriegsende die Aufrüstung ihrer Streitkräfte bekannt, einen Tag vor Hitlers überraschender Ankündigung beschließt das französische Parlament eine erhebliche Verlängerung der Wehrpflicht. Obwohl das Deutsche Reich zwischen 1933 und 1938 etwa dreimal soviel Geld für militärische Zwecke ausgibt wie Frankreich oder England, sind die allgemeinen Rüstungsmaßnahmen Hitler ein willkommenes Argument für den Bruch der Versailler Bestimmungen.

Propagandaminister Joseph Goebbels weist darauf hin, daß das Reich seinen Abrüstungsverpflichtungen des Versailler Vertrages nachgekommen sei: Es seien u.a. 15714 Flugzeuge, 26 Großkampfschiffe und 315 U-Boote zerstört oder ausgeliefert worden. Der ausländischen Aufrüstung dürfe das Deutsche Reich jedoch nicht ausgeliefert werden: »Einen hundertjährigen Frieden würde die Welt nicht nur ertragen, sondern er müßte ihr von unermeßlichem Segen sein. Eine hundertjährige Zerreißung in Sieger und Besiegte aber erträgt sie nicht«, begründet Goebbels die deutsche Wiederaufrüstung.

In der Folge fließen der deutschen Rüstungsindustrie gewaltige staatliche Mittel zu. Im Interesse der »Wiederherstellung seiner Ehre« hat das Volk die schweren Lasten der Wiederbewaffnung zu tragen.

*△ Nach der Kabinettsitzung, in der das neue Wehrgesetz beschlossen wurde: Führer und Reichskanzler Adolf Hitler zwischen Hermann Göring (4. v. l.) und Reichsminister General Werner von Blomberg*

*◁ Vor 15 000 Parteigenossen verliest Propagandaminister Joseph Goebbels im Berliner Sportpalast die Proklamation der Reichsregierung über das neue Wehrgesetz, das mit frenetischem Beifall aufgenommen wird.*

*▽ Adolf Hitler (am Rednerpult) gibt vor dem Reichstag offiziell die Wiedereinführung der allgemeinen Wehrpflicht bekannt. Die deutsche Regierung, so Hitler, könne »die für die Sicherheit des Reiches notwendigen Maßnahmen nicht länger aussetzen«.*

*Der Bekanntgabe der Wiedereinführung der Wehrpflicht folgt eine große Militärparade im Berliner »Lustgarten«.*

## Das Deutsche Reich trägt an den Folgen des Versailler Vertrages

Die am 18. Januar 1919 unter dem Vorsitz des französischen Ministerpräsidenten Georges Clemenceau eröffnete Konferenz der 27 alliierten und assoziierten Mächte zur Festlegung der Friedensbedingungen nach dem Ersten Weltkrieg litt besonders unter der Fülle der Probleme und den Meinungsverschiedenheiten der Staatsmänner. Zu unterschiedlich waren die Interessen der einzelnen Länder. Großbritannien war z. B. vor allem an der Annexion deutscher Kolonien und der Ausschaltung der deutschen Handelskonkurrenz interessiert, während Frankreich eine nachhaltige Schwächung des bedrohlichen Nachbarn erreichen wollte.
Die nach langen Auseinandersetzungen ausgehandelten Vertragsbedingungen riefen im Deutschen Reich über alle Parteien hinweg große Empörung hervor. Das Reich mußte Gebietsverluste von etwa 70 000 km$^2$ hinnehmen und verlor sämtliche Kolonien. Neben den erst 1921 endgültig festgelegten Reparationskosten in Höhe von 132 Mrd. Goldmark und der geforderten Auslieferung des ehemaligen Kaisers Wilhelm II. als Kriegsverbrecher stießen besonders der Kriegsschuldartikel, in dem die alleinige Schuld am Krieg dem Deutschen Reich zugesprochen wurde, und die Entwaffnungsbestimmungen auf Ablehnung im Volk und im Parlament.
Die dem Deutschen Reich zugestandene Streitmacht durfte eine Truppenstärke von 100 000 Mann für das Heer und 15 000 Mann für die Marine nicht überschreiten. Das Heer sollte nur noch für die Erhaltung der Ordnung innerhalb des deutschen Gebietes dienen und als Grenzpolizei fungieren.
Der Vertrag stieß nicht nur im Reich, sondern auch in den USA und in Großbritannien auf heftige Kritik. Für die junge Demokratie bedeutete er eine enorme Belastung, dennoch konnte sie in kurzer Zeit wieder den Rang einer europäischen Großmacht einnehmen.

*28. Juni 1919: Im Spiegelsaal des Versailler Schlosses unterzeichnet der US-amerikanische Präsident Woodrow Wilson (sitzend) den Friedensvertrag.*

## Ausland reagiert mit Zurückhaltung

Die deutsche Wiederaufrüstung, die mit der Einführung der allgemeinen Wehrpflicht offiziell wird, kommt für das Ausland nicht völlig überraschend. Die vertragswidrigen Rüstungsmaßnahmen, die Hitler nach der Machtergreifung systematisch forcierte, waren vor allem in Großbritannien und Frankreich früh bekannt. Bereits Ende 1934 ist der zwei Jahre zuvor von der Reichswehr erarbeitete »A-Plan« erfüllt, nach dem die Bewaffnung modernisiert und die Truppenstärke verdreifacht werden sollte. Der Ausbau der Luftwaffe ist ebenfalls weit vorangeschritten. Die Westmächte dulden diese als antisowjetisch deklarierte Rüstung stillschweigend.
Dennoch kommt der offene Bruch des Versailler Vertrages, der mit dem Wehrgesetz vollzogen ist, für das Ausland plötzlich und unerwartet. Der Völkerbund protestiert heftig, Großbritannien, Frankreich und Italien schicken offizielle Noten gegen das einseitige deutsche Vorgehen; wirksame Maßnahmen bleiben jedoch aus.
In den Zeitungen findet die Wiedereinführung der Wehrpflicht ein stürmisches Echo. Unter der Überschrift »Deutschland zerreißt den Versailler Vertrag« sprechen die französischen Zeitungen von einem schwerwiegenden Ereignis. Im »Exelsior« erklärt der ehemalige französische Botschafter in Rom, Henri de Jouvenel: »Seien wir uns klar darüber: Ganz Deutschland wird sich während 48 Stunden fragen, ob wir im Rheinland einmarschieren werden«.
Die britische Reaktion steht ganz im Zeichen der von Premierminister Ramsey MacDonald vertretenen sog. Appeasement-Politik, die jeden Konflikt mit dem Deutschen Reich vermeiden will. Zwar protestiert die britische Regierung, fragt aber in derselben Note an, ob der für Ende März geplante Besuch des Außenministers John Simon und des »Lordsiegelbewahrers« (Minister ohne Geschäftsbereich) Anthony Eden in Berlin (→24./25. 3./S. 57) noch erwünscht sei.
Nur der politisch in den Hintergrund getretene ehemalige Schatzkanzler Winston Churchill, der die britische Appeasement-Politik scharf kritisiert, fordert die sofortige Wiederbesetzung der Rheinlande und der rheinischen Brückenköpfe.

# Konzentrationslager unter SS-Kontrolle

**31. März.** Die im Sommer 1934 vom Inspekteur der Konzentrationslager, Theodor Eicke, begonnene personelle Umorganisation der sieben KZs im Deutschen Reich ist weitgehend abgeschlossen.
In den Lagern werden SS-Wachverbände stationiert, die nicht mehr dem Gesamtverband der allgemeinen SS angehören, sondern als »SS-Wachverbände« oder »SS-Totenkopfverbände« bezeichnet werden und einen besonderen Zweig der bewaffneten SS bilden.
Zu den nun von den Totenkopfverbänden kontrollierten Lagern gehören Dachau, Esterwege, Lichtenburg, Sachsenburg, Columbia-Haus, Oranienburg und Fuhlsbüttel, in denen sich etwa 7000 bis 9000 Häftlinge befinden.
Inspekteur der Konzentrationslager und Führer der SS-Wachverbände ist seit Ende 1934 der SS-Gruppenführer Theodor Eicke. Mit dieser Aufgabe wurde Eicke als Belohnung für sein ebenso rücksichtsloses wie entschlossenes Handeln während der Röhm-Affaire im Juni 1934 betraut, als er persönlich den unbequem gewordenen Stabschef der SA, Ernst Röhm, erschoß.
Eicke, der im Rang des SS-Brigadeführers steht, hatte im Sommer 1933 die Kommandantur im Konzentrationslager Dachau übernommen und es zum Musterlager ausgebaut. Bereits hier entwickelte er ein Überwachungssystem, das sich nach und nach auch in anderen Lagern durchsetzte. Als besonders wirkungsvoll entpuppte sich die Einsetzung von sog. Kapos, die sich aus den Reihen der Häftlinge rekrutierten und bei bestimmten Arbeitskommandos die Häftlinge befehligten.
Die Totenkopfverbände rekrutieren sich zum großen Teil aus jungen Arbeitslosen und Bauern. Sie heben sich schon rein äußerlich durch ihre braune Uniform mit dem Totenkopfabzeichen auf dem rechten Kragenspiegel von der üblichen schwarzen SS-Uniform ab.
Um Mitglied in den Totenkopfverbänden zu werden, müssen sich die Rekruten einer harten »Ausbildung« unterziehen, damit sie »stahlharte deutsche Männer« werden und nicht »wie Weichlinge vor diesen Untermenschen stehen«, wie Eicke es ausdrückt. Bevor die Rekruten ihren Dienst im Konzentrationslagers antreten, durchlaufen sie einen verschärften Kasernenhofdrill, wobei sie sich durch besondere Härte und Brutalität hervortun müssen, um rasch befördert zu werden.

*In den ersten Jahren nach der Machtergreifung treten die SS-Totenkopfverbände meist bei Aufmärschen oder Absperrmaßnahmen in Erscheinung.*

Abonnentenwerbung des »Schwarzen Korps«

## Neue SS-Zeitung

**6. März.** *Die erste Ausgabe des SS-Wochenblattes »Das Schwarze Korps« erscheint. Die Zeitung erreicht im November 1935 eine Auflage von 200 000 Exemplaren. Hauptschriftleiter Gunter d'Alquen macht das Blatt zum Sprachrohr eines extrem aggressiven und gleichzeitig »selbstkritischen« Nationalsozialismus. Der radikale Antisemitismus, der im »Schwarzen Korps« zum Tragen kommt, ist gepaart mit teilweise offener Kritik an der NSDAP. Das bringt ihr in der deutschen Öffentlichkeit den unbegründeten Ruf einer »oppositionellen Zeitung« ein.*

# »Neugermanische« Thingstätten für die »Volksgemeinschaft«

**24. März.** In Koblenz wird die vierte sog. Thingstätte im Deutschen Reich eröffnet. Diese Freilichttheater, von denen insgesamt 23 geplant sind, sollen die germanische Tradition reaktivieren.
»Thing« bezeichnete in germanischer Zeit die Volks- und Gerichtsversammlung, auf der die Rechtsangelegenheiten eines Stammes besprochen wurden. In nationalsozialistischer Adaption wird die Thingstätte zum Veranstaltungsort für sog. Thingspiele. Im Mittelpunkt dieser Spiele steht ein rituell vorgetragener Chorgesang, der die »Volksgemeinschaft« versinnbildlichen und stärken soll.
1934 wurde die erste Thingstätte bei Halle eingeweiht, bis Ende 1935 baut der Reichsarbeitsdienst neun weitere. Weil die handlungsarmen und wenig zugkräftigen Stücke kein großes Publikumsinteresse finden, stellt Propagandaminister Joseph Goebbels, der die Thingspielbewegung durch einen »Reichsbund« zunächst fördert, 1937 die Unterstützung ein.

*Blick auf die Thingstätte in Schwarzenberg im Erzgebirge, die in einem ehemaligen Granitbruch entsteht*

*Einweihung der Thingstätte im Gau Koblenz: Zu Ehren der »toten Helden« wird eine Flamme entzündet.*

## Völkerbund erfaßt Zahl der Exilierten

**11. März.** Unter dem Titel »Eine Krise in der Universitätswelt« veröffentlicht der Völkerbund einen Bericht über die Auswanderung deutscher Gelehrter seit 1933.
Der Bericht befaßt sich vornehmlich mit dem Exil-Schicksal der etwa 750 emigrierten deutschen Wissenschaftler. Rund ein Drittel von ihnen haben demnach an ausländischen Universitäten eine Anstellung gefunden, davon 40 in Großbritannien. Etwa die Hälfte der Emigrierten sind mit wissenschaftlichen Aufgaben betraut worden, die übrigen haben keine feste Stelle.
Der Bericht hebt hervor, daß die Mitarbeit deutscher Gelehrter im Ausland als wertvolle Bereicherung für die Wissenschaft betrachtet wird. Man verdanke ihnen bedeutende Entdeckungen und wichtige Forschungsbeiträge. Die Emigration deutscher Wissenschaftler nach der Machtergreifung Hitlers bedeutete im Ausland, besonders in den USA und in Großbritannien, einen deutlichen Zuwachs an wissenschaftlicher Kapazität.

## Kinder zwangssterilisiert

**11. März.** Auf einer Sitzung der Arbeitsgemeinschaft II des Sachverständigenbeirates für Bevölkerungs- und Rassenpolitik diskutieren die Anthropologen und Humangenetiker Eugen Fischer, Hans Friedrich Karl Günther und Fritz Lenz mit Ministerialbeamten die illegale Sterilisierung farbiger deutscher Kinder.
Die Diskussion bezieht sich auf die sog. Rheinlandbastarde, Kinder deutscher Frauen und farbiger französischer Soldaten aus der Zeit der französischen Besetzung des linken Rheinufers nach dem Ersten Weltkrieg. Die nationalsozialistischen Rassenpolitiker sehen in dieser farbigen Minderheit die Gefahr der »Bastardisierung« des deutschen Erbgutes. Hitler nutzte die »Schwarze Schmach«, die die Rheinlandbesetzung mit sich gebracht hat, bereits in seinem Buch »Mein Kampf« für heftige Attacken gegen das Judentum. »Juden waren und sind es, die den Neger an den Rhein bringen, immer mit dem gleichen Hintergedanken und klaren Ziele, durch die dadurch zwangsläufig eintretende Bastardisierung die ihnen verhaßte weiße Rasse zu zerstören, von ihrer kulturellen und politischen Höhe zu stürzen und selber zu ihren Herren aufzusteigen.
Nach dem »Gesetz zur Verhütung erbkranken Nachwuchses« vom 14. Juli 1933 war eine Sterilisierung dieser Kinder zur »Reinerhaltung der Rasse« nicht zulässig. Außerdem sah das Gesetz eine Altersgrenze von zehn Jahren für Sterilisierungen vor. Dennoch werden 1937/38 farbige Kinder im Alter zwischen sieben und siebzehn Jahren zwangssterilisiert, nachdem die Einwilligung der Mütter in den meisten Fällen unter KZ-Androhung von der Gestapo erpreßt wurde.

Der Anthropologe Hans Friedrich Karl Günther (* 16. 2. 1891, Freiburg) lieferte mit seinem Werk »Rassenkunde des deutschen Volkes« (1922) dem NS-Rassismus eine pseudowissenschaftliche Rechtfertigung. Günther ist Direktor der »Anstalt für Rassenkunde, Völkerbiologie und ländliche Soziologie« in Berlin.

## Schlag gegen die Bekennende Kirche

**17. März.** Mehr als 700 Pfarrer der Bekennenden Kirche werden wegen »Kanzelmißbrauchs« verhaftet. Sie hatten die Leitsätze der Altpreußischen Synode über das Verhältnis von Kirche und Staat während der Predigt verlesen.
Mit diesen Leitsätzen vom 5. März 1935 setzt die Bekennende Kirche ihren Kampf um die Reinerhaltung von Glauben und Lehre gegen die NS-Diktatur fort (→16. 7./S. 124; 24. 9./S. 154). Sie kritisiert darin u. a. die »rassisch-ideologische Weltanschauung« des NS-Regimes.
Unter den Verhafteten befindet sich auch der Pastor der Gemeinde Berlin-Dahlem, Martin Niemöller. Niemöller, der sich immer wieder öffentlich gegen die Untergrabung des kirchlichen Glaubens äußert, gilt als der »Kopf« der Bekennenden Kirche. Am 1. März 1934 wurde er daher seines Amtes enthoben, aber schon vier Monate später auf Druck der Gläubigen wieder eingesetzt. Sein offener Widerstand gegen das Regime bringt ihm wiederholt Gefängnisstrafen ein.

## Erste Luftschutzübung in Friedenszeiten durchgeführt

**19. März.** Zwischen 22 und 24 Uhr findet in Berlin erstmals ein simulierter Fliegeralarm mit allgemeiner Verdunkelung statt. Am nächsten Morgen und Nachmittag wird der Berliner Bezirk Kreuzberg Schauplatz einer Luftschutzübung.
Während der ersten Phase der Verdunkelung werden bis 23 Uhr sämtliche Schaufensterbeleuchtungen und Lichtreklamen ausgeschaltet und die Wohnungsfenster mit Pappe oder Stoff verdunkelt. In der zweiten Phase bis Mitternacht werden über 110 000 Straßenlaternen gelöscht; nur noch 1500 bleiben brennen. Auch Autos und Züge in und um Berlin werden verdunkelt.
Bei den Kreuzberger Übungen am nächsten Tag werden die Folgen eines Luftangriffs minutiös durchgespielt. Dafür hat der »Reichsluftschutzbund« (RLB) die Verteilung von Schutt und das Anzünden von Autos und Gebäuden organisiert.
Nach den Erfahrungen der Übungen regelt das Luftschutzgesetz am 26. Juni 1935 Dienst- und Sachleistungspflichten für jeden Deutschen bei Fliegerangriffen.

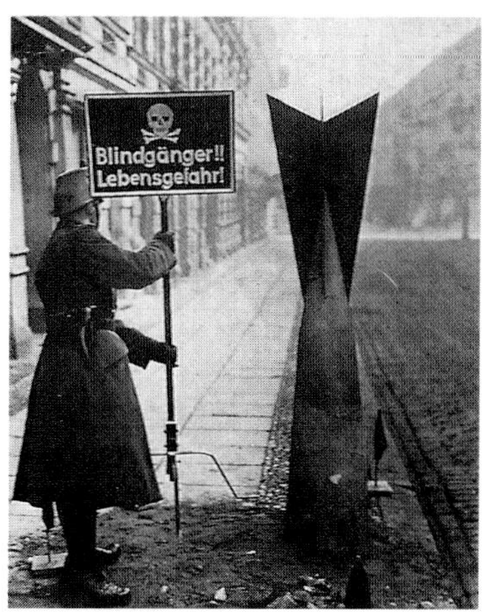


*Inszenierte Auswirkungen eines Bombenangriffs sollen die Bevölkerung für den Ernstfall wappnen: Menschen werden aus »zerbombten« Häusern geborgen (o. r.), eine Torpedo-Attrappe dient als Blindgänger (u. r.), auf den Straßen stehen Autos in Flammen (o.); Polizisten im Bezirk Kreuzberg tragen bei einem simulierten Giftgasangriff Atemschutzmasken (r.). Auch in anderen europäischen Hauptstädten – so in London und Paris – finden 1935 aufwendige Luftschutzübungen statt, die Alarmbereitschaft signalisieren.*

Bildungswesen 1935:

# Bindung an den NS-Staat wird oberstes Erziehungsziel

In der nationalsozialistischen Ideologie wird der Begriff »Bildung« im humanistischen Sinn von Persönlichkeitsentfaltung durch Aneignung von Wissen und Kenntnissen abgelehnt. Stattdessen benutzen die NS-Politiker den Terminus »Erziehung« für ihre Absicht, Bildung und Ausbildung an den Zielen des nationalsozialistischen Staates auszurichten. So heißt es in dem 1935 erschienenen Buch »Deutsche Erziehung im Werden« des Pädagogen Karl Friedrich Sturm programmatisch: »Schließlich ist der totale, organische Staat, nach seiner Wirkung auf die Staatsglieder betrachtet, Erziehungsstaat. Durch sein ganzes Sein und Leben, durch seine Gliederung, seine Funktionen und seine Institutionen formt er alles, was in ihm lebt und wächst, gemäß seinen Normen und zu seinen Zielen«. Dementsprechend steht die Formung des »nationalsozialistischen Menschen« im Mittelpunkt der Bildungsbemühungen.

Die Umsetzung dieses Anspruches geschieht durch Eingriffe in die traditionellen Bildungsinstitutionen, d.h. vor allem die Schulen, und durch die Etablierung von der NSDAP unterstellen Einrichtungen wie die Hitlerjugend (HJ), dem NS-Schülerbund oder dem Bund Deutscher Mädel (BDM).

Die schulpolitische Propaganda stand nach 1933 im Zeichen staatlicher Zentralisierung. Sie wurde formal erreicht, nachdem 1934 die Kulturhoheit der Länder auf das Reichserziehungsministerium übergegangen war, das seitdem oberste Schulbehörde ist.

Im Jahr 1935 startet eine neue Kampagne der NSDAP und des »nationalsozialistischen Lehrerbundes« für eine konfessionsungebundene Einheitsschule (→ 10. 2./S. 38). Bislang sind besonders die Volksschulen noch weitgehend konfessionell gegliedert. Im Sinne der »Vereinheitlichung« bekämpft die NS-Erziehungspolitik nicht nur die Konfessions-, sondern auch die Privatschulen. So werden 1935 im ganzen Reich die anthroposophisch orientierten Schulen des Philosophen Rudolf Steiner wegen ihrer »individualistischen« Zielsetzung verboten (→ 15. 11./S. 189).

Neben der formalen Zentralisierung des Schulsystems werden auch die Bildungsinhalte modifiziert. So steigt etwa die Bedeutung der körperlichen Erziehung zum Zweck der »Wehrhaftmachung«. Mit dem »Amt K« bekommt dieser Bereich im Erziehungsministerium sogar eine eigene Abteilung (→ 13. 2./S. 39). Der Ministerialerlaß über »Vererbungslehre und Rassenkunde in den Schulen« von 1933, dessen Gültigkeit 1935 von Preußen auf das gesamte Reich ausgedehnt wird, markiert eine andere wichtige Veränderung in puncto Lernziele: Der Erlaß schreibt die »Rassenkunde« als Unterrichtsfach an Schulen verbindlich vor (→ 15. 1./S. 20).

Immer größere Bedeutung gewinnen die außerhalb der Schulausbildung aufgebauten Erziehungsinstitutionen des NS-Staates. Dazu zählen nationalsozialistische Eliteschulen, die HJ oder der ab 1935 obligatorische halbjährige »Reichsarbeitsdienst« (→ 26. 6./S. 105). Er umfaßt neben dem Arbeitseinsatz auch politische Schulung. Gerade die nationalsozialistische Wertschätzung des Lagers als ein Ort, wo z. B. im Rahmen der HJ Freizeit verbracht oder Erziehung betrieben wird, spiegelt das NS-Bildungskonzept wider: Flaggenhissen, Sprechchöre und Standarten sind Symbole, mit deren Hilfe eine emotionale Bindung an das Regime zustandekommen soll, während Analyse und Reflexion als Methoden der Erkenntnis nicht gefragt sind.

Den Universitäten begegnete die NS-Regierung nach der Machtübernahme 1933 mit besonderem Mißtrauen. Bis 1938 werden rund 45% aller beamteten wissenschaftlichen Stellen neu besetzt. Das nationalsozialistische Erkenntnisinteresse umriß der bayerische Kultusminister Hans Schemm in einer Rede vor Münchner Professoren 1933 so: »Von jetzt ab kommt es für Sie nicht darauf an, festzustellen, ob etwas wahr ist, sondern ob es im Sinne der nationalsozialistischen Revolution ist.« Um eine NS-gemäße Wissenschaft zu gewährleisten, werden neue Lehrstühle – etwa für Rassenkunde und politische Pädagogik – und eigene Institute geschaffen. Dazu gehört das 1935 eingeweihte »Reichsinstitut für Geschichte des neuen Deutschland« (→ 19. 10./S. 178). Wegen des NS-Postulats einer »rassisch integeren« Forschung drohen ehemals renommierte Fachbereiche in die Provinzialität zu versinken. Ein 1935 aktuelles Beispiel ist die theoretische Physik, die von Befürwortern einer »arischen Physik« als Disziplin rigoros abgelehnt wird (→ 31. 3./S. 60).

*Ein Lehrer unterrichtet »Briefmarkenkunde«. Dadurch sollen angeblich die Erdkundekenntnisse verbessert werden.*

*Winter im Klassenzimmer: In Oberstdorf (Allgäu) müssen die Kinder mit Skiern in den Unterricht kommen.*

*Filmen als Schulfach: Wie hier in der Rheingau-Schule in Berlin fördert die NS-Schulpolitik die Verwendung neuer Medien im Unterricht.*

## Keine Änderungen in der Schulpolitik

Von den außerschulischen NS-Erziehungseinrichtungen abgesehen, bleibt die nationalsozialistische Schulpolitik zunächst überwiegend bloße Rhetorik.

So findet die angestrebte »Vereinheitlichung« bei den Unterrichtsinhalten bis zum ersten reichseinheitlichen Lehrplan 1938 nicht statt. Ebenso wird der Anspruch, gleiche Chancen für alle Kinder im Bereich der höheren Bildung zu schaffen, nicht eingelöst. Der Anteil von Arbeiterkindern unter den Abiturienten bleibt weiterhin klein, der Anteil von Akademiker-Kindern steigt.

*Studenten im »außenpolitischen Schulungshaus« der NSDAP in Berlin: Die Anfang 1935 eröffnete Einrichtung soll Absolventen mit fertiger Ausbildung für internationale Tätigkeiten ein »deutsches Weltbild« vermitteln. Seit 1933 entsteht eine Reihe außerschulischer nationalsozialistischer Erziehungsstätten wie die »Nationalpolitischen Erziehungsanstalten« (Napola), die eine zukünftige Elite im 1000jährigen Reich heranbilden sollen.*

*Referendarlager in Jüterbog bei Potsdam: Die nationalsozialistische Politik will durch eine intensive Lagererfahrung die »Absonderung des Studierenden vom Leben des Volkes« aufheben. Um dieses Ziel zu erreichen, werden Akademiker in Gemeinschaftslagern und beim Reichsarbeitsdienst, der seit dem 26. Juli 1935 für alle männlichen Arbeitskräfte zwischen 18 und 25 Jahren Pflicht ist, eindringlich »zur Kameradschaft innerhalb der Volksgemeinschaft erzogen«.*

Unterricht

Es wird gebeten, Prospekt-Bestellungen bei nachstehenden Instituten das Porto für einen Doppelbrief beizufügen.

TÖCHTERHEIME

HEIDELBERG
Töchterheim und Frauenschule
Bechtold, Villa Scheffelhöhe, staatl. zugel.

Thale/Harz Töchterheim Lohmann. Ziel: ADT
Die deutsche Frau fürs deutsche Haus

Weimar, Töchterinstit. Gruber. Frauenschule m. staatl. Abgangszeugn. Töchterh. m. ganz. u. halbj. Kurs., Fortb. in all. prakt. u. wissensch. Fäch., Rhythm., eig. Lehrküche. Prosp. Referenz.

Dr.-Titel
jur., rer. pol., phil., Ing. Auskunft, Rat, mündliche oder Fern-Vorbereitung. Dr. jur. Hiebinger Berlin W 30/1, Landshuter Straße 37. Prospekt

Heidelberg
Dr. Holzberg's Höhere Lehranstalt
Realgymnasium mit Gymnasium und Realklassen VI—OI. Gegr. 1887
Internat für 60 Schüler. — Abitur. — „Mittlere Reife". — Einzelbehandlung. — Sport.

WICKERSDORF
bei Saalfeld/Saale, Dorfstraße 4
Eine Schulgemeinde nach den Forderungen des neuen Deutschlands
DIE SCHULE IM WALDE
Stärkste Betonung der Kameradschaft zwischen Lehrer und Schüler, dabei straffe, autoritäre Führung. Willens- u. Charakterbild. Erziehung zu Sparsamkeit u. einfach. Lebenshalt. Sorgfält. Betreuung u. Ueberwachung in Heim u. Schule. Oberrealschule mit Ref.-Realgymn., Internat. Staatl. Abitur u. O II-Reife a. d. Schulgemeinde. H. J., J. V. und Schule bilden organ. Einheit.

Ausbildung zum Ing.-Kaufm. Programm frei. Privatschule für t.-k. Fernunterricht J. Fritz, Berlin W 57

Abitur! Private Abitur-Vorbereitungsanstalt Darmstadt
Herdweg 31 / Telefon 499
Auch Damen. Zeitgewinn

Techn. Lehranstalten

Technische Ausbildung
all. Fachricht. d. Fernunterricht f. Ingen., Technik. u. Werkmeist. Abschlußprüf. Abschlußzeugnis
Fernschule Berlin, Berlin W 15, Kurfürstendamm 66 O

Thüring. Höh. Techn. Staatslehranstalt
Maschinenbau, Elektrotechnik, Flugzeugbau, Autobau, Heizung, Lüftung usw.
Thüringen
Hildburghausen

Rheinische Ingenieurschule
Mannheim / Maschinenbau Elektrotechnik

Jngenieur-Akademie Wismar OSTSEE
STAATL. ANERKANNT
Flugzeugbau
Maschinenbau · Elektrotechnik
Architektur · Bauingenieurwesen
Zieglerschule

Landerziehungsheim KEILHAU/TH.
Reformrealgymn. n. St. m. Oberrealsch., gegr. 1817 v. Fröbel, Kl. VI - OI. Abitur an der Anstalt. Näh. d. Schulleitung

Landschulheim Gumperda i. Th. b. Jena
Ref.-Realg. u. Ob.-Realsch. OII-Reife u. Abitur auf der Schule. Inmitten waldreicher Berge. Deutsche Erziehg. Dr. Gustav Kleemann

PÄDAGOGIEN

Pädagogium Schwarzatal
Bad Blankenburg, Thür. Wald
Adolf Wedel-Schule
Schülerh., Grundsch., OII-Reife a. d. Anst. Prosp.

Pädagogium Bad Liebenstein
Reform Realgymn. u. Oberrealschule mit Internat. Abitur und O II-Reife an der Anstalt selbst. Kleine Klassen. Allseitige und straffe Erziehung. Sport. Herrl. Lage im Thür. Wald. Freiprospekt

Pädagogium Traub
Sexta bis Abitur. — Frankfurt/Oder 2.
Schülerheim. Arbeitsstunden unter Aufsicht. Nichtversetzte holen verlorene Zeit ein

Pädagogium Bad Sachsa
(Südharz)
Staatl. ber. priv. Oberrealschule Erziehungsheime / Staatl. Abitur und O II-Reife a. d. Anstalt / Latein a. W. Nation. Gemeinschaftserziehg., indiv. Förd. in klein. Klass., method. Arbeitsstunden, Wehrsport. (Rücksicht auf Erholungsbed.). Ges. Waldlage, kräft. Ernährg. Kl. Mädchenabteilg. in eig. Heim (10 Min. entf.). Eintritt jederz. Werbeschr. d. d. Direkt. Fernr. 243

Pädagogium Schwarzburg
die Schule am Walde. Einj. u. Abitur an d. Anstalt. Internat in gesundester Lage im schönsten Teil Thüringens

AUSLAND

Université de Lausanne (Suisse)
Cours de vacances de français
du 15 juillet au 15 octobre
Quatre séries de 3 semaines chacune. Conférences et récitals de littérature contemporaine et moderne, d'histoire et d'art. Enseignement pratique par petites classes: prononciation, explication de textes, traduction, composition, dictée. – Excursions dans les Alpes. Certificats de français

LAUSANNE (Schweiz)
Töchterpensionat „Beau - Soleil"
Sorgfält. Studium d. frz. Sprache, Haush., Koch., Handelsf.; Musik usw. Gesunde Lage. Sport. Langj. deutsche Ref. Dir. M. u. Mme. Racle

Alpines Töchterheim
„Maison de la Harpe" Villars
s. Ollon (Schweiz) Alpes Vaudoises 1300 m. Wunderb. Lage. Mod. Neub. Gründl. Erlern. d. französischen Sprache. Haushaltung

AUSKUNFT
üb. Schweizer Töchterpensionate, Knabeninstitute, Erziehungsheime usw., erteilt gewissenhaft und kostenlos Eugen Kriz-Zürich - Höngg, Ackerteinstraße 25 (Generalvertr. d. Verlages Scherl) Bekanntgabe der gewünschten Preislage erforderl.

Ein guter Redner
wird in allen Lebenslagen Erfolg haben!
Gerade in der heutigen Zeit ist es nötig, mehr zu können als die andern. Die Kunst, bei jeder Gelegenheit frei und einflußreich zu reden, kann jeder, auch zu Hause, nach unserer tausendfach bewährten Methode erlernen.
Wir geben die interessante 20seitige Broschüre über den Fernkursus für prakt. Lebenskunst, logisches Denken und freie Redekunst völlig kostenlos ab. Fordern Sie diese heute noch!
R. Halbeck, Berlin 11, Potsdamer Str. 105a.

*△ Kinder und Jugendliche suchen selber ihren Lesestoff aus: Die Freihandbibliothek wie hier im Deutschen Museum in München hat sich im Nationalsozialismus gegenüber den in der Weimarer Republik dominierenden Thekenbibliotheken durchgesetzt. Die »gesäuberten« Bestände in den öffentlichen Bibliotheken machen die pädagogische Beratung des Lesenden durch den Bibliothekar in der Regel überflüssig.*

*◁ In der Berliner Zeitschrift »Die Woche« werben private Bildungseinrichtungen aus dem In- und Ausland mit einem vielfältigen Angebot.*

# Todesurteile im Prozeß gegen Memelländer

**26. März.** Ein Kriegsgericht in der litauischen Hauptstadt Kovno verurteilt vier deutschstämmige Männer aus dem zu Litauen gehörenden Memelgebiet wegen Mordes und Hochverrats gegen Litauen zum Tod durch Erschießen.

In dem Prozeß, der am 14. 12. 1934 begonnen hatte, waren insgesamt 126 Memelländer wegen Vorbereitung einer bewaffneten Revolte zur Abtrennung des Memelgebietes von Litauen angeklagt. Neben den zum Tode Verurteilten werden weitere 82 Personen mit Haftstrafen zwischen eineinhalb Jahren und lebenslänglich belegt, die restlichen Angeklagten werden freigesprochen.

Das in der deutschen Presse wochenlang wütend attackierte »Bluturteil« bildet den Höhepunkt der Spannungen zwischen dem litauischen Staat und deutschen Organisationen im Memelgebiet, die die Angliederung der Region an das Deutsche Reich fordern.

Bis zum Ende des Ersten Weltkrieges gehörte die etwa 2500 km² große umstrittene Region im nördlichen Ostpreußen zum Deutschen Reich. Artikel 99 des Versailler Friedensvertrages verfügte 1919 die Abtretung des Gebietes an die Alliierten, woraufhin es von französischen Truppen besetzt wurde. Litauen, 1918 als unabhängiger Staat entstanden, annektierte das Memelland 1923. Am 16. Februar 1923 erkannte die alliierte Botschafterkonferenz die neu geschaffene Lage an und beschloß, das Memelland Litauen zu überlassen. Im sog. Memelstatut sicherte Litauen im Gegenzug den Alliierten am 8. Mai 1924 die innenpolitische Autonomie des Landes und die Gleichbehandlung aller Bürger zu.

Auf den seit 1933 zunehmenden Einfluß nationalsozialistischer Organisationen im Memelland reagieren die litauischen Behörden aus Furcht vor einem Auseinanderfallen des Staatsgebiets mit Repressionen: In Schulen und Behörden wird statt der deutschen die litauische Sprache obligatorisch, die deutschen Selbstverwaltungsgremien, das Direktorat und der Landtag, werden entmachtet, politische Organisationen verboten und ihre Mitglieder verhaftet (→ 29. 9./S. 155).

Die »Leiden der Memeldeutschen« bieten den Nationalsozialisten im Deutschen Reich erneut einen Vorwand, die negativen Konsequenzen, die der verhaßte Versailler »Schandfrieden« für viele Deutsche in dem ehemaligen Reichsgebiet hat, anzuprangern.

*Während des Prozesses vor dem Militärgericht in Kovno werden die 126 Angeklagten von einem starken litauischen Polizeiaufgebot bewacht.*

*Griechenlands ehemaliger Premierminister Eleftherios Weniselos*

# Militär putscht in Griechenland

**11. März.** In Griechenland schlagen Regierungstruppen einen Militärputsch unter Führung des ehemaligen griechischen Premierministers Eleftherios Weniselos nieder.

Die Erhebung republikanischer Truppen richtet sich gegen die Regierung Konstandinos Tsaldaris, deren republikanische Gesinnung bezweifelt wird. Das Scheitern stärkt die reaktionären Kräfte, die die Rückkehr König Georg II. auf den Thron unterstützen (→ 25. 11./S. 192).

# Drakonische Strafen für »Rowdytum«

**30. März.** Nachdem in der sowjetischen Presse wiederholt über Straßenraub und ähnliche Delikte in der Hauptstadt Moskau berichtet wurde, führt die Regierung drastische Strafen gegen öffentliches »Rowdytum« ein.

Die von der Leitung der Kommunistischen Partei und der Regierungsspitze gemeinsam erlassene Verordnung stellt auch eine Reihe bislang legaler Handlungen unter Strafe. Die neuen Gesetze werden erlassen, um der wachsenden Kriminalität auf den Straßen Herr zu werden. So kann etwa das Tragen von Messern in Zukunft mit Gefängnis bis zu fünf Jahren bestraft werden. Ähnlich hoch ist das Strafmaß für »Rauferei« und »Unruhestiftung«. Straßenraub kann sogar die Todesstrafe nach sich ziehen.

# Streit um Eupen-Malmedy

**8. März.** In der belgischen Provinz Eupen-Malmedy nimmt die Polizei etwa 100 Personen fest, die im Verdacht stehen, Mitglieder in illegalen NS-Organisationen zu sein.

Eupen-Malmedy gehörte bis 1918 zum Deutschen Reich. Durch den Versailler Friedensvertrag wurde die Grenzprovinz 1919 der belgischen Besatzungsmacht unterstellt, verbunden mit der Auflage, durch eine Volksabstimmung die endgültige Zugehörigkeit des Gebietes festzustellen. Die Abstimmung brachte 1920 eine Mehrheit für Belgien.

Trotz des eindeutigen Abstimmungsergebnisses haben die deutschen Regierungen den Anspruch auf Eupen-Malmedy, dessen 63 000 Einwohner überwiegend deutsch sprechen, nie aufgegeben. Die NS-Regierung fördert aktiv Gruppen wie die »Heimattreue Bewegung« in Eupen-Malmedy, die den Wiederanschluß ans Deutsche Reich anstreben. Der belgische Staat bekämpft diese Gruppen und beginnt 1935, exponierte Mitglieder auszubürgern.

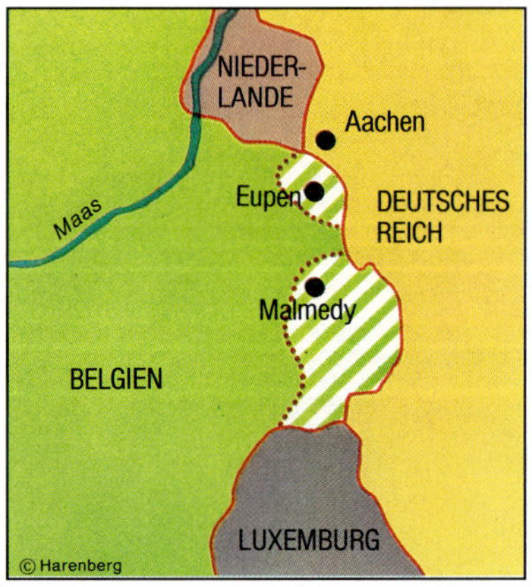


*Seit 1920 belgisch: Das 1036 km² große Gebiet von Eupen-Malmedy*

# Dollfuß-Mord wird erneut aufgerollt

**2. März.** Ein Salzburger Schwurgericht verurteilt 17 österreichische Nationalsozialisten wegen Sprengstoffschmuggels zum Tode. In der Urteilsbegründung unterstellt das Gericht einen Zusammenhang der Tat mit der Ermordung des österreichischen Bundeskanzlers Engelbert Dollfuß am 25. Juli 1934.

Die Verurteilten sollen 1934 Sprengstoff nach Österreich gebracht haben, um den nationalsozialistischen Putschversuch zu unterstützen, bei dem Dollfuß getötet wurde.

Am 14. März verurteilt ein Militärgericht in Wien den ehemaligen Landeshauptmann der Steiermark, Anton Rintelen, wegen Unterstützung des Putsches zu lebenslanger Haft. Rintelen war 1934 von den Putschisten anstelle von Dollfuß für das Kanzleramt nominiert worden.

# Werbereise für Europa-Pakt

**24. März.** Der britische Außenminister John Allsebrock Simon und Lordsiegelbewahrer (Minister ohne Geschäftsbereich) Robert Anthony Eden treffen zu einem Staatsbesuch in Berlin ein.

Berlin ist die erste Station einer Informationsreise in vier europäische Hauptstädte – Berlin, Moskau, Warschau und Prag –, in denen Simon und Eden mit den jeweiligen Regierungen die britisch-französischen Vorschläge eines kollektiven europäischen Sicherheitssystems erörtern (→ 3. 2./S. 34).

Während des viertägigen Aufenthaltes in Berlin sprechen die britischen Politiker u. a. mit Adolf Hitler. Der freundliche Empfang der Briten, der sich auch in der deutschen Presse widerspiegelt, täuscht nicht über grundlegende Meinungsverschiedenheiten hinweg. Die britische Regierung strebt ein Bündnissystem aller europäischen Staaten unter Einbeziehung der Sowjetunion und des Deutschen Reiches an. Hitler dagegen favorisiert zweiseitige Pakte und lehnt die Einbeziehung der Sowjetunion kategorisch ab. Er fürchtet vor allem die sich anbahnende Verständigung zwischen Frankreich und der UdSSR, durch die das Deutsche Reich im Kriegsfall territorial eingekreist wäre.

Im Anschluß an seinen Aufenthalt in Berlin trifft Eden vom 28. bis zum 31. März in Moskau u. a. mit Parteichef Josef W. Stalin zusammen. Bei diesem ersten Besuch eines britischen Staatsmannes in der UdSSR bekunden beide Seiten völlige Übereinstimmung. Der Besuch in Warschau (1. 4.–3. 4.) gestaltet sich für Eden schwieriger, weil Marschall Józef Klemens Pilsudski einen Durchmarsch sowjetischer oder deutscher Truppen im Falle einer kriegerischen Auseinandersetzung nicht hinnehmen will. Dies wäre aber bei einem gesamteuropäischen Sicherheitspakt im Kriegsfall Bedingung. Am 4. April beendet Eden mit einem Höflichkeitsbesuch beim tschechischen Außenminister Eduard Beneš in Prag sein Reiseprogramm.

*Anthony Eden (3. v. l.) und John Simon (4. v. l.) im Gespräch mit Hitler (M.) in Berlin; r. Reichsaußenminister Konstantin Freiherr von Neurath*

*Josef Stalin (2. v. l.) empfängt Eden (l.) in Moskau; rechts vorn der sowjetische Außenminister Maxim M. Litwinow.*

*Polens Präsident Ignacy Móscicki (M.) und Außenminister Józef Beck (l.) hören sich in Warschau Edens Vorschläge an.*

# Britisches Militär erschießt 47 Moslems in Karatschi

**19. März.** Britische Soldaten eröffnen in der ostindischen Stadt Karatschi das Feuer auf einen moslemischen Demonstrationszug und töten 47 Personen; weit über 100 Menschen werden verletzt.

Die britische Kolonialregierung Indiens begründet das Vorgehen des Militärs damit, daß sie der Gefahr eines Massakers der Moslems an der hinduistischen Minderheit Karatschis vorbeugen wollte.

Am frühen Morgen war in Karatschi ein Moslem gehängt worden, der im September 1934 in einem Gerichtsgebäude einen Hindu erschossen hatte und daraufhin zum Tode verurteilt worden war. Der Versuch der Polizei, den Gehängten möglichst ohne Aufsehen in einem Vorort beerdigen zu lassen, scheitert. Eine Menge von rund 20 000 Moslems kommt zusammen und trägt den Leichnam des als Märtyrer verehrten Toten nach Karatschi. Vor der Stadt schießen britische Soldaten auf die ersten Reihen des Zuges, um Ausschreitungen gegen Hindus innerhalb Karatschis zu vermeiden.

Neben dem Kampf um die Unabhängigkeit von Großbritannien gären in Indien die religiös-politischen Auseinandersetzungen zwischen Hindus und Moslems. Von moslemischer Seite wird in diesem Zusammenhang immer stärker die Forderung nach einem eigenen, moslemischen Staat erhoben.

*Eine unübersehbare Menschenmenge versammelt sich vor der Hauptstadt Karatschi, um den Demonstrationszug mit dem Leichnam des wegen Mordes gehängten Glaubensbruders zu empfangen, der nach der Urteilsvollstreckung von Moslems exhumiert wurde.*

# Ausstellung verherrlicht »arische Rasse«

**23. März.** Reichsinnenminister Wilhelm Frick eröffnet in Berlin die größte deutsche Ausstellung des Jahres 1935. Unter dem Motto »Das Wunder des Lebens« ist sie bis zum 5. Mai in den Ausstellungshallen am Kaiserdamm zu sehen.

Das »frische, kerngesunde, pulsierende Leben« in all seinen Erscheinungsformen festzuhalten, sei Sinn und Zweck dieser Ausstellung, betont Frick bei der Eröffnungsfeier. Der Mensch müsse seine Überheblichkeit ablegen und sich selbst als ein Glied der großen Volksgemeinschaft fühlen, die ihn dazu verpflichte, das gesunde Erbgut der Vorfahren zu erhalten und es in der ununterbrochenen Kette der Geschlechter rein weiterzugeben. Nach der nationalsozialistischen Weltanschauung stehe nicht mehr der Einzelmensch im Vordergrund, sondern sie sehe ihn als einen unlösbaren Bestandteil der Familie und der zu einem einheitlichen Organismus zusammengeschweißten Volksgemeinschaft an, in der einer dem anderen und alle der Allgemeinheit und dem Staate dienen müßten.

Neben biologischen Darstellungen einzelner Körperfunktionen ist ein großer Teil der Ausstellung den Themen Rassenhygiene und Erbgesundheit gewidmet. Mit drastischen, pseudowissenschaftlichen Darstellungen von der Vererbung »schlechter Eigenschaften« wie Kriminalität oder Unmoral sowie der Bedrohung der »Herrenrasse« durch »minderwertige« Rassen veranschaulicht die Ausstellung nationalsozialistische Vorstellungen von der Bevölkerungsentwicklung.

Frick weist darauf hin, daß die Veranstaltung in Berlin ein Mittel der Aufklärung und der Erziehung sei, um Erbgesundheit und Rassenreinheit zum selbstverständlichen Allgemeingut des Volkes zu machen.

Der Minister kündigt die Ausweitung der Gesetze zur Verhütung erbkranken Nachwuchses, die Einrichtung von Beratungsstellen für Erb- und Rassenpflege sowie die Einführung eines Ehetauglichkeitszeugnisses (→ 18. 10./S. 177) zur Verhinderung von Eheschließungen mit »Erbkranken« an.

Die Reinerhaltung der Rasse ist in der NS-Ideologie die erste Voraussetzung für den Sieg der nordischen Rasse im »Kampf der Rassen«. Indem sie fälschlicherweise den Begriff der »Art« mit dem der »Rasse« gleichsetzt, gelangt sie zu der Annahme, daß zwischen den menschlichen Rassen wie bei den biologischen Arten Paarungsgrenzen verlaufen und begründet so ihre Theorie vom Rassenkampf.

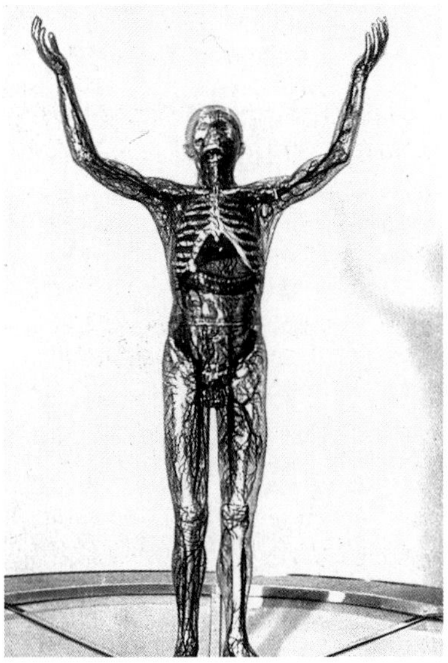

*Der »durchsichtige Mensch« gilt als Prunkstück der Ausstellung.*

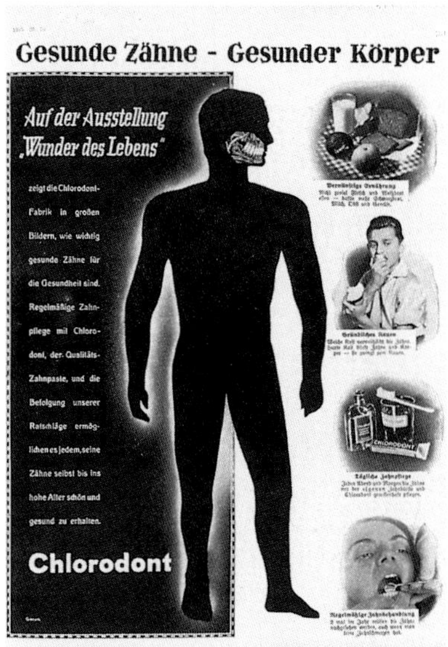


*Tips zur Gesunderhaltung der Zähne gibt diese Zahnpastareklame.*

*Mit solchen scheinbar wissenschaftlichen Statistiken versuchen die Nationalsozialisten, den Ausstellungsbesuchern die Bedrohung der »Herrenrasse« durch »minderwertige« Rassen zu verdeutlichen. Im Mittelpunkt der NS-Rassenpolitik steht das Bemühen, die Praxis sozialer Ausgrenzung von Minderheiten biologisch und evolutionär zu legitimieren, um dadurch die Akzeptanz für diese Politik in der Bevölkerung zu erhöhen.*

## Starker Besuch bei Leipziger Messe

**3. März.** In Leipzig beginnt die Frühjahrsmesse, an der 8076 Austeller aus 19 Ländern teilnehmen.

Die große internationale Beteiligung und der starke Besucherzustrom bei dieser Bau- und Technik-Messe wird in der deutschen Presse als ein verheißungsvolles Zeichen für die Belebung der Weltwirtschaft gewertet.

Auf dem deutschen Markt zeigt der zunehmende Einsatz von Kunstharz und Preßstoffmaterialien anstelle von knapp gewordenen Metallen eine neue Entwicklung in diesen Wirtschaftszweigen auf.

## Leichenschau als Verkehrserziehung

**5. März.** Die Polizei im kalifornischen Los Angeles führt drastische Erziehungsmaßnahmen für Verkehrssünder ein.

Künftig muß jeder Kraftfahrer, der die Verkehrsregeln mißachtet, im örtlichen Leichenschauhaus die Leichen der bei einem Verkehrsunfall ums Leben gekommenen Personen ansehen. Bei jeder Leiche sagt der Polizeikomissar den Namen des Verstorbenen und den Zusatz: »Getötet durch einen rücksichtslosen Kraftfahrer«. Hintergrund dieser Maßnahme ist die im Zeichen der Motorisierung ständig steigende Zahl der Verkehrstoten in US-amerikanischen Großstädten.

## Zahlenvergleicher statt Statistiker

**20. März.** Der Frankfurter Oberbürgermeister Friedrich Krebs weist alle städtischen Verwaltungsämter an, bestimmte Fremdwörter durch deutsche Ausdrücke zu ersetzen.

Auf der Liste der Begriffe, die »eingedeutscht« werden sollen, stehen Ausdrücke wie »Risiko«, was künftig durch »Gefahrenwahrscheinlichkeit« ersetzt werden soll, oder »Garage«, die nun »Kraftwagenhalle« heißt. Im neuen Sprachgebrauch ersetzt der »Großkraftwagen« den »Omnibus« und die »Mittelbeschaffung« die »Finanzierung«.

Die »Eindeutschung« der Sprache steht ganz im Zeichen der chauvinistischen NS-Kulturideologie, die die deutsche Kultur und ihre Ursprünge akzentuieren will.

*Interessierte Zuschauer bestaunen den ersten Fernsehapparat der Reichspost im Berliner Reichspostmuseum.*

*Die Gebrauchsanweisung empfiehlt den Benutzern, in etwa 2 m Entfernung vor dem Apparat Platz zu nehmen.*

# Fernsehversuchssender eingerichtet

**22. März.** Reichssendeleiter Eugen Hadamovsky eröffnet im Berliner Reichspostmuseum das erste regelmäßig ausgestrahlte Fernsehprogramm der Welt. Ein fahrbarer 10-kW-Sender, den die Firma AEG fur die Reichspost gebaut hat, überträgt in Zukunft dreimal wöchentlich 90minütige Sendungen, die in öffentlichen Fernsehstuben gesehen werden können. In Erinnerung an den deutschen Ingenieur und Erfinder des ersten elektrischen Bildabtasters Paul Nipkow erhält der Sender seinen Namen.

Die montags, mittwochs und samstags zwischen 20. 30 Uhr und 22 Uhr von der Reichsrundfunkgesellschaft ausgestrahlte Übertragung heißt »Spiegel des Tages« und kombiniert Ausschnitte von Filmen mit Wochenschauteilen. In den »Mitteilungen der Reichsrundfunkgesellschaft« heißt es im September 1935 zum Zweck des neuen Mediums: »Wenn wir wollen, kann die intensive Propaganda des gesprochenen Wortes morgen schon ergänzt werden durch die noch intensivere unwiderlegbare Propaganda des mit eigenen Augen Geschauten... Darum ist Fernsehen kein Luxus, sondern eine politische Notwendigkeit der nationalsozialistischen Volksaufklärung und Propaganda... Arbeitet für die Einführung des Fernsehens und ihr arbeitet damit für den endgültigen Sieg der nationalsozialistischen Idee.« Diesen Vorstellungen entsprechend besteht die erste Fernsehsendung aus Zusammenschnitten von NSDAP-Kundgebungen und Bildern der Berliner Heldengedenkfeiern.

Die besonders von Propagandaminister Joseph Goebbels gehegte Hoffnung, Fernsehen im großen Maßstab als Propagandainstrument neben dem Rundfunk einzusetzen, ist 1935 allerdings noch nicht zu verwirklichen: Fernsehempfänger sind noch selten und zu teuer für eine Massenverbreitung. So können die Sendungen nur in öffentlichen und kostenlosen Fernsehstuben angesehen werden, in denen jeweils etwa 30 Personen Platz finden. 11 solcher Räume werden in Berlin, einer in Potsdam eingerichtet. Außerdem besteht die Möglichkeit, in Berlin ein »Telekino« aufzusuchen, wo im Gegensatz zu den kleinen Bildschirmen eine 1,20 m mal 0,9 m große Leinwand vorhanden ist.

## Fernsehstreit Göring – Goebbels

Nach der Ausstrahlung der ersten Fernsehbilder im März folgt in der zweiten Hälfte des Jahres 1935 ein heftiger Kompetenzstreit zwischen Luftfahrt- und Propagandaministerium um den Einfluß auf das neue Medium.

Reichsluftfahrtminister Hermann Göring setzt am 12. Juli bei Hitler einen Erlaß über die Zuständigkeit auf dem Gebiet des Fernsehwesens durch. Darin wird die Zuständigkeit unter Berücksichtigung der Flugsicherheit und des Luftschutzes dem Luftfahrtministerium übertragen. Dem Reichspostministerium wird ein Mitspracherecht eingeräumt. Hitlers Entscheidung ist für Göring späte Genugtuung für eine 1933 gegen Propagandaminister Joseph Goebbels erlittene Niederlage in einem ähnlichen Kompetenzstreit um die Rundfunkaufsicht. Bereits Ende Juli 1935 protestiert Goebbels in der Reichskanzlei mit Erfolg gegen Hitlers Entscheidung im Fernsehstreit. In einem zweiten Zuständigkeitserlaß vom 11. Dezember 1935 wird daraufhin neben Luftfahrt-, Post- und Kriegsministerium auch dem Propagandaministerium Einfluß auf das Fernsehen eingeräumt.

*Die ersten Fernsehansagerinnen: Ursula Patschke (l.) und Annemarie Beck präsentieren die Programm-Vorschau.*

*Dieser Übertragungswagen fängt die aktuellen Tagesereignisse für die Fernsehsendung am Abend ein.*

# Lehrlinge im Reichsberufswettkampf

**18. März.** Unter dem Motto »Das Ideal des deutschen Volkes ist die Arbeit, sein Wille die Leistung und seine Sehnsucht der Friede« beginnt der zweite Reichsberufswettkampf, der bis zum 23. März dauert.

Bei diesem Wettkampf treten Jugendliche auf Orts-, Gau- und Reichsebene zu einem beruflichen Leistungsvergleich an. Der Wettkampf umfaßt einen praktischen Teil, Berufstheorie, eine »weltanschauliche Aufgabenstellung« und für Mädchen eine hauswirtschaftliche Prüfung.

Die vom Leiter des Sozialamtes der Reichsjugendführung, Arthur Axmann, initiierten und gemeinsam mit der Deutschen Arbeitsfront durchgeführten Wettkämpfe finden seit 1934 jeweils im Frühjahr statt. Mit diesen Maßnahmen soll das Interesse der Jugendlichen an ihren Berufen gesteigert und ihre Motivation gefördert werden. Für das NS-Regime bieten die Wettkämpfe eine willkommene Gelegenheit, die Berufsausbildung zu kontrollieren. Darüberhinaus sollen »nichtorganisierte« Jugendliche für die NSDAP gewonnen werden.

Viele Teilnehmer hoffen, bei gutem Abschneiden ihre Berufsaussichten verbessern zu können.

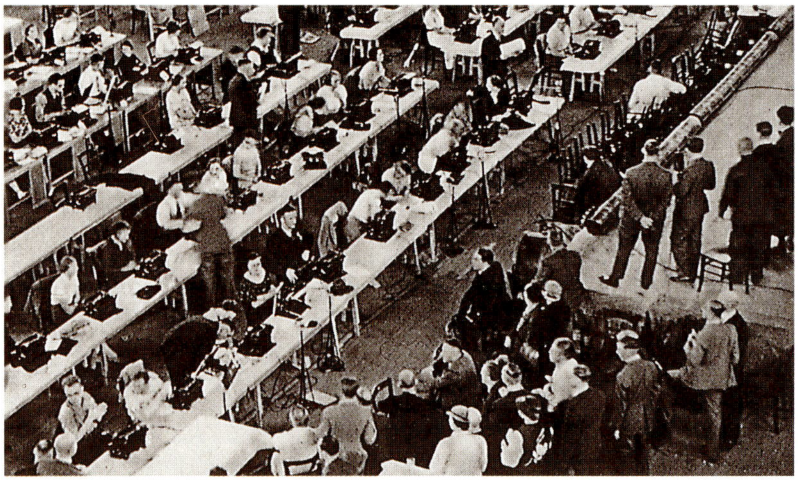

*Zum Wettkampf an der Schreibmaschine treten in Frankfurt am Main zahlreiche Bürokräfte an: Orthographie, Grammatik und Schreibtempo werden geprüft.*

*Verkäuferinnen aus den verschiedensten Gewerben legen in einem Saal der Technischen Hochschule in Berlin ihre Prüfung ab. Neben Fachprüfungen muß eine politische Aufgabenstellung bearbeitet werden.*

# »Arische Physik« gegen Atomphysik

**31. März.** Mit der Emeritierung des deutschen Physikprofessors Arnold Sommerfeld setzt ein zweijähriger Streit um den Nachfolger seines Postens an der Münchner Universität ein. Dabei stehen sich Vertreter der sog. arischen Physik und theoretische Physiker um Werner Heisenberg gegenüber.

Sommerfeld, der eine glänzende Karriere als theoretischer Physiker hinter sich hat, favorisiert als Nachfolger seinen Schüler Werner Heisenberg, Nobelpreisträger des Jahres 1932. Heftiger Protest gegen Heisenbergs Nominierung kommt aus den Kreisen des »nationalsozialistischen deutschen Dozentenbundes«, vor allem von Philipp Lenard und Johannes Stark, den Begründern einer »arischen Physik«. Ihre Vertreter wollen eine »konkrete« und von völkischer Ideologie durchdrungene »deutsche« Physik. Sie gehen u.a. davon aus, daß die Arbeit eines Wissenschaftlers unmittelbar von seinen rassischen Erbanlagen beeinflußt wird.

Die theoretische Physik, zu deren Vertretern die 1933 emigrierten deutschen Nobelpreisträger Albert Einstein und James Franck gehören, lehnen sie ab.

»Bitte nicht überfüttern«: Filmstarwagen im Kölner Rosenmontagszug

»Kraft durch Freude« im Münchner Faschingszug

Ein heißes Eisen greift der Festwagen zum Thema Pressezensur in Köln auf.

## NSDAP-Gauleiter Sprenger »scherzt«: Elf Mainzer Karnevalisten werden verhaftet

**6. März.** *Am Aschermittwoch läßt der NSDAP-Gauleiter von Hessen, Jakob Sprenger, das gesamte Komitee des »Mainzer Carneval Vereins« verhaften. Die elf Männer werden drei Stunden lang in einem Hotel festgehalten, bis Sprenger die Aktion mit Hinweis auf einen »Karnevalsscherz« beendet. Mit ihren Repressalien wollen die Nationalsozialisten Vertreter eines kritischen politischen Karnevals im Deutschen Reich einschüchtern.*

*Schon 1933, rechtzeitig vor Beginn der Karnevalssaison im November, hatte die NSDAP den deutschen Karnevalisten verboten, Kritik an Partei und Staat zu üben. Seitdem mäßigt sich der Spott auf den Staat zwar merklich, scharfzüngige Kommentare gibt es aber weiterhin; so etwa in einer 1934 gehaltenen Büttenrede von Heinrich Bender, Präsident des »Mainzer Carneval Vereins«, der Gleichschaltung und »Arisierung« glossiert: »Alles ist heut umgestaltet/Alles ist heut gleichgeschaltet: Zweckverbände, große, kleine/Turn-, Gesang- und Skatvereine/Ziegenzucht und Bullenhaltung/Polizei und Stadtverwaltung/Alles ist heut solidarisch/Bis zur Urgroßmutter arisch/Und seit 52 Wochen/Unibraun bis auf die Knochen.*

## USA: Staub und Sand bedecken das Land

Heftige und andauernde Sandstürme verwandeln weite Landstriche im Mittelwesten der USA in Wüsten und vernichten die Existenzgrundlage von mehreren tausend Farmern und Landarbeitern. Allein bei einer Welle von Tornados, die Ende März die Staaten Kansas, Wyoming und Colorado heimsuchen, sterben 19 Menschen an Lungenentzündungen durch das Einatmen von Staub. Vieh verendet massenweise wegen Futtermangels. Getreide im Wert von mehreren Mio. Dollar wird zerstört. Verheerend getroffen durch die Sandorkane werden auch die Bundesstaaten Texas, Oklahoma und Arkansas.

Jahrelange Dürre und exzessive Monokultur in Form von Getreideanbau haben im Mittelwesten, dem »Brotkorb der Nation«, zu rasanter Bodenerosion geführt. Der intakte, aber bereits zu Sand zerkleinerte Mutterboden wird durch die Stürme hochgerissen und häufig Hunderte von Kilometern weitergetragen.

Mißernten und Stürme verschlechtern im Laufe des Jahres die nach der Depression Anfang der 30er Jahre ohnehin prekäre Situation zahlreicher kleiner Farmpächter und Landarbeiter. Viele Familien packen deshalb ihr Hab und Gut zusammen und brechen aus der »dust-bowl« (engl. Staubschüssel) des Mittelwestens in Richtung Kalifornien auf, wo sie sich ein besseres Leben versprechen. Die Hoffnungen dieser abschätzig »Arkies« und »Okies« (nach den Staaten Arkansas und Oklahoma) genannten Migranten erfüllen sich selten: Auf den Obstplantagen Kaliforniens verdingen sich die Flüchtlinge in der Regel als Tagelöhner zur Saisonarbeit und werden von den Plantagenbesitzern wirtschaftlich ausgebeutet (→ 22. 8./S. 138).

Die US-Regierung versucht, die notleidende Landbevölkerung durch eine Reihe von Maßnahmen zu unterstützen. So soll eine eigens geschaffene Verwaltung mittels Darlehen verarmten Farmern helfen, von schlechten auf gute Böden umzuziehen. Wegen Geldmangels kommen statt der vorgesehenen 500 000 Umsiedlungen aber lediglich 4500 zustande.

*Ein Farmer flieht mit seinen Kindern vor dem Sandsturm. Wie hier im US-Bundesstaat Oklahoma leben viele US-Farmer und Landarbeiter in elenden Verhältnissen. 1935 haben nur 10% aller Farmen in den USA elektrischen Strom.*

*Als Schutz gegen den aufwirbelnden Sand binden Farmerkinder einem Pferd ein Tuch als Luftfilter um.*

*Nach dem Sandsturm schaufelt dieser Farmer in Kansas seinen halbversunkenen Traktor wieder frei.*

*Sandmassen verfinstern die Sonne, der Tag wird zur Nacht: Auch die Städte des Mittelwestens, wie hier Kansas City, bleiben vom Staub nicht verschont, den die Orkane bis in die letzten Winkel geschlossener Gebäude tragen.*

Architektur 1935:

# Monumentale »Tempel« – Funktionalismus und Natur

Während im Ausland – besonders in den USA – unterschiedlichste Richtungen traditionalistischer und moderner Architektur sich gegenseitig beeinflussen und voneinander abrenzen, ist im Deutschen Reich moderne Architektur weitgehend unmöglich geworden. Konservative, an historischen Vorbildern orientierte Vorstellungen von Architektur, die auch während der Weimarer Republik wesentlichen Einfluß hatten, werden nunmehr von den Nationalsozialisten zur Richtschnur einer »neuen deutschen Baukunst« gemacht.

Für Adolf Hitler dient die Architektur als Mittel zur Herrschaftssicherung und als Zeugnis seiner Macht. Schon in »Mein Kampf« weist er ihr die Aufgabe zu, »in Denkmälern der Allgemeinheit der Ewigkeit von der Größe der eigenen Zeit zu künden«. Ein typisches »Denkmal« dieser Art ist die von Ludwig und Franz Ruff entworfene Nürnberger Kongreßhalle, mit deren Bau im September begonnen wird. 50000 Menschen soll dieses Bauwerk fassen, das auf dem Nürnberger Parteitagsgelände geplant ist und als »Dokument stilbildender Art« fungieren soll.

Das Schönheitsideal der NS-Architektur ist angelehnt an die überdimensionale Bauweise antiker Kultstätten. Die klassizistische Baukunst gilt als vorbildlicher Stil.

Es wird bewußt ein krasser Gegensatz zwischen alltäglicher, konservativ-funktionaler Architektur und den monumentalen politischen Sakralbauten mit ihrer strengen Geometrie und vertikalen wie horizontalen Symmetrie geschaffen. Den Massen soll so die Überlegenheit und Größe des Regimes eindringlich augenfällig gemacht werden.

Im Gegensatz zu den Staats- und Parteibauten dürfen im öffentlichen Wohnungsbau und bei den Bauten der Arbeitswelt Maß, Ordnung, Sparsamkeit und Disziplin offen hervortreten. 1935 werden die deutsche Versuchsanstalt für Luftfahrt in Berlin und das Opelwerk in Brandenburg fertiggestellt, die in einem eher schlichten und funktionalen Baustil gehalten sind.

Mit seiner Kulturpolitik setzt sich das Dritte Reich von der modernen Architektur ab, die sich Anfang der dreißiger Jahre international durchzusetzen beginnt. Entscheidend für diese neue Architektur sind die Prinzipien und Methoden, mit denen sie den vorherrschenden Formalismus zugunsten einer funktionalen Gestaltung überwinden will. Das »Bauhaus«, die 1919 von Walter Gropius gegründete Hochschule für Gestaltung, gehört zu den wichtigsten Wegbereitern dieser modernen Architektur. Der Funktionalismus und die Ornamentlosigkeit des Bauhaus-Stils gilt bei den Nationalsozialisten als »entartet« und wird als »Kulturbolschewismus« diffamiert. 1933 wurde die Schule auf Druck der Partei aufgelöst, die führenden Lehrer emigrierten ins Ausland – besonders in die USA.

*Modell für die Umgestaltung des Königsplatzes in München (Entwurf von Paul Ludwig Troost): Im Hintergrund (M.) zwei »Ehrentempel«, in denen die »Märtyrer« des Hitlerputsches vom 9. 11. 1923 beigesetzt werden sollen.*

Dort befindet sich die Baukunst zu dieser Zeit im Umbruch. Dem Ansturm des technologischen Fortschritts und der wissenschaftlichen Entdeckungen gegenüber kann sie lange ihre antiwissenschaftliche Basis behaupten und gerät so in Feindschaft zur Wissenschaft und Technologie. Industrie und Handel fordern eine funktionelle und leistungsfähige Architektur, die der wirtschaftlichen Situation im Lande angepaßt ist. Ökonomie in jeder Hinsicht wird das neue Schlagwort für das Bauwesen. Stilistische Vereinfachung in der amerikanischen Architektur ist in den dreißiger Jahren sichtbarer Ausdruck dieser Forderung nach Wirtschaftlichkeit. Ein neuer ästhetischer Standard der Einfachheit, Schlichtheit und klaren Gliederung entwickelt sich.

Neben dieser Strömung bildet sich eine zweite Bewegung in der modernen amerikanischen Baukunst heraus, die im Ursprung besonders von den Architekten Louis Sullivan und Frank Lloyd Wright geprägt ist. Wright und Sullivan vertreten einen Baustil, der Individualismus und Idealismus mit den materiellen Forderungen zu verbinden sucht. Wright entwickelt Sullivans Konzept der »organischen« Architektur, die eine Verknüpfung von Natur und Architektur erreichen will, weiter. Die Identität von Form und Funktion ist wesentliches Kennzeichen seiner Bauwerke. Jeder Teil eines Gebäudes soll eine eigene Identität besitzen und zugleich unmittelbar mit dem Ganzen verbunden sein. Sein Begriff vom »fließenden Raum« veranschaulicht dieses Konzept. Seine Räume sind durch zwischengeschaltete Raumelemente zugleich voneinander getrennt und miteinander verbunden.

In diesem Jahr beginnt Wright mit dem Bau des Kaufmann House – auch »Fallingwater« genannt –, das ein Meisterwerk des Architekten darstellt und seine organische Architektur mit kubistischen und rationalistischen Elementen verbindet: Das Gebäude wird direkt über einen kleinen Wasserfall gebaut, der als »lebender Bestandteil« in das Haus integriert wird. Wright vollendet »Fallingwater« nach zwei Jahren Bauzeit 1937.

## Mit Siedlungsbau gegen Wohnungsnot

Im Gegensatz zur aufwendigen Partei- und Staatsarchitektur verliert der private Wohnungsbau im »Dritten Reich« an Bedeutung. Die öffentlichen Mittel, die für den Bau von Privathäusern und Wohnsiedlungen zur Verfügung gestellt werden, liegen weit unter dem Niveau der Weimarer Zeit.
Einfachste Bauweise, wenig Komfort in der Ausstattung und stereotype Gleichförmigkeit kennzeichnen entstehende Siedlungen.
Um der Wohnungsnot in den Städten entgegenzuwirken, werden neue Kleinsiedlungen vornehmlich in den Vorstädten gebaut. »Qualifizierte Siedler«, d. h. politisch und eugenisch zuverlässige »Volksgenossen« können hier ein neues Zuhause finden – in Wohnungen von 36 m² bis 120 m² Wohnfläche (Siedlung Braunschweig-Lehndorf).
Der Bau von Werkssiedlungen wird von staatlicher Seite besonders propagiert. Durch das Zusammenwohnen mit anderen Werksangehörigen soll der Arbeiter stärker an die Betriebsgemeinschaft angebunden und seine Identifizierung mit der Arbeit gefördert werden.

*Völlig identische Bauweise bestimmt das Aussehen der Häuser in der Gemeinschaftssiedlung Braunschweig-Lehndorf.*

*Eine Straße mit schlichten Neubauten in der Werkssiedlung der Deutschen Reichsbahn in Frankfurt a. d. Oder*

*Größere Eigenheime in der Siedlung Braunschweig-Lehndorf mit 120 m² Wohnfläche für kinderreiche Familien*

*△ Das Haus des Architekten Lois Welzenbacher am Zeller See fügt sich harmonisch in die Umgebung ein. Natürliche Baumaterialien wie Bruchstein und Holz bestimmen den Charakter des Gebäudes. Derartige Bauprojekte sind im Reich die Ausnahme und einer kleinen Elite vorbehalten.*

*▷ Tabakmanufaktur im oberösterreichischen Linz nach einem Entwurf des deutschen Architekten Peter Behrens. Behrens war einer der Wegbereiter der modernen Architektur und Lehrer so bedeutender Architekten wie Le Corbusier, Walter Gropius und Ludwig Mies van der Rohe.*

*△ Der italienische Architekt Guiseppe Capponi entwarf das Botanische Institut der Universität Rom, das nach dreijähriger Bauzeit 1935 fertiggestellt wird. Das Gebäude, dessen Mitteltürme mit großzügigen Glasflächen um stützenfreie Ecken konstruiert sind, trägt typische Zeichen der modernen Architektur.*
*Der Gesamtbau der neuen Universität hingegen ist im klassizistischen Monumentalstil streng symmetrisch gehalten. Mit der Planung wurde der Architekt Marcello Piacentini von Ministerpräsident und Duce Benito Mussolini persönlich beauftragt.*

*Der Ufa-Palast vor der Uraufführung: Eine große Menschenmenge erwartet die Ankunft Hitlers und der Ehrengäste.*

# »Triumph des Willens« heroisiert Hitler

**28. März.** Im Berliner Ufa-Palast wird der von Leni Riefenstahl gedrehte Dokumentarfilm über den Reichsparteitag 1934, »Triumph des Willens«, uraufgeführt.
Der mit sechsunddreißig Kameraleuten und großem technischen Aufwand gedrehte Film ist eines der eindrucksvollsten Dokumente des nationalsozialistischen Führerkultes. Das von Hitler selbst in Auftrag gegebene Propagandawerk verherrlicht den Führer und Reichskanzler als höheres Wesen und Retter der Menschheit. Der Film erhält den nationalen Filmpreis 1934/35 und ist auch international erfolgreich.

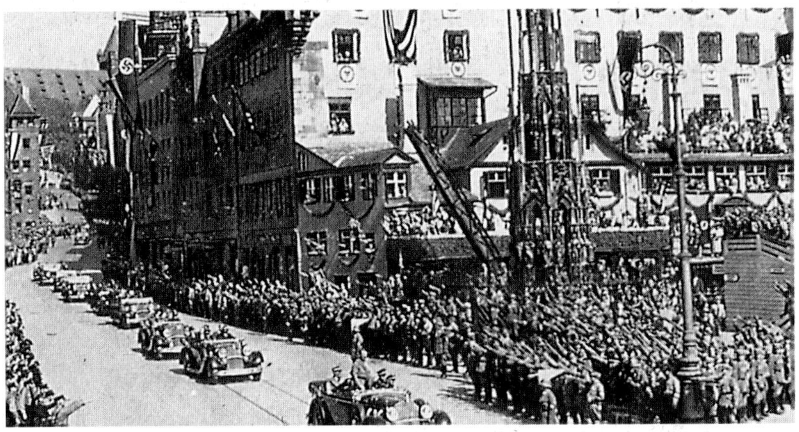

*Eine Szene aus Riefenstahls Propagandafilm: Im offenen Wagen fährt Hitler unter dem Jubel der Bevölkerung zum Parteitagsgelände in Nürnberg.*

*Adolf Hitler überreicht der 32jährigen Regisseurin Leni Riefenstahl einen Blumenstrauß und das rote Hakenkreuzband der NSDAP. Die erfolgreiche Schauspielerin, Tänzerin und Filmregisseurin war bereits mit der Verfilmung des ersten Nürnberger Reichsparteitages nach der Machtergreifung von Hitler im Jahr 1933 betraut worden.*

## Zeitungsverlage werden »arisiert«

**8. März.** Die Reichspressekammer in Berlin fordert zahlreiche nichtarische Verleger von Tageszeitungen und Fachzeitschriften auf, ihre Unternehmen in »absehbarer Zeit« an Arier zu verkaufen.
In der Begründung heißt es, Pflicht der Presse sei die Propagierung nationalsozialistischer Theorien und Ideale. Nichtarier könnten diese Theorien aber nicht verstehen. Zugleich werden die Verleger vor Scheinverkäufen gewarnt.
Nach einer ersten Phase der Anpassung und Liquidierung im Bereich der Presse 1934 verschärft die Reichspressekammer unter Leitung von Max Amann in diesem Jahr ihr Vorgehen gegen unliebsame Presseverlage und Verleger. Ziel der nationalsozialistischen Pressepolitik ist es, sämtliche publizistischen Produkte und Produzenten politisch und möglichst auch ökonomisch in Abhängigkeit vom Staat zu bringen und so die öffentliche Meinungsbildung zu kontrollieren. Durch Enteignungen und Zwangsverkäufe werden neben den von jüdischen Verlegern geleiteten Unternehmen auch die Zeitungen der SPD und KPD in den Besitz der Partei überführt, noch konkurrierende Privatverlage etwa der katholischen Presse werden systematisch liquidiert (→ 24. 4./S. 73).
Detaillierte Presseanweisungen des Propagandaministeriums schreiben den Inhalt der Blätter vor. Die Uniformität der Presse in Aussage und Aufmachung führt schon bald zum Rückgang des Leserinteresses und zu erheblichen Auflageeinbußen.

## Berufsverbot für jüdische Künstler

**31. März.** Die Reichsmusikkammer lehnt die Verlängerung der heute ablaufenden Ausweise ihrer nichtarischen Mitglieder ab.
Durch den Entzug der Mitgliedschaft in der Reichsmusikkammer wird jüdischen Musikern die Berufsausübung im Deutschen Reich unmöglich gemacht. Ebenso werden die letzten etwa 1000 jüdischen Schriftsteller aus der Reichsschrifttumskammer ausgeschlossen. Mit diesen Maßnahmen ist die sog. Arisierung des Kulturlebens in diesen Bereichen abgeschlossen.

Schmelings aggressive Taktik drängt Hamas (r.) in die Verteidigung.

Der US-Amerikaner (l.) versucht, Schmelings Haken auszuweichen.

Sechste Runde: Hamas (r.) kann sich kaum noch auf den Beinen halten.

# Schmeling auf dem Weg zum WM-Titel

**10. März.** Bei einem Ausscheidungskampf um die Box-Weltmeisterschaft in Hamburg schlägt der deutsche Schwergewichtsboxer Max Schmeling den US-Amerikaner Steve Hamas in der neunten Runde durch technischen K. o.

Vor 25 000 Zuschauern in der Hamburger Hanseatenhalle verläuft der Kampf in den ersten Runden fast ausgeglichen mit leichten Vorteilen für den Deutschen. In der dritten Runde gelingt es Schmeling, seinen Gegner in die Verteidigung zu drängen und eine Serie von Kopf- und Körpertreffern zu landen.

In der sechsten Runde spitzt sich das Kampfgeschehen zu: In rascher Folge plaziert Schmeling Haken und Schwinger am Kopf von Hamas, der daraufhin zu Boden geht. Der stark angeschlagene Hamas kann zwar weiterkämpfen, vernachlässigt aber die Deckung und steckt weitere Schläge ein. Er übersteht noch zwei Niederschläge, bevor der Ringrichter in der neunten Runde den Kampf abbricht, da der US-Boxer aus Nase und Mund stark blutet.

*Der Ringrichter bricht den Kampf zugunsten von Schmeling (l.) ab, dessen ausgezeichnete Kondition den Ausschlag gegeben hat. Schmeling nimmt mit diesem Sieg erfolgreich Revanche für seine im Vorjahr erlittene Niederlage gegen Steve Hamas.*

# Vorbereitung auf Olympia: Rekorde

**5. März.** Bei einem Rekordversuch in ihrer Heimatstadt Plauen stellt Hanni Hölzner mit 2:48,0 min einen Weltrekord über 200 y (182,8 m) Brust auf. Damit verbessert Hölzner den bisherigen Rekord der deutschen Schwimmerin Martha Genenger um 1,2 sec.

Hanni Hölzner, die bereits am 15. Januar bei einem Schwimmfest in Kopenhagen den Weltrekord über 100 m Brust auf 1:24,5 min verbesserte, stellt mit dem neuen Rekord erneut ihre gute Form während der Vorbereitungszeit auf die Olympischen Spiele in Berlin 1936 unter Beweis.

Am selben Tag verbessert die Staffel der Universität Yale in New Haven (US-Bundesstaat Connecticut) den Weltrekord über 4 × 200 y Freistil in einer Zeit von 8:32,4 min. Der Rekord über diese Strecke wird erst seit drei Jahren offiziell gemessen und wurde bisher ausschließlich von Yale gehalten.

Ebenfalls in New Haven stellt der US-Amerikaner Peter Fick am 5. März einen neuen Weltrekord über 100 m Freistil auf. Fick unterbietet seinen eigenen Rekord von 58,8 sec um zwei Sekunden.

Am 16. März fallen zwei weitere Weltrekorde. In Düsseldorf verbessert der Deutsche Erwin Sietas die Bestmarke des Franzosen Jacques Cartonnet über 200 m Brust um zwei Zehntelsekunden auf 2:42,2 min. In Los Angeles (US-Bundesstaat Kalifornien) steigert der US-Amerikaner Jim Gilhula seine eigene Bestmarke über 440 y Freistil (402,16 m), die er im September 1933 aufgestellt hatte, auf 4:48,3 min.

# *Malcolm Campbell fährt mit 445 km/h den Strand entlang*

**7. März.** Bei einer Tempofahrt am Strand von Daytona Beach (US-Bundesstaat Florida) stellt der britische Rennfahrer Malcolm Campbell vier neue Geschwindigkeitsrekorde auf.

Campbell verbessert den Geschwindigkeitsrekord über eine Meile, die er in 13,2 sec mit einem Tempo von 445,486 km/h zurücklegt, um mehr als sieben km/h. Darüber hinaus übertrifft der erfolgreiche Rennfahrer die Rekorde über 1 km, 5 km und fünf Meilen.

*Campells Rennwagen »Blue Bird« ist für die Zuschauer eine große Attraktion. Während seiner Fahrt orientiert sich der Brite an einer schwarzen Linie, die entlang des Strandes in Daytona gezogen wurde.*

# April 1935

| Mo | Di | Mi | Do | Fr | Sa | So |
|---|---|---|---|---|---|---|
| 1 | 2 | 3 | 4 | 5 | 6 | 7 |
| 8 | 9 | 10 | 11 | 12 | 13 | 14 |
| 15 | 16 | 17 | 18 | 19 | 20 | 21 |
| 22 | 23 | 24 | 25 | 26 | 27 | 28 |
| 29 | 30 | | | | | |

**1. April, Montag**

Durch das »3. Gesetz zur Überleitung der Rechtspflege auf das Reich« werden die Justizbehörden der Länder in Reichsbehörden umgewandelt. Die nationalsozialistische Regierung setzt damit die Gleichschaltung der deutschen Justiz fort.

Reichsluftfahrtminister Hermann Göring übernimmt den Oberbefehl über die deutsche Flakartillerie.

Die »Pommersche Zeitung« kündigt in ihrer ersten Monatsausgabe an, daß in Zukunft jüdische Geschäftsleute nicht mehr in pommerschen Zeitungen inserieren dürfen. → S. 74

Die Regierung der Schweiz protestiert bei der deutschen Reichsregierung gegen die Entführung des Journalisten Berthold Jacob aus der Schweiz auf deutsches Gebiet durch die Gestapo. → S. 73

In Rom verurteilt Papst Pius XI. die allgemeine Kriegsrüstung scharf und bezeichnet einen neuen Krieg als »Verbrechen«.

Ein achttägiger Kongreß der »Women's International Zionist Organization« (Zionistische Frauenorganisation) geht in Tel Aviv zu Ende. Es war die erste internationale jüdische Konferenz, die in Palästina stattfand.

**2. April, Dienstag**

Der Leiter der Berliner Bekennenden Kirche, Pastor Walter, wird verhaftet und in ein Konzentrationslager gebracht. Ihm wird vorgeworfen, Predigten zugunsten verhafteter Geistlicher nicht verhindert zu haben.

Der Oberste Gerichtshof in Washington gesteht der demokratischen Partei des US-Bundesstaates Texas in einem Urteil das Recht zu, Schwarze von parteiinternen Vorwahlen zu den Präsidentschaftswahlen auszuschließen. Politische Parteien, so das Gericht, seien freiwillige Organisationen, die selbst über die Zusammensetzung ihrer Mitgliedschaft entscheiden könnten. Die Gerichtsentscheidung bedeutet einen Sieg für die Rassendiskriminierung im Süden der USA.

Während der Hinrichtung des wegen Mordes zum Tode verurteilten Briten Leonard Brigstock in London findet vor dem Gefängnis eine Protestkundgebung gegen die Todesstrafe statt. Drei über der Menge kreisende Flugzeuge tragen Transparente mit der Aufschrift »Schluß mit der Todesstrafe«.

**3. April, Mittwoch**

Der britische Lordsiegelbewahrer (Minister ohne Geschäftsbereich) Robert Anthony Eden beendet einen Staatsbesuch in Polen, bei dem er dem polnischen Marschall Józef Klemens Pilsudski den englischen Plan eines europäischen Friedenspaktes erläuterte (→ 24. 3./S. 57).

Weil ein weiterer Krieg »das Land an den Abgrund der Revolution« führen werde, legt eine US-Senatskommission dem Washingtoner Kongreß einen Gesetzentwurf vor, der die Waffenproduktion einschränken soll. Für Gewinne aus Kriegsproduktionen, die 6% des eingebrachten Kapitals übersteigen, ist eine hundertprozentige Steuer vorgesehen. Demnach würde der Staat den gesamten Gewinn konfiszieren.

**4. April, Donnerstag**

Der Kaiser von Mandschukuo, P'u I, tritt mit seinem 1000 Personen umfassenden Gefolge einen zwölftägigen Staatsbesuch in Japan an. → S. 71

Die Aufführung von Friedrich Schillers Drama »Don Carlos« wird in Bremen verboten, nachdem bei einer vorangegangenen Aufführung an der bekannten Stelle »Sire, geben Sie Gedankenfreiheit« demonstrativer Beifall eingesetzt hatte. → S. 78

Während eines Prozesses gegen einen Arbeitslosen in Gallup (US-Bundesstaat New Mexico), der wegen Mietrückstandes seine Wohnung verlassen mußte, dringen etwa 100 Arbeitslose in den Gerichtssaal und eröffnen das Feuer. Dabei wird der Richter erschossen, zwei Beisitzer werden schwer verletzt.

**5. April, Freitag**

Dem Berliner Historiker Hermann Oncken wird nach einem Disziplinarverfahren die Ausübung der akademischen Lehrtätigkeit verboten. Wegen seiner Forderung nach wissenschaftlicher Distanz auch zu Zeitereignissen führt die nationalsozialistische Presse, unter anderem der »Völkische Beobachter«, seit längerem eine Kampagne gegen Oncken.

Eine dreiwöchige Zwangshaft droht nach einer Polizeiverordnung in der Rheinprovinz demjenigen, der »die Grundsätze der nationalsozialistischen Bewegung« herabsetzt. Die Verordnung richtet sich gegen Geistliche, die Alfred Rosenbergs »Mythus des 20. Jahrhunderts« kritisiert hatten, neben Hitlers »Mein Kampf« das ideologische Standardwerk der »Bewegung«.

**6. April, Samstag**

Die 30 000 Arbeiter und Angestellten der Siemens-Werke in Berlin verpflichten sich gegenüber der nationalsozialistischen »Betriebszellenleitung«, daß weder sie noch ihre Familienangehörigen in jüdischen Geschäften einkaufen.

Eine Reihe polnischer Organisationen, so etwa der allgemeine Lehrerverband, protestieren in einer Erklärung gegen die Entrechtung der polnischen Minderheit im Deutschen Reich, die im Gegensatz zu Hitlers Beteuerungen stehe.

Beim Absturz eines holländischen Passagierflugzeugs in der Nähe von Kassel kommen alle sieben Insassen ums Leben. Die Maschine befand sich auf dem Weg von Prag nach Amsterdam.

**7. April, Sonntag**

Bei den Wahlen zum Danziger Volkstag bleibt die NSDAP mit 59,2% der Stimmen stärkste Partei, erreicht aber nicht die erhoffte Zweidrittelmehrheit in der unter Völkerbundmandat stehenden Stadt. → S. 72

Im Deutschen Reich beginnt eine »Lärmbekämpfungswoche«. → S. 74

In MacComb (US-Bundesstaat Mississippi) fordert ein Tornado 34 Tote und 50 Verletzte. In den benachbarten Bundesstaaten Texas, Louisiana, Alabama und Florida richtet der Wirbelsturm erhebliche Sachschäden an.

In Berlin findet der Hindenburg-Gepäckmarsch über 35 km statt, der zur Wehrhaftmachung der Bevölkerung dienen soll. → S. 79

Bei einem Autorennen im französischen Chateau-Thierry rast ein Rennwagen in die Zuschauermenge und tötet sieben Menschen. Vier Verletzten müssen an Ort und Stelle Gliedmaßen amputiert werden.

**8. April, Montag**

Der US-amerikanische Kongreß verabschiedet in Washington den »Emergency Relief Appropriation Act«, ein wirtschaftliches Nothilfegesetz, nach dem die Bundesregierung knapp fünf Mrd. Dollar (12,4 Mrd. RM) in verschiedene Arbeitsbeschaffungsprogramme investieren wird. → S. 71

Die Regierung der UdSSR erläßt in Moskau ein Gesetz, durch das das Mindestalter für die Todesstrafe auf zwölf Jahre gesenkt wird.

Die Niederländerin Hendrika Mastenbroek verbessert den Weltrekord im 400-m-Rückenschwimmen in Basel von 6:12,4 min auf 6:05 min.

**9. April, Dienstag**

Aus Anlaß des 70. Geburtstages des Generals a. D. Erich Ludendorff ordnet Führer und Reichskanzler Adolf Hitler die Beflaggung aller Staatsgebäude an. → S. 73

Das Deutsche Reich und die Sowjetunion schließen ein Handels- und Kreditabkommen, nach dem ein deutsches Bankenkonsortium unter Führung der Dresdner Bank der UdSSR 200 Mio. RM für den Kauf deutscher Waren leihen wird.

**10. April, Mittwoch**

Im Gefängnis Berlin-Plötzensee werden Sally Epstein und Hans Ziegler hingerichtet. Sie sind 1934 im Zusammenhang mit dem Mord an dem Nationalsozialisten Horst Wessel (14. 1. 1930) zum Tode verurteilt worden. → S. 72

Mit prunkvollem Zeremoniell heiratet der Reichsluftfahrtminister Hermann Göring die Schauspielerin Emmy Sonnemann in Berlin. Führer und Reichskanzler Adolf Hitler fungiert als Trauzeuge. → S. 78

Über die Provinz Hupeh in Nordchina wird der Kriegszustand verhängt, nachdem sich zahlreiche Bauern bewaffnet hatten, um das staatliche Salzmonopol, das ihnen die Gewinnung und den Verkauf von Salz verbietet, zu bekämpfen.

Der Immigrationsausschuß des US-amerikanischen Repräsentantenhauses verurteilt die Aktivitäten von »Schleppern«, die verarmten Arbeitsuchenden aus der Karibik und Lateinamerika zum illegalen Grenzübertritt in die USA verhelfen.

**11. April, Donnerstag**

Zwischen den Regierungschefs von Großbritannien, Frankreich und Italien beginnt die dreitägige Konferenz von Stresa am Lago Maggiore, auf der die Wiederaufrüstung des Deutschen Reiches verurteilt wird. → S. 70

23 Kinder kommen ums Leben, als in Rockville im US-Bundesstaat Maryland ein Schulbus von einem Zug erfaßt und in zwei Teile zerrissen wird.

**12. April, Freitag**

Die Reichsschrifttumskammer schließt alle nichtarischen Mitglieder aus ihrer Organisation aus. Diese Maßnahme kommt einem Berufsverbot gleich, da ohne die Mitgliedschaft in dem Gremium im Deutschen Reich kein schriftstellerischer oder journalistischer Beruf ausgeübt werden darf.

Wegen Kritik an Alfred Rosenbergs »Der Mythus des 20. Jahrhunderts« wird der katholische Studentenpfarrer von Rostock, Wilhelm Leffers, in Schwerin zu 18 Monaten Gefängnis verurteilt. Eine Studentin zeigte ihn an.

In allen deutschen Betrieben mit mehr als 20 Beschäftigten finden zum letzten Mal im »Dritten Reich« die Wahlen der Vertrauensräte statt. → S. 73

Die deutsche Universität in Prag wendet sich in einem Memorandum scharf gegen tschechische Vorwürfe einer »hakenkreuzlerischen Gesinnung«. Die Universität sei »rein wissenschaftlich« tätig, Unterschiede zwischen Ariern und Nichtariern im Lehrpersonal würden nicht gemacht.

Der US-Amerikaner Jack Medica verbessert in Chicago den Weltrekord im 200-m-Freistilschwimmen auf 2:07,2 min. Den alten Weltrekord von 2:08,8 min hatte Johnny Weissmuller acht Jahre lang gehalten.

**13. April, Samstag**

Nach einem Erlaß des Reichsjustizministeriums können Gefangene nach Abbüßung ihrer Strafe auf unbestimmte Zeit in ein Konzentrationslager überführt werden. → S. 72

Zwischen London und Brisbane (Australien) wird eine regelmäßige Flugverbindung über 20 000 km Länge eröffnet.

Am Deutschen Theater in Berlin wird das Drama »Michael Kohlhaas« von Walter Gilbricht nach der Novelle von Heinrich von Kleist uraufgeführt.

*Zum großen Vorbild für die Jugend stilisiert dieses Werbeplakat für die Hitlerjugend den Führer und Reichskanzler Adolf Hitler.*

### 14. April, Sonntag

Der Führer der britischen »Union of Fascists« (Faschistische Union), Oswald Ernald Mosley, greift in einer Rede vor 5000 Personen in Leicester die Juden Großbritanniens an. → S. 71

### 15. April, Montag

Der Bergarbeiterführer Fritz Husemann wird einen Tag nach Einlieferung in das Konzentrationslager Esterwegen »auf der Flucht erschossen«. → S. 73

Als Reaktion auf die Angriffe deutscher Nationalsozialisten gegen polnische Oppositionelle bei den letzten Wahlen kommt es in mehreren Städten Polens zu Ausschreitungen gegen deutsche Staatsbürger. Dabei werden mehrere Personen verletzt.

Der britische Schatzkanzler Arthur Neville Chamberlain kündigt in London sein Haushaltsprogramm für 1935/36 an. Darin wird u. a. eine Senkung der Einkommenssteuer für kleinere Einkommen, eine Erhöhung der Steuerfreibeträge und die Abschaffung der Vergnügungssteuer für billige Kinoplätze festgelegt.

Bei einem Sturm an der Westküste Australiens ertrinken 184 Perlenfischer.

### 16. April, Dienstag

Nach der Wiedereinführung der allgemeinen Wehrpflicht gibt der Stabschef der SA, Viktor Lutze, in Magdeburg eine Erklärung über die zukünftigen Aufgaben der SA ab. Danach soll die SA eine kleine Organisation ausgesuchter »politischer Soldaten« sein, die die Tradition der Revolution fortsetzt, ein Beispiel an Disziplin gibt und eine Trainingsstätte für nationalsozialistische Prinzipien und Ideen darstellt.

In San Francisco startet eine Sikorsky S-24, ein Flugboot der Pan American Gesellschaft, zum Flug nach China. Dabei legt sie die 2400-Meilen-Distanz auf einer neuen Route über den Pazifik in weniger als 18 h zurück.

### 17. April, Mittwoch

Der Völkerbund in Genf nimmt einen gemeinsamen Entschließungsantrag Großbritanniens, Frankreichs und Italiens an, der den Bruch des Versailler Vertrages von seiten des Deutschen Reichs durch die Wiedereinführung der allgemeinen Wehrpflicht verurteilt.

Der deutsche Operettenfilm »Zigeunerbaron« mit Musik von Johann Strauß wird in Berlin uraufgeführt. Regie führte Karl Hartl.

### 18. April, Donnerstag

In einem Runderlaß modifiziert Reichsinnenminister Wilhelm Frick den totalitären Anspruch der nationalsozialistischen Rassengesetzgebung. In dem Erlaß heißt es, »jeder Artfremde, soweit nicht jüdischen Blutes, kann von der Rassengesetzgebung ausgenommen werden, wenn außenpolitische Rücksichten dies erfordern.«

In der türkischen Stadt Yildiz wird der Kongreß des Weltbundes für das Frauenwahlrecht und die politische und bürgerliche Gleichberechtigung eröffnet. 300 Delegierte aus 30 Ländern nehmen an dem Kongreß teil.

### 19. April, Karfreitag

Die Zeitung »Katholisches Kirchenblatt«, offizielles Blatt der katholischen Diözese Berlins, wird nach einem kritischen Bericht über den Prozeß gegen den am 12. April verurteilten Pfarrer Wilhelm Leffers von der Polizei konfisziert.

### 20. April, Samstag

Als Geschenk der SA zu Hitlers 46. Geburtstag übergibt SA-Stabschef Viktor Lutze dem »Führer« das Jagdgeschwader »Horst Wessel« für die »Wiederherstellung der Wehrhoheit«. Auf der Reichskanzlei wird erstmals die neue »Standarte des Führers und Reichskanzlers« aufgezogen. In einer Radioansprache lobt Propagandaminister Joseph Goebbels Hitler als einen Mann des Volkes und rühmt dessen fanatische Besessenheit, der er Glück und Privatleben geopfert habe. Die Rasselsteiner Eisenwerksgesellschaft stellt als »Geschenk für den Führer« 130 »alte Kämpfer der Bewegung« ein.

In einer Festvorstellung des Staatlichen Schauspielhauses Berlin nimmt die Schauspielerin Emmy Sonnemann-Göring als »Minna von Barnhelm« offiziell Abschied von der Bühne.

### 21. April, Ostersonntag

Die 1933 emigrierten KPD-Politiker Walter Ulbricht und Franz Dahlem bilden in Prag eine operative Leitung für die illegale Arbeit der Kommunisten in Deutschland. → S. 73

Ein schweres Erdbeben zerstört die zwei Provinzen Taichu und Shinchiku auf Formosa. Etwa 3000 Menschen sterben, mehr als 8000 werden verletzt, 15000 Häuser zerstört.

### 22. April, Ostermontag

In Frankfurt am Main beginnt der 3. Kynologische Weltkongreß mit etwa 300 Delegationen internationaler Hundezüchtervereine aus 32 Ländern. Auf dem Kongreß werden Fragen der Hundezucht, der Dressur und der Erkrankung von Hunden behandelt.

Bei den Ringer-Europameisterschaften in Kopenhagen gewinnen die Deutschen Sebastian Hering und Kurt Hornfischer die Titel im griechisch-römischen Stil im Feder- und im Schwergewicht.

### 23. April, Dienstag

Der Reichsstatthalter von Sachsen, Martin Mutschmann, läßt 10 Pastoren der oppositionellen Glaubensbewegung in der Deutschen Evangelischen Kirche verhaften und in das Konzentrationslager Sachsenhausen deportieren. Etwa 200 Pastoren der Bewegung protestieren gegen die Maßnahme und fordern die sofortige Freilassung ihrer Glaubensbrüder.

In Polen tritt eine neue Verfassung in Kraft, die dem Präsidenten diktatorische Vollmacht verleiht. Der Präsident wird als der »vor Gott und der Geschichte« verantwortliche Lenker des Staats mit der Befugnis ausgestattet, die Regierung zu ernennen und zu entlassen. Die Rechte des Senats werden erweitert, dem Sejm, Polens Reichstag und oberstes Gesetzgebungsorgan, nur beratende Funktion belassen. → S. 71

In Moskau wird der erste 12 km lange Abschnitt der Untergrundbahn eröffnet. 150000 Bürger nutzen täglich die Gelegenheit freier U-Bahn-Fahrten, bis der offizielle Betrieb im nächsten Monat aufgenommen wird (→ 15. 5./S. 95).

### 24. April, Mittwoch

Der Präsident der Reichspressekammer Max Amann erläßt drei Anordnungen zur weiteren Ausschaltung der bürgerlichen Zeitungsverlage. → S. 73

In Erwartung einer baldigen kriegerischen Auseinandersetzung in Europa beginnen US-amerikanische Filmproduktionsgesellschaften mit Vorbereitungen für eine Berichterstattung. Mehrere Hundert Spezialkameras werden nach Europa verschifft, Dutzende Reporter in die kleineren europäischen Länder geschickt, die bisher noch keine Vertreter haben.

Im niederländischen Exil veröffentlicht der deutsche Philosoph Helmuth Plessner sein Werk »Das Schicksal des Deutschen Geistes«.

### 25. April, Donnerstag

In Berlin wird der Internationale Filmkongreß 1935 eröffnet. An dem von der Reichsfilmkammer organisierten Kongreß, der bis zum 30. April dauert, nehmen 1000 Delegationen aus 40 Ländern und etwa 1500 Repräsentanten der deutschen Filmbranche teil. → S. 78

1000 nationalsozialistische Handwerksgesellen gehen in Berlin auf die traditionelle Wanderschaft der Handwerker. Der Reichsorganisationsleiter der NSDAP und Leiter der »Deutschen Arbeitsfront« (DAF), Robert Ley, erklärt bei der Verabschiedung das Ziel dieser Aktion: »Nicht zuletzt wollen wir die letzten Überreste katholischer Gesellenvereine schlagen.«

In Venedig eröffnet König Viktor Emanuel III. von Italien die große Tizian-Ausstellung, die das Gesamtwerk des Renaissancemalers zeigt. Es werden etwa hundert Gemälde und Zeichnungen ausgestellt, die mit 152 Mio. Lire (32,2 Mio. RM) versichert sind. Die Ausstellung dauert bis Anfang November.

### 26. April, Freitag

Im Berliner Ufa-Palast wird der deutsche Film »Das Mädchen Johanna«, ein historischer Film um die Gestalt Johanna von Orleans uraufgeführt. Die Regie in dem als »staatspolitisch und künstlerisch besonders wertvoll« ausgezeichneten Spielfilm führt Gustav Ucicky. In den Hauptrollen sind Gustaf Gründgens, Heinrich George, René Deltgen und Erich Ponto zu sehen.

Die erste Welt-Hunde-Ausstellung wird in Berlin eröffnet. Es werden 124 verschiedene Hunderassen aus 15 Ländern gezeigt. Die Ausstellung gilt als die größte ihrer Art in der Welt.

### 27. April, Samstag

Der belgische König Leopold III. eröffnet die Brüsseler Weltausstellung, an der 36 Nationen teilnehmen. Die Ausstellung umfaßt alle wichtigen Zweige der Technik, Wissenschaft und Kunst. Das Deutsche Reich und die Vereinigten Staaten sind nicht vertreten. → S. 75

### 28. April, Sonntag

Die jüdischen Kulturorganisationen schließen sich auf einer Konferenz in Berlin zum Reichsverband jüdischer Kulturbünde zusammen.

Der Polizist Willi Schröder wirft in Magdeburg mit 53,10 m einen Weltrekord im Diskuswerfen. → S. 79

In einem Fußballänderspiel in Brüssel schlägt die deutsche Mannschaft Belgien 6:1.

### 29. April, Montag

Für den »kranken Frieden« beten die Gläubigen auf dem Weltkongreß der Wallfahrer in Lourdes. Hunderttausende Pilger aus aller Welt kommen hier zusammen, um vor dem drohenden Krieg in Europa zu warnen. Der Legat des Papstes, Kardinalstaatssekretär Eugenio Pacelli, verurteilt in seiner Ansprache den nationalsozialistischen »Aberglauben von Rasse und Blut«.

### 30. April, Dienstag

In Berlin-Tempelhof findet die »erste aktuelle Fernsehübertragung der Welt« statt. Bei der Demonstration von Journalisten sind mit Hilfe eines Zwischenfilmverfahrens und eines Übertragungswagens Fernsehbilder 70 Sekunden nach ihrer Aufnahme auf einem Bildschirm zu sehen.

Der Präsident der Reichsschrifttumskammer Friedrich Blunck verfügt, daß bei der Reichsschrifttumskammer eine Liste über jene Bücher geführt wird, die das »nationalsozialistische Kulturwollen« gefährden. Ihre Verbreitung durch Buchhandlungen ist untersagt. Ebenso soll die Auflistung »jugendgefährdender Schriften« erfolgen.

Im Münchner Hoheneichen Verlag erscheint das Werk des NS-Chefideologen Alfred Rosenberg »An die Dunkelmänner unserer Zeit«. Durch Vorausbestellungen sind die ersten 20000 Exemplare bereits vergriffen.

**Das Wetter im Monat April**

| Station | Mittlere Lufttemperatur (°C) | Niederschlag (mm) | Sonnenscheindauer (Std.) |
|---|---|---|---|
| Aachen | 7,9 (8,8) | 158 (63) | — (178) |
| Berlin | 8,4 (8,3) | 105 (41) | — (193) |
| Bremen | 8,5 (8,2) | 64 (50) | — (185) |
| München | 7,1 (8,0) | 95 (59) | — (173) |
| Wien | 9,3 (9,6) | 80 (54) | 148 (173) |
| Zürich | 7,8 (8,0) | 137 (88) | 102 (173) |

( ) Langjähriger Mittelwert für diesen Monat
– Wert nicht ermittelt

*Titelblatt des im Zentralverlag der NSDAP, dem Münchener Eher Verlag, erscheinenden »Illustrierten Beobachter« vom 25. April 1935. Das Bild zeigt ein an der Ostpreußenfahrt 1935, einer Zuverlässigkeitsprüfung für Kraftfahrer, beteiligtes Fahrzeug, das im tiefen Sandboden steckengeblieben ist. Sieger der Fahrt mit paramilitärischem Anstrich wird eine SS-Mannschaft.*

Preis: 20 Pfennig
Litauen und Memelgebiet 20 Pfennig
Übriges Ausland: 30 Pfennig

IB Illustrierter Beobachter

10. JAHRGANG / FOLGE 17 / DONNERSTAG, 25. APRIL 1935

VERLAG FRANZ EHER NACHF. G.M.B.H. MÜNCHEN 2 NO

So sah die Ostpreußenfahrt 1935 aus!
Ein Auto wird aus dem Waldsandweg auf dem Exerzierplatz Lissuhnen herausgeschoben.
(Weitere Bilder im Innern des Heftes.)

Presse-Bild-Zentrale.

*Benito Mussolini (2. v. r.) bei seiner Ankunft in Stresa mit seiner Delegation*

*Delegationsmitglieder bei einem Spaziergang während der Konferenz*

# »Stresafront« gegen deutsche Aufrüstung

**11. April.** Im italienischen Stresa am Lago Maggiore beginnt die viertägige Konferenz der Regierungschefs von Frankreich (Pierre Étienne Flandin), Großbritannien (James Ramsay MacDonald) und Italien (Benito Mussolini), die mit der gemeinsamen Entschließung der »Stresafront« endet.

Die Konferenz ist eine Reaktion auf die Wiedereinführung der Wehrpflicht im Deutschen Reich (→ 16. 3./S. 50) und dem damit verbundenen Bruch des Versailler Vertrags. In ihrem Abkommen verpflichten sich die drei Mächte, »sich mit allen geeigneten Mitteln jeder einseitigen Aufkündigung von Verträgen zu widersetzen, durch die der Friede in Europa gefährdet werden könnte«. Die Regierungschefs stellen »mit Bedauern« fest, »daß die Methode der einseitigen Aufkündigung, die von der deutschen Regierung in einem Augenblick angewandt wurde, als gerade Schritte ergriffen waren, um eine frei zu vereinbarende Regelung der Rüstungsfrage zu erreichen, das öffentliche Vertrauen in die Festigkeit einer friedlichen Ordnung erschüttert hat«.

Mussolini, Flandin und MacDonald einigen sich darauf, ihre Bemühungen um einen Ostpakt mit deutscher Beteiligung fortzusetzen und einen Luftpakt anzustreben, in den neben den Stresamächten auch das Deutsche Reich und Belgien integriert werden sollen. Die drei Staatschefs bekräftigen ihre Entschlossenheit, sich für die Unabhängigkeit und territoriale Integrität Österreichs einzusetzen. Die im Vertrag von Locarno festgesetzten Grenz- und Beistandsvereinbarungen werden von Italien und Frankreich erneut bestätigt.

Mit der Konferenz von Stresa werden die durch die englisch-französische Konferenz (→ 3. 2./S. 34) eingeleiteten Bemühungen, ein Erstarken des Deutschen Reichs und die damit verbundene Gefährdung des Friedens in Europa zu verhindern, fortgesetzt. Sie verdeutlicht jedoch auch die Ohnmacht und Unentschlossenheit des Auslandes gegenüber der Politik Adolf Hitlers. Es bleibt bei allgemein gehaltenen Deklamationen und Protesten, konkrete Maßnahmen werden nicht ergriffen. Die deutsche Aufrüstung ist durch diese verhaltenen Reaktionen im April 1935 faktisch sanktioniert.

Die Bildung der Stresafront verstärkt allerdings den Eindruck der völligen internationalen Isolierung des Deutschen Reichs. Ein Netz von Verträgen zum Schutz vor der drohenden deutschen Übermacht überzieht Europa: Verträge zwischen Frankreich, Italien und Großbritannien und ältere Bündnisse zwischen Frankreich und Polen sowie zwischen der Tschechoslowakei, Rumänien und Jugolsawien dokumentieren die allgemeine Kriegsangst in Europa. Der französisch- sowjetische Beistandspakt (→ 2. 5./S. 90) wird im Reich ungeachtet der britischen Appeasement-Haltung als ernstes Zeichen einer antideutschen Blockbildung interpretiert. Die wiederbelebte Theorie von der »Einkesselung« des Deutschen Reichs nutzt Hitler als Legitimation für verstärkte Rüstungsanstrengungen.

Das Scheitern der Stresafront wird schon bald deutlich: Der britische Alleingang beim Abschluß des deutsch-britischen Flottenabkommens (→ 18. 6./S. 102) markiert den Beginn des Zerfalls der Antirevisionsfront, der mit dem italienischen Überfall auf Abessinien (→ 3. 10./S. 168) fortgesetzt wird.

*Karikatur zur Konferenz von Stresa in der britischen Zeitung »Punch«: Während MacDonald, Flandin und Mussolini einen »Dreihändigen Stresa« spielen, legt Hitler seine eigenen Karten aus. Hitler: »Sie sollen ruhig ihren dreiseitigen Vertrag ausspielen, ich werde diese Karten [Wehrpflicht, Luftwaffe . . .] aufgehen lassen«.*

*Die Vertreter Frankreichs, Italiens und Großbritanniens in Stresa (v. l.): Pierre Laval, Benito Mussolini, James R. MacDonald und Pierre É. Flandin*

# Warschau: Pilsudski entmachtet Parlament

**23. April.** In Warschau unterzeichnet Staatspräsident Ignacy Móscicki eine neue Verfassung, durch die das polnische Parlament fast vollständig zugunsten von Regierung und Staatsoberhaupt entmachtet wird. Die Initiative zu diesem Schritt geht von Kriegsminister Jósef Klemens Pilsudski aus, der zwar formal nur Kabinettsmitglied ist, die polnische Politik aber de facto als Staatschef dominiert.
Die alte Verfassung aus dem Jahr 1921 hatte für die Legislative ein Zweikammersystem mit einem »Senat«, der Kammer der Regionalvertretungen, und dem »Sejm«, der eigentlichen Volksvertretung, geschaffen. Der Sejm wurde in gleicher und geheimer Wahl bestellt, die Exekutive, also die Regierung, wurde von der Legislative kontrolliert. Nach der nun unterzeichneten Verfassung üben die Kammern des Parlaments nur noch beratende Funktionen aus. Der Präsident kann ohne parlamentarische Zustimmung Gesetze erlassen. Er hat auch das Recht, das Parlament jederzeit aufzulösen und seine Mitglieder teilweise selbst zu ernennen.
Die Anhänger der Regierung hatten dem Verfassungsentwurf im Januar 1934 mit einem parlamentarischen Winkelzug zum Erfolg verholfen. Weil sie nicht über die nötige Zweidrittelmehrheit im Sejm verfügten, nutzten sie eine vorübergehende Abwesenheit der Oppositionsparteien, die den Saal unter Protest verlassen hatten, zur Annahme der Verfassungsänderung.
Das 1921 etablierte demokratische System Polens konnte von Anfang an nur unter großen Schwierigkeiten realisiert werden. Zahlreiche Kabinette scheiterten bis 1926 an den katastrophalen strukturellen Auswirkungen des Ersten Weltkrieges, durch den auf dem Gebiet Polens – der Staat wurde 1918 nach über hundertjähriger Aufteilung unter Preußen, Rußland und Österreich-Ungarn wiedergegründet – die Mehrzahl aller Industrieanlagen zerstört worden war. Darüber hinaus bedeutete ein 1926 von Pilsudski initiierter Staatsstreich auch politisch eine Zäsur. Pilsudski beschnitt in der Folge systematisch Rechte und Funktionen des seiner Meinung nach korrupten und unfähigen Parlaments. 1932 stimmte das Parlament seiner eigenen Entmachtung zu, als es Präsident Móscicki, einen Freund des aus dem Hintergrund agierenden Pilsudski, autorisierte, drei Jahre lang Gesetze ohne parlamentarische Mitwirkung zu erlassen.

*Eine riesige Menschenmenge wartet vor dem Parlament in Warschau auf den Ausgang der Debatte über die »April-Verfassung«. Durch ein starkes Militäraufgebot, dem entscheidenden Stützpfeiler des populistischen Diktators Pilsudski in der ausgehöhlten Demokratie, werden die Wartenden beruhigt.*

## Polens Diktator und Nationalheld

Jósef Klemens Pilsudski gilt als der »Vater« der 1918 gegründeten polnischen Republik. Als Führer der Polnischen Sozialistischen Arbeiterpartei (PPS) kämpfte er seit dem Ende des 19. Jahrhunderts für die Errichtung eines polnischen Nationalstaates.
Pilsudski war die treibende Kraft beim Aufbau der polnischen Armee, die im Ersten Weltkrieg an der Seite des Deutschen Reiches und Österreichs das Zarenregime bekämpfte, mit den Truppen dieser Staaten aber nur eine taktische Allianz einging. Ziel blieb in erster Linie die Unabhängigkeit Polens. Als dieses Ziel 1918 erreicht war, wurde Pilsudski als Nationalheld gefeiert und ernannte sich selbst zum Staatspräsidenten.
1922 zog sich Pilsudski vom politischen Leben zurück. Nach einem Militärputsch übernahm er 1926 in Personalunion die Posten des Premier- und Verteidigungsministers und errichtete ein autoritäres Regime. Auf die Kampagne einer Reihe ehemaliger Mitstreiter zur Beendigung seiner Herrschaft reagierte der Staatschef 1930 mit der Verhaftung zahlreicher Politiker.

# Antisemitismus in Großbritannien

**14. April.** Im Anschluß an eine antisemitische Rede des Führers der britischen Faschisten-Union (BUF), Oswald Ernald Mosley, in Leicester kommt es zwischen kommunistischen Demonstranten und der Polizei zu Schlägereien.
Vor 5000 Zuhörern erklärt Mosley: »Zum ersten Mal fordert jemand die Judenschaft dieses Landes offen heraus. Sie regieren die City von London und töten die Industrie durch Lohnsenkung«. Mosley war zwischen 1918 und 1931 zunächst als Konservativer, dann als Unabhängiger und schließlich für die Labour Party Unterhausabgeordneter. 1932 gründete er die BUF, die SA-ähnliche Uniformen trägt und besonders im weitgehend jüdischen Osten Londons antisemitische Demonstrationen durchführt.

## Chinesisch-japanisches Kaisertreffen

**4. April.** *Der Kaiser von Mandschukuo, P'u I, tritt zusammen mit einer 1000 Personen zählenden Gefolgschaft einen zwölftägigen Staatsbesuch in Japan an. Auf der wichtigsten Station seiner Rundreise durch Japan trifft P'u I (2. v. r.) in Tokio den japanischen Kaiser Hirohito (3. v. r.). Als Erbe der Mandschu-Dynastie war P'u I 1908–1912 letzter Kaiser von China, bevor Sun Yat-sen 1912 Präsident der Republik China wurde. 1932 errichtete Japan mit dem Staat Mandschukuo auf chinesischem Boden einen Satellitenstaat und setzte P'u I als Kaiser dieses Gebietes ein (→ 23. 1./S. 23).*

# US-Kongreß billigt Nothilfegesetz

**8. April.** Der US-amerikanische Kongreß verabschiedet in Washington ein Gesetz über die Bewilligung von Nothilfegeldern in Höhe von über fünf Mrd. US-Dollar (12,35 Mrd. RM). Das Geld soll vor allem der Arbeitsbeschaffung dienen.
Mit Hilfe des Gesetzes kann US-Präsident Franklin D. Roosevelt seine Politik des »New Deal« fortführen (→4. 1./S. 22). Im Unterschied zu den Maßnahmen der ersten »New Deal«-Phase werden jetzt die direkten Unterstützungszahlungen der Regierung an Arbeitslose aufgegeben. Mit dem nun bewilligten Geld finanziert eine am 6. Mai gegründete Arbeitsbeschaffungsbehörde (Works Progress Administration) neueingestellte Arbeitskräfte, die vor allem in staatlichen Bauprojekten eingesetzt werden.

# Absolute Mehrheit für NSDAP in Danzig

**7. April.** Bei den Wahlen zum Danziger Volkstag gewinnt die NSDAP 44 der insgesamt 72 Sitze und erreicht damit die absolute Mehrheit im Staatsparlament der Freien Stadt.
Von den 235 000 abgegebenen Stimmen erhält die NSDAP 59,2%. Die SPD bekommt 16,2% und das Zentrum 13,4%. Kommunisten und die Partei der Polen im überwiegend deutschsprachigen Danzig bekommen 3,4% bzw. 3,5%. Obwohl die NSDAP ihren Stimmenanteil gegenüber der letzten Wahl am 28. Mai 1933 um 9% steigern kann, verfehlt sie ihr selbstgestecktes Minimalziel einer Zweidrittelmehrheit klar.
Im Vorfeld der Wahlen hatte die NSDAP als stärkste Fraktion den Volkstag aufgelöst und einen von intensiver Propaganda und Schikanen gegen den politischen Gegner gekennzeichneten Wahlkampf begonnen.
Der Opposition wurde das Aufhängen von Wahlplakaten verboten, Parlamentsmitglieder wurden körperlich mißhandelt und öffentlich verleumdet. Nationalsozialistische Spitzenpolitiker kamen in die Stadt, um am Wahlkampf teilzunehmen. So stimmte noch am Vorabend der Wahl Propagandaminister Joseph Goebbels 30 000 Zuhörer in der Innenstadt auf den Urnengang ein.
Deutsche Zeitungen bemühen sich im Anschluß an die Wahl, die faktische Niederlage der NSDAP in einen Sieg umzudeuten.
Die Nationalsozialisten hatte darauf spekuliert, mit Hilfe eines hohen Wahlsieges die demokratische Verfassung Danzigs, die durch den Völkerbund garantiert und überwacht wird, zu ändern. Danach sollten die unbequemen Oppositionsparteien und ihre Presseorgane wie im Deutschen Reich verboten werden. Der Völkerbund, so das nationalsozialistische Kalkül, hätte sich bei einem massiven Votum von 80 oder 90% für die NSDAP der gewünschten Verfassungsänderung nicht widersetzen können.
Nachdem im Januar über 90% der Saarbevölkerung für die Angliederung des bis dahin ebenfalls unter Völkerbundmandat stehenden Saargebietes optiert hatten (→ 13. 1./S. 14), wollte die NSDAP die prodeutsche Stimmung für ihre Zwecke nutzen. Seit dem Versailler Vertrag, der die Ausgliederung Danzigs aus dem Deutschen Reich verfügte, war die Stadt an der Ostsee politisch umkämpft. Der Status einer »freien Stadt« wird seitdem von einem Völkerbundkommissar überwacht.
Danzig hat seit 1920 eine deutsche Regierung, es gehört aber zum Zollgebiet Polens. 1933 errang die NSDAP im Volkstag erstmals die Mehrheit und stellte mit Hermann Rauschning den Senatspräsidenten.

*Luftfahrtminister Hermann Göring wirbt in Danzig für die NSDAP.*

*Goebbels hält am Vorabend der Wahl in der Stadt eine Ansprache.*

*Albert Forster, Gauleiter der NSDAP in Danzig, stellt sich der Presse.*

# Späte Hinrichtung im Fall »Horst Wessel«

**10. April.** Im Berliner Gefängnis Plötzensee werden Sally Epstein und Hans Ziegler wegen »Mittäterschaft« beim Mord an dem SA-Mann Horst Wessel hingerichtet, nachdem Hitler ein Gnadengesuch der Verurteilten abgelehnt hat.
Bei der Ermordung Wessels, der von dem Zuhälter Albrecht »Ali« Höhler aus Eifersucht am 14. Januar 1930 erschossen worden war, hatten Epstein und Ziegler vor dem Haus des Ermordeten »Schmiere« gestanden. Höhler, Mitglied des kommunistischen Rotfrontkämpferbundes, wurde wegen Totschlags zu sechs Jahren Haft verurteilt.
Die NS-Propaganda, geschürt vom damaligen Berliner Gauleiter Joseph Goebbels, nutzte den Fall für parteipolitische Zwecke: Die Tat wurde als kommunistische Feme bezeichnet, Wessel zum »Blutzeugen der Bewegung« proklamiert und seine Beerdigung zu einer politischen Demonstration stilisiert.
In den folgenden Jahren überhöhte die Partei den SA-Sturmführer zum »Märtyrer der nationalsozialistischen Bewegung«. Dieser Kult gipfelte 1933 in der Übernahme eines von Wessel verfaßten Gedichtes als zweite Nationalhymne.
Der Prozeß gegen Epstein und Ziegler war bereits im Vorfeld von seiten der Nationalsozialisten zu einem politischen Prozeß hochstilisiert worden und gilt als eines der krassesten Beispiele für die Beugung des Rechts in der NS-Justiz.

***Der »Blutzeuge der Bewegung«***

*Horst Wessel, Sohn eines evangelischen Pfarrers und ehemaliger Jurastudent, trat 1926 als 18jähriger in die NSDAP ein. Seine Aktivitäten für die Partei ließen jedoch nach, als er sich in eine Prostituierte verliebte und mit ihr eine gemeinsame Wohnung nahm. Wegen Streitigkeiten um die Zahlung der Miete kam es zu heftigen Auseinandersetzungen mit der Vermieterin. Die Hauswirtin, Witwe eines KPD-Mitglieds, bat Albrecht »Ali« Höhler um Hilfe in Form einer »proletarischen Abreibung« für den Verfasser des »Horst-Wessel-Liedes«.*

# Nach der Haft ins Konzentrationslager

**13. April.** Reichsjustizminister Franz Gürtner erläßt eine Verordnung, wonach Gefangene nach Verbüßung ihrer Haftstrafe auf unbestimmte Zeit in ein Konzentrationslager überführt werden können.
Mit dieser Anordnung wird die Willkürpraxis der deutschen Gerichte weiter ausgebaut. Die Justiz im Dritten Reich wird schon kurze Zeit nach der Machtergreifung Adolf Hitlers den politischen Zielen des Regimes untergeordnet. Das Rechtsprechungsmonopol der Gerichte wird aufgehoben, staatliche Behörden und Parteistellen wie die Gestapo und die SS können Gerichtsurteile »korrigieren«, wenn es ihnen geboten erscheint. So werden z. B. freigesprochene Angeklagte von der Gestapo verhaftet, oder regimekritische Häftlinge mit Hilfe der nun erlassenen Verordnung nach Abbüßung ihrer Strafe in Konzentrationslager abgeschoben.

## »Auf der Flucht erschossen«

**15. April.** Der ehemalige Vorsitzende des Deutschen Bergarbeiterverbandes und SPD-Abgeordnete des Reichstages, Friedrich Husemann, wird einen Tag nach seinem Transport ins KZ Esterwegen von der SS »auf der Flucht erschossen«. Husemann hatte sich durch sein Eintreten für die Rechte der Gewerkschaften und seine Mitgliedschaft in der SPD beim NS-Regime in Mißkredit gebracht und war wiederholt verhaftet worden. Zunächst wurde er im Zuge der Verhaftungen nach dem Reichstagsbrand (28. 2. 1933) inhaftiert, dann erneut anläßlich der Auflösung der Gewerkschaften (2. 5. 1933) und schließlich beim Verbot der SPD (22. 6. 1933).
Als engagierter Kämpfer für die Rechte der Arbeiter führte er immer wieder Prozesse gegen die Deutsche Arbeitsfront (DAF), in denen er für entlassene Angestellte eintrat. Ein Angebot des US-amerikanischen Bergarbeiterverbandes, in die USA zu emigrieren, lehnte Husemann ab. Seine Beisetzung in Bochum nutzen etwa 1000 SPD-Anhänger zu Solidaritätsaktionen für den Arbeiterführer. Die Gestapo schreitet schließlich ein und nimmt sechs Personen fest.

## KPD ändert Taktik des Widerstandes

**21. April.** Walter Ulbricht und Franz Dahlem, 1933 emigrierte Funktionäre der verbotenen Kommunistischen Partei Deutschlands (KPD), übernehmen die Führung der KPD-»Grenzleitung« in Prag.
Die Einrichtung solcher »Grenzleitungen« in ausländischen Städten markiert die veränderte Parteitaktik im Widerstand gegen das nationalsozialistische Regime.
Nach dem Verbot der KPD und ihrem Abtauchen in die Illegalität 1933 versuchte die Inlandsleitung der Partei ihre weitgehend wirkungslose Präsenz im Deutschen Reich zu demonstrieren: In zahlreichen Flugblättern wurden soziale Rechte und demokratische Freiheiten gefordert. Diese Aktionen und die beibehaltene straff hierarchische Parteistruktur erleichterte der Gestapo die Festnahme zahlreicher Parteifunktionäre und die Schwächung der KPD. Deshalb wurde seit Ende 1934 die operative Leitung der Widerstandsaktivitäten ins benachbarte Ausland verlegt. Die Aktivitäten der KPD verlaufen nun verdeckter, der zentralistische Parteiaufbau wird durch die Organisation von Kleingruppen ersetzt, in denen nur wenige Personen einander kennen.

Ludendorff spricht zu den Gratulanten.

## Ludendorff wird 70

**9. April.** *Den 70. Geburtstag des ehemaligen Reichswehrgenerals Erich Ludendorff nutzt Adolf Hitler zu einer symbolischen Verbeugung vor Monarchisten und Militärs: Er ordnet die Beflaggung aller Staatsgebäude an und offeriert dem Generalstabschef im Ersten Weltkrieg und seinem Kampfgefährten beim nationalsozialistischen Putschversuch 1923 den Ehrentitel »Marschall«. Ludendorff lehnt den Titel ab.*

## Journalist von Gestapo entführt

**1. April.** In einer Note an das Auswärtige Amt in Berlin protestiert die schweizerische Regierung gegen die Mithilfe deutscher Behörden bei der Entführung Berthold Jacobs.
Der 1933 aus dem Deutschen Reich ausgebürgerte jüdische Journalist wurde am 9. März von einem Gestapo-Spitzel auf deutsches Gebiet gelockt und sitzt seitdem in Haft. Die Schweiz verlangt die sofortige Freilassung Jacobs und wendet sich gegen die zunehmende Verletzung der schweizerischen Souveränität durch das nationalsozialistische Deutsche Reich in ähnlich gelagerten Fällen.
Als Journalist hatte Jacob in den 20er Jahren wiederholt illegale Aufrüstungsaktivitäten der Reichswehr angeprangert und sich damit die Feindschaft konservativer Kreise zugezogen. In der Wochenzeitschrift »Die Weltbühne« arbeitete er u. a. gemeinsam mit Egon Erwin Kisch und Carl von Ossietzky. Seit seiner Ausbürgerung 1933 lebt er in Frankreich und der Schweiz.
Die deutsche Regierung streitet zunächst alle Vorwürfe ab, läßt Jacob aber aufgrund wachsenden internationalen Drucks am 18. September wieder in die Schweiz zurückkehren.

# Wahl bestätigt offizielle Vertrauensräte

**12. April.** In allen deutschen Betrieben mit mehr als 20 Beschäftigten finden die Wahlen der Vertrauensleute statt. Die Deutsche Arbeitsfront (DAF) gibt als Endergebnis der Abstimmung 84,5% Ja-Stimmen für ihre Kandidaten an.
Nach dem Arbeitsordnungsgesetz vom 20. Januar 1934 finden alljährlich die Wahlen zu den Vertrauensräten statt, die als Beratungsgremium aus Unternehmern und Arbeitnehmern gebildet werden und die traditionellen Betriebsräte ersetzen, ohne jedoch deren Mitbestimmungsrechte zu haben.
Die Kandidaten werden vom Unternehmer in Absprache mit DAF-Funktionären und den »Treuhändern der Arbeit« aufgestellt, die der »Reichsbehörde zur Wahrung des Arbeitsfriedens« angehören und dem Staat als Kontrollorgane in den Betrieben dienen.
Da bei den Wahlen im Vorjahr die offiziellen Kandidaten in den meisten größeren Betrieben nicht die Mehrheit der Stimmen erringen konnten, wird in diesem Jahr massive Propaganda im Vorfeld der Abstimmung für sie betrieben. Um eine weitere Abstimmungsniederlage zu vermeiden, werden nur solche Kandidaten aufgestellt, die sich in der Belegschaft einer gewissen Beliebtheit erfreuen. In besonderen Betriebsversammlungen werden die Vorzüge dieser Kandidaten herausgestellt und es wird auf Handzetteln für sie geworben.

*Rudolf Heß, Stellvertreter des Führers (5. v. l.), wirbt bei Arbeitern in München für die bevorstehenden Vertrauensrätewahlen in den Betrieben.*

## Ausschaltung des freien Pressewesens

**24. März.** Der Präsident der Reichspressekammer Max Amann veröffentlicht die sog. Amann-Anordnungen, mit deren Hilfe die Enteignung privater Verlage durch den Staat legalisiert wird.
Nach den Bestimmungen wird die Führung eines Verlages von rassischen, wirtschaftlichen und moralischen Gesichtspunkten abhängig gemacht. So kann z. B. ein Verlag »zur Herbeiführung gesunder wirtschaftlicher Verhältnisse« geschlossen werden, wenn mehrere Verlage an einem Ort angesiedelt sind oder eine Zeitung über »Geschehnisse in einer Form berichtet... die geeignet ist, Anstoß zu erregen oder der Würde der Presse zu schaden.« In den ersten 18 Monaten nach der Veröffentlichung der Anordnungen werden rund 600 Verlage aufgelöst. In der Regel werden diese Verlage in den von Amann geführten »Zentralverlag der NSDAP« überführt.

# Lärm: Die Kehrseite der Motorisierung

**7. April.** Im Deutschen Reich beginnt die mit großem staatlichen Aufwand inszenierte »Lärmbekämpfungswoche«.
Besonders in den Großstädten appellieren die Stadtverwaltungen an die Autofahrer, unnötigen Lärm zu vermeiden. Im Düsseldorfer Regierungsbezirk proklamiert die Verwaltung sogar eine »hupfreie Woche«.
Auch international geraten mögliche Auswirkungen von Lärm auf den Menschen stärker ins Blickfeld. US-amerikanische Mediziner begreifen in wissenschaftlichen Studien Lärm als eine potentielle Krankheitsursache, die nicht nur Leistungsabfall, sondern auch Blutdruck- und Herzrhythmusstörungen verursachen kann.
Im Zentrum der Aufmerksamkeit steht der Straßenlärm in den Städten, der durch die sich rasch ausbreitende Motorisierung zum Problem wird. Zahlreiche europäische Großstädte wie Rom, Paris, Budapest oder Wien gehen durch nächtliche Hupverbote gegen die Geräuschbelästigung vor.
Die britische »Anti-Lärm-Liga« weist in einer Ausstellung auf Gefahren unnötiger Geräuschverbreitung hin und zeigt »Hörfilme«, um ihr Anliegen zu unterstützen.

*Auf den Dächern Berlins werden Meßgeräte aufgestellt, die die Lärmbelastung auf den umliegenden Straßen und Plätzen genau dokumentieren.*

## Antisemitismus als »Aprilscherz«

**1. April.** Die in Stettin erscheinende »Pommersche Zeitung« kündigt an, daß die Zeitungen in der Provinz Pommern in Zukunft keine Anzeigen jüdischer Geschäfte mehr veröffentlichen. Zwei Wochen später meldet die Zeitung, daß es sich bei dem Anzeigenboykott lediglich um einen »Aprilscherz« gehandelt habe.
Die groß aufgemachte Ankündigung der »Pommerschen Zeitung« findet im Deutschen Reich ein positives Echo. Die nationalsozialistische Presse feiert den Anzeigenboykott als nationale Tat mit Vorbildcharakter für andere Zeitungen. Ein NS-Kommentator begrüßt, daß die Zeitungen in Pommern nun Schluß machten mit der Selbstverleugnung, einerseits staatstragend sein zu wollen, sich aber andererseits von den »Todfeinden des deutschen Volkes« per Anzeigen finanzieren zu lassen.
Die Londoner »Times« berichtet über den vermeintlichen Anzeigenbann als neuerliche Schikane gegen Juden im Deutschen Reich. Das unerwartete internationale Echo bewegt die »Pommersche Zeitung«, die sich ebenso wie andere Tageszeitungen vorwiegend über Anzeigen finanziert, zur Aufklärung ihres »Aprilscherzes«.

Das Teilnehmerfeld der Freiballon-Meisterschaften

## Freiballon-Meisterschaft in Darmstadt

**April.** *13 Ballone nehmen an den deutschen Freiballon-Meisterschaften in Darmstadt teil. Sechs von ihnen schaffen es, eine Entfernung von über 750 km zurückzulegen. Sie qualifizieren sich damit für den Gordon-Bennett-Wettbewerb. Der 1918 verstorbene US-amerikanische Zeitungsverleger James Gordon-Bennett stiftete nicht nur einen Preis für Ballonrennen, sondern auch für Auto- und Flugzeugkonkurrenzen.*

Die völlig verwüstete Stadt Tobun: Sie liegt dem Zentrum des Erdbebens am nächsten.

## 3000 Todesopfer bei Erdbebenkatastrophe

**21. April.** *Ein schweres Erdbeben auf der zu Japan gehörenden Insel Formosa fordert über 3000 Menschenleben und mehr als 10 000 Verletzte. Durch die Naturkatastrophe werden 15 000 Gebäude vollständig zerstört, weitere 220 000 teilweise erheblich beschädigt. Der größte Teil der Opfer sind in ärmlichen Verhältnissen lebende Chinesen, deren aus Lehm gebaute Häuser dem Erdbeben wenig entgegenzusetzen haben.*

# Triumph des Neonlichtes auf Brüsseler Weltausstellung

**27. April.** Der belgische König Leopold III. eröffnet in Anwesenheit des gesamten diplomatischen Korps und der Regierungsmitglieder die Weltausstellung in Brüssel. Auf der 125 ha großen Ausstellungsfläche zeigen 30 Länder ihre Exponate aus den Bereichen Wissenschaft, Technik, Kunst und Architektur. Das Gelände der Ausstellung, das sich in der Nähe des Königlichen Gartens befindet, liegt in einem Park, in dem See und Grünanlagen noch erhalten sind.

Die Ausstellung spiegelt im Bereich der Architektur den Wandel in der Baukunst hin zum Funktionalismus wider. Die Exponate greifen die Vorteile der einfachen Baustoffe, der schlichten Oberflächen und klaren Formen auf.

Der Schwerpunkt liegt in Brüssel auf dem Gebiet der Nutzung künstlichen Lichtes. Die vielfältige Verwendbarkeit von Neonlicht und sein künstlerischer Gestaltungswert findet in vielen Ausstellungsstücken seinen Niederschlag. Häufig unterstreichen farbige Lichtelemente den speziellen Charakter der Exponate.

Im Zeichen der expandierenden Automobilwirtschaft werden auch Neuerungen aus dem Bereich des Verkehrswesens, z. B. Bedarfsampeln für Fußgänger, vorgestellt. Daneben bilden die technischen Entwicklungen im Bereich der Funk- und Fernsehtechnik einen weiteren Schwerpunkt.

Zur Zerstreuung der etwa 20 Mio. Ausstellungsbesucher wurde der »Park der Attraktionen« angelegt. Vor dem Hintergrund originalgetreu nachgebildeter Gebirgslandschaften kann das Publikum sich auf Karussells und Achterbahnen vergnügen.

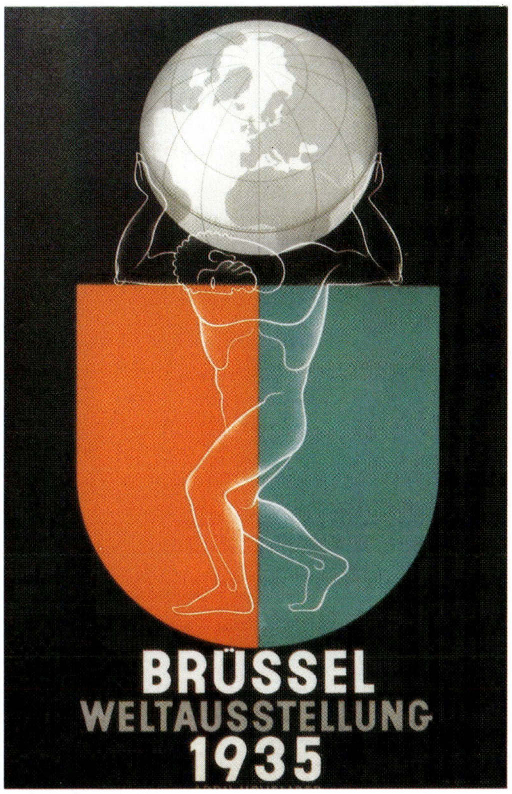


*Das offizielle Ausstellungsplakat zeigt Atlas, der die Weltkugel auf seinen Schultern trägt.*

*Zahlreiche Ausstellungshallen liegen an der großen »Wasserallee«, der festlich geschmückten Avenue du Centenaire.*

**Die Weltausstellungen seit 1851**

| Jahr | Ort | Jahr | Ort |
|---|---|---|---|
| 1851 | London | 1900 | Paris |
| 1855 | Paris | 1904 | St. Louis |
| 1862 | London | 1905 | Lüttich |
| 1867 | Paris | 1906 | Mailand |
| 1873 | Wien | 1909 | Amsterdam |
| 1876 | Philadelphia | 1910 | Brüssel |
| 1878 | Paris | 1911 | Turin |
| 1879 | Sidney | 1913 | Gent |
| 1880 | Melbourne | 1915 | San Francisco |
| 1883 | Amsterdam | 1923 | Göteborg |
| 1885 | Antwerpen | 1924 | London |
| 1888 | Barcelona | 1926 | Philadelphia |
| 1889 | Paris | 1929 | Barcelona |
| 1893 | Chicago | 1933 | Chicago |
| 1897 | Brüssel | 1935 | Brüssel |

## Dokumentation des Fortschritts

Die Idee der Weltausstellungen wurde im Zeitalter der Industrialisierung Mitte des 19. Jahrhunderts geboren. Eine Fülle von technischen und industriellen Neuerungen sowie zahlreiche Erfindungen machten eine internationale Kooperation wünschenswert.

Die nach der ersten Weltausstellung in London 1851 in unregelmäßigen Abständen stattfindenden Ausstellungen dienten der Verbesserung der Zusammenarbeit unter den Ländern.

Im Zeichen wachsender Spezialisierung zogen sich Industrie und Handel nach der Jahrhundertwende auf spezielle Messen zurück, so daß die Weltausstellungen an Bedeutung verloren. Erst 1933 wurde mit der Chicagoer Ausstellung unter dem Motto »A Century of Progress« (Jahrhundert des Fortschritts) versucht, die Ausstellungsidee neu zu beleben.

*◁ Karussells und »Himalaja-Bergbahn« im »Park der Attraktionen«*

Werbung 1935:

## »Eiskalt« und »blitzschnell« – die Reklame paßt sich an

Wie alle anderen Bereiche der Gesellschaft versuchen die Nationalsozialisten auch die Werbung im Deutschen Reich gleichzuschalten. Diesem Zweck dient das am 12. September 1933 erlassene »Gesetz über Wirtschaftswerbung«, das alle Reklame-, Anzeigen- und Ausstellungsaktivitäten dem neugeschaffenen »Werberat der deutschen Wirtschaft« unterstellt, der von Propagandaminister Joseph Goebbels berufen wird.

Inhaltlich soll die Wirtschaftswerbung zurückhaltender in den Anpreisungen und »wahr« in der Aussage werden. Gleichzeitig verordnet Goebbels der Werbewirtschaft Abstinenz von offener Parteinahme für den Nationalsozialismus.

In der Realität erfährt die Werbung nach der nationalsozialistischen Machtübernahme 1933 keine dramatischen Veränderungen. Die Gebrauchskunst der Reklame orientiert sich allerdings nun stärker an Kunstverständnis und Wertesystem des Nationalsozialismus: Die Ästhetik der Werbung ist realistisch, »allgemeinverständlich« und gelegentlich heroisierend. Sprachlich übernimmt die Werbewirtschaft Versatzstücke aus den Themenbereichen Sport und Technik sowie dem allgemeinen gesellschaftlichen Normenkatalog. Von »blitzschnell«, »eiskalt« oder »tadellos« ist häufig die Rede.

Die Form der Reklame ändert sich weniger stark als die Inhalte, für die geworben wird. Teil der NS-Strategie, die Arbeiterschaft in den Nationalsozialismus einzubinden, ist es, Luxusgüter allgemein erschwinglich zu machen und dies durch entsprechende Werbemaßnahmen zu verdeutlichen. Güter wie Radios, Fotoapparate, Küchengeräte und der Bereich Kosmetik und Hygiene stehen dabei im Vordergrund. Auch für Urlaubsreisen wird zunehmend geworben: Im Fall der »Kraft-durch-Freude«-Reisen kann der Staat auf diese Weise sein Wirken für die »Volksgemeinschaft« ins rechte Licht rücken. An »alte Kämpfer« appelliert die Zigarettenfirma Sturm mit ihren Markenbezeichnungen »Trommler«, »Alarm«, »Sturm« und »Neue Front«.

*Shell-Werbeplakat im Art-deco-Stil: Abstraktion als Stilmittel bei der Werbung bleibt 1935 die Ausnahme. Auch die Anzeigenserie »You Can Be Sure Of Shell« (»Man kann sich auf Shell verlassen«), mit der die Mineralölfirma in Großbritannien für ihr Benzin wirbt, zeigt im allgemeinen konkrete Motive, die in der »High Society« angesiedelt sind.*

*Materialeigenschaften wie Wetterbeständigkeit und Haltbarkeit machen Emailleschilder zu einem idealen Werbeträger für Branchen, die auf einen hohen Wiedererkennungswert setzen.*

### Die Welt auf Hochglanz mit Emaille-Schildern

Farbige Emaille-Schilder sind nach ihrer Blütezeit in den 20er Jahren auch Mitte der 30er Jahre noch häufig benutzte Werbeträger. Als sich um die Jahrhundertwende die Produktion von Markenartikeln durchzusetzen begann, die unter einer bestimmten Bezeichnung jahre- oder jahrzehntelang im Handel bleiben, bot sich das Emaille-Schild als Werbeträger an: Es ist dauerhaft beständig gegen Korrosion und Temperaturwechsel. Seine Hochglanzoberfläche und reliefähnliche Plastizität präsentiert das Werbemotiv darüber hinaus vorteilhafter, als es auf Papier möglich ist. Reklameschilder aus Emaille werben vor allem für Getränke, Schokolade, Rauchwaren, Kosmetikartikel und Fahrzeuge.

Kombi-Werbeanzeige von Opel und Agfa

Zahnpastareklame setzt auf Mutters Fürsorglichkeit.

Schwarzkopf wirbt mit wissenschaftlichem Anspruch.

*△ Originalität auf der einen Seite, biedere Familienidylle auf der anderen: Anzeigen für irisches Dunkelbier (o. l.) und verdauungsfördernde Kekse (o. r.) in der britischen Illustrierten »Illustrated London News«. Beide Anzeigen sind jeweils Teil einer Serie, bei der die Firmen unter gleichbleibenden Slogans die Motive wechseln. Anzeigenserien mit stets wiederkehrenden Grundstrukturen sind besonders in Großbritannien beliebt.*

*◁ Der britische Reifenhersteller Dunlop achtet bei seiner Anzeigenserie vor allem auf Farbenpracht (l.). Nicht die Eigenschaften des Produkts werden betont, sondern Assoziationen nahegelegt, die der Betrachter mit dem Produkt verbinden soll: Luxus, Glück, Jugend. Nach wie vor bleibt in Europa die Welt des Automobils einer Elite vorbehalten.*

*Göring und Emmy Sonnemann vor dem Traualtar im Berliner Dom*

*Die Unterzeichnung der Eheurkunde bei der standesamtlichen Trauung*

# Göring heiratet – das Volk muß spenden

**10. April.** In einem prunkvollen Staatsakt heiratet der Reichsluftfahrtminister und Oberbefehlshaber der Luftwaffe, Hermann Göring, die Staatsschauspielerin Emmy Sonnemann.
Die Trauung findet im Berliner Dom statt, als Trauzeuge fungiert Führer und Reichskanzler Adolf Hitler. Das Festprogramm entspricht dem in Königshäusern üblichen prunkvollen Hochzeitszeremoniell.
Am Vorabend der standesamtlichen Trauung findet in der Berliner Oper eine Festvorstellung nur für geladene Gäste statt. An der kirchlichen Trauung im Dom, die von Reichsbischof Ludwig Müller vorgenommen wird, nehmen sämtliche Mitglieder der Reichsregierung und der Parteileitung, die Generalität der Reichswehr und das gesamte diplomatische Korps teil. 33 000 SA- und SS-Männer bilden Spalier für das Brautpaar, während ihnen das Ehrengeschwader der Luftwaffe Geleit gibt. Auf diese Weise demonstrieren die nationalsozialistischen Machthaber ihre Geschlossenheit.
Bei der anschließenden Feier im Hotel Kaiserhof überbringt der Reichswehrminister Generaloberst Werner von Blomberg die Glückwünsche der Wehrmacht. In seiner Ansprache wendet er sich besonders an Frau Göring, die man ungern von der Bühne gehen lasse.
Als Hochzeitsgeschenk überreicht Hitler dem Brautpaar das Lenbach-Gemälde »Bismarck«. Anläßlich der Trauung werden in Berlin allen Angestellten und Arbeitern zwischen 20 Pfennig und 1,60 RM vom Lohn bzw. Gehalt abgezogen und die Gesamtsumme von 40 000 RM zu Ehren des Brautpaares für den Weiterausbau der Jagdstaffel »Richthofen« gespendet.

*Der Auszug des Hochzeitspaares aus dem Dom: Zehn Generale der Luftwaffe kreuzen ihre Degen zum Spalier, zwei Pimpfe tragen die Brautschleppe.*

# Deutscher Film um sein Prestige besorgt

**25. April.** In Berlin wird unter der Schirmherrschaft von Propagandaminister Joseph Goebbels der Internationale Filmkongreß mit mehr als 1000 Delegationen aus 40 Ländern und etwa 1500 Repräsentanten des deutschen Films eröffnet.
Die von der Reichsfilmkammer im großen Rahmen organisierte Veranstaltung dauert bis zum 30. April. In einem Gesamtkomitee werden Fragen der internationalen Zusammenarbeit und in 12 weiteren Ausschüssen aktuelle Themen der Filmbranche erörtert.
Die deutsche Filmindustrie erhofft sich von der Veranstaltung eine Verbesserung ihres internationalen Ansehens, das besonders unter dem Eindruck der Ausweisung zahlreicher jüdischer Künstler nach der Machtübernahme gelitten hat.
Die Tatsache, daß nicht weniger als 40 Nationen auf dem Kongreß vertreten sind, wird im Reich als ein Beweis dafür gewertet, daß von einem Boykott des deutschen Films keine Rede mehr sein könne.
In den ausländischen Delegationen befinden sich auch nicht-arische Vertreter der Filmbranche, deren Teilnahme aus propagandistischen Gründen geduldet wird.
Die Niederlande nehmen, ebenso wie eine britische Delegation, nicht an dem Kongreß teil.

*Stars beim Berliner Filmball (v. l.): Carola Höhn, Fritz Kampers, Gerhard Menzel, Lida Baarova, Paul Hörbiger, Gustav Fröhlich und Dorit Kreysler*

# »Sire, geben Sie Gedankenfreiheit«

**4. April.** In Bremen wird die Aufführung von Friedrich Schillers Drama »Don Carlos« von den städtischen Kulturbehörden verboten, da bei einer vorangegangenen Vorstellung demonstrativer Beifall an der Stelle im dritten Akt eingesetzt hatte, als der Marquis von Posa König Philipp II. auffordert, »Sire, geben Sie Gedankenfreiheit!«.
Im Berliner Theater ist dieser emphatische Ausruf ebenfalls immer wieder Anlaß zu minutenlangem Applaus, der als Protest gegen die geistige Unterdrückung im Deutschen Reich gilt.
Das Verhältnis der Nationalsozialisten zu dem großen deutschen Dichter ist zwiespältig. Einerseits wird Schiller von Literaturwissenschaftlern und NS-Kritikern zum »ersten Nationalsozialisten« stilisiert, andererseits geben die Aufführungen seiner Stücke immer wieder Anlaß zu regimekritischen Äußerungen.

In Berlin-Charlottenburg begibt sich das Teilnehmerfeld an den Start (l.). Nach 35 km überquert der Sieger (M. und r.) die Ziellinie mit deutschem Gruß.

## Hindenburg-Gepäckmarsch im Zeichen der Militarisierung

**7. April.** *In Berlin findet zu Ehren des ehemaligen Reichspräsidenten Paul von Beneckendorff und von Hindenburg der sog. Hindenburg-Gepäckmarsch statt.*

*Etwa 900 Teilnehmer begeben sich mit 12,5 kg Gepäck und Uniform auf den 35 km langen Marsch, der ganz im Zeichen der Wehrhaftmachung der Bevölkerung steht. Die Männer der SA-Brigade Leipzig erweisen sich als die überlegenen Marschierer. In weniger als vier Stunden erreichen sie das Ziel und sichern sich den Ehrenpreis des Führers und Reichskanzlers Adolf Hitler.*

# Fagioli gewinnt Großen Preis von Monaco

**22. April.** Beim Großen Automobilpreis von Monaco siegt der Italiener Luigi Fagioli auf Mercedes Benz mit großem Vorsprung in der neuen Bestzeit von 3:23:49,8 h.

Der etwa 3,18 km lange Stadtkurs in Monaco muß von den Fahrern hundertmal durchfahren werden. Fagioli übernimmt von Anfang an die Führung auf der malerischen, aber unfallträchtigen Rundstrecke und kann alle Angriffe seiner Verfolger erfolgreich abwehren.

Der Deutsche Rudolf Caracciola, der beim Training eine neue Bestzeit gefahren war, kann diese Leistung wegen eines technischen Defektes an seinem Mercedes-Benz nicht wiederholen. Nach der 50. Runde muß er, auf dem zweiten Platz liegend, aus dem Rennen aussteigen.

Nach der Aufgabe Caracciolas schiebt sich Maserati-Fahrer Stancelin an die zweite Stelle, wird aber in der 64. Runde von René Dreyfus auf Alfa Romeo überholt, der im Endklassement den zweiten Rang belegt. Schließlich muß Stancelin auch noch Antonio Brivio passieren lassen, der den dritten Platz behaupten kann.

Insgesamt kommen von 15 gestarteten Fahrern nur acht ins Ziel.

*15 Fahrer der europäischen Automobilsport-Elite gehen an den Start zum Rennen um den Großen Preis von Monaco.*

*Mit deutlichem Vorsprung geht der Italiener Luigi Fagioli auf Mercedes-Benz in neuer Bestzeit durchs Ziel.*

## Deutscher wirft Diskus 70 cm weiter

**28. April.** Bei einem Leichtathletik-Wettkampf in Magdeburg verbessert der deutsche Diskuswerfer Willi Schröder vom Polizeisportverein Magdeburg den Weltrekord im Diskuswurf auf 53,10 m.

Den bisher gültigen Rekord des Schweden Harald Andersson, der am 25. August 1934 in Oslo eine Weite von 52,42 m erreichte, überbietet Schröder damit um mehr als einen halben Meter.

Schröder ist der erste deutsche Diskuswerfer, der seit dem Beginn der offiziellen Messung im Jahr 1912 einen Weltrekord in der Wurfdisziplin aufstellt. Nach dem Schweden Harald Andersson bricht er mit seiner Bestleistung die jahrzehntelange Vorherrschaft der US-amerikanischen Leichtathleten in dieser Sportart, die von 1912 bis 1934 die Diskus-Rekordlisten unangefochten anführten.

***Diskusweltrekorde***

| Datum | Name (Land) | Weite |
|---|---|---|
| 27.5.1912 | James Duncan (USA) | 47,58 m |
| 14.9.1924 | Thomas Lieb (USA) | 47,61 m |
| 2.5.1925 | Glenn Hartranft (USA) | 47,89 m |
| 3.4.1926 | Clarence Houser (USA) | 48,20 m |
| 9.3.1929 | Eric Krenz (USA) | 49,90 m |
| 17.5.1930 | Eric Krenz (USA) | 51,03 m |
| 23.8.1930 | Paul Jessup (USA) | 51,73 m |
| 25.8.1934 | Harald Andersson (S) | 52,42 m |
| 28.4.1935 | Willi Schröder (D) | 53,10 m |

## 200-m-Weltrekord hielt acht Jahre

**12. April.** Bei einem Schwimmeeting in Chicago stellt der US-Amerikaner Jack Medica über 200 m Freistil in 2:07,2 min einen Weltrekord auf.

Die bisherige Bestzeit über 200 m wurde von Johnny Weissmuller gehalten. Seit über acht Jahren war kein Schwimmer an die 2:08,8 min des »Schwimmwunders« Weissmuller herangekommen. Der US-Amerikaner beherrschte in den 20er Jahren wie kein zweiter die internationale Schwimmszene, ehe er 1932 in die Filmbranche wechselte und als »Tarzan«-Darsteller berühmt wurde. Zwischen 1922 und 1928 gewann er fünf olympische Goldmedaillen und verbesserte fast alle Weltrekorde von 50 bis 500 Yards, insgesamt 22. Sensationell waren seine 58,6 sec über 100 m Kraul, die er am 22. Juli 1922 erzielte und womit er als erster die Eine-Minute-Barriere durchbrach.

# Mai 1935

| Mo | Di | Mi | Do | Fr | Sa | So |
|---|---|---|---|---|---|---|
| | | 1 | 2 | 3 | 4 | 5 |
| 6 | 7 | 8 | 9 | 10 | 11 | 12 |
| 13 | 14 | 15 | 16 | 17 | 18 | 19 |
| 20 | 21 | 22 | 23 | 24 | 25 | 26 |
| 27 | 28 | 29 | 30 | 31 | | |

**1. Mai, Maifeiertag**

In einer Erklärung zum »Tag der Arbeit« sagt Führer und Reichskanzler Adolf Hitler in Berlin vor mehr als 100 000 Arbeitern: »Was wir wollen, liegt klar vor uns: Nicht Krieg, nicht Unfrieden... denn wir wissen alle, daß die große Arbeit nur gelingen kann in einer Zeit des Friedens.« Propagandaminister Joseph Goebbels fordert die Arbeiter auf, »sich wie ein Mann« hinter die Politik Adolf Hitlers zu stellen. → S. 84

Innerhalb der Reichsrundfunkkammer wird die »Fernsehgemeinschaft« gegründet, Eugen Hadamovsky wird zum Reichssendeleiter ernannt. In einem Telegramm an Hitler verspricht der Leiter der Rundfunkabteilung im Propagandaministerium, Horst Dreßler-Andreß, »dieses neue revolutionäre Mittel der Volksaufklärung und Propaganda mit nationalsozialistischer Tatkraft und opferfreudiger Hingabe als Ihr Instrument auszubauen« (→ 22. 3./S. 59).

Während eines Festaktes der Reichskulturkammer in der Berliner Staatsoper wird der Nationalpreis für Film an die Regisseurin Leni Riefenstahl für ihr Werk »Triumph des Willens« verliehen. Der Film über den Reichsparteitag 1934 in Nürnberg verherrlicht eindrucksvoll das politische Ritual dieser Massenveranstaltung (→ 28. 3./S. 64).

**2. Mai, Donnerstag**

Bei einem Frühstück des Vereins der ausländischen Presse lobt der Oberbefehlshaber der Luftwaffe, Hermann Göring, die deutsche Luftwaffe als die modernste der Welt. Sie verfüge über kein altes Flugzeug und keinen alten Motor, sie werde immer so stark sein, wie die augenblickliche Konstellation für oder gegen den Frieden sei (→ 26. 2./S. 38).

Der französische Außenminister Pierre Laval und der sowjetische Botschafter in Frankreich W. Potemkin unterzeichnen in Paris den französisch-sowjetischen Beistandspakt. Der Vertrag sieht gegenseitige Hilfe für solche Fälle vor, in denen eine der vertragschließenden Parteien »einer Drohung oder Angriffsgefahr durch einen europäischen Staat ausgesetzt ist«. → S. 90

Auf den Philippinen wird ein bewaffneter Aufstand Einheimischer von Regierungstruppen und Truppen der USA niedergeschlagen. Seit dem spanisch-amerikanischen Krieg im Jahre 1898 haben die USA das Protektorat über die Philippinen. Die Aufständischen fordern die sofortige Proklamierung der Unabhängigkeit der Inselgruppe (→ 17. 9./S. 156).

**3. Mai, Freitag**

Reichswirtschaftsminister Hjalmar Schacht legt seine Denkschrift zur Rüstungsfinanzierung vor. Darin heißt es, daß die Durchführung des Rüstungsprogramms nach Tempo und Ausmaß die Aufgabe der deutschen Politik sei und alles andere diesem Zwecke untergeordnet werden müsse. → S. 85

Im Warschauer Vorort Grochow schießen unbekannte Täter während des Unterrichts durch die Fenster einer jüdischen landwirtschaftlichen Schule. Eine Schülerin wird tödlich verletzt. Zur gleichen Zeit explodiert auf dem Schulhof eine Bombe, die großen Sachschaden anrichtet.

**4. Mai, Samstag**

Der NSDAP-Gauleiter Saarpfalz, Josef Bürckel, veröffentlicht in Berlin eine Anordnung, in der es heißt, es sei unanständig, von Juden Geld zu nehmen. Er weist alle politischen Dienststellen an, die von Juden gezahlten Spenden zur Beseitigung der »Elendwohnungen« unverzüglich zurückzuzahlen.

**5. Mai, Sonntag**

Alle katholischen Kirchenblätter in Preußen werden wegen der Veröffentlichung eines Hirtenbriefes, in dem die deutschen Bischöfe für die Bekenntnisschule eintreten, beschlagnahmt. Unter dem Titel »An die Dunkelmänner unserer Zeit« richtet der »Beauftragte des Führers für die gesamte geistige und weltanschauliche Schulung und Erziehung der NSDAP«, Alfred Rosenberg, eine aggressive und polemische Replik an die Bischöfe.

Das Militärgericht in Athen verurteilt den früheren griechischen Ministerpräsidenten Eleftherios Weniselos, der sich im Pariser Exil befindet, in Abwesenheit zum Tode. Weniselos war Anführer der im März dieses Jahres gescheiterten Militärrevolte (→ 11. 3./S. 56).

**6. Mai, Montag**

Bei einem Empfang deutscher Pilger im Vatikan klagt Papst Pius XI. die Kirchenpolitik der Nationalsozialisten an: »Man will im Rahmen eines sog. positiven Christentums Deutschland dem christlichen Glauben entfremden und das Volk einem barbarischen Heidentum zuführen« (→ 28. 8./S. 139).

In einem feierlichen Akt begeht das britische Königshaus das 25. Regierungsjubiläum von König Georg V. An den Feierlichkeiten in London nehmen neben der königlichen Familie die höchsten Staatswürdenträger, die Premierminister der Dominions sowie eine Reihe indischer Fürsten teil. → S. 94

**7. Mai, Dienstag**

Zum zehnten Jahrestag der Eröffnung des Deutschen Museums wird in München eine große Kongreßhalle eröffnet, die den Museumskomplex erweitert.

**8. Mai, Mittwoch**

Bei einem schweren Fährbootunglück an der ungarisch-rumänischen Grenze ertrinken 20 Menschen. Das Boot war infolge des reißenden Hochwassers gekentert.

Die deutsche Fußball-Nationalmannschaft schlägt in einem Länderspiel in Dortmund die Mannschaft Irlands 3:1.

**9. Mai, Donnerstag**

Das »Gesetz zur Bewahrung der Jugend vor Schund- und Schmutzschriften« vom 18. Dezember 1926 wird durch die »Anordnung der Reichsschrifttumskammer über schädliches und unerwünschtes Schrifttum« ersetzt. Diese Anordnung enthält eine Liste solcher Bücher und Schriften, »die das nationalsozialistische Kulturwollen« gefährden.

Die gesetzgebende Versammlung von Haiti beschließt in Port-au-Prince eine neue Verfassung. → S. 91

In Nürnberg findet die erste Kundgebung der »Antijüdischen Weltliga« statt. Es spricht der Leiter des »Zentralkomitees zur Abwehr der jüdischen Greuel- und Boykotthetze«, Julius Streicher. → S. 89

Der US-amerikanische Spielfilm »Der große Verräter« unter der Regie von John Ford wird uraufgeführt.

**10. Mai, Freitag**

Auf Anordnung von Propagandaminister Joseph Goebbels werden in Berlin die beiden Kabaretts »Tingeltangel« und »Katakombe« geschlossen. In der Begründung heißt es, in den Darbietungen der beiden Kabaretts seien wiederholt Einrichtungen des Deutschen Reichs lächerlich gemacht worden. → S. 96

Die Reichsbahn gibt die elektrifizierte Gesamtstrecke Augsburg-Nürnberg für den Verkehr frei.

Thomas Stearns Eliots Drama »Mord im Dom« wird beim »Canterbury Festival of Music and Drama« uraufgeführt.

**11. Mai, Samstag**

In einer Mitteilung des Reichsgesundheitsamtes in Berlin heißt es, daß bereits 730 staatliche und kommunale Gesundheitsämter im ganzen Reichsgebiet eingerichtet worden seien. Ihre Aufgabe bestehe vornehmlich in der Eheberatung unter dem Gesichtspunkt der Erb- und Rassenpflege (→ 18. 10./S. 177).

In Düsseldorf wird die vom Berliner Institut für Deutsche Wirtschaftspropaganda in Zusammenarbeit mit der NS-Frauenschaft und dem Deutschen Frauenwerk veranstaltete Reichsausstellung »Frau und Volk« eröffnet. Reichsinnenminister Wilhelm Frick hält die Eröffnungsrede zum Thema »Die Frauenarbeit und die Verantwortung der deutschen Frau als Erhalterin der Art und als Hüterin der Familie«. Die Ausstellung dauert bis zum 12. Juni. → S. 89

Zur weiteren Gleichschaltung der Presse wird die studentische Presse in der Fachgruppe »Studenten-Zeitschriften« im Reichsverband der deutschen Zeitschriftenverleger zusammengefaßt.

**12. Mai, Sonntag**

In einer Radioansprache zum Muttertag sagt die Leiterin der NS-Frauenschaft, Gertrud Scholtz-Klink, daß jede gesunde Mutter »Hüterin, Hegerin und ureigenste Treuhänderin des Nationalsozialismus« sein müßte, weil seine tiefsten Forderungen sich mit ihren inneren Mutterforderungen deckten (→ 11. 5./S. 89).

In Hamm kommt es zu einer Demonstration der Hitlerjugend gegen den Paderborner Erzbischof Kaspar Klein. Der Erzbischof wird von den Jugendlichen als »Devisenschieber« beschimpft. Die Polizei muß eingreifen, um Ausschreitungen zu verhindern.

In Warschau stirbt 68jährig der polnische Politiker Marschall Józef Klemens Pilsudski. → S. 91

Anläßlich des Besuchs des Schriftstellers Bertolt Brecht in Moskau findet im »Klub ausländischer Arbeiter« ein Brecht-Abend statt. Brecht selbst liest aus seinen Werken »Lied vom Klassenfeind« und »An die Kämpfer in den Konzentrationslagern«.

Der deutsche Rennfahrer Rudolf Caracciola gewinnt auf Mercedes-Benz in neuer Rekordzeit den Großen Preis von Tripolis vor drei Italienern.

In einem Länderspiel in Köln unterliegt die deutsche Fußballelf Spanien 1:2.

**13. Mai, Montag**

Die Fluggesellschaft Pan American Airways eröffnet den regelmäßigen Flugverkehr über den Stillen Ozean von San Francisco nach Pearl Harbor (Hawaii).

Bei einem schweren Grubenunglück in der chinesischen Stadt Tezetschwan ertrinken 400 Arbeiter.

**14. Mai, Dienstag**

Die Eisenbahn- und Straßenbrücke über den Kleinen Belt zwischen der Insel Fünen und der Halbinsel Jütland, Dänemark, wird für den Straßenverkehr freigegeben. → S. 94

Der Terra-Film »Wunder des Fliegens« wird in München uraufgeführt. Unter der Regie von Heinz Paul spielt Ernst Udet die Hauptrolle. Der Film wird als »staatspolitisch wertvoll« und »volksbildend« ausgezeichnet.

**15. Mai, Mittwoch**

In Dresden werden 23 Mitglieder der Wachmannschaft des Konzentrationslagers Hohenstein wegen Mißhandlungen von Gefangenen zu Gefängnisstrafen verurteilt. Adolf Hitler begnadigt sie im November.

Der Begründer der modernen Sexualwissenschaft und frühere Leiter des »Instituts für Sexualwissenschaft« in Berlin, Magnus Hirschfeld, begeht in Nizza Selbstmord. → S. 96

In Moskau wird die neue Untergrundbahn für den öffentlichen Betrieb freigegeben. In seiner Ansprache dankt der sowjetische Parteichef Josef W. Stalin den Männern und Frauen, die geholfen haben, das neue Verkehrsmittel in Rekordzeit fertigzustellen. → S. 95

*Die Titelseite der Berliner »Woche« huldigt mit dem Speerwerfen einem Sport, in dem sowohl bei den Männern als auch bei den Frauen Deutsche den Weltrekord halten (Ausgabe vom 15. Mai 1935).*

### 16. Mai, Donnerstag

Zwischen der Sowjetunion und der Tschechoslowakei wird in Prag ein Beistandspakt unterzeichnet. Gegenseitige Hilfe bei Angriff durch einen dritten Staat soll aber nur dann geleistet werden, wenn auch Frankreich das Opfer des Angriffs unterstützt (→ 2. 5./S. 90).

Der französische Staatspräsident Albert Lebrun eröffnet in Paris die größte Ausstellung italienischer Kunst, die bislang in Frankreich zu sehen war. Die Eröffnungsfeierlichkeiten in Anwesenheit von Benito Mussolinis Schwiegersohn, Galeazzo Ciano, werden zu einer Demonstration französisch-italienischer Freundschaft.

### 17. Mai, Freitag

Im ersten einer Reihe sog. Devisenprozesse gegen katholische Ordensmitglieder wird die Ordensschwester Wernera Wiedenhöfer von einem Berliner Gericht zu fünf Jahren Zuchthaus, ebensolangem Verlust der bürgerlichen Ehrenrechte und zu 140 000 RM Geldstrafe verurteilt. → S. 89

### 18. Mai, Samstag

Die deutsche Reichsregierung beschließt die Änderung des Reichs- und Staatsangehörigkeitsgesetzes aus dem Jahr 1913. Ein Anspruch auf Einbürgerung, wie ihn das alte Gesetz in vielen Fällen vorsah, besteht nun nicht mehr. Einen solchen Anspruch hatten z. B. geschiedene Ehefrauen eines Ausländers, die zur Zeit ihrer Eheschließung Deutsche waren.

Der Deutsche Caritasverband führt seine jährliche reichsweite Straßen- und Haussammlung durch. Dabei kommt es in München zu organisierten Störungen durch nationalsozialistische Gruppen, die Sammler und Spender belästigen und grob beleidigen.

Beim Absturz des größten Landflugzeuges der Welt, der in der Sowjetunion gebauten »Maxim Gorki«, kommen in der Nähe von Moskau alle 48 Insassen ums Leben. → S. 95

### 19. Mai, Sonntag

Adolf Hitler eröffnet bei Darmstadt das erste Teilstück der Reichsautobahn zwischen Frankfurt am Main und Heidelberg. Zur Zeit sind insgesamt 1500 km Autobahnen im Bau. → S. 86

Bei den Wahlen zum tschechoslowakischen Abgeordnetenhaus und Senat wird die Sudetendeutsche Partei (SdP) von Konrad Henlein überraschend stärkste Fraktion im Parlament. Henleins nationalsozialistisch geprägte Partei fordert den Anschluß des Sudetenlandes an das Deutsche Reich. → S. 90

Das Deutsche Reich nimmt einen 500-Millionen-Mark-Kredit bei verschiedenen deutschen Versicherungsgesellschaften auf. Die Aktion steht im Zusammenhang mit einer Reihe weiterer »interner« Kreditaufnahmen, die insbesondere die enormen Kosten der Aufrüstung (→ 3. 5./S. 85) ohne Auslandsverschuldung finanzieren sollen.

Thomas Edward Lawrence, in aller Welt bekannt als »Lawrence von Arabien«, stirbt nach einem Verkehrsunfall in Großbritannien. → S. 94

Erstmals seit 960 Jahren fällt im Mai in Paris Schnee. Auch in anderen Teilen Frankreichs herrscht winterliches Wetter. Durch Schneestürme in der westlichen Sahara in Nordafrika erfrieren zahlreiche Schafherden.

### 20. Mai, Montag

Die deutschen Behörden weisen M. Eduard Behrens, Berliner Korrespondent der Basler »National-Zeitung«, aus dem Deutschen Reich aus. Dem Schweizer wird feindselige Berichterstattung über das NS-Regime vorgeworfen.

### 21. Mai, Dienstag

In einer Rede vor dem Reichstag in Berlin legt Führer und Reichskanzler Adolf Hitler in 13 Punkten Deutschlands Einstellung zu Fragen der internationalen Politik dar. Er betont den Friedenswillen der deutschen Regierung. → S. 84

Das neue deutsche Wehrgesetz wird veröffentlicht. Neben der allgemeinen Wehrpflicht verfügt es im ersten Artikel, daß »jeder deutsche Mann und jede deutsche Frau zur Dienstleistung für das Vaterland verpflichtet« sind. Um die Wehrpflicht zu erfüllen, ist die Ableistung eines Arbeitsdienstes notwendig. Das Gesetz benennt Hitler als obersten Befehlshaber der Wehrmacht.

Hitler ernennt Reichswirtschaftsminister Hjalmar Schacht zum »Generalbevollmächtigten für die Kriegswirtschaft« (→ 3. 5./S. 85).

### 22. Mai, Mittwoch

Der stellvertretende britische Premierminister Stanley Baldwin kündigt im Unterhaus in London an, daß die Luftstreitkräfte Großbritanniens innerhalb der nächsten zwei Jahre verdreifacht werden.

US-Präsident Franklin D. Roosevelt legt sein Veto gegen eine Gesetzesvorlage ein, die die Barauszahlung von 1,6 Mrd. US-Dollar an US-amerikanische Veteranen des Ersten Weltkrieges vorsieht und den Kongreß in Washington bereits passiert hat. Roosevelt befürchtet einen inflationären Effekt der Auszahlungen. Das sog. Bonus-Gesetz fällt daraufhin.

Am Frankfurter Opernhaus wird Werner Egks Oper »Die Zaubergeige« uraufgeführt (→ S. 28).

### 23. Mai, Donnerstag

William Green, der Vorsitzende des US-amerikanischen Gewerkschaftsbundes »American Federation of Labor« (AFL), droht bei einer Massenveranstaltung vor 20 000 Menschen im New Yorker Madison Square Garden mit einem Generalstreik, falls der »National Industrial Recovery Act« (NIRA) nicht verlängert wird. Die 1935 fällige Verlängerung des NIRA, eines Herzstücks des »New Deal«, wird von Präsident Roosevelt befürwortet, vom Senat abgelehnt (→ 27. 5./S. 91).

Auf einer Feierstunde des Schutzverbandes deutscher Schriftsteller in Paris sprechen u. a. André Malraux, Gustav Regler und Wieland Herzfelde. Anlaß ist der 50. Geburtstag des im Exil lebenden deutschen Journalisten Egon Erwin Kisch im April (→ S. 157).

### 24. Mai, Freitag

Papst Pius XI. wendet sich in einer Ansprache gegen Sterilisierungen. Sollte die Sterilisationspraxis, wie sie im Deutschen Reich gehandhabt werde, von anderen Ländern übernommen werden, habe dies »unabsehbares Leid für die Menschheit« zur Folge (→ 20. 1./S. 21).

In Paris werden Luftschutzübungen mit allgemeiner Verdunkelung veranstaltet. Währenddessen überprüfen französische Piloten über der Stadt die Wirksamkeit der Maßnahmen.

Die »Reichsstelle für Tiere und tierische Erzeugnisse« startet im Deutschen Reich die Aktion »Fleisch im eigenen Saft«. Sie soll den Verkauf von Rind- und Schweinefleischkonserven stimulieren, um von saisonalen Versorgungs- und Preisschwankungen und von Fleischimporten unabhängiger zu werden (→ S. 155).

Kronprinz Friedrich von Dänemark heiratet in Stockholm Prinzessin Ingrid von Schweden. → S. 94

### 25. Mai, Samstag

Bei antisemitischen Ausschreitungen in München zwingen Trupps nichtuniformierter junger Leute jüdische Geschäftsinhaber, ihre Läden zu schließen. Die Anführer erklären, der Sabbat sei ein jüdischer Feiertag und Juden seien daher nicht berechtigt, zu arbeiten. Die umstehende Bevölkerung bleibt passiv.

Die »Gesellschaft der alten Bolschewiki« löst sich ebenso wie wenig später die »Gesellschaft ehemaliger politischer Gefangener und Verschickter« in der Sowjetunion auf, wie es heißt, »auf eigenen Wunsch«. In den Organisationen waren Veteranen der Oktoberrevolution zusammengeschlossen. Sie sind dem Stalin-Regime suspekt und fallen in der Folge großenteils stalinistischen »Säuberungen« zum Opfer.

Der US-amerikanische Leichtathlet James Cleveland »Jesse« Owens stellt in Ann Arbor im US-Bundesstaat Michigan innerhalb von 45 Minuten vier Weltrekorde auf. Owens überspringt u. a. mit 8,13 m als erster die 8-m-Marke im Weitsprung. → S. 97

### 26. Mai, Sonntag

Vor 150 000 Zuschauern gewinnt der Italiener Luigi Fagioli (Mercedes) in Berlin das Avusrennen. Der Deutsche Hans Stuck (Auto-Union) wird Vierter. → S. 97

In einem Fußball-Länderspiel in Dresden schlägt Deutschland die Tschechoslowakei 2:1. → S. 97

### 27. Mai, Montag

Der Oberste Gerichtshof der USA erklärt in Washington den »National Industrial Recovery Act« (NIRA) für gesetzeswidrig. → S. 91

Die türkische Nationalversammlung beschließt in Ankara ein Gesetz, wonach in Zukunft anstelle des Freitags – des moslemischen Feiertages – der Sonntag in der Türkei als wöchentlicher Ruhetag eingeführt wird (→ 6. 2./S. 36).

### 28. Mai, Dienstag

Ein Erlaß des preußischen Innenministeriums ermächtigt die Polizei in Preußen, vorbestrafte »unverbesserliche Berufsverbrecher« als präventive Maßnahme in »Erziehungslagern« festzuhalten, ohne daß ein konkretes Verbrechen begangen wurde. → S. 89

Die Bank von Frankreich erhöht zum drittenmal innerhalb von fünf Tagen den Diskontsatz, diesmal ungewöhnlich stark von 4% auf 6%. Dadurch soll der massive Goldabfluß aus Frankreich – allein am 27. Mai im Wert von 1,3 Mrd. Franc – gestoppt werden, der die Stabilität der Währung bedroht (→ 17. 7./S. 121).

### 29. Mai, Mittwoch

In einer Rede vor dem Nationalrat in Wien wirft der österreichische Bundeskanzler Kurt Schuschnigg der deutschen Politik Einmischung in österreichische Angelegenheiten vor und verlangt von Hitler, Österreich als gleichberechtigten Staat zu behandeln.

Zu blutigen Zusammenstößen zwischen schwarzen Bergarbeitern und Regierungstruppen kommt es in den Minen Nord-Rhodesiens. Sechs Arbeiter werden erschossen. → S. 91

### 30. Mai, Christi Himmelfahrt

Ein Erdbeben zerstört die Stadt Quetta im Nordwesten Indiens (Britisch-Belutschistan). 40 000 Menschen kommen ums Leben. → S. 95

### 31. Mai, Freitag

Der französische Ministerpräsident Pierre Étienne Flandin tritt in Paris als Ministerpräsident zurück. Das Parlament hatte seiner Regierung weitgehende gesetzgeberische Vollmachten zur Beseitigung der Finanzkrise des Landes verwehrt. Nachfolger Flandins wird Fernand Bouisson. → S. 90

Eine Anweisung der Reichsmusikkammer hebt den Boykott gegen den Komponisten Eduard Künnecke auf, der wegen der Heirat Künneckes mit einer jüdischen Frau verhängt worden war. Grund für die Aufhebung des Boykotts ist die große Popularität des Komponisten in der Bevölkerung. → S. 96

**Das Wetter im Monat Mai**

| Station | Mittlere Lufttemperatur (°C) | Niederschlag (mm) | Sonnenscheindauer (Std.) |
|---|---|---|---|
| Aachen | 10,8 (12,8) | 52 ( 67) | – (205) |
| Berlin | 11,5 (13,7) | 50 ( 46) | – (239) |
| Bremen | 11,5 (12,8) | 61 ( 56) | – (231) |
| München | 10,8 (12,5) | 75 (103) | – (217) |
| Wien | 12,6 (14,6) | 90 ( 71) | 274 (173) |
| Zürich | 11,7 (12,5) | 105 (107) | 213 (207) |

( ) Langjähriger Mittelwert für diesen Monat
– Wert nicht ermittelt

*Der US-amerikanische Marineoffizier und Polarforscher Richard Evelyn Byrd während einer seiner vier großen Antarktisexpeditionen (zwischen 1928 und 1947). Byrd gelang 1929 der erste Flug zum Südpol (Titelblatt der »Berliner Illustrirten Zeitung« vom 6. Mai 1935).*

Nummer 20 16. Mai 1935 — 44. Jahrgang Preis 20 Pfennig

# Berliner Illustrirte Zeitung

Auf einsamem Vorposten in der Südpolarnacht: Admiral Byrd, der 200 Kilometer entfernt von seiner Expedition in völliger Einsamkeit auf vorgeschobener Beobachtungsstation überwinterte. Admiral Byrd wäre beinahe durch die giftigen Gase seines Petroleumofens ums Leben gekommen.

Aufnahme: New York Times

## 120 Tage im Schneegrab

### Wie die Byrd-Expedition die Polarnacht im unterirdischen Eisverlies verbrachte

*Bildbericht in diesem Heft!*

## Tag der Arbeit von NSDAP vereinnahmt

**1. Mai.** *Am »Feiertag der nationalen Arbeit« finden im Deutschen Reich zahlreiche Kundgebungen statt. Den Höhepunkt bildet die Ansprache Adolf Hitlers auf dem Tempelhofer Feld in Berlin, wo sich trotz kalter Witterung und Schneeschauer 1,7 Mio. Menschen eingefunden haben. Bei dieser Veranstaltung, die auch von der Wehrmacht mit einem Fackelzug propagandistisch genutzt wird, nimmt Reichsorganisationsleiter Robert Ley die feierliche Verpflichtung der 50 000 betrieblichen Vertrauensmänner im ganzen Reich vor. Anschließend empfängt Hitler eine Arbeiterdelegation und die Sieger der Berufswettkämpfe in der Reichskanzlei.*

◁◁ Hitler auf dem Tempelhofer Feld
◁ Kundgebung im Berliner Lustgarten

# Hitler: Kein Interesse an Eroberungen und Bündnissen

**21. Mai.** Vor dem Reichstag in Berlin hält Führer und Reichskanzler Adolf Hitler eine im In- und Ausland stark beachtete Rede, in der er sich zu Fragen der europäischen Sicherheit äußert. Vor dem Hintergrund der Stresa-Konferenz (→ 11. 4./S. 70) und dem am → 2. Mai (S. 90) abgeschlossenen Sicherheitspakt zwischen Frankreich und der Sowjetunion beteuert Hitler den Friedenswillen des Reiches.

»Wenn das heutige Deutschland für den Frieden eintritt, dann tritt es für ihn ein weder aus Schwäche noch aus Feigheit. Es tritt für den Frieden ein aus einer anderen Vorstellung, die der Nationalsozialismus von Volk und Staat besitzt. Denn dieser sieht in der machtmäßig erzwungenen Einschmelzung eines Volkes in ein anderes wesensfremdes nicht nur kein erstrebenswertes politisches Ziel, sondern als Ergebnis eine Gefährdung der inneren Einheit... Seine Lehre lehnt daher den Gedanken einer nationalen Assimilation dogmatisch ab.«

In der Folge entwickelt Hitler die Theorie, die Siegermächte des Ersten Weltkriegs hätten den Versailler Friedensvertrag durch einseitige Aufrüstung gebrochen, während das Deutsche Reich militärisch zur »förmlichen Selbstaufgabe« gezwungen worden sei. Aus diesem Sachverhalt leitet er die Unwirksamkeit gegenseitiger Friedensverträge ab: »Wenn wir aber dem deutschen Volk ein weiteres Blutvergießen ersparen wollen, selbst dort, wo dies mit einem Opfer für uns verbunden ist, dann denken wir nicht daran, unser Blut wahllos für fremde Interessen zu verpfänden. Wir denken nicht daran, für jeden irgendwie möglichen, von uns weder bedingten, noch zu beeinflussenden Konflikt unser deutsches Volk, seine Männer und Söhne, vertraglich zu verkaufen! Der deutsche Soldat ist zu gut, und wir haben unser Volk zu lieb, als daß wir es mit unserem Gefühl von Verantwortung vereinbaren könnten, uns in nicht absehbaren Beistandsverpflichtungen festzulegen. Wir glauben damit auch der Sache des Friedens besser zu dienen, denn es kann das nötige Gefühl der Verantwortung jedes einzelnen Staates nur erhöhen, wenn er nicht von vorneherein weiß, in seinem Konflikt große und mächtige Verbündete zu haben.« Den Vorwurf des Völkerbunds, das Deutsche Reich habe durch die Wiedereinführung der Wehrpflicht (→ 16. 3./S. 50) die bindenden Verpflichtungen des Versailler Vertrages gebrochen, verwirft Hitler als »neue Diskriminierung«, die es »der deutschen Reichsregierung unmöglich macht, in diese Institution zurückzukehren, ehe nicht die Voraussetzungen für eine wirkliche gleiche Rechtslage aller Teilnehmer geschaffen ist.« Deshalb sei es notwendig, »zwischen dem Vertrag von Versailles, der aufgebaut ist auf der Unterscheidung der Nationen in Sieger und Besiegte, und dem Völkerbund, der aufgebaut sein muß auf der Gleichbewertung und Gleichberechtigung all seiner Mitglieder, eine klare Trennung herbeizuführen«.

*Adolf Hitler bei seiner »Friedensrede« vor dem Reichstag; hinter ihm Reichstagspräsident Hermann Göring*

# Finanzierung des Rüstungsprogramms »nahezu unmöglich«

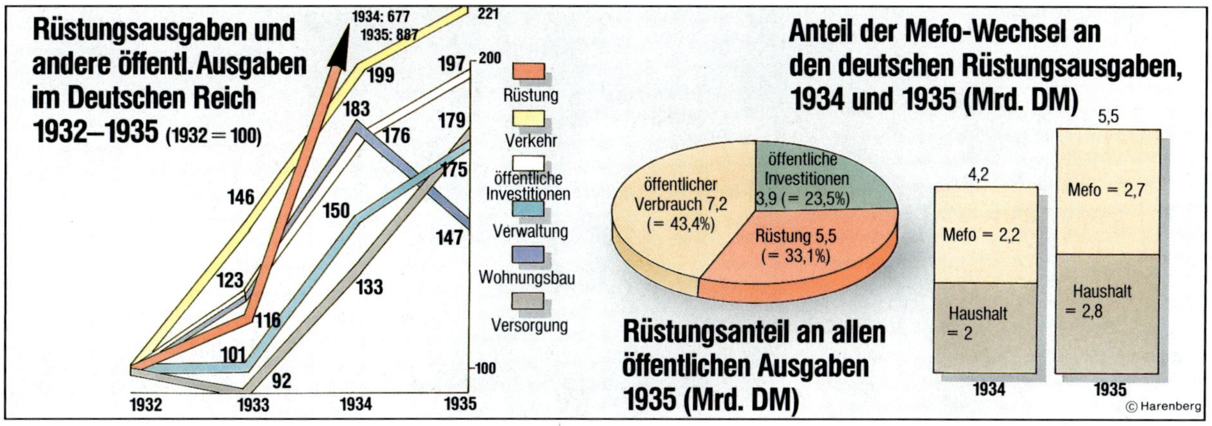


**3. Mai.** In einer geheimen Denkschrift räumt Reichswirtschaftsminister Hjalmar Schacht der Aufrüstung absolute Priorität bei der Wirtschaftspolitik ein. Er warnt jedoch davor, die Rüstung mit Maßnahmen zu finanzieren, die der Inflation Vorschub leisten.

Schacht betont, »daß die Durchführung des Rüstungsprogramms nach Tempo und Ausmaß die Aufgabe der deutschen Politik ist, daß demnach alles andere diesem Zweck untergeordnet werden muß, soweit nicht durch Vernachlässigung anderer Fragen das eine Hauptziel etwa gefährdet wird«. Trotz Wiedereinführung der allgemeinen Wehrpflicht im März (→ 16. 3./S. 50) und der damit offen sichtbaren Aufrüstung im Deutschen Reich glaubt der Wirtschaftsminister deren tatsächliches Ausmaß verheimlichen zu müssen: »Auch nach dem 16. März 1935 besteht die Schwierigkeit weiter, daß man eine propagandistische Bearbeitung des deutschen Volkes zur Unterstützung der Rüstung nicht vornehmen kann, ohne unsere Lage international zu gefährden. Die in sich schon nahezu unmögliche Finanzierung des Wehrprogramms wird hierdurch noch ganz besonders erschwert.«

Die Finanzierungsprobleme liegen u. a. im Devisenmangel des Reichs begründet, der den Ankauf der nötigen Rohstoffe nicht im gewünschten Maß zuläßt. Um dieser Schwierigkeit zu begegnen, hat die deutsche Regierung den gesamten Außenhandel schon 1934 einer rigorosen staatlichen Kontrolle unterworfen und beschneidet seitdem zunehmend Importe, die nicht rüstungsorientiert sind (→ 8. 2./S. 39; S. 92/93). Aber auch die Bezahlung von Rüstungsaufträgen, die deutsche Unternehmen ausführen – wozu also nicht unbedingt Devisen erforderlich sind –, macht der Reichsregierung Schwierigkeiten. Schacht, der auch Reichsbankpräsident ist, lehnt in diesem Zusammenhang eine Finanzierung per Inflation ab: »Die Notenpresse kann zur Finanzierung der Rüstung nur in dem Umfange herangezogen werden, als die Aufrechterhaltung des Geldwertes es erlaubt. Jede Inflation steigert die Preise der ausländischen Rohstoffe und steigert die inländischen Preise, ist also eine Schlange, die sich in den Schwanz beißt. Der Umstand, daß unsere Rüstung bis zum 16. März 1935 völlig... getarnt werden muß(te), hat dazu geführt, daß die Notenpresse schon am Anfang des ganzen Rüstungsprogramms in Anspruch genommen worden ist...«

Mit Hilfe eines von Schacht vorgeschlagenen finanztechnischen Tricks, den sog. Mefo-Wechseln, versucht die NS-Regierung, Rüstungsaufträge ohne Belastung des Reichshaushalts und ohne inflationäre Wirkung zu finanzieren. Zu diesem Zweck wurde 1933 die »Metallurgische Forschungsgesellschaft m. b. H.« (Mefo) gegründet, in die vier an der Rüstung beteiligte Firmen der Schwerindustrie (Krupp, Siemens, Rheinmetall und Gute Hoffnungshütte) ein Aktienkapital von einer Million RM einbrachten. Die Reichsregierung kann Rüstungsaufträge mit Wechseln bezahlen, die auf diese Scheinfirma ausgestellt sind und die bei der Reichsbank einlösbar sind. Der Vorteil besteht für die Regierung darin, daß die Lieferanten ihre Mefo-Wechsel, die auch verzinst werden, erst mit einer zeitlichen Verzögerung einlösen. Dadurch wird eine inflationär wirkende Steigerung des Geldumlaufs zunächst vermieden.

*Hjalmar Schacht (l.), mit Frau und Sohn in seiner Wohnung. Der Reichswirtschaftsminister und Reichsbankpräsident wird am 21. Mai 1935 von Hitler zum »Generalbevollmächtigten für die Kriegswirtschaft« ernannt. Im Kriegsfall hat er in dieser Funktion laut Reichsverteidigungsgesetz »alle wirtschaftlichen Kräfte in den Dienst der Kriegführung zu stellen«.*

## *Der Weg zu Hitler: Hjalmar Schacht*

Als Bankier beschränkt sich Hjalmar Schacht seit Beginn der Weimarer Republik keineswegs auf die Rolle eines unpolitischen Finanzexperten, sondern betreibt aktiv Politik. So zählte er 1918 zu den Gründern der linksliberalen Deutschen Demokratischen Partei (DDP), von der er allerdings in konservativer Richtung abrückte. 1926 verließ er die DDP.

Als Präsident der Reichsbank war Schacht seit 1923 maßgeblich an der Währungsreform (1924) und an der Regelung der Reparationsleistungen an die Siegermächte des Ersten Weltkrieges beteiligt. Aufgrund innenpolitischer Auseinandersetzungen distanzierte er sich 1930 vom »Youngplan« zur Streckung der Reparationen, der von ihm mit ausgehandelt worden war: Er trat als Reichsbankpräsident zurück.

Noch im gleichen Jahr knüpfte Schacht Kontakte zur NSDAP. 1932 forderte er gemeinsam mit anderen Industriellen und Bankiers Reichspräsident Paul von Hindenburg auf, Hitler zum Reichskanzler zu ernennen. Als Mitbegründer der rechtsextremen sog. Harzburger Front organisierte er 1933 die massive finanzielle Unterstützung der NSDAP durch deutsche Großunternehmen. Seit März 1933 ist Schacht wiederum Reichsbankpräsident, seit Januar 1935 Wirtschaftsminister (→ 30. 1./S. 20).

# Erster Abschnitt der Reichsautobahn wird eingeweiht

△ *Der Wagen von Führer und Reichskanzler Adolf Hitler zerreißt das weiße Band: Die Autobahnstrecke Frankfurt–Darmstadt ist eröffnet. Oskar Weller vom »Illustrierten Beobachter« beschreibt das neue Fahrgefühl auf der Autobahn so: »... kein Radfahrer ist zu sehen, kein Fuhrwerk, keine Bahnschranke ... aus der Ferne kommt ein Wagen entgegen, du gehst unwillkürlich ganz scharf nach rechts – keine Sorge: ihr begegnet euch durch fast 20 m Straßen- und Schutzstreifenbreite getrennt ... und nun kommt allmählich das herrliche Gefühl der Sicherheit: diese Straße ist lückenlos abgesperrt, hier kann einfach nichts passieren, wenn einigermaßen vernünftig gefahren wird.«*

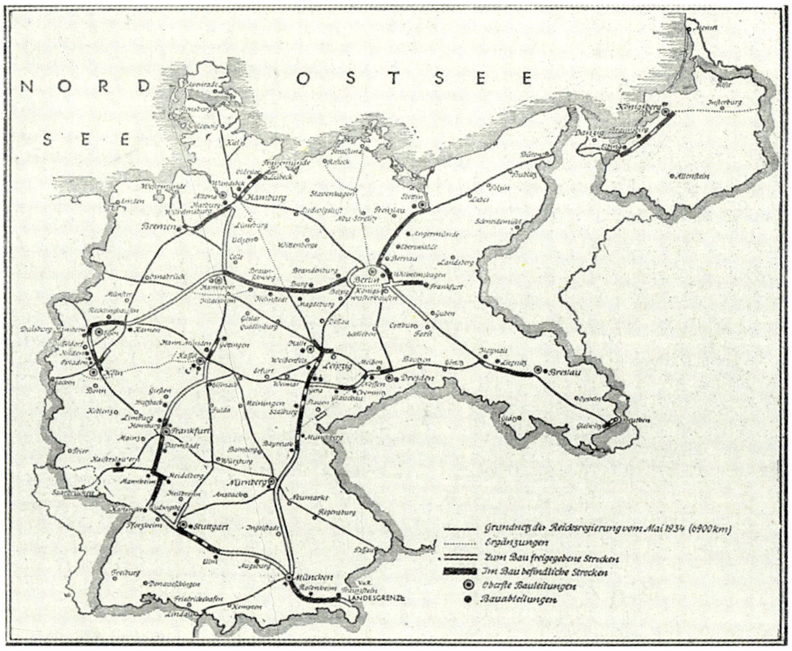


◁ *Das geplante Autobahnnetz im Deutschen Reich; Karte aus der »Berliner Illustrirten Zeitung«.*

**19. Mai.** Im Beisein einer unüberschaubaren Menschenmenge übergibt Führer und Reichskanzler Adolf Hitler das erste Teilstück der Reichsautobahn zwischen Frankfurt am Main und Darmstadt dem Verkehr.

Anschließend fährt Hitler an der Spitze einer Wagenkolonne mit 4000 am Bau beteiligten Arbeitern die gesamte Strecke ab.

Am 23. September 1933 haben die Arbeiten an den »Straßen des Führers« begonnen. Damals bezeichnete Hitler das Projekt als »zweite Welle« der Arbeitsbeschaffung, die »durch große monumentale Arbeiten irgendwo zunächst die deutsche Wirtschaft wieder in Gang« setzen sollte. Zu diesem Zweck hatte die Reichsregierung am 27. Juni 1933 ein Gesetz über den Aufbau des Unternehmens »Reichsautobahn« erlassen und zur Realisierung der Pläne die Oberste Reichsbehörde des Generalinspektors eingerichtet, zu deren Chef der Ingenieur Fritz Todt berufen wurde.

Todt, der als Generalinspektor für das deutsche Straßenwesen (GdS) persönlich dem Führer untersteht, ist für die gesamte bauliche Durchführung und Gestaltung sowie den Ankauf des benötigten Bodens verantwortlich. Er zentralisierte die Verwaltung des Straßenbaus, der bis 1933 den jeweiligen Länderbehörden oblag. Zur Finanzierung der »Gesellschaft Reichsautobahn«, die als Tochtergesellschaft der Reichsbahn gegründet worden war, entstand mit der »Deutschen Verkehrs-Kredit-Bank« eine eigene Finanzierungseinrichtung.

Mit ihrem Baukonzept greifen die Nationalsozialisten auf Pläne aus der Weimarer Republik zurück. Bereits 1921 war die Berliner »Automobil-Verkehrs- und Übungsstraße« (AVUS) eröffnet worden. 1932 folgte die 20 km lange kreuzungsfreie Straßenverbindung zwischen Köln und Bonn.

Vor dem Hintergrund einer wachsenden Automobilisierung war schon 1926 die HAFRABA-Gesellschaft entstanden, die sich mit der Vorbereitung einer Strecke Hamburg–Frankfurt–Basel beschäftigte. In der Zeit der Weltwirtschaftskrise hob die HAFRABA vor allem den beschäftigungspolitischen Aspekt des Straßenbaus hervor. So heißt es in einer HAFRABA-Schrift: »Nirgends können so viele ungelernte Arbeiter Beschäftigung finden als gerade im Straßenbau.«

Die Verminderung der Arbeitslosigkeit hatten die Nationalsozialisten nach der Machtergreifung 1933 als vordringlichstes Ziel ihrer Politik propagiert. Innerhalb von zwei Jahren gelang es ihnen – u. a. durch Vergabe öffentlicher Aufträge durch den Staat in Höhe von 5 Mrd. RM –, die Arbeitslosenzahl von über 6 Mio. Anfang 1933 unter die Zwei-Millionen-Grenze zu drücken. Dadurch vermochte Hitler das NS-System innenpolitisch zu stabilisieren und seine eigene Populariät zu steigern. Die Zahl der im Autobahnbau Beschäftigten blieb allerdings hinter den avisierten Zielvorstellungen zurück. Zu Beginn der Bauarbeiten für die nun eröffnete Teilstrecke waren nur 700 Mann eingestellt worden. Obwohl der Einsatz technischer Hilfsmittel auf ein Minimum reduziert wurde, stieg diese Zahl nur zögernd, und das Maximum der 1933 in einem Monat eingesetzten Arbeiter betrug etwa 3900. 1934 stieg die Zahl der Beschäftigten sprunghaft auf über 83 000, um 1935 den Stand von 115 657 zu erreichen.

Der Straßenbau wird seit 1933 von Maßnahmen zur »Förderung der Motorisierung« flankiert. Mit dem Kraftfahrzeugsteuergesetz vom 11. April 1933 wurde z. B. die Besteuerung von neu zugelassenen PKW und Motorrädern erlassen. Darüber hinaus forderte Hitler von der Automobilwirtschaft die Konstruktion eines billigen Wagens.

*Im Gefolge der Prominenz befahren die Arbeiter, die am Bau des Autobahnabschnitts beteiligt waren, als erste die neue Strecke Frankfurt–Darmstadt.*

*»Die schöne Straße« ist nach Auffassung der nationalsozialistischen Bauherren ein Kunstwerk und den Bauten der Architektur zur Seite zu stellen. Als »Mittler zwischen Mensch und Landschaft« soll sie die Natur als Kulturraum erschließen helfen. Die sog. Autobahnmalerei soll die Straße als »Kulturdenkmal« verewigen und das »Gesamtkunstwerk Autobahn« künstlerisch vervollständigen.*

*Unter der Überschrift »Die Geheimsprache der Autobahn« werden im »Illustrierten Beobachter« neue Verkehrszeichen vorgestellt. Dabei handelt es sich um Vorwegweiser und Wegweiser, die »Abzweigungen« (Abfahrten) ankündigen und damit den hohen Geschwindigkeiten auf der Autobahn (70–100 km/h) Rechnung tragen. Gleichzeitig ermöglichen sie eine problemlose Orientierung.*

# Kerngesunde und »arische« Kinder für den »Führer«

Das nationalsozialistische Regime ist nach den Vorstellungen von Führer und Reichskanzler Adolf Hitler auf eine Bevölkerungspolitik der Geburtensteigerung angewiesen, um seine Ziele der Eroberung neuen Lebensraums und schließlich der Weltherrschaft verwirklichen zu können. Neben der Steigerung der Bevölkerungszahl wird jedoch auch die »Wiederbelebung der germanischen Rasse« und damit die Stärkung der überlegenen »Herrenrasse« beabsichtigt.
Mit der Machtergreifung der Nationalsozialisten wurden daher alle Emanzipationsbestrebungen der deutschen Frauen, die im 19. Jahrhundert eingesetzt hatten, zunichte gemacht. Die Emanzipation wird als frauen- und ehefeindliche Entwicklung verunglimpft, die die Frau zum »sexuellen Gemeineigentum« herabwürdigt. Allein die Ehe wird als die der Frau entsprechende und natürliche Lebensweise propagiert.
In der nationalsozialistischen Hierarchie steht die Frau noch unter dem Mann, dem sie als »Gefährtin« zur Seite gestellt wird, um ihn so bei seinen großen Aufgaben für Volk und Vaterland unterstützen zu können. Ihre Funktion für den Staat wird zunächst nur in der Rolle der Mutter gesehen, die dem »Führer« möglichst viele kerngesunde, »arische« Kinder schenken soll. Die geschlechtsspezifischen Aufgaben der Frau gründen in ihren angenommenen »natürlichen mütterlichen Gefühlen und Instinkten«, die ihr nur den Zugang zu »arteigenen« Berufen gestatten. Liebe, Empfängnis und Geburt werden zu heroischen Höhepunkten im Leben einer Frau hochstilisiert, die Verweigerung der Mutterschaft als Verrat am Volk verurteilt und mit »Fahnenflucht« gleichgestellt. »Die Frau hat die Aufgabe, schön zu sein und Kinder zur Welt zu bringen. Dies ist gar nicht so roh und und unmodern, wie sich das anhört. Die Vogelfrau putzt sich für den Mann und brütet für ihn die Eier aus« beschreibt Reichspropagandaminister Joseph Goebbels programmatisch das nationalsozialistische Frauenbild.
Eheschließungen werden propagandistisch und finanziell massiv unterstützt und sogar unter Druck herbeigeführt. So werden z. B. Beamte nur dann befördert oder auf Lebenszeit ernannt, wenn sie eine Familie gründen. Frauen sollen nach eugenischen Gesichtspunkten ausgesucht werden, für deren Einhaltung eigens eingerichtete Gesundheitsämter zuständig sind. In einem Leitfaden für SS-Mitglieder heißt es z. B. »Jeder SS-Mann soll sich mindestens eine gleichwertige, möglichst sogar rassisch höherwertige Frau aussuchen«.
Ehe- und Geschlechtsleben sind im nationalsozialistischen Staat noch weniger als früher Privatsache, sondern werden den »höheren Zielen der Volksgemeinschaft« untergeordnet. In erster Linie hat die Ehe der Erhaltung der deutschen Nation zu dienen.
Für die Vorbereitung der Frau auf ihre Mutterrolle sorgt von früher Jugend an neben der Schule der Bund Deutscher Mädel (BDM). Den Mädchen wird hier das nationalsozialistische Frauenbild vermittelt und sie werden auf ihre Aufgaben für den Staat vorbereitet.
Das Deutsche Frauenwerk (DFW), Dachverband der gleichgeschalteten Frauenverbände unter der Führung der Nationalsozialistischen Frauenschaft, veranstaltet praktische Lehrgänge, Kultur- und Sportveranstaltungen, um hierbei frauenspezifische Themen und Fragen aufzugreifen und die NS-Ideologie zu verbreiten. 1935 wird die Nationalsozialistische Frauenschaft, die einzige parteiamtliche Frauenorganisation, der NSDAP angegliedert und damit Organisationen wie SA und SS gleichgestellt. Auch als organisierte Gruppe bleiben die Frauen allerdings politisch völlig bedeutungslos.
Der Widerspruch zwischen nationalsozialistischer Ideologie und Praxis zeigt sich besonders im Zeichen des beginnenden Arbeitskräftemangels. Frauen werden verstärkt – entgegen der offiziellen Rollenzuteilung – als Arbeitskräfte in Bereichen eingesetzt, die für die Kriegswirtschaft wichtig sind.

*In der »Augsburger Mütterschule« erhalten Frauen einen Kursus in Säuglingspflege, der sie auf ihre zukünftige Rolle als Mutter vorbereiten soll.*

*Adolf Hitler gratuliert den Siegerinnen bei den Reichsberufswettkämpfen in der Reichskanzlei.*

*Die ganze Familie unterstützt die Arbeit dieses Bauernsiedlers in der Garlstedter Heide.*

*Reichsfrauenführerin Scholtz-Klink (2. v. l.) und Frick (3. v. l.) auf der Ausstellung »Frau und Volk«*

*Reichsfrauenführerin Gertrud Scholtz-Klink mit ihren vier Kindern*

# Ausstellung »Frau und Volk«

**11. Mai.** Am Vorabend des Muttertages wird in Düsseldorf die Reichsausstellung »Frau und Volk« eröffnet, die vom Institut für Deutsche Wirtschaftspropaganda, der Nationalsozialistischen Frauenschaft (NSF) und einigen, dem Deutschen Frauenwerk angeschlossenen Verbänden organisiert worden ist.

Bei Eröffnung der Schau äußert sich die Gaufrauenschaftsleiterin Margarete Blaß zur Bedeutung der Veranstaltung. Sie wolle »Rechenschaft geben von der Arbeit der deutschen Frau, praktisch Bericht erstatten über den Arbeitsweg der deutschen Frau ... und zuletzt jeden Deutschen aufrütteln, seiner Kraft bewußt zu werden und die Notwendigkeit des einheitlichen Wirkens dieser Kraft zu erkennen.«

Dem Besucher bietet sich in mehreren Ausstellungshallen vor allem die Möglichkeit, sich über die Aktivitäten der NSF zu informieren. Die Organisation wurde am 1. Oktober 1931 als Zusammenschluß aller weiblichen Mitglieder der NSDAP gegründet. Unter dem Vorsitz von »Reichsfrauenführerin« Gertrud Scholtz-Klink beansprucht die NSF die Leitung aller Frauenverbände im Sinne einer »weltanschaulichen, kulturellen und volkswirtschaftlichen Führung.« Hinter diesen ideologischen Ansprüchen verbirgt sich in der Praxis die Schulung von nicht berufstätigen Hausfrauen. In Einrichtungen wie dem Mütterdienst werden Ehefrauen und solche, die es werden wollen, über die »Pflichten der Mutterschaft« belehrt und mit den Grundbegriffen der Haushaltsführung vertraut gemacht. Neben der pragmatischen Ausrichtung auf die Rolle der Mutter und liebenden Ehefrau richtet sich das Augenmerk in den Schulungsprogrammen auf die rassischen Grundlagen des neuen deutschen Staates.

Trotz ihrer vielfältigen Aktivitäten bleibt die Nationalsozialistische Frauenschaft politisch weitgehend ohne Bedeutung.

# Klöster auf der Anklagebank

**17. Mai.** Im ersten sog. Devisenprozeß verurteilt ein Berliner Schöffengericht Wernera Wiedenhöfer, eine Ordensschwester der Vinzentinerinnen, zu fünf Jahren Zuchthaus, Verlust der bürgerlichen Ehrenrechte für fünf Jahre und einer Geldstrafe von 140 000 RM.

Der Angeklagten wird die »geistige Urheberschaft« an Transaktionen vorgeworfen, bei denen zwischen 1932 und 1934 insgesamt 252 000 RM an Ordensgeldern über Belgien in die Niederlande gebracht worden sind, ohne daß vorher die notwendige Genehmigung der staatlichen Devisenstelle eingeholt worden war.

Der Prozeß löst eine Welle von weiteren 60 »Priesterprozessen« aus, die der NS-Presse in den folgenden Monaten Material zur Diffamierung der katholischen Kirche liefern. In einem Kommentar des NS-Hetzblattes »Der Angriff« zum Prozeß in Berlin heißt es, das Volk werde stutzig, wenn es sähe, daß hier nicht eine Einzelverfehlung vorliege, sondern ein ganzes System von Verbrechen aufgedeckt werde. Die Verantwortung für die zahlreichen Devisenverbrechen bleibe »ganz und gar im katholischen Rahmen.«

Nach umfangreichen Klosterdurchsuchungen im Rahmen der Devisenprozesse ermittelt die Gestapo im Laufe des Jahres auch wegen des Verdachts von Sittlichkeitsdelikten gegen zahlreiche Priester und Ordensgeistliche. Der propagandistische Hintergedanke des NS-Regimes, durch gezielte Diffamierung einen Keil zwischen Kirchenvolk und katholische Würdenträger zu treiben, bleibt allerdings weitgehend wirkungslos.

*Die satirische Wochenzeitschrift »Simplicissimus« karikiert die Priesterprozesse.*

## Ohne Verurteilung ins Erziehungslager

**28. Mai.** Das preußische Innenministerium weist in zwei Erlassen darauf hin, daß zum Aufgabengebiet der Polizei neben der Verfolgung begangener Straftaten vor allem die Verhütung von Verbrechen gehöre.

Deshalb wird die Polizei ermächtigt, mehrfach vorbestrafte »Berufsverbrecher« in Erziehungslager zu sperren. Darüber hinaus sieht der Erlaß u. a. vor, Einbrechern, die vornehmlich nachts gearbeitet haben, eine Anwesenheitspflicht in ihrer polizeilich gemeldeten Wohnung zwischen 23 Uhr und 6 Uhr aufzuerlegen. Ehemaligen Heiratsschwindlern wird die Aufgabe von Chiffreanzeigen verboten.

## Antijüdische Liga tagt in Nürnberg

**9. Mai.** Unter starkem Publikumsandrang findet im Nürnberger Herkules-Velodrom die erste öffentliche Kundgebung der »Antijüdischen Weltliga« statt. Die Halle muß schon bald nach Beginn der Veranstaltung wegen Überfüllung geschlossen werden.

Hauptredner ist der Leiter des »Zentralkomitees zur Abwehr der jüdischen Greuel- und Boykotthetze«, Julius Streicher. Der Herausgeber des NS-Blattes »Der Stürmer« richtet scharfe Angriffe gegen das jüdische Volk: Wer die Rassenfrage kenne, wisse, daß der wahre Feind der ewige Jude sei, der kein Vaterland, der das Gold zum Gott habe.

# Beistandspakt Frankreich-Sowjetunion

**2. Mai.** In Paris unterzeichnen Frankreichs Außenminister Pierre Laval und der sowjetische Botschafter W. Potemkin den französisch-sowjetischen Beistandspakt.
Darin verpflichten sich beide Seiten für die Dauer von fünf Jahren zur gegenseitigen militärischen Hilfe, falls eines der beiden Länder »Gegenstand eines nicht herausgeforderten Angriffs von seiten eines europäischen Staates sein sollte«.
Der Vertragsabschluß steht wie das Abkommen von Stresa (→ 11. 4./S. 70) und das am 16. Mai unterzeichnete sowjetische Militärbündnis mit der Tschechoslowakei im Zeichen der europäischen Friedenssicherung. Nachdem 1934 die Pläne des ehemaligen französischen Außenministers Louis Barthou, Europa durch einen kollektiven Sicherheitspakt auf Dauer zu befrieden, am Widerstand des Deutschen Reichs und Polens gescheitert waren, setzte eine Phase bilateraler Bündnisse ein. Das Abkommen zwischen der Sowjetunion und Frankreich wird gleichzeitig durch die Wiederaufrüstung im Deutschen Reich beschleunigt (→ 26. 2./S. 38; 16. 3./S. 50).
Für das Deutsche Reich interpretiert das Auswärtige Amt in Berlin die Vertragsabschlüsse auch als militärisch eindeutig gegen das Reich gerichtet. Entsprechende Protestschreiben von Führer und Reichskanzler Adolf Hitler werden in Moskau und Paris überreicht.

*Unterzeichnung des Paktes im französischen Außenministerium (sitzend der sowjetische Botschafter Potemkin, r. stehend Außenminister Laval).*

*Am 13. Mai kommt Laval in Moskau zu Gesprächen mit Stalin zusammen (v. l.: M. M. Litwinow, W. M. Molotow, W. Potemkin, J. W. Stalin, P. Laval).*

## Paris: Finanzkrise fordert neue Opfer

**31. Mai.** Frankreichs Ministerpräsident Pierre Étienne Flandin tritt in Paris von seinem Amt zurück, nachdem das Parlament seiner Regierung weitgehende gesetzgeberische Vollmachten zur Beseitigung der Finanzkrise verweigert hatte.
Mit der Bildung des neuen Kabinetts beauftragt Präsident Albert Lebrun den Kammerpräsidenten Fernand Bouisson. Nach dreitägiger Amtsdauer scheitert aber auch Bouisson im Parlament, das ihm mit 264 zu 262 Stimmen die Zustimmung zum Ermächtigungsgesetz verweigert. Daraufhin wird am 7. Juni Außenminister Pierre Laval – zum dritten Mal – mit der Regierungsbildung beauftragt.
Die Regierungskrise steht im Zusammenhang mit den Auswirkungen der Weltwirtschaftskrise, die sich mit zeitlicher Verzögerung gegenüber anderen europäischen Ländern seit 1930 auch in Frankreich bemerkbar macht. Ohne Erfolg versuchten in der Folgezeit die rasch wechselnden Regierungen, der Finanzkrise durch eine starre Deflationspolitik Herr zu werden, die vor allem die Abwertung der französischen Währung im Auge hatte. Neben der parlamentarischen Dauerkrise verschärften sich die sozialen Konflikte und führten zu einer politischen Radikalisierung der am meisten von der Krise betroffenen Mittelschicht.

# »Deutsche« Partei stärkste Fraktion im Prager Parlament

**19. Mai.** Die Wahlen zum tschechoslowakischen Parlament bescheren der Sudetendeutschen Partei (SdP) unter Konrad Henlein einen unerwartet großen Erfolg. Die SdP wird stimmenstärkste Partei und erhält 44 der 300 Mandate im neuen Parlament in Prag.
Henleins Forderung, anstelle der bisherigen deutschen Parteien, den Deutschen Sozialdemokraten und dem Bund der Landwirte die SdP an der Regierung zu beteiligen, wird von Ministerpräsident Johann Malypetr allerdings abgelehnt.
Nach dem Verbot der Deutschen Nationalsozialistischen Arbeiterpartei (DNSAP) hatte Henlein 1933 die Sudetendeutsche Heimatfront (SHF) als Sammelbewegung der Sudetendeutschen gegründet. Der Wahlkampf der am 30. April 1935 in Sudetendeutsche Partei umbenannten Bewegung wurde massiv aus dem Deutschen Reich mitfinanziert: Mit Hitlers Wissen flossen über 300 000 RM in den Wahlfonds der SdP. Um die laufenden Ausgaben der Partei zu decken, werden monatlich aus Berlin 15 000 RM überwiesen. Im Gegenzug unterstützt Henlein die Unterwanderung der SdP mit NS-Funktionären.

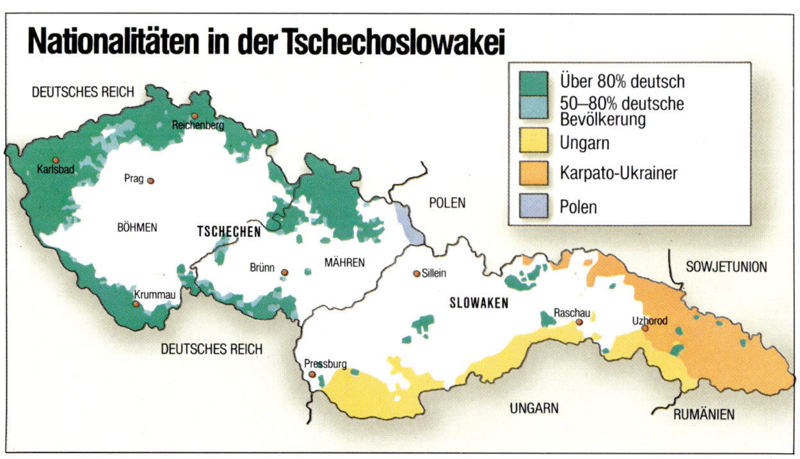

*Konrad Henlein (l.) im Wahlkampf: Ankunft in Mährisch-Schönberg.*

Im großen Salon des Schlosses Belvedere in Warschau wird Piłsudski aufgebahrt. Soldaten und Offiziere halten die Totenwache für den Marschall.

## Polen trauert um »Staatsführer« Jósef Klemens Pilsudski

**12. Mai.** *Im Alter von 68 Jahren stirbt in Warschau Jósef Klemens Piłsudski – als Verteidigungsminister und Generalinspekteur der Streitkräfte der eigentliche Machthaber in Polen. Der umstrittene Staatsmann war im November 1918 erstmals Staatschef seines Landes geworden und baute nach seinem Staatsstreich 1926 ein autoritäres Regime auf, dem zahlreiche Oppositionelle zum Opfer fielen. Kurz vor Piłsudskis Tod verabschiedete das Parlament auf seine Anweisung hin die sog. April-Verfassung, die dem Präsidenten ein Machtmonopol sichern soll. Danach wird der Präsident auf sieben Jahre gewählt, er kann die Regierung ernennen und in Notfällen alleine regieren.*

## Schwere Niederlage für den »New Deal«

**27. Mai.** Der Oberste Gerichtshof der USA erklärt in Washington den sog. National Industrial Recovery Act NIRA (Nationales Wiederaufbau-Gesetz) für verfassungswidrig. Das 1933 erlassene Gesetz, ein Kernpunkt der »New-Deal«-Politik von US-Präsident Franklin D. Roosevelt (→ 4. 1./S. 22), regelte bisher Preise, Löhne und Wettbewerbsbedingungen in Industrie und Handel. Jeder Industriezweig mußte einen entsprechenden Katalog vorlegen, der vom US-Präsidenten gebilligt und für die Branche verbindlich wurde.

Die Entscheidung des Gerichts hat weitgehende Bedeutung für die US-amerikanische Wirtschaft. Für etwa 22 Mio. Arbeiter in drei Mio. Betrieben werden Lohn- und Arbeitszeitvereinbarungen ungültig. Am 23. Mai hatte der US-Gewerkschaftsbund bereits mit einem Generalstreik gedroht, falls der NIRA nicht verlängert würde. Der Leiter der NIRA-Behörde, Donald Richberg, kündigt nach dem Urteil Maßnahmen der Regierung zur Durchführung der NIRA-Bestimmungen an.

# Neue Verfassung für Haiti

**9. Mai.** Die gesetzgebende Nationalversammlung Haitis verabschiedet in der Hauptstadt Port-au-Prince eine neue Verfassung.

Die wichtigste Bestimmung sieht die Direktwahl des Staatspräsidenten durch das Volk vor. Weiterhin werden Landeigentümer zur Bebauung ihres Besitzes verpflichtet, Französisch wird als offizielle Sprache festgelegt und die Schulpflicht obligatorisch eingeführt. Die Verfassung bekräftigt außerdem die Rechte der katholischen Kirche: Zwar ist die Bevölkerung Haitis überwiegend katholisch, gleichzeitig ist aber der Wodu-Kult äußerst populär.

Die Verfassung dokumentiert die neugewonnene relative Selbstbestimmung Haitis, nachdem die USA das Land zwischen 1915 und 1934 – u. a. zur strategischen Sicherung des Panama-Kanals – besetzt gehalten hatten. Auch nach Abzug der US-Truppen bleibt Haiti unter amerikanischer Finanzkontrolle.

*Die Karibikinsel Hispaniola beherbergt zwei Staaten: Haiti und die Dominikanische Republik. Viele der größtenteils dunkelhäutigen Bewohner des ärmeren Haiti arbeiten als schlechtbezahlte Tagelöhner auf den Plantagen jenseits der Grenze.*

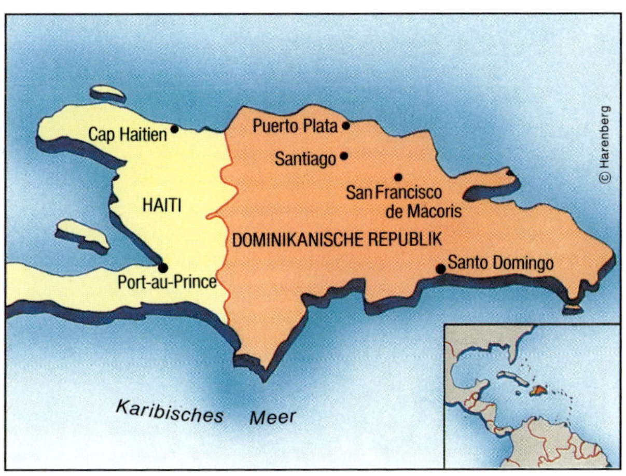


# Minenarbeiter im Ausstand

**29. Mai.** In Nord-Rhodesien (heute Sambia) treten fast 10 000 schwarze Minenarbeiter in den Streik. Sie protestieren damit gegen die niedrigen Löhne und ein neues Gesetz, das ihnen höhere Steuern auferlegt.

Im Laufe der Auseinandersetzungen, für die die britische Minengesellschaft die schwarze Geheimsekte »Wachturm« verantwortlich macht, kommen sechs Menschen ums Leben. Eine britische Kommission, die im September die Hintergründe des Aufruhrs untersucht, nennt vor allem soziale Ursachen für die Erhebung. Um nach dem neuen Gesetz die Steuern zu bezahlen, müssen die Minenarbeiter den Lohn eines ganzen Monats aufbringen. Darüber hinaus ist die Sicherheit der Arbeitsplätze meist nicht gewährleistet. Die Weltwirtschaftskrise und ein Überangebot an Arbeitskräften haben eine industrielle »Reservearmee« entstehen lassen, die in der Hoffnung auf eine Anstellung am Rande des Existenzminimums in den Minenstädten lebt.

Rhodesien, dessen Bodenschätze seit dem 19. Jahrhundert vornehmlich von Großbritannien ausgebeutet werden, wurde bis 1923 von der British South Africa Company (BSAC) verwaltet, ehe es 1924 als britisches Kronprotektorat in die Regierungsverantwortung der europäischen Siedler entlassen wurde. Das Land erhielt 1894 seinen Namen nach dem Begründer der BSAC, Cecil Rhodes.

*Regierungstruppen vor dem Abtransport in das Streikgebiet*

Wirtschaft 1935:

# Außenhandel und Staatsausgaben im Zeichen der Rüstung

1935 hat die industrielle Produktion den Stand von 1929 weltweit noch nicht wieder erreicht. Dies zeigt, wie tiefgreifend die Wirtschaftskrise zu Beginn der 30er Jahre die Volkswirtschaften international getroffen hat.

Mindestens ebenso einschneidend wie der Rückgang bei der Herstellung von Gütern ist der Schrumpfungsprozeß im Welthandel. Im Unterschied zur Warenproduktion nähert sich der Umfang des internationalen Handels allerdings nicht wieder dem Standard vor der Krise an. Er bleibt auch 1935 auf relativ niedrigem Niveau, weit unter den Werten etwa des Jahres 1929. Die Regierungen besonders der Industriestaaten schotten ihre nationalen Märkte mit hohen Zöllen gegen Einfuhren ab, um auf diese Weise mit ihrer zerrütteten Devisensituation fertigzuwerden. Protektionismus löst die Phase des Freihandels in den 20er Jahren ab.

Die Leidtragenden des internationalen Wirtschaftssystems sind vor allem die weniger entwickelten Staaten Afrikas, Asiens, Lateinamerikas und Osteuropas. In diesen Regionen leben noch 70 bis 80% der Bevölkerung von der Landwirtschaft, die Exportprodukte bestehen großenteils aus Nahrungsmitteln und agrarischen oder industriellen Rohstoffen. Die Entwicklung der Weltmarktpreise trifft diese Staaten katastrophal. Legt man einen Index von 100 für das Jahr 1925 zugrunde, so liegen die Preise für Rohstoffe 1935 nur noch bei 30,8. Noch schlechter sieht es bei agrarischen Rohstoffen aus, was teilweise auf sehr hohe Ernteerträge zurückzuführen ist. Der Preisindex für Industriewaren liegt dagegen 1935 bei 41,8. Die Austauschverhältnisse – die sog. terms of trade – verschlechtern sich für die ärmeren Nahrungsmittelproduzenten und -exporteure gegenüber den Industriestaaten immer weiter: Um den Import industrieller Fertigwaren bezahlen zu können, müssen mehr und mehr Rohstoffe exportiert werden. Die Industrieländer, vor allem Großbritannien, die USA, Frankreich, das Deutsche Reich und Italien, führen überwiegend Fertigwaren aus und profitieren damit von den internationalen Preisentwicklungen. Folge der Verelendung der ärmeren Länder sind soziale Unruhen und teilweise das Vordringen autoritärer Regime wie in einer Reihe agrarisch geprägter Staaten Südosteuropas – Bulgarien, Griechenland, Rumänien – sowie in Lateinamerika und der Karibik.

Die militärische Rüstung spielt zwar volkswirtschaftlich auch anderswo eine wichtige Rolle, verändert aber nirgendwo sonst die Struktur der Wirtschaft so stark wie im Deutschen Reich. Die Aufrüstung trägt erheblich zur scheinbar glänzenden Wirtschaftsentwicklung im Deutschen Reich bei: Die Abnahme der Arbeitslosigkeit (→S. 40) und das Wachstum der Produktion sind international beispiellos. Dafür sorgen u. a. steil ansteigende Rüstungsausgaben des Staates. Die NS-Regierung verwendet 1935 ein Drittel des gesamten Haushalts für Rüstungsausgaben, gegenüber 6,9% im Jahr 1933. Diese Politik geht zu Lasten öffentlicher Investitionen, etwa für den Wohnungsbau. Die Nationalsozialisten bemühen sich daher, soziale Leistungen – z. B. in Form des »Winterhilfswerks« (WHW) – der »Volksgemeinschaft« durch Spenden direkt aufzubürden (→13. 10./S. 176).

Das Bestreben, die Abhängigkeit vom Weltmarkt zu mindern, teilt die nationalsozialistische Wirtschaftspolitik mit den anderen Industriestaaten: Die Weltwirtschaftskrise hat gezeigt, daß bei einer starken Einbindung in den internationalen Handel der Zusammenbruch einer wichtigen Volkswirtschaft – in diesem Fall der USA – den Kollaps der anderen nach sich zieht. Dies ist einer der Gründe für den stagnierenden Welthandel und die protektionistische Politik der Industriestaaten. Im Deutschen Reich dient das Bemühen um »Autarkie« aber auch der Kriegsvorbereitung. Für die Aufrüstung werden dringend und in großen Mengen Rohstoffe benötigt, für deren Kauf auf dem Weltmarkt der Regierung nur spärliche Devisenreserven zur Verfügung stehen. Die NS-Wirtschaftsstrategen begegnen dem Problem auf verschiedene Weise:

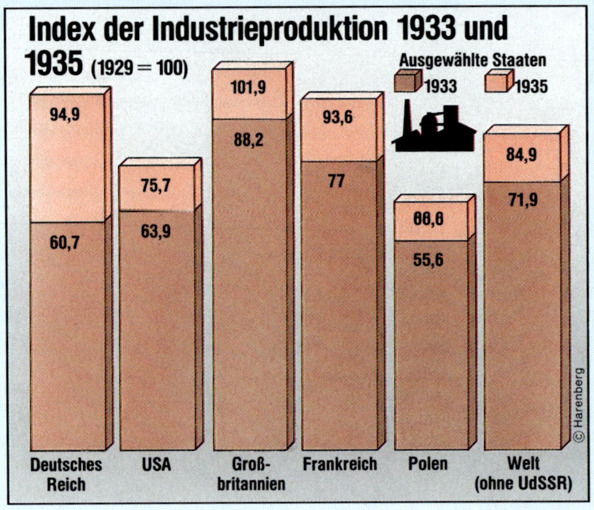


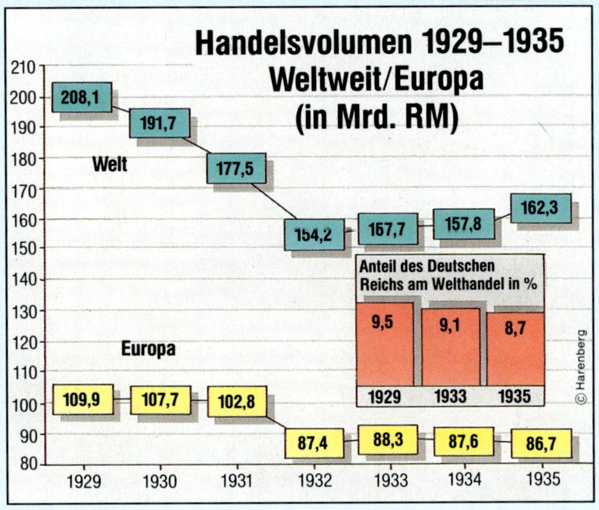


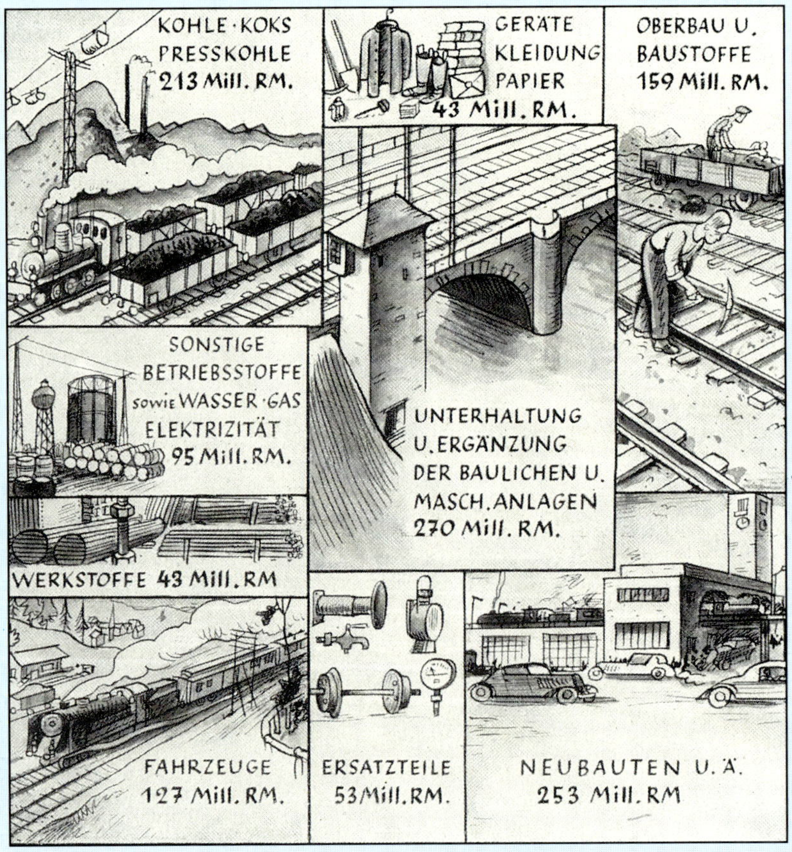


◁ *»Reichsbahn als Auftraggeber«; graphische Darstellung von 1935 aus der »Leipziger Illustrirten Zeitung«.*

- ▷ Nach dem 1934 in Kraft getretenen »Neuen Plan« des Reichsbankpräsidenten bzw. Wirtschaftsministers Hjalmar Schacht (parteilos) kontrolliert der Staat den gesamten deutschen Außenhandel. Kein Import kann ohne seine Zustimmung getätigt werden. So sollen Devisen für den Rohstoffkauf gespart werden (→ 8. 2./S. 39).
- ▷ Einfuhren von Lebensmitteln und industriellen Fertigwaren nehmen zugunsten steigender Rohstoffimporte ab. Damit geht eine schlechtere Versorgung der Bevölkerung mit Konsumgütern einher, was bei der insgesamt guten Wirtschaftslage eigentlich nicht zu erwarten wäre (→ 13. 9./S. 155; S. 179).
- ▷ Die geographischen Schwerpunkte des deutschen Außenhandels verschieben sich. Länder in Südosteuropa, Lateinamerika und Vorderasien gewinnen gegenüber den traditionell wichtigsten Handelspartnern in Westeuropa an Bedeutung.

Im Falle Südosteuropas will sich die NS-Regierung – im Zusammenhang mit der Vorstellung, es handle sich um potentiellen deutschen »Lebensraum« – einen Zugriff auf wichtige Rohstoffe offenhalten. Außerdem können durch die neue Handelsorientierung Devisen gespart werden: Bis 1938 schließt die deutsche Regierung mit insgesamt 25 Staaten sog. Kompensationsverträge ab. In diesen zweiseitigen Abkommen wird die Lieferung deutscher Industrieerzeugnisse im Austausch gegen landwirtschaftliche Produkte oder Rohstoffwaren festgelegt. 1935 werden solche bargeldlosen Verträge z. B. mit Ungarn, Jugoslawien, Rumänien und Brasilien geschlossen.

### *Deutscher Außenhandel in Zahlen*

| | 1929 | 1932 | 1935 |
|---|---|---|---|
| Import (Mrd. RM) | 13 447 | 4878 | 4159 |
| Davon in %: | | | |
| – Lebensmittel | 40,0 | 45,7 | 34,5 |
| – Rohstoffe | 29,2 | 27,3 | 37,3 |
| – Fertigwaren | 13,1 | 11,9 | 9,8 |
| Export (Mrd. RM) | 13 483 | 6056 | 4270 |
| Außenhandel mit SO-Europa/Vorderasien/Lateinamerika (in %) | 14,9 | 13,0 | 21,5 |
| Außenhandel mit Westeuropa/USA (in %) | 31,3 | 32,3 | 25,0 |

*Mit Erz beladener Zug vor dem Röchling-Stahlwerk in Völklingen/Saar*

## Deutsche Autarkie durch Ersatzstoffe

Der Ersatz kriegswichtiger Rohstoffe, die importiert werden müssen, durch synthetische Produkte aus eigener Herstellung nimmt in der NS-Wirtschaftspolitik immer größeren Raum ein.

So wird im Juli 1935 in Scholven mit dem Bau einer Kohleverflüssigungsanlage begonnen. Jährlich sollen hier 125 000 Liter Benzin aus Kokskohle gewonnen werden. Eine zentrale Rolle in den NS-Planungen spielt die I. G. Farbenwerke AG. Mit ihr schloß die Reichsregierung Ende 1933 den sog. Benzinvertrag über den Bau von Kohleverflüssigungsanlagen. Das Unternehmen hat auch das Buna-Verfahren zur Herstellung synthetischen Kautschuks entwickelt. 1935 nimmt die I. G. Farben ein im Auftrag der Luftwaffe errichtetes Magnesiumwerk in Aken in Betrieb. Magnesium kann als Ersatzstoff für Bauxit zur Herstellung von Aluminium verwendet werden.

Die 1925 gegründete Interessengemeinschaft Farbenindustrie AG gehört zu den größten und einflußreichsten Chemieunternehmen der Welt. Daß das Unternehmen 1935 eine eigene Koordinationsabteilung für die Verbindungen zur deutschen Wehrmacht einrichtet, dokumentiert seine engen Beziehungen zum nationalsozialistischen Staat und zeigt gleichzeitig, in welchem Wirtschaftszweig das Unternehmen für die Zukunft lohnende Gewinne sieht.

*Ölbohrtürme in Nienhagen bei Hannover: Die Reichsregierung fördert die Ausbeutung heimischer Ölquellen, um von Treibstoffimporten unabhängig zu werden und die teure Kohlehydrierung als Verfahren zur Ölgewinnung zu umgehen.*

Prinz Friedrich und Prinzessin Ingrid – frisch vermählt

## Große Hochzeit in Stockholm

**24. Mai.** *Unter großer Anteilnahme der Bevölkerung findet in Stockholm die Heirat zwischen Kronprinz Friedrich von Dänemark und Prinzessin Ingrid von Schweden statt. Am Vorabend der Vermählung bittet der Vater der Braut, Gustav V., über 800 Gäste auf das Königsschloß zu einem Empfang. Dabei finden sich fast alle Vertreter des europäischen Hochadels ein, u. a. der frühere deutsche Kronprinz Wilhelm.*

*Drei Wochen vor der Vermählung hatte das dänische Parlament über die zukünftige finanzielle Absicherung der Königskinder entschieden. Der Folketing sicherte per Gesetz dem Thronfolger eine regelmäßige Zahlung von 120 000 Kronen (rund 75 000 RM) zu, der jungen Braut wurde ein jährliches Nadelgeld von 11 200 Kronen (rund 7000 RM) bewilligt.*

Mit einem Feuerwerk wird der Jubilar Georg V. geehrt.

## 25 Jahre britischer König

**6. Mai.** *In Anwesenheit der königlichen Familie, der höchsten Würdenträger des Staates und der Premierminister der Dominions findet in der Londoner St. Pauls-Kathedrale ein Dankgottesdienst zu Ehren des britischen Königs Georg V. statt. Der 69jährige Monarch feiert den 25. Jahrestag seiner Regentschaft.*

*In einer Ergebenheitsadresse, die von beiden Häusern des Parlaments einstimmig verabschiedet wird, betont Ministerpräsident James Ramsay MacDonald die Bedeutung der Monarchie für Großbritannien: »In der Welt um uns haben wir Throne wanken und stürzen sehen, wir haben Volksfreiheit und repräsentative Einrichtungen zerbrechen sehen, uns aber ist es gelungen, ohne Zersetzung fortzuschreiten und ohne Revolution unsere Jugend zu erneuern.«*

Thomas Edward Lawrence als Araber verkleidet

## Lawrence von Arabien tot

**19. Mai.** *In der südenglischen Stadt Moreton stirbt Thomas Edward Lawrence (* 15. 8. 1888, Tremadoc/Wales), gen. Lawrence von Arabien, im Alter von 46 Jahren an den Folgen eines Verkehrsunfalls. Der Archäologe und Schriftsteller organisierte als britischer Agent während des Ersten Weltkriegs den Aufstand der Araber, die auf seiten der Alliierten gegen das Osmanische Reich kämpften. Die als Gegenleistung versprochene und von Lawrence geförderte Unterstützung eines arabischen Königreiches wurde von Großbritannien hintertrieben: Entgegen der Zusicherung versprach Großbritannien in der Balfour-Deklaration den Zionisten Palästina und teilte durch das Sykes-Picot-Abkommen den Nahen Osten in ein britisches und ein französisches Interessengebiet auf.*

# Brücke über den Kleinen Belt dem Verkehr übergeben

**14. Mai.** In Anwesenheit von König Christian X. von Dänemark wird die Brücke über den Kleinen Belt dem Verkehr übergeben.

Die Pfeilerbrücke, an deren Bau auch deutsche Firmen beteiligt waren, überspannt eine Länge von 1175 m und verbindet die 2977 km$^2$ große dänische Ostseeinsel Fünen mit Jütland, dem festländischen Teil von Dänemark.

Elf Jahre zuvor hatte das dänische Parlament den Bau beschlossen und die Realisierung als Arbeitsbeschaffungsmaßnahme der dänischen Eisenbahngesellschaft übertragen. Mit den Arbeiten an dem »gigantischen Projekt« (»L'Illustration«), die durch starke Strömung und durchschnittliche Meerestiefen von 40 m erschwert wurden, konnte erst 1930 begonnen werden.

Der 33 m über dem Meeresspiegel errichtete Stahlbau ermöglicht die Überfahrt mit der Eisenbahn und dem Auto, parallel dazu können aber auch Fußgänger und Radfahrer die Brücke benutzen. Bisher mußten Touristen, die auf der landschaftlich reizvollen Insel Urlaub machen wollten, mehrmals umsteigen und die Fähre benutzen.

*Die neue Verkehrsverbindung zwischen dem dänischen Festland und der Insel Fünen aus der Vogelperspektive – im Vordergrund ist Jütland zu sehen.*

*Die mächtige Stahlkonstruktion der Brücke von Fünen aus gesehen*

# Erdbeben in Indien fordert 40 000 Tote

**30. Mai.** Die Hauptstadt der indischen Provinz Britisch-Belutschistan, Quetta, wird von einem schweren Erdbeben heimgesucht, das über 40 000 Todesopfer fordert und die Stadt nahezu vollständig dem Erdboden gleichgemacht.

Heftige Erdstöße zerstören auch mehrere größere Städte in der Umgebung. Die 90 km nördlich von Quetta gelegene Grenzstadt Tschaman wird von dem Beben vollständig in Schutt und Asche gelegt. Tausende von Menschen verlieren ihre Wohnungen. Sie werden zunächst in notdürftig eingerichteten Zeltlagern untergebracht. Zahlreiche Rettungskolonnen versuchen tagelang, Verschüttete aus den Trümmerfeldern zu retten.

Drei Tage später wird das Gebiet erneut von Beben heimgesucht. Die letzten noch stehenden Gebäude werden zum Einsturz gebracht, Brände machen das Werk der Zerstörung vollständig. Zur Verhinderung von Plünderungen wird die Stadt von starken Militäreinheiten kontrolliert.

Zahlreiche Ärzte und Krankenschwestern arbeiten unentwegt, um die Verletzten mit dem Notwendigsten zu versorgen. Da sich die Aufräumungsarbeiten äußerst schwierig gestalten, können die Toten nur sehr langsam geborgen werden. Die Überlebenden werden vorsorglich gegen Epidemien geimpft.

*Eine Luftaufnahme des verwüsteten Gebietes: Offiziellen Schätzungen zufolge können etwa 20 000 Tote nicht aus den Trümmern geborgen werden.*

# Erster Abschnitt der Moskauer Metro

**15. Mai.** Mit großem propagandistischem Aufwand übergibt der sowjetische Staatschef Josef W. Stalin die erste Teilstrecke der Moskauer Untergrundbahn mit 13 Stationen dem öffentlichen Verkehr.

Über 300 000 Menschen nehmen die Gelegenheit wahr, am Eröffnungstag mit dem neuen Verkehrsmittel zu fahren, das auf einer Länge von 11,2 km die Moskauer Innenstadt mit den größeren Parks, Theatern und Stadien verbindet.

Seitdem die sowjetische Regierung im Juni 1931 den Bau beschlossen hatte, begannen die besten Architekten des Landes mit der Planung. 70 000 $m^2$ Marmor, Unmengen von Gold, Bronze und Glasschmuck wurden zur Ausschmückung der palastartigen U-Bahnhöfe verbaut. Jeder Bahnhof ist mit Kunstwerken ausgestattet und gibt den Fahrgästen nie das Gefühl, sich in einem profanen U-Bahnhof zu befinden.

In seiner Eröffnungsansprache, der u.a. auch Vertreter der Londoner U-Bahn-Gesellschaft beiwohnen, dankt Stalin den »Männern und Frauen, die geholfen haben, das neue Verkehrsmittel in Rekordzeit fertigzustellen.« Die sowjetische Parteizeitung »Pravda« hebt den propagandistischen Wert der Luxus-Untergrundbahn ausdrücklich hervor und nennt sie »den größten Agitator des Sozialismus.«

Die »Maxim Gorki« war mit acht Motoren bestückt und hatte eine Spannweite von rund 70 m. Das riesige Flugzeug war erst 1934 fertiggestellt worden.

# *Sowjetisches Propagandaflugzeug »Maxim Gorki« abgestürzt*

**18. Mai.** *Nach der Kollision mit einem Jagdflugzeug stürzt in der Nähe von Moskau das derzeit größte Landflugzeug der Welt, die »Maxim Gorki«, ab. Alle 48 an Bord befindlichen Personen kommen bei der Katastrophe ums Leben. Der Pilot einer Begleitmaschine schildert den Moment des Zusammenstoßes: »Er [der Pilot des Jagdflugzeugs] verlor an Geschwindigkeit und prallte an den rechten Flügel der ›Maxim Gorki‹ ungefähr da, wo sich der mittlere Motor befindet… Die ›Maxim Gorki‹ hielt sich noch zehn bis 15 Meter, dann nahm die Rechtsneigung zu. Ein Teil des rechten Flügels löste sich ab.«*

*Die Verstorbenen – darunter acht Frauen und sechs Kinder – erhalten auf Anordnung von Regierungschef Josef W. Stalin in Moskau ein offizielles Staatsbegräbnis.*

Die Urnen der Verstorbenen im Moskauer Gewerkschaftshaus vor der Beisetzung am 20. Mai

# »Katakombe« und »Tingeltangel« verboten

**10. Mai.** Auf Anordnung von Reichspropagandaminister Joseph Goebbels schließt das Geheime Staatspolizeiamt (Gestapa) in Berlin die beiden bekannten Kabaretts »Katakombe« und »Tingeltangel Theater«.
Seit längerem wurden die Veranstaltungen in der Luther- und Kantstraße von der Gestapa regelmäßig überwacht. Am 16. April hatte sich Gestapo-Chef Reinhard Heydrich brieflich bei Goebbels über die »Katakombe« beschwert: »Wiederholte Beobachtungen haben ergeben, daß in der Katakombe in der Tat Abend für Abend unter der Maske heiterer Kunst Staat, Regierung, führende Nationalsozialisten und Staatseinrichtungen in gehässiger Weise vor einem überwiegend jüdischen Publikum lächerlich gemacht werden.« Heydrich äußert sich in diesem Zusammenhang verwundert über eine positive Pressekritik im nationalsozialistischen Hetzblatt »Völkischer Beobachter«, der vor allem »den Ansager Werner Finck außerordentlich günstig« beurteilt. Finck wird nach der Schließung zusammen mit seinen Kollegen Heinrich Giesen, Walter Trautschold und Rudolf Platte »in Schutzhaft genommen« und am 24. Mai genau wie die Ensemble-Mitglieder des »Tingeltangel« für sechs Wochen ins Konzentrationslager Esterwegen überführt. Eineinhalb Jahre später verhandelt das Sondergericht des Landgerichts Berlin gegen fünf Kabarettisten wegen »Vergehen gegen das Heimtückegesetz«, stellt die Ermittlungen aus Beweismangel aber ein.
Daß die nationalsozialistischen Behörden nicht früher gegen die »Katakombe« vorgingen, war vor allem dem Vortragsstil von Finck zu verdanken. Mit seiner Masche der professoralen Zerstreutheit, die sich durch nicht zu Ende geführte Pointen auszeichnet, überforderte er häufig die Spitzel der Gestapo. Außerdem hielten sich die Nationalsozialisten nach der Machtergreifung gegenüber »judenfreier« Kleinkunst zurück.

*Auftritt in der »Katakombe«: Ruth Poelzig, Tochter des Architekten*

*Szene aus dem Programm der 1929 eröffneten »Katakombe« mit Renate Siegen (1. v. l.), Tatjana Sais (2. v. l.) und Ursula Herking (2. v. oben)*

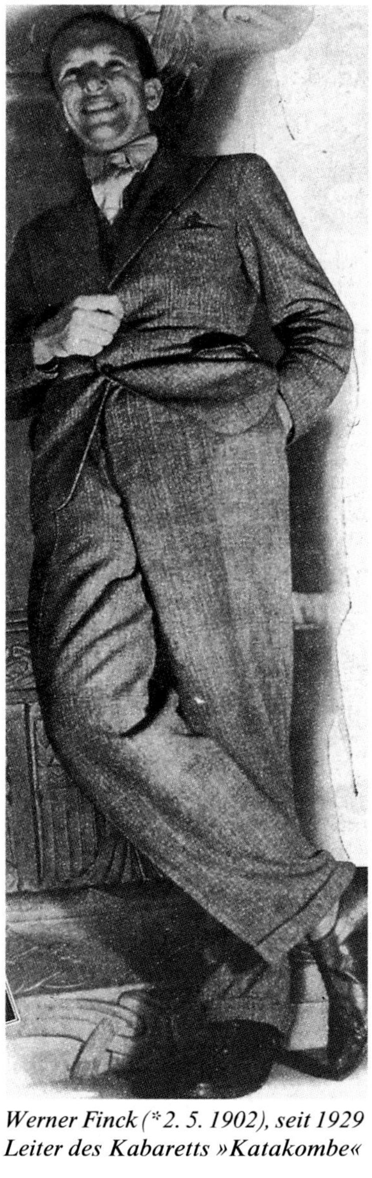

*Werner Finck (*2. 5. 1902), seit 1929 Leiter des Kabaretts »Katakombe«*

## Künnecke-Boykott offiziell beendet

**31. Mai.** Der Präsident der Reichsmusikkammer, Peter Raabe, ordnet die Aufhebung des Boykotts gegen den deutschen Komponisten Eduard Künnecke an.
In der amtlichen Mitteilung heißt es: »Daß... Künnecke trotz seiner nichtarischen Frau keinerlei Schwierigkeiten bereitet werden und er bei Aufführung seiner Werke in Deutschland ungehindert seiner künstlerischen Betätigung nachgehen darf.« Mit dieser Maßnahme, die aufgrund eines fernmündlichen Auftrags des Reichspropagandaministeriums erfolgt, reagieren die Behörden auf die große Popularität des Operettenkomponisten.
Seit der Machtergreifung der Nationalsozialisten werden im Kampf gegen die »Verjudung des Musikbetriebes« nicht nur jüdische Komponisten, Librettisten und Darsteller von deutschen Bühnen entfernt; es werden auch »arische« Personen, die mit jüdischen Musikern zusammenarbeiteten, von »Kultur-« und »Rassewächtern« oder einfach Neidern willkürlich denunziert.

## Sexualforscher begeht Selbstmord

**15. Mai.** Magnus Hirschfeld, seit 1934 im französischen Exil lebender Sexualforscher, Nervenarzt und Publizist begeht in Nizza im Alter von 67 Jahren Selbstmord.
Der am 14. Mai 1868 in Kolberg geborene Hirschfeld gründete 1918 in Berlin das »Institut für Sexualwissenschaften«. Als Leiter dieser Einrichtung widmete er sich neben der Eheberatung besonders der Beratung Homosexueller. Sein Eintreten für vorurteilslose geschlechtliche Aufklärung und seine offene Haltung gegenüber abweichendem Sexualverhalten – so wandte er sich gegen die Strafverfolgung von Homosexuellen – stieß bei konservativen Kreisen auf Ablehnung.
Nach der Machtergreifung der Nationalsozialisten, die Hirschfelds Institut als »Brutstätte von Schmutz und Sudelei« diffamierten, besetzten der NSDAP nahestehende Studenten die Schule und verbrannten den gesamten Buchbestand.
Nach seiner Flucht ins Exil wurde dem »Halbjuden« die deutsche Staatsangehörigkeit aberkannt.

*Owens beim Start; innerhalb von 45 Minuten wird der Sohn eines Baumwollpflückers zum »Athleten des Jahrhunderts«.*

## Jesse Owens stellt 4 Weltrekorde auf

**25. Mai.** Bei einem Studentenwettkampf in Ann Arbor (US-Bundesstaat Michigan) stellt der US-Amerikaner Jesse Owens innerhalb von 45 Minuten vier Leichtathletik-Weltrekorde auf.

Über 100 y (91,44 m) erreicht er mit 9,4 sec die alte Weltrekordzeit von Bobby Grieve (USA), die 220 y (201,17 m) läuft er in 20,3 sec und die 220-y-Hürdenstrecke in 22,6 sec.

Nur zehn Minuten nach seinem Sieg über 100 y verbessert der 21jährige Owens mit 8,13 m im Weitsprung den alten Weltrekord des Japaners Chohei Nambu sensationell um 15 Zentimeter. Als erster Mensch landet er jenseits der bisher unerreichten 8-m-Grenze.

Owens legt vor dem Sprung ein Handtuch 7,98 m hinter den Absprungbalken – seine Zielmarkierung für den Weltrekord von Chohei Nambu. Später erinnert er sich an seinen Sprung: »Als ich mich vor den Köpfen der Kampfrichter aufrichtete, sah ich das Handtuch hinter mir und wußte, daß mir nun auch dieser Weltrekord gehört.«

## Reifen entscheiden im Avusrennen

**26. Mai.** Vor 150 000 Zuschauern gewinnt der italienische Automobil-Rennfahrer Luigi Fagioli (Mercedes-Benz) das Rennen auf dem 9,8 km langen Berliner Avusring.

Zehn Runden müssen von den acht für das Rennen qualifizierten Fahrern absolviert werden. Mit Rudolf Caracciola (Mercedes-Benz) und Hans Stuck (Auto-Union) stehen zwei Deutsche in der ersten Startreihe. Bis zur vierten Runde führt Stuck das Rennen an, muß dann aber an die Boxen, um die Reifen zu wechseln. Sofort setzt sich Fagioli an die Spitze und baut seine Führung kontinuierlich aus.

Ausschlaggebend für den Ausgang des Rennens ist die Tatsache, daß Fagioli neben dem Franzosen Louis Chiron (Alfa Romeo Bimotor) als einziger seine Reifen nicht wechseln muß und damit wertvolle Zeit einspart. Stuck fährt in der siebten Runde nochmals an die Boxen, kann aber nach einer Aufholjagd noch den vierten Platz hinter Fagioli, Chiron und dem Italiener Achille Varzi (Auto-Union) belegen.

*Blick auf die lange Gerade der Berliner Avus: Am Start die Motorräder*

## Drei Länderspiele in einem Monat

**26. Mai.** Vor 60 000 Zuschauern besiegt Deutschland in einem Fußball-Länderspiel die Mannschaft der Tschechoslowakei in Dresden 2:1.

Bereits nach zwölf Minuten erzielt der Dortmunder August Lenz auf Zuspiel von Edmund Conen die 1:0-Führung. Kurz nach der Pause markiert der tschechische Mittelstürmer Hruska den Ausgleich. Aber die Freude der Gästemannschaft währt nur drei Minuten, denn Lenz stellt mit seinem zweiten Treffer den alten Abstand wieder her. In der 72. Minute verhindert Torhüter Hans Jacob den Ausgleich, als er einen Elfmeter hält.

Das Spiel in Dresden komplettiert ein umfangreiches Länderspielprogramm in diesem Monat: Am 8. Mai hat Deutschland im Dortmunder Stadion Rote Erde Irland 3:1 besiegt. Vier Tage später kam es in Köln zum Aufeinandertreffen mit den klar favorisierten Spaniern. Die südländischen »Kavaliere des Sports« (»Düsseldorfer Mittag«) kamen nach überlegen geführtem Spiel zu einem verdienten 2:1-Erfolg.

# Juni 1935

| Mo | Di | Mi | Do | Fr | Sa | So |
|---|---|---|---|---|---|---|
| | | | | | 1 | 2 |
| 3 | 4 | 5 | 6 | 7 | 8 | 9 |
| 10 | 11 | 12 | 13 | 14 | 15 | 16 |
| 17 | 18 | 19 | 20 | 21 | 22 | 23 |
| 24 | 25 | 26 | 27 | 28 | 29 | 30 |

**1. Juni, Samstag**

Auf Veranlassung des deutschen Propagandaministers Joseph Goebbels wird die am 2. Juni erscheinende Ausgabe des Berliner satirischen Wochenblattes »Kladderadatsch« beschlagnahmt. Die Zeitung bringt auf ihrem Titelblatt eine ganzseitige Karikatur des italienischen Duce und Ministerpräsidenten Benito Mussolini. →S. 114

In einer Rede vor 20000 NSDAP-Funktionären in Erfurt bezeichnet Reichsinnenminister Wilhelm Frick das Verhältnis zwischen Kirche und Staat als die »unangenehmste und schwerwiegendste innenpolitische Frage überhaupt«.

Führer und Reichskanzler Adolf Hitler ernennt den Beauftragten für Abrüstungsfragen, Joachim von Ribbentrop, zum außerordentlichen bevollmächtigten Botschafter in besonderer Mission. In dieser Eigenschaft führt Ribbentrop die deutsch-britischen Flottenverhandlungen (→18. 6./S. 102).

Das im Moskauer Exil agierende Zentralkomitee der KPD schlägt dem Prager Exilvorstand der SPD vor, gemeinsame Hilfskomitees zur Unterstützung der Opfer des faschistischen Terrors zu gründen. Die KPD beginnt sich von der bislang gültigen Parteilinie zu lösen, nach der jede Zusammenarbeit mit »bürgerlichen« Parteien einschließlich der SPD abgelehnt wurde, deren Politik die KPD in der Endphase der Weimarer Republik als »Sozialfaschismus« diffamierte (→25. 7./S. 121; 26. 9./S. 157).

**2. Juni, Sonntag**

Die Gestapo beschlagnahmt die Sammelbeträge, die während der Gottesdienste der Bekennenden Kirchen in Hessen gespendet wurden.

In Montevideo wird ein Attentat auf den diktatorisch regierenden Staatspräsidenten von Uruguay, Gabriel Terra, verübt. Terra überlebt leicht verletzt und überwältigt selbst den Attentäter, einen 60jährigen Juristen.

Die Münchnerin Gisela Mauermayer verbessert in Ulm den Weltrekord im Diskuswerfen von 43,79 m auf 44,34 m (→29. 6./S. 115).

**3. Juni, Montag**

Zwischen dem Deutschen Reich und den USA wird in Washington ein Handelsabkommen unterzeichnet, nach dem die bisherige Meistbegünstigung – die gegenseitige Gewährung von anderen Handelspartnern eingeräumten Vorteilen – in Zukunft wegfällt.

Der 17000 Mitglieder zählende Reichsbund deutscher evangelischer Pfarrer protestiert in einem Schreiben an Innenminister Wilhelm Frick gegen die fortdauernde Verhaftung von Pfarrern und ihre Behandlung in den Konzentrationslagern Dachau und Sachsenhausen (→17. 3./S. 53).

Der bayerische Innenminister Adolf Wagner verurteilt die jüngsten antisemitischen Ausschreitungen am 25. Mai in München. Derartige Aktionen gefährdeten die Staatsautorität und das Ansehen Deutschlands in der Welt.

Die britische Zeitung »Manchester Guardian« veröffentlicht Zensuranweisungen des Propagandaministers Joseph Goebbels an die deutsche Presse, die z. B. über ein deutsch-rumänisches Abkommen schweigen muß, weil daraus ein deutscher Benzinmangel erkennbar würde.

Der französische Passagierdampfer »Normandie«, das derzeit größte Schiff der Welt, legt auf seiner Jungfernfahrt die Strecke Southampton–New York in Rekordzeit mit einer Durchschnittsgeschwindigkeit von 29,68 Seemeilen pro Stunde (54,97 km/h) zurück. Damit gewinnt sie die symbolische Trophäe für die schnellste Nordatlantiküberquerung, das »Blaue Band«, und löst die deutsche »Bremen« ab. →S. 111

Durch Überschwemmungen nach einem heftigen Wolkenbruch kommen in der Nähe von Mexico City über 400 Menschen ums Leben. Allein 200 sterben in einer Kirche, die von den Wassermassen unterspült wird und zusammenstürzt.

**4. Juni, Dienstag**

Nur wenige Tage im Amt (→31. 5./S. 90), tritt der französische Ministerpräsident Fernand Bouisson nach einer finanzpolitischen Abstimmungsniederlage wieder zurück. Am 7. Juni übernimmt der bisherige Außenminister Pierre Laval den Posten. Er beginnt eine rigorose Deflationspolitik, die den Wirtschaftsaufschwung behindert und soziale Unruhen zur Folge hat (→17. 7./S. 121).

In einem Rundschreiben bietet der Reichsverband der deutschen Zeitungsverleger (Fachverband der Reichspressekammer) seinen Landesverbänden einen Fragenkatalog für die Überprüfung konfessioneller Zeitungen an, um eine Handhabe gegen die Blätter zu bekommen.

**5. Juni, Mittwoch**

Das britische Parlament in London beschließt mit dem Indien-Gesetz eine neue Verfassung für die britische Kolonie Indien. Darin ist zwar eine begrenzte Selbstverwaltung vorgesehen, der koloniale Status des Landes bleibt jedoch erhalten. Die ausschlaggebende Exekutivgewalt liegt auch weiterhin beim britischen Vizekönig. →S. 103

Eine Presseanweisung des Propagandaministeriums schreibt den deutschen Zeitungen vor, keine Notiz vom morgigen 60. Geburtstag des im Exil lebenden deutschen Schriftstellers Thomas Mann zu nehmen.

Im Duncker Verlag, Weimar, erscheint die ironisch-witzige Gedichtsammlung »Ein Mensch« des deutschen Schriftstellers Eugen Roth. →S. 114

**6. Juni, Donnerstag**

In Hamburg wird der prominente Kommunistenführer Fritz »Fiete« Schulze hingerichtet. Das hanseatische Oberlandesgericht hatte ihn wegen Hochverrats und Mordes im Vorfeld der nationalsozialistischen »Machtergreifung« 1933 verurteilt. →S. 106

In Düsseldorf beginnt die Reichstagung der »NS-Kulturgemeinde« (bis 11. 6.). Hauptredner ist der NS-Ideologe Alfred Rosenberg, der die staatlichen Institutionen der Kunstpolitik (Propagandaministerium, Reichskulturkammer) scharf angreift.

**7. Juni, Freitag**

Nach dem Rücktritt des britischen Premierministers James Ramsay MacDonald (Labour Party) bildet der Konservative Stanley Baldwin ein neues Kabinett. →S. 103

Der Berliner Polizeipräsident gibt eine Liste von 41 meist jüdischen Personen bekannt, deren Einbürgerungen ins Deutsche Reich aus der Zeit vor 1933 rückgängig gemacht werden.

Der deutsche Film »Der Himmel auf Erden« (Regie: E. W. Emo) wird in Berlin uraufgeführt. In der Hauptrolle spielt Heinz Rühmann, in Nebenrollen sind u. a. Hans Moser und Theo Lingen zu sehen.

**8. Juni, Samstag**

Der Reichsanzeiger veröffentlicht die vierte Ausbürgerungsliste. Neben anderen wird dem Schriftsteller Bertolt Brecht und dem ehemaligen Reichsfinanzminister Rudolf Hilferding die deutsche Staatsangehörigkeit entzogen. →S. 106

**9. Juni, Pfingstsonntag**

Am Düsseldorfer Opernhaus wird Ludwig Mauricks Oper »Die Heimfahrt des Jörg Tilman« uraufgeführt.

Helen Stephens (USA) läuft in Kansas City mit 11,6 sec einen inoffiziellen Weltrekord über 100 m. Den offiziellen Rekord hält weiterhin die Polin Stanislawa Walasiewiczowna mit 11,7 sec (aufgestellt am 26. 8. 1934 in Warschau).

**10. Juni, Pfingstmontag**

Die chinesische Regierung willigt in Nanking in ein japanisches Ultimatum ein, das u. a. den Abzug chinesischer Truppen aus dem Nordosten Chinas und die Einsetzung von japanfreundlichen Regierungsbeamten fordert. →S. 104

In New York wird »Alcoholics Anonymous«, eine Selbsthilfeorganisation Alkoholabhängiger, gegründet. →S. 110

**11. Juni, Dienstag**

Propagandaminister Joseph Goebbels schreibt in einem Erlaß vor, ausländische Filme gegebenenfalls auch dann in Deutschland aufzuführen, wenn jüdische Schauspieler mitwirken. Ein totales Verbot solcher Filme würde – so Goebbels – den Export deutscher Filme und damit ein wichtiges Mittel nationaler Werbung stören.

Die Regierung der USA erkennt die Regierung des liberianischen Präsidenten Edwin Barclay offiziell an, nachdem dieser zugesagt hat, Zwangsarbeit und Sklaverei in dem westafrikanischen Staat abzuschaffen. →S. 104

**12. Juni, Mittwoch**

Durch die Unterzeichnung eines Waffenstillstandsabkommens in Buenos Aires beenden Bolivien und Paraguay ihren drei Jahre dauernden Grenzkrieg um das Gebiet des Gran Chaco. →S. 104

**13. Juni, Donnerstag**

Führende Mitarbeiter des deutschen Rundfunks der Weimarer Zeit werden in Berlin wegen Korruption zu Geld- und Gefängnisstrafen verurteilt. Zu ihnen gehört auch Hans Bredow, der »Vater« des deutschen Rundfunks. →S. 107

Durch eine Explosion in einer Sprengstoffabrik in Wittenberg (Sachsen) werden 60 Menschen getötet. →S. 110

In einer Presseanweisung verbietet das Propagandaministerium den deutschen Zeitungen, ausländische Presseberichte über die Freilassung Ernst Torglers aufzugreifen. Der ehemalige kommunistische Reichstagsabgeordnete war im Februar 1933 als Reichstagsbrandstifter inhaftiert worden und auch nach seinem Freispruch in Haft geblieben. Ende Mai 1935 wurde er überraschend aus dem Gefängnis Berlin-Plötzensee entlassen.

Die Gestapo verhaftet den Betriebsleiter und die gesamte Belegschaft einer Duisburger Brotfabrik wegen des Verdachts »staatsfeindlicher Betätigung«.

Durch einen Punktsieg gegen den bisherigen Champion, den US-Amerikaner Max Baer, wird dessen Landsmann James J. Braddock in New York sensationell Boxweltmeister im Schwergewicht. →S. 115

**14. Juni, Freitag**

Die italienischen Behörden verbieten den Verkauf der US-amerikanischen Tageszeitung »New York Times« in Italien. Die Zeitung hatte sich wiederholt kritisch über den italienischen Aufmarsch an der Grenze zu Abessinien geäußert (→3. 10./S. 168).

Eine durch Berlin fahrende Kolonne von 60 Autos wirbt unter dem Motto »Wir fahren nur mit heimischen Treibstoffen« für die Verwendung von Holzgas statt Benzin. →S. 107

In Schanghai werden 18 Kommunisten, die von nationalchinesischen Truppen gefangengenommen worden waren, hingerichtet. Die chinesische Kuomintang-Regierung (Nationale Volkspartei Chinas) führt einen Vernichtungsfeldzug gegen die Kommunisten – angeführt durch Mao Tse-tung –, die sich dem seit Herbst 1934 durch den sog. Langen Marsch zu entziehen suchen (→6. 1./S. 23; 20. 10./S. 171).

*Fast die gesamte Titelseite widmen die »Leipziger Neuesten Nachrichten« am 19. Juni dem am Vortag geschlossenen deutsch-britischen Flottenabkommen. Der Vertrag gilt als sensationeller Erfolg des Deutschen Reiches, weil die britische Regierung vollständig auf Hitlers Forderungen der Flottenrüstung eingegangen ist.*

Einzelnummer in Leipzig 15 Pfg. auswärts 20 Pfg.

Nr. 170

# Leipziger Neueste Nachrichten

und

## Handels-Zeitung

vormals Leipziger Nachrichten

Mittwoch, den 19. Juni 1935

Bezugspreis mit den illustrierten Beilagen „Welt im Bild“ und „Hans Kunterbunt“ durch Trägerin frei Haus in Groß-Leipzig monatlich RM 2.70, halbmonatlich RM 1.35, auswärts durch Expreßdienst monatlich RM 2.95, halbmonatlich 1. Monatshälfte RM 1.45, 2. Monatshälfte RM 1.50, abgeholt entsprechend weniger. Ausgabe ½7 Uhr früh. Durch die Post (beim Verlag zu beantragen) RM 3.35 (einschließl. 60 Rpf. Post-Ueberweisungsgebühr) zuzüglich 42 Rpf. Post-Bestellgeld. Das Blatt erscheint täglich mit Ausnahme zweiter Feiertage. Nichterscheinen einzelner Nummern und Beilagen infolge höherer Gewalt, Betriebsstörung od. Betriebseinschränkung berechtigt die Bezieher nicht zur Kürzung des Bezugspreises od. z. Anspruch auf Lieferung der Zeitung. — Schriftleitung: Peterssteinweg 19. Sprechst. 12—13 Uhr, Fernspr. 70611 u. 72611. Für Berichterst. u. nach 21 Uhr 18240—18244. Drahtanschrift: Neueste Leipzig. Berliner, Dresdner, Weimarer Schriftl. siehe Seite 3.

Anzeigenpreis: Ausgabe für Leipzig und auswärtige Zweigstellen in Sachsen und angrenzenden Gebieten die 1spaltige mm-Zeile 22 Rpf., Gesamtauflage 29 Rpf. Familien-Nachrichten, Stellenmarkt, Kleine Anzeigen für Privatzwecke usw. nach Preisliste 72. Nachlaß-Staffel C. — Erfüllungsort: Leipzig. — Annahmeschluß für Anzeigen 13 Uhr. Für das Erscheinen der Anzeigen in bestimmten Größen, an bestimmten Tagen und Plätzen wird keine Gewähr geleistet. — Im Falle höherer Gewalt erlischt jede Verpflichtung auf Erfüllung der Anzeigen-Aufträge und Leistung von Schadenersatz. — Hauptgeschäftsstelle und Druckerei: Peterssteinweg 19. Fernspr. 70611 und 72611. Postscheck-Konto 925. — Für Rückgabe unverlangter Schriftstücke keine Verbindlichkeit. Einsendungen ohne Rückporto werden nicht zurückgeschickt. — Der Nachdruck unserer Artikel und Eigen-Meldungen ist nur unter deutlicher Nennung unseres Blattes „Leipziger Neueste Nachrichten“ gestattet.

Ausgabe A

Die „Leipziger Neuesten Nachrichten“ sind das behördlicherseits bestimmte Blatt zur Veröffentlichung der amtlichen Bekanntmachungen des Rates der Stadt Leipzig, des Polizei-Präsidiums Leipzig, der Amtshauptmannschaft Leipzig, des Bezirksverbandes der Amtshauptmannschaft Leipzig und das amtliche Publikationsorgan des Börsenvorstandes und der Zulassungsstelle der Mitteldeutschen Börse zu Leipzig; sie enthalten die Bekanntgaben des Amtsgerichts und der Amtsanwaltschaft beim Amtsgericht Leipzig, des Landgerichts und der Staatsanwaltschaft beim Landgericht Leipzig, der Amtshauptmannschaften Grimma und Borna.

# Das deutsch-englische Flottenabkommen

## Der Führer bei der Trauerfeier in Reinsdorf

### Das Stärkeverhältnis: 35:100 in allen Kategorien

London, 18. Juni. Die Bestätigung des am Dienstagvormittag abgeschlossenen deutsch-englischen Flottenabkommens erfolgte durch das folgende Schreiben des Botschafters v. Ribbentrop an den englischen Außenminister Sir Samuel Hoare:

**Exzellenz!**

**Ich beehre mich, Ew. Exzellenz den Empfang des Schreibens vom heutigen Tage zu bestätigen, in dem Sie die Freundlichkeit hatten, mir im Namen der Regierung Sr. Majestät im Vereinigten Königreich folgendes mitzuteilen:**

**1. Während der letzten Tage haben die Vertreter der Regierung des Deutschen Reiches und der Regierung Sr. Majestät im Vereinigten Königreich Besprechungen abgehalten, deren Hauptzweck darin bestand, den Boden für eine allgemeine Konferenz zur Begrenzung der Wettrüstungen vorzubereiten. Ich freue mich, Ew. Exzellenz nunmehr die formelle Annahme des Vorschlages der Regierung des Deutschen Reiches, der in diesen Besprechungen zur Erörterung gestanden hat, durch die Regierung Sr. Majestät im Vereinigten Königreich mitzuteilen, wonach die zukünftige Stärke der deutschen Flotte gegenüber der Gesamtflottenstärke der Mitglieder des britischen Common Wealth im Verhältnis 35:100 stehen soll. Die Regierung Sr. Majestät im Vereinigten Königreich sieht diesen Vorschlag als einen außerordentlich wichtigen Beitrag zur zukünftigen Seerüstungsbeschränkung an. Weiterhin glaubt sie, daß die Einigung, zu der sie nunmehr mit der Regierung des Deutschen Reiches gelangt ist und die sie als eine vom heutigen Tage ab gültige dauernde und endgültige Einigung zwischen den beiden Regierungen ansieht, den Abschluß eines zukünftigen allgemeinen Abkommens über eine Seerüstungsbegrenzung zwischen allen Seemächten der Welt erleichtern wird.**

**2. Die Regierung Sr. Majestät im Vereinigten Königreich stimmt weiterhin den Erklärungen zu, die von den deutschen Vertretern im Laufe der kürzlich in London abgehaltenen Besprechungen bezüglich der Anwendungsmethoden dieses Grundsatzes abgegeben wurden. Diese Erklärungen können folgendermaßen zusammengefaßt werden:**

**a) Das Stärkeverhältnis 35:100 soll ein ständiges Verhältnis sein, d. h. die Gesamttonnage der deutschen Flotte soll nie einen Prozentsatz von 35 der Gesamttonnage der vertraglich festgelegten Seestreitkräfte der Mitglieder des britischen Common Wealth oder — falls in Zukunft keine vertraglichen Begrenzungen der Tonnage bestehen sollten — einen Prozentsatz von 35 der tatsächlichen Gesamttonnage der Mitglieder des britischen Common Wealth überschreiten.**

#### Die Bindung an das Stärkeverhältnis von 35 Prozent

**b) Falls ein zukünftiger allgemeiner Vertrag über Seerüstungsbegrenzung die Methode der Begrenzung durch vereinbarte Stärkeverhältnisse zwischen den Flotten der verschiedenen Mächte nicht enthalten sollte, wird die Regierung des Deutschen Reiches nicht auf der Einfügung des in dem vorhergehenden Unterabsatz erwähnten Stärkeverhältnisses in einem solchen zukünftigen allgemeinen Vertrag bestehen, vorausgesetzt, daß die für die zukünftige Begrenzung der Seerüstungen darin etwa angenommene Methode derart ist, daß sie Deutschland volle Garantien gibt, daß dieses Stärkeverhältnis aufrechterhalten werden kann.**

**c) Das Deutsche Reich wird unter allen Umständen zu dem Stärkeverhältnis 35:100 stehen, d. h. dieses Stärkeverhältnis wird von den Baumaßnahmen anderer Länder nicht beeinflußt. Sollte das allgemeine Gleichgewicht der Seerüstung, wie es in der Vergangenheit normalerweise aufrechterhalten wurde, durch irgendwelche anormalen und außerordentlichen Baumaßnahmen anderer Mächte heftig gestört werden, so behält sich die Regierung des Deutschen Reiches das Recht vor, die Regierung Sr. Majestät im Vereinigten Königreich aufzufordern, die auf diese Weise entstandene neue Lage zu prüfen.**

**d) Die Regierung des Deutschen Reiches begünstigt auf dem Gebiete der Seerüstungsbegrenzung dasjenige System, das die Kriegsschiffe in Kategorien einteilt, wobei die Höchsttonnage und — oder das Höchstkaliber der Geschütze für die Schiffe jeder Kategorie festgesetzt wird, und das die jedem Lande zustehende Tonnage auf Schiffskategorien zuteilt. Folglich ist die Regierung des Deutschen Reiches bereit, grundsätzlich und unter Vorbehalt des nachstehenden Absatzes das 35proz. Stärkeverhältnis auf die Tonnage in jeder beizubehaltenden Schiffskategorie anzuwenden und jede Abweichung von diesem Stärkeverhältnis in einer oder mehreren Kategorien von den hierüber in einem zukünftigen Allgemeinen Vertrag über Seerüstungsbeschränkung etwa getroffenen Vereinbarungen abhängig zu machen.**

(Fortsetzung auf Seite 8.)

### Ein europäisches Friedenswerk

Nach eingehenden und sorgfältigen Verhandlungen ist jetzt in London das deutsch-englische Flottenabkommen unterzeichnet worden. Nach Inhalt und Tendenz geht es auf den 8. Punkt der großen außenpolitischen Rede zurück, die der Führer und Reichskanzler am 21. Mai im Reichstag an die politische Weltöffentlichkeit gerichtet hat. Damit man das Maß der jetzt vollendeten Arbeit in vollem Umfange ermessen kann, sei hier die grundlegende Stelle aus der Rede des Führers nochmals wiedergegeben. Sie lautet: „Die Begrenzung der deutschen Marine liegt mit 35 Prozent der englischen noch mit 15 Prozent unter dem Gesamttonnagement der französischen Flotte. Da in den verschiedenen Pressekommentaren die Meinung ausgesprochen wurde, daß diese Forderung nur ein Beginn sei und sich insbesondere mit dem Besitz von Kolonien erhöhen würde, erklärt die deutsche Reichsregierung bindend: diese Forderung ist für Deutschland eine endgültige und bleibende.“ Weiter betonte der Führer in dieser Rede den festen Entschluß Deutschlands, in keinerlei neue Flottenrivalität einzutreten und erkannte zugleich die Berechtigung Großbritanniens zu einem dominierenden Schutz seines Weltreiches zur See an. Damit hatte der Führer den grundsätzlichen Rahmen abgesteckt, innerhalb dessen sich deutsche Unterhändler in den erwarteten Besprechungen mit England bewegen sollten. Auf Grund der zustimmenden Haltung, die das öffentliche und amtliche England gerade zu diesem Punkt der Rede des Reichskanzlers einnahm, war die Reichsregierung in der Lage, am 4. Juni durch Botschafter von Ribbentrop und seinen Stab von Sachverständigen Verhandlungen in London mit dem Ziele aufzunehmen, ein Abkommen über die deutsche Seerüstung zustande zu bringen. Schon die Tatsache, daß die Verhandlungen über eine so schwierige und schicksalbedeutende Frage nach einer Dauer von genau vierzehn Tagen zu einem greifbaren Ergebnis geführt haben, kennzeichnet die politische und diplomatische Leistung, die hier auf beiden Seiten vollbracht worden ist.

Der Londoner Erfolg hat von neuem eine überzeugende Bestätigung dafür erbracht, daß die vom Führer zum erstenmal in den Verhandlungen mit Polen angewandte Methode der unmittelbaren Fühlungnahme zwischen den zwei zunächst interessierten Partnern der beste und sicherste Weg zum Ziele ist. Mit welch technischem Aufwand hätte wohl eine internationale Konferenz des heute überwundenen Stils an diesen Aufgaben

Scherl - Bilderdienst

### Die Trauerfeier in Reinsdorf

Scherl - Bilderdienst

**15. Juni, Samstag**

Der italienische Ministerrat in Rom beschließt ein Gesetz über die Einführung eines »faschistischen Samstags«. Demnach soll die Arbeitsruhe am Samstagnachmittag den Beschäftigten nicht zur freien Verfügung stehen, sondern zur körperlichen und geistigen Ertüchtigung und Weiterbildung genutzt werden.

**16. Juni, Sonntag**

Vertreter der illegalen Berliner SPD und der Bezirksvorstand der kommunistischen »Roten Hilfe« schließen ein Abkommen »zur gemeinsamen Hilfe für die Opfer des faschistischen Terrors«. Wegen Auseinandersetzungen wird das Abkommen im Januar 1936 wieder aufgehoben.

Auf dem deutschen Handwerkstag in Frankfurt am Main wird Frankfurt zur »Stadt des deutschen Handwerks« ernannt. →S. 107

Mit der Aufführung von Richard Wagners »Lohengrin« wird in Hamburg die zweite Reichstheaterwoche eröffnet.

Die Spanische Reitschule in Wien feiert ihr 200jähriges Bestehen mit einem großen Galaabend.

**17. Juni, Montag**

Nach Angaben der Sowjetunion steht das Deutsche Reich an erster Stelle der russischen Handelspartner, gefolgt von Großbritannien, dem Iran und den USA.

Unter verstärktem Polizeiaufgebot wird in Wien und Umgebung der St. Adolf-Tag gefeiert. Die Polizei will verhindern, daß der Tag als Anlaß zu nationalsozialistischen Kundgebungen genommen wird.

Im 65. Stockwerk der New Yorker Rokkefellerstiftung wird das höchstgelegene Nachtlokal der Welt, »Die Stratosphäre« eröffnet.

**18. Juni, Dienstag**

In London unterzeichnen der britische Außenminister Sir Samuel Hoare und der deutsche Sonderbeauftragte Joachim von Ribbentrop das deutsch-britische Flottenabkommen. →S. 102

Der ehemalige sowjetische Volkskommissar für Verteidigung Leo Trotzki trifft in Oslo ein. Norwegen ist der dritte Staat, in dem der 1929 aus der UdSSR ausgewiesene führende kommunistische Theoretiker Asyl findet. →S. 104

Eine vom Reichsbahnzentralamt München entwickelte elektrische Schnellzuglokomotive erzielt mit 2:17 h einen neuen Rekord auf der Strecke München–Stuttgart. Die alte Fahrzeit betrug dreieinhalb Stunden.

Ein Denkmal für das »unbekannte Kriegspferd« wird im Hof der Franz-Joseph-Kavallerie-Kaserne in Budapest enthüllt.

**19. Juni, Mittwoch**

Nach amtlichen Angaben sind in Ceylon in den vergangenen sieben Monaten 81 404 Menschen der Malaria zum Opfer gefallen.

**20. Juni, Donnerstag**

Für den Monat Juli ordnet Propagandaminister Joseph Goebbels eine absolute Versammlungsruhe an. Außerdem dürfen in den Monaten Juli bis September keine Sammlungen durchgeführt werden. Goebbels will mit diesen Anordnungen der Ermüdung der Bevölkerung durch ständige Aktionen dieser Art entgegenwirken.

Der F.A. Brockhaus-Verlag bringt den »Sprach-Brockhaus«, das erste bebilderte vollständige Wörterbuch der deutschen Sprache, heraus.

Der Wissenschaftler Alexis Carrel und der amerikanische Ozeanflieger und Techniker Charles A. Lindbergh geben die gemeinsame Entwicklung einer Kammer für die Aufbewahrung und Erhaltung lebender Organe bekannt. →S. 110

Die 1933 emigrierten deutschen Nobelpreisträger Thomas Mann und Albert Einstein erhalten die Ehrendoktorwürde der Harvard-Universität in Cambridge (US-Bundesstaat Massachusetts).

**21. Juni, Freitag**

In Paris beginnt der »Internationale Schriftstellerkongreß für die Verteidigung der Kultur«. Die Hauptreferenten sind Aldous Huxley, André Gide und Heinrich Mann. →S. 114

In Köln wird die große Sommerausstellung »Arbeit und Erholung« eröffnet, die bis zum 14. Juli dauert.

**22. Juni, Samstag**

Ein Gericht in Memmingen verurteilt Pius Degenhart zu zwei Monaten Haft, weil Degenhart sich geweigert hatte, eine Ausgabe der nationalsozialistischen Zeitung »Der Stürmer« zu kaufen.

**23. Juni, Sonntag**

Reichsjugendführer Baldur von Schirach beendet mit einer Rede in Lübeck die Veranstaltungen der seit 1933 zum dritten Mal begangenen »Sonnwend«-Feierlichkeiten im Deutschen Reich. →S. 107

1000 geladene Gäste und 350 Kinder nehmen am Würstchenfest des Wiener Metzgers Leopold Lahner teil. Lahner feiert den 130. Geburtstag des »Wiener Würstchens«, das sein Urgroßvater Georg Lahner eingeführt hat.

Im Endspiel um die deutsche Fußballmeisterschaft in Köln schlägt Vorjahressieger Schalke 04 den VfB Stuttgart 6:4. →S. 115

Der deutsche Rennfahrer Rudolf Caracciola gewinnt den Großen Preis von Frankreich in Montlhéry vor Manfred von Brauchitsch, beide auf Mercedes Benz. →S. 115

**24. Juni, Montag**

Reichserziehungsminister Bernhard Rust ordnet die offizielle Zwangsemeritierung des Bonner Professors für evangelische Theologie, Karl Barth, an. →S. 106

Wegen »homosexueller Vergehen« wird der deutsche Mittel- und Langstreckenläufer Otto Peltzer von einem Berliner Gericht zu 18 Monaten Haft verurteilt.

Bei einem der schwersten Flugzeugunglücke in der südamerikanischen Flugverkehrsgeschichte in Medellín, Kolumbien, sterben 20 Menschen. Unter den Opfern befindet sich auch der weltberühmte argentinische Tangosänger Carlos Gardel.

In der Dresdener Staatsoper wird die Oper »Die schweigsame Frau« von Richard Strauss uraufgeführt. Die Nationalsozialisten lassen die Oper nach drei Aufführungen verbieten, da das Libretto von dem jüdischen Dichter Stefan Zweig stammt. →S. 114

**25. Juni, Dienstag**

In Rüsselsheim verläßt der 50 000. Opelwagen der diesjährigen Produktion das Werk. Mit 17,7% der Produktion erreicht die Exportquote ihren bisherigen Höchststand.

Bei einem Unwetter in Großbritannien werden vier Menschen durch Blitzschlag getötet, mehrere Personen erleiden schwere Brandverletzungen.

**26. Juni, Mittwoch**

Das »Reichsarbeitsdienstgesetz« tritt in Kraft. Es verpflichtet alle 18- bis 25jährigen Deutschen zu einem halbjährigen Arbeitsdienst. →S. 105

Das Reichskabinett verabschiedet das »Luftschutzgesetz«, mit dem das staatliche Luftschutzsystem begründet wird. Die Luftverteidigung fällt künftig in den Zuständigkeitsbereich des Reichsministers für Luftfahrt, der die Polizei und alle offiziellen staatlichen und kommunalen Organe zur Luftverteidigung heranziehen kann (→19. 3./S. 53).

**27. Juni, Donnerstag**

Bei dem Unfall eines Lastkraftwagens, der eine Anzahl von Chlorgasbehältern transportierte, erleiden in Rom mehr als 200 Personen Gasvergiftungen.

Ein Erdbeben in Süddeutschland richtet beträchtlichen Sachschaden an. →S. 110

Bei einem Fußball-Länderspiel in Oslo trennen sich die deutsche und die norwegische Mannschaft unentschieden 1:1.

**28. Juni, Freitag**

Das Reichsgesetz zur Verhütung erbkranken Nachwuchses wird durch ein neues Reichsgesetz ergänzt. Danach ist bei Schwangerschaftsabbruch die soziale Indikation grundsätzlich ausgeschlossen (→20. 1./S. 21).

Der Leiter des Presse- und Kulturamtes der Reichsmusikkammer (RMK), Friedrich Mahling, wird seines Amtes enthoben. Als Schriftleiter einer Zeitung hat er den Abdruck eines Inserats des sowjetischen Reisebüros »Intourist« zugelassen. →S. 107

Die belgische Regierung erläßt ein Gesetz, das Hotel- und Restaurantbesitzern vorschreibt, ihre Preise kenntlich zu machen. Hierfür werden vier Preiskategorien für Hotels festgelegt. Am Eingang eines Hotels ist eine Tafel mit der jeweiligen Kategorie anzubringen.

Wolkenbruchartige Regenfälle führen in der Umgebung der japanischen Städte Kioto und Osaka zu ausgedehnten Überschwemmungen. Flüsse treten über die Ufer, Brücken werden von den Fluten weggerissen und ganze Stadtteile von den Wassermassen verwüstet. Etwa 100 Menschen ertrinken.

**29. Juni, Samstag**

Die Studienordnung des agrarwissenschaftlichen Studiums wird geändert. An Stelle eines erwerbswirtschaftlichen Studiums werden die bevölkerungs-, kultur- und wirtschaftspolitischen Aufgaben der Landwirtschaft betont. Die bisher selbständigen landwirtschaftlichen Hochschulen Berlin und Bonn werden den Universitäten eingegliedert.

In einer Rede auf dem Berliner Gautag sämtlicher nationalsozialistischer Organisationen richtet Propagandaminister Joseph Goebbels heftige Angriffe gegen die Juden: Das Judentum versuche wieder, sich breit zu machen und manche bürgerlichen Intellektuellen wollten ihnen dabei helfen.

Der italienische Duce und Ministerpräsident Benito Mussolini stellt wegen der von Italien provozierten Grenzstreitigkeiten mit Abessinien 30 neue Divisionen auf (→17. 2./S. 35).

Die Münchnerin Gisela Mauermayer stellt den vierten Weltrekord im Diskuswerfen innerhalb des Monats Juni auf. In Jena schleudert sie die Scheibe 46,10 m weit. →S. 115

**30. Juni, Sonntag**

In einem Brief an einen Freund schreibt der evangelische Theologe Karl Barth, die Bekennende Kirche müsse die Fiktion aufgeben, »als ob sie es in ihrem heutigen Staat mit einem Rechtsstaat im Sinne von ›Römer 13‹ zu tun habe«. Dieser Bekenntnisbrief des von den Nationalsozialisten entlassenen Professors (→24. 6./S. 106) gilt als bedeutendes theologisches Dokument der Zeit. Barth hat inzwischen den Ruf an die Universität Basel angenommen.

W. Printen auf Sturmvogel gewinnt das Deutsche Derby in Hamburg.

In einem Fußball-Länderspiel gegen Schweden verliert die deutsche Mannschaft in Stockholm 1:3.

**Das Wetter im Monat Juni**

| Station | Mittlere Lufttemperatur (°C) | Niederschlag (mm) | Sonnenscheindauer (Std.) |
|---|---|---|---|
| Aachen | 17,8 (15,9) | 114 ( 77) | — (200) |
| Berlin | 18,8 (16,5) | 74 ( 62) | — (244) |
| Bremen | 18,1 (16,0) | 9,5 ( 59) | — (218) |
| München | 18,0 (15,8) | 93 (121) | — (201) |
| Wien | 19,7 (17,6) | 18 (68) | 331 (246) |
| Zürich | 18,5 (15,5) | 89 (138) | 278 (220) |

( ) Langjähriger Mittelwert für diesen Monat
– Wert nicht ermittelt

*Titelblatt des Kulturmagazins »Die Neue Linie« im Juni 1935*

# Erfolg für Hitler: Deutsch-britisches Flottenabkommen

**18. Juni.** Nach zweiwöchigen Verhandlungen unterzeichnen der britische Außenminister Samuel Hoare und Joachim von Ribbentrop, deutscher Beauftragter für Abrüstungsfragen, in London ein Abkommen über Flottenbegrenzung. Das Abkommen spiegelt das Bemühen Großbritanniens wider, die nationalsozialistische Regierung durch weitgehende Zugeständnisse in internationale Pakte einzubeziehen, um es auf diese Weise außenpolitisch zu »zähmen«.

Die Vereinbarung sieht vor, daß sich die Stärke der deutschen Kriegsflotte am jeweiligen Umfang der britischen Flotte orientiert:

- ▷ Die deutsche Flottenstärke soll zur Gesamtflottenstärke der Mitglieder des britischen Commonwealth im Verhältnis 35:100 stehen
- ▷ Das Deutsche Reich hat prinzipiell das Recht, die gleiche Unterseeboot-Tonnage wie die Mitglieder des britischen Commonwealth zu besitzen, wenn das Gesamtverhältnis von 35:100 dadurch nicht beeinträchtigt wird
- ▷ Gleichzeitig verpflichtet sich die Deutsche Regierung, ihre U-Boot-Tonnage zunächst auf 45% der britischen zu begrenzen, kann aber, falls sie es für »notwendig« hält, nach Konsultation mit der britischen Regierung darüber hinaus gehen
- ▷ Das vereinbarte Stärkeverhältnis wird vom Flottenbau anderer Staaten nicht beeinflußt.

Das Abkommen geht auf einen Vorschlag zurück, den Adolf Hitler der britischen Regierung im März unterbreitet hatte. London lud daraufhin eine deutsche Delegation zu Verhandlungen ein. Speziell aus diesem Anlaß ernannte Hitler am 1. Juni Joachim von Ribbentrop zum »außerordentlichen bevollmächtigten Botschafter in besonderer Mission«. Das Ergebnis der Flottenverhandlungen kommt einer vollständigen Annahme der deutschen Forderungen gleich: Die NS-Regierung hat ohnehin nicht vor, mehr Schiffe als in der nun festgesetzten Parität zu bauen. Deutsche Gegenleistungen an Großbritannien gibt es nicht. Für die Londoner Regierung zählt nur, daß das Deutsche Reich sich überhaupt zum Abschluß eines Rüstungsabkommens – erstmals seit dem Weltkrieg – bereit erklärt. Die damit verknüpften Hoffnungen illustriert eine Äußerung des britischen Botschafters in Berlin, Eric Phipps, aus dem Jahr 1933 über die notwendige Taktik gegenüber Hitler: »Wir können ihn nicht nur als den Verfasser von ›Mein Kampf‹ ansehen, denn dann müßten wir logischerweise die Politik des ›Präventivkrieges‹ anwenden... Auch können wir es uns nicht leisten, ihn zu ignorieren. Wäre es daher nicht ratsam, diesen höllisch dynamischen Mann bald zu binden? Nämlich ihn zu binden durch ein Abkommen, daß seine... Unterschrift trägt?... Dann könnten Jahre vergehen, und selbst Hitler würde alt werden...«

Die deutsche Regierung begreift das Abkommen als einen Sieg auf der ganzen Line:

- ▷ Ein ehemaliger Kriegsgegner und Unterzeichner des Versailler Vertrages von 1919 hat einen wichtigen Teil dieses Vertrages – die Ausschaltung der deutschen Marine – selbst außer Kraft gesetzt
- ▷ Das Flottenabkommen bedeutet für das Deutsche Reich eine Anerkennung militärischer Gleichberechtigung
- ▷ Die Isolation, vor der die deutsche Regierung im Zusammenhang mit der »Stresa-Front« zwischen Großbritannien, Frankreich und Italien Angst hatte, ist durchbrochen (→ 11.4./S.70).

International stößt das Flottenabkommen auf Ablehnung. Neben Italien kritisiert besonders die französische Regierung die britische Nachgiebigkeit gegenüber Hitler. Ministerpräsident Laval: »Eine Frage, die alle Unterzeichner des Versailler Vertrages angeht, ist mehr oder weniger als eine Privatangelegenheit zwischen Deutschland und Großbritannien behandelt worden.« Wie am französisch-sowjetischen Beistandspakt vom → 2. Mai (S. 90) abzulesen ist, der sich vor allem gegen eine Bedrohung durch das Deutsche Reich wendet, verfolgt Frankreich eine wesentlich härtere Linie gegenüber dem NS-Regime als Großbritannien.

*△ Hitler empfängt den aus London zurückgekehrten Joachim von Ribbentrop, der die Flottenverhandlungen für die deutsche Delegation als Sonderbeauftragter leitete.*

*◁ Anthony Eden (M.), seit dem 7. Juni britischer Außenminister, muß sich in Paris von Ministerpräsident Pierre Laval (2. v. l.), ebenfalls seit dem 7. Juni im Amt, Kritik wegen des deutsch-britischen Flottenabkommens gefallen lassen.*

*Manöver der deutschen Kriegsmarine in der Ostsee; der Versailler Friedensvertrag beschränkte bislang die deutsche Flottenrüstung auf ein Minimum.*

*Unterseeboot der britischen Marine; das Flottenabkommen gesteht auch dem Deutschen Reich – gegen die Bestimmungen von Versailles – U-Boote zu.*

*Start eines Doppeldeckers von einem britischen Flugzeugträger; die Rauchfahne markiert die für den Start nötige Ausrichtung des Schiffes gegen den Wind.*

# Neue Verfassung für Indien

**5. Juni.** Das britische Parlament verabschiedet in London den »Government of India Act«, eine neue Verfassung für die Kolonie Indien. Die ohne indische Mitwirkung entstandene Verfassung soll die Nationalbewegung des Landes befrieden und gleichzeitig die britische Herrschaft absichern.

In einem der beiden Hauptteile sieht die Verfassung vor, die rund 500 autonomen Fürstentümer des Subkontinents – hier leben 24% der indischen Bevölkerung – in einem Bundesstaat zusammenzufassen. Von den überwiegend konservativen Fürsten, die der Kolonialmacht gegenüber freundlich eingestellt sind, versprechen sich die Briten in dem geplanten Bundesstaat ein Gegengewicht zu den Unabhängigkeitsforderungen der indischen Nationalbewegung. Diese wird durch Zugeständnisse in den Provinzen Britisch-Indiens umworben. Hier sieht die Verfassung durchweg indische Ministerien vor, während bislang vom britischen Parlament eingesetzte Beamte die wichtigen Posten innehatten. Die Bundesstaatspläne scheitern am Widerstand der Fürsten; die übrigen Neuerungen treten am 1. April 1937 in Kraft, werden aber von der Nationalbewegung nicht im Sinne Großbritanniens akzeptiert: Jawaharlal Nehru etwa spricht von einer »Sklavenverfassung«.

*Staatssekretär Samuel Hoare bereitete die Verfassungsreform vor.*

# Premier MacDonald gibt auf

**7. Juni.** Der britische Premierminister James Ramsay MacDonald tritt von seinem Amt zurück. Nachfolger wird der Konservative Stanley Baldwin, der bereits 1923/24 und 1924 bis 1929 Premier war. MacDonald begründet seinen Rücktritt offiziell mit seinem schlechten Gesundheitszustand. Entscheidend ist aber die schwindende Unterstützung durch die Labour Party (Arbeitspartei), deren Mitbegründer MacDonald war.

Weil er als Premierminister zwischen 1929 und 1931 kein Rezept gegen die Folgen der Weltwirtschaftskrise in Großbritannien fand, willigte MacDonald, der bis dahin allein mit Unterstützung seiner Partei regiert hatte, in eine Koalitionsregierung aus Labour Party, Konservativen und Liberalen unter seiner Führung ein. Ein großer Teil der Labour Party betrachtete diesen Schritt als Verrat. Damit waren bereits die Weichen für MacDonalds Scheitern gestellt, das er jetzt mit seinem Rücktritt eingesteht.

Der 69jährige Staatsmann schaffte es, die 1906 gegründete Labour Party als parlamentarische Alternative zur konservativen Partei aufzubauen, die bis in die 20er Jahre die politische Szene in Großbritannien beherrschte. 1924 leitete er die erste Labour-Regierung in London.

*Ohne die Unterstützung seiner Partei bleibt MacDonald nur der Rücktritt.*

Als überzeugter Pazifist verurteilte MacDonald 1914 den britischen Kriegseintritt, was ihn Sympathien kostete. Während seiner Regierungszeit initiierte er verschiedene Abrüstungskonferenzen.

# Japanischer Vorstoß in China

**10. Juni.** Auf Drängen der japanischen Regierung erklärt sich die chinesische Nanking-Regierung unter General Chiang Kai-shek bereit, Truppen aus Nordchina abzuziehen. Die Forderung Japans nach Ernennung japanfreundlicher Verwaltungsbeamter wird abgelehnt.

Japan setzt seine jahrzehntealte Praxis imperialistischer Einflußnahme in China fort. Bereits 1915 hatte die chinesische Regierung auf Tokios »21 Forderungen« eingehen müssen, die Japan eine Reihe vormals deutscher Kolonialrechte in China einräumten. Der Errichtung des Protektorates Mandschukuo in der chinesischen Mandschurei (1932) folgte 1933 die Abtretung der angrenzenden chinesischen Provinz Jehol an Japan.

Aufgrund der jetzigen Forderungen Tokios erwarten politische Beobachter, daß ganz Nordchina als »autonomes« Gebiet japanischem Einfluß unterstellt wird. Als weiterer Schritt in diese Richtung muß sich Chiang Kai-shek im Juli mit der Bekämpfung »antijapanischer Agitation« und dem Rückzug sämtlicher Truppen aus Nordchina einverstanden erklären. Chiangs Taktik ist es, sich zunächst vor den Japaner zurückzuziehen und den »inneren Feind« der Regierung – die Kommunisten um Mao Tse-tung – zu bekämpfen. Erst nach einem Sieg über die Kommunisten soll der Kampf gegen Japan beginnen (→ 23. 1./S. 23).

*Japanische Soldaten in der nordchinesischen Hafenstadt Tsingtau*

# Odyssee im Exil – Trotzkis 3. Station

**18. Juni.** Leo Trotzki, einer der Führer der russischen Oktoberrevolution von 1917, trifft mit seiner Frau in Oslo ein. Norwegen ist nach der Türkei und Frankreich der dritte Staat, der dem 1929 aus der UdSSR ausgewiesenen Trotzki politisches Asyl gewährt.

Als Volkskommissar für Verteidigung und hochrangiger Funktionär der Kommunistischen Partei der Sowjetunion (KPdSU) saß Trotzki Anfang der 20er Jahre an den Schaltstellen der Macht. Im Kampf um die Nachfolge des 1924 gestorbenen Parteichefs Wladimir Iljitsch Lenin unterlag er jedoch seinem Rivalen Josef Stalin, dem er in den folgenden Jahren die Bürokratisierung der Revolution vorwarf. Gegenüber Stalins Strategie des »Sozialismus in einem Land« – nämlich der UdSSR – stellte Trotzki die Forderung nach permanenter internationaler Fortführung der Revolution. Auf Betreiben Stalins wurde Trotzki zwischen 1925 und 1927 aller Partei- und Staatsämter enthoben.

Der Verbannung nach Kasachstan im Jahr 1928 folgte 1929 die Ausweisung aus der Sowjetunion. Während seines vierjährigen türkischen Exils versuchte Trotzki, in Mitteleuropa Aufnahme zu finden. Erst im Juli 1933 gewährte ihm die französische Regierung Asyl. Nach ihrer Aufforderung, das Land zu verlassen, findet der Haupttheoretiker der Oktoberrevolution jetzt Zuflucht nahe Oslo im Haus eines sozialistischen Abgeordneten des norwegischen Parlaments.

*Trotzki (M.): Ankunft in Oslo*

# In der grünen Hölle schweigen die Waffen

**12. Juni.** Die Außenminister von Bolivien und Paraguay, Thomas M. Elio und Luis A. Riart, unterzeichnen in Buenos Aires ein Waffenstillstandsabkommen, das den sog. Chaco-Krieg beendet. Der dreijährige »Dschungelkrieg« im Grenzgebiet beider Staaten hat 500 000 Tote und Verwundete gefordert.

Das Abkommen von Buenos Aires sieht die Einstellung der Feindseligkeiten, die Demobilisierung innerhalb von 90 Tagen und die Einberufung einer Friedenskonferenz durch den Präsidenten von Argentinien, Augustín Pedro Justo y Rólan, vor. Außerdem verpflichten sich beide Seiten, ihre Differenzen notfalls durch den Internationalen Schiedsgerichtshof in Den Haag schlichten zu lassen.

Der Konflikt um den Gran Chaco geht auf Grenzstreitigkeiten im 19. Jahrhundert zurück. Er wurde durch Erdölfunde in der Region und rivalisierende Interessen der Ölkonzerne Standard Oil und Royal Dutch Shell verschärft. Ein endgültiger Friedensschluß, der Paraguay den größten Teil des Chaco zuspricht, erfolgt 1938 (→ 23. 2./S. 36).

*Boliviens Außenminister Elio unterschreibt den Waffenstillstand. Links neben dem Sessel Argentiniens Präsident Justo – er vermittelt in dem Konflikt.*

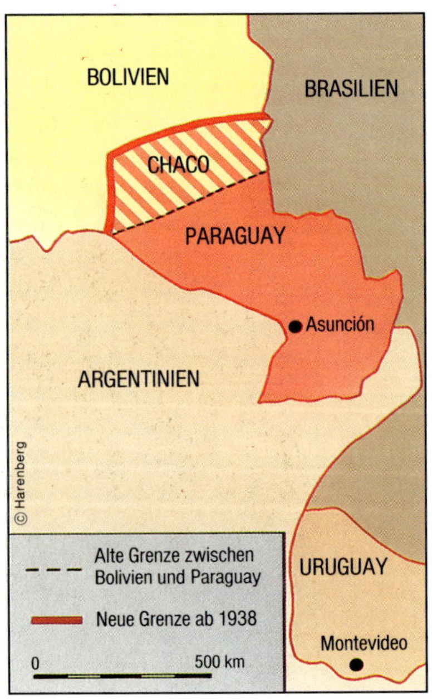


# Liberia will auf Sklaven verzichten

**11. Juni.** Die Regierung der USA erkennt die Regierung des westafrikanischen Staates Liberia unter Präsident Edwin Barclay offiziell an, nachdem diese den USA die Abschaffung von Sklaverei und Zwangsarbeit zugesagt hat.

Liberia wurde 1822 als Kolonie befreiter Ex-Sklaven aus den USA gegründet. Die sog. Ameriko-Liberianer bilden die gesellschaftliche Oberschicht in Liberia. Auf quasi koloniale Weise beherrschen sie die einheimischen Afrikaner, die z. B. als Zwangsarbeiter nach Fernando Póo (heutiges Äquatorialguinea) verkauft werden. Neben Einkünften aus einer Konzession zum Kautschukanbau an den US-Konzern Firestone ist dies die Haupteinnahmequelle Liberias.

1930 verurteilte der Völkerbund Sklavenhandel und Zwangsarbeit, 1934 forderte die britische Regierung die USA zur Zusammenarbeit gegen die Praktiken des liberianischen Staats auf, die daraufhin die Anerkennung Liberias an die Abschaffung der Sklaverei knüpften.

# Mit Uniform und Spaten: Arbeitsdienst wird Pflicht

**26. Juni.** Das »Reichsarbeitsdienstgesetz« tritt in Kraft. Es verpflichtet alle Männer und Frauen im Alter zwischen 18 und 25 Jahren, einen halbjährigen Arbeitsdienst abzuleisten. Damit wird der bisher freiwillige Arbeitsdienst für alle jungen Deutschen obligatorisch. Führer der neugegründeten Massenorganisation »Reichsarbeitsdienst« (RAD) wird der ehemalige Armeeoffizier Konstantin Hierl.

Das Gesetz, das den RAD als »Ehrendienst am deutschen Volk« bezeichnet, geht zurück auf den 1931 eingeführten freiwilligen Arbeitsdienst. Die Regierung unter Heinrich Brüning wollte damit die Folge der Massenarbeitslosigkeit lindern. Bereits 1934 führte Adolf Hitler die Arbeitsdienstpflicht für Studenten ein. Die Ableistung dieses Dienstes wurde Voraussetzung für die Zulassung zum Studium.

Neben dem ursprünglichen Ziel – Senkung der Arbeitslosenzahlen – verfolgt die NS-Regierung mit der Einführung der Arbeitsdienstpflicht den Zweck, einen stärkeren »erzieherischen« Einfluß auf die jungen Menschen zu nehmen. Durch das gemeinsame Arbeitserlebnis soll ihr Bewußtsein einer »Volksgemeinschaft« anzugehören, verstärkt werden. Die »Blut- und Boden«-Ideologie soll ihnen nahegebracht werden, Arbeiter der »Stirn und der Faust« sollen zusammenarbeiten. Ziel des RAD ist es, »erbbiologisch gesunde und wertvolle Jugendliche zu schulen und mit dem Bauerntum in Verbindung zu bringen«. Frauen werden hauptsächlich in der Landwirtschaft und in bäuerlichen Betrieben eingesetzt, während Männer Aufgaben bei der Bodenkultivierung und im Straßenbau übernehmen.

Der von der Arbeitslosenversicherung finanzierte Dienst verschafft dem nationalsozialistischen Regime die Möglichkeit, gezielt billige Arbeitskräfte zu gemeinnützigen Aufgaben heranzuziehen. Darüber hinaus wird die scheinbare Lösung des Problems der Massenarbeitslosigkeit propagandistisch als Erfolg der nationalsozialistischen Politik ausgeschlachtet.

Im Zeichen der allgemeinen »Wehrhaftmachung« im Reich entwickelt sich der Arbeitsdienst schnell zu einer vormilitärischen Ausbildung, bei der die jungen Männer ein intensives körperliches Training erhalten.

*Appell des Reichsarbeitsdienstes: Das Erscheinungsbild verweist deutlich auf den vormilitärischen Charakter des Dienstes.*

*Abteilung des RAD auf einem selbstgebauten Damm, der zwei Dörfer in einem Hochwassergebiet verbindet.*

*Ein Arbeitsloser meldet sich zu einem Weiterbildungskurs an, der von Arbeitsdienststudenten geleitet wird.*

*Die ersten Arbeitsdienstpflichtigen nach der Einführung des neuen Gesetzes nehmen nach der Ankunft in der Meldestelle ihre erste gemeinsame Mahlzeit ein.*

*Kolonnen von jungen Männern auf dem Weg zu ihren Einsatzorten*

# Auch Brecht jetzt kein »Deutscher« mehr

**8. Juni.** Das Reichsinnenministerium gibt nach Absprache mit dem Auswärtigen Amt die vierte Ausbürgerungsliste bekannt, durch die 41 Personen die deutsche Staatsbürgerschaft entzogen wird.
Unter den Ausgebürgerten befinden sich bekannte Schriftsteller wie Bertolt Brecht, Erika Mann, Joseph Zedlitz, Friedrich Wolf und Walter Mehring. Der frühere sozialdemokratische Reichsfinanzminister Rudolf Hilferding, zahlreiche oppositionelle Journalisten wie Karl Höltermann, Kurt Höller, Franz Pfemfert und Viktor Schiff sowie der ehemalige Leiter des Berliner Gesundheitsamtes Max Hodann werden ebenfalls für unwürdig erklärt, die deutsche Staatsbürgerschaft zu behalten.

***Ausbürgerungen seit 1933***
(Auswahl)

| | |
|---|---|
| **Liste 1: 23. 8. 1933** | Georg Bernhard |
| Heinz Neumann | Rudolf Leonhard |
| Heinrich Mann | Hellmut von Gerlach |
| Wilhelm Pieck | Theodor Plivier |
| Kurt Tucholsky | Berthold Jacob |
| Alfred Kerr(CB) | Ernst Toller (CB) |
| **Liste 2: 23. 11. 1933** | **Liste 3: 1. 11. 1934** |
| Willi Münzenberg | Rudolph Breitscheid |
| Johnannes Becher | Leonhard Frank |
| Otto Wels | Albert Grzesinski |
| Wolfgang Bretholz | Balder Olden |
| Philipp Scheidemann | Friedrich Maslowski |
| Oskar Maria Graf | Erich Weinert |

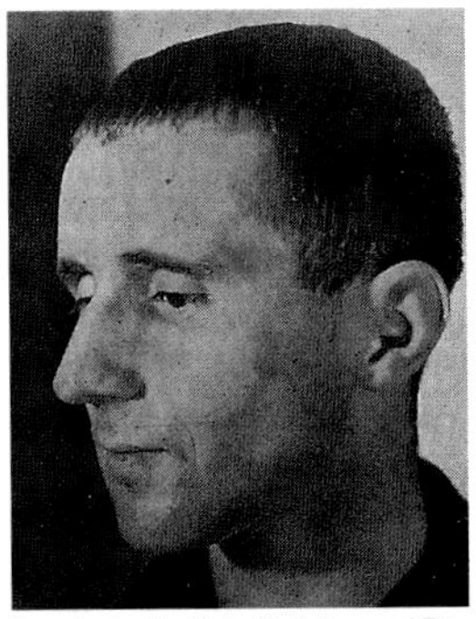
Der deutsche Schriftsteller und Regisseur Bertolt Brecht emigrierte 1933 und lebte in der Schweiz, in Dänemark, Schweden, Finnland und in den USA. Im Exil schrieb er u.a. den »Dreigroschenroman« (1934). Obwohl schon seit langem antifaschistische Gedichte von ihm im Druck vorliegen, wird er erst 1935 ausgebürgert.

Der deutsch-österreichische Sozialwissenschaftler, ehemalige Reichsfinanzminister, Publizist und Arzt Rudolf Hilferding arbeitete zunächst als Redakteur der SPD-Zeitung »Vorwärts« und gehörte später dem Parteivorstand der SPD an. Seit der Emigration arbeitet er im Exilvorstand seiner Partei in Prag.

Der sozialistische Dramatiker und Arzt Friedrich Wolf stammt aus einer jüdischen Familie. 1919 war er Mitglied des Arbeiter- und Soldatenrats in Dresden. 1928 trat er der KPD bei. Wolf emigrierte 1933 in die Schweiz. Sein antifaschistisches Schauspiel »Professor Mamlock« (1935) gehört zum festen Programm internationaler Bühnen.

Die bereits kurz nach der Machtergreifung Hitlers emigrierten Personen werden aufgrund des Gesetzes über den Widerruf von Einbürgerungen und die Aberkennung der Staatsangehörigkeit vom 14. Juli 1933 ausgebürgert. Ihnen wird vorgeworfen, gegen die »Pflicht zur Treue gegen Reich und Volk« verstoßen zu haben, die in einer Durchführungsverordnung vom 26. Juli 1933 folgendermaßen definiert wird: »Ein der Treuepflicht gegen Reich und Volk widersprechendes Verhalten ist insbesondere gegeben, wenn ein Deutscher der feindseligen Propaganda gegen Deutschland Vorschub geleistet oder das deutsche Ansehen oder die Maßnahmen der nationalen Regierung herabzuwürdigen versucht hat«.
In der Praxis wird auch ohne einen konkreten Anlaß die Ausbürgerung ausgesprochen. Bei Politikern und Schriftstellern reicht der Auslandsaufenthalt für den Entzug der Bürgerrechte. Selbst Schriftsteller, die im Ausland nicht publizieren, werden auf diese Weise des Landes verwiesen, ihr noch im Reich verbliebenes Vermögen beschlagnahmt.
Bis Ende 1936 werden auf sieben Listen insgesamt etwa 300 Personen ausgebürgert, bis Ende 1938 sind es bereits mehr als 5000 auf über 80 Listen.

*Der 49jährige Theologe Karl Barth ist seit 1930 Professor in Bonn.*

# Karl Barth verliert Bonner Lehrstuhl

**24. Juni.** Reichserziehungsminister Bernhard Rust ordnet die Zwangsemeritierung des Schweizer Theologen Karl Barth an, der an der Bonner Universität einen Lehrstuhl für evangelische Theologie innehat.
Das Kölner Disziplinargericht hatte bereits im Dezember vergangenen Jahres den Entzug der Lehrbefugnis für Barth beantragt, da er sich geweigert hatte, seine Studenten mit dem Hitlergruß zu begrüßen. Rust begründet seine Entscheidung jetzt mit dem Hinweis darauf, daß der Staat niemanden beschäftigen könne, der, wie der Schweizer Theologe, nicht bereit sei, den Eid auf Führer und Reichskanzler Adolf Hitler ohne Vorbehalte zu leisten.
Barth, Mitglied der Sozialdemokratischen Partei, gilt als Mitbegründer und führender Kopf der Bekennenden Kirche, die sich in ihrem Kampf gegen nationalsozialistische Unterwanderung von der Evangelischen Kirche abgespalten hatte. Als Professor an der Bonner Universität hatte Barth die Unabhängigkeit der Wissenschaft gegenüber jedem Gleichschaltungsdruck zu behaupten versucht und sich dabei gegen die nationalsozialistische Politik gestellt.
Nach dem Entzug seiner Bonner Lehrbefugnis geht Barth zurück in die Schweiz und nimmt einen Lehrauftrag an der Universität Basel an. Als er im Oktober 1935 zu einem Vortrag nach Wuppertal reist, wird er von der Polizei verhaftet und am nächsten Tag aus dem Deutschen Reich ausgewiesen.

# Kommunistenführer Schulze hingerichtet

**6. Juni.** In Hamburg wird der Kommunistenführer Fritz gen. Fiete Schulze hingerichtet. Das Hanseatische Oberlandesgericht hatte ihn wegen Hochverrats und Mordes in drei Fällen zum Tode verurteilt.
Als Leiter des illegalen »Roten Frontkämpferbundes«, Gau Wasserkante, wurde Schulze die Hauptverantwortung für die im Vorfeld der Machtergreifung Hitlers begangenen Gewalttaten gegen Nationalsozialisten zugeschrieben. Ihm wurde vorgeworfen, der Urheber der Anschläge zu sein, denen zwei Passanten und ein Hitlerjunge zum Opfer gefallen waren. Mehrere Funktionäre der KPD waren schon zuvor wegen derselben Straftaten zum Tode verurteilt worden.
Die Hinrichtung Schulzes teilen die Nationalsozialisten der Hamburger Öffentlichkeit auf großen Plakaten demonstrativ mit.

Fiete Schulze

„Ich hatte die Absicht, die Verwirklichung der kommunistischen Verhältnisse in Deutschland zu beschleunigen, aus meiner persönlichen kommunistischen Einstellung heraus, ganz selbständig, ohne Auftrag. Hätte ich einen Auftrag bekommen, so würde ich es sagen, denn ich wäre stolz darauf ... Ich weiss, dass der Staatsanwalt meinen Kopf haben will, aber er muss sich beeilen, sonst kommt erst noch der Kommunismus zur Macht... Kommt auch später so zahlreich, dann sollt Ihr sehen, wie ein Kommunist stirbt ..
Einer weniger — aber siegen werden wir doch!"

*Fritz »Fiete« Schulze (* 22. 10. 1894) gehörte zu den Führern des Hamburger Kommunistenaufstands vom Oktober 1923, an dem rund 300 Kommunisten beteiligt waren. Von Polizei und Reichswehr innerhalb von drei Tagen niedergeschlagen, hatte der Aufstand ein Verbot der Kommunistischen Partei zur Folge. Schulze emigrierte nach Chile, ging dann in die Sowjetunion und kehrte erst 1933 nach Hamburg zurück, wo er die Abwehr von Übergriffen der Nationalsozialisten zu organisieren begann. Er wurde am 16. April 1933 verhaftet. (Das kommunistische Flugblatt zeigt eine Erklärung Schulzes vor Gericht.)*

# NS-Schauprozeß mißglückt

**13. Juni.** In Berlin wird der ehemalige Staatssekretär und Reichsrundfunkkommissar Hans Bredow wegen »aktienrechtlicher Untreue« zu sechs Monaten Gefängnis und der Zahlung von 5000 RM verurteilt. Die Strafe ist durch die Untersuchungshaft abgebüßt.

Mit Bredow, der als »Vater des deutschen Rundfunks« gilt, werden eine Reihe weiterer Spitzenfunktionäre des Rundfunks der Weimarer Republik zu Geld- und Haftstrafen verurteilt. Sollte der Prozeß ursprünglich ein Schauverfahren gegen den Weimarer »Systemrundfunk« werden, mußte das Gericht doch im Laufe der Verhandlung die meisten Vorwürfe fallenlassen.

Der Staatsanwalt warf Bredow und seinen Mitangeklagten – u. a. der frühere Berliner Intendant Hans Flesch und Kurt Magnus, ehemaliger Direktor der Reichs-Rundfunk-Gesellschaft – Korruption, Veruntreuung und Staatsbetrug vor. Im Laufe der insgesamt 87 Verhandlungstage stellte sich heraus, daß die Vorwürfe nicht zu halten waren. Eine einjährige Haftstrafe muß letztlich nur Flesch antreten, weil er keinen Ariernachweis erbringen konnte.

Die Abrechnung mit dem Rundfunk der Weimarer Republik begann unmittelbar nach der nationalsozialistischen Machtübernahme 1933, als über 100 Mitarbeiter verschiedener Funkhäuser entlassen wurden. Zur Bloßstellung der leitenden Rundfunkpersönlichkeiten, die überwiegend in Haft oder – wie Bredow, Flesch und Magnus – im Konzentrationslager Oranienburg saßen, sollte ein großer Schauprozeß dienen. Dessen Inhalt umriß Reichssendeleiter Hadamovsky in der Zeitschrift »NS-Funk« im Januar 1935 so: »Ich klage das System Bredow vor dem deutschen Volk an: der politischen Verlotterung und Pfründenwirtschaft, der jüdischen Versippung und des Kultur-Bolschewismus, der Profitjägerei und Dividendengesinnung, der Sabotage an der nationalsozialistischen Erhebung.«

Mit der zunehmenden Unhaltbarkeit der Vorwürfe hörte schließlich auch die anfangs groß aufgezogene Berichterstattung über den Prozeß im deutschen Rundfunk auf.

Das offizielle Plakat des Handwerkertages

## Handwerkertag '35

**16. Juni.** *Die Eröffnung der Fleischerausstellung bildet den Auftakt zum Reichshandwerkertag, zu dem Handwerker aus dem ganzen Deutschen Reich nach Frankfurt am Main kommen.*

*In seiner Eröffnungsrede erklärt Reichswirtschaftsminister Hjalmar Schacht die Mainmetropole zur »Stadt des deutschen Handwerks«.*

# NSDAP verordnet »Sonnwendfeiern«

**23. Juni.** Zum Abschluß der »Sonnwendfeiern« betont Reichsjugendführer Baldur von Schirach bei einer Rede in Lübeck, die deutsche Jugend sei über alle konfessionellen und standesmäßigen Unterschiede hinweg dem gemeinsamen Dienst am deutschen Volk verbunden.

Für das Sonnwendfest hatten Schirach und Reichssportführer Hans von Tschammer und Osten die deutsche Jugend zu insgesamt 25 000 über das Wochenende verteilten Einzelveranstaltungen aufgerufen. Über die Hitlerjugend (HJ) werden dabei etwa acht Mio. Jugendliche erfaßt. Neben Sportwettkämpfen wurde die Sonnenwende mit Musikdarbietungen, Feuern und sog. Thingspielen begangen (→ 24. 3./S. 52). Propagandaminister Joseph Goebbels weihte auf dem Heiligen Berg bei Heidelberg vor 20 000 Personen eine »Thingstätte« ein. Diese Freiluftbühnen sollen – wie die seit 1933 praktizierten Sonnwendfeiern – nach dem Willen der NS-Regierung das germanische Erbe der Deutschen betonen.

# Moskau-Werbung verpönt

**28. Juni.** Der Leiter des Presse- und Kulturamtes der Reichsmusikkammer (RMK), Friedrich Mahling, wird von der RMK wegen »politischer Unzuverlässigkeit« seines Amtes enthoben. Mahling hat als Hauptschriftleiter der Zeitschrift »Musik im Zeitbewußtsein« ein dort erscheinendes Inserat des sowjetischen Reisebüros »Intourist« zugelassen, das für den Besuch der Moskauer Bühnen-Festspiele im September warb.

*Stein des Anstoßes: »Intourist«-Anzeige in deutscher Zeitschrift*

Als Kenner des sowjetischen Musiklebens schätzt Mahling dessen »revolutionäre« Aspekte, in denen er mögliche Vorbilder für eine nationalsozialistische Musikpolitik sieht. Dank seines Engagements im »Kampfbund für deutsche Kultur« und seiner Redakteurstätigkeit für die 1927 von Joseph Goebbels gegründete NS-Zeitung »Der Angriff« gilt Mahling als überzeugter Nationalsozialist. Seine Gegner in der RMK jedoch benutzen das am 1. Juni erschienene Inserat als Hebel für die Entmachtung Mahlings, der zusätzlich seinen Schriftleiterposten verliert. Er bleibt allerdings Lehrer für Musikwissenschaft an der Musikhochschule Berlin. Reichserziehungsminister Bernhard Rust verleiht Mahling im Juni 1936 für diese Tätigkeit sogar die Amtsbezeichnung »Professor«.

# Billiges Holzgas statt Benzin

**14. Juni.** Unter dem Motto »Wir fahren nur mit heimischen Stoffen« wirbt auf den Straßen Berlins eine Kolonne von 60 Autos für die Verwendung von Holzgas statt Benzin als Treibstoff. Bei Fahrzeugen, die mit Holzgasgenerator ausgerüstet sind, ersetzen rund 2,5 kg Holz einen Liter Benzin, was einer Kostenersparnis von 75% entspricht.

*Der im hinteren Teil des Wagens untergebrachte Holzgasgenerator muß vor der Fahrt in Brand gesetzt werden, damit das Holz vergasen kann. Das Holzgas dient dann zum Antrieb des Motors. Der Holzvergaser läßt sich in alle größeren Fahrzeuge einbauen. Herkömmliche Tankstellen sollen schon in kurzer Zeit mit dem nötigen Vorrat an Holz ausgerüstet werden.*

Mode 1935:

# Haute Couture bleibt schlank

Der Verlust in der französischen Bekleidungsindustrie beträgt 1935 beinahe zwei Mrd. Francs (329 Mio. RM), die Zahl der Arbeitslosen in der Branche ist besonders hoch. Die Folgen der Weltwirtschaftskrise lassen auch im Deutschen Reich keine großen Geschäfte auf diesem Sektor zu. Aber der Anreiz, wie Greta Garbo, Marlene Dietrich oder Zarah Leander auszusehen, reicht aus, in Modezeitschriften wie »Vogue« oder »Die Dame« kaum erfüllbare Modeträume vorzugaukeln.
Die Mode steht in diesem Jahr ganz im Zeichen dieser Idole. Sie behält die breiten, mit Polstern unterlegten Schultern, die enge Taille und die schmalen Hüften bei. Der enge Rock wird durch glockige Kassacks femininer. Der Saum ist bis an die Knöchel heruntergerutscht, so daß der Eindruck einer großen, schlanken Figur entsteht.
Die stark auf Figur gearbeiteten Kleider machen das Korsett wieder unerläßlich. Die Firma Warner's wirbt für ihr Wundergewebe »Traumelastic«, das angeblich Wonneträume für die gesamte Damenwelt in Erfüllung gehen läßt. Ihre neuen Korsetts sind »federleicht und folgen jeder Bewegung beim Sport und Tanz«.
Anregungen aus der russischen Tracht, wie Posamentenverschluß, Schnurstickereien, Tressengarnierungen, Husarenverschnürungen, Kordelverzierungen und Soutacher kündigen sich bereits 1935 an. Sie stammen von der Pariser Modeschöpferin Elsa Schiaparelli, die im Dezember eine Modenschau in der Sowjetunion vor russischen Arbeiterinnen veranstaltet. Originell sind auch ihre Gürtel, deren Schließen die Form eines eisernen Ritterhandschuhs, eines Notenschlüssels oder einer Taube haben.
Auf der Straße dominiert das Complet mit der neuen losen dreiviertellangen Jacke. Daneben gibt es Schößchenjacken oder vorne offen getragene Capejacken. Die Revers sind durchweg breit. Mäntel werden leicht tailliert und gürtellos getragen, häufig hochgeschlossen, aber immer mit einem interessanten Kragen oder einer Krawatte aus Ozelot, Breitschwanz, Persianer, Nutria, Fohlen, Hermelin- oder sogar aus Affenhaar.

Bei den Abendkleidern liebt man Gegensätze: krinolinenweit mit aufgenähten Fabelreihen im Stil des Biedermeier oder gertenschlank nach griechischem Vorbild mit tiefem, drapiertem Dekolleté. Daneben tauchen Schiaparellis Abendkleider mit Kapuze oder Kopfschleier im indischen Stil auf. Man schätzt Metalleffekte, Gold- und Silberborten, Goldsoutachen und Goldgürtel.
Hüte stehen wie immer im modischen Mittelpunkt, liefert doch die Pariser Modeschöpferin Elsa Schiaparelli ausgefallenste Anregungen mit Hüten aus schwarzem Pedalin oder Cellophangeflecht mit farblich abweichendem, leuchtendem Rand oder Pagenkappen mit hochstehenden, eingerollten Ecken. Insgesamt sind die Hüte in diesem Jahr etwas breitrandiger, die Krempe asymmetrisch gewellt oder geknickt. Sie sind jedoch oft so flach, daß man sich wundert, wie üppige Locken darunter Platz haben können. Mondän bleibt der Canotier. Der Hutschleier erfreut sich wieder wachsender Beliebtheit. Farbige Federgestecke, die steil in die Höhe ragen, sind besonders aktuell.
Modische Anregungen gibt es für die Autofahrerin. Ausgefallene Autojacken aus Gazellenleder und für den Winter Schafpelzstiefel mit Gummisohle und Reißverschluß sowie ein wärmendes Rockplaid kommen jetzt in Mode.
Der Herr ist ebenfalls auf figurbetonte Kleidung bedacht. Beim Sakko werden durch Polsterung der Achseln und durch breite, kurze Revers die männlichen Schultern betont. Die Sakkos sind meist einreihig und relativ kurz. Der Doppelreiher ist für offizielle Tagesanlässe gedacht. Die Hosen haben fast immer Stulpen.
Bevorzugt werden hellgrauer Nadelstreif oder einfarbige Anzüge in Marineblau, Indigo, Eisengrau, Muskat- oder Havannafarben. Nie darf beim Herrn ein weißes Stecktuch in der Brusttasche fehlen. Das modische Hemd hat senkrechte oder horizontale Streifen. Die breiten Krawatten sind gepunktet oder gestreift.
Zu festlichen Anlässen wird der Smoking nun weniger mit Weste als mit Kummerbund getragen.

*Flache Hüte dominieren 1935 auf den Köpfen der Damen. Zwei typische Modelle: Links ein brauner Filzhut, rechts eine Kappe aus abgesteppten Wildleder.*

*Beispiele für die neue Schuhmode: Links ein Sommerschuh aus Kalbsleder, rechts ein eleganter Schuh für den Abend (beide Modelle von Salamander)*

*Die schlanke Linie, die von den Modemachern auch in diesem Jahr in den Vordergrund gestellt wird, macht das Mieder für viele Frauen unverzichtbar.*

*Lange schmale Röcke erzeugen den Eindruck einer schlanken Figur. Pelzbandeaus (l.) oder Tüllschleifen (r.) setzen dekorative Akzente.*

*Abendkleid aus Taft mit neuem Rückendekolleté*

*Ein elegantes Abendkleid aus Plauener Spitze*

*Kleid aus glänzender Seide mit geknotetem Rückenteil*

## Ausgefallene Ärmel dienen als Blickfang

Besonders auffallend bei der Mode 1935 sind die Ärmel. Oft setzen sie Akzente und bilden den Blickfang des Kleidungsstückes. Sie sind recht weit und kapriziös gerafft, drapiert, mit Biesen, Kräuseln oder Smokefalten. So sieht man dekorative Ärmel mit Volants, Cape-Ärmel aus gezogenem Taft, durchsichtige Taftumhänge bei Abendkleidern, Spitzenbesatz oder großzügig geschnittene Ärmel bei Tageskleidern. Viele modische Effekte sind in diesem Jahr aus der Renaissancemode entnommen. Schlitz- und Hängeärmel neben mehrmals gepufften Ärmeln sowie die typischen gedeckten Farben der Zeit geben vielen Kleidern einen historischen Anstrich.

Die Farben der Saison sind gedämpft, Altrosa mit Dunkelblau, Rostrot mit fahlem Gelb dominieren. Dafür beleben Schottenkaros und Druckstoffe mit plastischen Punkten oder Blüten das Erscheinungsbild.

In den Modezeitschriften werden Modelle von Heise, Romatzki, Gerstel, aus Paris von Lanvin, Schiaparelli, Piquet, Rochas, Chanel und Vionnet vorgestellt, die nur für eine kleine Bevölkerungsschicht erschwinglich sind.

*Kostüm aus Wollstoff mit grünen Lederpaspeln.*

*Blaues Kostüm mit Bueno-Breitschwanz abgesetzt*

*Anklänge an die Renaissance: Kleid mit Soutachebesatz*

*Glockig ausgestellter Mantel aus schwarzem Breitschwanz*

*Für die Freizeit: Leinenanzug mit Bolero und Ledergürtel*

In Kappel bringt das Erdbeben das Querschiff der Kirche zum Einsturz.

## Erdbeben in Süddeutschland

**27. Juni.** *Ein Erdbeben der Stärke 5,1 auf der nach oben hin offenen Richterskala richtet am späten Nachmittag in ganz Süddeutschland Gebäudeschäden an.*

*Das Zentrum des Bebens befindet sich im württembergischen Saulgau, wo mehrere heftige Erdstöße Fenster zerspringen lassen, Möbel in Bewegung setzen und ganze Häuser ins Wanken und sogar zum Einsturz bringen. In verschiedenen Landesteilen der Schweiz werden am frühen Abend ebenfalls Erdstöße registriert, die etwa vier Sekunden lang andauern, allerdings keine nennenswerten Schäden verursachen.*

Eine riesige Rauchwolke bildet sich über der zerstörten Fabrikanlage.

## Sprengstoffabrik explodiert

**13. Juni.** *Bei einem schweren Explosionsunglück in der Westfälisch-Anhaltischen Sprengstoffabrik in Reinsdorf bei Wittenberg (Sachsen) sterben 60 Menschen, 75 werden schwer und 300 leicht verletzt.*

*Die erste Explosion setzt große Teile der Fabrik in Brand und löst weitere Detonationen aus. Die Werkfeuerwehr bekommt den Brand erst nach Stunden unter Kontrolle. Feuerwehrmannschaften aus der Umgebung sowie SA- und SS-Mannschaften unterstützen sie bei der Brandbekämpfung. Zum Schutz der Bevölkerung wird das Werk den ganzen Tag über abgesperrt.*

## Lindbergh baut Organkammer

**20. Juni.** Der US-amerikanische Wissenschaftler Alexis Carrel und der als Ozeanflieger berühmt gewordene Charles Lindbergh geben am New Yorker Rockefeller Institut für medizinische Forschung die gemeinsame Entwicklung eines Verfahrens bekannt, durch das Organe nach dem Tod ihrer Träger erhalten werden können.

Der berühmte Ozeanflieger Charles Lindbergh (* 4. 2. 1902) absolvierte von 1920 bis 1922 ein technisches Studium an der Universität von Wisconsin. 1927 überquerte er als erster Mensch den Atlantik im Nonstop-Alleinflug.

In einer »Kammer für künstliches Leben« ist es ihnen gelungen, ganze Organe wie Herz, Nieren oder Drüsen zu erhalten und sogar zum Wachsen zu bringen. In der Kammer stellt ein künstliches Herz zusammen mit einem synthetischen Blutstrom die Versorgung der Organe mit dem Lebensnotwendigen sicher. Lindbergh und Carrel betonen, daß ihre Entwicklung Wissenschaftlern helfen werde, die essentiellen Faktoren für das Wachstum lebendiger Organe zu studieren.

# Anonyme Alkoholiker: Selbsthilfe und Totalabstinenz

**10. Juni.** In New York City wird die Selbsthilfe-Organisation »Alcoholics Anonymous« (Anonyme Alkoholiker) gegründet. Unter dem Kürzel »AA« entstehen bald auf der ganzen Welt ähnlich strukturierte Gruppen. Deren Mitglieder, die voneinander nur die Vornamen wissen, haben die Bekämpfung ihrer Alkoholsucht zum Ziel.

Die beiden Initiatoren von »AA«, Bill W. und Bob S. – sie bleiben für die Öffentlichkeit anonym – stellen die Selbsthilfe in den Mittelpunkt ihres Therapiekonzepts: Die Gruppenmitglieder sind gleichzeitig Helfer und Betroffene. Sie beeinflussen sich auf den Sitzungen gegenseitig mit dem Ziel der Totalabstinenz, die als einzige Möglichkeit betrachtet wird, die Krankheit Alkoholismus zu überwinden.

»AA« bildet eine Gemeinschaft jeweils autonomer, lokal zusammentretender Gruppen, in denen keine Rangordnung herrscht. Die Gruppenarbeit untersteht einer Reihe von Prinzipien, die 1939 bzw. 1946 als »12 Schritte« bzw. »12 Traditionen« fixiert werden. Darin bekennen sich die »AA«-Mitglieder u. a. zum »Einfluß einer höheren Macht« auf ihre Probleme und zur Unabhängigkeit der Gruppen von gesellschaftlichen Organisationen jeder Art.

*Durch die Prohibition – ein landesweites Alkoholverbot – versuchten die Amerikaner zwischen 1920 und 1933 erfolglos, das Problem Alkohol aus der Welt zu schaffen: Saloon kurz vor Inkrafttreten der Prohibition (l.); Lagerraum für konfiszierte Spirituosen im US-amerikanischen Finanzministerium in Washington (r.)*

# Luxusliner »Normandie« erringt das »Blaue Band«

**3. Juni.** Auf seiner Jungfernfahrt legt der französische Passagierdampfer »Normandie« die Strecke Scilly-Inseln (Großbritannien)–New York in der Rekordzeit von vier Tagen und drei Stunden zurück. Er erringt damit die symbolische Trophäe für die schnellste Atlantiküberquerung, das »Blaue Band«. Der Ozeanriese überbietet mit einer Durchschnittsgeschwindigkeit von 29,68 Seemeilen (rund 55 km/h) den 1933 aufgestellten Rekord des italienischen Schiffes »Rex« um 0,76 Seemeilen.

Mit einer Länge von 313,75 m und 79 280 BRT ist die »Normandie« gegenwärtig das größte Passagierschiff der Welt. Der in sechsjähriger Bauzeit hergestellte Dampfer transportiert bei seiner ersten Fahrt 1261 Passagiere. Er zählt zu den luxuriösesten »schwimmenden Hotels« in der Geschichte der Seefahrt.

In einem 90 m langen Speisesaal können 1000 Passagiere gleichzeitig die Mahlzeit einnehmen. Frankreichs renommierteste Innenarchitekten entwarfen die Einrichtung für die 479 Kabinen erster Klasse.

Das »Blaue Band« geht zurück auf einen blauen Wimpel, der zu Beginn des 19. Jahrhunderts von einer britischen Reederei für Segelschiffe gestiftet wurde, die zwischen Australien und Großbritannien verkehrten. Im Jahre 1838 wurde die Auszeichnung zum ersten Mal vergeben.

### *Ausgewählte Rekordhalter*

| Jahr | Schiff (Land) | Durchschnittsgeschwindigkeit (Seemeilen) |
|---|---|---|
| 1838 | »Great Western« (Großbritannien) | |
| 1889 | »City of Paris« (Großbritannien) | |
| 1890 | »Fürst Bismarck« (Deutsches Reich) | |
| 1893 | »Campagnia« (Großbritannien) | 21,33 |
| 1898 | »Kaiser Wilhelm der Große« (Deutsches Reich) | 22,29 |
| 1900 | »Deutschland« (Deutsches Reich) | 23 |
| 1902 | »Kronprinz Wilhelm« (Deutsches Reich) | 23,47 |
| 1904 | »Kaiser Wilhelm II.« (Deutsches Reich) | 23,58 |
| 1907 | »Mauretania« (Großbritannien) | 23,69 |
| 1909 | »Mauretania« (Großbritannien) | 26 |
| 1929 | »Mauretania« (Großbritannien) | 27,22 |
| 1929 | »Bremen« (Deutsches Reich) | 27,83 |
| 1930 | »Europa« (Deutsches Reich) | 28 |
| 1933 | »Bremen« (Deutsches Reich) | 28,51 |
| 1933 | »Rex« (Italien) | 28,92 |
| 1935 | »Normandie« (Frankreich) | 29,68 |

*Der Passagierdampfer verläßt den Heimathafen Le Havre. Nach dem Reglement für das »Blaue Band« ist die Fahrzeit zwischen Bishop's Rock auf den britischen Scilly-Inseln und dem Ambrose-Leuchtfeuer vor New York entscheidend.*

*Der haushohe Bug des eindrucksvollen Luxusliners »Normandie«, dargestellt auf einem Plakat des französischen Werbegraphikers Adolphe Mouron Cassandre*

*Goldlackierte Säulen und kunstvolle Leuchter sorgen für die elegante Ausstattung des großen Salons mit Tanzfläche.*

*Neben einem Außenstranddeck gibt es auch ein überdachtes Schwimmbad für die Passagiere der besonders luxuriösen ersten Klasse. Das Becken ist 25 m lang.*

Unterhaltung 1935:

# Seichte Schlager im Reich – Blüte des »Swing« im Ausland

In der deutschen Unterhaltungsbranche steht auch 1935 der Schlager ganz oben in der Gunst des Publikums. Nach der Weltwirtschaftskrise hatte sich zu Beginn der dreißiger Jahre die »weiche Welle« der romantisch-sentimentalen Heimat- oder Fernwehschlager durchgesetzt, die für Zerstreuung sorgen und von den Alltagsproblemen ablenken sollten. Auch in diesem Jahr erfreuen sich Titel wie »Du kannst nicht treu sein« größter Beliebtheit.

Die von oben diktierte Devise der Schlagerbranche lautet: Illusionen schaffen, eine heile Welt vorgaukeln und die NS-Ideologie verbreiten. Propagandaminister Joseph Goebbels nutzt den Schlager gezielt zur Verbesserung der Stimmung in der Bevölkerung. Bereits 1933 schreibt er über die Funktion des Schlagers als Propagandainstrument: »Es gibt keine Kunst ohne Tendenz und die tendenziöseste ist die, deren Schöpfer behaupten, sie habe keine«.

Durch Zerstreuung soll der Zuhörer vom Nachdenken abgehalten werden, Widerstand gegen das Regime soll unterdrückt werden. Der Blick für die Realität wird ihm durch die heile Traumwelt der Lieder verstellt. Wo der Staat totale Kontrolle und Reglementierung praktiziert, wird private Geborgenheit und Individualität vorgetäuscht.

Einprägsame Melodik, die den Rhythmus in den Hintergrund drängt, überschaubare Form und effektvolle Dynamik kennzeichnen die beliebtesten Schlager der Zeit. Texte sind einfach gebaut, klar strukturiert, Begriffe wie »Vaterland«, »Frühling«, »Liebe«, »Herz« etc. dominieren. Satire, Ironie oder gar »Schlüpfriges« sind verpönt.

Als »artgemäße Tänze« gelten Walzer, Rheinländer und Polka, aber auch Fox, English Waltz und Tango werden toleriert, da sie inzwischen zum musikalischen Allgemeingut zählen und ihre Rhythmen »entschärft« wurden.

Die schnelle Rumba hingegen, ein afro-kubanischer Tanz, der sich zunächst in den USA verbreitete und Anfang der dreißiger Jahre auch in Europa durchsetzte, gilt wegen ihrer starken Körperbetonung und den ausgeprägten Hüftbewegungen als »undeutsch«, »artfremd« und »moralisch gefährlich«. Dennoch wird der beliebte Tanz im Vorfeld der Olympischen Spiele 1936 in Berlin toleriert, um dem Ausland den Eindruck eines freien und vielfältigen Kulturlebens zu suggerieren.

Die »Säuberung« des Kulturlebens im Deutschen Reich geht unterdessen jedoch weiter: Die berühmte deutsche Gesangsgruppe »Comedian Harmonists« wird als »Judenbande« beschimpft und in diesem Jahr aufgelöst. Wegen regimekritischer Darbietungen werden in Berlin die Kabaretts »Katakombe« und »Tingeltangel« geschlossen, ihre Mitglieder in Konzentrationslager überführt (→ 10. 5./S. 96). Im Oktober verbietet Reichssendeleiter Eugen Hadamovsky dem deutschen Rundfunk, »Nigger-Jazz« zu spielen (→ 12. 10./S. 181).

Die Mitte der 30er Jahre international dominierende Jazz-Musik gilt bei den Nationalsozialisten wegen ihrer Entstehung unter den Schwarzen der amerikanischen Südstaaten als »fremdrassig«. Das freie Improvisieren sowie die ungezügelte Rhythmik des Jazz stehen der Forderung der NS-Kulturkritiker nach Ordnung und Kontrolliertheit feindlich gegenüber. Trotz des Verbots wird allerdings in verschiedenen Klubs weiterhin Jazz, besonders in der populären Version des Swing gespielt.

International erlebt der Swing eine Blütezeit. Der eher konservative Musikstil drängt zunehmend die afro-amerikanischen Elemente des Jazz in den Hintergrund und kommt europäischen Klangvorstellungen entgegen. An die Stelle der freien Improvisation tritt immer häufiger straffe Orchesterdisziplin. Die Zeit der Orchestertourneen der großen Bands beginnt. Gewissermaßen offiziell wird die Swing-Ära mit dem ersten großen Erfolg der Benny-Goodman-Band in diesem Jahr eingeleitet. Der »King of Swing«, wie Goodman genannt wird, zieht mit seiner Band quer durch die USA, von New York nach Kalifornien und feiert schließlich in Los Angeles seinen ersten durchschlagenden Erfolg. Im Sog des Goodman-Stils entstehen viele neue Bands. Andere, schon länger bestehende, werden schlagartig berühmt, wie z. B. die Band des Klarinettisten Artie Shaw oder die des Pianisten Earl Hines, der Mitte der zwanziger Jahre unter dem Einfluß Louis Armstrongs den für die Zeit maßgeblichen Piano-Stil entwickelt hatte.

Die Normalinstrumentierung der Orchester weitet sich auf drei Trompeten, zwei Posaunen, vier Saxophone und eine Rhythmusgruppe aus. »Lead-Trompeter«, »Lead-Altsaxophonist« und der Schlagzeuger entwickeln sich zu Schlüsselstellungen in den Orchestern. Bei den Fans erfreuen sich besonders die Solisten großer Beliebtheit.

*Coleman Hawkins' innovatives Tenorsaxophon-Spiel macht Schule.*

Der scheinbare Widerspruch zwischen dem gleichzeitigen Erfolg von Big Bands und Solisten erklärt sich aus der gegenseitigen Unterstützung im Zusammenspiel. Erst gemeinsam mit ihren Bands können die Solisten ihr ganzes Können entfalten. Benny Goodmans Klarinette z. B. wirkt besonders eindrucksvoll vor dem Hintergrund seines Orchesters, Louis Armstrongs Trompete wird von seiner Band plastisch hervorgehoben.

Die große Beliebtheit des Jazz, der in den Dreißigern als Swing nahezu identisch ist mit der populären Musik, beruht in großem Maße auf der Tatsache, daß es sich hierbei um Tanzmusik handelt. Auch wenn mehr und mehr Menschen bereit sind, der Musik nur zuzuhören, ist die wichtigste Einnahmequelle der Bands das Engagement für Tanzveranstaltungen.

*Benny Goodman schafft 1935 den großen Durchbruch mit seinem Orchester. Der »King of Swing« leitet mit seinem Erfolg die Ära der großen Orchester ein, die beim Publikum besonders wegen ihrer Tanzmusik beliebt sind.*

## »Volksempfänger« als Stimmungsmacher

Während die Nationalsozialisten zu Beginn ihrer Herrschaft das Radio vorrangig als Instrument zur Verbreitung politischer Propaganda verstanden haben, soll das neue Medium 1934/35 auch verstärkt als Kulturträger eingesetzt werden. Propagandaminister Joseph Goebbels befürchtet eine Übersättigung der Hörer mit politischen Parolen und legt den Hauptakzent des Programms auf unterhaltende und ablenkende Themen. Das Programm soll den Hörer »die festliche Größe einer höheren Welt, die als Sehnsucht in ihm lebt,« spüren lassen. Neben den aktuellen Schlagern werden in diesem Jahr viele klassische Stücke gespielt, die in großer Zahl von ausländischen Sendern übernommen werden. Der preiswerte »Volksempfänger« setzt sich in immer mehr Haushalten durch und wird zum wichtigsten Mittel der Massenbeeinflussung für das NS-Regime.

*Mit großangelegten Werbekampagnen versucht die Industrie, ihre Radioempfänger unters Volk zu bringen. Immer neue Geräte drängen auf den Markt.*

*Reklame für anspruchsvollere Telefunken-Geräte. Den einfachen »Volksempfänger« gibt es bereits zu einem Preis von unter 100 RM.*

*Varietés sind beliebt; hier mimen Revue-Girls des Berliner Varietés »Scala« Prominente (v. l.): Georg Alexander, Rudolf Forster und Clark Gable.*

*Die weltberühmten Clowns »Die drei Rivels« bei einer Nummer. 1935 löst sich die Gruppe auf, Charlie Rivel arbeitet allein weiter.*

*Kostenlose Tonfilmvorführungen sollen Abwechslung in den Alltag bringen. Vorführungsbusse der NS-Organisation »Kraft durch Freude« fahren über die Dörfer.*

# Strauss-Oper trotz Erfolg unerwünscht

**24. Juni.** An der Dresdner Staatsoper wird die komische Oper »Die Schweigsame Frau« von Richard Strauss uraufgeführt. Obwohl die Oper ein großer Publikumserfolg ist, verbieten die NS-Behörden nach drei Vorstellungen die weitere Aufführung: Das Libretto schrieb der jüdische Schriftsteller Stefan Zweig.

Schon vor der Uraufführung kam es auf höchster Parteiebene zu Differenzen wegen des Zweig-Librettos. Nach einer Aussprache mit Propagandaminister Joseph Goebbels erklärte sich Strauss zwar bereit, das Werk im In- und Ausland zurückzuziehen, die Absetzung des Werkes wäre jedoch eine »Blamage«. Hitler persönlich prüfte das Textbuch und fand darin nichts »Beanstandenswertes«. Die Uraufführung der Oper mit der 25jährigen österreichischen Sopranistin Maria Cebotari in der Titelpartie und Karl Böhm als Dirigent wurde zugelassen.

Wegen des Streits um seine Person bat Zweig noch vor der Opernpremiere in einem Brief an Strauss, ihn von einer weiteren Zusammenarbeit zu entbinden. Er wollte den weltberühmten Komponisten nicht in Konflikte mit dem NS-Regime bringen. Strauss reagierte mit einem verärgerten, aber auch aufmunternden Brief an Zweig, der jedoch seinen Adressaten nicht erreicht, sondern in die Hände der Gestapo fällt. In dem Brief wendet sich Strauss erbost gegen die Kulturpolitik der Nationalsozialisten. Er erklärt, daß er den Präsidenten der Reichsmusikkammer nur mime, »um Gutes zu tun und größeres Unglück zu verhüten«. Wegen des Briefes muß Strauss im Juli von seinem Amt als Präsident der Reichsmusikkammer und als Vorsitzender des Berufsstandes der Deutschen Komponisten zurücktreten. Im August wird »Die Schweigsame Frau« reichsweit verboten.

*Richard Strauss (l.) bei einer Probe für seine neue Oper mit den Sängern (v. l.) Matthieu Ahlersmeyer, Maria Cebotari und Martin Kremer*

# »Ein Mensch« mit Witz und Ironie

**5. Juni.** Im Weimarer Duncker Verlag erscheint die Gedichtsammlung »Ein Mensch« von Eugen Roth, die mit einer Gesamtauflage von über einer Mio. Exemplaren zum ersten großen Erfolg des Autors wird.

Roth, der als Lokalredakteur der »Münchner Neuesten Nachrichten« nach der NS-Machtübernahme 1933 fristlos entlassen worden ist, karikiert in seiner Lyrik alltägliches menschliches Verhalten. Alle Gedichte der Sammlung beginnen mit der Wendung »Ein Mensch«:

»Ein Mensch, der von der Welt Gestank/seit längrer Zeit schwer nasenkrank/der weiterhin auf beiden Ohren/das innere Gehör verloren/und dem zum Kotzen ebenfalls/der Schwindel raushängt schon zum Hals/begibt sich höflich und bescheiden/zum Facharzt für dergleichen Leiden./Doch dieser meldet als Befund/der Patient sei kerngesund/die Störung sei nach seiner Meinung/nur subjektive Zwangserscheinung./Der Mensch verlor auf dieses hin/den Glauben an die Medizin.«

# Duce-Karikatur verboten

**1. Juni.** Reichspropagandaminister Joseph Goebbels läßt die neue Ausgabe des satirischen Wochenblattes »Kladderadatsch« kurz vor dem Erscheinen (2. 6.) wegen einer Karikatur des italienischen Ministerpräsidenten und Duce Benito Mussolini beschlagnahmen.

In der Begründung für die Beschlagnahmung heißt es, die Karikatur sei geeignet, die deutsch-italienischen Beziehungen zu stören. Die Maßnahme gegen die vergleichsweise harmlose Karikatur verdeutlicht die Sensibilität des Regimes gegenüber jeglicher auch nur ansatzweise kritischen Presse.

Das 1848 gegründete und in Berlin erscheinende satirische Magazin ist nicht als anti-nationalsozialistisch einzustufen. Es sah im Gegenteil schon vor 1933 seine Aufgabe darin, die »Schmach« von Versailles zu verurteilen und die »allgegenwärtige Bedrohung von seiten des Weltjudentums« anzuprangern. Systematisch wurde auf Hitler als »Retter des Vaterlandes« vorbereitet, während weitsichtigere Presseorgane wie »Die Weltbühne« unbeirrt vor der heraufziehenden Katastrophe warnten. Die kritisch-satirischen Blätter, z. B. »Der Wahre Jacob« und der »Rote Pfeffer«, traten dem konservativ-nationalistischen »Kladderadatsch« entgegen und versuchten, mit bissigen Zeichnungen die Bevölkerung wachzurütteln.

*Die beanstandete Karikatur: Mussolini auf dem späten Rachefeldzug gegen Abessinien, das die Italiener 1896 bei Adua besiegt hat*

# Brecht gegen »Barbarei«

**21. Juni.** In Paris beginnt der »Internationale Schriftstellerkongreß zur Verteidigung der Kultur«. Unter dem Vorsitz der französischen Autoren André Gide und André Malraux werden in vier Tagen fast 100 Vorträge gehalten, die sich vor allem gegen die Unterdrückung des Geistes im nationalsozialistischen Deutschen Reich wenden.

Der Kongreß geht maßgeblich auf die Initiative des »Schutzverbandes deutscher Schriftsteller« (SDS) zurück, einer 1933 in Paris gegründeten Vereinigung emigrierter deutscher Autoren. Entsprechend sind unter den Teilnehmern des Kongresses zahlreiche prominente Deutsche, darunter Heinrich Mann, Johannes R. Becher, Bertolt Brecht, Egon Erwin Kisch, Anna Seghers und Lion Feuchtwanger. Einig in der Verurteilung des Faschismus, scheiden sich die Meinungen der versammelten Schriftsteller doch an der richtigen Art und Weise, wie er zu bekämpfen sei. Stellvertretend für viele andere meint Lion Feuchtwanger, man müsse »gegen die Rohheit« der Faschisten gegenüber der Kultur »die Güte einsetzen«. Er vertraut darauf, daß durch Literatur »Unvernunft« und »Dummheit« niedergerungen werden können.

Bertolt Brecht wendet sich scharf gegen diese Mehrheitsmeinung. Sie ignoriert seiner Ansicht nach die Grundlage jedes Systems, die Eigentumsverhältnisse:

»Viele von uns Schriftstellern, welche die Greuel des Faschismus erfahren und darüber entsetzt sind, haben diese Lehre noch nicht verstanden, haben die Wurzel der Rohheit, die sie entsetzt, noch nicht entdeckt. Es besteht immerfort bei ihnen die Gefahr, daß sie die Grausamkeiten des Faschismus als unnötige Grausamkeiten betrachten… Aber zur Aufrechterhaltung der herrschenden Eigentumsverhältnisse sind diese Grausamkeiten nötig… Diejenigen unserer Freunde, welche über die Grausamkeiten des Faschismus ebenso entsetzt sind wie wir, aber die Eigentumsverhältnisse aufrechterhalten wollen…, können den Kampf gegen die so sehr überhandnehmende Barbarei nicht kräftig und nicht lang genug führen…«

# Schalke 04 erneut Deutscher Fußballmeister

**23. Juni.** Durch ein 6:4 gegen den VfB Stuttgart gewinnt Titelverteidiger FC Schalke 04 zum zweiten Mal die deutsche Fußballmeisterschaft. In diesem 26. Endspiel, dem torreichsten seit dem Meisterschaftsbeginn 1903, sind die »Knappen« vor 74 000 begeisterten Zuschauern in Köln – darunter 8000 aus Stuttgart angereisten Fans – die klar überlegene Mannschaft.

Bereits nach 8 Minuten erzielt Adolf Urban das 1:0, Ernst Poertgen und Rudolf Gellesch erhöhen bis zur Halbzeitpause auf 3:0, und kurz nach Wiederanpfiff macht Poertgen das 4:0. Schalke spielt im wahrsten Sinne des Wortes mit dem Gegner, wird im Gefühl der sicheren Überlegenheit leichtsinnig – Stuttgarts Mittelstürmer Otto Böckle trifft zweimal. Doch Ernst Kalwitzki und Ernst Poertgen mit seinem dritten Tor (bei Gegentreffern durch Haaga und Rutz) sichern mit ihren Toren den Titelgewinn für die Schalker Elf.

Der »Schalker Kreisel«, ein variantenreiches, schnelles Kombinationsspiel, im Mittelfeld inszeniert durch Fritz Szepan und Ernst Kuzorra, ist zum Markenzeichen des deutschen Fußballs aufgestiegen. Der FC Schalke befindet sich weiter auf dem Weg zum dominierenden Fußballklub im Deutschen Reich.

△ *Auf der Torlinie gerettet: Per Fallrückzieher befördert ein Stuttgarter Spieler den Ball ins Feld zurück.*

◁ *Schalke-Kapitän Ernst Kuzorra mit Frau im offenen Wagen: Den »Knappen« wird in Schalke nach dem Sieg in Köln ein triumphaler Empfang bereitet.*

## Sensation: Braddock wird Boxchampion

**13. Juni.** Durch eine Punktniederlage verliert der US-amerikanische Boxer Max Baer den Weltmeister-Titel im Schwergewicht an seinen unbekannten Landsmann James J. Braddock. 40 000 Zuschauer werden im New Yorker Madison Square Garden Zeugen einer der größten Überraschungen in der Geschichte des Boxsports.

Braddock ergreift von Anfang an die Initiative in dem Kampf, den der hohe Favorit Baer offensichtlich auf die leichte Schulter nimmt. Erst nachdem der Herausforderer schon sieben der insgesamt 15 Runden für sich entschieden hat, wacht Baer auf und sucht seine letzte Chance im entscheidenden K.-o.-Schlag. Braddock rettet sich aber souverän über die restlichen Runden und stellt als neuer Champion die Boxwelt auf den Kopf.

Eigentlich hatte Max Baer, der sich den Titel 1934 durch einen Sieg über den Italiener Primo Carnera geholt hatte, Braddock nur als Lückenbüßer für vermeintlich stärkere Gegner wie Schmeling oder Joe Louis ausgesucht. Die Niederlage bedeutet praktisch das Ende von Baers Karriere. Der bislang eher erfolglose neue Champion geht die nächsten zwei Jahre vorsichtshalber einer Titelverteidigung aus dem Weg.

Der knappe Sieger: Rudolf Caracciola

Wird Fünfter: Rosemeyer auf Auto-Union

Manfred von Brauchitsch vor dem Rennen

## Mercedes-Benz triumphiert beim Großen Preis von Frankreich

**23. Juni.** *Mit einem Doppel-Erfolg für Mercedes-Benz endet das 500-km-Rennen um den Großen Preis von Frankreich auf der Piste von Montlhéry bei Paris. Mit einem Schnitt von 124,639 km/h gewinnt der Deutsche Rudolf Caracciola knapp mit 1 sec Vorsprung vor seinem Landsmann Manfred von Brauchitsch. Auf den dritten Platz wird der Maserati-Fahrer Geoffredo Zehender, ein in Paris lebender Rumäne, gesetzt, der 38 von 40 Runden absolvieren kann. Bei hohen Temperaturen scheidet der Trainingsschnellste Hans Stuck (GER, Auto-Union) vor 100 000 Zuschauern bereits in der 7. Runde wegen eines Defekts an der Bremsleitung seines Autos aus.*

## Mauermayer wirft Rekorde in Serie

**29. Juni.** Gisela Mauermayer, Weltrekordhalterin im Fünfkampf und Kugelstoßen, stellt in Jena mit 46,10 m einen Diskusweltrekord auf.

Die Münchnerin hat damit innerhalb von 27 Tagen zum vierten Mal den Weltrekord in dieser Disziplin verbessert. Zuletzt erreichte sie am 23. Juni bei den Münchner Kreismeisterschaften eine Weite von 45,53 m. Auch der jetzige Rekord bleibt nur knapp zwei Monate bestehen: Am 25. August erreicht Mauermayer in Dresden 47,12 m – eine Leistung, die sie »erst« 1936 übertrifft.

Bereits im Sommer 1934 stellte Gisela Mauermayer ihre Rekorde im Kugelstoßen (14,38 m am 15. 7. in Warschau) und im Fünfkampf (377 Punkte am 10./11. 8. in London) auf. Sie gilt als eine der großen deutschen Hoffnungen für die Olympischen Spiele 1936 in Berlin.

# Juli 1935

| Mo | Di | Mi | Do | Fr | Sa | So |
|---|---|---|---|---|---|---|
| 1 | 2 | 3 | 4 | 5 | 6 | 7 |
| 8 | 9 | 10 | 11 | 12 | 13 | 14 |
| 15 | 16 | 17 | 18 | 19 | 20 | 21 |
| 22 | 23 | 24 | 25 | 26 | 27 | 28 |
| 29 | 30 | 31 | | | | |

**1. Juli, Montag**

Vor dem Unterhaus in London erklärt der britische Außenminister Anthony Eden das Scheitern seiner Vermittlungsbemühungen im italienisch-abessinischen Konflikt (→ 11. 10./S. 170).

Die italienisch-abessinische Schiedskommission des Völkerbundes nimmt im niederländischen Scheveningen ihre Arbeit auf. Die Vermittlungsbemühungen werden am 8. Juli ergebnislos abgebrochen (→ 11. 10./S. 170).

Der Präsident des Danziger Landtages, Wilhelm von Wnuck, legt sein Amt nieder. Wnuck, Mitglied der NSDAP, begründet seinen Schritt mit dem »Mangel an Vertrauen in die Politik der Nationalsozialisten«. Die Stadt Danzig steht unter der Verwaltung des Völkerbundes.

Erstmals wird der »Fliegende Kölner«, ein Schnelltriebwagen der Reichsbahn, auf der Strecke Köln–Berlin eingesetzt. Der Zug bewältigt die Strecke in fünfeinhalb Stunden. → S. 128

Der Reichsbund Vereinigung deutscher Druiden löst sich auf Druck der NS-Behörden auf.

In Meridian (US-Bundesstaat Mississippi) überbieten die US-Amerikaner Fred und Al Kays den bisherigen Rekord im Dauerfliegen aus dem Jahr 1930 um sieben Stunden. Insgesamt waren sie über 653 Stunden ununterbrochen in der Luft. Ihr Flugzeug wurde in der Luft aufgetankt.

In Italien wird der Bezug von verbilligten Benzingutscheinen für Touristen eingeführt. Bei einem Aufenthalt von 16 bis 90 Tagen beträgt die Benzinpreisermäßigung 80%.

**2. Juli, Dienstag**

Der schweizerische Bundesrat verbietet in Bern die in der Schweiz erscheinenden deutschen Zeitungen »Der Stürmer«, »Der Alemanne« und »Der Reichsdeutsche«. Damit reagiert die Schweiz auf ein voraufgegangenes umgekehrtes Verbot der »Baseler Nachrichten« im Deutschen Reich. → S. 125

Das »Frankfurter Volksblatt« veröffentlicht ein Urteil des Amtsgerichts Wetzlar, demzufolge einem Standesbeamten, der einer Jüdin und einem Arier das Aufgebot für die geplante Hochzeit verweigert hatte, Recht gegeben wurde.

**3. Juli, Mittwoch**

In Berlin trifft der polnische Außenminister Józef Beck zu einem zweitägigen Besuch ein. Bei den Gesprächen mit Adolf Hitler geht es um Fragen der europäischen Sicherheit.

In der Freien Stadt Danzig werden 26 Beamte verhaftet, die als Mitglieder der NSDAP öffentlich Kritik an der Partei geäußert haben.

**4. Juli, Donnerstag**

In einem Rundschreiben wendet sich das Kuratorium der »Adolf-Hitler-Spende« an deutsche Industriefirmen mit der Aufforderung, drei Promille der 1934 verausgabten Lohnsumme als Rüstungsabgabe zu spenden. → S. 123

**5. Juli, Freitag**

Per Gesetz wird das Strafgesetzbuch im Deutschen Reich geändert. Nach den neuen Bestimmungen kann auch ein Angeklagter, auf den kein Paragraph des Strafgesetzbuches anwendbar ist, verurteilt werden. → S. 123

Die abessinische Regierung wendet sich mit der Bitte an die USA, im italienisch-abessinischen Konflikt zu vermitteln. Die Vereinigten Staaten lehnen eine Intervention unter Hinweis auf die Arbeit des Völkerbundes ab (→ 11. 10./S. 170).

In Washington unterzeichnet US-Präsident Franklin D. Roosevelt das sog. Wagner-Connery Gesetz, das den amerikanischen Unternehmern verbietet, Arbeiter am Eintritt in eine Gewerkschaft zu hindern. → S. 121

**6. Juli, Samstag**

Alfred Rosenberg, »Beauftragter des Führers für die Überwachung der gesamten geistigen und weltanschaulichen Schulung und Erziehung der NSDAP«, richtet auf dem Gautag Westfalen-Nord scharfe Angriffe gegen den Bischof von Münster, Clemens August Graf von Galen. → S. 124

Das polnische Parlament verabschiedet in Warschau eine neue Wahlordnung, nach der der Staatspräsident nach Ablauf der Amtsperiode seinen Nachfolger selbst bestimmen kann (→ 23. 4/S. 71).

Der Brite Fred Perry gewinnt das Wimbledon-Finale gegen Gottfried von Cramm 6:2, 6:4, 6:4. Cramm ist der erste Deutsche, der das Endspiel in diesem Tennisturnier erreicht hat. → S. 129

**7. Juli, Sonntag**

Vor 40 000 Zuschauern besiegt Max Schmeling im Berliner Poststadion in einem Schwergewichtskampf über 12 Runden den Spanier Paolino Uzcudun nach Punkten. → S. 129

Bei den US-amerikanischen Schwimmmeisterschaften in Detroit stellt Ralph Kreser mit 1:07,8 min einen Weltrekord über 100 m Rücken auf.

**8. Juli, Montag**

Durch einen Erlaß des Reichserziehungsministeriums werden alle Studenten vor dem Eintritt in deutsche Universitäten zum Nachweis ihrer »arischen Abstammung« verpflichtet. Damit wird erstmals die Arierklausel aus dem Parteiprogramm der NSDAP auf eine staatlich geleitete Organisation übertragen.

In Berlin wird der Bau von mehreren Kriegsschiffen amtlich bekanntgegeben. Für 1936 sehen die Pläne den Bau eines Flugzeugträgers vor.

Der US-Bundesstaat New York wird durch eine Hochwasserkatastrophe infolge starker Regenfälle heimgesucht. Nach amtlichen Angaben kommen dabei über 60 Menschen ums Leben.

**9. Juli, Dienstag**

In Berlin gibt das Reichsinnenministerium einen Erlaß gegen die »Sterilisationshetze« heraus. Danach wird jede Kritik an dem Gesetz zur »Verhütung erbkranken Nachwuchses« unter Strafe gestellt (→ 20. 1/S. 21; 11. 3./S. 53).

In Moskau beschließt das Zentralkomitee der Kommunistischen Partei einen Zehnjahresplan zum Ausbau der sowjetischen Hauptstadt. Der Plan sieht die Vergrößerung des Stadtgebietes um 32 000 ha auf 60 000 ha vor. Grund ist die rapide Bevölkerungszunahme Moskaus.

Heinz Rühmann spielt die Hauptrolle in dem deutschen Film »Wer wagt – gewinnt« (Regie Walter Janssen), der in Berlin uraufgeführt wird.

**10. Juli, Mittwoch**

Der österreichische Nationalrat verabschiedet das sog. Habsburgergesetz. Damit wird u. a. Mitgliedern der ehemaligen Königsfamilie, die 1919 aus Österreich ausgewiesen wurden, die Möglichkeit zur Rückkehr zugebilligt. → S. 122

Die Regierung in Addis Abeba fordert in diplomatischen Noten an die Regierungen von Großbritannien, Belgien, Dänemark, Frankreich, Schweden und die Tschechoslowakei die Aufhebung des Waffenembargos gegen Abessinien. Das Land sei aufgrund der Bedrohung durch Italien zur Einfuhr von Waffen gezwungen.

Der Exekutivausschuß der britischen Quäker fordert Führer und Reichskanzler Adolf Hitler in London brieflich auf, »die Konzentrationslager aufzulösen und die getroffenen außerordentlichen Gewaltmaßnahmen aufzugeben«.

Staatspräsident Ignacy Móscicki löst in Polen beide Häuser des Parlaments auf. Dieser Schritt war durch die Annahme eines neuen Wahlgesetzes notwendig geworden.

**11. Juli, Donnerstag**

Rumänien und die Türkei schließen ein Rückwanderungsabkommen, das ca. 10 000 in Rumänien lebenden Moslems innerhalb der nächsten zehn Jahre die Rückkehr in die Türkei ermöglicht. In Rumänien leben 234 000 Türken oder 1,3% der Gesamtbevölkerung von knapp 18 Mio. (1934).

**12. Juli, Freitag**

Die Sowjetunion und Belgien vereinbaren in Paris die Wiederaufnahme diplomatischer Beziehungen, die 1917 nach der Oktoberrevolution abgebrochen worden waren.

Bei Zusammenstößen zwischen Mitgliedern der protestantischen Orangepartei und irischen Nationalisten anläßlich eines Straßenumzugs kommen in Belfast sieben Menschen ums Leben. → S. 122

Jugoslawiens Regierung schließt ein Konkordat mit dem Vatikan. Danach erhält die katholische Kirche des Landes den gleichen Status wie die orthodoxe serbische Kirche und der Islam.

**13. Juli, Samstag**

Das badische Innenministerium löst in 45 Gemeinden den »Nationalsozialistischen Frontkämpferbund« (vor 1934: »Stahlhelm«) auf. Die Maßnahme gegen die Organisation, in der ehemalige Soldaten des Ersten Weltkrieges organisiert sind, wird mit der vermehrten Aufnahme von Personen begründet, die »früher offen Gegner der nationalsozialistischen Bewegung« gewesen seien (→ 7. 11./S. 187).

Richard Strauss tritt als Präsident der Reichsmusikkammer und als Vorsitzender des Berufsstandes der Deutschen Komponisten zurück. Hintergrund des Rücktritts ist die Affäre um Strauss' Oper »Die schweigsame Frau«, für die der jüdische Dichter Stefan Zweig das Libretto geschrieben hat (→ 24. 6./S. 114).

Im Deutschen Reich wird für landwirtschaftliche Betriebe mit einem Umsatz von mehr als 200 000 RM im Jahr oder einem Vermögen von 100 000 RM eine Buchführungspflicht eingeführt.

In Karlsruhe werden fünf Mitglieder des Studentenkorps »Saxo Borussia«, die während einer Rundfunkrede Hitlers »auf einer Sektflasche blasend« ein Lokal betreten hatten, in ein Konzentrationslager überführt. → S. 188

**14. Juli, Sonntag**

Eine gemeinsame Massendemonstration von Kommunisten, Liberalen und Sozialisten in Paris anläßlich des französischen Nationalfeiertags ist der Auftakt zur Bildung einer antifaschistischen Volksfront in Frankreich. → S. 120

Die USA und die Sowjetunion schließen ein gegenseitiges Handelsabkommen ab. Darin verpflichtet sich die UdSSR, in den nächsten zwölf Monaten Waren im Wert von 30 Mio. US-Dollar (74,1 Mio. RM) von den Vereinigten Staaten zu kaufen.

In Berlin wird eine Abordnung ehemaliger britischer Frontkämpfer, die sich zu einem fünftägigen offiziellen Besuch im Deutschen Reich aufhalten, begeistert empfangen. → S. 128

Beim großen Automobilpreis von Belgien in Spa-Francorchamps feiern die beiden Mercedes-Fahrer Rudolf Caracciola (Erster) und Manfred von Brauchitsch einen deutschen Doppelsieg.

**15. Juli, Montag**

Im Anschluß an die Vorführung des schwedischen Spielfilms »Petterson und Bendel« kommt es auf dem Berliner Kurfürstendamm zu pogromartigen Ausschreitungen verkleideter SA-Angehöriger gegen Juden. → S. 124

*Die politisch-satirische Wochenschrift »Simplicissimus« karikiert auf der Titelseite ihrer Ausgabe vom 21. Juli 1935 die Sparmaßnahmen des französischen Ministerpräsidenten Pierre Laval, die durch drastische Senkung der Staatsausgaben und die Anhebung der Spitzensteuersätze den Franzosen große Opfer abverlangen.*

München, 21. Juli 1935 Preis 60 Pfennig 40. Jahrgang Nr. 17

SIMPLICISSIMUS

Laval und die Sparmaßnahmen

(Olaf Gulbransson)



„Hänge ich den Brotkorb höher, fressen sie mich; hänge ich ihn nicht höher, fressen sie das Brot – hänge ich ihn also höher oder nicht?"

Auf der Zeche »Adolf von Hansemann« in Lengede fordert ein Grubenunglück 10 Tote und über 30 Verletzte.

**16. Juli, Dienstag**

Der preußische Ministerpräsident und Chef der Geheimen Staatspolizei, Hermann Göring, weist die preußischen Behörden an, strenger gegen oppositionelle Priester und ehemalige Zentrumspolitiker vorzugehen.

Der Berliner Polizeipräsident Magnus von Levetzkow ordnet in der Reichshauptstadt ein Demonstrationsverbot für die SA an. Damit reagieren die Behörden auf die Beteiligung der SA an den gewalttätigen Ausschreitungen gegen Juden auf dem Berliner Kurfürstendamm einen Tag zuvor (→15. 7./S. 124).

Hitler ernennt den Vizepräsidenten des Reichstages, Hanns Kerrl, zum Reichsminister für Kirchenfragen. →S. 124

Der Vatikan protestiert in einer Note gegen die »Verletzung des Konkordats« im Deutschen Reich. Der Protest richtet sich gegen den zunehmenden Druck, den staatliche Stellen auf praktizierende Katholiken ausüben.

**17. Juli, Mittwoch**

Frankreichs Ministerpräsident Pierre Laval legt in Paris ein Notprogramm vor, durch das 11 Mrd. Franc (1,8 Mrd. RM) im Staatshaushalt eingespart werden sollen. →S. 121

In Stralsund werden zwei Juden in »Schutzhaft« genommen, die wenige Tage zuvor »arische« Mädchen geheiratet haben.

Die britischen Auto-Rennfahrer John Cobb, Rose Richards und Charles Dodson stellen in Salt Lake City (US-Bundesstaat Utah) einen Weltrekord im 24-Stunden-Fahren auf. Sie überbieten mit 5201,575 km die alte Bestmarke um fast 300 km.

**18. Juli, Donnerstag**

Die Rücktritte der griechischen Kriegs- und Landwirtschaftminister Georg Kondylis und Spyrios Theotokis führen zu einer Regierungskrise, in deren Folge das gesamte Kabinett von Ministerpräsident Panajotis Tsaldáris zurücktritt. Hintergrund der Krise sind unterschiedliche Auffassungen im Kabinett über eine Staatsreform.

Die deutsche NS-Presse weist auf das zehnjährige Jubiläum des Buches »Mein Kampf« von Adolf Hitler hin. →S. 125

Auf Veranlassung der städtischen Behörden wird in Breslau für die Benutzung von Badeanstalten eine Sonderregelung erlassen: Vier der zwölf Bäder sind Juden verboten, in den restlichen werden gesonderte Eingänge und Badeplätze geschaffen.

In der Ufa-Filmkomödie »Amphitryon« von Reinhold Schünzel, der in Berlin uraufgeführt wird, sind Willy Fritsch, Käthe Gold und Paul Kemp in den Hauptrollen zu sehen.

**19. Juli, Freitag**

Bei einer Großdemonstration gegen die am 17. Juli erlassenen Notverordnungen werden in Paris über tausend Teilnehmer verhaftet.

Mit der »Integralistischen Aktion Brasiliens« (AJB) bildet sich in dem südamerikanischen Land die erste nationale Partei. Das Programm dieser rechtsradikalen Organisation sieht u. a. die Schaffung eines brasilianischen Einheitsstaates vor. →S. 121

Auf Anweisung von Führer und Reichskanzler Adolf Hitler wird der Polizeipräsident von Berlin, Magnus von Levetzkow, der im Zusammenhang mit den antisemitischen Ausschreitungen in Berlin heftig angegriffen worden ist (→15. 7./S. 124), durch Wolf Heinrich Graf von Helldorf ersetzt.

Das thüringische Innenministerium veranlaßt die Auflösung des nationalsozialistischen Deutschen Frontkämpferbundes (»Stahlhelm«) in den Regierungsbezirken Breslau, Liegnitz und Oppeln (→7. 11/S. 187).

In Fort Lauderdale (US-Bundesstaat Florida) lynchen über 100 Angehörige des rassistischen Ku-Klux-Klan einen Schwarzen, der eine Weiße angegriffen haben soll (→12. 11./S. 193).

**20. Juli, Samstag**

Im Einvernehmen mit der Reichskulturkammer löst die Gestapo in Berlin die drei Artistenverbände »Die Internationale Artistenloge«, »Der Internationale Zirkusdirektorenverband« und den »Berufsverband deutscher Artistik« wegen der »in ihnen tätigen staatsfeindlichen Elemente« auf.

**21. Juli, Sonntag**

Die US-amerikanische Schwimmerin Laura Kight stellt in Manhattan Beach mit 11:34,4 min einen Weltrekord über 800 m Freistil auf.

Beim Großen Preis von Belgien für Motorräder in Spa-Francorchamps siegt der deutsche Fahrer Arthur Geiß auf DKW in der Klasse bis 250 ccm.

**22. Juli, Montag**

Auf Veranlassung von Reichsinnenminister Wilhelm Frick werden den katholischen Jugendverbänden alle sportlichen Aktivitäten, öffentliches Auftreten sowie das Tragen uniformähnlicher Kleidung verboten. Durch ihre Aktivitäten im Freizeitbereich waren die konfessionellen Verbände in Konkurrenz zur Hitlerjugend getreten. →S. 125

Im Deutschen Reich wird kurzzeitig eine Nummer des nationalsozialistischen Hetzblattes »Der Stürmer« beschlagnahmt. In einem Artikel war der Leiter der Reichskanzlei, Hans Heinrich Lammers, im Zusammenhang mit Angriffen auf Studentenkorps kritisiert worden.

In Gelsenkirchen wird das Hydrierwerk Scholven AG gegründet. Hier soll in Zukunft Kohle zu Benzin verflüssigt werden. →S. 93.

**23. Juli, Dienstag**

Der Leiter des NSDAP-Gaus Franken, Julius Streicher, nennt während einer Rede in der Reichsführerschule in Nürnberg als Gründe für die fortschreitende Ausgrenzung von Juden aus dem öffentlichen Leben: »All das wird bei uns im Interesse der Juden gemacht, weil wir eben anständige Menschen sind.«

**24. Juli, Mittwoch**

Zwischen den USA und dem Deutschen Reich führt die Weigerung des New Yorker Bürgermeisters Fiorello Henry La Guardia, einem Deutschen die Lizenz für einen Massagesalon zu erteilen, zu erheblichen diplomatischen Spannungen. La Guardia hat die Ablehnung mit der Behandlung US-amerikanischer Juden im Deutschen Reich begründet.

Reichspropagandaminister Joseph Goebbels ernennt Hans Hinkel zum Leiter der Abteilung »Kulturpersonalien«, die für die Überwachung aller »Kulturschaffenden« zuständig ist. Hinkel war bislang im Propagandaministerium als Sonderbeauftragter für die Überwachung der »geistig und kulturell tätigen Nichtarier« eingesetzt.

Im Tennis-Davispokal besiegt die USA die deutsche Mannschaft um Gottfried von Cramm in Wimbledon 4:1.

**25. Juli, Donnerstag**

In zahlreichen Veranstaltungen gedenkt Österreich des am 25. Juli 1934 ermordeten Bundeskanzlers Engelbert Dollfuß. →S. 122

Der siebte Kongreß der Kommunistischen Internationale (Komintern) beginnt in Moskau. 510 Delegierte aus aller Welt beraten bis zum 20. August über eine Volksfrontpolitik angesichts der sich verstärkenden faschistischen Bedrohung in Europa. →S. 121

Der niederländische Ministerpräsident Hendrikus Colijn reicht in Den Haag seinen Rücktritt ein, nachdem Bemühungen der Regierung, die Abwertung des Gulden zu stoppen, gescheitert sind.

Die britische Regierung beschließt in London, »bis auf weiteres« weder Italien noch Abessinien mit Waffen zu beliefern (→11. 10./S. 179)

Nach starken Regenfällen wird die chinesische Provinz Hupeh zu 70% (175 000 km²) überschwemmt. Nach amtlichen chinesischen Angaben kommen bei der schwersten Hochwasserkatastrophe seit 1931 über 200 000 Menschen ums Leben.

In Berlin wird der Operetten-Film »Eva« mit Magda Schneider, Hans Söhnker und Hans Moser in den Hauptrollen uraufgeführt. Regie führt Johannes Riemann.

**26. Juli, Freitag**

Bei der Abfahrt des deutschen Schiffes »Bremen« kommt es in New York zu antideutschen Demonstrationen. Im Verlauf dieser Aktionen, an denen mehrere tausend Menschen teilnehmen, wird die Hakenkreuzfahne auf der »Bremen« heruntergerissen. →S. 128

Aufgrund des neuen Fremdengesetzes muß in der Tschechoslowakei jeder Ausländer zur Bewilligung einer Aufenthaltsgenehmigung eine Gebühr bezahlen. Die Höhe richtet sich nach den Vermögensverhältnissen, dem Aufenthaltszweck und der Aufenthaltsdauer.

**27. Juli, Samstag**

Über 50 Arbeiter kommen durch die Explosion einer Munitionsfabrik in Taino (Italien) ums Leben.

Bei einer Demonstration im US-amerikanischen Detroit wenden sich mehr als tausend Hausfrauen gegen die 20%ige Erhöhung der Fleischpreise.

**28. Juli, Sonntag**

Der Belgier Romain Maes gewinnt die Tour de France vor Ambrogio Morelli aus Italien und dem Belgier Felicien Verwaecke. →S. 129

Der Italiener Tazio Nuvolari gewinnt auf dem Nürburgring den Großen Preis von Deutschland vor Hans Stuck und Rudolf Caracciola (beide Deutschland).

**29. Juli, Montag**

Zur Bekämpfung der Unruhen in der italienischen Kolonie Eritrea, die sich auf Grund der zugespitzten Lage im Abessinienkonflikt in den letzten Tagen gehäuft haben, führt die Regierung das Standrecht ein.

Anläßlich der Beisetzung des in der Vorwoche verstorbenen Sozialdemokraten Otto Glöckel kommt es in Weidling bei Wien zu Auseinandersetzungen zwischen Trauergästen und der Polizei. Mehr als 70 der rund 8000 Teilnehmer werden verhaftet.

**30. Juli, Dienstag**

Großbritannien gewinnt durch einen 5:0-Sieg gegen die USA zum achten Mal den Daviscup. →S. 129

Die belgische Regierung erläßt ein Ausbürgerungsgesetz. Hintergrund dieser Maßnahme sind die vom Deutschen Reich unterstützten Aktionen von Nationalsozialisten im deutsch-belgischen Grenzgebiet Eupen-Malmedy.

**31. Juli, Mittwoch**

Der Völkerbund tritt in Genf zu einer außerordentlichen Sitzung zusammen. Die Abgeordneten verhandeln über Lösungsmöglichkeiten im italienisch-abessinischen Konflikt.

Bei einer Hitzewelle im US-amerikanischen Mittelwesten sterben über 150 Menschen.

**Das Wetter im Monat Juli**

| Station | Mittlere Lufttemperatur (°C) | Niederschlag (mm) | Sonnenscheindauer (Std.) |
|---|---|---|---|
| Aachen | 18,4 (17,5) | 24 (75) | — (190) |
| Berlin | 18,8 (18,3) | 29 (70) | — (242) |
| Bremen | 17,9 (17,4) | 81 (92) | — (207) |
| München | 18,8 (17,5) | 129 (137) | — (226) |
| Wien | 20,1 (19,5) | 46 (84) | 280 (265) |
| Zürich | 19,8 (17,2) | 76 (139) | 303 (238) |

( ) Langjähriger Mittelwert für diesen Monat
– Wert nicht ermittelt

*Als Beispiel für die allgemeine »Kriegsmobilmachung« in der Welt zeigt das in Prag erscheinende antifaschistische Blatt »Arbeiter-Illustrierte-Zeitung« einen »Gasanzug« für Babys, der in einem US-amerikanischen Kaufhaus angeboten wird.*

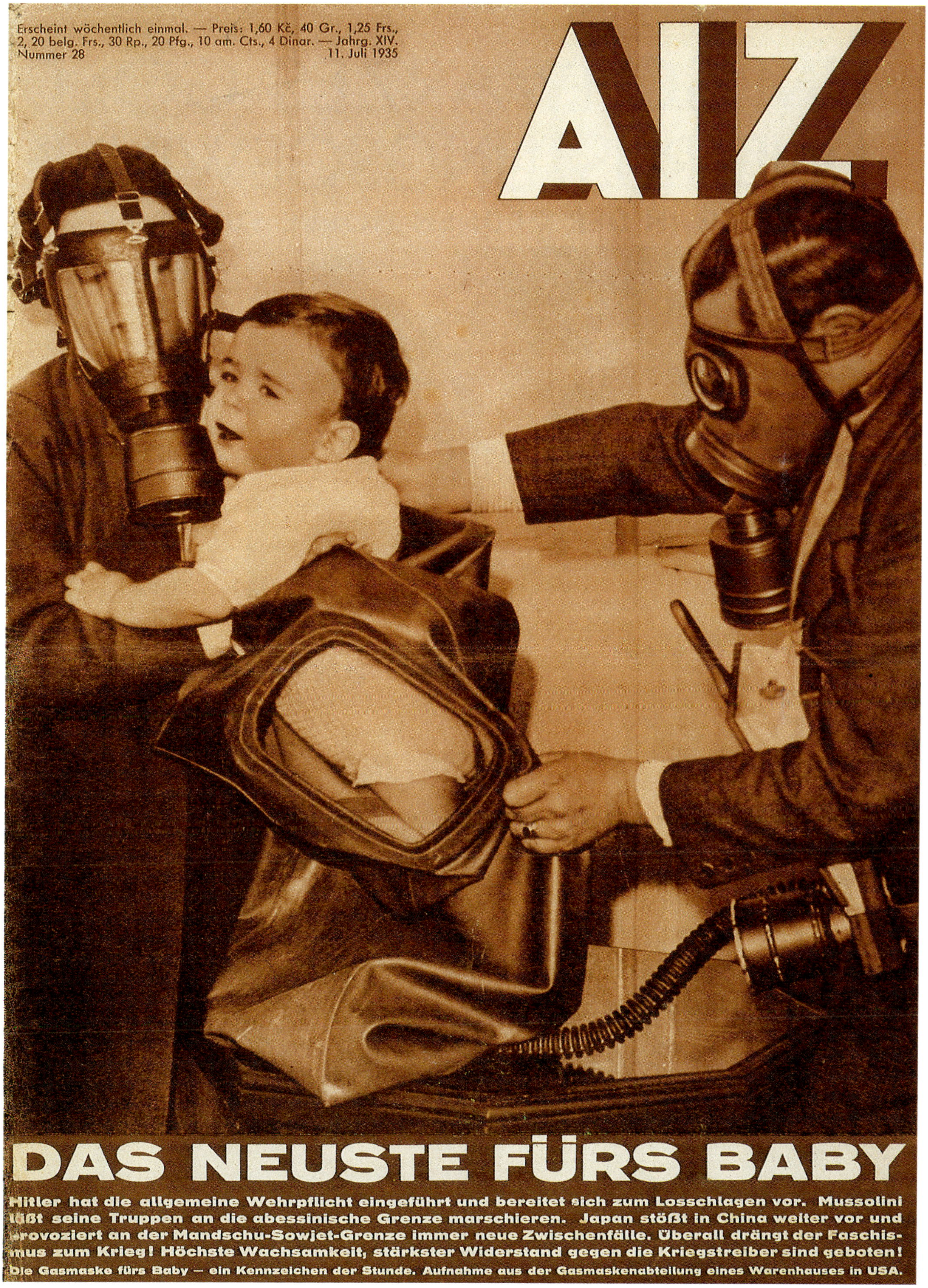

Erscheint wöchentlich einmal. — Preis: 1,60 Kč, 40 Gr., 1,25 Frs., 2, 20 belg. Frs., 30 Rp., 20 Pfg., 10 am. Cts., 4 Dinar. — Jahrg. XIV. Nummer 28 11. Juli 1935

AIZ

DAS NEUSTE FÜRS BABY

Hitler hat die allgemeine Wehrpflicht eingeführt und bereitet sich zum Losschlagen vor. Mussolini läßt seine Truppen an die abessinische Grenze marschieren. Japan stößt in China weiter vor und provoziert an der Mandschu-Sowjet-Grenze immer neue Zwischenfälle. Überall drängt der Faschismus zum Krieg! Höchste Wachsamkeit, stärkster Widerstand gegen die Kriegstreiber sind geboten!

Die Gasmaske fürs Baby – ein Kennzeichen der Stunde. Aufnahme aus der Gasmaskenabteilung eines Warenhauses in USA.

*Massenkundgebung der vereinten französischen Linken in Paris gegen die faschistischen »Ligen«, die auf der anderen Seite der Stadt selbst demonstrieren*

# 14. Juli: Geburtsstunde der französischen Volksfront

**14. Juli.** 150 000 Menschen demonstrieren in Paris anläßlich des französischen Nationalfeiertages für eine Volksfront aus Kommunisten, Sozialisten und Liberalen.

Trotz glühender Hitze dauert der Umzug der vereinigten Linksparteien fünf Stunden. Es ist die bislang größte Manifestation für eine Zusammenarbeit der zerstrittenen französischen Parteien der Mitte und der Linken gegen die wachsende Gefahr für die Republik durch die faschistischen, paramilitärischen »Ligen«. Die Demonstranten geloben auf Transparenten, vereint gegen die Ligen aufzutreten und die französische III. Republik mit ihren demokratischen Errungenschaften zu verteidigen. Sie fordern außerdem ein Bewaffnungsverbot für die Ligen (→ 6. 12./S. 203).

Am 6. Februar 1934 hatten blutige Unruhen, ausgelöst durch die extremen Rechten, das Land an den Rand eines Bürgerkrieges gebracht. Die Befürworter der Demokratie fürchteten einen Staatsstreich faschistischer Gruppen. Dazu zählen die »Parti Franciste«, die »Solidarité Française« und die »Croix de feu« (Feuerkreuzler) unter Oberst François de la Rocque. Diese sog. Ligen lehnen den Parlamentarismus strikt ab. Sie sind antimarxistisch und nationalistisch eingestellt und unterhalten, ähnlich den deutschen Nationalsozialisten, paramilitärische Sturmabteilungen. Besonders die Croix de feux finden in der französischen Öffentlichkeit angesichts der permanenten wirtschaftlichen Schwierigkeiten, ständiger Regierungswechsel und politischer Skandale wachsenden Zuspruch. Für viele Franzosen hat das parlamentarische System abgewirtschaftet.

Der Bedrohung der Republik von rechts steht bislang eine zerrissene Linke gegenüber: Die »Section Française de l'Internationale Ouvrière« (SFIO, Sozialistische Partei) verlor 1920 durch die Abspaltung eines kommunistischen Flügels drei Viertel ihrer Mitglieder. Die neuentstandene »Section Française de l'Internationale Communiste« (SFIC, Kommunistische Partei) steht unter dem Einfluß der sowjetisch dominierten Kommunistischen Internationale (Komintern). Als wichtigste bürgerliche Partei Frankreichs steht die liberale »Parti Radical« hinter der Republik. Sie arbeitete allerdings bislang nicht mit den marxistischen Kräften zusammen, die sich im übrigen bis vor kurzem auch gegenseitig bekämpften: Kommunisten verurteilten Sozialisten im Einklang mit der Komintern-Vorgabe als »Sozialfaschisten« und stempelten sie damit zu Feinden der Arbeiterklasse.

Erst unter dem Eindruck der dramatischen Ereignisse Anfang 1934 raffte sich die gespaltene Linke Frankreichs – das abschreckende Beispiel der nationalsozialistischen Machtergreifung im Deutschen Reich vor Augen – zur Überwindung ihrer Differenzen auf: Am 27. Juli 1934 schlossen Sozialisten und Kommunisten nach einem Schwenk der Komintern-Linie einen »Aktionspakt gegen den Faschismus«.

Im Vorbereitungskomitee für die Demonstration zum Nationalfeiertag 1935 saßen nun erstmals neben Kommunisten und Sozialisten auch Vertreter der Parti Radical. Für die Liberalen wird die Kommunistische Partei bündnisfähig, weil sie ihre Ablehnung gegenüber einer Politik der militärischen Stärke und Aufrüstung fallen läßt. Dieser Meinungswandel steht in Zusammenhang mit dem französisch-sowjetischen Beistandspakt vom Mai 1935 (→ 2. 5./S. 90). Mit der Annäherung von Parti Radical und den marxistischen Parteien ist der Grundstein für die erste europäische Volksfrontregierung gelegt. Sie löst im Juni 1936 unter dem sozialistischen Ministerpräsidenten Léon Blum die konservative Regierung von Ministerpräsident Pierre Laval ab.

*Plakat des Volksfrontkomitees zur Erinnerung an den Triumph der gemeinsamen Demonstration am 14. Juli. Auf dem Transparent der symbolische Eid: »Wir geloben feierlich, vereint zu bleiben, um die aufrührerischen Ligen zu entwaffnen und aufzulösen, um die demokratischen Freiheiten und den Weltfrieden zu verteidigen und zu entwickeln.« Vorne marschieren Vertreter der ehemals verfeindeten Kommunisten, Sozialisten und Liberalen.*

## Notverordnung soll Finanzen sanieren

**17. Juli.** Nach fast vierundzwanzigstündiger Beratung des französischen Ministerrats legt Ministerpräsident Pierre Laval der Öffentlichkeit ein 29 Punkte umfassendes Programm zur Sanierung des Staatshaushaltes vor.

Der Kern des Programms besteht aus deflationistischen Maßnahmen. Sie sollen das staatliche Budgetdefizit beseitigen, den Staatshaushalt ausgleichen und zur allgemeinen Belebung der Wirtschaft führen. Dabei setzt die Regierung auf die drastische Senkung der Staatsausgaben um 10% und auf die Erhöhung bestimmter Steuersätze. So wird u.a. die Einkommensteuer für Einkünfte über 80 000 Franc (rund 13 000 RM) um 50% erhöht.

Um den allgemeinen Kaufkraftverlust aufzufangen, strebt die Regierung die Senkung der Lebenshaltungskosten durch die Verbilligung von Gas, Elektrizität, Brot und Kohle an. In einer Rundfunkansprache verteidigt Laval den Maßnahmenkatalog: »Wenn man mehr ausgibt als man besitzt, führt das zum Zusammenbruch. Was für den Privatmann gilt, trifft auch für den Staat zu.«

Trotz eines sofort erlassenen Kundgebungsverbotes demonstrieren zwei Tage später vor der Pariser Oper etwa 25 000 Gewerkschaftsvertreter gegen die Notverordnungen. Nach zahlreichen Zusammenstößen mit der Polizei werden 1000 Demonstranten in Haft genommen (→ 31. 5./S. 90).

Pierre Laval (* 26. 6. 1883) wurde 1914 als Sozialist Abgeordneter im französischen Parlament. Der ab 1919 parteilose Rechtsanwalt amtiert seit dem 7. 6. 1935 als Ministerpräsident. Er hatte diesen Posten bereits zwischen 1925 und 1931 mehrfach inne.

Pierre Étienne Flandin (* 12. 4. 1889) war vom 9. 11. 1934 bis 31. 5. 1935 französischer Ministerpräsident. Er stürzte, weil das Parlament ihm Vollmachten zum Kampf gegen die Finanzkrise verweigerte. Im neuen Kabinett ist Flandin Minister ohne Geschäftsbereich.

*Teilnehmer des Kongresses (v. l.): Georgi Dimitroff, Klement Gottwald, Palmiro Togliatti, Wilhelm Pieck, Wilhelm Florin, Dimitri Manuilski, Wang Ming*

## Neue Komintern-Strategie

**25. Juli.** Auf dem siebten Weltkongreß der Kommunistischen Internationale (Komintern), der vom 25. Juli bis zum 20. August in Moskau stattfindet, einigen sich die Delegierten auf eine antifaschistische »Volksfrontpolitik« in Europa.

Damit nimmt die Komintern vor allem angesichts der politischen Entwicklung im Deutschen Reich und in Italien Abschied von der bisher vertretenen »Sozialfaschismus«-Theorie, die die Sozialdemokratie zum Hauptfeind der kommunistischen Bewegung erklärte. Statt dessen plädiert die Internationale nun für eine Koalition zwischen Kommunisten, Sozialdemokraten und Bürgerlichen zur Bekämpfung des Faschismus. Die erste Volksfrontregierung entsteht 1936 unter der Führung von Léon Blum in Frankreich.

## Erste landesweite Partei Brasiliens

**19. Juli.** In Brasilien wird die »Integralistische Aktion Brasiliens« (AIB) als erste landesweite Partei zugelassen. Mit ihrer Konstituierung als Partei beendet die seit 1932 bestehende rechtsextreme Bewegung unter Führung des Journalisten Plinio Salgado ihre »revolutionäre Phase«, um zukünftig an allen Wahlen teilnehmen zu können.

Traditionell sind die Parteien in Brasilien lediglich lockere, regionale Zusammenschlüsse der von Großgrundbesitzern geführten Interessengruppen, die den jeweiligen Bundesstaat beherrschen. Für die Präsidentschaftswahlen schließen sich einzelne Interessengruppen landesweit unter einem Parteinamen zusammen, nachdem der Präsidentschaftskandidat zwischen ihren Vertretern ausgehandelt worden ist.

Im Gegensatz dazu versuchte die AIB seit Jahren – zunächst als außerparlamentarische Bewegung –, sich dauerhaft landesweit zu organisieren. Ihr von europäischen faschistischen Bewegungen inspiriertes Programm propagiert unter den Stichworten »Gott, Vaterland und Familie« einen nationalistischen, autoritären Staat zur Überwindung der politischen und wirtschaftlichen Krise des südamerikanischen Landes.

## Roosevelt stärkt Rechte der Gewerkschaft

**5. Juli.** In Washington unterzeichnet US-Präsident Franklin D. Roosevelt das sog. Wagner-Connery-Gesetz, das die arbeitsrechtlichen Beziehungen zwischen Unternehmern und Gewerkschaften regelt.

Die Unternehmer müssen nun die freie Gewerkschaftswahl ihrer Beschäftigten akzeptieren. Darüber hinaus räumt das Gesetz Arbeitnehmern das Recht ein, bei Tarifverhandlungen Vertreter eigener Wahl zu benennen. Bisher wurden die Beschäftigten meist durch Betriebsgewerkschaften vertreten, die von den Arbeitgebern beherrscht waren.

Um die Einhaltung der im Wagner-Connery-Gesetz festgeschriebenen Arbeitnehmerrechte zu gewährleisten, richtet der Staat eine nationale Schlichtungskammer (National Labor Relations Board) ein, die mit weitgehenden Vollmachten ausgestattet ist. Sie kann u.a. einzelnen Betrieben arbeitsrechtliche Anweisungen erteilen und deren Durchführung gerichtlich erzwingen.

Das von konservativer Seite heftig angegriffene Gesetz, das überraschend am 5. August von beiden Häusern des Kongresses angenommen wird, bedeutet eine entscheidende Stärkung der US-amerikanischen Gewerkschaftsbewegung. Am 12. April 1937 wird das Gesetz vom Obersten Bundesgerichtshof für verfassungskonform erklärt.

*Sozialversicherungskarte für US-amerikanische Arbeitnehmer, neu ab August 1935 nach der Einführung von Arbeitslosen- und Rentenversicherung*

# Habsburger dürfen wieder nach Österreich

**10. Juli.** In seiner letzten Sitzung vor der Sommerpause verabschiedet der österreichische Nationalrat in Wien das sog. Habsburgergesetz. Es hebt die 1919 beschlossene Landesverweisung der Mitglieder des Hauses Habsburg-Lothringen auf und regelt die Rückgabe des damals eingezogenen Vermögens.

Eine gesetzliche Regelung über die Wiedereinführung des Adels, der ursprünglich gleichzeitig mit dem jetzt verabschiedeten Gesetz zur Abstimmung kommen sollte, wird auf den Herbst verschoben.

Im Vorfeld der Abstimmung war es im In- und Ausland zu Protesten gekommen, die der Regierung »Restaurierungsabsichten« unterstellten. Bundeskanzler Kurt Schuschnigg versichert demgegenüber: »Es ist bedauerlich, daß so viel von Stellen geschrieben wird, die den Sachverhalt nicht kennen und durch das Wort ›Restauration‹ hypnotisiert sind, von der keine Rede ist. Die… These, das Haus Habsburg sei entweder mit Kriegsschuld belastet oder habe sich während des Kriegs gegen die Bündnispflicht vergangen – der Vorwurf des Volksverrats wird in diesem Zusammenhang auch erhoben – wird von uns als den historischen Tatsachen widersprechend abgelehnt.« Das Argument, Habsburger könnten mit Hilfe der zurückerstatteten Vermögenswerte Propaganda für eine Restauration betreiben, bezeichnet Schuschnigg als »lächerlich«.

Am 3. April 1919, wenige Monate nach der militärischen Niederlage Österreich-Ungarns im Ersten Weltkrieg, hatte die Konstituierende Nationalversammlung die Landesverweisung und Enteignung der Familie Habsburg beschlossen. Nachdem Kaiser Karl I. am 11. November 1918 auf eine Beteiligung an den Regierungsgeschäften verzichtet hatte, wurde in Wien die Republik Deutschösterreich ausgerufen. Bis dahin hatte Karl versucht, die Uneinigkeit der Parteien über die künftige Staatsform zur Aufrechterhaltung der Monarchie zu nutzen. Aber vor allem die Sozialdemokratie betrachtete die Präsenz des Exkaisers in Österreich als Gefahr für die Republik. Am 23. März ging Karl mit seiner Familie ins Exil.

Franz Joseph I. (* 18. 8. 1830) war von 1848 an bis zu seinem Tod am 21. 11. 1916 Kaiser von Österreich, seit 1867 auch König von Ungarn.

Franz Ferdinand (* 18. 12. 1863), österreichischer Erzherzog. Seine Ermordung löste in Sarajevo den Ersten Weltkrieg aus.

Karl I. (* 17. 8. 1887, † 1. 4. 1922) war von 1916 bis 1918 letzter Kaiser Österreichs. 1921 wurde er nach Madeira verbannt.

Ex-Kaiserin Zita mit ihrem Sohn Otto

### Letzte Habsburger

*Ex-Kaiserin Zita lebt zusammen mit ihren fünf Kindern seit 1929 im belgischen Steenockerzeel. Von hier aus bemühte sich Zita um die Stärkung der monarchistischen Bewegung. Der Umzug der Familie, die nach dem Tod Karls I. am 1. April 1922 von Madeira ins Baskenland übergesiedelt war, sollte dem jetzt 22jährigen Thronanwärter Otto ein Studium in Löwen ermöglichen.*

# Jährlicher Gewaltausbruch in Nordirland

**12. Juli.** In Belfast, Hauptstadt des zu Großbritannien gehörenden Nordirland, erschießt die Polizei sieben irische Nationalisten, die gewalttätig gegen den jährlichen Umzug der probritischen »Orangemen« (Orangeleute) protestiert haben.

Als die katholischen Nationalisten, für die der Zug eine Provokation darstellt, die »Orangemen« mit Knüppeln angreifen und mit einem Steinhagel überschütten, greift die Polizei ein: Von Panzerwagen aus feuert sie in die Menge der Gegendemonstranten. Neben den sieben Todesopfern fordern die Auseinandersetzungen 35 Verletzte.

Mit ihrem Umzug feiern die »Orangemen« den Sieg des protestantischen England unter König Wilhelm III. von Oranien über das katholische Irland in der Schlacht am Boyne am 12. Juli 1690. Der Waffengang markiert das Ende einer einjährigen Phase irischer Unabhängigkeit vom englischen Königreich. Nach Wilhelm von Oranien benannte sich die 1795 gegründete »Orange Society« (Orange-Gesellschaft), deren Mitglieder und Anhänger alljährlich am 12. Juli den historischen Sieg demonstrativ in Nordirland feiern.

1922 wurde der größte Teil Irlands als irischer Freistaat von britischer Kolonialdominanz unabhängig. Sechs Grafschaften der überwiegend protestantischen Provinz Ulster blieben jedoch als »Nordirland« bei Großbritannien. Seit der aufgezwungenen Teilung radikalisieren sich die Auseinandersetzungen zwischen irischen Nationalisten, die ein geeintes, unabhängiges Irland wollen, und den probritischen Protestanten in Nordirland.

*Die Belfaster Unruhen greifen auf andere nordirische Distrikte über: Katholische Frauen bewerfen in einem Dorf Polizisten mit Steinen und Eiern.*

# Gedenkfeiern für ermordeten Kanzler

**25. Juli.** Am ersten Jahrestag der Ermordung des österreichischen Kanzlers Engelbert Dollfuß kommt es in der ganzen Alpenrepublik zu zahlreichen Gedenkfeiern.

Am 25. Juli 1934 wurde Dollfuß im Wiener Kanzleramt während eines Putschversuchs der Nationalsozialisten getötet. Umsturzpläne gegen den seit 1932 regierenden Kanzler bestanden schon bald nach der Machtübernahme Adolf Hitlers im Deutschen Reich, weil sich Dollfuß standhaft gegen jeden Anschlußversuch Österreichs an das Reich zur Wehr setzte. Gleichzeitig beraubte sich Dollfuß durch ein autoritäres Regierungssystem, dem neben der Nationalsozialistischen und der Kommunistischen Partei auch die Sozialdemokratische Partei zum Opfer fiel, Verbündeter im Kampf gegen den NS-Terror.

Auch die Nationalsozialisten feiern den Gedenktag in Wien. In einem Aufruf heißt es: »Wir werden nicht nur Sieger, sondern Rächer sein. Das schwören wir.«

# »Was nicht erlaubt ist, ist verboten«

**5. Juli.** Im Reichsgesetzblatt Nr. 70 wird das »Gesetz zur Änderung des Strafgesetzbuchs« vom 28. Juni 1935 veröffentlicht, das fundamentale Rechtsgrundsätze ausschaltet.

In § 2 des deutschen Strafgesetzbuches heißt es aufgrund der Änderungen jetzt: »Bestraft wird, wer eine Tat begeht, die das Gesetz für strafbar erklärt oder die nach dem Grundgedanken eines Strafgesetzes und nach gesundem Volksempfinden Bestrafung verdient. Findet auf die Tat kein bestimmtes Strafgesetz unmittelbar Anwendung, so wird die Tat nach dem Gesetz bestraft, dessen Grundgedanke auf sie am besten zutrifft.«

Das Gesetz ignoriert den Rechtsgrundsatz »Keine Strafe ohne Gesetz«, nach dem ein Angeklagter nur dann für eine Tat bestraft werden kann, wenn ein Strafgesetz dies vorsieht. Nach diesem Grundsatz sind Analogien bei der Rechtsprechung verboten, d. h., nur ausdrücklich als strafbar erklärte Delikte sind auch strafbar. Die jetzt von der Reichsregierung verfügte Änderung des Strafgesetzbuches setzt genau dieses Analogieverbot außer Kraft: In Zukunft können deutsche Richter aufgrund des »gesunden Volksempfindens« oder aufgrund irgendwelcher Gesetze, die auf die vorgeworfene Tat gar nicht eingehen, Urteile sprechen. Völlig legal können Personen zu Zuchthausstrafen verurteilt werden, obwohl sie kein Gesetz übertreten haben.

*Hans Frank (l.), Leiter des NSDAP-Rechtsamtes, Justizminister Gürtner*

Nach der nationalsozialistischen Rechtsauffassung funktioniert die Justiz nicht als unabhängige Kraft, sondern als »unmittelbarer Gehilfe des Staates«. Um unliebsame Gegner ausschalten zu können, wird die Grenze zwischen legalem und nichtlegalem Handeln verwischt. Dabei wird der Grundsatz »Was nicht verboten ist, ist erlaubt« zunehmend in sein Gegenteil umgekehrt: »Was nicht erlaubt ist, ist verboten.« Die so entstehende Rechtsunsicherheit ist der NS-Politik willkommen, weil dadurch ein erheblicher Druck auf die Bevölkerung erzeugt wird, sich anzupassen.

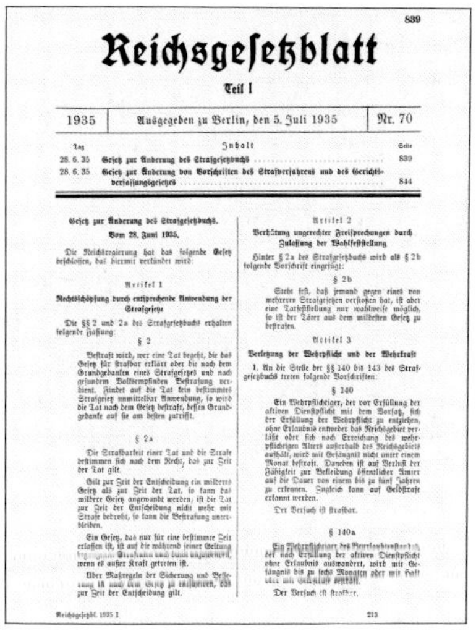

839

Reichsgesetzblatt

Teil I

| 1935 | Ausgegeben zu Berlin, den 5. Juli 1935 | Nr. 70 |
| --- | --- | --- |

| Tag | Inhalt | Seite |
| --- | --- | --- |
| 28. 6. 35 | Gesetz zur Änderung des Strafgesetzbuchs | 839 |
| 28. 6. 35 | Gesetz zur Änderung von Vorschriften des Strafverfahrens und des Gerichtsverfassungsgesetzes | 844 |

Gesetz zur Änderung des Strafgesetzbuchs.
Vom 28. Juni 1935.

Die Reichsregierung hat das folgende Gesetz beschlossen, das hiermit verkündet wird:

Artikel 1
Rechtsschöpfung durch entsprechende Anwendung der Strafgesetze

Die §§ 2 und 2a des Strafgesetzbuchs erhalten folgende Fassung:

§ 2

Bestraft wird, wer eine Tat begeht, die das Gesetz für strafbar erklärt oder die nach dem Grundgedanken eines Strafgesetzes und nach gesundem Volksempfinden Bestrafung verdient. Findet auf die Tat kein bestimmtes Strafgesetz unmittelbar Anwendung, so wird die Tat nach dem Gesetz bestraft, dessen Grundgedanke auf sie am besten zutrifft.

§ 2a

Die Strafbarkeit einer Tat und die Strafe bestimmen sich nach dem Recht, das zur Zeit der Tat gilt.

Gilt zur Zeit der Entscheidung ein milderes Gesetz als zur Zeit der Tat, so kann das mildere Gesetz angewandt werden; ist die Tat zur Zeit der Entscheidung nicht mehr mit Strafe bedroht, so kann die Bestrafung unterbleiben.

Ein Gesetz, das nur für eine bestimmte Zeit erlassen ist, ist auf die während seiner Geltung [illegible] wenn es außer Kraft getreten ist.

Über Maßregeln der Sicherung und Besserung ist nach dem Gesetz zu entscheiden, das zur Zeit der Entscheidung gilt.

Artikel 2
Verhütung ungerechter Freisprechungen durch Zulassung der Wahlfeststellung

Hinter § 2a des Strafgesetzbuchs wird als § 2b folgende Vorschrift eingefügt:

§ 2b

Steht fest, daß jemand gegen eines von mehreren Strafgesetzen verstoßen hat, ist aber eine Tatfeststellung nur wahlweise möglich, so ist der Täter aus dem mildesten Gesetz zu bestrafen.

Artikel 3
Verletzung der Wehrpflicht und der Wehrkraft

1. An die Stelle der §§ 140 bis 143 des Strafgesetzbuchs treten folgende Vorschriften:

§ 140

Ein Wehrpflichtiger, der vor Erfüllung der aktiven Dienstpflicht mit dem Vorsatz, sich der Erfüllung der Wehrpflicht zu entziehen, ohne Erlaubnis entweder das Reichsgebiet verläßt oder sich nach Erreichung des wehrpflichtigen Alters außerhalb des Reichsgebiets aufhält, wird mit Gefängnis nicht unter einem Monat bestraft. Daneben ist auf Verlust der Fähigkeit zur Bekleidung öffentlicher Ämter auf die Dauer von einem bis zu fünf Jahren zu erkennen. Zugleich kann auf Geldstrafe erkannt werden.

Der Versuch ist strafbar.

§ 140a

Ein Wehrpflichtiger des Beurlaubtenstandes, der nach Erfüllung der aktiven Dienstpflicht ohne Erlaubnis auswandert, wird mit Gefängnis bis zu sechs Monaten oder mit Haft oder mit Geldstrafe bestraft.

Der Versuch ist strafbar.

Reichsgesetzbl. 1935 I  213

*Erste Seite des Reichsgesetzblattes Nr. 70 mit der Strafgesetzänderung*

## Rechtsbeugung von Staats wegen

Der rechtsstaatliche Grundsatz »Keine Strafe ohne Gesetz« legt dem Staat eine Reihe von Beschränkungen auf:

- ▷ Das Rückwirkungsverbot, nach dem nur Taten bestraft werden können, die schon zum Zeitpunkt ihrer Ausführung strafbar waren
- ▷ Das Gebot der Gesetzesbestimmtheit, nach dem das Gesetz eindeutig erkennen lassen muß, was bestraft wird und was nicht
- ▷ Das Analogieverbot, das die Bestrafung von Handlungen ausschließt, für die kein präziser Straftatbestand existiert
- ▷ Das Strafmonopol der Justiz

Jeden dieser Grundsätze unterhöhlt die NS-Rechtspraxis: Außerhalb der Justiz existiert das polizeiliche Strafinstrument der »Schutzhaft«. Das Rückwirkungsverbot wurde im März 1933 außer Kraft gesetzt, als der vermeintliche Reichstagsbrandstifter Marinus van der Lubbe zum Tode verurteilt wurde, obwohl das Gesetz für das Verbrechen zur Tatzeit höchstens eine lebenslange Haftstrafe vorsah.

# Sammelunwesen läßt Spendenbereitschaft erlahmen

**4. Juli.** In einem Rundschreiben des Kuratoriums »Adolf-Hitler-Spende« werden alle deutschen Industrieunternehmen aufgefordert, drei Promille der 1934 ausgegebenen Lohn- und Gehaltsumme als Spende abzuführen.

Gustav Krupp von Bohlen und Halbach, der Vorsitzende des Kuratoriums und Leiter des Krupp-Konzerns, des führenden deutschen Rüstungsunternehmens, wendet sich in einem besonderen Aufruf an die Industriellen. Er erinnert sie daran, daß die Reichsregierung ihnen die Finanzierung des nationalen Aufbaus anvertraut habe, weshalb erwartet werden müsse, daß sie dieses Vertrauen nicht enttäuschten. Die Spendenaufforderung, die in der Praxis einen Spendenzwang darstellt, bedeutet eine neuerliche große finanzielle Belastung für die Wirtschaftsunternehmen.

Die »Adolf-Hitler-Spende« wurde im Frühjahr 1933 als »Ausdruck des Danks an den Führer« von den Spitzenverbänden der deutschen Wirtschaft beschlossen. Die »freiwillige« Spende, die der NSDAP zugeführt wird, soll die vielen unkoordinierten Einzelsammlungen bei der Wirtschaft ersetzen.

Nach der Euphorie des Aufbruchs in den ersten Jahren nach der Machtergreifung läßt die Spendenwilligkeit der Wirtschaft wie auch der Bevölkerung bald nach. Zu oft werden sie mit Spendenaufrufen behelligt. Mit der Verschärfung der wirtschaftlichen Lage müssen oftmals Zwangsmaßnahmen ergriffen werden, um die Bevölkerung zur Kasse bitten zu können.

Mit groß angelegten Aktionen wie z. B. Eintopfsonntagen gehört das Winterhilfswerk (WHW) zu den alljährlichen Bittstellern. Um der Spendenmüdigkeit der Bevölkerung entgegenzuwirken, wird versucht, immer neue Spendenanreize zu schaffen: Türplaketten, Ansteckabzeichen, Tafeln mit Platz für Mosaiksteine, die von den Spendern gekauft und darauf angebracht werden sollen usw. Briefträger, Polizisten, Schornsteinfeger, Mitglieder der Wehrmacht und der NSDAP-Verbände führen ständig neue Sondersammlungen für das WHW durch. Der »Tag der nationalen Solidarität« wird als »Großkampftag« für das WHW angekündigt, bei dem politische und gesellschaftliche Prominenz mit der Sammelbüchse auf die Straße geht.

Neben diesen öffentlichen Sammlungen werden auch Betriebssammlungen durchgeführt, die ebenfalls den Charakter von Zwangsabgaben haben: Die Betriebe legen Mindestspendensätze fest, Arbeitern wird z. B. ein Los des WHW in die Lohntüte gesteckt, dafür wird 1 RM von ihrem Lohn einbehalten.

Selbst die Schulen bleiben nicht vom Sammelunwesen verschont. In Ostpreußen müssen beispielsweise alle Schülerinnen und Schüler jede Woche entweder eine Kartoffel, ein Stück Kohle oder ein Scheit Holz abliefern.

# Offene Gewalt gegen Juden auf dem Kurfürstendamm

**15. Juli.** Im Anschluß an die Vorführung des antijüdischen Films »Petterson und Bendel« im Berliner Ufa-Theater kommt es auf dem Kurfürstendamm zu pogromartigen Ausschreitungen gegen jüdische Passanten und zu regelrechten Überfällen auf Lokale.

Gegen 21 Uhr sammelt sich vor dem Kino eine schnell anwachsende Menschenmenge, aus deren Reihen judenfeindliche Äußerungen wie »Juda verrecke« ertönen. Auf ein offenbar verabredetes Kommando hin werden Stoßtrupps gebildet. Sie dringen in Lokale ein, die sich in jüdischem Besitz befinden oder in denen vornehmlich jüdische Gäste vermutet werden. Dabei zerstören die »Eindringlinge«, unterstützt von SA-Einheiten in Zivil, Lokaleinrichtungen und greifen willkürlich »jüdisch aussehende« Gäste tätlich an. Auf dem Kurfürstendamm und in den umliegenden Seitenstraßen halten Schlägertrupps Autos an, zerren Juden aus den Wagen und schlagen auf sie ein. Das »Prager Tagblatt« berichtet von einem besonders drastischen Fall, bei dem etwa 30 Jugendliche ein Ehepaar anhalten, die Frau mit den Worten »Du Hure, wie kannst du mit einem Juden verkehren« beleidigen und anschließend beide zusammenschlagen.

Die Polizei verhaftet einige der Gewalttäter, die allerdings nach kurzer Zeit wieder freigelassen werden. Die Gestapo nimmt in ihrem am 16. Juli erscheinenden Bericht auf ihre Art zu den Ereignissen Stellung: »Die

*Graf Helldorf: Berlins neuer Polizeipräsident gilt als »gemäßigt«.*

verständlichen Demonstrationen gegen das anmaßende Verhalten der Juden haben auch gestern wieder sofort allerhand dunkle Elemente angelockt, die glauben, bei solchen Gelegenheiten ungestraft ihre staatsfeindlichen Ziele verfolgen zu können.« Die SA habe sich sofort der Polizei zur Verfügung gestellt, um »der Minierarbeit dieser dunklen Kräfte den Boden zu entziehen.«

Im westlichen Ausland werden die Pogrome, die sich in den nächsten Tagen wiederholen, scharf verurteilt. Dabei wird vor allem die aktive Rolle der SA heftig kritisiert. Die in Paris erscheinende Zeitung »Journal« schreibt dazu: »Man möchte jetzt, da man etwas spät den Schaden für den Ruf der Nationalsozialisten gemerkt hat, an spontane Kundgebungen glauben machen... Nein, diese Ausschreitungen waren gewollt, und sie verfolgten den bestimmten Zweck, nicht nur die Juden einzuschüchtern, die dies wirklich nicht mehr nötig haben, sondern namentlich die extremen Kreise der Partei zu befriedigen, die allmählich wieder lästig zu werden beginnen.«

Am 19. Juli tritt überraschend Berlins Polizeipräsident Magnus von Levetzkow zurück, dem die NS-Führung einerseits die Schuld an den Ausschreitungen gibt, andererseits die Verantwortung für Verhaftung von SA-Leuten anlastet. Levetzkows Nachfolge tritt der bisherige Polizeipräsident von Potsdam, Wolf Heinrich Graf Helldorf, an. Die zeitweilig erwogene Besetzung des Postens mit dem Herausgeber des antisemitischen Hetzblattes »Der Stürmer«, Julius Streicher, wurde wegen dessen schlechten Rufs im Ausland fallengelassen. Helldorfs Ernennung wird zwar vom nationalsozialistischen Kampfblatt »Der Angriff« mit den Worten »Berlin wird gesäubert von Kommune, Reaktion und Juden« gefeiert, dennoch führt sie zu einer kurzzeitigen Mäßigung der radikalen antisemitischen Kräfte in Berlin.

Die Zurückhaltung des nationalsozialistischen Systems gegenüber jüdischen Bürgern ist aus taktischen Gründen notwendig geworden, weil sich im Ausland Stimmen häufen, die sich gegen Berlin als Austragungsort der Olympischen Spiele 1936 aussprechen.

# Jetzt Kerrl im Kirchenkampf

**16. Juli.** Der bisherige Reichsminister ohne Geschäftsbereich Hanns Kerrl wird von Adolf Hitler zum Reichsminister für kirchliche Angelegenheiten ernannt.

Damit reagiert Hitler auf die bisher in seinen Augen nur unzureichend verlaufene »Gleichschaltung« der

*Hanns Kerrl soll die Deutsche Evangelische Kirche »gleichschalten«.*

evangelischen Kirche. Als Hauptaufgabe sieht sich Kerrl mit dem Widerstand einzelner evangelischer Landeskirchen gegen eine Zentralisierung in der Deutschen Evangelischen Kirche (DEK) konfrontiert.

Auf zwei Bekenntnissynoden in Barmen und Berlin-Dahlem formierte sich 1934 die Bekennende Kirche gegen den Gleichschaltungsdruck des Staates. Sie forderte die Gläubigen auf, »von der bisherigen Reichskirchenregierung und ihren Behörden keine Weisungen mehr entgegenzunehmen« und setzte dem von Adolf Hitler protegierten Reichsbischof Ludwig Müller eine »Vorläufige Kirchenleitung« (VKL) entgegen.

Die Berufung Kerrls kommt einer Entmachtung von Reichsbischof Müller gleich, dessen kirchenpolitische Maßnahmen den Widerstand der Bekennenden Kirche provoziert haben. So versuchte Müller, nationalsozialistische Positionen in der evangelischen Kirche zu etablieren, u. a. indem er den Arierparagraphen in das Kirchenprogramm übernahm.

# Galen contra Rosenberg

**6. Juli.** Auf dem Gautag Westfalen-Nord in Münster richtet der Chefideologe der NSDAP, Alfred Rosenberg, scharfe Angriffe gegen den Bischof von Münster, Clemens August Graf von Galen.

Galen hatte im Vorfeld der Veranstaltung den Auftritt Rosenbergs beim Oberpräsidenten der Provinz Westfalen zu verhindern versucht. Brieflich gab er zu bedenken, »ein Auftreten Rosenbergs würde von der christlichen Bevölkerung Münsters als eine aufreizende Provokation und als eine Verhöhnung ihrer heiligsten religiösen Überzeugungen empfunden werden«.

Hintergrund von Galens Intervention ist die ablehnende Haltung der katholischen Kirche gegenüber Rosenbergs 1930 erschienenem Buch »Mythus des 20. Jahrhunderts«. Das kirchenfeindliche Werk wurde am 16. Februar 1934 u. a. wegen seiner Rassentheorie für die Gläubigen auf den Index gesetzt.

Rosenberg nutzt seinen Auftritt zu einer Kampfansage an die Kirche: »Die Tatsache, daß von einem Bi-

*Bischof Galen kritisiert immer wieder offen die repressive NS-Politik.*

schof selbst derartige Briefe gegen einen Reichsleiter der Deutschland repräsentierenden Bewegung geschrieben werden können und keine Verhaftung eintritt, zeigt, wie tolerant der nationalsozialistische Staat einem Vertreter einer christlichen Konfession gegenübersteht.«

Hier steht er, der „Wächter Israels" auf der „Jüdischen Plattform". Eine Gestalt, uns allen noch wohlbekannt, nur daß sie sich jetzt anderswo die Dummen suchen muß.

... demonstrieren im Hyde-Park: „Anti-Nazi-Versammlung" in London

## *Judenprotest im Hyde Park*

*Im Londoner Hyde Park findet eine Demonstration jüdischer Bürger gegen die sich verschärfende antisemitische Politik im Deutschen Reich statt. Die Redner fordern die Gleichberechtigung der Juden und die Schaffung eines eigenen jüdischen Staates.*
*Zahlreiche aus dem Deutschen Reich emigrierte Juden nehmen an der Veranstaltung im Hyde Park teil, dem traditionellen Ort für Versammlungen und Kundgebungen in der britischen Metropole, wo jedermann Redefreiheit genießt – unabhängig von seiner Konfession oder Hautfarbe.*
*In den deutschen Medien wird die Demonstration – wenn sie überhaupt Erwähnung findet – als lächerliche Zusammenrottung einiger weniger »antideutscher Elemente« diffamiert und zum Anlaß für Hetztiraden gegen die jüdische Bevölkerung genommen. Die Gefahr der »Weltverjudung« wird beschworen, gleichzeitig allerdings werden die »Figuren, die vom Hyde Park aus das Dritte Reich stürzen wollen«, als klägliche Verlierer verspottet. »Sie stehen auf einer Plattform im Hyde Park und wollen die Engländer überzeugen, daß es in Deutschland schauerlich aussieht«, polemisiert der »Illustrierte Beobachter«, Juden zugleich dämonisierend und der Lächerlichkeit preisgebend.*

◁ In seinem süffisanten Bericht verunglimpft der »Illustrierte Beobachter« die Teilnehmer der Londoner Demonstration.

## Einschränkung für katholische Jugend

**22. Juli.** Reichsinnenminister Wilhelm Frick untersagt per Erlaß den katholischen Jugendorganisationen im Deutschen Reich das Tragen von Uniformen, jedes öffentliche Auftreten sowie die Ausübung von Geländesport.
In der Begründung der Maßnahme heißt es, die Jugendorganisationen hätten in jüngster Zeit die Grenzen der ihnen verbliebenen Betätigung überschritten und ihre Aktivitäten auf Gebiete ausgeweitet, die der Hitlerjugend (HJ) vorbehalten seien.
Die staatlichen Repressalien gegen katholische Jugendverbände verstoßen in den Augen der Kirche gegen den Artikel 31 des Reichskonkordats, das am 20. Juli 1933 zwischen dem Vatikan und der NS-Regierung geschlossen worden ist. Darin wird der Kirche u.a. der Schutz katholischer Organisationen und Verbände, »die ausschließlich religiösen, rein kulturellen und karitativen Zwecken dienen«, von der deutschen Reichsregierung zugesagt. Im Gegenzug erkannte der Heilige Stuhl den totalitären deutschen Staat an.
Das kirchliche Eigenleben wurde allerdings durch das Konkordat nicht gesichert – wie sich bald zeigen sollte. Schon ab 1933 versuchten die Nationalsozialisten, die Aktivitäten der katholischen Jugendverbände auf lokaler und regionaler Ebene zu unterbinden. Standen sie doch in puncto Freizeitgestaltung in starker Konkurrenz zur HJ und erwiesen sie sich gegenüber den Gleichschaltungsbestrebungen des Staates als weitgehend resistent. In der Folge stützte sich der staatliche Druck auf den Artikel 31 des Konkordats, der den Unterschied zwischen erlaubter und unerlaubter kirchlicher Jugendarbeit nicht klar definierte.
Fricks Anordnungen und der wenige Tage zuvor vom preußischen Ministerpräsidenten Hermann Göring ergangene Erlaß gegen den sog. politischen Katholizismus bedeuten faktisch ein Verbot jeder nichtkirchlichen Betätigung. Göring droht in seinem Erlaß, der als offene Kampferklärung an die Kirche konzipiert ist, den Jugendverbänden: »Die sog. konfessionellen Jugendverbände, die sich von ihrer ausschließlich religiösen Betätigung entfernen, müssen als politische angesehen ... und verboten werden.«

## »Mein Kampf«: 2 Mio. Exemplare verkauft

**18. Juli.** Zahlreiche deutsche Zeitungen erinnern an das zehnjährige Erscheinungsjubiläum von Adolf Hitlers Buch »Mein Kampf«.
Am 18. Juli 1925 erschien der erste Band mit dem Untertitel »Eine Abrechnung« im Münchner Eher-Verlag, fast eineinhalb Jahre später der zweite Teil »Die nationalsozialistische Bewegung«. Die Kampfschrift entstand während der Haft in Landsberg, zu der Hitler nach dem gescheiterten Putsch der Nationalsozialisten am 9. November 1923 verurteilt worden war.
Die einbändige Volksausgabe von 1930 erlebte eine rasante Auflagensteigerung. Waren Anfang 1933 erst etwa 300 000 Exemplare verkauft, so erreichte Hitlers programmatisches Buch innerhalb eines Jahres die 1,5-Mio.-Grenze. Das »Prager Tagblatt« kommentiert vor dem Hintergrund einer Auflagenhöhe von fast 2 Mio. im Jahr 1935, »daß ›Mein Kampf‹ nicht nur das verbreitetste Buch Deutschlands, sondern vielleicht der ganzen Welt ist.«

## »Zeitungskrieg« Berlin-Bern

**2. Juli.** Der schweizerische Bundesrat in Bern verbietet den Verkauf der deutschen Zeitungen »Der Stürmer«, »Der Alemanne« und »Der Reichsdeutsche«, das Organ der in der Schweiz lebenden Deutschen.
Damit reagieren die eidgenössischen Behörden auf einen Beschluß im Deutschen Reich, der das Erscheinen der »Baseler Nachrichten« mit »sofortiger Wirkung« untersagte.
Im Juli 1934 kam es bereits zu gegenseitigen Zeitungsverboten, nachdem die schweizerische Presse kritisch über die Röhm-Affäre berichtet hatte. Damals wurden der »Völkische Beobachter«, der »Angriff« und das »Berliner Börsenblatt« auf schweizerischer Seite indiziert.
Im April dieses Jahres verschlechterten sich die Beziehungen beider Länder durch den »Fall Jacob« (→ 1. 4./S. 73) erneut. Für zusätzlichen Zündstoff sorgen die Aktivitäten des Landesgruppenleiters der NSDAP in der Schweiz, Wilhelm Gustloff. Gustloff und seine Organisation werden von der schweizerischen Presse bezichtigt, sich auf provokative Weise und als »illegale Statthalter einer fremden Macht« in die Angelegenheiten der Schweiz einzumischen und Geheimdiensttätigkeiten für das Deutsche Reich auszuüben. Ähnliche Klagen über NS-Aktivitäten gibt es auch in Österreich und der ČSR.

Der Stürmer
Deutsches Wochenblatt zum Kampfe um die Wahrheit
HERAUSGEBER: JULIUS STREICHER
28
Nürnberg, im Juli 1935
1935
Kirche und Jude
Ein Wort an die Pfarrer
Der Kontakt
Die Juden sind unser Unglück!

*Juliausgabe (Titelseite) des antisemitischen Blattes »Der Stürmer«*

Auto 1935:

# Auch Kleinwagen Luxusartikel

In allen Industrieländern nimmt die Motorisierung, besonders im privaten Bereich, weiterhin rasant zu. Nirgends allerdings dominiert das Automobil die wirtschaftliche Entwicklung und das Bild der Städte so stark wie in den USA. In Städten wie Chicago und Detroit beginnt man Mitte der 30er Jahre, die Konsequenzen aus der enorm gewachsenen Verkehrsdichte zu ziehen: Hochstraßen auf Stahlträgern werden gebaut – bald unverzichtbares »Markenzeichen« amerikanischen Großstadtverkehrs.

In Europa spielt Frankreich die führende Rolle im Automobilbau. Während das Land insgesamt gesehen industriell weniger entwickelt ist als etwa das Deutsche Reich, hat es doch den höchsten Pro-Kopf-Bestand an PKWs in Europa zu verzeichnen. Die beiden marktbeherrschenden Automobilunternehmen, Citroën und Renault, haben sich durch die frühzeitige Übernahme moderner amerikanischer Produktions- und Vertriebsmethoden einen Spitzenplatz in der »alten Welt« gesichert: Zwischen 1920 und 1940 stellt Citroën allein 40% aller in Europa zugelassenen Automobile her. Den Versuch, mit einem Montagewerk in Köln auch im Deutschen Reich Fuß zu fassen, muß der Konzern 1935 allerdings wieder aufgeben: Zu stark wird die Produktion durch die deutsche Devisenbewirtschaftung (→ 8. 2./S. 39) behindert, die die Lieferung von Teilen aus Frankreich verlangsamt und einschränkt.

Sowohl die Automobil-Produktion als auch die Neuzulassungen verzeichnen 1935 im Deutschen Reich einen kräftigen Aufschwung. Gegenüber dem Jahr 1931 werden mehr als viermal so viele PKWs zugelassen, wobei Opel den deutschen Markt mit einem Anteil von fast 43% klar beherrscht. Deutlich dahinter folgen DKW, Adler und Mercedes-Benz. Das rapide Wachstum der Autoindustrie hängt nicht zuletzt mit einer gezielten Förderung durch die nationalsozialistische Regierung zusammen, die 1933 die Steuerfreiheit für Neuwagen einführte. Weitere Steuern und Gebühren sind seitdem als Anreiz zum Autokauf gesenkt worden. Hitler selbst leitete mit seiner Forderung nach einem allgemein erschwinglichen Automobil, das weniger als 1000 RM kosten soll, die Entwicklung des »Volkswagens« durch Ferdinand Porsche ein. 1935 existiert allerdings erst eine Versuchsserie dieses Wagens. Die Politik der »Motorisierung« der deutschen Bevölkerung flankiert den wirtschaftlich, strategisch und propagandistisch wichtigen Autobahnbau (→ 19. 5./S. 86).

### *Autoboom im Deutschen Reich*

**Neuzulassung von PKWs (in Tausend)**

| | 1931 | 1932 | 1933 | 1934 | 1935 |
|---|---|---|---|---|---|
| Gesamt | 56 | 41 | 82 | 131 | 180 |
| Davon: | | | | | |
| Opel | 16 | 12 | 28 | 53 | 77 |
| DKW | 4 | 4 | 10 | 21 | 28 |
| Adler | 4 | 5 | 7 | 10 | 18 |
| Mercedes | 4 | 5 | 8 | 6 | 12 |
| Hanomag | 5 | 2 | 5 | 6 | 8 |
| Ford | 4 | 2 | 4 | 7 | 8 |
| BMW | 4 | 3 | 5 | 7 | 7 |
| Wanderer | 3 | 2 | 4 | 5 | 7 |
| Fiat | 1 | 1 | 1 | 2 | 4 |
| Citroën | 1 | 0,5 | 1 | 2 | 1 |

**Produktion von PKWs und LKWs seit 1910**

| Jahr | Personenwagen | Lastwagen/Busse |
|---|---|---|
| 1910 | 8578 | 790 |
| 1925 | 39080 | 10304 |
| 1930 | 71960 | 9985 |
| 1931 | 58774 | 8743 |
| 1932 | 41727 | 4509 |
| 1933 | 90041 | 7463 |
| 1934 | 147418 | 27325 |
| 1935 | 205606 | 41528 |

Dennoch bleibt das Auto in Europa eine Luxusartikel, den sich die breite Masse nicht leisten kann. Das trifft nicht nur auf die technisch und ausstattungsmäßig oft verschwenderisch gestalteten Wagen der Mittel- und Oberklasse zu. Auch kleinere Modelle, für die Mitte der 30er Jahre ein regelrechter Boom anbricht, überfordern den Geldbeutel des Durchschnittsbürgers. So muß ein deutscher Facharbeiter für den vergleichsweise preiswerten Opel Olympia, der 1935 auf den Markt kommt, mit 2500 RM rund 18 Monatsgehälter bezahlen. Noch wesentlich teurer sind die erfolgreichen Kleinwagen von Fiat.

Ein Merkmal des Luxusgegenstandes Automobil wird mit der wachsenden Kleinwagenproduktion zur Randerscheinung: Immer seltener wird die Karosserie von Spezialfirmen angefertigt.

*Renault wirbt mit der Geräumigkeit des 8-Zylinder Luxusmodells »Nerva«.*

*Mit dem »11 CV« baut Citroën seit 1934 ein gehobenes Mittelklasseauto mit mäßigem Stromliniendesign und, als wichtiger Innovation, Frontantrieb.*

*Statussymbol Cadillac, das Spitzenmodell der US-Firma General Motors*

## Opel »Olympia« sorgt für Aufsehen

Mit dem »Olympia« macht die Rüsselsheimer Autofirma Opel im Februar 1935 auf der Automobilausstellung in Berlin Furore: Erstmals kommt ein deutscher Serienwagen mit selbsttragender Stahlkarosserie auf den Markt. Für einen preiswerten Kleinwagen ist diese gewichtsparende Bauweise weltweit neu. Der »Olympia« ist ab April 1935 als Kabriolett und als Limousine zum gleichen Preis von 2500 RM zu kaufen. Mit seinem 1,3-l-Motor, der 24 PS leistet, kann der Wagen bis zu 100 km/h schnell fahren.

◁ *Der neue Opel: Namensgebung mit Blick auf die Olympischen Spiele 1936*

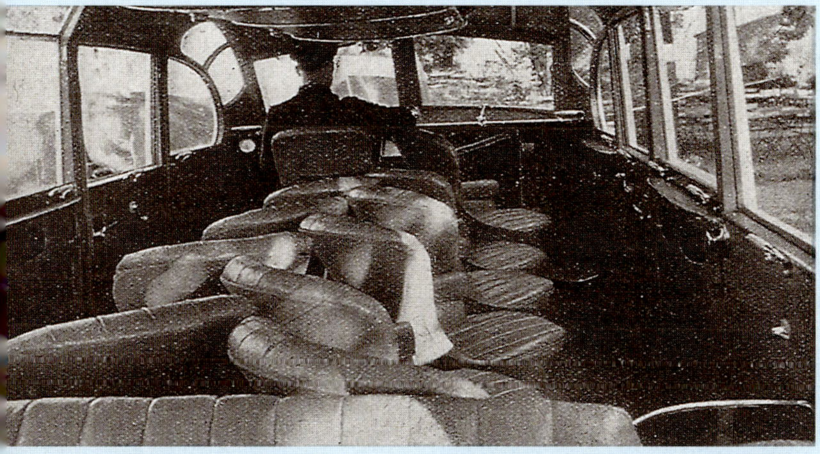

*Innenraum eines neuen Reiseomnibusses; der Typ wird von der Reichsbahn im Linienverkehr zum Bahntarif auf der Autobahn eingesetzt.*

*Extreme Stromlinie zeichnet den Mercedes-Benz 500 K (»Autobahnkurier«) aus. Mit der aerodynamischen Form hält sich Mercedes sonst eher zurück.*

*Britische Werbung für den neuen Ford 8-Zylinder. Er wird mit Rücksicht auf Sonderwünsche in acht verschiedenen Karosserietypen angeboten.*

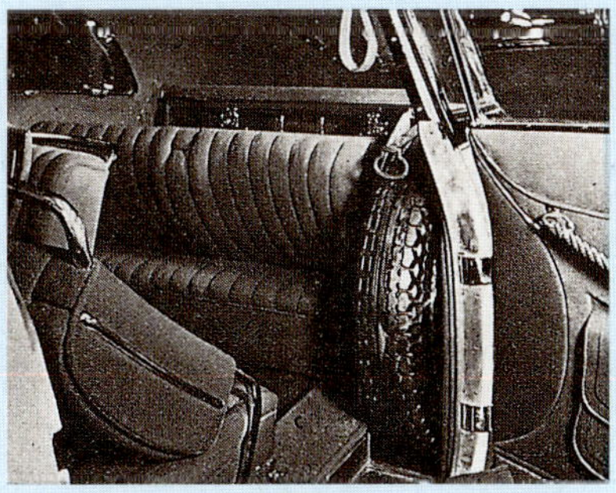

*Neu: Ersatzreifen im Innenraum*

*Neu: Kombianzeige im Tachometer*

*Neu: Beheizbare Frontscheibe*

*Für jeden Zweck ein Scheinwerfer*

## Mercedes mit Heckmotor wird Mißerfolg

In der ersten Hälfte der 30er Jahre wird in der Karosseriegestaltung die Stromlinienform anstelle der massiven Kastenformen modern. Da durch die Tropfenform mehr Platz im Heck der Autos ist, kann der bislang übliche Frontmotor ins Heck verlagert werden: Im »Volkswagen« ist bereits ein Heckmotor vorgesehen. Die ersten Serienautos mit Heckmotor baut Daimler-Benz: Der seit 1934 ausgelieferte Mercedes 130 ist allerdings auf der Hinterachse zu schwer und wird 1936 wieder vom Markt genommen. Der Sportwagen vom Typ 150, den Mercedes ab 1935 baut, wird ebenfalls 1936 wieder zurückgezogen.

## Frontkämpfer zu Besuch im Reich

**14. Juli.** Tausende Berliner begrüßen auf dem Bahnhof Friedrichstraße eine Abordnung der britischen Frontkämpfervereinigung »British Legion« bei der Ankunft zu einem achttägigen Aufenthalt.
Das Treffen zwischen der Legion und deutschen Frontkämpfervereinigungen, das auf Initiative des Prinzen von Wales zustandekommt, wird von Vertretern des Deutschen Reiches vor allem zu Propagandazwecken genutzt. Der deutsche Botschafter in London und außenpolitische Berater von Führer und Reichskanzler Adolf Hitler, Joachim von Ribbentrop, betont in einer Begrüßungsrede den vordergründig freundschaftlichen Charakter des Besuches: »Der Besuch der englischen Kameraden gibt die Gewißheit, daß man dem großen Ziel einer Versöhnung der ehemaligen Kriegsgegner, insbesondere England, Frankreich und Deutschland, immer näher kommt.«

*Der neue Schnellzug bei der Ankunft im Berliner Bahnhof Friedrichstraße*

## Der »Fliegende Kölner«

**1. Juli.** Der neue Schnelltriebwagen FDT 15 verläßt den Kölner Hauptbahnhof zu seiner ersten planmäßigen Fahrt nach Berlin. Fünfeinhalb Stunden später erreicht der »Fliegende Kölner« sein Ziel, den Bahnhof Friedrichstraße in Berlin. Die »fahrplanmäßige« Höchstgeschwindigkeit des Zuges, der pünktlich zum 100. Jubiläum der Reichsbahn auf der 580 km langen Strecke eingesetzt wird, beträgt 132 km/h. Im Laufe des Jahres werden weitere Schnellverbindungen, Hamburg–Berlin und Frankfurt a. M.–Berlin, eingerichtet.

Lager an einer ehemaligen Eisenbahnstation; überall am Rand der überschwemmten Gebiete werden provisorische Unterkünfte für die Flüchtlinge aufgebaut.

## *Wassermassen töten 200 000 Menschen – 7 Mio. auf der Flucht*

**25. Juli.** *China wird von der größten Überschwemmungskatastrophe seit 1931 heimgesucht.*
*Infolge starker Regenfälle treten die Flüsse Jangtsekiang und Hoangho über die Ufer und überspülen 70% der Provinz Hupeh. Fast das gesamte Gebiet, etwa 175 000 km², muß geräumt werden. Nach amtlichen chinesischen Angaben kommen mehr als 200 000 Menschen ums Leben. Über 7 Mio. Menschen müssen ihre Häuser verlassen und befinden sich mit ihrer Habe auf der Flucht.*
*Neben der Provinz Hupeh sind auch die Provinzen Hunan, Kiangsi und Anhwei betroffen. Ganze Dörfer verschwinden unter den Wassermassen, landwirtschaftliche Nutzfläche in unüberschaubarer Größe wird zerstört. Tagtäglich treffen Meldungen von neuen Dammbrüchen ein, die Verkehrswege sind unpassierbar. Die Rettungsarbeiten werden noch tagelang durch die Zerstörung der Verkehrswege behindert. Leichen können nicht abtransportiert werden. Nach Auskunft des Internationalen Roten Kreuzes wächst durch die hygienische Situation von Tag zu Tag die Seuchengefahr im Katastrophengebiet.*

## Kundgebung gegen Deutsche ausgenutzt

**26. Juli.** Kurz vor der Abfahrt des deutschen Passagierschiffes »Bremen« aus dem New Yorker Hafen kommt es zu antideutschen Demonstrationen, an denen etwa 1000 Menschen teilnehmen.
Während der Kundgebung begeben sich einige Demonstranten an Bord der »Bremen«, reißen die Hakenkreuzfahne herunter und werfen sie ins Wasser. Zahlreiche Personen werden anschließend von der Polizei festgenommen.
Das Reichspropagandaministerium nutzt diesen Vorfall zu einem Pressefeldzug gegen die USA. In einer geheimen Presseanweisung fordert das Ministerium dazu auf, »die Vorgänge in New York in großer Aufmachung« zu behandeln. »Es sind auch Kommentare erwünscht, die auf die Ungeheuerlichkeit der Vorgänge hinweisen...« Gleichzeitig wird untersagt, über die Entschuldigung der US-amerikanischen Regierung zu berichten.
Bereits am 24. Juli war es zwischen den USA und dem Deutschen Reich zu diplomatischen Verstimmungen gekommen. New Yorks Bürgermeister Fiorello Henry La Guardia hatte einem deutschen Staatsbürger die Lizenz für einen Massagesalon mit Hinweis auf die Verfolgung US-amerikanischer Juden im Deutschen Reich verweigert.

## Sonderreferat für Kulturüberwachung

**24. Juli.** Reichspropagandaminister Joseph Goebbels überträgt Hans Hinkel die Leitung der neuen Abteilung »Kulturpersonalien«, die für die Überwachung aller »Kulturschaffenden« zuständig ist.
Zwei Wochen nach seiner Amtseinführung umreißt Hinkel im amtlichen Mitteilungsblatt der Reichskulturkammer, dem »Völkischen Beobachter«, sein künftiges Aufgabengebiet: »Wir wollen dem deutschen Volke seine Hausrechte auf dem so entscheidenden Gebiete des Kulturlebens zurückgeben und nicht dulden, daß Wesensfremde sein Geistes- und Kulturleben bestimmen.« Hinter diesen Ausführungen verbirgt sich konkret die systematische Ausschaltung von Juden aus dem Kulturleben, die im Deutschen Reich seit 1933 betrieben wird.

WIMBLEDON, 1935: THE SEEDED MEN PLAYERS.

WIMBLEDON, 1935: THE SEEDED WOMEN PLAYERS.

Die »Illustrated London News« stellt die für das Wimbledon-Turnier gesetzten Spieler und Spielerinnen vor: Links oben Perry, unten von Cramm; auf der rechten Seite oben die Britin Dorothy Round, unten die Deutsch-Dänin Hilde Krahwinkel-Sperling.

## *Gottfried von Cramm als erster Deutscher im Wimbledon-Finale*

*6. **Juli.** Im Endspiel der All-England-Tennismeisterschaften in Wimbledon unterliegt der Deutsche Gottfried von Cramm dem britischen Vorjahressieger und Turnierfavoriten Fred Perry in drei Sätzen 2:6, 4:6, 4:6.*

*Der 26jährige von Cramm kann im Endspiel nicht an die Leistung im Halbfinale anknüpfen, als er den US-Amerikaner Donald Budge in vier Sätzen besiegte. Trotzdem ist die Finalteilnahme in dem renommierten Turnier für den mehrmaligen deutschen Meister der bisher größte sportliche Erfolg seiner Laufbahn.*

# Belgier gewinnt Tour de France souverän

**28. Juli.** Mit der 27. Etappe von Caen nach Paris über 221 km endet die Tour de France. Von den 93 gestarteten Fahrern erreichen noch 46 die französische Hauptstadt.

Der Belgier Romain Maes, der sich nach der ersten Etappe das gelbe Trikot des Spitzenreiters übergestreift hatte und während der gesamten Tour nicht wieder abgab, gewinnt auch die letzte Teilstrecke überlegen vor seinem Landsmann Felicien Verwaecke und dem Italiener Ambrogio Morelli. Maes hatte nur in den Pyrenäen einige gefährliche Momente zu überstehen, als Morelli angriff und den Rückstand kurzzeitig verkürzen konnte.

Im Gesamtklassement behauptet der kleine Belgier mit 141:32,39 h für insgesamt 4338 km einen Vorsprung von über 17 Minuten gegenüber Morelli. Als bester deutscher Radrennfahrer plaziert sich der Dresdner Oskar Thierbach auf dem zehnten Rang mit einem Rückstand von zwei Stunden auf den Sieger. In der Mannschaftswertung erreicht Deutschland einen beachtlichen dritten Platz hinter den Teams aus Belgien und Frankreich.

*Nur wenige Sekunden trennen ihn vom Sieg in der schwersten Radprüfung der Welt: Romain Maes bei der Einfahrt ins Pariser Prinzenparkstadion.*

## Daviscup erneut an Großbritannien

**30. Juli.** Durch einen unerwartet glatten 5:0-Sieg gegen das Team der USA sichert sich die Mannschaft Großbritanniens zum dritten Mal in Folge den Tennis-Daviscup.

C. R. D. Tuckey galt im britschen Doppel eher als Schwachstelle neben dem erfahreneren Patrick Hughes. Umso mehr überrascht sein brillantes Spiel gegen die favorisierten US-Amerikaner.

Die größte Überraschung gelingt den Briten im Doppel: Patrick Hughes und C. R. D. Tuckey besiegen die diesjährigen Wimbledon-Finalisten Wilmer Allison/John van Ryn in fünf Sätzen. Damit erkämpft die britische Mannschaft bereits vor dem Schlußtag den entscheidenden dritten Punkt.

## Schmeling kann sich Hoffnungen machen

**7. Juli.** Mehr als 40 000 Zuschauer verfolgen im Berliner Poststadion den Schwergewichtskampf zwischen Max Schmeling und dem »Baskischen Holzfäller« Paolino Uzcudun. Nach zwölf Runden steht Schmeling als Punktsieger fest.

Schmeling kommentiert die Leistung seines sechs Jahre älteren Kontrahenten: »Niemals in allen meinen Kämpfen traf ich einen Boxer, der so hart ist wie der Spanier… In der Verfassung, die Paolino besaß, wäre er zweifellos den besten führenden Schwergewichtlern äußerst gefährlich geworden.«

Nach zwei wenig erfolgreichen Jahren ist Schmeling auf dem Weg, sich auch international wieder in der Boxspitze zu etablieren. Seine Erfolge gegen Steve Hamas (→ 10. 3./S. 65) und Paolino lassen seine Chancen auf einen Titelkampf mit Weltmeister James J. Braddock steigen. Aber trotz eines Vertrags, der ihm diesen Kampf im Sommer 1937 zusichert, kommt es zu keinem Aufeinandertreffen mit Braddock. Der Titelverteidiger zieht es vor, nach einer zweimaligen Krankmeldung gegen den schwarzen US-Amerikaner Joe Louis in den Ring zu steigen.

# August 1935

| Mo | Di | Mi | Do | Fr | Sa | So |
|---|---|---|---|---|---|---|
| | | | 1 | 2 | 3 | 4 |
| 5 | 6 | 7 | 8 | 9 | 10 | 11 |
| 12 | 13 | 14 | 15 | 16 | 17 | 18 |
| 19 | 20 | 21 | 22 | 23 | 24 | 25 |
| 26 | 27 | 28 | 29 | 30 | 31 | |

**1. August, Donnerstag**

Das Danziger Stadtparlament verfügt die Aufhebung der Zollgrenzen »zur Versorgung der Stadt«. Diese Maßnahme führt zu erheblichen Auseinandersetzungen mit Polen, dem Haupthandelspartner für Lebensmittel.

In den Kurorten Freienwalde, Reinsberg, Bansin, Warnemünde und Lindau kommt es zu vereinzelten Übergriffen gegen rauchende Frauen. Mit Sprechchören wie: »Die deutsche Frau raucht nicht, die deutsche Frau schminkt sich nicht, die deutsche Frau trägt keine roten Haare« ziehen Angehörige der lokalen Hitlerjugend (HJ) durch die Straßen.

**2. August, Freitag**

Adolf Hitler verleiht der Stadt München offiziell die Bezeichnung »Hauptstadt der Bewegung«. → S. 134

Reichskriegsminister Werner von Blomberg ordnet die Grußpflicht zwischen allen Angehörigen der Wehrmacht und den Uniformen tragenden politischen Leitern der NSDAP an.

Ernst Klein, langjähriger Auslandskorrespondent der »Baseler Nachrichten« in Berlin, wird aus dem Deutschen Reich ausgewiesen. In zahlreichen Pressekampagnen war Klein als »nichtarischer Österreicher« verunglimpft worden.

**3. August, Samstag**

Auf dem Essener Gautag kündigt Reichsinnenminister Wilhelm Frick an, die Judenfrage werde »langsam aber sicher auf vollkommen legalem Weg gelöst«.

Die Großglockner-Hochalpenstraße, die eine Verbindung zwischen Brenner und Radstädter Tauern schafft, wird feierlich eröffnet. → S. 140

Nach einer Flugstrecke von 1800 km bricht der sowjetische Pilot Sergei Lewanewskij in der Nähe von Leningrad den Versuch ab, von Moskau über den Nordpol nach San Francisco zu fliegen.

**4. August, Sonntag**

Der Ehrenvorsitzende des Nationalsozialistischen Deutschen Frontkämpferbundes (Stahlhelm), August von Mackensen, teilt seinen Rücktritt von diesem Amt mit. Mit der Einführung der allgemeinen Wehrpflicht sei das wichtigste »Kampfziel« des Stahlhelm verwirklicht.

Auf der griechischen Insel Kreta kommt es während eines Lohnstreiks zu blutigen Auseinandersetzungen zwischen Demonstranten und Regierungstruppen.

In Washington protestiert der japanische Botschafter Saito gegen eine Karikatur des japanischen Kaisers Hirohito in der US-Zeitschrift »Vanity Fair«. Die Zeichnung zeigt Hirohito vor einer Rikscha mit der Aufschrift »Friedenswagen«.

In Berlin enden die zweitägigen Deutschen Leichtathletik-Meisterschaften. Dabei erzielt Wilhelm Leichum mit 7,74 m einen deutschen Rekord im Weitsprung.

**5. August, Montag**

Der Volksgerichtshof in Berlin verurteilt den ehemaligen Reichstagsabgeordneten der Kommunistischen Partei, Albert Kayser, wegen »Vorbereitung zum Hochverrat« zum Tode.

Im New Yorker Stadtteil Harlem demonstrieren über 20 000 Menschen gegen das italienische Vorgehen im ostafrikanischen Abessinien. → S. 139

Bei Cravent (Frankreich) stürzt das einzige französische Stratosphären-Flugzeug bei dem ersten Versuch ab, in einer Höhe von über 10 000 m zu fliegen.

**6. August, Dienstag**

In mehreren Städten Frankreichs kommt es zu Auseinandersetzungen zwischen Kommunisten und Polizei. Hintergrund des Aufruhrs sind die von Ministerpräsident Pierre Laval angekündigten Sparmaßnahmen (→ 17. 7./S. 121).

Der italienische Ministerpräsident und Duce Benito Mussolini gibt die Aufstellung von weiteren 72 000 Mann für den bevorstehenden Krieg in Abessinien bekannt.

Papst Pius XI. beruft Monsignore Xaverio Ritter zum Apostolischen Nuntius in Prag. Nachdem der Posten des Nuntius zwei Jahre verwaist geblieben war, werden die Spannungen zwischen dem Vatikan und der Tschechoslowakei durch Ritters Ernennung beendet.

**7. August, Mittwoch**

In Danzig beenden die Regierungen der »Freien Stadt« und Polens einen mehrwöchigen Wirtschaftsstreit um die Festlegung der Zollgrenzen in Danzig. → S. 135

Das Bundesorgan des Nationalsozialistischen Deutschen Frontkämpferbundes (Stahlhelm), »Der Stahlhelm«, wird im Deutschen Reich verboten.

In einer Durchführungsverordnung zum Gesetz zur Verhütung erbkranken Nachwuchses werden die Indikationen für Schwangerschaftsabbrüche festgelegt. Darin wird u. a. die soziale Indikation ausdrücklich abgelehnt.

In Berlin wird der deutsche Operettenfilm »Die blonde Carmen« uraufgeführt. Unter der Regie von Viktor Janson spielen Wolfgang Liebeneiner, Martha Eggerth und Ida Wüst die Hauptrollen.

**8. August, Donnerstag**

Der österreichische Bundespräsident Wilhelm Miklas begnadigt in Wien vier SA-Mitglieder, die wegen Sprengstoffvergehen zum Tode verurteilt worden waren.

Die US-amerikanische Außenhandelsbank beschließt, Italien keine Kredite für Warenkäufe in den USA zu gewähren. Damit wird de facto für Italien der Ankauf von Kriegsmaterial unmöglich.

In der Nähe von Kairo kommt der italienische Minister für öffentliche Arbeiten, Luigi Razza, zusammen mit sieben weiteren Insassen bei einem Flugzeugabsturz ums Leben. Razza war zu einer Informationsreise nach Ostafrika gestartet.

In einem Ausscheidungskampf um die Box-Weltmeisterschaft besiegt der US-Amerikaner Joe Louis seinen Landsmann King Lewinsky durch technischen K.o. in der ersten Runde.

**9. August, Freitag**

Zum ersten Mal in der Geschichte Frankreichs versammelt Ministerpräsident Pierre Laval die Präfekten aller 90 Bezirke in Paris, um über zusätzliche staatliche Maßnahmen zur Sanierung des Staatshaushaltes zu verhandeln (→ 17. 7./S. 121).

Die schweizerischen Bundesbehörden weisen fünf Antifaschisten aus der Schweiz aus, die Schriften gegen das italienische Vorgehen in Abessinien nach Italien schmuggeln wollten.

Im Kampf um den Europameister-Titel im Halbschwergewicht unterliegt der Deutsche Meister Adolf Witt dem Italiener Merlo Preciso über 15 Runden nach Punkten.

**10. August, Samstag**

Reichsinnenminister Wilhelm Frick weist die Standesämter im Deutschen Reich an, bis zur endgültigen gesetzlichen Regelung keine »arisch-jüdischen Mischehen« mehr zu schließen.

In Budapest werden die 6. Studenten-Weltmeisterschaften, die bis zum 18. August dauern, feierlich eröffnet.

**11. August, Sonntag**

Nach einem Streit wird der administrative Leiter der japanischen Armee, Teteuzan Nagata, von seinem Adjutanten erschlagen. Motiv für die Tat waren unterschiedliche Auffassungen in Bezug auf das Vorgehen Japans in Mandschukuo.

Bei den Radsport-Weltmeisterschaften in der belgischen Hauptstadt Brüssel gewinnt der Deutsche Toni Merkens den Titel bei den Amateurfliegern.

**12. August, Montag**

In Kapstadt fordert der Ministerpräsident der Südafrikanischen Union, Jan Christiaan Smuts, den Völkerbund auf, im italienisch-abessinischen Konflikt seiner Vermittlungspflicht nachzukommen. Versage der Völkerbund, »so wird die Folge eine Erschütterung des gegenwärtigen Systems innerhalb der zivilisierten Welt sein« und der Krieg auf andere afrikanische Staaten übergreifen.

Durch Überflutung einer Braunkohlengrube in Ribolla (Italien) kommen 14 Bergarbeiter ums Leben.

Deutschland sichert sich in Antwerpen überraschend den Titel des Rasen-Radball-Weltmeisters.

**13. August, Dienstag**

In Frankreich einigen sich die kommunistischen und sozialistischen Gewerkschaften auf die Bildung einer Einheitsgewerkschaft.

Ein Staudammbruch bei Orada (nördlich von Genua) führt zu einer Überschwemmungskatastrophe mit mehreren hundert Todesopfern. → S. 140

Die deutsche Langstreckenfliegerin Elly Beinhorn legt die Strecke Gleiwitz–Istanbul mit Rückflug nach Berlin in 13 Stunden zurück. → S. 141

In Berlin wird der unter der Regie von Carl Boese entstandene deutsche Film »Der Gefangene des Königs« uraufgeführt. In den Hauptrollen sind Paul Kemp und Michael Bohnen zu sehen.

**14. August, Mittwoch**

US-Präsident Franklin D. Roosevelt unterzeichnet in Washington ein neues Sozialversicherungsgesetz, das u.a. alten Leuten ab 65 eine Rente garantiert.

Der als »künstlerisch wertvoll« und »volksbildend« ausgezeichnete deutsche Film »Liebe geht – wohin sie will« wird in Berlin uraufgeführt. In diesem Liebes- und Heimatfilm spielen Maria Paudler und Kurt Skalden, der gleichzeitig Regie führt, die Hauptrollen.

**15. August, Donnerstag**

In mehreren Städten Albaniens kommt es zu Unruhen. Die Aufrührer unter der Führung des ehemaligen Ministerpräsidenten Schefket Beg Vrlati fordern den Thronverzicht von König Achmed Zogu.

**16. August, Freitag**

In Berlin eröffnet Reichspropagandaminister Joseph Goebbels die 12. Deutsche Rundfunkausstellung. → S. 140

Vertreter Frankreichs, Großbritanniens und Italiens treten in Paris zu einer dreitägigen Konferenz zusammen, um eine Lösung des italienisch-abessinischen Konfliktes auszuarbeiten.

In Budapest gründet sich die »Partei Nationalsozialistischer Ungarn«. Parteimitglied kann nur ein Ungar mit mindestens zwei arischen, magyarischen Vorfahren werden.

Der österreichische Vizekanzler Ernst Rüdiger Starhemberg verbietet den gesamten Sportverkehr seines Landes mit dem Deutschen Reich. Als Grund führt er jüngste Angriffe des nationalsozialistischen Hetzblattes »Völkischer Beobachter« gegen Österreichs Regierung an.

**17. August, Samstag**

Die Berner Kantonal-Regierung entläßt den Philologie-Professor Walter Porzig aus dem Staatsdienst. Porzigs Mitgliedschaft in der NSDAP sei nicht vereinbar mit seinem Beamtenstatus.

*Das antikommunistisch eingestellte Berliner Satiremagazin »Kladderadatsch« stellt die antideutschen Demonstrationen beim Auslaufen des deutschen Passagierschiffes »Bremen« aus dem New Yorker Hafen (26. 7.) als kommunistischen Überfall dar (Titel vom 11. 8. 1935).*

In Übereinstimmung mit der Gestapo erläßt der Sonderbeauftragte für die Überwachung der »geistig und kulturell tätigen Nichtarier« im Propagandaministerium, Hans Hinkel, Richtlinien für die Tätigkeit des Reichsverbandes der jüdischen Kulturbünde. Danach sind alle Veranstaltungen des Bundes als »geschlossen« zu betrachten und können nur mit besonderen Ausweisen besucht werden.

Im »Interesse der öffentlichen Sicherheit« wird die schlesische Bekenntnissynode, die offizielle Vertretung der evangelischen Kirche in Schlesien, vom Reichsministerium für kirchliche Angelegenheiten aufgelöst.

15 000 Werksangehörige der Adam Opel AG treten einen 14tägigen Urlaub auf dem Rhein auf Kosten des Automobilkonzerns an. → S. 140

Die deutsche Fußball-Nationalmannschaft gewinnt in München ein Länderspiel gegen Finnland 6:0.

### 18. August, Sonntag

Das Reichsinnenministerium löst alle Freimaurerlogen auf, die bisher nicht selbst ihre Auflösung beschlossen haben, und beschlagnahmt ihr gesamtes Vermögen. → S. 135

In der Sowjetunion beschließt die Regierung die Herabsetzung der Altersgrenze für Todesstrafen. Danach können nun Zwölfjährige hingerichtet werden.

In Berlin wird der 11. Internationale Strafrechts- und Gefängnis-Kongreß eröffnet. Bei der sechstägigen Veranstaltung, an der Juristen aus 50 Staaten teilnehmen, werden Fragen der Gesetzgebung, Vorbeugung, Verwaltung und des Jugendrechts erörtert.

Zur Eröffnung der 23. Deutschen Ostmesse erklärt Reichswirtschaftsminister Hjalmar Schacht in Königsberg: »Es ist für die Führung unserer Wirtschaftspolitik unerläßlich, daß das Vertrauen in Deutschland als einen Rechtsstaat unerschüttert bleibt. Niemand in Deutschland ist rechtlos.«

In Luxemburg kommt die deutsche Fußball-Nationalmannschaft zu einem 1:0-Erfolg gegen den Gastgeber.

### 19. August, Montag

Auf der Funkausstellung in Berlin zerstört ein Großfeuer die Halle 4 und das Restaurant im Funkturm. Das Unglück fordert drei Todesopfer und richtet einen Sachschaden von insgesamt 1,5 Mio. RM an. → S. 140

Reichsinnenminister Wilhelm Frick eröffnet in Frankfurt am Main den 2. Internationalen Kongreß für Stadtreinigung, der bis zum 22. August dauert.

Bei einem Schwimmländerkampf in Tokio stellt die japanische 4 × 200-m-Freistilstaffel in 8:52,2 min einen phantastischen Weltrekord auf.

Durch einen erstmals eingesetzten Schnelltriebwagen der Deutschen Reichsbahn wird die Fahrzeit auf der Strecke Saarbrücken–Trier–Köln um 45 Minuten auf 3:45 h gesenkt.

### 20. August, Dienstag

Wenige Stunden nach der Proklamation der Diktatur durch Staatspräsident José María Velasco Ibarra setzt die Armee in Ecuador Ibarra ab und ernennt den bisherigen Ministerpräsidenten Antonio Pons zu seinem Nachfolger. → S. 138

Im abessinischen Konsulat in Berlin melden sich tausende von Deutschen, die freiwillig in die abessinische Armee eintreten wollen.

Der US-amerikanische Wissenschaftler Herbert McLean Evans isoliert erstmals erfolgreich ein reines Vitamin E-Kristall. → S. 141

Die Richard Strauß-Oper »Die schweigsame Frau« wird auf Anordnung des Propagandaministeriums im ganzen Deutschen Reich verboten (→ 24. 6./S. 114).

Auf der S-Bahn-Baustelle am Brandenburger Tor ereignet sich ein schweres Unglück. Beim Einsturz eines Tunnels sterben 19 Arbeiter. → S. 140

Südlich von Neapel richtet ein Wirbelsturm mit sintflutartigen Regenfällen schwere Verwüstungen an und fordert über zehn Todesopfer.

### 21. August, Mittwoch

Der US-Senat in Washington nimmt eine Gesetzesvorlage an, durch die die Regierung ermächtigt wird, Waffenausfuhrverbote gegen alle kriegführenden Staaten zu erlassen (→ 31. 8./S. 138).

Der Schwiegersohn des italienischen Duce und Staatspräsidenten Benito Mussolini, Galeazzo Graf Ciano, wird als Fliegergeneral nach Ostafrika einberufen. Zum Nachfolger Cianos im Amt des Propagandaministers wird Dino Alfieri ernannt. → S. 139

Erstmals vollstreckt in der estländischen Hauptstadt Reval ein zum Tode Verurteilter das Urteil selbst. Der des Mordes überführte Paul Voigemast hatte entsprechend dem neuen Strafrecht statt Hängen einen Giftbecher gewählt.

### 22. August, Donnerstag

Im kalifornischen Santa Rosa gehen über 200 sog. Vigilanten gewaltsam gegen angeblich kommunistische Saisonarbeiter vor. Zahlreiche »Kommunisten« werden entführt, nach willkürlichen »Volkstribunalen« kahlgeschoren bzw. geteert und gefedert. → S. 138

Reichserziehungsminister Bernhard Rust hebt die Pflicht zur Teilnahme an Schulgottesdiensten auf.

Die Operette »Ein Kaiser ist verliebt« von Walter Kollo wird am Deutschen Nationaltheater Osnabrück uraufgeführt.

»Die Werft zum grauen Hecht«, ein deutscher Film von Frank Wisbar mit Marianne Hoppe in der Hauptrolle, hat in Berlin Premiere.

### 23. August, Freitag

In einer Rede vor dem Internationalen Stafrechts- und Gefängniskongreß in Berlin bezeichnet Propagandaminister Joseph Goebbels die Einrichtung von Konzentrationslagern im Deutschen Reich als »Akt der Notwehr.«

In der abessinischen Hauptstadt Addis Abeba ergeht ein Aufruf an alle Männer zwischen 15 und 80 Jahren, sich für den Krieg gegen Italien bereitzuhalten.

Berlin erlebt die Uraufführung des deutschen Films »Episode«. Paula Wessely spielt unter der Regie von Walter Reisch die Hauptrolle.

### 24. August, Samstag

Die Revue »Runter mit'n Zylinder« von Carl Bretschneider und Rudi Raller wird an den Panorama-Künstlerspielen in Leipzig uraufgeführt.

### 25. August, Sonntag

In einem Interview kündigt der Duce und Ministerpräsident Benito Mussolini den sofortigen Austritt Italiens aus dem Völkerbund für den Fall an, daß gegen sein Land vom Völkerbund moralische Sanktionen beschlossen würden.

Der US-amerikanische Botschafter in Moskau, William C. Bullitt, überreicht der sowjetischen Regierung eine Protestnote, in der die USA gegen die Beschlüsse des in Moskau tagenden Komintern protestieren, nach denen in Zukunft US-amerikanische Gewerkschaften »systematisch zu infiltrieren« seien.

In Dresden verbessert Gisela Mauermayer ihren eigenen Diskusweltrekord um 1,02 m auf 47,12 m (→ 29. 6./S. 115).

10 000 Zuschauer besuchen das erste Thingspiel im Gau Düsseldorf. Unterhalb von Schloß Burg wird das Stück »Deutsche Passion 1933« von Richard Euringer gespielt.

Beim Großen Preis der Schweiz in Bern siegt der deutsche Fahrer Rudolf Caracciola vor dem Italiener Luigi Fagioli, beide auf Mercedes Benz.

Deutschland gewinnt ein Fußball-Länderspiel gegen Rumänien in Erfurt 4:2.

### 26. August, Montag

Luxemburg und die Sowjetunion nehmen diplomatische Beziehungen zueinander auf.

In Berlin wird der deutsche Film »Stradivari« von Geza von Bolvary uraufgeführt. In den Hauptrollen sind Gustav Fröhlich und Sybille Schmitz zu sehen.

Die zentralargentinische Provinz Cordoba wird mitten im Winter von einer Hitzewelle heimgesucht. Temperaturen von bis zu 34 °C werden gemessen.

### 27. August, Dienstag

Der deutsche Gesandte in Wien, Franz von Papen, beschwert sich beim österreichischen Außenminister Egon Berger-Waldenegg über die in letzter Zeit vermehrten Presseanwürfe gegen das Deutsche Reich.

Der Präsident der Reichsschrifttumskammer, Hans Friedrich Blunck, ordnet aus Kontrollgründen die Meldepflicht für alle Werks- und Vereinsbüchereien an.

### 28. August, Mittwoch

Im jugoslawischen Bled treffen die Mitgliedsstaaten der Kleinen Entente, Jugoslawien, Rumänien und die Tschechoslowakei, zu viertägigen Konsultationen zusammen. → S. 139

Papst Pius XI. bezeichnet während einer Ansprache in Rom den bevorstehenden Krieg in Abessinien als »Eroberungskrieg«, der in »unseren Augen ein ungerechter Krieg ist«. → S. 139

### 29. August, Donnerstag

Die belgische Königin Astrid verunglückt bei einem Autounfall in Küßnacht tödlich. → S. 141

Auf dem Frankfurter Flughafen legt der deutsche »Flugzeugfüher« Eberhard Dummbeil in einem mit Propeller betriebenen Muskelflugzeug eine Strecke von 195 m zurück.

### 30. August, Freitag

Alexei G. Stachanow baut während einer Nachtschicht in den Gruben des Donezbeckens 102 t Kohle ab und übertrifft damit die vorgeschriebene Arbeitsnorm um 1300%. → S. 139

Der deutsche Film »Ich liebe alle Frauen« mit Jan Kiepura in der Hauptrolle wird in Berlin uraufgeführt. Regie führt Carl Lamac.

In Paris erläßt der zuständige Polizeipräfekt Verordnungen zum Lärmschutz. Unter anderem werden Nachtfahrten von schweren Motorrädern verboten.

### 31. August, Samstag

US-Präsident Franklin D. Roosevelt unterzeichnet das erste sog. Neutralitätsgesetz. → S. 138

Völlig überraschend schließt der abessinische Kaiser Haile Selassie I. einen Vertrag mit der US-amerikanischen »African Exploitation and Development Corporation« ab. Darin wird der Firma die Ausbeutung der Bodenschätze in einem großen Teil Abessiniens zusichert.

In einem Halbschwergewichtskampf besiegt der Deutsche Meister Adolf Heuser den Italiener Vittorio Livan im Berliner Sportpalast nach Punkten.

**Das Wetter im Monat August**

| Station | Mittlere Lufttemperatur (°C) | Niederschlag (mm) | Sonnenscheindauer (Std.) |
|---|---|---|---|
| Aachen | 17,6 (17,2) | 40 ( 82) | — (188) |
| Berlin | 17,4 (17,2) | 79 ( 68) | — (212) |
| Bremen | 17,8 (17,1) | 39 ( 79) | — (182) |
| München | 17,1 (16,6) | 65 ( 96) | — (211) |
| Wien | 18,6 (18,6) | 39 ( 68) | 244 (242) |
| Zürich | 16,8 (16,6) | 95 (132) | 213 (219) |

( ) Langjähriger Mittelwert für diesen Monat
– Wert nicht ermittelt

*Die neue Herbstmode stellt das Mode-Magazin Harper's Bazaar in der August-Ausgabe vor. (Entwurf der Titelseite von Erté, Romain de Tirtoff, USA)*

# Hitler ernennt München zur »Hauptstadt der Bewegung«

**2. August.** Führer und Reichskanzler Adolf Hitler verleiht der Stadt München offiziell den Beinamen »Hauptstadt der Bewegung«. Diesen Titel erhält die bayerische Metropole eher beiläufig in einem Gespräch, das Hitler an diesem Tag mit dem Münchner Oberbürgermeister Karl Fiehler führt.

Mit der Bezeichnung »Hauptstadt der Bewegung« soll an die Anfänge der Hitlerbewegung erinnert werden, die von München aus ihren Ausgang nahm. Schon im Frühjahr 1934 hatte Hitler in einer Rede den neuen Titel für die Stadt verwendet: München könne sich keine größere Ehre erringen, als Ausgangspunkt der neuen Lehre zu sein. »München wird Hauptstadt der Kunst und unserer Bewegung bleiben«.

Über seine persönliche Bindung an die Stadt schrieb Hitler 1924 in »Mein Kampf«: Am meisten aber zog mich die wunderbare Vermählung von urwüchsiger Kraft und feiner künstlerischer Stimmung… an. Daß ich heute an dieser Stadt hänge, mehr als an irgendeinem anderen Fleck der Erde auf dieser Welt, liegt wohl mitbegründet in der Tatsache, daß sie mit der Entwicklung meines Lebens unzertrennlich verbunden ist und bleibt«.

*◁△ Der Odeonsplatz in München – häufig Schauplatz großer Aufmärsche bei offiziellen Feiern der Partei oder ihr angeschlossener Verbände*

*△ Am Königsplatz entstehen der Ehrentempel zum Andenken an die gefallenen Nationalsozialisten vom 9. November 1923 sowie das neue Verwaltungsgebäude der Partei. Richtfest soll der 9. November sein.*

*◁ Im Beisein von Adolf Hitler weiht »Reichsschatzmeister« Franz Xaver Schwarz das neue Führerhaus ein. Im Hintergrund sind die Ehrentempel und das Verwaltungsgebäude der NSDAP zu sehen.*

## Bayerns Metropole: Schauplatz der »nationalen Revolution«

Die Stadt München ist eng mit dem Leben Adolf Hitlers und der wechselvollen Geschichte des Nationalsozialismus im Deutschen Reich verbunden.

Der damalige Österreicher Hitler war seit 1912 in München ansässig. Hier meldete er sich 1914 als Kriegsfreiwilliger und begann mit dem Aufbau seiner Partei. 1923 war München Schauplatz des gescheiterten Hitler-Putsches, bei dem Hitler gemeinsam mit General Erich Ludendorff den Sturz der bayerischen Landesregierung und der Reichsregierung herbeiführen und eine nationalsozialistische Rechtsdiktatur errichten wollte. Am 8./9. November 1923 marschierten rund 2000 Putschisten zur Feldherrnhalle, wo die »nationale Revolution« von der Polizei mit Gewalt beendet wurde. Der Münchner Volksgerichtshof verurteilte Hitler wegen Hochverrats zu fünf Jahren Haft, schon nach rund einem Jahr wurde Hitler jedoch aus der Festung Landsberg entlassen. Zur Erinnerung an den gescheiterten Putsch sprach Hitler an jedem 8. November im Münchner Bürgerbräu zu alten Kämpfern. Als »Marsch zur Feldherrenhalle« wurde der »Hitler-Putsch« zum Mythos von den »Blutzeugen der Bewegung« hochstilisiert und nach der Machtergreifung alljährlich mit einer bombastischen Totenfeier symbolisch wiederholt.

*Berittene Lanzenträger der bayerischen Landespolizei treiben die putschierenden Hitlertruppen auseinander.*

*Der SA gelingt es nicht, die strategisch wichtigen Gebäude in der bayerischen Landeshauptstadt zu besetzen.*

# Deutsche Freimaurerlogen aufgelöst

**18. August.** Reichsinnenminister Wilhelm Frick gibt die Auflösung aller Freimaurerlogen bekannt, die bisher noch nicht ihre Selbstauflösung beschlossen haben. In der Begründung für das Verbot heißt es, die Logen verfolgten »volks- und staatsfeindliche Ziele«. Das Vermögen der Vereinigungen wird beschlagnahmt.

Bereits vor der Machtergreifung 1933 begann der Kampf der Nationalsozialisten gegen die internationalen Bünde, die sich auf der Basis humanitärer Zielsetzungen wie Toleranz, Freiheit, Gleichheit und lebendiger Bruderschaft im Spätmittelalter zunächst in Großbritannien zusammenschlossen und sich später in Großlogen organisierten.

Johann Wolfgang von Goethe wurde am 23. Juni 1780 in die Loge »Amalia« in Weimar aufgenommen. Der Dichter schrieb eine Reihe von Logengedichten.

Der berühmte Komponist und Kapellmeister Joseph Haydn (1732–1809) trat 1785 im Beisein Mozarts der Wiener Loge »Zur wahren Eintracht« bei.

Die freimaurerische Humanitäts- und Toleranzidee kommt in den Werken Gotthold Ephraim Lessings, z. B. in »Nathan der Weise«, besonders stark zum Ausdruck.

Schon durch ihren überstaatlichen Charakter stehen die Vereinigungen im Gegensatz zu der völkisch-nationalen Ideologie des Dritten Reichs. Bereitwillig wurde das von General Erich Ludendorff gezeichnete Freimaurer-Feindbild der »überstaatlichen Mächte«, die nach seiner Auffassung für die Niederlage im Ersten Weltkrieg verantwortlich zu machen waren, aufgegriffen.

Darüber hinaus wird die Freimaurerei als »Humanitätsduselei« abqualifiziert, ihre internationalen Verbindungen als Verrat am völkischen wie am Rassegedanken bezeichnet. Von der katholischen Kirchen übernehmen die Nationalsozialisten das Schlagwort von der »Komplizenschaft von Freimaurerei und Judentum«, durch die im 19. Jahrhundert die Judenemanzipation gefördert worden sei und so »artfremde« Einflüsse auf das deutsche Volk übergreifen konnten.

Trotz ihres Versuchs, sich am »nationalsozialistischen Aufbauwerk« zu beteiligen und der Übernahme des »Arierparagraphen« sowie die Umbenennung der Logen in »Deutscher Christlicher Orden«, werden die etwa 80000 Anhänger zählenden Bruderschaften verfolgt, terrorisiert und schließlich zur Selbstauflösung gezwungen. Beamte, die erst nach 1933 aus den Logen ausgetreten sind, werden entweder aus dem Staatsdienst entlassen oder von Beförderungen ausgeschlossen.

Das aus den Logenhäusern geplünderte Eigentum der Freimaurer wird zu Wanderausstellungen zusammengestellt, die der Bevölkerung den Verschwörungscharakter der Organisation vor Augen führen sollen. Die freimaurerischen Ideale der Menschenliebe, der Geistes- und Gewissensfreiheit, ihre Rituale und Bräuche werden dabei bewußt ins Lächerliche gezogen.

### »Weltherrschaft des Judentums«

Noch vor der Auflösung der Logen schreibt die »Rheinische Landeszeitung« am 9. August: »In der Erkenntnis, daß freimaurerischer Geist und die Ideen des Nationalsozialismus unüberbrückbare Gegensätze darstellen und für Freimaurerorganisationen im Dritten Reich kein Platz mehr ist, haben sich die in Deutschland noch bestehenden Altpreußischen Logen mit Wirkung vom 21. Juli 1935 aufgelöst... In Kürze werden sich auch in Sachsen die letzten beiden Logen auflösen, so daß dann in Deutschland die Freimaurerei restlos beseitigt ist. Wenn man annimmt, daß die Freimaurerei in den Bauhütten oder Steinmetzbrüderschaften des Mittelalters ihren Ursprung hat, so ist das ein grundlegender Irrtum. Zwar hat sie sich der Formen dieser Gemeinschaft bedient, ihre Anfänge liegen aber wesentlich weiter zurück, sie ist so alt wie der Mosaische Gedanke selbst. Das letzte Ziel dieser jüdisch-liberalistischen Idee ist die Weltherrschaft des Judentums.«

# Streit um Danziger Zollfrage

**7. August.** Die Regierungen Polens und Danzigs schließen in Danzig ein Abkommen, mit dem sie einen mehrwöchigen Streit beenden. Der Zwist reihte sich in eine Kette von Auseinandersetzungen ein, die sich aus dem Status Danzigs ergeben, das als »Freie Stadt« unter Völkerbundsaufsicht politische Autonomie besitzt, aber gleichzeitig zum Zollgebiet Polens gehört.

Die nun erzielte Vereinbarung sieht die Rücknahme einer Zollverordnung des polnischen Finanzministeriums vom 21. Juli vor, deren Auswirkungen die Danziger Wirtschaft schwer getroffen hatten. Gleichzeitig nimmt der Danziger Senat die Öffnung der Zollgrenzen zum Deutschen Reich wieder zurück. Beide Seiten verpflichten sich außerdem zu weiteren Verhandlungen über strittige Einzelfragen.

Die polnische Verordnung – der Ausgangspunkt des Streits – hatte bestimmt, daß die Hafenstadt Danzig die Zollabfertigung nur für solche Güter vornehmen dürfe, die für die Stadt selbst bestimmt seien, nicht aber für Waren mit dem Ziel Polen. Weil diese Waren aber einen erheblichen Teil des Danziger Hafenumschlags ausmachen, forderte der Senat der Stadt umgehend und energisch die Widerrufung der neuen Vorschrift. Als dies nicht geschah, hob der Senat als Vergeltungsmaßnahme eigenmächtig die Zollgrenze zum Deutschen Reich für bestimmte Nahrungsmittel und Grundstoffe wie Getreide, Kohle und Futtermittel auf. Das rief wiederum polnischen Protest hervor, weil die Stadtregierung mit ihrer Aktion den Grundsatz des gemeinsamen Zollgebiets ignorierte.

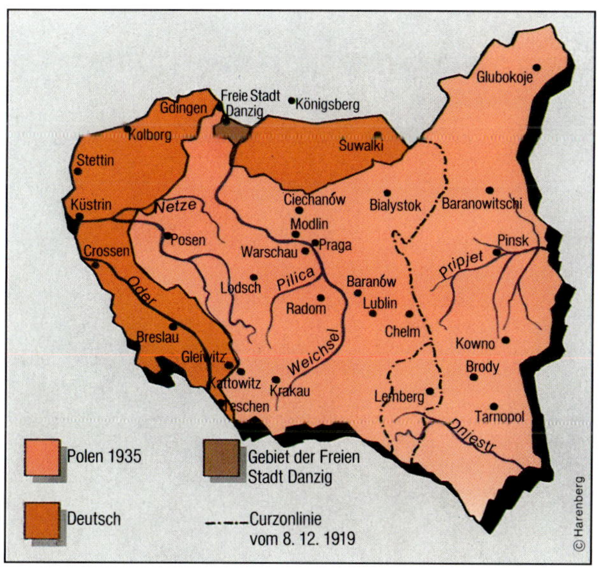


*Durch die Eingliederung von Westpreußen und Posen in den 1919 wiedergegründeten Staat Polen hat Danzig sein deutsches Hinterland verloren. Die »Freie Stadt« und die sie umgebende Region bilden eine Enklave in polnischem Gebiet. Von den über 400 000 Einwohnern Danzigs sind etwa 96% deutscher Abstammung.*

Die Schwierigkeiten sind im Sonderstatus Danzigs als »Freie Stadt« angelegt, der 1920 als Folge des Versailler Friedensvertrages in Kraft trat. Die nie gelungene Grenzziehung zwischen politischer Autonomie und ökonomischer Zugehörigkeit der bis 1919 deutschen Stadt führte zu ständigen Reibereien. Besonders problematisch ist für Danzig die wirtschaftliche Konkurrenz durch den von Polen wenige Kilometer nordwestlich neu angelegten Hafen Gdynia (Gdingen). Er liegt am Nordende des sog. polnischen Korridors, einem Gebietsstreifen, der mit Westpreußen und Posen Regionen umfaßt, die vormals deutsch waren und 1919 dem neu gegründeten Polen zugeschlagen wurden. Durch den Korridor gewinnt Polen u. a. Zugang zur Ostsee.

Urlaub und Freizeit 1935:

## *Erholung wird »nationale Pflicht«*

Trotz eines durchschnittlichen Jahresurlaubs von nur sechs bis zwölf Tagen gewinnen Urlaub und Reisen im nationalsozialistischen Staat eine wachsende Bedeutung. Reisen wird nicht mehr nur als Luxus, sondern als »nationale Pflicht« verstanden, die dazu beiträgt, das Arbeitsleben effektiver zu gestalten. Die NS-Freizeitorganisation »Kraft durch Freude« (KdF) dient der Umsetzung dieses Anspruches und soll durch ihre diversen Freizeitaktivitäten besonders die Arbeiterschaft in den Nationalsozialismus einbinden. KdF gliedert sich u.a. in ein Sportamt und in das Amt »Reisen, Wandern und Urlaub«. Die Wertschätzung des Sports, der im Rahmen des KdF-Betriebssports zur »rassischen Vervollkommnung« führen soll, zeigt sich auch in der rapide steigenden Zahl von Absolventen des Reichssportabzeichens. Erwarben 1931/32 noch knapp 39 000 Deutsche diesen Leistungsnachweis, so sind es 1934/35 bereits fast 88 000.

Die traditionellen deutschen Urlaubsziele wie die Nord- und Ostseebäder erleben einen regelrechten Touristenboom. KdF-Reisen gehen aber auch gezielt in schwächer entwickelte Regionen wie den bayerischen Wald. Zeltferien auf dem Campingplatz werden modern, die Industrie liefert das Zubehör bis hin zum rostfreien Picknick-Geschirr.

Besonders populär sind die relativ billigen – weil hochsubventionierten – KdF-Schiffsreisen ins Ausland. Die Möglichkeit auch für Arbeiter, an Kreuzfahrten, Reisen nach Madeira oder New York teilzunehmen, stützt das Bild vom volksnahen und sozialen NS-Staat. Dabei sind Auslandskontakte durchaus erwünscht. Neben der Hitlerjugend werden sie von Universitäten und Schulen geknüpft. So veranstaltet die Universität Heidelberg 1935 gemeinsam mit britischen Wissenschaftlern einen Ferienkurs »Das moderne England«. Ebenfalls 1935 wird die »Zentralstelle für deutsch-ausländischen Schülerbriefwechsel« gegründet. Die Einrichtung vermittelt bis 1937 insgesamt 25 000 internationale Briefpartnerschaften.

*Werbeplakat des HAPAG-Reisebüros für den Winterurlaub*

*Gesundes Meerklima als Hauptattraktion von Norderney*

*Entladung eines in München angekommenen Reisebusses: Die Stadt zählt zu den touristischen Attraktionen.*

*HJ-Zeltlager in Bayern; mit gemeinsamen Freizeitaktionen sollen Jugendliche an den NS-Staat gebunden werden.*

*Hitler-Stellvertreter Rudolf Heß weiht die »erste Welt-Jugendherberge« im westfälischen Altena ein.*

Reklame für den beginnenden Flugtourismus

Sonntag, 4. August 1935: Am Strand von Margate ist kaum noch ein Stehplatz zu bekommen. Ein verlängertes Wochenende ist verantwortlich für den Andrang auf das Seebad an der Südostküste Großbritanniens.

Wasserskilaufen am Meer gehört zu den exklusiveren Freizeitvergnügen im Urlaub.

Kentersicheres »Wasser-Schaukelpferd«, eine auf der Leipziger Messe vorgestellte Badebelustigung

Wasserrutsche im Freibad; Baden bleibt für Kinder eine der wichtigsten Freizeitaktivitäten im Sommer.

Urlauber bei »Gölfchen«, einem Spiel, das als Werbemaßnahme einer Zeitung verteilt wird.

Zeltidylle am Chiemsee; der größte See des Alpenvorlandes ist ein Fremdenverkehrszentrum.

Am Strand von Kamakura, einem japanischen Badeort am Pazifik, südlich der Hauptstadt Tokio

# Niederlage für Roosevelt: USA hält sich im Hintergrund

**31. August.** US-Präsident Franklin D. Roosevelt unterzeichnet in Washington das sog. Neutralitätsgesetz, das ein Waffenembargo gegen kriegführende Staaten vorschreibt.
Das bis Ende Februar 1936 gültige Gesetz, dem eine erregte öffentliche Diskussion über die Rolle der US-Waffenindustrie im Ersten Weltkrieg voranging, sieht ein obligatorisches Waffenausfuhrverbot gegen Staaten vor, die sich im Krieg befinden. Um das Verbot zu überwachen, wird im September ein Kontrollamt für inländische Waffen- und Munitionsfabriken sowie für den Außenhandel mit Rüstungsgütern eingerichtet. Jede Ein- bzw. Ausfuhr von Kriegsmaterial bedarf einer ausdrücklichen Genehmigung durch diese Kontrollbehörde. Der Präsident wird ermächtigt, die US-amerikanischen Häfen für Schiffe kriegführender Staaten zu sperren. Außerdem werden die Bürger der USA in dem Gesetz davor gewarnt, auf Schiffen kriegführender Mächte zu reisen. Dieser Passus spielt auf die Versenkung des britischen Passagierdampfers »Lusitania« durch ein deutsches U-Boot im Kriegsjahr 1915 an, als auch US-amerikanische Fahrgäste ums Leben kamen. Schon im Februar hatte eine US-Senatskommission einen Gesetzentwurf vorgelegt, nachdem Gewinne aus Waffenproduktionen vom Staat konfisziert werden sollten.
Aktuelle Anlässe für das Neutralitätsgesetz sind die Aufrüstung im nationalsozialistischen Deutschen Reich und die aggressive Haltung Italiens gegenüber Abessinien. Die Entwicklungen in diesen Ländern verstärken die ohnehin in den USA stark vertretene Ansicht, die Vereinigten Staaten sollten sich aus weltpolitischen, vor allem europäischen Konflikten zu ihrem eigenen Nutzen heraushalten. Entsprechend solle auch nicht die eine oder andere Seite durch Waffenlieferungen unterstützt werden. Die Befürworter dieser Haltung verurteilen die Teilnahme der USA am Ersten Weltkrieg als »Sündenfall«, der nicht um der Demokratie willen geschehen sei, sondern um die Rückzahlung US-amerikanischer Kredite an europäische Gläubiger sicherzustellen. In diesem Zusammenhang werden besonders das Bankhaus Morgan und die US-Rüstungsindustrie kritisiert, deren Beihilfe zur europäischen Kriegsfinanzierung die USA letztlich zum Kriegseintritt gezwungen hätten. Diese Ansicht wird durch einen Kongreßausschuß bekräftigt, der die Ursachen des Ersten Weltkrieges untersucht. In seinem Urteil nennt der Ausschuß die Aktivitäten der Großfinanz und der Rüstungsindustrie eindeutig »kriegsverursachende Faktoren«.
Für Präsident Roosevelt bedeutet die Unterzeichnung des Neutralitätsgesetztes eine politische Niederlage. Gegenüber dem in großen Teilen der Bevölkerung und des Kongresses vertretenen Isolationismus befürwortet Roosevelt eine stärkere Präsenz der USA – auch mittels Waffenlieferungen – in der internationalen Politik. Bereits im Januar, als der Präsident den Beitritt der USA, die nicht Mitglied des Völkerbundes sind, zum Internationalen Gerichtshof in Den Haag forderte, hatte es wütende Reaktionen in den Vereinigten Staaten gegeben. Das Neutralitätsgesetz unterschreibt er nun nicht zuletzt deshalb, weil er sein internes Krisenbewältigungsprogramm, den »New Deal«, nicht gefährden will (→ 4. 1./S. 22). Dafür nimmt Roosevelt in Kauf, daß ihm durch das Gesetz im Fall eines Konflikts zwischen dritten Staaten kaum außenpolitischer Handlungsspielraum bleibt: Das Embargo trifft unterschiedslos beide Kriegsparteien, Parteinahme ist unmöglich.

*8. Mai 1915: Die »Lusitania« sinkt, getroffen von deutschen U-Boot-Torpedos. Der Fall beeinflußt Präsident Roosevelts Neutralitätsgesetzgebung.*

# Vigilanten terrorisieren Saisonarbeiter

**22. August.** Auf den Hopfenfeldern in der Nähe der kalifornischen Stadt Santa Rosa kommt es zu schweren Ausschreitungen zwischen sog. Vigilanten und angeblich kommunistischen Saisonarbeitern.
Etwa 200 maskierte Männer dringen in die Unterkünfte der Arbeiter ein, schießen Gewehrsalven ab und werfen Tränengasbomben. Mehrere Personen werden entführt und vor ein improvisiertes »Tribunal« gestellt. Nachdem die Angreifer ihnen die Köpfe kahlgeschoren haben, werden einige Opfer des Überfalls geteert und gefedert. Andere müssen die US-amerikanische Flagge küssen. Anschließend werden die Arbeiter aufgefordert, die Felder und die Stadt zu verlassen.
Die häufigen Übergriffe konservativer Bürgerwehren auf Erntearbeiter, die des Kommunismus verdächtigt werden, hängen mit der Massenzuwanderung aus dem verarmten Mittelwesten der USA und der Angst der kalifornischen Plantagenbesitzer vor einer sozialrevolutionären Stimmung in der Arbeiterschaft zusammen (→ 24. 3./S. 61). Die Löhne auf den Obstplantagen sind extrem niedrig. Häufig halten sich die Eigentümer nicht an Versprechungen, die sie den Neuankömmlingen bei der Einstellung machen. Aus Angst, die Saisonarbeiter könnten sich organisieren, stellen die Grundbesitzer deshalb Schlägertrupps zusammen.

*Wanderarbeiter aus anderen Teilen der USA und Immigranten aus aller Welt arbeiten zu Niedrigstlöhnen auf den Obst- und Gemüse-Plantagen im Westen der USA. Das Bild zeigt philippinische Erntearbeiter in einem Salatfeld bei der kalifornischen Stadt Salinas.*

## Ecuador: Präsident Ibarra abgesetzt

**20. August.** Die ecuadorianische Armee setzt nach einem Staatsstreich José María Velasco Ibarra, seit 1934 amtierender Präsident des lateinamerikanischen Staates, ab. Neuer Präsident wird der bisherige Ministerpräsident Antonio Pons.
Die Militärführung reagiert mit diesem Schritt auf Ibarras Bestreben, das von Großkaufleuten und Grundbesitzern dominierte Parlament des Landes auszuschalten, um durchgreifende Reformen in dem von krassen Gegensätzen geprägten Land durchzuführen. Der überaus populäre, aber ohne festes Programm angetretene Ibarra hatte zu diesem Zweck erst wenige Stunden vor seiner Absetzung die Diktatur ausgerufen. Sein Nachfolger Pons kann sich ebenfalls nur kurz im Amt halten: Er wird am 26. September 1935 von Federico Páez als Präsident abgelöst.

# Normerhöhung nach Stachanow-Rekord

**30. August.** Der sowjetische Bergmann Alexei G. Stachanow baut in einer Kohlegrube des Donezbekkens (Ostukraine) während einer Schicht 102 t Kohle ab und übertrifft damit die Norm um 1300%.
Der Rekord des Hauers wird von der sowjetischen Regierung als vorbildliche sozialistische Leistung propagandistisch aufgegriffen, um mit Hilfe der sog. Stachanow-Bewegung eine Produktivitätssteigerung in der Wirtschaft zu erzielen.
Stachanows Rekordförderung kommt während einer Nachtschicht zustande. Sie ist sorgfältig vorbereitet und keineswegs eine »spontane Initiative«, wie es offiziell dargestellt wird. Stachanow gibt an, von einer am 4. Mai gehaltenen Rede des Parteichefs Josef W. Stalin zu seiner Leistung inspiriert worden zu sein. In der Rede hatte Stalin die Erhöhung der industriellen Arbeitsleistung verlangt und der bisher propagierten entscheidenden Rolle der Technik die menschliche Leistung gegenübergestellt. Das Jahr 1935 deklariert Stalin dabei als Jahr der »Wendung zum Menschen«.
Die Aufwertung der menschlichen Arbeitskraft spiegelt einen Kernaspekt des 1933 angelaufenen zweiten Fünfjahresplanes in der UdSSR wider: Um neben der Rationalisierung der Produktion auch die menschliche Arbeitsleistung zu heben, werden Lohndifferenzierungen, Prämien und Akkordlöhne eingeführt. Weil höhere Leistung nun besser entlohnt zu werden verspricht, breitet sich die »Stachanow-Bewegung«, getragen von staatlicher Propaganda, rasch aus. In verschiedenen Industriezweigen stellen Vorkämpfer der Bewegung Rekorde auf, die denen Stachanows vergleichbar sind. Das Jahr 1936 wird zum »Stachanowjahr« erklärt.
Die Hoffnungen der sowjetischen Arbeiter, durch Norm- und Lohnerhöhungen einen besseren Lebensstandard zu erreichen, erfüllen sich nur in geringem Umfang. Schon im Dezember 1935 nutzt die Moskauer Regierung die Leistungen der »Stachanow-Bewegung«, um »auf Initiative der Werktätigen« die Produktionsnormen in der Industrie um durchschnittlich 15-20% anzuheben. Daraufhin kommt es zu gewalttätigen Auseinandersetzungen zwischen Arbeitern und Vertretern der Stachanow-Bewegung, deren Leistungen für die Verschlechterung der Arbeitsbedingungen verantwortlich gemacht werden.

*Alexei Stachnanow (vorn) zusammen mit seiner Arbeitsbrigade*

*Stachanow wird von der sowjetischen Führung mehrfach ausgezeichnet.*

# Solidaritätsaktion im Stadtteil Harlem

**5. August.** 20 000 Menschen demonstrieren im überwiegend schwarzen New Yorker Stadtteil Harlem gegen die italienische Politik in Abessinien, wo ein Angriff des faschistischen Italien bevorsteht.
Die Teilnehmer der Protestkundgebung tragen Plakate mit Aufschriften wie »Nieder mit Mussolini« und »Tod dem Faschismus«. Andere Transparente richten sich allgemein gegen Krieg und Aufrüstung und beziehen sich auf die Situation in den USA: »16 Mio. Arbeitslose wollen Brot und keine Kugeln«.
Unter der schwarzen Bevölkerung Harlems, dem Zentrum schwarzer Kultur und Politik in den USA, kommt es 1935 immer wieder zu Solidaritätsbekundungen für Abessinien. Die Proteste richten sich dabei auch gegen in New York lebende Italiener: So organisieren im Februar schwarze New Yorker einen Boykott italienischer Gaststätten.
Seit dem militärischen Sieg Abessiniens über Italien in der Schlacht bei Adua 1896, als sich zum ersten Mal ein afrikanisches Land erfolgreich gegen eine europäische Kolonialmacht zur Wehr setzte, gilt Abessinien schwarzen US-Amerikanern als Symbol der Selbstbehauptung gegen weiße Unterdrückung.

# Tagung der kleinen Entente

**28. August.** In der jugoslawischen Stadt Bled treffen die Außenminister der Mitgliedsstaaten der sog. Kleinen Entente – Rumänien, Jugoslawien und die Tschechoslowakei – zu viertägigen offiziellen Beratungen zusammen.
Das vom jugoslawischen Ministerpräsidenten und Außenminister Milan Stojadinovic vorgestellte Schlußkommuniqué lehnt für die Zukunft jede Zusammenarbeit mit Staaten ab, die von Mitgliedern des Hauses Habsburg regiert werden (→ 10. 7./S. 122). Weiter wird die Solidarität der drei Teilnehmerstaaten in allen außenpolitischen Fragen betont.
Die Kleine Entente wurde auf Initiative des damaligen tschechslowakischen Außenministers Eduard Beneš und mit Unterstützung Frankreichs 1920 zunächst als Defensivbündnis zwischen der Tschechoslowakei und Jugoslawien gegründet. Ihre Politik richtete sich gegen die Revisionspolitik Ungarns nach dem Zusammenbruch Österreich-Ungarns im Ersten Weltkrieg.

*Nikolaus Titulescu, von 1932 bis 1936 Rumäniens Außenminister*

Ciano zwischen den Söhnen Mussolinis

## Ciano nach Afrika

**21. August.** *Auch der Schwiegersohn des italienischen Staatschefs Benito Mussolini beteiligt sich an den Kriegsvorbereitungen gegen Abessinien: Galeazzo Ciano wird nun als Fliegergeneral nach Ostafrika einberufen.*

# Papst Pius XI. gegen »ungerechten Krieg«

**28. August.** Papst Pius XI. verurteilt während einer Audienz im Vatikan »jeden Angriffskrieg«. Seine Rede bezieht sich auf den bevorstehenden Angriff Italiens auf Abessinien (→ 2. 10./S. 168).
Vor 2000 katholischen Krankenschwestern sagt der Papst: »Ein Krieg, der ein reiner Eroberungskrieg wäre, ist in unseren Augen ein ungerechter Krieg.« Gleichzeitig bringt Pius, dessen Äußerungen sich gegen die Expansionspolitik des italienischen Ministerpräsidenten und Duce Benito Mussolini richten, Verständnis für die Regierung in Rom zum Ausdruck: »Wenn die Notwendigkeit für räumliche Ausdehnung besteht..., dann können wir nur hoffen, daß man eine Lösung aller Schwierigkeiten finden werde.«
Zwei Tage später protestiert Mussolini, er sehe in dieser Rede eine Beeinflussung der Bevölkerung.

Nach dem Einsturz suchen Straßenarbeiter nach Überlebenden.

## 19 Tote bei S-Bahn-Einsturz

**20. August.** *19 Menschen sterben, als beim Bau eines S-Bahn-Tunnels in Berlin ein Schacht einstürzt.*
*Bei dem Unglück wird ein großer Kran und die gesamte Konstruktion der Straßenbahnschienen in die Tiefe gerissen. Die Unfallstelle befindet sich unmittelbar vor dem Brandenburger Tor und verursacht mehrere Tage lang ein Verkehrschaos. Der Tunnel ist Teil einer S-Bahn-Verbindung, die den Potsdamer Platz mit und dem Stettiner Bahnhof verbinden soll.*

Feuerwehrmänner retten die Menschen aus dem Restaurant im Funkturm.

## Brand auf Rundfunkausstellung

**19. August.** *Während der Berliner Rundfunkausstellung zerstört ein Feuer die Halle 4 und das Restaurant im Funkturm. Das Unglück richtet Sachschäden in Höhe von 1,5 Mio. RM an und fordert drei Todesopfer.*
*Auf der Ausstellung werden die Neuerungen im Bereich der Rundfunktechnik, u. a. ein neues Tonbandgerät, das Magnetophon, vorgestellt. Propagandaminister Joseph Goebbels gibt außerdem den Bau einer weiteren Mio. Volksempfänger bekannt.*

## Katastrophe nach Staudamm-Bruch

**13. August.** Nach tagelangen wolkenbruchartigen Regenfällen brechen die Dämme des Ortiglio-Stausees in Norditalien und verursachen eine riesige Überschwemmungskatastrophe, die mehrere hundert Todesopfer fordert.
Mehrere Mio. Kubikmeter Wasser ergießen sich über die nahegelegene Stadt Ovada und benachbarte Orte und zerstören sie zum Teil vollständig. Die Flutwelle braust mit ungeheurer Macht ins Tal und reißt dabei zahlreiche Brücken und Häuser mit sich. Dabei lösen die Wassermassen gleichzeitig Erdrutsche aus und setzen sofort die am Stadtrand von Ovada gelegenen Häuser meterhoch unter Wasser. Viele der von der hereinbrechenden Flut überraschten Bewohner können sich nicht mehr retten. Auch diejenigen, die noch auf den Dächern ihrer Häuser Zuflucht suchen, sterben, als die baufälligen Häuser dem Druck der Wassermassen nicht mehr standhalten können und zusammenbrechen. Die meisten der Todesopfer sind Frauen und Kinder, da sich viele der Männer zur Zeit der Katastrophe bei Erntearbeiten auf Feldern außerhalb der Stadt aufhalten.
Nach dem Unglück steht im Tal eine Fläche von 120 km$^2$ vollständig unter Wasser.

# Großglockner-Hochalpenstraße eröffnet

**3. August.** Nach fünfjähriger Bauzeit wird die Großglockner Hochalpenstraße zwischen Brenner und Radstädter Tauern eröffnet.
Sie führt auf 42 km von Bruck nach Heiligenblut, über die Aussichtsstraße von Gluttal nach Franz-Josefs-Höhe bis auf die Edelweißspitze (2571 m). Die Durchschnittssteigung der Strecke beträgt 10%, auf einigen kurzen Abschnitten erreicht die Steigung 12%. An der Straße liegen 15 große Aussichtsplätze, vom Parkplatz auf der Edelweißspitze hat man einen Rundblick auf 37 Dreitausender und 19 Gletscherfelder. Mit der Hochalpenstraße wurde eine seit langem geforderte Nord-Süd-Verbindung für den Autoverkehr geschaffen.
Die technisch bedeutsamsten Bauwerke sind der 117 m lange Mitteltörltunnel und der 312 m lange Hochtortunnel. Der Bau der Straße kostet den Staat Österreich 25,8 Mio. Schilling. Für ihre Benutzung wird eine Mautgebühr erhoben, die bereits 1935 eine Einnahme von rund 750 000 Schilling in die Staatskasse zurückfließen läßt.

*Die Regierungsmitglieder fahren zum Ehrendenkmal der beim Bau verunglückten Straßenarbeiter, wo die Eröffnung der Hochalpenstraße stattfindet.*

## Dampferfahrt für 15 000 Arbeiter

**17. August.** Die Automobilwerke Adam Opel A. G. schließen für 14 Tage den Betrieb, da in dieser Zeit 15 000 Werksangehörige auf Kosten des Konzerns eine Reise auf dem Rhein unternehmen.
Der Rheindampfer Kaiser Wilhelm fährt zehn Tage lang mit jeweils 1000 bis 1500 Werksangehörigen von Mainz bis St. Goar und zurück. Diese riesige Freizeitveranstaltung wird von der deutschen Presse als eine »imposante Kundgebung des neuen deutschen Gemeinschaftsgeistes« gefeiert.
Mit der gemeinsamen Dampferfahrt auf dem Rhein hofft das Rüsselsheimer Werk, die Bindung der Mitarbeiter an die Firma zu stärken und so die Arbeitsleistung zu steigern. Zur Aufrechterhaltung unternehmenswichtiger Abteilungen bleiben 3000 Arbeiter im Werk zurück.

# Königin Astrid stirbt bei Verkehrsunfall

**29. August.** Während ihres Sommerurlaubs in der Schweiz kommt die belgische Königin Astrid bei einem Verkehrsunfall in der Nähe von Küßnacht ums Leben. Ihr Ehemann, König Leopold III., der selbst den Unfallwagen steuert, erleidet nur leichte Verletzungen.

Bei guten Wetterverhältnissen war das Königspaar mit seinem Fahrzeug unterwegs zu einer Bergwanderung, als plötzlich eine Rauchwolke aus dem hinteren Teil des Wagens aufstieg, das Auto von der Straße abkam, eine Böschung hinunterfuhr und gegen einen Baum prallte. Durch den Aufprall wurde die junge Königin aus dem Fahrzeug geschleudert und erlitt dabei tödliche Kopfverletzungen. Der Wagen rollte anschließend einen Abhang hinunter, überschlug sich mehrfach und prallte gegen einen zweiten Baum. Bei diesem Aufprall wurde der König aus dem Auto geschleudert, aber nur leicht verletzt.

Am selben Tag tritt das belgische Kabinett zu einer außerordentlichen Sitzung zusammen, die Bevölkerung wird über den Rundfunk von dem Unglück informiert. Alle Vergnügungsveranstaltungen, die am Wochenende stattfinden sollten, werden abgesagt. Noch in der selben Nacht wird die Leiche der Königin im Zug nach Belgien überführt.

*◁△ Von dem Verkehrsunfall gezeichnet, folgt König Leopold dem Sarg seiner Frau Astrid.*

*△ In der Belgischen Botschaft in Paris tragen sich Bürger in das Kondolenzbuch ein.*

*◁ Der völlig zerstörte Unfallwagen im Morast*

# Wiley Post stürzt über Alaska ab

**15. August.** Bei einem Flug über Alaska und Sibirien nach Moskau stürzt der berühmte US-amerikanische Flieger Wiley Post ab und erleidet tödliche Verletzungen.

Der Absturz ereignet sich 25 km südlich von Point Barrow an der Nordküste Alaskas, Wiley und der mit ihm fliegende Schauspieler Will Rogers sind sofort tot. Post hatte zuvor schon wegen eines Motorschadens an seiner neuen Lockheed-Orion-Maschine notlanden müssen. Nach einer notdürftigen Reparatur startete er erneut, doch kurz nach dem Start versagt der Motor und die Maschine stürzt ab.

Der als waghalsig bekannte Flieger, der schon früher bei einem Unfall ein Auge verlor, galt als einer der besten Piloten in den USA.

Mit der finanziellen Unterstützung eines Freundes unternahm Post 1931 einen Flug von New York aus um die nördliche Halbkugel, bei dem er mit der Zeit von acht Tagen 15 Stunden und 51 Minuten einen neuen Rekord aufstellte. Zwei Jahre später unterbot er seine eigene Bestzeit um zwei Stunden. Den Siebeneinhalb-Tage-Flug überstand er fast ohne Schlaf. Bei immer neuen Rekordflügen stürzte Post mehrmals ab, ohne sich ernsthafte Verletzungen zuzuziehen.

# Berlin–Istanbul und zurück in einem Tag

**13. August.** Die deutsche Fliegerin Elly Beinhorn legt die 3570 km lange Strecke Gleiwitz–Skutari–Berlin in einem Tag zurück. Sie ist die erste Fliegerin, die in einem Tag vom Deutschen Reich nach Asien und zurück fliegt.

Einen Namen als Fliegerin machte sich Elly Beinhorn 1931 durch ihren Alleinflug in einem Klemm-Kleinflugzeug nach Boloma in Portugiesisch-Guinea. Die 7000 km lange Strecke legte sie in einer Zeit von 70 Stunden zurück. Auf ihrem Rückflug mußte sie jedoch wegen eines Ölrohrbruchs in Westafrika notlanden und war vier Tage lang verschollen. Erst nach einem 50 km langen Fußmarsch durch die Wüste erreichte sie die Oasenstadt Timbuktu.

Im Dezember 1931 brach sie erneut auf, diesmal zu einem Weltflug über Vorderasien, den Himalaja, Bangkok und Bali, nach Australien, von dort mit dem Schiff nach Panama und dann wieder im Flugzeug über die Kordilleren nach Buenos Aires.

Für ihre Leistungen überreichte ihr Reichspräsident Paul von Hindenburg 1933 den Hindenburg-Pokal.

*Auf dem Berliner Flughafen Tempelhof: Empfang für Elly Beinhorn*

*Die Rekordfliegerin Elly Beinhorn vor ihrem Klemm-Kleinflugzeug*

# Vitamin-E-Kristall künstlich isoliert

**20. August.** Der Direktor des Instituts für experimentelle Biologie der Universität von Kalifornien, Herbert McLean Evans, gibt die erfolgreiche Isolierung reiner Vitamin-E-Kristalle bekannt.

Evans, der 1922 das Vitamin E entdeckte und bewies, daß es eine essentielle Rolle in der Fortpflanzung der Tiere spielt, kündigt an, daß die kommerzielle Produktion des Vitamins und die Anwendung für den Menschen bald möglich sei.

Mit der Isolierung des Vitamin E setzt sich die Forschungsarbeit der letzten zehn Jahre auf diesem Gebiet fort. 1923 wurde das Vitamin C isoliert, 1926 das Vitamin B-1, 1930 und 1933 folgten die Vitamine A und B-2. All diese Vitamine können nun synthetisch hergestellt und zur Behandlung von Mangelerscheinungen eingesetzt werden.

Film 1935:

# Unterhaltung hoch im Kurs

In einer Vielzahl von Produktionen – 1935 entstehen im Deutschen Reich 123 Filme – werden die Grundprinzipien der nationalsozialistischen Bewegung, das Führer- und Rasseprinzip sowie das Prinzip der Volksgemeinschaft, mit filmischen Mitteln umgesetzt und den Propagandazwecken des Regimes untergeordnet.
Das internationale Ansehen des deutschen Films, der durch künstlerisch herausragende Produktionen vor 1933 Weltgeltung erworben hatte, geht unter den NS-Machthabern deutlich zurück. Gleichzeitig bleibt die wirtschaftliche Situation in der Filmindustrie angespannt: Verkäufe deutscher Filme ins Ausland nehmen in diesem Jahr ab, die Tschechoslowakei und Polen boykottieren die deutsche Filmindustrie sogar gänzlich.
Die ideologische Einbindung des deutschen Films in das »nationalsozialistische Aufbauwerk« führt zur raffinierten Durchsetzung von Problem- und Unterhaltungsfilmen mit NS-Propaganda. Zahlreiche Regisseure stellen sich dem Regime willig zur Verfügung und folgen dem Auftrag von Propagandaminister Joseph Goebbels: »[Den] gesinnungsmäßig vollzogene[n] Umbruch des deutschen Volkes und seine daraus sich ergebene charakterliche, seelische und weltanschauliche Haltung gegen Angriffe zu schützen«. Unterhaltungsfilme und Filmkomödien stehen in der Gunst des Publikums hoch im Kurs. Hinter dem oft belanglosen Handlungsgeflecht vermitteln die zur Identifizierung einladenden Filmhelden systemstabilisierende Tugenden wie Gehorsam, Schicksalsergebenheit, Anpassung an Herrschaftsstrukturen und moralische »Sauberkeit«.
Zum Genre des Unterhaltungsfilms zählt das Filmmusical »Amphitryon« von Reinhold Schünzel nach einer Komödie von Heinrich von Kleist. Obwohl auch hier die Einflüsse der NS-Kulturpolitik unverkennbar sind, erhält Schünzels Werk deutliche Seitenhiebe auf Führerkult und Militarismus.
Dem gegenüber stehen einseitig Partei ergreifende Filme wie »Triumph des Willens« (Regie: Leni Riefenstahl) oder »Friesennot« von Peter Hagen, der die »Blut und Boden«-Ideologie des Nationalsozialismus untermauert. Der technisch aufwendige Riefenstahl-Film vom Nürnberger Parteitag der NSDAP 1934 ist eine »einzige Apotheose« des Führers Adolf Hitler, wie ein britischer Kritiker das 140-min-Dokument nennt.
1935 kommen zahlreiche ausländische Produktionen in die deutschen Kinos. Die NS-Kulturkritiker stehen dem US-amerikanischen Film trotz ideologischer Vorbehalte noch aufgeschlossen, bisweilen, wegen des großen Publikumerfolgs, sogar fasziniert gegenüber. Viele Filme werden dem deutschen Publikum unzensiert gezeigt. Der Kassenschlager des Jahres ist Frank Lloyds Ausstattungs- und Kostümfilm »Meuterei auf der Bounty« mit Charles Laughton und Clark Cable in den Hauptrollen. Bei der Oskar-Verleihung wird der Abenteuerfilm als bester Film des Jahres 1935 ausgezeichnet. Großer Beliebtheit erfreuen sich auch die Marx Brothers, die unter der Regie von Sam Wood einen ihrer gelungensten Filme, »Die Marx Brothers in der Oper« auf Zelluloid bannen.
In der Sowjetunion setzt sich 1935 der sozialistische Realismus im Film durch. Die auf dem Schriftstellerkongreß des Jahres 1934 gestellte Forderung nach der Schaffung eines neuen Helden als einem typischen Vertreter seiner Klasse, seines Milieus und seines Berufs, findet in der Figur des Maxim im ersten Teil der »Maxim-Trilogie« von Grigori Kosinzew ihre Entsprechung. Der untrennbare Zusammenhang von Geschichte und Privatleben wird in der Gestalt des Helden Maxim veranschaulicht. Weitgehend unbeachtet von den Filmkritikern feiert am 22. Februar in Frankreich ein Film Premiere, der als das erste Werk des Neorealismus gilt: »Toni« von Jean Renoir. Er wurde ausschließlich in natürlicher Umgebung und überwiegend mit Laiendarstellern gedreht. Die unkonventionelle, improvisiert wirkende Inszenierung bricht mit allen traditionellen Techniken, die bisher in der Filmkunst angewandt wurden.
(Siehe auch Übersicht »Filme« im Anhang.)

*Szene aus dem erfolgreichen US-amerikanischen Kassenschlager »Die Marx Brothers in der Oper« mit Margaret Dumont und Groucho Marx (r.).*

*Robert Donat und Madeleine Carroll in Alfred Hitchcocks Agententriller »39 Stufen«, der Spannung, Witz und intelligente Dialoge geschickt verbindet.*

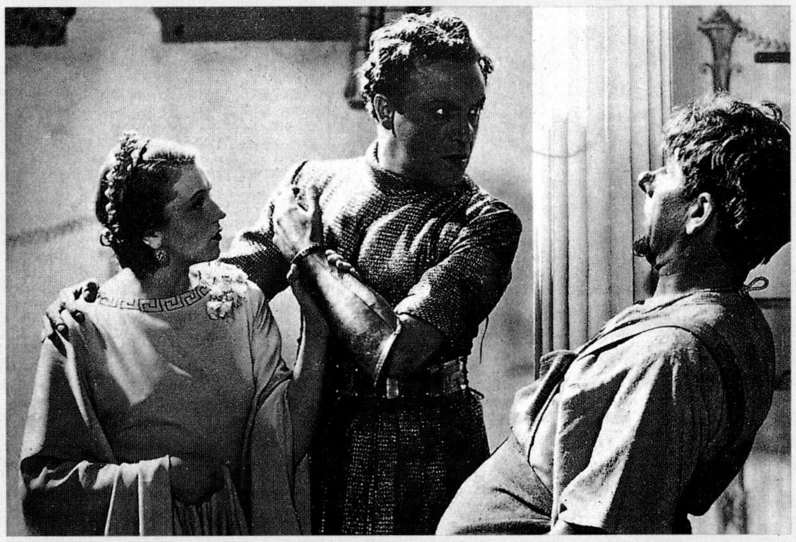

*Das Filmmusical »Amphitryon« ist eine ironische Komödie um den Göttervater Zeus (v. l.: Käthe Gold, Willy Fritsch und Paul Kemp).*

*Szene aus dem Farbfilm »Becky Sharp« mit Miriam Hopkins und Nigel Bruce*

## Technicolor: Der Durchbruch des Farbfilms

Der sensationelle Durchbruch in der Fimbranche gelingt 1935 mit dem ersten Film, der in Technicolor gedreht wird. »Becky Sharp« von Rouben Mamoulian leitet durch seine Dreifarbigkeit eine neue Ära in der Geschichte des Films ein. Schon bald bedienen sich zahlreiche Filmfirmen des neuen Technicolorverfahrens. Walt Disney dreht mit »The Band Concert« seinen ersten Mickey Mouse-Film in Farbe. Der mit großem technischen Aufwand in Szene gesetzte Film gilt bei Kritikern als einer der besten Kurzfilme Disneys.

***Greta Garbo** in der Rolle der Anna Karenina. Der US-Amerikaner Clarence Brown verfilmt den Tolstoiroman, der bereits 1927 in einer Stummfilmfassung produziert wurde, 1935 erneut. Obwohl der Kostümfilm wegen seiner ungeschickten Inszenierung und seiner Darsteller ein schwaches Werk bleibt, gelingt es der Garbo, eine völlig glaubwürdige, schöne und begehrenswerte Anna Karenina zu spielen, die mit stummer Gelassenheit ihrem unabwendbaren Schicksal, ihrem Tod, entgegengeht.*

***»Meuterei auf der Bounty«**, der Kassenschlager des Jahres 1935, wird mit dem Oskar für den besten Film ausgezeichnet. Die abenteuerliche Geschichte um die Besatzung eines britischen Segelschiffes im 18. Jahrhundert, dessen erster Offizier Fletcher Christian auf der Fahrt nach Tahiti eine Meuterei an Bord organisiert und den tyrannischen Kapitän Bligh auf offener See aussetzt, beruht weitgehend auf historischen Gegebenheiten. Regisseur Frank Lloyd inszeniert den Kostümfilm mit den Hollywood-Größen Clark Gable (3. v. l.) und Charles Loughton (5. v. l.). Gedreht wird das Großprojekt im Filmstudio und auf der im Pazifischen Ozean liegenden Insel Catalina.*

*Szene aus dem Film **»Der Verräter«** von John Ford. In der Verfilmung des gleichnamigen Romans des Iren Liam O'Flaherty liefert der Held, ein einfacher und brutaler Lumpenproletarier (Abb. Victor McLaglen), seinen früheren Kumpel für zwanzig Pfund der Polizei aus. Mit dem Geld will er seiner sozialen Not entkommen und mit seiner Freundin, einer Prostituierten, in die USA auswandern. Ein »Sondergericht« verurteilt den »Verräter« zum Tode und schickt ein Exekutionskommando zur Vollstreckung aus. Die Handlung spielt vor dem Hintergrund des Kampfes der illegalen irisch-republikanischen Armee gegen die britischen Besatzer zu Beginn der zwanziger Jahre.*

# September 1935

| Mo | Di | Mi | Do | Fr | Sa | So |
|---|---|---|---|---|---|---|
| | | | | | | 1 |
| 2 | 3 | 4 | 5 | 6 | 7 | 8 |
| 9 | 10 | 11 | 12 | 13 | 14 | 15 |
| 16 | 17 | 18 | 19 | 20 | 21 | 22 |
| 23 | 24 | 25 | 26 | 27 | 28 | 29 |
| 30 | | | | | | |

**1. September, Sonntag**

In allen katholischen Kirchen im Deutschen Reich wird der von der Fuldaer Bischofskonferenz am 20. August beschlossene Hirtenbrief verlesen, der einen Kampfaufruf gegen die Kirchenpolitik des Regimes darstellt. →S. 154

Karl Löwenheim, Autor der sozialistischen Widerstandsschrift »Neu-Beginnen« und Mitbegründer der gleichnamigen Widerstandsgruppe, verläßt das Deutsche Reich. In den letzten Wochen hat die Gestapo zahlreiche Mitglieder der Gruppe verhaftet, die 1931 aus der Arbeiterjugend hervorgegangen war.

Auf Anweisung von Reichspropagandaminister Joseph Goebbels werden nichtarische Kunst- und Antiquitätenhändler aus der Reichskulturkammer ausgeschlossen. Prinzipiell sollen Nichtarier vom Handel mit Kulturgütern ausgeschlossen werden. Allein in Berlin sind 80% der Kunsthändler von dieser Verfügung betroffen.

In Prag beginnt das 13. Musikfest der Internationalen Gesellschaft für zeitgenössische Musik, das bis zum 8. September dauert.

Hans Stuck gewinnt den Großen Bergpreis von Deutschland am Schauinsland bei Freiburg.

**2. September, Montag**

Der Reichsminister für Wissenschaft, Erziehung und Volksbildung, Bernhard Rust, verfügt, daß für untere Schulklassen nur noch solche Hitler-Bilder angeschafft werden sollen, »die den Führer zusammen mit Kindern zeigen«.

Weil er das von ihm befehligte brennende Schiff verließ, »bevor es noch hoffnungslos verloren war«, wird in der sowjetischen Stadt Baku ein Kapitän zum Tode verurteilt. 16 weitere Offiziere und Matrosen erhalten langjährige Haftstrafen.

Der deutsche Film »Pygmalion« nach dem gleichnamigen Bühnenstück von George Bernhard Shaw wird in Berlin uraufgeführt. Unter der Regie von Erich Engel spielen u. a. Jenny Jugo und Gustaf Gründgens.

**3. September, Dienstag**

Auf der Tagung der nationalsozialistischen Ortsgruppenleiter des Gaues Groß- Berlin bagatellisiert Propagandaminister Joseph Goebbels die Lebensmittelknappheit im Land und wendet sich gegen den »lächerlichen Kleinmut der wenigen Miesepeter von heute«. »Wenn uns vor zehn Jahren jemand erklärt hätte: 1935 habt Ihr die Macht, aber im Sommer wird für einige Zeit das Schweinefleisch knapp sein, dann wäre uns allen das sehr recht gewesen«.

Der Präsident der Reichsrundfunkkammer, Horst Dreßler-Andreß, gibt die Einrichtung der »Reichsfachschaft Rundfunk« bekannt, der alle Mitarbeiter des deutschen Rundfunks beitreten müssen. Die Mitgliedschaft ist Voraussetzung für das Recht der Berufsausübung.

Der Leiter der Deutschen Arbeitsfront (DAF), Robert Ley, warnt in einem Rundschreiben vor »Vereinsmeierei« in den Betrieben. Kegelklubs und Gesangvereine würden als Tarnung benutzt, um »Zersetzungsarbeit« zu leisten.

Nach zweiwöchiger Dauer geht in Luzern der 19. Zionistenkongreß zu Ende. In einer Schlußresolution zur Lage der Juden im Deutschen Reich wendet sich der Kongreß gegen die systematische Entrechtung der Juden und die Diffamierung des jüdischen Volkes und seiner geistigen und ethischen Kulturleistung. In der Resolution wird an alle Völker appelliert, dem jüdischen Volk im Kampf um die Wahrung seiner Existenz zu helfen.

Malcolm Campbell stellt auf einem Salzsee bei Bonneville (US-Bundesstaat Utah) mit 484,609 km/h einen Geschwindigkeitsrekord auf.

Ein Hurrikan im US-Bundesstaat Florida fordert 200 Menschenleben und richtet großen Sachschaden an.

**4. September, Mittwoch**

In einer Denkschrift an den Völkerbund in Genf rechtfertigt die italienische Regierung ihre aggressive Haltung gegenüber Abessinien: Der ostafrikanische Staat lasse die innere Organisation vermissen, die für ein Mitglied der Gemeinschaft zivilisierter Nationen unentbehrlich sei.

**5. September, Donnerstag**

Bei den Herbstmanövern der französischen Streitkräfte in der Provinz Champagne sterben zehn Soldaten bei einem Flugzeugabsturz. Der Absturz ereignet sich, nachdem im dichten Nebel zwei Militärmaschinen zusammengestoßen waren.

**6. September, Freitag**

»Die Genossenschaft der deutschen Bühnenangehörigen«, der »Deutsche Bühnenverein« und der deutsche »Chorsängerverband und Tänzerbund« werden aufgelöst. An ihre Stelle tritt die Fachschaft »Bühne in der Reichstheaterkammer«.

Adolf Hitler beruft den Gauleiter in Franken und Herausgeber des antisemitischen Kampfblattes »Der Stürmer«, Julius Streicher, zum Mitglied der Akademie für Deutsches Recht. Ziel der Akademie ist die Erarbeitung von Grundlagen für eine nationalsozialistische Gesetzgebung.

Der Präsident der Reichspressekammer, Max Amann, verbietet den öffentlichen Verkauf von Zeitungen und Zeitschriften, die sich an die jüdische Bevölkerung im Reich richten.

Die »Deutsche Burschenschaft« und der »Kösener S.C.« werden aus der Gemeinschaft der studentischen Verbände ausgeschlossen, da sie eigene politische Ziele nicht aufgeben und den Arierparagraphen nicht anerkennen wollen.

Die deutsche Film-Komödie »Ein idealer Gatte« nach dem gleichnamigen Drama von Oskar Wilde wird in Berlin uraufgeführt. Unter der Regie von Herbert Selpin spielen u.a. Karl Ludwig Diehl, Brigitte Helm und Paul Henckels.

**7. September, Samstag**

Zum Ende der Herbstmanöver in Österreich erklärt der Staatssekretär für die Landesverteidigung, General Wilhelm Zehner, die österreichische Armee sei vorbereitet, schlagfertig und auch imstande, Österreich gegen jeden Feind zu verteidigen. Sie werde beweisen, daß Österreich in Zukunft unabhängig bleiben will und kann.

Der Schweizer M. Schreiber überquert als erster Drachenflieger die Alpen. Vom Berner Oberland aus fliegt Schreiber über die Jungfraugruppe und den Simplonpaß und landet nach sechs Stunden im italienischen Bellinzona.

Peter Raabe, Präsident der Reichsmusikkammer, veröffentlicht im Bosse Verlag das nationalsozialistische Standardwerk »Die Musik im 3. Reich«.

**8. September, Sonntag**

Huey P. Long, Senator des US-Bundesstaates Louisiana, wird in Baton Rouge von Carl Weiss, einem Gegner seiner Politik, erschossen. →S. 156

In Polen beginnen die bis zum 15. September dauernden Wahlen zum Sejm, dem polnischen Parlament. Die bisherige Regierung geht als Sieger aus der Wahl hervor, die Minderheiten (Weißrussen, Tschechen, Deutsche und Litauer) erhalten keine Vertretung.

Otto Wels, nach der Emigration 1933 Leiter des Exilvorstandes der SPD in Prag und Paris, wendet sich im »Neuen Vorwärts« gegen die nationalsozialistische Rassenhetze. Mit dem üblen Treiben der Judenhetze habe das deutsche Volk nichts zu tun.

In Tokio läuft der Japaner Yasuo Ikenaka die Marathonstrecke in der inoffiziellen Weltrekordzeit von 2:26:44 h.

Der Deutsche Hans Stuck gewinnt den Großen Preis von Italien für Rennwagen auf Auto-Union vor dem Italiener Tazio Nuvolari (Alfa Romeo) und dem Deutschen Bernd Rosenmeyer (Auto-Union).

**9. September, Montag**

Nach den Beschlüssen der amtlichen deutschen Strafrechtkommission soll die »Ächtung« die schwerste Strafe im künftigen Strafrecht des Deutschen Reichs sein. Bei besonders schweren Vergehen ist die »Ächtung« gegen einen Verbrecher zu verhängen. Sie ist mit dem Verlust der deutschen Staatsangehörigkeit und der Geschäftsfähigkeit, sowie der Todesstrafe verbunden.

Der tschechoslowakische Außenminister Eduard Beneš wird zum Präsidenten des Völkerbundes gewählt.

Bei einem internationalen Schwimm-Wettkampf in Kopenhagen verbessert die Niederländerin Willie den Ouden ihren Weltrekord über 200 m Freistil von 2:28,6 min auf 2:25,3 min. Drei Tage später stellt sie in Aarhuis einen Weltrekord über 300 m Freistil in 3:50,4 min auf.

**10. September, Dienstag**

In Nürnberg beginnt der 7. Reichsparteitag der NSDAP, der »Parteitag der Freiheit«. →S. 148

Reichsfinanzminister Johann Ludwig Graf Schwerin von Krosigk beziffert die langfristigen Reichsschulden mit 23,8 Mrd. RM. Kurzfristig seien 4,7 Mrd. RM an Verbindlichkeiten abzutragen.

**11. September, Mittwoch**

In Nürnberg legt Hitler den Grundstein zum Bau der Kongreßhalle auf dem Parteitagsgelände. Die neue Halle soll 60 000 Menschen Platz bieten. →S. 152

Die NSDAP stiftet auf dem Reichsparteitag einen Preis für Kunst und Wissenschaft. Die ersten Preisträger sind der NS-Dichter Hanns Johst und der Rasseforscher Hans F. K. Günther.

**12. September, Donnerstag**

Auf dem Nürnberger Parteitag der NSDAP hält der NS-Chefideologe Alfred Rosenberg eine Rede, in der er den Nationalsozialismus zum »Bollwerk gegen den Kommunismus« stilisiert.

Der in London tagende Weltkongreß der Ostjuden ruft in einer Resolution zum weltweiten Boykott von deutschen Waren auf.

**13. September, Freitag**

Um dem Mangel an Butter, Schmalz und Margarine im Deutschen Reich entgegenzuwirken, wird die Verarbeitung von Walfischtran gesteigert. Das Pfund Walfett kostet 78 Rpf.

Bei einem Leichtathletikwettkampf in New York läuft der US-Amerikaner Jesse Owens mit 22,6 sec einen Weltrekord über 200-m-Hürden.

**14. September, Samstag**

Vor 54 000 Hitlerjungen formuliert Hitler im Nürnberger Stadion das Ideal der deutschen Jugend: »Flink wie Windhunde, zäh wie Leder und hart wie Kruppstahl«. →S. 151

**15. September, Sonntag**

Auf dem Reichsparteitag der NSDAP in Nürnberg werden das »Reichsflaggengesetz«, das »Reichsbürgergesetz« und das »Gesetz zum Schutz des deutschen Blutes und der deutschen Ehre« vor dem Reichstag verkündet. →S. 148

In Breslau schlägt die deutsche Fußball-Nationalmannschaft Polen 1:0.

*Das offizielle Plakat zum Nürnberger Reichsparteitag der NSDAP soll die Verbundenheit von Wehrmacht, Arbeitsdienst und Staatsführung demonstrieren.*

**16. September, Montag**

Zum Abschluß des Nürnberger Reichsparteitages nimmt Hitler eine Parade aller Waffengattungen der Wehrmacht ab und stilisiert in seiner Schlußrede NSDAP und Wehrmacht zu »krönenden Erscheinungen« der deutschen Geschichte.

Im Regierungsbezirk Münster löst die Gestapo die katholischen Arbeitervereine wegen »staatsfeindlicher Betätigung« auf.

Der Transport italienischer Truppen nach Ostafrika geht weiter: 14 000 Soldaten werden per Schiff nach Eritrea an die Grenze zu Abessinien gebracht. Die britische Regierung verstärkt daraufhin ihre Flotte im Mittelmeer und im Roten Meer.

Neun belgische Offiziere treffen als Militärberater für die Armee Abessiniens in der Hauptstadt Addis Abeba ein. Schwedische und französische Offiziere folgen in der nächsten Woche. Das Verteidigungsministerium in Brüssel versichert klar, daß die belgischen Soldaten ohne offizielle Erlaubnis handeln.

Eine desillusionierende Bestandsaufnahme der internationalen politischen Situation macht der irische Präsident Eamon de Valera in einer Rede vor dem Völkerbund in Genf. Zynismus und Brutalität – so Valera – beherrschten die Beziehungen zwischen den Staaten, und nur Dummköpfe hielten sich an die Werte, die zur Gründung des Völkerbundes geführt hätten.

Die Londoner Versicherungsunternehmen geben bekannt, daß sie aufgrund der internationalen Lage Kriegsrisiken nur noch bei eigens abgeschlossenen Zusatzversicherungen abdecken würden.

**17. September, Dienstag**

Manuel Luis Quezón y Molina wird zum ersten Präsidenten der Philippinen gewählt, nachdem das Land den Status eines Commenwealth erhalten hat. Bislang waren die Philippinen eine Kolonie der USA. →S. 156

Ein »Museum auf Rädern« beginnt in Paris seine Tour durch Frankreich. In Eisenbahnwaggons arrangiert, soll die Ausstellung zeitgenössischer französischer Kunst die materiellen Schwierigkeiten der Maler überwinden helfen.

In München wird der deutsch-französische Film »Varieté« uraufgeführt. Unter der Regie von R. Nicolaus Farkas spielen u.a. Hans Albers und Attila Hörbiger.

**18. September, Mittwoch**

Die Schlichtungskommission des Völkerbundes zum abessinisch-italienischen Konflikt, das sog. Fünferkomitee, gibt seine Vorschläge bekannt. Sie sehen eine internationale Kontrolle strategisch wichtiger Orte in Abessinien vor. Die italienische Regierung lehnt die Vorschläge am 21. September ab.

Auf die energische Intervention der schweizerischen Regierung hin lassen die deutschen Behörden den von der Gestapo ins Deutsche Reich verschleppten Journalisten Berthold Jacob wieder in die Schweiz zurückkehren (→1. 4./S. 73).

Zur Bekämpfung der Arbeitslosigkeit beschließt die französische Regierung in Paris, 900 Mio. Franc (148 Mio. RM) für öffentliche Arbeiten, vor allem im Straßenbau, zur Verfügung zu stellen.

Ein Erlaß von Reichserziehungsminister Bernard Rust bestimmt den Samstag im Deutschen Reich zum »Staatsjugendtag«. An diesem unterrichtsfreien Tag sollen alle Schüler eine »Staatspolitische Erziehung« erhalten. →S. 154

**19. September, Donnerstag**

Der Zusammenhang zwischen der weltweiten Landwirtschaftskrise und dem schlechten Gesundheitszustand großer Teile der Bevölkerung auch wohlhabender Länder ist Gegenstand von Beratungen eines Völkerbundausschusses in Genf. Sein Vorschlag: Statt hohe Subventionen für die Landwirtschaft zu zahlen, sollten die Regierungen besser den Konsum gesunder Lebensmittel fördern.

Der französische Postminister Georges Mandel gibt in Paris bekannt, daß mit der Einrichtung eines 10-kW-Senders auf der Spitze des Eiffelturmes ein regelmäßiges Fernsehprogramm für die Pariser Region begonnen wird.

**20. September, Freitag**

Ein Erlaß des Propagandaministeriums in Berlin schreibt vor, daß am 13. Oktober, am 10. November und am 8. Dezember im Deutschen Reich »Eintopfsonntage« stattfinden.

In Berlin wird der deutsche Film »Das Einmaleins der Liebe« mit Luise Ullrich und Paul Hörbiger in den Hauptrollen uraufgeführt. Carl Hoffmann führt Regie.

**21. September, Samstag**

Das britische Außenministerium in London erklärt die Flottenkonzentration Großbritanniens im Mittelmeer mit der wochenlangen italienischen Pressekampagne gegen das britische Königreich.

**22. September, Sonntag**

In der sowjetischen Roten Armee werden die Dienstgrade, die nach der Oktoberrevolution 1917 abgeschafft worden waren, wieder eingeführt. Die Abschaffung sollte seinerzeit den Sturz zaristischer Hierarchien sinnfällig machen.

Der »Volksbund für das Deutschtum im Auslande« führt einen reichsweiten »Tag des deutschen Volkstums« durch. Die Reden auf der Hauptveranstaltung in Berlin befassen sich vor allem mit den »Leiden der Memeldeutschen« in Litauen (→29. 9./S. 155).

Um Zelluloseimporte einzuschränken, verfügt die italienische Regierung in Rom, den Umfang der Tageszeitungen zu verringern. Pro Ausgabe sind höchstens sechs, bei Sonntagszeitungen acht Seiten zugelassen.

Der Deutsche Rudolf Caracciola gewinnt auf Mercedes den großen Preis von Spanien und sichert sich den Europameister-Titel.

**23. September, Montag**

Für das Winterhilfswerk werden gesetzlich Mindestspendensätze festgelegt. Deutsche Lohn- und Gehaltsempfänger müssen 10% der Lohnsteuer als Spende abführen.

In Berlin beginnt die dritte Bekenntnissynode der Evangelischen Kirche der Altpreußischen Union. Sie wendet sich gegen die von den Nationalsozialisten verordnete Reichskirchenregierung (→16. 7./S. 124; 24. 9/S. 154).

In 22 Bundesstaaten der USA treten 400 000 Braunkohlenarbeiter in einen Lohnstreik. Nach der teilweisen Erfüllung ihrer Forderungen wird der Ausstand am 26. September beendet.

**24. September, Dienstag**

Die Reichsregierung in Berlin erläßt das »Gesetz zur Sicherung der Deutschen Evangelischen Kirche«. Der neuernannte Kirchenminister Hanns Kerrl wird ermächtigt, »zur Wiederherstellung geordneter Zustände in der Deutschen Evangelischen Kirche« rechtsverbindliche Verordnungen zu erlassen. →S. 154

Die Reichsschrifttumskammer löst einzelne Schriftstellerverbände, z.B. den »Reichsverband deutscher Schriftsteller«, auf und reiht deren Mitglieder direkt in die dem Propagandaministerium unterstellte Kammer ein.

Im New Yorker Yankee-Stadion schlägt der US-Amerikaner Joe Louis den ehemaligen Boxweltmeister aller Klassen, Max Baer, in der vierten Runde K.o. →S. 161

**25. September, Mittwoch**

Unter Aufsicht des Wissenschaftsministeriums wird das »Reichsinstitut für die Geschichte des neuen Deutschlands« gegründet. Leiter ist der bisherige Referent des NS-Chefideologen Alfred Rosenberg, Walter Frank (→19. 10./S. 178).

Im New Yorker Martin Beck Theatre wird Maxwell Andersons Drama »Winterset« uraufgeführt. Es wurde angeregt durch die Justizaffäre um Niccolo Sacco und Bartolomeo Vanzetti. Die Anarchisten waren 1927 nach einem umstrittenen Indizienprozeß wegen Mordes in den USA hingerichtet worden.

**26. September, Donnerstag**

Im Pariser Hotel »Lutetia« beraten Kommunisten, Sozialdemokraten und Vertreter der bürgerlichen Opposition über eine deutsche Volksfront gegen das Hitler-Regime. →S. 157

Die Völkerbundsversammlung in Genf kündigt nicht näher definierte Sanktionen an, falls Italien einen Krieg gegen Abessinien beginnen sollte.

Aufgrund einer Verordnung der sowjetischen Regierung in Moskau werden in der UdSSR Lebensmittelkarten für Fleisch, Fisch und andere Grundnahrungsmittel abgeschafft. Dadurch erhöhen sich die Preise der bislang rationierten Lebensmittel.

In Weimar wird der deutsche Film »Wenn die Musik nicht wär« uraufgeführt. Unter der Regie von Carmine Gallone spielen u.a. Paul Hörbiger und Hubert von Meyerinck.

**27. September, Freitag**

In Kiel wird der erste deutsche U-Boot-Verband der neuen Flotte, die »Unterseebootflottille Weddingen«, in Dienst gestellt. →S. 154

Die 1922 in einen sozialistischen und einen kommunistischen Flügel gespaltene französische Gewerkschaftsbewegung konstituiert in Paris ihre Wiedervereinigung zur Einheitsgewerkschaft Confédération Générale du Travail (CGT). Der Schritt steht im Zusammenhang mit der Bildung einer Einheitsfront in Frankreich (→14. 7./S. 120).

Auf der neuen Autobahn bei Frankfurt am Main stellt der Münchner Ernst Henne einen Geschwindigkeitsweltrekord für Motorräder auf. →S. 161

**28. September, Samstag**

Das Ministerium für Volksaufklärung und Propaganda verbietet den deutschen Zeitungen in einer Presseanweisung, weiter über das Einsturzunglück beim Bau einer U-Bahnlinie in Berlin zu berichten (→19. 8./S. 140).

**29. September, Sonntag**

Bei den Landtagswahlen im Memelgebiet erhält die deutsche Einheitsliste 81% der Stimmen. Die Wahlen waren Gegenstand heftiger Kontroversen zwischen Litauen und dem Deutschen Reich, das die Rechte der deutschen Minderheit in Litauen gefährdet sieht. →S. 155

Der deutsche Rennfahrer Bernd Rosemeyer gewinnt vor 200 000 Zuschauern auf Auto-Union den Großen Preis der Tschechoslowakei in Brünn.

**30. September, Montag**

Reichsinnenminister Wilhelm Frick ordnet in einem Brief an alle Obersten Behörden an, alle Beamten zu entlassen, die von drei oder vier »volljüdischen« Großeltern abstammen.

Nachdem bereits am vorhergehenden Samstag Versorgungsschwierigkeiten auftraten, ist heute im Deutschen Reich praktisch keine Butter, Margarine oder Schweineschmalz zu erhalten. →S. 155

In Boston wird George Gershwins Oper »Porgy and Bess« uraufgeführt. →S. 160

**Das Wetter im Monat September**

| Station | Mittlere Lufttemperatur (°C) | Niederschlag (mm) | Sonnenscheindauer (Std.) |
|---|---|---|---|
| Aachen | 14,7 (114,5 | 108 (68) | – (160) |
| Berlin | 14,3 (13,8) | 34 (46) | – (194) |
| Bremen | 14,6 (14,0) | 107 (60) | – (164) |
| München | 14,5 (13,4) | 75 (84) | – (176) |
| Wien | 15,5 (15,0) | 23 (56) | 228 (184) |
| Zürich | 15,0 (13,5) | 101 (101) | 212 (166) |

( ) Langjähriger Mittelwert für diesen Monat
– Wert nicht ermittelt

*Wartungsarbeiten an einem Postflugzeug. Die »Berliner Illustrirte Zeitung« nimmt die starke Frequentierung des Südatlantik-Luftpostdienstes zum Anlaß für ihr Titelbild vom 5. September 1935.*

Nummer 36 5. September 1935 44. Jahrgang Preis 20 Pfennig

Berliner

Illustrirte Zeitung

In diesem Heft beginnt der neue

Roman einer Schauspielerin

Hundertmal den Südatlantik im Postflugzeug überquert.

Der unbekannte Werk-Helfer des deutschen Erfolges:

Einer der Flugmonteure des Südatlantik-Dienstes beim Ueberprüfen des Motors vor dem Start. In achtzehn Monaten beförderte der deutsche Südatlantik-Luftpostdienst vier Millionen Briefe bei einer Flugstrecke von 1,4 Millionen Flugkilometer.

Willi Ruge

# »Nürnberger Gesetze« legalisieren Judendiskriminierung

Auf dem siebten Reichsparteitag der NSDAP in Nürnberg, dem »Reichsparteitag der Freiheit«, verkündet Führer und Reichskanzler Adolf Hitler die Nürnberger Rassengesetze, mit denen eine neue Phase der Judendiskriminierung im Deutschen Reich eingeleitet wird.
Das »Reichsbürgergesetz« und das »Gesetz zum Schutz des deutschen Blutes und der deutschen Ehre« stellen die Diskriminierung und soziale Ausgrenzung der Juden im Deutschen Reich auf eine rechtliche Grundlage, die ausschließlich auf biologischen Kriterien beruht. Gleichzeitig leisten die »Nürnberger Gesetze« sozialpsychologisch der »radikalen Ausmerzung« – so der offizielle Jargon – der europäischen Juden Vorschub, die über die »Reichskristallnacht« im November 1938 zur systematischen Vernichtung in den Konzentrationslagern von Auschwitz und Dachau führt.

**10. September.** Auf dem Parteitagsgelände bei Nürnberg beginnt mit großem propagandistischen Aufwand der VII. Reichsparteitag der NSDAP unter dem Motto »Reichsparteitag der Freiheit«.
Das Motto des Parteitages soll die »wiedergewonnene Wehrfreiheit« des Deutschen Reichs zum Ausdruck bringen (→ 16. 3./S. 50). Unter der Leitung von Propagandaminister Joseph Goebbels wird eine gigantische Mammutveranstaltung der Partei und ihrer Gliederungen, des Arbeitsdienstes und der Wehrmacht aufgezogen, die bis zum 16. September dauert. Zu Hunderttausenden nehmen die Parteimitglieder an den verschiedenen Veranstaltungen teil. 465 Sonderzüge kommen zum Einsatz, die Hitlerjugend veranstaltet einen »Adolf-Hitler-Marsch« nach Nürnberg. Erstmals werden Rundfunkübertragungsstellen auf dem Parteitagsgelände eingerichtet.
In zahlreichen Kundgebungen, Treuegelöbnissen, Sportvorführungen und Totenehrungen beschwören die Teilnehmer den neuen deutschen Geist, der zugleich effektvoll in Szene gesetzt wird. Die Reichsparteitage sind vom NS-Regime als »Willenskundgebungen des politischen Deutschlands« gedacht. Vor allem den ausländischen Beobachtern soll durch die sorgfältig organisierte Veranstaltung ein Bild der völligen Übereinstimmung des deutschen Volkes mit der Partei und der Politik Adolf Hitlers geboten werden. Inszenatorischer Höhepunkt der endlosen Fahnenaufmärsche und gottesdienstähnlichen Kultfeiern sind der Einzug des »Führers« und seine programmatischen Reden.
Am 15. September verkündet Hitler die sog. Nürnberger Gesetze, das »Reichsbürgergesetz«, das »Gesetz zum Schutz des deutschen Blutes und der deutschen Ehre« und das »Reichsflaggengesetz«.

## »Reichsbürgergesetz« macht Juden zu Bürgern zweiter Klasse

Für den 15. September wird auch der »Reichstag«, der ausschließlich aus Abgeordneten der NSDAP besteht, von Berlin nach Nürnberg einberufen. Erst zwei Tage vor der Sitzung hatte Hitler das Innenministerium angewiesen, zur Regelung der »Judenfrage« Gesetze zu entwerfen, die auf der Reichstagssitzung verabschiedet werden sollten.
In aller Eile werden zwei Gesetze entworfen, das »Reichsbürgergesetz« und das »Gesetz zum Schutz des deutschen Blutes und der deutschen Ehre«, die nach heftigen Auseinandersetzungen zwischen »Gemäßigten« und Vertretern schärferer Bestimmungen innerhalb von Partei und Bürokratie einstimmig verabschiedet und von Hitler auf dem Parteitag verkündet werden.
Durch das »Reichsbürgergesetz« werden deutsche Staatsbürger in »Staatsangehörige« und »Reichsbürger« unterteilt. Nur Arier sollen künftig Reichsbürger« mit vollen politischen Rechten sein. Juden werden zu Bürgern zweiter Klasse degradiert. Im einzelnen heißt es:

- »Staatsangehöriger ist, wer dem Schutzverband des deutschen Volkes angehört und ihm dadurch besonders verpflichtet ist«
- »Reichsbürger ist nur der Staatsangehörige deutschen oder anverwandten Blutes, der durch sein Verhalten beweist, daß er gewillt und geeignet ist, in Treue dem deutschen Volk und Reich zu dienen«
- »Das Reichsbürgerrecht wird durch Verleihung des Reichsbürgerbriefes erworben«
- »Der Reichsbürger ist der alleinige Träger der vollen politischen Rechte nach Maßgabe der Gesetze«
- In der »Ersten Verordnung zum Reichsbürgergesetz« vom 14. November 1935 wird das Gesetz konkretisiert: »Ein Jude kann nicht Reichsbürger sein. Ihm steht ein Stimmrecht in politischen Angelegenheiten nicht zu; er kann ein öffentliches Amt nicht bekleiden…«
- Als Jude gilt, wer von mindestens drei jüdischen Großeltern abstammt, wobei der »Tatbestand« rassische Abstammung mit Religionszugehörigkeit gleichgesetzt wird.

*Im Gebäude des Nürnberger »Kulturvereins« findet die Abstimmung des eigens aus Berlin herbeizitierten Reichstags über die Rassengesetze statt.*

## Hakenkreuzfahne wird Nationalflagge

Zusammen mit den »Nürnberger Rassegesetzen« verkündet Hitler ebenfalls am 15. September das »Reichsflaggengesetz«, durch das die Hakenkreuzflagge zur Reichs- und Nationalflagge erhoben wird. Die Reichsfarben sind künftig schwarz-weiß-rot.

*Die Hakenkreuzfahne ersetzt als neue Reichs- und Nationalflagge auf allen öffentlichen Gebäuden die Provinz- und Landesflaggen.*

In einer Durchführungsverordnung zu diesem Gesetz wird festgelegt, daß an öffentlichen Gebäuden im Reich nur noch die Hakenkreuzflagge gehißt werden darf. Das Hissen der bisher üblichen schwarz-rot-goldenen bzw. der Länder- oder Provinzflaggen ist nur noch an besonderen Feiertagen zusammen mit der Hakenkreuzflagge gestattet.
Diese Vereinheitlichung des Staatssymbols stößt auf heftige Kritik in den Ländern, die ihre Landesflaggen beibehalten wollen.
In einer weiteren Durchführungsverordnung wird verfügt, daß die Reichsflagge an bestimmten festgesetzten Feiertagen wie z. B. am »Führergeburtstag« zu hissen ist. Die Einhaltung dieser Verordnung wird sorgfältig überwacht und bei Verstoß scharf geahndet.

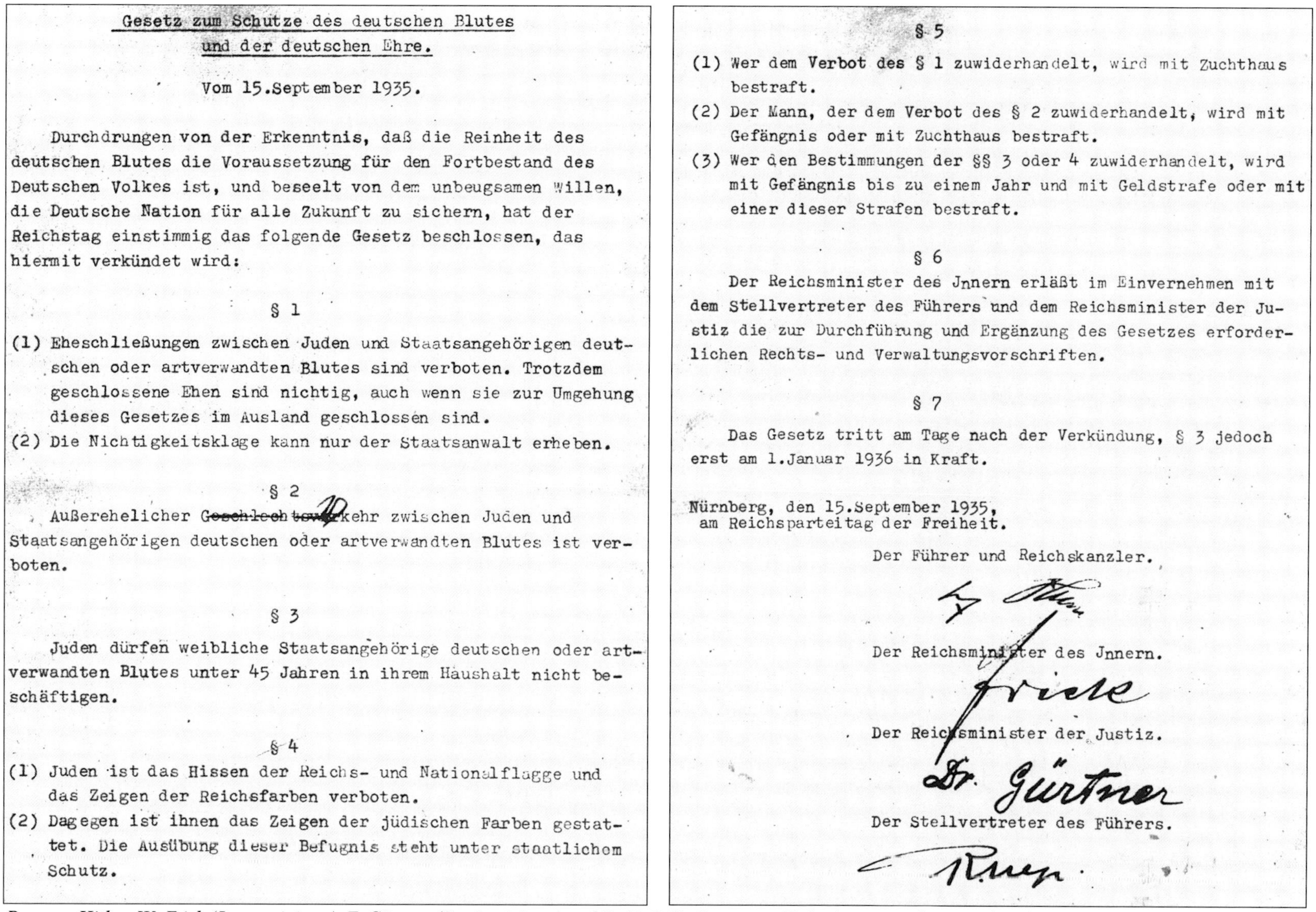

Gesetz zum Schutze des deutschen Blutes und der deutschen Ehre.

Vom 15.September 1935.

Durchdrungen von der Erkenntnis, daß die Reinheit des deutschen Blutes die Voraussetzung für den Fortbestand des Deutschen Volkes ist, und beseelt von dem unbeugsamen Willen, die Deutsche Nation für alle Zukunft zu sichern, hat der Reichstag einstimmig das folgende Gesetz beschlossen, das hiermit verkündet wird:

§ 1

(1) Eheschließungen zwischen Juden und Staatsangehörigen deutschen oder artverwandten Blutes sind verboten. Trotzdem geschlossene Ehen sind nichtig, auch wenn sie zur Umgehung dieses Gesetzes im Ausland geschlossen sind.

(2) Die Nichtigkeitsklage kann nur der Staatsanwalt erheben.

§ 2

Außerehelicher ~~Geschlechtsver~~ Verkehr zwischen Juden und Staatsangehörigen deutschen oder artverwandten Blutes ist verboten.

§ 3

Juden dürfen weibliche Staatsangehörige deutschen oder artverwandten Blutes unter 45 Jahren in ihrem Haushalt nicht beschäftigen.

§ 4

(1) Juden ist das Hissen der Reichs- und Nationalflagge und das Zeigen der Reichsfarben verboten.

(2) Dagegen ist ihnen das Zeigen der jüdischen Farben gestattet. Die Ausübung dieser Befugnis steht unter staatlichem Schutz.

§ 5

(1) Wer dem Verbot des § 1 zuwiderhandelt, wird mit Zuchthaus bestraft.

(2) Der Mann, der dem Verbot des § 2 zuwiderhandelt, wird mit Gefängnis oder mit Zuchthaus bestraft.

(3) Wer den Bestimmungen der §§ 3 oder 4 zuwiderhandelt, wird mit Gefängnis bis zu einem Jahr und mit Geldstrafe oder mit einer dieser Strafen bestraft.

§ 6

Der Reichsminister des Jnnern erläßt im Einvernehmen mit dem Stellvertreter des Führers und dem Reichsminister der Justiz die zur Durchführung und Ergänzung des Gesetzes erforderlichen Rechts- und Verwaltungsvorschriften.

§ 7

Das Gesetz tritt am Tage nach der Verkündung, § 3 jedoch erst am 1.Januar 1936 in Kraft.

Nürnberg, den 15.September 1935,
am Reichsparteitag der Freiheit.

Der Führer und Reichskanzler.

Der Reichsminister des Jnnern.

Frick

Der Reichsminister der Justiz.

Dr. Gürtner

Der Stellvertreter des Führers.

*Das von Hitler, W. Frick (Innenminister), F. Gürtner (Justizminister) und R. Heß (Stellvertreter Hitlers) unterzeichnete »Blutschutzgesetz«*

## »Blutschutzgesetz« soll ein »erträgliches Verhältnis zum jüdischen Volk herstellen«

Das zweite »Rassengesetz«, das, »beseelt von dem unbeugsamen Willen, die deutsche Nation für alle Zukunft zu sichern«, auf dem »Parteitag der Freiheit« vom Reichstag verabschiedet wird, ist das »Gesetz zum Schutz des deutschen Blutes und der deutschen Ehre«.

Nach diesem sog. Blutschutzgesetz sind Eheschließungen sowie »außerehelicher Verkehr »zwischen Juden und Staatsangehörigen deutschen oder artverwandten Blutes« verboten. Verstöße gegen diese Verordnungen werden mit Zuchthausstrafen geahndet.

Eine Sonderbestimmung untersagt Juden die Beschäftigung »weibliche[r] Staatsangehörige[r] deutschen oder artverwandten Blutes unter 45 Jahren« im Haushalt.

Mit dem Erlaß der Nürnberger Gesetze stellt das NS-Regime die seit 1933 fortschreitende gesellschaftliche Ausgrenzung der Juden aus dem sozialen und öffentlichen Leben auf eine »legale« Grundlage. Hitler geht in einer zynischen Rede vor dem Reichstag auf die Motive der Regierung für die gesetzliche Regelung der Judenfrage ein. Es stehe im Vordergrund, »durch eine einmalige säkuläre Lösung vielleicht doch… ein erträgliches Verhältnis zum jüdischen Volk herstellen zu können.«

Seit der Machtergreifung der Nationalsozialisten haben Willkürakte und Terrorisierung der Juden kontinuierlich zugenommen. Im Zuge des Gesetzes »zur Wiederherstellung des Berufsbeamtentums« (7. 4. 1933) waren über 2000 jüdische Hochschullehrer aus ihren Ämtern vertrieben worden. Mit fadenscheinigen gesetzlichen Bestimmungen wurden in der Folgezeit u. a. jüdische Juristen, Mediziner und Apotheker aus ihren Berufen verdrängt. Trotzdem kam es, angeheizt durch die nationalsozialistische Parteipresse – allen voran den »Stürmer« – und subalterne Parteifunktionäre immer wieder zu »wilden«, pogromartigen Aktionen gegenüber Juden (→15. 7./S. 124). In diesen Ausschreitungen manifestiert sich die Unzufriedenheit vieler NSDAP Mitglieder mit der bisherigen, ihrer Meinung nach zu laschen Rassengesetzgebung. Diesen Stimmen trägt Hitler mit den »Nürnberger Gesetzen« nun Rechnung.

Unmittelbar nach der Bekanntgabe des Blutschutzgesetzes kommt es zu einer Reihe von »Rassenschandeprozessen«, in denen die neuen Bestimmungen rigoros angewendet werden. Dem Denunziantentum werden Tür und Tor geöffnet. Zwei Prozesse in Nürnberg zeigen beispielhaft die Auswirkungen des Gesetzes: Ein junger Jude wird wegen einmaligen Geschlechtsverkehrs mit einer Prostituierten zu einem Jahr Zuchthaus verurteilt, ein geschiedener »Arier« erhält wegen intimer Beziehungen mit einer zum Christentum konvertierten Jüdin eine eineinhalbjährige Zuchthausstrafe. Nicht selten führt »Rassenschande« auch ohne Verfahren zur direkten Einlieferung in ein Konzentrationslager.

In der Bevölkerung werden die Gesetze überwiegend positiv aufgenommen. In einem Lagebericht des Aachener Regierungspräsidenten vom 14. Dezember 1935 heißt es: »Die Ausführungsbestimmungen zu den Nürnberger Gesetzen sind in der Bevölkerung… wegen ihrer grundlegenden Klarheit… mit Genugtuung begrüßt worden.«

# Von der Judenfeindschaft zur systematischen Verfolgung

Bereits in seiner ersten großen Rede, die ausschließlich der »Judenfrage« gewidmet ist, beschreibt Adolf Hitler am 13. August 1920 die Strategie, die er Juden gegenüber verfolgt: »... unsere Sorge muß es sein, das Instinktmäßige gegen das Judentum in unserem Volke zu wecken und aufzupeitschen..., solange bis es zum Entschluß kommt, der Bewegung sich anzuschließen, die bereit ist, die Konsequenzen daraus zu ziehen«.
Dennoch geht der Antisemitismus nicht originär auf Hitler oder den Nationalsozialismus zurück, sondern hat seinen Ursprung in der Minoritätensituation, in der sich die Juden seit Jahrhunderten in vielen Ländern befinden. Als überschaubare Gruppe boten sie ein leicht angreifbares Ziel für Aggressionen und mußten immer wieder als Sündenbock in nationalen Krisensituationen herhalten. Während der Antisemitismus in früheren Epochen hauptsächlich aus wirtschaftlichen, religiösen oder sozialen Gründen aufflammte, gibt Hitler ihm mit der nationalsozialistischen Rassenideologie eine Wendung ins Biologische, die die physische Vernichtung der Juden systematisch verfolgt.

### *Gründerkrise und Judenhaß*

Die ökonomische und soziale Krise des Jahres 1873, die sog. Gründerkrise, gilt als die Geburtsstunde des modernen Antisemitismus. Mit dieser weltweiten Wirtschaftskrise greift ein tiefer Pessimismus um sich, der Zweifel am »Geist des Kapitalismus« aufkommen läßt und den Weg für antiliberale Politiker und Schriftsteller bereitet, die in den Juden die »Wurzeln allen Übels« sehen. Seit der Mitte der siebziger Jahre bildet sich in liberalen, konservativen und katholischen Blättern eine immer stärker werdende antisemitische Publizistik heraus. Erste judenfeindliche Massenversammlungen finden statt, im November 1880 kommt es aufgrund einer »Antisemiten-Petition« zu einer judenfeindlichen Debatte im Reichstag. Antisemitische Parteien bleiben bei Wahlen noch erfolglos.
Dagegen setzen sich Antisemiten um die Jahrhundertwende in Verbänden wie z.B. dem »Bund der Landwirte«, dem »Alldeutschen Verband«, dem »Verein deutscher Studenten« und in Teilen der Burschenschaften durch und sind maßgeblich an der Ausbreitung einer antisemitischen Grundstimmung in der Gesellschaft beteiligt. Gleichzeitig kommen verstärkt Rassetheorien wie von Houston Stewart Chamberlain auf, der in seinem Hauptwerk »Die Grundlagen des 19. Jahrhunderts« im Judentum das zerstörerische Prinzip sieht, das die hochwertigen »rassischen Grundkräfte« im deutschen Volk angreift.

### *Antisemitismus in Krisenzeiten*

Bis zum Ausbruch des Ersten Weltkrieges ist die liberale und humanistische Tradition des deutschen Bürgertums stark genug, um den aufkeimenden Antisemitismus auf wenige Gruppen in der Bevölkerung zu beschränken. Mit der Verschlechterung der militärischen und der wirtschaftlichen Lage und besonders nach der Niederlage des Deutschen Reiches im Ersten Weltkrieg ändert sich jedoch die Grundstimmung in der Bevölkerung. Theorien von der Weltverschwörung des Judentums und seiner angeblich kriegsentscheidenden Rolle präsentieren den Juden in der Bevölkerung als Sündenbock. Auf dem Nährboden wirtschaftlicher Not wächst ein Judenhaß, der zur Gründung antisemitischer Parteien und schließlich zum Erstarken der NSDAP führt.

### *Die Jahre vor 1933*

Im Parteiprogramm der NSDAP von 1920 erhält die nationalsozialistische Rassentheorie erstmals Gestalt: »Staatsbürger kann nur sein, wer Volksgenosse ist, Volksgenosse kann nur sein, wer deutschen Blutes ist, ohne Rücksicht auf Konfession. Kein Jude kann daher Volksgenosse sein«. Antisemitische Organisationen und Publikationen als Krisenphänomene der hochindustrialisierten deutschen Gesellschaft treten vermehrt in Erscheinung. Der Ruf nach einer »starken Hand«, die den Einfluß der Juden einschränkt und wieder für »Recht und Ordnung« sorgt, begünstigt die Nationalsozialisten und führt mit zu Hitlers Machtübernahme 1933.

### *Staatlich organisierte Verfolgung*

Mit der Machtergreifung der Nationalsozialisten verschlechtert sich die Lage der Juden im Deutschen Reich schlagartig. Unverhohlen tritt die Judenfeindlichkeit nun überall zutage. Die erste große »Judenaktion«, der Boykott jüdischer Geschäfte am 1. April 1933, wird staatlicherseits mit der »Greuelhetze«, die die Juden angeblich seit Wochen gegen das Deutsche Reich betreiben, begründet. Schon bald kommt es zu Plünderungsaktionen jüdischer Geschäfte und zu Überfällen auf Synagogen.
Die nationalsozialistische These von der drohenden »Verjudung« des Deutschen Reichs steht in krassem Widerspruch zum tatsächlichen Anteil der Juden an der Gesamtbevölkerung. 1933 leben im Deutschen Reich etwa 500 000 Juden; das entspricht bei einer Gesamtbevölkerung von 65 Mio. einem Anteil von 0,8%.
Am 7. April wird das erste judendiskriminierende Gesetz erlassen, das »Gesetz zur Wiederherstellung des Berufsbeamtentums«, nach dem Beamte »nichtarischer« Abstammung in den Ruhestand versetzt werden. 2000 jüdische Wissenschaftler und Hochschullehrer sind u.a. von diesem Gesetz betroffen. Nur durch das Einwirken von Reichspräsident Paul von Beneckendorff und von Hindenburg wird eine »Minderungsklausel« aufgenommen, nach der »Nichtarier«, die im Ersten Weltkrieg gedient haben, von dem Gesetz ausgenommen werden.
Am 22. September 1933 gründete Propagandaminister Joseph Goebbels die Reichskulturkammer. Für die Ausübung eines kulturschaffenden Berufes war die Mitgliedschaft in dieser Kammer Pflicht. »Nichtariern« wurde die Aufnahme allerdings verweigert. Durch das »Schriftleitergesetz« (4. 10. 1933) wurde den Juden schließlich auch die journalistische Betätigung unmöglich gemacht.

### *»Säuberung« der Universitäten*

Bereits vor 1933 gab es in Schulen und Universitäten einen starken nationalsozialistischen Einfluß. Jüdische Professoren wurden entlassen, viele emigrierten. Nach der Machtergreifung verstärkten sich vor allem an den Universitäten die antisemitischen Tendenzen, was im Sommer 1934 z.B. zu einer neuen Ausbildungsordnung für Juristen führt. Danach wird die »arische« Abstammung des Studenten zur Voraussetzung für die Prüfungszulassung. Im Dezember 1934 wird diese Verordnung auch für das Studienfach Pharmazie eingeführt. Zur Habilitation werden nur noch »Arier« zugelassen.

### *Diskriminierung im Alltag*

Für die Juden wird es zusehends schwerer, sich im täglichen Leben gegen die ihnen entgegengebrachte Feindseligkeit zu behaupten. Neben der Zerstörung ihrer wirtschaftlichen Grundlage durch die Verdrängung aus ihren Berufen sind sie auch im Freizeitbereich Repressalien ausgesetzt. Dazu zählen z.B. die Aufnahme des »Arierparagraphen« in Vereinssatzungen und die Weigerung von Kommunen, Juden Zutritt zu Sportvereinen und Schwimmbädern zu gewähren.
Die Hetze der NS-Presse – besonders durch das infame Kampfblatt »Der Stürmer« des Julius Streicher – versucht, die antisemitische Stimmung in der Bevölkerung mit schlimmsten Verunglimpfungen immer wieder zu schüren. Auf Drängen der lokalen Parteifunktionäre wetteifern z.B. Kurorte darum, sich als »judenrein« bezeichnen zu können, Tafeln mit der Aufschrift »Juden unerwünscht« sind vielerorts selbstverständlich geworden. Zeitweise wird den Juden in manchen Orten sogar das Benutzen öffentlicher Verkehrsmittel verboten.
Juden, die in Kleinstädten oder auf dem Land leben, werden noch stärker diskriminiert als jüdische Stadtbewohner. Gezielt richtet sich hier der Terror gegen einzelne Bürger, die in die völlige Isolation abgedrängt werden. Oft gehen die Verordnungen der kommunalen Behörden – wie z.B. »Juden betreten den Ort auf eigene Gefahr« – dabei weit über gesetzliche Bestimmungen hinaus.

# »Flink wie Windhunde, zäh wie Leder, hart wie Kruppstahl«

**14. September.** Am »Ehrentag der deutschen Jugend« auf dem Reichsparteitag der NSDAP in Nürnberg hält Adolf Hitler vor 54 000 Jungen und Mädchen der Hitlerjugend (HJ) und dem Bund Deutscher Mädel (BDM) eine grundlegende Rede über die Ziele der NS-Erziehung.

Hitler wird bei seinem Erscheinen von den Jugendlichen mit frenetischem Beifall begrüßt. »Er weiß, und alle wissen es mit ihm, daß hinter diesen fünfzigtausend die ganze deutsche Jugend steht, daß sie mit gleicher Begeisterung, mit gleicher Hingabe an ihm hängt« kommentiert der »Düsseldorfer Mittag« den Auftritt des »Führers«. Es folgen Gesänge, Sprechchöre und der Aufmarsch der Jugend, der mit dem Treuegelöbnis für Adolf Hitler abgeschlossen wird.

In seiner immer wieder von Jubelstürmen unterbrochenen Rede beschwört Hitler das Ideal der deutschen Jugend. Heute sehe man mit Freude nicht mehr den bier- und trinkfesten, sondern den wetterfesten, harten jungen Mann, bei dem nicht die Frage nach durchbummelten Nächten oder erhaltenen Schlägen, sondern nach der Leistungsfähigkeit im Marschieren gestellt werde. Der junge Mann werde in Zukunft von einer Schule in die andere erhoben werden, die beim Kind beginne und beim alten Kämpfer ende. »In unseren Augen, da muß der deutsche Junge der Zukunft schlank und rank sein, flink wie Windhunde, zäh wie Leder und hart wie Kruppstahl... Wir werden uns so stählen, daß jeder Sturm uns stark findet. Wir werden aber auch nicht vergessen, daß die Gesamtsumme aller Tugenden und aller Kräfte nur dann wirksam wird, wenn sie einem Willen und einem Befehl untertan ist«.

Nationalsozialistische Erziehungsarbeit betrachtet Hitler als ein Aufbauwerk für die Zukunft des Dritten Reichs: »Die Zeit wird kommen, da das deutsche Volk freudig auf seine Jugend schaut und weiß, daß es das im Kampf errichtete Werk in die Hände der neuen Generation legen kann«. Als herausragendes Ziel nationalsozialistischer Erziehung sieht er die Ausbildung körperlicher und kämpferischer Tüchtigkeit, die das Bildungsideal des »Intellektualismus« ersetzen müßten. Um dieses Ziel zu erreichen, ruft Hitler »seine Jugend« nachdrücklich zu Diziplin und Gehorsam auf. »Der völkische Staat habe, so hatte Hitler bereits in seiner programmatischen Schrift »Mein Kampf« ausgeführt, »seine gesamte Erziehungsarbeit in erster Linie nicht auf das Einpumpen bloßen Wissens einzustellen, sondern auf das Heranzüchten kerngesunder Körper«.

Die von seiten des Staates propagierte körperliche Abhärtung der Jugendlichen hat die Herausbildung eines an physischer Konstitution, Mut und Härte überlegenen deutschen Soldaten zum Ziel. Diese Schulung, die in allen nationalsozialistischen Jugendorganisationen und für den Bereich des Sportunterrichts durch das neueingerichtete »Amt K« des Erziehungsministeriums gefördert wird, kommt einer vormilitärischen Ausbildung gleich, die lückenlos von frühester Jugend an auf den Kriegsdienst vorbereitet.

„Unser Volk wird zusehends diszipliniertер, straffer und strammer, und die Jugend beginnt damit."

„Nichts ist möglich, wenn nicht ein Wille befiehlt, dem die andern zu gehorchen haben."

„Keinem etwas zuleide tun und von keinem ein Leid erdulden!"

„Wenn die andern uns nicht verstehen, dann kann uns das gleich sein. Es ist noch nicht das Schlechteste auf der Welt, was die meisten nicht verstanden haben."

„Nie wollen wir vergessen, daß Freundschaft nur der Starke verdient und der Starke gewährt. Und so wollen wir uns denn stark machen, das ist unsere Losung."

„Und daß dieser Wunsch in Erfüllung geht, dafür seid ihr mir verantwortlich. Ihr seid die Zukunft der Nation, die Zukunft des Deutschen Reiches!"

Der Führer während seiner Ansprache an die HJ.

Aufnahmen: P. I. Hoffmann.

*In seiner Rede beschwört Hitler die Jugend: »Ihr seid die Zukunft der Nation, die Zukunft des Deutschen Reiches«.*

# »Stadt der Reichsparteitage«

**11. September.** Am zweiten Tag des Reichsparteitags der NSDAP in Nürnberg legt Führer und Reichskanzler Adolf Hitler den Grundstein zum Bau der neuen Kongreßhalle. Das Monumentalwerk mit einer Kapazität von 60 000 Plätzen wurde von den Architekten Ludwig und Franz Ruff nach dem Vorbild des Kolosseums in Rom entworfen. Der nun entstehende Rundbau ist Teil des umfangreichen Ausbauprogramms der Stadt, die bereits 1933 von Hitler zur »Stadt der Reichsparteitage« ernannt wurde. Neben Berlin, München und Hamburg gehört Nürnberg zu den »Führerstädten«, die gemäß Weisung Hitlers vorrangig ausgebaut und als Aushängeschilder des Regimes aufwendig umgestaltet werden sollen.

Der im Südosten Nürnbergs gelegene Luitpoldhain, ein zur Bayerischen Landesausstellung 1906 angelegter Park, ist Ausgangspunkt für die Gestaltung von überdimensionalen Aufmarschplätzen und Bauten, die eigens für die alljährlichen Reichsparteitage errichtet werden.

Führende Nationalsozialisten rühmen die Parteitagsbauten, für die eine Fläche von 16,5 $km^2$ eingeplant ist, als »Weltwunder der Neuzeit« und als »Weihestätte der Nation«.

Ziel des nationalsozialistischen Bauprogramms ist die Darstellung politischer Macht, die in gewaltigen Architekturdenkmälern demonstriert werden soll. Gleichzeitig soll die monumentale Architektur dem Volk die Überlegenheit und Größe des Regimes vor Augen führen und ihm die Dauerhaftigkeit des Dritten Reiches suggerieren.

Hitler anläßlich der Grundsteinlegung über seine Visionen: »Eine Halle soll sich erheben, die bestimmt ist, die Auslese des nationalsozialistischen Reiches für Jahrhunderte in ihren Mauern zu versammeln. Wenn aber die Bewegung jemals schweigen sollte, dann wird noch nach Jahrtausenden dieser Zeuge hier reden.«

▷ *Eine unüberschaubare Menschenmenge huldigt dem »Führer« in der Nürnberger Luitpoldarena.*

## Albert Speer plant die Visionen Hitlers

Der Ausbau des Nürnberger Parteitagsgeländes ist eng verbunden mit dem Aufstieg Albert Speers zum ersten Architekten im Deutschen Reich. Hitlers Baumeister Paul Ludwig Troost, von dem die frühen Pläne für die Ausgestaltung der gigantischen Anlage stammen, starb am 21. Januar 1934. Der nicht einmal 30jährige Speer legt dem »Führer« daraufhin einen Gesamtplan der Anlage vor, der Hitlers volle Zustimmung findet. Er bestimmt Speer zum Architekten sämtlicher Bauwerke des Parteitagsgeländes, mit Ausnahme der Kongreßhalle, die nach den Entwürfen der Gebrüder Ruff gestaltet wird.

Speers Architektur setzt die »Größe der Absichten« des Regimes in überdimensionalen Prachtbauten um. Neben der Neuen Kongreßhalle plant er die Luitpoldarena, ein Aufmarschforum für Totenehrungen und Fahnenweihen, das Zeppelinfeld, eine Anlage für Aufmärsche des Reichsarbeitsdienstes und der politischen Leiter mit einem Fassungsvermögen von mehr als 250 000 Menschen sowie das Deutsche Stadion, eine Riesenarena für NS-Kampfspiele, die 400 000 Menschen Platz bieten soll.

Von diesen »Bauten der Bewegung« werden nur das Zeppelinfeld und die Luitpoldarena fertiggestellt, die übrigen Bauwerke bleiben im Zuge der verstärkten Aufrüstung und des beginnenden Krieges unvollendet. Bei Kriegsbeginn ist das Parteitagsgelände die größte Baustelle im Deutschen Reich. Trotzdem ist die Bauwirtschaft aufgrund der gigantischen Projekte nach der Rüstungsindustrie Mitte der 30er Jahre die Branche mit dem stärksten Wachstum.

Um die immer weitergehenden Pläne Hitlers, der sich selbst für einen verkannten Architekten hält, verwirklichen zu können, bildet sich im März 1935 der »Zweckverband Reichsparteitag Nürnberg«, an dem die NSDAP, das Reich, das Land Bayern sowie die Stadt Nürnberg beteiligt sind. Dieser Verband übernimmt die Organisation des Projekts.

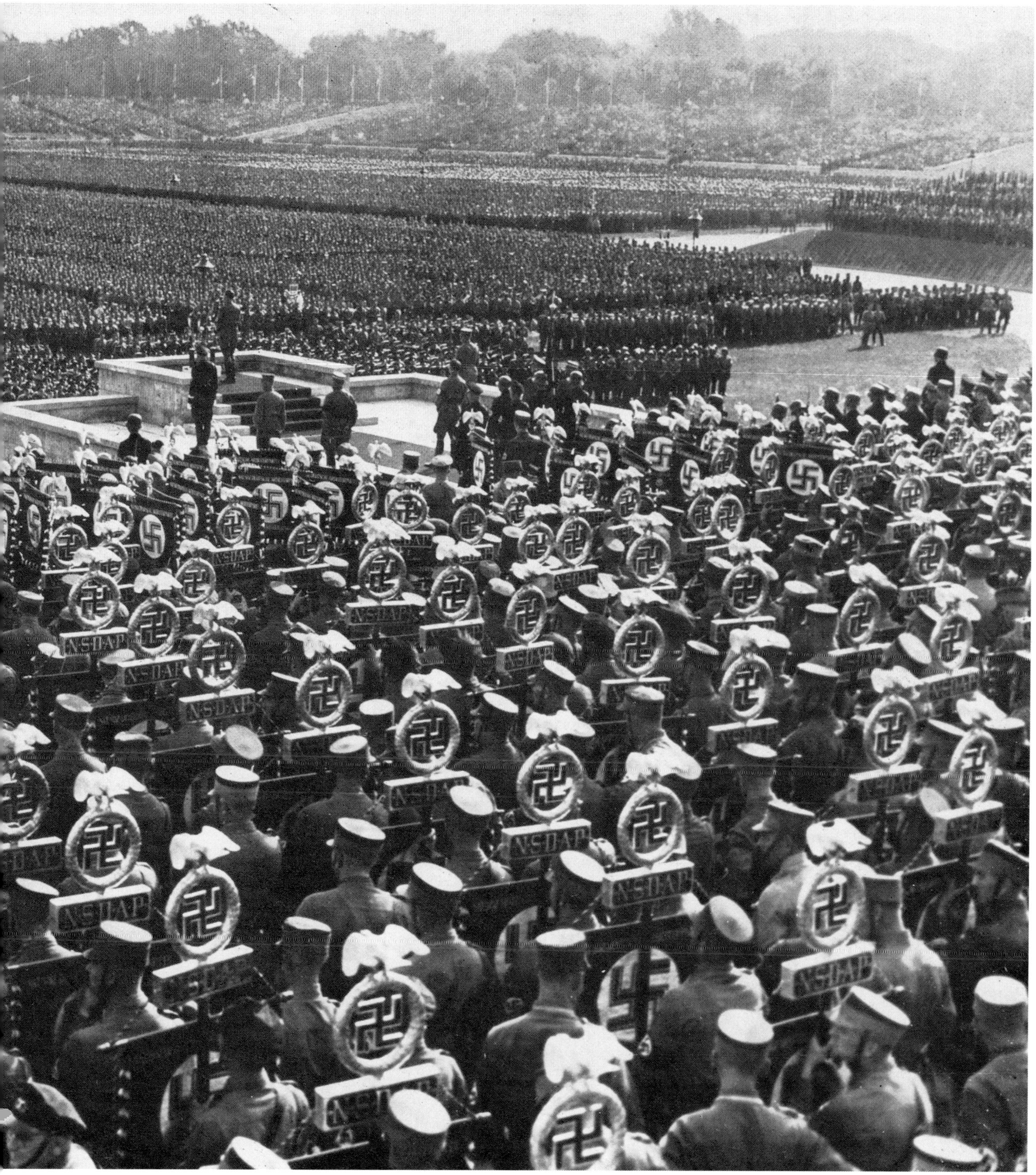
N·S·D·A·P

## Staatsjugendtag für alle verbindlich

**18. September.** Durch einen Erlaß von Reichserziehungsminister Bernhard Rust wird die Teilnahme am 1934 eingeführten »Staatsjugendtag« auch für Nichtmitglieder der Hitlerjungend (HJ) verbindlich.
Nach der neuen Regelung ist der Samstag für alle Schüler der staatspolitischen Erziehung vorbehalten, die aus dem Lehrplan der Schulen herausgenommen wird. Organisation und Gestaltung des Tages übernimmt die HJ. Um die notwendige Verkürzung der regulären Unterrichtszeit auszugleichen, soll der Schulstoff stärker konzentriert und verknappt werden. Der Sonntag bleibt weiterhin dem Elternhaus und der Familie vorbehalten.
Der schulfreie Staatsjugendtag galt bisher nur für HJ-Mitglieder zwischen 10 und 14 Jahren, dem sog. Jungvolk und den Jungmädchen. Die Begrenzung auf Angehörige der HJ ermöglichte gleichzeitig die Registrierung von Schülern, die in anderen Jugendverbänden organisiert waren. Die nun verfügte Ausweitung nimmt einen Ministerialerlaß vom Mai 1935 auf, in dem der Förderung der HJ Priorität bei der Jugenderziehung eingeräumt wurde. Weil der Eintritt in die HJ aber freiwillig sei, müsse der Staat, so das Erziehungsministerium, für die Erziehung der restlichen Jugendlichen im nationalsozialistischen Sinn Sorge tragen.

*Die »U 9«, eins der neuen deutschen 250-t-U-Boote, beim Nordseemanöver*

## Wieder deutsche U-Boote

**27. September.** Unter dem Kommando von Fregattenkapitän Karl Dönitz wird in Kiel der erste deutsche U-Boot-Verband nach dem Ersten Weltkrieg in Dienst gestellt, die »Unterseebootflottille Weddingen«. Der sieben Schiffe umfassende Verband ist nach dem legendären Kapitän Otto Weddingen benannt, der am 22. September 1914 innerhalb von 24 Stunden drei britische Kreuzer versenkt hatte. Die Aufrüstung mit Unterseebooten ist dem Deutschen Reich durch den Versailler Friedensvertrag von 1919 verboten. Dennoch wurden die Schiffe gebaut, die erstmalig auch offiziell an einem Flottenmanöver in der Nordsee teilnehmen, das am 17. September begonnen hat. Rückendeckung für den Ausbau der U-Boot-Flotte erhält die deutsche Regierung durch das im Juni abgeschlossene Flottenabkommen mit Großbritannien, das dem Reich die Seerüstung ausdrücklich zugesteht (→ 18. 6./S. 102).

*Karl Dönitz, Kommandant der U-Boot-Flotte (Aufnahme von 1939)*

## Landeskirchen von Auflösung bedroht

**24. September.** Die Reichsregierung erläßt das »Gesetz zur Sicherung der deutschen evangelischen Kirche«, mit dessen Hilfe Kirchenminister Hanns Kerrl eine einheitliche Leitung und damit eine stärkere Kontrolle der evangelischen Kirche sichern soll.
Der einzige Paragraph des Gesetzes ermächtigt Kerrl, zur »Wiederherstellung geordneter Zustände« in der Deutschen Evangelischen Kirche (DEK) die nötigen Verordnungen zu erlassen. Kerrl, seit dem 16. Juli im Amt, soll die von der NS-Regierung angestrebte Zusammenfassung und damit Ausschaltung der 28 Landeskirchen zustande bringen. Bisher waren alle Bemühungen in dieser Richtung erfolglos geblieben (→ 16. 7./S. 124).
Per Durchführungsverordnung zu dem neuen Gesetz wird nun ein »Reichskirchenausschuß« ins Leben gerufen, der innerhalb der DEK Anordnungen und Personalentscheidungen treffen kann. Auch dieses Gremium scheitert aber am Widerstand einzelner Landeskirchen. Da Kerrls Maßnahmen auch den Widerstand der oppositionellen Bekennenden Kirche gegen das verordnete »positive Christentum« nicht brechen, wird der Reichskirchenausschuß im Februar 1937 aufgelöst. Der Konflikt zwischen regimetreuen »Deutschen Christen« und Bekennender Kirche geht weiter.

## Hirtenbrief der Bischöfe greift das Regime scharf an

**1. September.** In allen katholischen Kirchen im Deutschen Reich wird der auf der Fuldaer Bischofskonferenz am 20. August beschlossene Hirtenbrief verlesen, der einen Kampfaufruf gegen die nationalsozialistische Kirchenpolitik darstellt.
In dem Brief verurteilen die Bischöfe »den pharisäischen Hochmut, der bei Gesinnungsgenossen alles verzeiht und mit dem Mantel des Schweigens bedeckt, während die Vergehen einzelner Katholiken der Gesamtheit der deutschen Katholiken angekreidet werden«. Hintergrund dieser Vorwürfe ist das Vorgehen des NS-Staates gegen zahlreiche Priester im Zusammenhang mit Devisenvergehen (→ 17. 5./S. 89).
Um die Autorität der Geistlichkeit zu untergraben, stilisiert die NS-Propaganda im Einzelfall nachgewiesene »Devisenschiebereien« und angebliche Sittlichkeitsdelikte zu Vergehen der gesamten katholischen Kirche und bringt sie über das ganze Jahr 1935 hinweg in großer Aufmachung an die Öffentlichkeit.
In ihrem Brief warnen die Bischöfe vor dem Heer der »Feinde des christlichen Glaubens und der katholischen Kirche«, sie verteidigen die katholischen Bekenntnisschulen und treten für den Erhalt der kirchlichen Jugendverbände ein, die durch ihre Konkurrenz zur Hitlerjugend immer wieder Angriffen der Nationalsozialisten ausgesetzt sind.
Die Bischofskonferenz bezieht deutlich Stellung gegen einen Alleinvertretungsanspruch des Staates im öffentlichen Leben: »Wenn... die Gesetze des Staates mit dem Naturrecht und dem Gebot Gottes in Widerspruch stehen, gilt das Wort: Man muß Gott mehr gehorchen als den Menschen.«
Der Hirtenbrief, der dem Staat Anlaß zu weiteren Repressalien gibt, schließt mit den Worten: »Wir sind nicht in Sorge um unsere Kirche, aber... um unser Vaterland.«

*Im Kirchenkampf engagiert: Berlins Bischof Konrad v. Preysing.*

*Am 12. März 1928 wurde Michael Buchberger Bischof von Regensburg.*

*Streitbar: Kardinal und Erzbischof von Köln, Karl Joseph Schulte*

# Deutsche Liste gewinnt Wahlen in Memel

**29. September.** Die Wahlen zum Memellandtag enden für die deutsche Einheitsliste mit dem erwarteten großen Erfolg: Von 1,96 Mio. Stimmberechtigten vereinigt sie 1,593 Mio. Wähler (81%) auf sich und stellt künftig 24 von 30 Abgeordneten.

Wegen der von Litauen verordneten Wahlprozedur muß die Abstimmung um einen Tag verlängert werden. Die Behörden haben Wahlblocks ausgegeben, auf denen die Namen der 184 Kandidaten in alphabetischer Reihenfolge aufgelistet sind. Die Wähler müssen die von ihnen favorisierten Kandidaten nun einzeln heraussuchen und aus dem Block herausreißen, was als Schikane gilt und zu Verzögerungen und Warteschlangen vor den Wahllokalen führt.

Im Vorfeld der Abstimmung hatte die Regierung Litauens durch eine Reihe von Maßnahmen versucht, den Ablauf der Wahlen zu behindern. So machte sie u. a. die Beherrschung der litauischen Sprache zur Bedingung für eine Kandidatur und verbot verschiedene deutsche Parteien, deren Anhänger die sog. großlitauische Bewegung ablehnen.

Die deutsche Presse interpretiert die Wahlen in großer Aufmachung als Votum der memelländischen Bevölkerung für eine Wiederangliederung des 1919 zwangsweise abgetretenen Memellandes ans Deutsche Reich (→ 26. 3./S. 56).

*Wähler warten geduldig in langen Schlangen auf ihre Stimmabgabe.*

*Wahlplakate der aus vier Parteien gebildeten deutschen Liste*

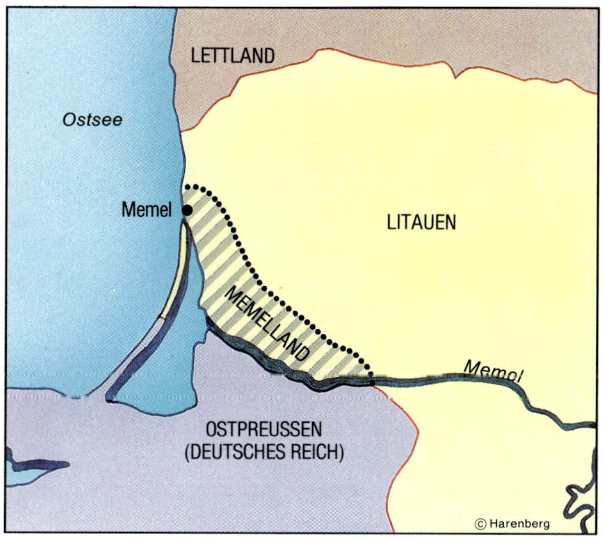


*Mit dem Memelstatut von 1924 sprachen die Siegermächte des Ersten Weltkrieges Litauen das vor 1919 deutsche Memelland zu, machten aber Autonomierechte für die deutsche Bevölkerung zur Bedingung. Die Hafenstadt Memel ist fast ausschließlich deutsch, das restliche Gebiet gemischt.*

## *Litauens Angst vor dem Separatismus*

Das 1919 aufgrund des Versailler Vertrages vom Deutschen Reich abgekoppelte Memelgebiet wurde 1923 von Litauen u. a. aus wirtschaftlichen Erwägungen annektiert (→ 26. 3./S. 56). Zwar hatte die litauische Regierung der vorwiegend deutschen Bevölkerung der Region 1924 ein Autonomiestatut mit den Selbstverwaltungseinrichtungen Direktorat und Landtag zugebilligt, aber seit 1926 herrscht de facto der Ausnahmezustand.

Die Regierung Litauens fürchtet separatistische Bestrebungen im Memelland und antwortet mit Repressalien, besonders seit der NS-Machtübernahme im Deutschen Reich 1933. Mit Hilfe des Staatsschutzgesetzes von 1934 können »staatsgefährdende« Verbände aufgelöst werden, aus dem Direktorium werden bis 1935 alle Deutschen zugunsten von Litauern entfernt, zahlreiche Verordnungen sollen eine »Litauisierung« des memelländischen Alltags erzwingen. So werden etwa deutsche Ortsschilder ausgewechselt und die deutsche Sprache in Schulen und Behörden unterdrückt. Gegen diese Verstöße erhebt sich auch international heftiger Protest.

# *Versorgungsengpässe um des »nationalen Zieles« willen*

Am letzten Septemberwochenende spitzt sich die schon voher gelegentlich aufgetretene Verknappung von Butter und Margarine in den deutschen Geschäften zu: Ist die Abgabe von Butter seit einiger Zeit bereits auf 250 Gramm beschränkt, so ist nun in vielen Großstädten überhaupt keine Butter mehr zu bekommen. Schon morgens hängen Berliner Lebensmittelläden Schilder mit der Aufschrift »Butter ausverkauft« in ihre Schaufenster. Ähnlich sieht es mit Margarine und Schmalz aus.

Aufgrund des Fettmangels kursieren Gerüchte, daß verstärkt Walfischtran zur Margarineherstellung verwendet werden soll.

Nicht nur Fett ist im Deutschen Reich knapp, sondern auch – und dies schon seit längerem – Schweinefleisch. Die relativ billigen Fleisch- und Wurstsorten, deren Preise staatlich festgesetzt sind, werden kaum noch angeboten. Teureres Fleisch können sich aber viele Familien bei gesunkenen Reallöhnen nicht leisten (→ S. 40/41). Mit einer im Mai angelaufenen Kampagne »Fleisch im eigenen Saft« versucht die Regierung, der Bevölkerung Dosenfleisch schmackhafter zu machen, was wegen des hohen Wasseranteils der Konserven auf keine große Gegenliebe stößt.

Ursache der Versorgungsengpässe ist die nationalsozialistische Handelspolitik, deren Priorität auf der Einfuhr rüstungswichtiger Rohstoffe liegt. Bei knappen Devisenbeständen geht dies auf Kosten des Imports von Konsumgütern und Lebensmitteln (→ S. 92/93). So beträgt z. B. der Gesamtwert der deutschen Fetteinfuhr in den ersten sieben Monaten 1935 188 Mio. RM gegenüber 209 Mio. RM im gleichen Zeitraum des Vorjahres.

Bei einer Rede in Halle Anfang Oktober verweist Propagandaminister Joseph Goebbels offen auf den Zusammenhang zwischen Lebensmittelknappheit und Rüstung. Beschwichtigend fügt er allerdings hinzu, die Butterknappheit sei »immerhin noch erträglich... Andere Völker nehmen für nationale Fragen Kriege auf sich«.

Trotzdem wird von seiten der Regierung Kritik an Landwirtschaftsminister Richard Walther Darré laut, der zuwenig Devisen für die Einfuhr von Fetten und Fleisch einkalkuliert habe. Diese Fehlkalkulation sei nun aufgrund der strikten Devisenbewirtschaftung des Staates durch privaten Handel nicht korrigierbar (→ 8. 2./S. 39). In der Bevölkerung macht sich unterdessen Unmut über den Widerspruch der staatlichen Politik breit, einerseits von der Bevölkerung viele Kinder zu fordern, ihnen andererseits aber um der Rüstung willen nicht genug zu essen zu geben.

# Senator von Louisiana auf offener Straße erschossen

**8. September.** Bei einem Attentat wird der Senator des US-Bundesstaates Louisiana, Huey Long, in Baton Rouge so schwer verletzt, daß er zwei Tage später stirbt.

Der Attentäter Carl Weiss schießt Long direkt vor dem Parlamentsgebäude Louisianas in den Bauch. Wenige Augenblicke später wird der Attentäter von den Leibwächtern des Senators erschossen. Weiss handelt sowohl aus politischen als auch aus privaten Motiven. Sein Schwiegervater war durch Manipulationen Longs von der Amtsenthebung als Richter bedroht.

Long, der radikale Sozialreformen forderte und gleichzeitig Louisiana wie ein Diktator regierte, war eine der umstrittensten politischen Persönlichkeiten in den USA. Als Mitglied der demokratischen Partei von Präsident Franklin Delano Roosevelt unterstützte Long urspünglich dessen Politik des »New Deal« (→ 4. 1./S. 22). Dabei nahm der populäre Südstaatenpolitiker direkten Einfluß auf das sozialreformerische Programm des »New Deal«. Roosevelts Reformen gingen ihm aber nicht weit genug. So beschuldigte er den Präsidenten im Juli, er pervertiere die Maßnahmen, die er dem Volk versprochen habe. Gleichzeitig propagierte Long radikale Pläne zur gerechten Teilung des Reichtums, etwa durch die Einführung einer maximalen Einkommensgrenze für alle Bürger. Durch seinen Kampf gegen Großkonzerne wie die »Standard Oil Company«, deren Erzeugnisse er mit einer Sondersteuer belegen wollte, schuf sich Long zahlreiche Feinde. Wiederholt hatte er Anschläge auf sein Leben vorhergesagt, zuletzt vor einem Monat.

Sein extrovertierter Regierungsstil in Louisiana, wo er sich seit 1934 diktatorische Vollmachten aneignete, taten ein übriges, Long zu einer der umstrittensten Persönlichkeiten der USA zu machen.

*Trauernde Bürger defilieren am offenen Sarg des toten Senators vorbei. Die politische Strategie des im Alter von 42 Jahren ermordeten Huey Long bestand aus einer Mischung von Populismus und Demagogie. Seine Politik hatte im Januar fast zum Bürgerkrieg in Baton Rouge, der Hauptstadt Louisianas, geführt. Erst durch den Einsatz von Bundestruppen wurde eine Anti-Long-Revolte niedergeschlagen, von der Gerüchte behaupten, sie sei von der Standard Oil Company angestiftet worden, um den politischen Einfluß Longs entscheidend zu brechen.*

# Philippinen erhalten Teilautonomie

**17. September.** Manuel Luis Quezón y Molina wird zum ersten Präsidenten der Philippinen nach Erlangung der weitgehenden Unabhängigkeit von den USA gewählt. Quezón gehört zu den Führern der 1907 gegründeten »Partido Nacionalista«, der philippinischen Unabhängigkeitspartei.

Ein Jahr zuvor hatte die Kolonialmacht USA entschieden, den Inselstaat, der seit 1898 in ihrem Besitz ist, innerhalb der nächsten zehn Jahre in die volle Unabhängigkeit zu entlassen. Während dieser Spanne einer beschränkten Autonomie verbleibt den USA das Recht zur Vertretung der Kolonie im Ausland. Philippinische Politiker sollen eine Verfassung ausarbeiten, die vom US-Präsidenten gebilligt werden muß und nach einer Volksabstimmung auf den Philippinen in Kraft tritt.

Nach der Wahl Quezóns zum Präsidenten erhält das Land am 15. November 1935 den Übergangsstatus eines »Commonwealth«. Die Commonwealth-Periode soll der Vorbereitung auf die volle Unabhängigkeit und dem Ausbau der demokratischen Institutionen dienen, die durch die neue Verfassung entstanden sind.

*Manuel Luis Quezón y Molina, der erste Präsident der Philippinen, spricht bei der Staatsgründungsfeier in der Hauptstadt Manila.*

### »Erziehung zur Demokratie«

Nachdem die USA 1898 Spanien als Kolonialmacht über die Philippinen abgelöst hatten, war es ihr erklärtes Ziel, das südostasiatische Land mit demokratischen Institutionen zu versehen und in die Unabhängigkeit zu entlassen. Diese Entwicklung vollzog sich aber nur schleppend. Erfolge verzeichnete die US-amerikanische Politik im Bereich der Bildung: Die Alphabetisierungsrate stieg rapide und lag in den 30er Jahren bei etwa 50%. Die soziale Ungleichheit im Land bleibt allerdings unangetastet bzw. wächst noch: Großgrundbesitzer profitieren davon, Agrarprodukte zollfrei in die USA exportieren zu können.

# »Lutetia-Kreis« berät über Volksfront

**26. September.** In Paris treffen 51 deutsche Emigranten verschiedener politischer Richtungen zu Beratungen über eine deutsche Volksfront gegen das nationalsozialistische Regime zusammen.

Die nach dem Tagungsort, dem Hotel Lutetia am Boulevard Raspail, fortan »Lutetiakreis« genannte Teilnehmergruppe besteht aus 22 Sozialdemokraten, vier Kommunisten und 25 nicht parteigebundenen Persönlichkeiten, bei denen es sich überwiegend um Schriftsteller handelt, die im französischen Exil leben.

In den Diskussionen werden die unterschiedlichen Auffassungen über den Charakter der Widerstandstätigkeit zwischen KPD- und »bürgerlichen« Politikern deutlich. Während etwa der Sozialdemokrat Max Braun oder der Publizist Leopold Schwarzschild die Umrisse eines deutschen Staates nach Hitler festlegen wollen, lehnen die Vertreter der KPD den Entwurf zukünftiger Regierungsprogramme ab. Sie plädieren für eine Politik, die sich an tagespolitischen Aufgaben orientiert.

Zur Vorbereitung weiterer Zusammenkünfte wählen die Teilnehmer des »Lutetia-Kreises« ein ständiges Büro unter der Leitung des 1933 aus dem Deutschen Reich emigrierten Schriftstellers Heinrich Mann. In dem Büro sind u. a. der Mathematikprofessor Emil Julius Gumbel, Max Braun und der KPD-Funktionär Willi Münzenberg vertreten. Drei Sitze werden freigehalten für noch nicht namentlich benannte Vertreter von Kirche und Gewerkschaften.

Die 1935 forcierten Bemühungen um eine deutsche Volksfront gegen Hitler hängen maßgeblich mit einem Schwenk der KPD-Taktik im Widerstandskampf zusammen. Hatte die KPD zuvor jede Zusammenarbeit mit der als »sozialfaschistisch« diffamierten Sozialdemokratie und anderen bürgerlichen Kräften abgelehnt, so markierte insbesondere der siebte Kongreß der Kommunistischen Internationale (Komintern) vom 25. Juli bis zum 20. August 1935 eine Wende hin zum gemeinsamen Vorgehen (→ 25. 7./S. 121). Jetzt häufen sich Kooperationsangebote der KPD an die vorher abgelehnte Sozialdemokratie, die entsprechend zurückhaltend reagiert.

Eine entscheidende Rolle beim Zustandekommen des »Lutetia-Kreises« spielt Heinrich Mann, der seine schriftstellerische Tätigkeit im Exil ganz in den Dienst des Kampfes gegen den NS-Staat gestellt hat. Mann hatte den Vorbereitungsausschuß für das Lutetia-Treffen geleitet und den »gemeinsamen Kampf gegen die braune Diktatur« gefordert.

*Hotel Lutetia in Paris, Tagungsort antifaschistischer deutscher Emigranten. Auch in den folgenden Jahren trifft sich hier der »Lutetia-Kreis«.*

## Frankreich bietet Deutschen Exil

Zwischen 7000 und 10 000 Deutsche leben 1935 aus politischen Gründen im französischen Exil. Frankreich ist damit das wichtigste europäische Emigrationsland. Es ist zwar relativ leicht, die deutsch-französische Grenze zu passieren, viele Flüchtlinge – 1934 knapp 7000 – bekommen aber kein Aufenthaltsvisum und müssen das Land wieder verlassen. 1935 schließen sich 15 deutsche Emigrantenorganisationen zur »Fédération des Emigrés d'Allemagne en France« (Vereinigung deutscher Emigranten in Frankreich, FEAF) zusammen. Die FEAF, der sich 1936 sechs weitere Organisationen anschließen, vereinigt so unterschiedliche Gruppen wie die Emigrationsleitung der Roten Hilfe Deutschlands, die Vereinigung emigrierter deutscher Juristen oder den jüdischen Bund. Zentrum vielfältiger und zunächst ohne Behinderungen durch den französischen Staat organisierter Veröffentlichungen und Kongresse ist Paris. An der Mittelmeerküste, in Nizza und Savary-sur-mer, befinden sich weitere Schwerpunkte des literarischen Exils.

**Heinrich Mann**, *Schriftsteller und engagierter Volksfrontpolitiker. Der gelernte Buchhändler studierte in Berlin, wo er sich nach verschiedenen Auslandsaufenthalten 1929 niederließ. 1931 wurde er Präsident der Sektion für Dichtkunst an der Preußischen Akademie der Künste. 1933 emigrierte der Autor des »Untertan« (1914) nach Frankreich.*

**Egon Erwin Kisch**, *tschechischer Reporter und Publizist deutscher Abstammung. Kisch verhalf durch seine deutschsprachigen Veröffentlichungen – u. a. »Der rasende Reporter« (1925) – der Reportage zum Rang einer literarischen Gattung. Von 1921 bis 1933 lebte Kisch in Berlin, wurde verhaftet, abgeschoben und emigrierte nach Paris.*

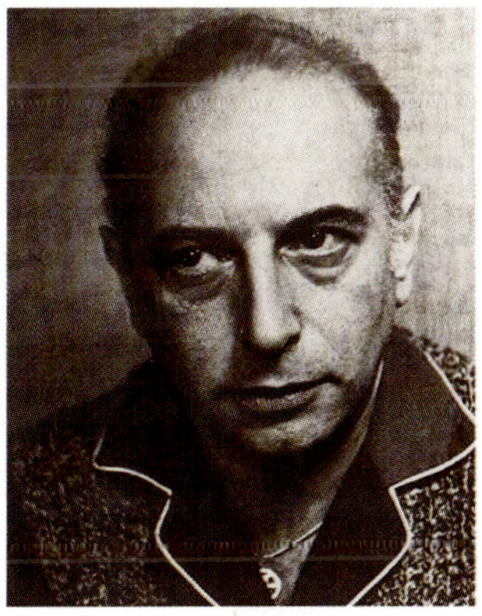

**Wieland Herzfelde**, *Gründer des Berliner Malik-Verlages. Gemeinsam mit seinem Bruder, dem Photomonteur John Heartfield, machte Herzfelde den Verlag in der Weimarer Republik der 20er Jahre zu einem Organ der Dada-Bewegung und revolutionärer Literatur. Herzfelde emigrierte 1933 nach Prag und wurde 1934 ausgebürgert.*

**Rudolf Leonhard**, *Schriftsteller und Mitarbeiter der 1933 von der NS-Regierung verbotenen Zeitschrift »Die Weltbühne«. Leonhard übersiedelte 1927 nach Paris und war dort maßgeblich an der Errichtung des »Schutzverbandes deutscher Schriftsteller im Exil« (SDS) beteiligt. Auf der Seite der KPD beteiligt er sich an der deutschen Volksfront.*

**Lion Feuchtwanger**, *jüdischer Schriftsteller sozialistisch-pazifistischer Ausrichtung. Der Neffe des Philosophen Max Scheler arbeitete als Theaterkritiker in München, bevor er 1925 nach Berlin zog. Feuchtwanger wurde 1933 ausgebürgert, seitdem lebt er in Südfrankreich. Seine Werke fielen 1933 der NS-Bücherverbrennung zum Opfer.*

Wohnen und Design 1935:

## Bodenständigkeit in der guten Stube

Wohnungsmöbel und Küchenausstattung sollen im Sinne der nationalsozialistischen Weltanschauung »zweckbestimmt« und »ohne täuschenden Prunk« sein.
Die ästhetischen Kategorien des Nationalsozialismus sind nach der Machtübernahme 1933 den bereits existierenden Strömungen industrieller Gestaltung übergestülpt worden, ohne daß sich ein eigenständiges »NS-Design« entwickelt hätte. Das zeigt sich besonders in der Wertschätzung einfacher, funktionaler Formen, die in den 20er Jahren unter dem Begriff »Neue Sachlichkeit« modern geworden waren. Während diese Richtung von der NS-Propaganda einerseits als »Kulturbolschewismus« gebrandmarkt wird, lobt sie andererseits ähnlich funktionale Gebrauchsformen, die unter eigener Ägide entstanden sind, als dem »bodenständigen Formgefühl des Volkes« entsprungen.
Das in die Deutsche Arbeitsfront (DAF) eingegliederte Amt »Schönheit der Arbeit« bedient sich für den Entwurf standardisierter Eßgeschirre und normierter Einfachmöbel der Hilfe von ehemaligen Mitgliedern des 1933 aufgelösten Verbandes »Deutscher Werkbund«. Diese Vereinigung, der u.a. Architekten, Künstler und Vertreter der Industrie angehörten, stand während der Weimarer Republik für ein zweckorientiertes Industriedesign.
Neben dem Fehlen neuer Ideen und Stile spielen auch wirtschaftliche Gründe eine Rolle bei der Betonung von Schlichtheit und Funktionalität. Entsprechend gestaltete Gebrauchsgegenstände wie der »Volksempfänger« sind am billigsten herzustellen.
Viele deutsche Haushalte beharren auf traditionell-kleinbürgerlichen Wohnungseinrichtungen, die in ihrem Stilgemisch und ihrer subjektiven Gemütlichkeit nicht viel mit der offiziell verordneten Zweckgebundenheit gemein haben. Auch die Amtsräume der nationalsozialistischen Prominenz zeugen von einem eklatanten Gegensatz zwischen Anspruch und Realität: Hier herrschen oft Monumentalität und barocker Prunk vor.

*Teegeschirr aus Steingut von Villeroy & Boch; die moderne, durch klare Linien geprägte Form des Geschirrs kontrastiert mit dem altmodischen Schäfermotiv als Aufdruck.*

*Kaffeeservice aus der Porzellanmanufaktur Fürstenberg nach einem Entwurf eines Industriedesigners. Die Butterdose kann zur Kühlung in Wasser gestellt werden.*

*△ Wohnraum eines vom Berliner Architekten Hans Scharoun geplanten Gebäudes. Die Stahlbauweise des Hauses erlaubt ausgedehnte Fensterflächen. Im Hintergrund ist ein Wintergarten zu sehen. Die sparsame Innenausstattung betont die Großzügigkeit des Raumes. Der renommierte Scharoun gehörte zu den Pionieren des sog. Neuen Bauens der 20er Jahre; er errichtete u.a. den Mietshauskomplex Berlin-Siemensstadt Anfang der 30er Jahre.*

*◁ Blick vom »Herrenzimmer« ins Musikzimmer im »Haus Sonneveld« Rotterdam; Gebäude und Möbel sind aus Stahl. Die Raumgröße ist dank Ziehharmonikatür variabel. Die Niederländer Johannes Andreas Brinkmann und Leendert Cornelius van der Vlugt sind auf Stahlbetonbauten spezialisiert.*

*Werbung für WK-Modellzimmer; rechts die Liste der insgesamt 42 WK-Verkaufsstellen im Deutschen Reich*

## WK-Möbel: Solide und erschwinglich

Mitte der 30er Jahre etabliert sich der Begriff »WK-Möbel« im Deutschen Reich als Markenzeichen für solide gebaute und funktional gestaltete Möbel, die darüber hinaus zu erschwinglichen Preisen zu haben sind. Die 1912 gegründeten »Deutschen Werkstätten für Wohnungskunst« – seit 1928 »Verband Deutsche Wohnungskunst, Deutsche WK-Möbel« – verfolgen sowohl kulturelle wie pädagogische Ziele. In der Satzung von 1913 wird als Zweck des Vereins festgeschrieben, »das Verständnis für die Bedeutung des guten Geschmacks und der feinen kulturellen Durchbildung bei Einrichtungen der Häuser und Wohnungen… anzuregen«. Eine Gruppe von Designern begann in Zusammenarbeit mit Händlern und Produzenten, modellartige Wohn-, Arbeits- und Schlafzimmer auf den Markt zu bringen, wobei besonderer Wert auf das Material und auf funktionsorientiertes Design gelegt wurde. Mit einer weitreichenden Innovation wartete der Verband 1933 auf, als er im Rahmen seines Programms »WK 54« erstmals kombinier- und ausbaufähige Anbaumöbel vorstellte, die nicht ausschließlich für eine Art von Raum konzipiert waren. Mit diesen »Einheitsmöbeln« trägt der WK-Verband vor allem den Bedürfnissen junger Leute Rechnung, Wohnungen ohne herkömmliche Funktionstrennungen einzurichten.

*Wohnküche einer Mustersiedlung in Ramersdorf bei München: Die Schreibkommode vorn rechts ist aus Fichte, die Tischplatte aus Ahorn und die Stühle aus Buche mit Binsengeflecht gefertigt. Die spartanisch wirkende Einrichtung ist anspruchslos und orientiert sich ausschließlich an Nützlichkeitsgesichtspunkten.*

*Der Blick in dieses Schlafzimmer belegt, daß auch der Ort der Bettruhe spartanisch gestaltet wird. Neben dem Doppelbett aus Eiche, das eine glatte, wasserfeste Oberfläche mit schlichter Ornamentierung aufweist, hat der Architekt das Zimmer nur noch durch zwei Nachttische aufgefüllt.*

*Kinder-Spielecke in einem Modell-Wohnzimmer auf der Ausstellung »Deutsches Volk – Deutsche Arbeit« (Berlin, 1934); alle Möbel sind aus Kiefernholz, die Kästen unter dem Regal sind für Spielzeug gedacht. Der Entwurf berücksichtigt die Enge vieler Wohnungen, die kein eigenes Kinderzimmer haben.*

Die Achterbahn gehört bei den Besuchern zu den Hauptattraktionen des bayerischen Volksfestes.

Traditionelles Armbrustschießen in historischer Tracht; links oben das Ziel, der Adler im Netz

Standard beim Festbesuch: Ritt auf dem »Tatzelwurm«, der Wies'n-Variante eines Karussells

# 125 Jahre Oktoberfest auf der Münchner Theresienwiese

**22. September.** Auf der Münchner Theresienwiese, kurz »Wies'n« genannt, wird mit dem traditionellen Anzapfen das jährliche Oktoberfest eröffnet. Die erste »Maß« stemmt Oberbürgermeister und NSDAP-Reichsleiter Karl Fiehler. 1935 feiert man das 125jährige Jubiläum dieses zweiwöchigen Volksfestes der Superlative, das den Bayern als das »größte der Welt« gilt. Unter dem Motto »Stolze Stadt – Fröhliche Stadt« drängen sich bis zum 6. Oktober Hunderttausende über die Festwiese, um sich an althergebrachten Attraktionen wie dem »Tatzelwurm« und an moderneren Belustigungen wie der Achterbahn zu erfreuen. Unter der überall präsenten Hakenkreuzflagge wird dann der »Gemütlichkeit« gehuldigt: Sie stellt sich ein beim Oktoberfestbier.

Die Geschichte des Oktoberfestes geht zurück bis ins Jahr 1810, als der bayerische König Ludwig I. Prinzessin Therese von Sachsen-Hildburghausen heiratete. Zur Hochzeitsfeier am 12. Oktober wurde auf der nach der Braut benannten Wiese ein Pferderennen veranstaltet. Acht Jahre später richteten bei dem zweiwöchigen Volksfest, das jeweils am ersten Sonntag im Oktober endet, erstmals Wirte ihre Eßstände auf der »Wies'n« ein.

Massenstart zum Schwimmen quer durch Paris. Zum Schutz vor dem kalten Wasser haben sich viele Teilnehmer vor dem Start mit Öl eingerieben.

## Marathon in der Badehose – Metropolen als Schwimmbäder

**September.** *Mehrere hundert Sportler beteiligen sich an einem Massenschwimmen quer durch Paris. Trotz der hohen Teilnehmerzahl handelt es sich fast ausschließlich um austrainierte Schwimmer, die sich den Marathon durch die Flüsse und Kanäle der französischen Hauptstadt zutrauen. Wettbewerbe dieser Art, bei denen ganze Städte zu Sportanlagen umfunktioniert werden, kommen zunehmend in Mode. So wurde Berlin Ende Juli Schauplatz eines vergleichbaren Städteschwimmens. Im Deutschen Reich ist Schwimmen als Freizeitsport vor allem eine Sommerbetätigung: Über 4700 Freibädern stehen nur 300 geschlossene Schwimmbäder gegenüber. Unter den 4,5 Mio. Sportlern, die sich in Vereinen organisiert haben, sind rund 270 000 in Schwimmclubs aktiv.*

## »Porgy and Bess« geht neue Wege

**30. September.** In Boston (US-Bundesstaat Massachusetts) wird George Gershwins Oper »Porgy and Bess« uraufgeführt.

Die Oper geht sowohl inhaltlich als auch musikalisch neue Wege. Schauplatz ist eine Kleinstadt in den Südstaaten der USA, Handlungsträger sind ausschließlich Schwarze.

Die tragisch-romantische Liebesgeschichte zwischen dem verkrüppelten Bettler Porgy und der schönen Bess ist in eine musical-ähnliche Darbietung eingebettet, die für eine Oper sehr ungewöhnlich wirkt: Gershwin verwendet Elemente von Gospel, Spiritual, Blues und Jazz. Die Musik der schwarzen USA und ihrer afrikanischen Wurzeln hatte bislang nichts im Bereich der »ernsten« Musik zu suchen. Ein Musikkritiker lobt »Porgy and Bess« nach der Premiere als »Brücke zwischen der großen klassischen Oper und dem zeitgemäßen Rhythmus Amerikas«. Das innovative Werk wird nach anfänglich zurückhaltender Aufnahme weltweit ein Erfolg.

## Joe Louis knockt Ex-Weltmeister aus

**24. September.** Vor 92 000 Zuschauern im ausverkauften New Yorker Yankee-Stadion schlägt der US-amerikanische Schwergewichtsboxer Joe Louis seinen Landsmann Max Baer durch K.o. in der vierten Runde. Louis erwirbt sich damit das Recht auf einen Titelkampf gegen Champion James Braddock.

Der favorisierte Louis, der noch zwei Stunden vor dem Kampf geheiratet hat, läßt dem ehemaligen Weltmeister Baer von Beginn an keine Chance. Schon in der ersten Runde schlägt er ihm die Nase blutig, ab der zweiten Runde kann sich Baer nur mit Klammern über die Zeit retten. Zweimal muß Baer in der folgenden Runde zu Boden und wird angezählt, bevor Louis in der vierten Runde mit einer rechten Geraden zur Kinnspitze seinen Gegner entscheidend auf die Bretter schickt. Nach seinem sensationellen Titelverlust gegen Braddock im Juni (→13. 6./S. 115) bedeutet die Niederlage für Baer das endgültige Ende der Boxlaufbahn. Louis dagegen bestätigt seinen Ruf als bester Boxer der Welt.

## Motorrad-Rekord auf der Autobahn

**27. September.** Auf der neuen Reichsautobahn zwischen Frankfurt und Darmstadt stellt der Münchner Rennfahrer Ernst Henne einen Geschwindigkeitsweltrekord für Motorräder auf. Er durchfährt den Kilometer mit einem Durchschnittstempo von 256,04 km/h.

Henne absolviert die Rekordfahrt mit einer 750-ccm-Kompressormaschine von BMW. Mit dem stromlinienförmig verkleideten Motorrad verbessert er seine eigene Bestleistung um rund zehn km/h. Der Rekord wird begünstigt durch die Möglichkeit, auf dem schnurgeraden Autobahnabschnitt – er ist für den übrigen Verkehr gesperrt – eineinhalb Kilometer lang beschleunigen zu können, bis die Maschine ihre Höchstleistung erreicht. Damit der Rekord offizielle Anerkennung findet, muß die Strecke zweimal, nämlich hin und zurück befahren werden. Für den Hinweg benötigt Henne elektrisch gemessene 14,09, für den Rückweg 14,03 Sekunden. Der Mittelwert ergibt den Rekord.

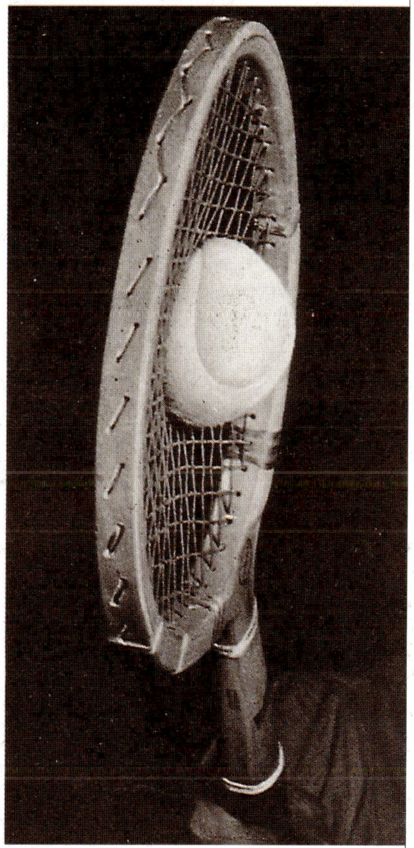

Hochgeschwindigkeitsfotos auf der Londoner Ausstellung: Die unteren Bilder halten die Verformung von Tennis- und Football genau fest.

## Neue Fototechnik »friert« schnelle Bewegungsabläufe ein

**13. September.** *In London wird die 80. Jahresausstellung der Royal Photographic Society (Königliche Gesellschaft für Fotografie) eröffnet. Die verschiedenen Abteilungen der Ausstellung sind u. a. der Natur-, Werbe- und Theaterfotografie sowie Aufnahmen aus dem wissenschaftlich-technischen Bereich und der Farbfotografie gewidmet. Besonderes Aufsehen erregen neue Möglichkeiten, durch ultrakurze Belichtungszeiten bis zu 1/100 000stel sec selbst schnell bewegte Motive gestochen scharf abzubilden. Das gilt z. B. für Sportaufnahmen, wo Bewegungsabläufe »eingefroren« werden können. Bei Ballspielen kann durch die kurze Verschlußöffnung die Verformung des Balles im Moment des Aufpralls auf das Spielgerät gestochen scharf sichtbar gemacht werden.*

*Die mobile Olympiaausstellung ist in 12 LKW untergebracht, die durch Zwischenteile und ein Zeltdach zu einer großen Ausstellungsfläche verbunden werden.*

# Massive Propaganda für »olympische Prestigespiele«

**1. September.** In Berlin startet der »Olympiazug« zu einer 10000 km langen Werbefahrt für Olympia 1936 durch 70 deutsche Städte.

Der »Zug« besteht aus 12 Lkw, die mit Zwischenstücken zu einer großen Ausstellungsfläche umgebaut werden können. Bis zum 14. August 1936 ist dieses fahrbare Propagandaunternehmen unterwegs, das einen Überblick über die Geschichte der Olympischen Spiele gibt, Modelle der neuentstehenden Sportstätten zeigt und 200 Zuschauern Platz für Filmvorführungen bietet.

Die Werbekampagne ist Teil umfangreicher Propagandaaktionen, die das olympische Geschehen auch in das entlegenste Dorf bringen sollen. Zusätzlich finden in verschiedenen Städten im Reich sieben Olympiaausstellungen bzw. Olympiawerbewochen statt.

Ein eigens für die Vorbereitung der Sommerspiele einberufener Propaganda-Ausschuß beauftragt die Reichsbahnzentrale für den deutschen Reiseverkehr mit der Auslandswerbung. In 44 Städten im Ausland werden amtliche Olympiavertretungen eingerichtet, die mit dem erklärten Ziel, »olympische Begeisterung« zu wecken, das Werbematerial verteilen und Verbindung mit den jeweiligen Sportbehörden aufnehmen.

Auf mehrsprachigen Werbeplakaten und Streublättern sowie in einem Bildheft »Berlin, Kampfstadt der XI. Olympischen Spiele« wird aufwendig auf die Prestigeveranstaltung und den Austragungsort vorbereitet. Eine besondere Werbewirkung wird mit der Zeitschrift »Olympische Spiele« erzielt, die seit Juni 1935 in vier Sprachen erscheint und in vier verschiedenen Ausgaben in die ganze Welt verschickt wird. Bei einer Besprechung über den Bau des neuen Olympiastadions erklärte Hitler: »Deutschland befindet sich außenpolitisch in einer der schwierigsten und ungünstigsten Lagen, es muß versuchen, durch große kulturelle Leistungen die Weltmeinung für sich zu gewinnen.«

Die heftigen internationalen Reaktionen auf die Nürnberger Rassengesetze (→15. 9./S. 149) zwingen das Regime – für kurze Zeit – Maßnahmen zu ergreifen, die den antideutschen Tendenzen im Ausland entgegenwirken. Trotz aller ideologischen Vorbehalte erklärt sich Hitler bereit, das olympische Reglement strikt einzuhalten und auch jüdische Sportler zu den Spielen zuzulassen. Dennoch kommt es besonders in den USA zu einer Boykottbewegung, die jedoch durch Zugeständnisse – wie der Aufnahme zweier »nichtarischer« Sportler in die deutsche Mannschaft – entkräftet wird.

*In einem der Ausstellungswagen kann der Besucher ein Modell des Reichssportfeldes besichtigen; im Hintergrund an der Wand ein großes Rundbild der Olympiastadt Berlin.*

*Ein Modell der Olympiaschanze in Garmisch-Partenkirchen, wo vom 6. bis zum 12. Februar 1936 die Olympischen Winterspiele mit 756 Sportlern aus 28 Ländern stattfinden.*

*Wandbild in der Ausstellung im Olympiazug: Reichskanzler Adolf Hitler erläutert Innenminister Wilhelm Frick seine Baupläne für die Spiele. Hitler zeigt sich gern in der Pose des Planers und Architekten.*

*Modell des Reichssportfeldes mit dem Olympiastadion, das im Berliner Stadtteil Grunewald entsteht. Nach Hitlers Willen wird neben dem Stadion ein Aufmarschgelände für Massenkundgebungen gebaut.*

*Erste Besucher dürfen das im Bau befindliche Olympische Dorf bei Döbernitz besichtigen, das 14 km vor dem Reichssportfeld entsteht. Bauherr des Dorfes ist Reichskriegsminister Werner von Blomberg.*

*Eine große deutsche Olympiahoffnung: Gisela Mauermayer. Die vielseitige Sportlerin erbringt Bestleistungen in vier verschiedenen Disziplinen: Im Kugelstoßen, Diskuswurf, Speerwurf und im 100-m-Lauf. Gleich zweimal verbessert die 22jährige in diesem Jahr den Weltrekord im Diskuswurf.*

*Konrad Frey zählt am Barren und Seitpferd zur absoluten Weltspitze. Auch am Reck macht sich Frey berechtigte Medaillenhoffnungen.*

*Alfred Schwarzmann – hier am Reck gilt als bester deutscher Kunstturner. Er bringt an fast allen Geräten kontinuierlich Spitzenleistungen.*

*Bei den deutschen Leichtathletik-Meisterschaften siegt die Hürdenläuferin Steuer (vorne) in 12,2 sec.*

*Die deutsche Schwimmerin Martha Genenger hält dieses Jahr den Weltrekord über 200-y-Brustschwimmen.*

*Der Radfahrer Toni Merkens (vorn): Er gewann den Titel bei der Fliegerweltmeisterschaft in Brüssel.*

*Der Kugelstoßer Hans Woellke gewinnt im Länderkampf Deutschland-Großbritannien den Wettkampf.*

# Oktober 1935

| Mo | Di | Mi | Do | Fr | Sa | So |
|---|---|---|---|---|---|---|
| | 1 | 2 | 3 | 4 | 5 | 6 |
| 7 | 8 | 9 | 10 | 11 | 12 | 13 |
| 14 | 15 | 16 | 17 | 18 | 19 | 20 |
| 21 | 22 | 23 | 24 | 25 | 26 | 27 |
| 28 | 29 | 30 | 31 | | | |

**1. Oktober, Dienstag**

In einem Festakt im Kölner Rathaus proklamiert Oberbürgermeister Günter Riesen die Stadt zur »Hansestadt«. Die Bezeichnung soll an den Export »deutscher Art, deutscher Sprache und deutscher Kultur« durch die mittelalterliche Handelsvereinigung erinnern.

Die deutsche Luftfahrzeugbaugesellschaft erhält einen US-amerikanischen Auftrag zum Bau von zehn Reklameluftschiffen.

**2. Oktober, Mittwoch**

Nach einem gescheiterten Armeeputsch gegen das Regime von König Boris III. verhängt die bulgarische Regierung in Sofia den Ausnahmezustand über das Land (→25. 11./S. 193).

Der 1934 verstorbene ehemalige Reichspräsident Paul von Beneckendorff und von Hindenburg wird in das neugestaltete »Reichsehrenmal« Tannenberg in Ostpreußen umgebettet. Hitler nennt das Denkmal ein »Wahrzeichen deutscher Opferwilligkeit«. Im August 1914, zu Beginn des Ersten Weltkrieges, hatte die 8. deutsche Armee unter Leitung Hindenburgs russische Truppen bei Tannenberg geschlagen.

**3. Oktober, Donnerstag**

Italienische Truppen rücken von Eritrea und Somalia aus nach Abessinien ein. →S. 168

Die Polizei verhaftet im New Yorker Stadtteil Harlem 500 schwarze Demonstranten, die teilweise gewalttätig gegen den italienischen Einmarsch in Abessinien protestieren. In einer Volksschule im Stadtteil Brooklyn kommt es zu stundenlangen Schlägereien zwischen italienischen und schwarzen Kindern sowie deren Eltern (→5. 8./S. 139).

In Moskau beginnt die sog. Brüsseler Konferenz der im Exil agierenden Kommunistischen Partei Deutschlands (KPD). →S. 172

Im Grand Palais auf dem Champs Elysée wird der internationale Pariser Autosalon eröffnet. Louis Renault, Firmenchef des größten fanzösischen Autoherstellers, beklagt bei dieser Gelegenheit den im Gegensatz zum Deutschen Reich und den USA rückläufigen Absatz in Frankreich.

**4. Oktober, Freitag**

Julius Streicher, Herausgeber des antisemitischen Wochenblatts »Der Stürmer«, macht in einer Rede vor dem vollbesetzten Berliner Sportpalast »die Juden« für den italienisch-abessinischen Krieg verantwortlich.

Den Versorgungsengpässen im Deutschen Reich widmet sich Propagandaminister Joseph Goebbels bei einer Rede in Halle. Die Verknappungen bei Butter, Margarine und Schweinefleisch seien »immmerhin noch erträglich«. Durch geringere Lebensmitteleinfuhren werde Geld für dringend benötigte Rohstoffimporte gespart.

In Berlin wird der deutsche Film »Der grüne Domino« uraufgeführt. Unter der Regie von Herbert Selpin spielen Brigitte Horney und Karl Ludwig Diehl die Hauptrollen.

Bei zwei aufeinander folgenden Schlagwetterexplosionen in der Herner Zeche »Mont Cenis« kommen sieben Menschen ums Leben.

**5. Oktober, Samstag**

Der US-amerikanische Präsident Franklin D. Roosevelt verbietet aufgrund des am 31. August verabschiedeten Neutralitätsgesetzes jegliche Waffenexporte aus den USA in die kriegführenden Staaten Italien und Abessinien (→31. 8./S. 138; 11. 10./S. 170).

Im Hinblick auf die Unruhe in der deutschen Bevölkerung wegen der Butterknappheit weist das Ministerium für Propaganda und Volksaufklärung die Presse an, »etwas zur Niederschlagung der Psychose« zu tun. Spekulationen und Hamsterkäufe nähmen überhand.

Zur Durchführung des neuen Kirchengesetzes bildet Kirchenminister Hanns Kerrl einen »Reichskirchenausschuß«, der Kirchenbeamte ernennen und entlassen kann (→24. 9./S. 154).

Beim großen Preis von England in Donington Park siegt überraschend der Brite Richard Shuttleworth auf Alfa Romeo mit einer Durchschnittsgeschwindigkeit von 107 km/h.

**6. Oktober, Sonntag**

Auf dem Bückeberg bei Hameln findet vor einer Mio. Teilnehmern die Erntedankkundgebung der deutschen Regierung statt, bei der auch militärische Vorführungen veranstaltet werden. →S. 180

**7. Oktober, Montag**

Die Gewerkschaft der französischen Dockarbeiter ruft in Paris ihre Mitglieder auf, die Be- und Entladung italienischer Schiffe in Frankreich aus Protest gegen den Kolonialkrieg in Afrika bis auf weiteres zu boykottieren.

In New York wird ein Schutzverband für deutsche Schriftsteller im US-amerikanischen Exil gegründet. Ehrenvorsitzender ist der 1933 in die Tschechoslowakei emigrierte deutsche Schriftsteller Thomas Mann.

Die Berliner »Reichsdevisenstelle« ordnet an, daß Deutschen, die ausländische Urkunden für einen Ariernachweis benötigen, zu diesem Zweck bevorzugt Devisen zur Verfügung gestellt werden. Im allgemeinen ist es im Deutschen Reich extrem schwierig, an ausländisches Geld zu gelangen (→8. 2./S. 39).

Beim Absturz eines US-amerikanischen Verkehrsflugzeuges in der Nähe von Cheyenne (Bundesstaat Wyoming) kommen alle 12 Insassen ums Leben.

**8. Oktober, Dienstag**

Auf dem Kongreß der britischen Labour Party in Brighton tritt der ehemalige Arbeitsminister George Lansbury vom Parteivorsitz zurück. Sein Nachfolger wird Clement Richard Attlee. →S. 172

Die »Deutsche Burschenschaft«, Dachverband der 110 studentischen Verbindungen, löst sich auf starken Druck der NSDAP selbst auf. →S. 178

**9. Oktober, Mittwoch**

In der Berliner Kroll-Oper eröffnet Führer und Reichskanzler Adolf Hitler das dritte Winterhilfswerk 1935/36. Neben vielen anderen Firmen und Einrichtungen spendet auch die I.G. Farben eine Mio. RM. →S. 176

Aufgrund einer unmittelbar vorhergegangenen Vollmacht des Parlaments verbietet die niederländische Regierung in Den Haag den Export von Benzin, um die Versorgung des eigenen Landes sicherzustellen. →S. 173

In London und New York wird die US-amerikanische Shakespeare-Verfilmung »Sommernachtstraum« von Max Reinhardt uraufgeführt. →S. 181

In Berlin wird die erste Trauung nach dem Ritual der von Arthur Dinter begründeten, nationalsozialistisch orientierten »Deutschen Volkskirche« vollzogen. →S. 177

**10. Oktober, Donnerstag**

Gedrängt durch das Militär, tritt in Athen die griechische Regierung unter Ministerpräsident Panajotis Tsaldáris zurück. Sein Nachfolger wird der bisherige Kriegsminister Georg Kondylis. Das Parlament setzt daraufhin das republikanische Regime zugunsten der monarchischen Verfassung von 1911 außer Kraft (→1. 3./S. 56; 25. 11./S. 192).

Die Berliner Polizei verhaftet den Bischof von Meißen, Peter Legge, wegen des Verdachts von Devisenvergehen. Im Zusammenhang mit den sog. Devisenprozessen gegen katholische Geistliche ist das erste Mal ein hochrangiger Kirchenvertreter betroffen (→17. 5./S. 89).

Der Schweizer Theologe Karl Barth, der nach dem Entzug der Lehrbefugnis an der Bonner Universität im Frühjahr 1935 in Basel lehrt, wird in Wuppertal festgenommen und aus dem Deutschen Reich ausgewiesen. Er hielt sich zu einem Vortrag für die oppositionelle Bekennende Kirche in der Stadt auf (→24. 6./S. 106).

Der 1934 erbaute, 165 m hohe Funkturm in Langenberg (Rheinland) wird durch einen Wirbelsturm zerstört.

**11. Oktober, Freitag**

Der Völkerbund in Genf beschließt wegen des Überfalls auf Abessinien Sanktionen gegen Italien. →S. 170

In der ägyptischen Hafenstadt Alexandria findet eine gemeinsame britisch-ägyptische Parade der See- und Landstreitkräfte statt. Weite Kreise in Ägypten fühlen sich angesichts des Abessinienkrieges durch die Nachbarschaft zu der italienischen Kolonie Libyen bedroht und drängen Großbritannien, das 1922 sein Protektorat beendete, zu militärischem Schutz.

**12. Oktober, Samstag**

Reichssendeleiter Eugen Hadamovsky verbietet dem deutschen Rundfunk, »Nigger-Jazzmusik« zu senden. In seiner praktischen Auslegung betrifft das Verbot alle ausländische Unterhaltungsmusik. →S. 181

In Anwesenheit von Luftfahrtminister Hermann Göring wird in Berlin das Richtfest für das neue Reichsluftfahrtministerium gefeiert. →S. 180

**13. Oktober, Sonntag**

Reichsweit findet der erste »Eintopfsonntag« des Winterhilfswerks (WHW) statt. Allein in Berlin sammeln 75000 Helfer Spenden für das WHW. →S. 176

Die »Reichsjugendführung« macht einen Gesundheitspaß für sämtliche Angehörige der Hitlerjugend (HJ) obligatorisch. Der Aufnahmetag in die HJ wird einheitlich auf den 20. April, Adolf Hitlers Geburtstag, festgelegt.

In Barcelona wird das Drama »Doña Rosita bleibt ledig oder Die Sprache der Blumen« des spanischen Schriftstellers Federico García Lorca uraufgeführt.

Ein Fußballänderspiel gegen Lettland gewinnt Deutschland in Königsberg 3:0.

**14. Oktober, Montag**

In Ankara verfügt die türkische Regierung die Auflösung aller Freimaurerlogen in der Türkei und die Überführung ihres Besitzes in Staatseigentum. Drei Kabinettsmitglieder und 60 Abgeordnete der Nationalversammlung gehören selbst Freimaurerlogen an.

Der deutsche Revuefilm »Leichte Kavallerie« wird in Berlin uraufgeführt. Unter der Regie von Werner Hochbaum gibt Marika Rökk als Hauptdarstellerin ihr Filmdebüt.

**15. Oktober, Dienstag**

Wegen Verbreitung sozialdemokratischer Druckschriften verurteilt das Oberlandesgericht Hamburg fünf Sozialdemokraten zu insgesamt 16 Jahren Zuchthaus.

Aus den Wahlen zum kanadischen Parlament geht die liberale Partei als Sieger hervor. William Lyon Mackenzie King übernimmt das Amt des Premierministers von dem Konservativen Richard Bedford Bennett. →S. 173

Nach einer Anordnung des Reichsnährstandes werden Herstellung und Verkauf von Schläg- und Kaffeesahne im Deutschen Reich zugunsten der Butterproduktion um 40% gekürzt.

*Titelseite der »Illustrated London News« vom 12. Oktober 1935 zum Überfall Italiens auf Abessinien. Das Bild zeigt den abessinischen König Haile Selassie I. beim Maskal-Fest zum Ende der Regenzeit am 27. September, an dem auch Vertreter der italienischen Regierung teilnehmen.*

THE ILLUSTRATED LONDON NEWS

The World Copyright of all the Editorial Matter, both Illustrations and Letterpress, is Strictly Reserved in Great Britain, the British Dominions and Colonies, Europe, and the United States of America.

SATURDAY, OCTOBER 12, 1935.

JUST BEFORE THE RAINY SEASON ENDED IN ABYSSINIA, AND WAR BEGAN: THE EMPEROR (IN THE CENTRE) AT THE FEAST OF MASKAL, WITH FOREIGN REPRESENTATIVES (LEFT), INCLUDING THE ITALIAN MINISTER.

The ceremony here illustrated, held at Addis Ababa on September 27, is of special interest, since the annual Feast of Maskal marks the end of the rains, and it was precisely for this weather change that the Italians waited to open hostilities. Ironically enough, as our photograph indicates, the day's proceedings were marred by the worst rainstorm of the year, but the Abuna (the head bishop) declared that rain on the Feast of Maskal was a sign of luck! Another interesting point in the photograph is the presence of the Italian Minister, Count Vinci (second from right in the second row of the group on the left), who attended despite his abstention on a previous occasion, the Emperor's forty-fifth birthday celebrations on July 23. As there had been no formal declaration of war, Count Vinci was still at Addis Ababa after hostilities had begun, but it was stated on October 8 that his departure was imminent, and (in a later report) that he had been asked to leave.

### 16. Oktober, Mittwoch

In einem Aufruf weist der Polizeipräsident von Nürnberg, Bruno Martin, darauf hin, daß fast die Hälfte aller Autounfälle auf zu schnelles Fahren zurückzuführen seien. Er werde in Zukunft nicht zögern, Autofahrer, die zu schnell fahren, für mehrere Monate in Konzentrationslager einzuweisen.

### 17. Oktober, Donnerstag

Das vom Reichsminister für kirchliche Angelegenheiten, Hanns Kerrl, eingesetzte »Neutrale Komitee« für die Reorganisation der evangelischen Kirchen verfaßt ein Manifest, in dem es heißt, die evangelische Kirche habe loyal und gehorsam zu Volk, Reich und Führer zu stehen. Sie solle das Streben nach Freiheit und nationaler Ehre sowie die sozialistische Bereitschaft, für die Volksgemeinschaft das Leben zu opfern, bejahen.

Hans Schweitzer, der unter dem Pseudonym »Mjölnir« schon vor 1933 Karikaturen in der NS-Presse veröffentlichte, wird zum Reichsbeauftragten für künstlerische Formgebung ernannt. → S. 181

In Wien bildet der österreichische Bundeskanzler Kurt Schuschnigg seine zweite Regierung. → S. 172

Der deutsche Kriminalfilm »Ich war Jack Mortimer« wird in Hamburg uraufgeführt. Unter der Regie von Carl Froelich spielen u. a. Adolf Wohlbrück, Marie-Luise Claudius und Sybille Schmitz.

### 18. Oktober, Freitag

In Berlin wird das »Gesetz zum Schutz der Erbgesundheit des deutschen Volkes«, das sog. Ehegesundheitsgesetz bekanntgegeben. Vor der Eheschließung ist ein sog. Ehetauglichkeitszeugnis nachzuweisen, das vom Gesundheitsamt ausgestellt wird. → S. 177

Der Volksgerichthof in Berlin verurteilt zwei enge Mitarbeiter Otto Strassers zu langjährigen Haftstrafen. Herbert Blank wird wegen Vorbereitung zum Hochverrat zu vier, der ehemalige Kreisleiter Walter Schreck zu zehn Jahren Haft verurteilt. Blank und Strasser gehören zu den bekanntesten Vorkämpfern der revolutionären, nationalsozialistischen Organisation »Schwarze Front«, Schreck stand in Prag mit der illegalen Leitung der »Schwarzen Front« in Verbindung.

Propagandaminister Joseph Goebbels ernennt nach dem Rücktritt von Fritz Scheuermann den württembergischen Staatsminister Oswald Lehnich zum Präsidenten der Reichsfilmkammer. Scheuermann war von einem Denunzianten bei Goebbels Sonderbeauftragten Hans Hinkel als Freimaurer, Feigling und Nichtarier angezeigt worden.

In einem Vortrag in New York gibt Prof. Leopold Ružička von der Technischen Hochschule Zürich bekannt, daß ihm die künstliche Herstellung des männlichen Sexualhormons Testosteron gelungen sei. → S. 178

Der italienische 13 000 t-Passagierdampfer »Ausonia« wird im Hafen von Alexandria durch ein Feuer völlig zerstört. Sieben Besatzungsmitglieder sterben in den Flammen, weitere werden verletzt.

Der deutsche Film »Liebesleute« (Regie: Erich Waschneck) wird in Berlin uraufgeführt. In den Hauptrollen sind Gustav Fröhlich und Heinrich Schroth zu sehen.

### 19. Oktober, Samstag

In Berlin wird das »Reichsinstitut für Geschichte des Neuen Deutschlands« feierlich eröffnet. Walter Frank wird zum Präsidenten ernannt. → S. 178

### 20. Oktober, Sonntag

»Der lange Marsch« Mao Tse-tungs und seiner kommunistischen Armee geht nach etwa einem Jahr in Yenan zu Ende. Etwa 100 000 Kommunisten waren im Oktober 1934 von ihrer Basis in den südchinesischen Provinzen Kiangsi und Fukien aufgebrochen, um den anrückenden Streitkräften Chiang Kai-sheks zu entkommen. → S. 171

In einem Fußballänderspiel in Leipzig schlägt die deutsche Mannschaft die Auswahl Belgiens 4:2.

### 21. Oktober, Montag

Der bereits 1933 erfolgte Austritt des Deutschen Reichs aus dem Völkerbund wird nach Zahlung von fünf Mio. Schweizer Franken (rund 4,045 Mio. RM) an rückständigen Mitgliedsbeiträgen rechtswirksam.

Der Führer der Sudetendeutschen Partei (SdP), Konrad Henlein, fordert auf einer sudetendeutschen Großkundgebung in Teplitz-Schönau den baldigen Anschluß der »sudetendeutschen Lande« an das Deutsche Reich.

Argentinien tritt dem Internationalen Gerichtshof (IGH) in Den Haag als Mitglied bei. Das Land ist seit 1920 auch Mitglied im Völkerbund, dem der IGH assoziiert ist. Das Rechtssprechungsorgan fällt Schiedssprüche bei Streitigkeiten zwischen verschiedenen Ländern.

### 22. Oktober, Dienstag

Auf einer Besprechung des Vorstandes der Exil-SPD, »Sopade«, in Prag wenden sich der Leiter des Exilvorstandes, Otto Wels, und das Vorstandsmitglied Erich Ollenhauer gegen die Einheitsfront mit der KPD.

In einer Presseanweisung des Propagandaministeriums wird angeordnet, daß erst dann über Störungen bei Uraufführungen berichtet werden darf, wenn die Haltung des Reichsdramaturgen zu den Zwischenfällen eingeholt worden ist.

Am Kölner Opernhaus werden die bayrischen Tanzbilder »Georgica« von Werner Egk uraufgeführt.

### 23. Oktober, Mittwoch

Theodor Adrian von Renteln wird zum Leiter des Obersten Disziplinarehrenhofes der Deutschen Arbeitsfront ernannt. Der Oberste Disziplinarehrenhof hat die Aufgabe, den Beschwerdeweg innerhalb der Organisation zu regeln und »asoziale Elemente« aus ihr zu entfernen.

### 24. Oktober, Donnerstag

Ein Erlaß des Propagandaministeriums verbietet es, Namen jüdischer Gefallener auf Gedächtnistafeln und Kriegsdenkmälern anzubringen.

Wegen »Devisenvergehen« verurteilt ein Berliner Schöffengericht den Generalvikar des Bistums Hildesheim, Otto Seelmeyer, zu viereinhalb Jahren Zuchthaus und fünf Jahren Ehrenverlust. Der Generalsekretär des Bonifatiusvereins in Paderborn, Wilhelm Freckmann, erhält fünf Jahre Zuchthaus und fünf Jahre Ehrenverlust.

Der Ufa-Film »April, April« mit Carola Höhn, Albrecht Schönhals, Werner Finck u. a. wird in Berlin uraufgeführt. Regie führt Detlef Sierck.

### 25. Oktober, Freitag

Reichsinnenminister Wilhelm Frick ordnet die Beseitigung der Hoheitsgrenzpfähle der deutschen Länder an, die nach dem Wegfall der Eigenstaatlichkeit ihre Bedeutung verloren haben.

Reichsaußenminister Konstantin Freiherr von Neurath kündigt seinen Rücktritt für den Fall an, daß Hitlers außenpolitischer Ratgeber Joachim von Ribbentrop zum Staatssekretär im Auswärtigen Amt ernannt wird.

In Süd-Wales geht ein einwöchiger Untertagestreik der Bergarbeiter zu Ende. Die Zechenbesitzer waren auf die Forderungen der Arbeiter eingegangen, die gegen die Beschäftigung von nichtorganisierten Arbeitern protestiert hatten.

### 26. Oktober, Samstag

Der Reichskommissar im Saargebiet Josef Bürckel ordnet fleisch- und butterlose Tage für das Saarland an. Wegen der Knappheit – besonders von Schweinefleisch – sollen Beamte zu Gunsten von Arbeitern an zwei bis drei Tagen in der Woche auf diese »kostbaren« Lebensmittel verzichten.

Die Operette »Liebesolympiade« von Ralf Maria Siegel wird an den Städtischen Bühnen Düsseldorf uraufgeführt.

### 27. Oktober, Sonntag

Auf Anordnung Hitlers werden die Aufnahmebedingungen für den Eintritt in die NSDAP geändert. Angehörige der Hitlerjugend (HJ) können künftig nach Vollendung des 18. Lebensjahres, und Angehörige des Bund Deutscher Mädel (BDM) nach Vollendung des 21. Lebensjahres Mitglieder in der Partei werden, wenn sie der HJ bzw. dem BDM vorher mindestens vier Jahre lang angehört haben.

Auf Veranlassung des Weltrundfunkvereins veranstalten 31 Länder eine zweistündige »Weltringsendung«.

Die in den USA im Exil lebenden deutschen Nobelpreisträger Albert Einstein und der Schriftsteller Thomas Mann befürworten die Verleihung des Friedensnobelpreises an den Publizisten und Regimekritiker Carl von Ossietzky, der seit Feburar 1934 im KZ Papenburg-Esterwegen inhaftiert ist (→ 10. 12./S. 206).

Am Opernhaus Düsseldorf werden die Tanzballade »Gaukelei« von Rudolf von Laban und das Ballett »Rosario la tirana« von Juan Manén uraufgeführt.

### 28. Oktober, Montag

2000 Menschen sterben bei einer Überschwemmungskatastrophe auf Haiti. Eine Woche lang hatte ein Hurrikan große Verwüstungen angerichtet und schwere Regenfälle mit sich gebracht.

### 29. Oktober, Dienstag

In einem Runderlaß des Geheimen Staatspolizeiamtes in Berlin an alle Polizeistellen wird bekanntgegeben, daß das Redeverbot, das am 21. Februar gegen den jüdischen Philosophen Martin Buber verhängt worden war, teilweise aufgehoben wird. Buber wird gestattet, sein Amt als Lehrer für die Mittelstelle jüdischer Erwachsenenbildung weiter auszuführen, da er durch diese Tätigkeit die Auswanderung junger Juden nach Palästina fördere.

In einer Pressemitteilung des Propagandaministeriums werden Veröffentlichungen über die neue Radioröhre, die 1936 auf den Markt kommen soll und eine wesentliche Neuerung darstellt, verboten. Eine vorzeitige Propaganda würde den gegenwärtigen Verkauf von Radios mit den alten Röhren behindern.

In Bolivien erregt ein Skandal um die US-amerikanische Firma Standard Oil großes Aufsehen. Die Firma hatte heimlich eine Pipeline von den Ölfeldern am Fluß Bermejo bis an die argentinische Grenze gebaut.

### 30. Oktober, Mittwoch

Im bisher größten Devisenprozeß verurteilt das Berliner Landgericht eine Ordensschwester zur Höchststrafe von zehn Jahren Zuchthaus und 250 000 RM Geldstrafe.

In Leipzig wird der deutsche Film »Der Mann mit der Pranke« unter der Regie von Rudolf van der Noss uraufgeführt. In den Hauptrollen spielen Paul Wegener, Rose Stradtner, Grethe Weiser.

### 31. Oktober, Donnerstag

Der Verband der Evangelischen Gesellenvereine Deutschlands und der Kartellverband farbentragender Katholischer Studentenvereinigungen lösen sich unter dem Druck der NSDAP auf.

Im Berliner Ufa-Palast wird der deutsche Abenteuer- und Kriminalfilm »Einer zuviel an Bord« uraufgeführt. Unter der Regie von Gerhard Lamprecht spielen u. a. René Deltgen, Rudolf Platte und Grethe Weiser.

**Das Wetter im Monat Oktober**

| Station | Mittlere Lufttemperatur (°C) | Niederschlag (mm) | Sonnenscheindauer (Std.) |
|---|---|---|---|
| Aachen | 9,4 (10,0) | 117 (64) | – (123) |
| Berlin | 9,0 ( 8,8) | 68 (58) | – (123) |
| Bremen | 9,9 ( 9,4) | 69 (47) | – (104) |
| München | 9,1 ( 7,9) | 121 (62) | – (130) |
| Wien | 11,3 ( 9,6) | 93 (57) | 117 (118) |
| Zürich | 9,3 ( 8,4) | 190 (80) | 50 (108) |

( ) Langjähriger Mittelwert für diesen Monat
– Wert nicht ermittelt

*Für den Automobiltourismus in den französischen Einflußgebieten in Nordafrika wirbt die Zeitung »L'Illustration« auf der Titelseite der Ausgabe vom 5. Oktober 1935.*

Ce numéro comprend 60 pages en couleurs, en héliogravure et en noir.

93e ANNÉE — N° 4831

# L'ILLUSTRATION

5 OCTOBRE 1935

LOUIS BASCHET, Directeur-adjoint. ROGER BASCHET, Adjoint aux Services artistiques. RENÉ BASCHET, Directeur. JACQUES BASCHET, Directeur des Services artistiques. GASTON SORBETS, Rédacteur en chef. RENÉ LEFÉBURE, Chef de l'Atelier de dessin.

## Le Tourisme et l'Automobile

*La route, en dépit du code, n'est pas toujours exclusivement « réservée à ses usagers »...*

*Aquarelle de* HENRI MONTASSIER.

# Italienische Truppen marschieren in Abessinien ein

**3. Oktober.** Von den italienischen Kolonien Eritrea und Somaliland aus besetzen Truppen des faschistischen Italien abessinisches Territorium. Damit beginnt das faschistische Italien den das ganze Jahr über militärisch und diplomatisch vorbereiteten Kolonialkrieg gegen den ostafrikanischen Staat.

Angebliche Grenzverletzungen Abessiniens an der Demarkationslinie zu Eritrea liefern Ministerpräsident und Duce Benito Mussolini den Vorwand für den Einsatzbefehl der Truppen. In der Mobilmachungsverordnung ist euphemistisch die Rede von »notwendigen Verteidigungsmaßregeln«.

Unmittelbar im Anschluß an die mittags ergangene Order bombardieren italienische Flugzeuggeschwader abessinische Stellungen in der Gegend von Adua. Anschließend rücken Infanterietruppen in einer etwa 60 km breiten Front über die Grenze von Eritrea ins abessinische Hochland vor. Im Süden des Landes errichten die Italiener eine zweite Front, die sich von Somaliland ebenfalls in Richtung auf die Hauptstadt Addis Abeba zubewegt.

Der Vormarsch der italienischen Truppen im Norden Abessiniens geht zügig voran: Schon im ersten Monat nehmen sie die Städte Aksum, Adua und Adigrat ein. Bis zum Jahresende fällt auch das im Landesinneren gelegene Makale in die

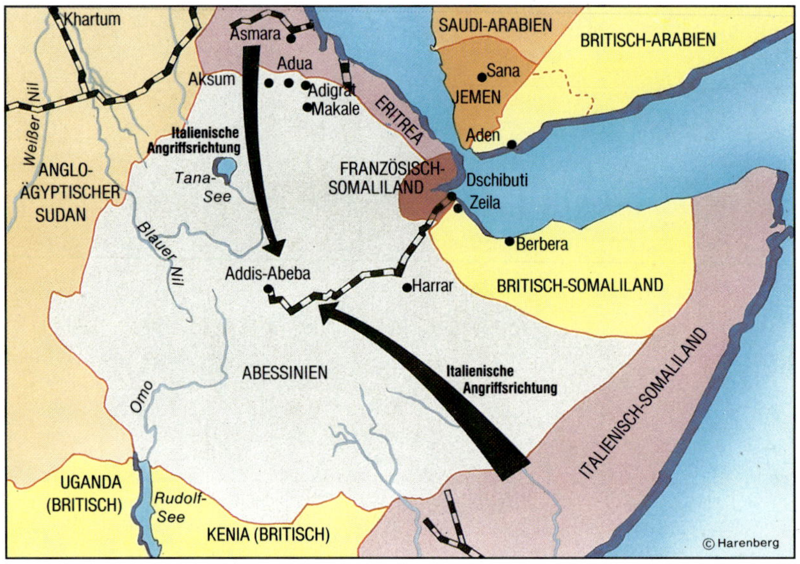


Hände der Italiener, die von nachrückenden Bautrupps in bereits besetzten Gebieten sofort Nachschubstraßen errichten lassen.

Insgesamt 18 italienische Divisionen mit einer Gesamtstärke von 300 000 Mann sind im Lauf des Jahres 1935 – überwiegend von Neapel und Messina aus – durch den Suezkanal nach Ostafrika verschifft worden (→ 17. 2./S. 35). Der größte Teil wurde in Eritrea stationiert, fünf Divisionen in Somaliland. Zusätzlich hat Mussolini drei Divisionen in der italienischen Kolonie Libyen, an der Grenze zu Ägypten aufstellen lassen. Obwohl Kaiser Haile Selassie I. auf abessinischer Seite rund eine Mio. Mann zur Verteidigung gegen den Aggressor bereitstehen hat, werden dieser zahlenmäßigen Übermacht kaum Chancen eingeräumt, den Vormarsch der Italiener zu stoppen. Italien verfügt über modernstes Kriegsgerät und kann Infanterievorstöße durch seine Luftwaffe unterstützen. Abessinische Vorwürfe, der Gegner bombardiere zivile Einrichtungen, werden von Rom allerdings energisch bestritten.

Abessiniens Streitkräfte müssen sich auf der anderen Seite mit einer wesentlich primitiveren Kriegsausrüstung begnügen, die häufig nur aus einfachen Gewehren besteht. Den Nachteil in der Ausrüstung soll die Armee durch eine Guerillataktik wettmachen, von der sich die afrikanischen Befehlshaber besonders in den unwegsamen Bergregionen viel versprechen. Als exotische Wunderlichkeiten präsentieren britische Berichterstatter der Öffentlichkeit in den westlichen Industriestaaten Bilder von barfüßigen abessinischen Soldaten und zeremoniellen Mobilisierungsritualen wie dem Rühren der Kriegstrommel.

Neben Italien verfolgen auch Großbritannien und Frankreich, Europas wichtigste Kolonialmächte, Interessen in Abessinien. In einem 1925 geschlossenen Vertrag garantieren diese drei Staaten Abessinien zwar seine Unabhängigkeit, teilen es aber gleichzeitig in Einflußzonen auf. Großbritannien ist besonders am Gebiet um den Tanasee interessiert, wo der blaue Nil entspringt, der für die Bewässerung des anglo-ägyptischen Sudan von großer Bedeutung ist. Die wichtigste Verkehrsader Abessiniens, die Bahnlinie Addis-Abeba-Djibuti, befindet sich in französischem Besitz. Über diese Strecke werden zwei Drittel des abessinischen Außenhandels abgewickelt.

Ein hegemoniales Interesse verfolgt jedoch nur Italien, das die formale Herrschaft über den Staat am Horn von Afrika anstrebt. Am Vorabend des Einmarsches beklagt Mussolini vor 20 Mio. Zuhörern im ganzen Land, daß durch den »widerwärtigen Friedensschluß« von Versailles Italien die große Kolonialbeute der anderen Mächte vorenthalten geblieben sei. Auf Ostafrika bezogen droht Mussolini mit deutlichen Worten eine Revision von Versailles an: »Mit Äthiopien hatten wir 40 Jahre lang Geduld. Jetzt ist es genug!«

Zwar erntet Italien mit der Eröffnung des Krieges gegen Abessinien internationale Proteste und Sanktionen des Völkerbundes (→ S. 170), Mussolini ist sich aber sicher, bei der Verfolgung seiner imperialen Absichten nicht ernstlich gestört zu werden: Ein Abkommen mit Frankreich signalisierte der italienischen Regierung im Januar freie Hand in Ostafrika (→ S. 35). Auch Großbritannien, die zweite einflußreiche europäische Macht in Afrika, zeigte sich trotz der italienischen Kriegsvorbereitungen der letzten Monate äußerst zurückhaltend.

*Eine begeisterte Menschenmenge lauscht Mussolinis Mobilisierungsrede vor dem römischen »Palazzo Venezia«.*

*In der abessinischen Hauptstadt Addis Abeba wird zum Zeichen der Mobilisierung die Kriegstrommel gerührt.*

*Manöver abessinischer Infanteristen bei Addis Abeba: Die meist barfüßigen Soldaten sind im Kampf gegen die Italiener oft nur mit Gewehren bewaffnet.*

*Nach dem Fall der Stadt Adua verschanzen sich abessinische Kavalleriesoldaten westlich der Stadt und leisten der italienischen Übermacht Widerstand.*

*Abessinische Truppenverbände rücken in den Südosten des Landes vor, wo die Italiener von Italienisch-Somaliland aus zügig vorwärts marschieren.*

## Das faschistische »Imperium Romanum«

Die Außenpolitik des faschistischen Italien wird bestimmt von dem Wunsch, die Friedensverträge von Versailles und Saint Germain-en-Laye zu revidieren. Als Siegermacht des Ersten Weltkrieges hatte sich Italien größere territoriale Zugeständnisse versprochen als sie von den Mächten der Entente eingeräumt wurden.

Die Verbitterung über den »verstümmelten Sieg« trug mit zum Aufstieg des Faschismus bei, der sich 1922 – angeführt von Benito Mussolini – in Italien durchsetzte. Was dem Staat nach Auffassung der Faschisten seinerzeit vorenthalten wurde, will die Regierung unter Ministerpräsident und Duce Mussolini mit ihrer Expansionspolitik nachholen: Sicherung der italienischen Vormachtstellung an der Adria und im Mittelmeerraum sowie Einfluß auf dem Balkan. Diesem Zweck dienten seit 1922 u. a. folgende Maßnahmen:

- ▷ Besetzung der Mittelmeerinsel Korfu 1923
- ▷ Abschluß der sog. Tirana-Verträge mit Albanien 1926/27, durch die Albanien faktisch zu einem italienischen Protektorat wird
- ▷ Freundschaftsverträge mit Ungarn, Rumänien, Bulgarien und Griechenland, von denen sich Mussolini eine Vormachtstellung auf dem Balkan verspricht
- ▷ Zusammenfassung der Regionen Tripolis, Cyrenaika und Fessan zur italienischen Kolonie Libyen 1934.

Mit dem erklärten Ziel, ein unter italienischer Herrschaft stehendes Mittelmeer-Imperium zu errichten, versucht Mussolini, Italien in die Tradition des antiken römischen Weltreichs zu stellen und gleichzeitig Kolonialpläne aus dem 19. Jahrhundert zu realisieren. Die Bedeutung dieser Ambitionen liegt nicht zuletzt auf innenpolitischem Gebiet: Die Stilisierung italienischer Mittelmeer-Herrschaft zur nationalen Aufgabe soll innere Konflikte überdecken. Außerdem will Mussolini mit dem Eroberungsfeldzug gegen Abessinien Revanche für die 1896 erlittene Niederlage von Adua nehmen.

Trotz seiner weitgesteckten imperialen Absichten fügt sich das faschistische Italien Mitte der 30er Jahre der Politik Frankreichs und Großbritanniens, die den Status quo im Nachkriegseuropa aufrechterhalten wollen. Als Teilnehmer an der Konferenz von Stresa verurteilt die italienische Regierung gemeinsam mit London und Paris die deutsche Wiederaufrüstung (→ 11. 4./S. 70). Für diesen »diplomatischen Dienst« erwartet Mussolini von den beiden Westmächten Zurückhaltung in Hinblick auf Italiens Afrikapläne.

*Italienische Soldaten bei der Einschiffung in Neapel: Am Mast des Transportschiffes ist ein überdimensionales Porträt von Ministerpräsident und Duce Benito Mussolini befestigt. Zehntausende faschistischer Milizionäre haben sich im Lauf des Jahres 1935 freiwillig gemeldet, um entweder als Pioniere die afrikanischen Kolonien Italiens zu besiedeln oder am Krieg gegen Abessinien mitzuwirken.*

# Halbherzige Sanktionen gegen Italien

**11. Oktober.** Der Völkerbund in Genf beschließt wegen des italienischen Überfalls auf Abessinien Sanktionen gegen Italien.

Nachdem der Völkerbundrat am 7. Oktober Italien als Aggressor verurteilt hat, der die Prinzipien des Völkerbundes ignoriere, verfügt ein aus 18 Staaten bestehender Sanktionsausschuß zunächst eine Ausfuhrsperre für Waffen gegen Italien. Im Lauf des Oktober folgen weitere Sanktionsbeschlüsse:

- ▷ Kreditsperre
- ▷ Boykott italienischer Waren
- ▷ Ausfuhrsperre kriegswichtiger Rohstoffe nach Italien, wie etwa Kautschuk, Eisenerz oder Aluminium.

Eine zusätzliche Vereinbarung sieht vor, daß sich die Sanktionsstaaten gegenseitig unterstützen, um durch die Maßnahmen nicht selbst Nachteile zu erleiden. Als Resultat der Sanktionen liegt der italienische Export im Januar 1936 um etwa die Hälfte, der Import um ein Drittel unter den Werten vom Januar 1935.

Der gewünschte Erfolg, den italienischen Ministerpräsidenten und Duce Benito Mussolini zum Einlenken zu veranlassen, bleibt allerdings aus. Entscheidend für Italiens starre Haltung ist die Tatsache, daß die Mitgliedsstaaten des Völkerbundes die Sanktionen teilweise gar nicht oder nur eingeschränkt befolgen. So kündigte Österreich bei der Vollversammlung des internationalen Gremiums bereits am 9. Oktober an, daß es sich nicht an Sanktionen beteiligen werde. Kleinere Staaten wie Albanien fürchten wirtschaftlichen und politischen Druck aus Rom und melden deshalb ebenfalls Vorbehalte gegen die Maßnahmen an. Ähnlich sieht es bei einflußreichen Staaten wie Großbritannien und Frankreich aus. Die Regierungen tragen zwar aus Rücksicht auf die öffentliche Meinung in ihren Ländern die Völkerbundsbeschlüsse formal mit, tolerieren aber aus weltpolitischen Erwägungen heraus stillschweigend das italienische Vorgehen (→ 9. 12./S. 202).

US-Präsident Franklin D. Roosevelt verhängt aufgrund des Neutralitätsgesetzes (→ 31. 8./S. 138) ein Verbot von Waffenexporten nach Italien und Abessinien. Eine Schwächung Roms bewirkt dieser Schritt aber nicht, weil gleichzeitig die US-Ölexporte nach Italien ein Rekordniveau erreichen. Das Deutsche Reich – wie die USA nicht Mitglied des Völkerbundes – beteiligt sich nicht an den Sanktionen, nutzt aber aus Rücksicht auf die guten Beziehungen zu Großbritannien (→ 18. 6./S. 102) die Lage auch nicht zum Ausbau seines Handels mit Italien. Deutsche Kohlelieferungen bilden allerdings einen wichtigen Rückhalt der italienischen Kriegswirtschaft.

***Beneš führt den Völkerbund***

*Seit dem 9. September 1935 hat der tschechoslowakische Außenminister Eduard Beneš den Vorsitz der Völkerbundversammlung. Der promovierte Jurist ist als Vertreter eines relativ kleinen Landes ein überzeugter Verfechter des Völkerbundprinzips, Konflikte nicht durch Gewalt, sondern durch Verhandlungen zu lösen. Gemeinsam mit Tomáš Garrigue Masaryk (→ 14. 12./S. 203) gehört Beneš zu den Gründern der Tschechoslowakei, die nach dem Zusammenbruch Österreich-Ungarns im November 1918 als Staat neu entstand. Als Außenminister vertritt er die ČSR seit 1920 im Völkerbund in Genf.*

## Völkerbund: Ein machtloses Organ

Der Völkerbund wurde 1919/20 als weltweite Staatenorganisation gegründet. Die anfangs 55 Mitgliedsländer setzten sich zum Ziel, den Frieden auf der Basis der Nachkriegsordnung dauerhaft zu sichern. Die in Genf angesiedelten Organe, Vollversammlung, Rat und ständiges Sekretariat, haben die Aufgabe, über die territoriale Integrität der Mitgliedstaaten zu wachen und Konflikte zu schlichten.

Obwohl der ehemalige US-Präsident Woodrow Wilson 1918 der Hauptinitiator des Staatenbundes war, gehören die USA aufgrund der Haltung des Kongresses nicht zu den Mitgliedern. Auch andere wichtige Mächte fehlen zunächst – die UdSSR tritt erst 1934 bei – oder treten wieder aus: Brasilien (1926), Japan (1933) und das Deutsche Reich (1933).

Bei seinen Friedensbemühungen steht der Völkerbund meist auf verlorenem Posten: Sein Versagen wird beim Überfall Japans auf die Mandschurei (1931) und beim Krieg Italiens gegen Abessinien deutlich. Hier zeigt sich die Organisation gegenüber der Verletzung ihrer Prinzipien durch Mitgliedsländer hilflos.

# Krieg schließt die Reihen an der »Heimatfront« zusammen

Für Italiens faschistische Regierung stellen die Völkerbundsanktionen und die Anprangerung vor der internationalen Staatengemeinschaft ein wirtschaftliches Problem, aber auch eine innenpolitische Chance dar: Der Isolierung nach außen begegnet der Staat erfolgreich mit der Aufforderung zu nationaler Geschlossenheit und Solidarität. Eine wichtige Rolle spielt dabei der Rundfunk, der erstmals in einem Krieg massiv zur Propaganda eingesetzt wird. Auf Straßen und Plätzen im ganzen Land strahlen große Lautsprecher Kriegsnachrichten und Durchhalteparolen aus.

Um den Sanktionen ökonomisch zu begegnen, greift die Regierung zu den unterschiedlichsten Mitteln:

- ▷ Aus Tabak wird Öl gewonnen
- ▷ Um Zellulose einzusparen, dürfen Tageszeitungen einen vorgeschriebenen Umfang nicht überschreiten
- ▷ Im November findet landesweit ein »fleischloser Tag« statt
- ▷ Das Kriegsministerium holt ebenfalls im November 100 000 Soldaten vorübergehend aus dem Kriegsgebiet zum Arbeitseinsatz nach Italien zurück.
- ▷ In Rom werden am 18. Dezember die Eheringe zahlreicher Italiener als Spende für die Kriegskasse eingeschmolzen (→ 4. 12./S. 204).

Italiens faschistische Politiker beantworten die Anordnung des Völkerbundes zum Boykott italienischer Waren mit dem Appell an die Bevölkerung, im Gegenzug ausländische Erzeugnisse zu boykottieren. Die demonstrativen Trotzreaktionen Roms nehmen gelegentlich auch skurrile Züge an. So verbietet das Propagandaministerium im November die Veröffentlichung bzw. Aufführung von Werken ausländischer Künstler aus den Sanktionsstaaten. Der irische Schriftsteller George Bernard Shaw erscheint wegen seiner kritischen Haltung zu Großbritannien nicht auf der Liste und verlangt daraufhin selber die Indizierung seiner Werke von den italienischen Behörden.

*Öffentlicher Radioempfänger in Rom*

*Mao (M.) und Soldaten der Roten Armee während des Langen Marsches*

*Nationalchinesische Truppen verfolgen schwer bepackt die Rote Armee.*

# Der Lange Marsch ist vorbei – Eine Legende entsteht

**20. Oktober.** Im Norden Chinas erreicht die kommunistische Rote Armee unter der Führung Mao Tsetungs die Stadt Yenan und schließt damit den sog. Langen Marsch ab. Der Rückzug der Roten Armee vor den nationalchinesischen Truppen General Chiang Kai-sheks ist aufgrund seiner Länge und Schwierigkeiten in der Geschichte einzigartig. Ein Jahr liegt der Aufbruch der Roten Armee aus der südostchinesischen Provinz Kiangsi zurück. Eingeschlossen durch Truppen der Kuomintang (KMT, Nationalchinesische Volkspartei) sahen die kommunistischen Kämpfer seinerzeit keine andere Chance, als die feindlichen Linien zu durchbrechen und in die im Nordosten gelegene Provinz Schensi zu fliehen, wo die Rote Armee eine neue Basis aufbauen wollte (→ 6. 1./S. 23).

Fast 12 000 km liegen hinter den Überlebenden des Marsches. Von den 100 000 im Oktober 1934 aufgebrochenen Menschen – 15 000 wurden unterwegs noch angeworben – kommen nur rund 7000 in Schensi an. Der Marsch führte durch zwölf verschiedene Provinzen unter extremen, häufig wechselnden klimatischen und geographischen Bedingungen. Die Rotarmisten, von denen viele nur das warme Klima des Südens gewohnt waren, mußten mehrere mit ewigem Schnee bedeckte Bergketten überwinden. Tagelang wateten sie durch unzugängliche Sümpfe und überquerten 24 Flüsse, an deren gegenüberliegenden Ufern sie häufig schon von feindlichen Truppen erwartet wurden. Dazu zählten nicht nur die Soldaten von Chiang Kai-sheks KMT-Regierung in Nanking, sondern auch Einheiten von insgesamt zehn regionalen Militärmachthabern, sog. Warlords. Fast täglich wurde die Rote Armee auf diese Weise in Gefechte verwickelt, die sie alle siegreich überstand.

Mit dem Erfolg des langen Marsches tritt der Kampf um die Macht in China in eine neue Phase. 1911 hatte die Revolution unter Sun Yat-sen zur Errichtung der Republik geführt. Die von ihm gegründete Kuomintang-Partei, die sich die »Drei Prinzipien« nationale Eigenständigkeit, Demokratie und Existenzsicherung für alle auf die Fahnen geheftet hatte, mußte aber 1912 dem Militärdiktator Yüan Shih-k'ai die Macht überlassen. Nach dessen Tod 1916 zerbrach das politische Gefüge Chinas, und die von Japan unterstützten »Warlords« kämpften untereinander um die regionale Vorherrschaft. Die KMT versuchte, im Süden des Landes wieder Fuß zu fassen. Dabei half ihr die UdSSR unter der Bedingung, daß die Nationalchinesen mit der 1921 gegründeten Kommunistischen Partei Chinas (KPCh) zusammenarbeite. Dieses Bündnis kündigte der seit 1925 neu amtierende KMT-Chef Chiang Kai-shek auf, als seine Partei an Einfluß gewann und gleichzeitig immer konservativer wurde. 1928 stellte die KMT die Zentralregierung in Nanking, schon ein Jahr davor hatte Chiang Kai-shek die KPCh für illegal erklärt und mit der Vernichtung ihrer Organisation begonnen.

*Rotarmisten und Anhänger der KPCh auf dem Weg in den Norden; auf manchen Streckenabschnitten müssen sie tagelang ohne Nahrung auskommen.*

Die Kommunisten ihrerseits versuchten, der Bauernbevölkerung sozialrevolutionäres Gedankengut nahezubringen und in einzelnen Gebieten Bauernräte zu errichten.

Chinas Bauern leiden seit jeher unter Armut und Naturkatastrophen. Im 20. Jahrhundert wird außerdem durch Übervölkerung der bebaubare Boden knapp. Die Warlords verwüsten mit ihren Privatkriegen das Land und pressen den Bauern horrende Steuern ab. In dieser Situation unterstützten die Kommunisten Bauernaufstände und gewannen durch ihre aktive Hilfe bei der Neuverteilung des Bodens die Sympathien der unterprivilegierten Landbevölkerung.

1931 rief Mao im Grenzgebiet zwischen den Provinzen Fukien und Kiangsi die »Chinesische Sowjetrepublik« aus. Hier wollte Chiang Kaishek die Streitmacht der KPCh, die Rote Armee, mit einem »Banditenausrottungsfeldzug« 1933/34 entscheidend schlagen.

Der US-amerikanische Journalist und Chinakenner Edgar Snow bezeichnet in seiner 1938 erschienenen Reportage »Roter Stern über China« den Langen Marsch als »die größte bewaffnete Propagandatour der Geschichte«. Der Roten Armee gelang nicht nur die Flucht vor Chiang Kaisheks Truppen, sondern sie warb auf ihrem Weg auch erfolgreich für die Sache des Kommunismus. Millionen armer Bauern kamen durch den Langen Marsch zum ersten Mal mit den Ideen des Kommunismus in Berührung. Dies war die Grundlage für den unaufhaltsamen Aufstieg Maos und der Kommunistischen Partei in China.

# Attlee wird Vorsitzender der Labour Party

**8. Oktober.** Auf dem Kongreß der oppositionellen brtitischen Labour Party in Brighton tritt der Pazifist George Lansbury von seinem Amt als Parteivorsitzender zurück. Zum Nachfolger Lansbury wählen die Delegierten den bisherigen Stellvertretenden Vorsitzenden Clement Richard Attlee.

Lansburys Rücktritt war die Abstimmung der Partei über ihre Haltung im italienisch-abessinischen Krieg vorausgegangen. Die Mehrheit stimmte dabei gegen den Willen Lansburys für eine Politik der Sanktionen und verstärkte Rüstungsanstrengungen Großbritanniens. Lansbury ist seit 1922 Mitglied des britischen Unterhauses, in dem er 1932 die Rolle des Oppositionsführers übernahm.

*George Lansbury: Zwischen 1929 und 1931 Minister für öffentliche Arbeiten*

*Der neue Labourführer mit seiner Frau: C. R. Attlee übernimmt neben dem Parteivorsitz auch die Rolle des Oppositionsführers im Unterhaus.*

Der Führer der Transportarbeitergewerkschaft, der 1922 aus 32 Einzelgewerkschaften zusammengefaßten mächtigsten britischen Arbeitervertretung, Ernest Bevin, richtet auf dem Parteikongreß heftige Angriffe gegen Lansbury. Er verurteilt dessen Politik als pazifistisch, sie schaue nur auf Ethik und Recht und gehe an der Wirklichkeit vorbei.

Der neue Labour-Führer Attlee unterstützt die Haltung des Völkerbundes und das System kollektiver Sicherheit. Seine im Vergleich zu Lansbury weniger idealistische Politik stößt auch in weiten Teilen der Bevölkerung auf größere Zustimmung. Unter seinem Vorsitz verzeichnet die Partei bei den Unterhauswahlen im November einen erheblichen Stimmenzuwachs. Sie gewinnt 154 Sitze im britischen Unterhaus und verbessert damit ihre Position gegenüber der Wahl im Oktober 1931, bei der sie nur 59 Sitze erhielt, erheblich. Dennoch reicht das Ergebnis nicht an das aus dem Jahr 1929 heran, als die Labour Party mit 290 Unterhaussitzen stärkste Fraktion wurde und mit James Ramsay MacDonald den Premierminister stellte. Den konservativen Regierungsparteien unter Premierminister Stanley Baldwin behalten nun mit insgesamt 421 Sitzen eine starke parlamentarische Mehrheit.

*Kurt Schuschnigg vertritt die Idee des autoritären Ständestaates.*

## Österreich mit neuer Regierung

**17. Oktober.** Nach persönlichen Differenzen mit dem Heimwehrführer und Innenminister Emil Fey bildet der österreichische Bundeskanzler Kurt Schuschnigg sein Regierungskabinett um. Für den ausscheidenden Fey übernimmt nach der Kabinettsumbildung Eduard Baar-Baarenfels das Innenressort.

Zugleich kündigt Schuschnigg die Zusammenfassung der Heimwehren zum Gesamtverband »Freiwilligen Miliz – Österreichischer Heimatschutz« an.

# KPD spricht sich für Volksfront aller Hitler-Gegner aus

**3. Oktober.** Im Moskauer Exil beginnt die zwölftägige sog. Brüsseler Konferenz der Kommunistischen Partei Deutschlands (KPD).

Bei dem aus Tarnungsgründen gegenüber den Nationalsozialisten »Brüsseler Konferenz« genannten Zusammentreffen setzt die KPD die neue Volksfront-Strategie der übergeordneten Kommunistischen Internationale (Komintern) um. Auf dem VII. Weltkongreß der Komintern hatten die Delegierten im Juli/August 1935 eine Einheitsfrontpolitik gegen den NS-Staat beschlossen (→ 25. 7./S. 121).

Jetzt rückt auch die KPD von ihrer Ende der 20er Jahre propagierten offiziellen Parteitheorie ab, die Sozialdemokratie sei »sozialfaschistisch« und als »Hauptfeind« einzustufen (→ 26. 9./S. 157). Wilhelm Pieck, der für den im Deutschen Reich inhaftierten Ernst Thälmann zum Parteivorsitzenden gewählt wird, übt Selbstkritik: »Die Partei hat verkannt, daß sie von ihrem Kampfe gegen die bürgerliche Demokratie zum Kampfe um die Verteidigung der demokratischen Rechte und Freiheiten hätte übergehen müssen; wir richteten unseren Hauptangriff gegen die Sozialdemokratie noch in einer Zeit, in der wir den Hauptangriff gegen die faschistische Bewegung hätten richten müssen.«

Pieck fordert eine Taktik des »trojanischen Pferdes« beim Widerstand innerhalb des Deutschen Reiches. Kommunisten sollten nationalsozialistische Massenorganisationen wie die »Deutsche Arbeitsfront« (DAF) von innen unterwandern. Diese Losung gewinnt allerdings in der politischen Praxis so gut wie gar keine Bedeutung.

Im neugewählten Politbüro bilden neben Walter Ulbricht, Paul Merkur und Franz Dahlem der 29jährige Herbert Wehner sowie Anton Akkerman die in Prag residierende Auslandsleitung der Partei.

***Thälmann, der kompromißlose Chef***

*Seit dem 3. März 1933 sitzt die Symbolfigur des deutschen Kommunismus, Ernst Thälmann, im Untersuchungsgefängnis Berlin-Moabit in Einzelhaft. Der Transportarbeiter, zunächst Mitglied der SPD, übernahm 1925 den Vorsitz der fünf Jahre zuvor gegründeten KPD. Unter seiner Führung konnte die Partei ihre Stimmenanteile bei Wahlen kontinuierlich steigern. 1925 und 1932 trat Thälmann, ein energischer Vertreter der »Sozialfaschismus«-Theorie, erfolglos als Kandidat für das Amt des Reichstagspräsidenten an.*

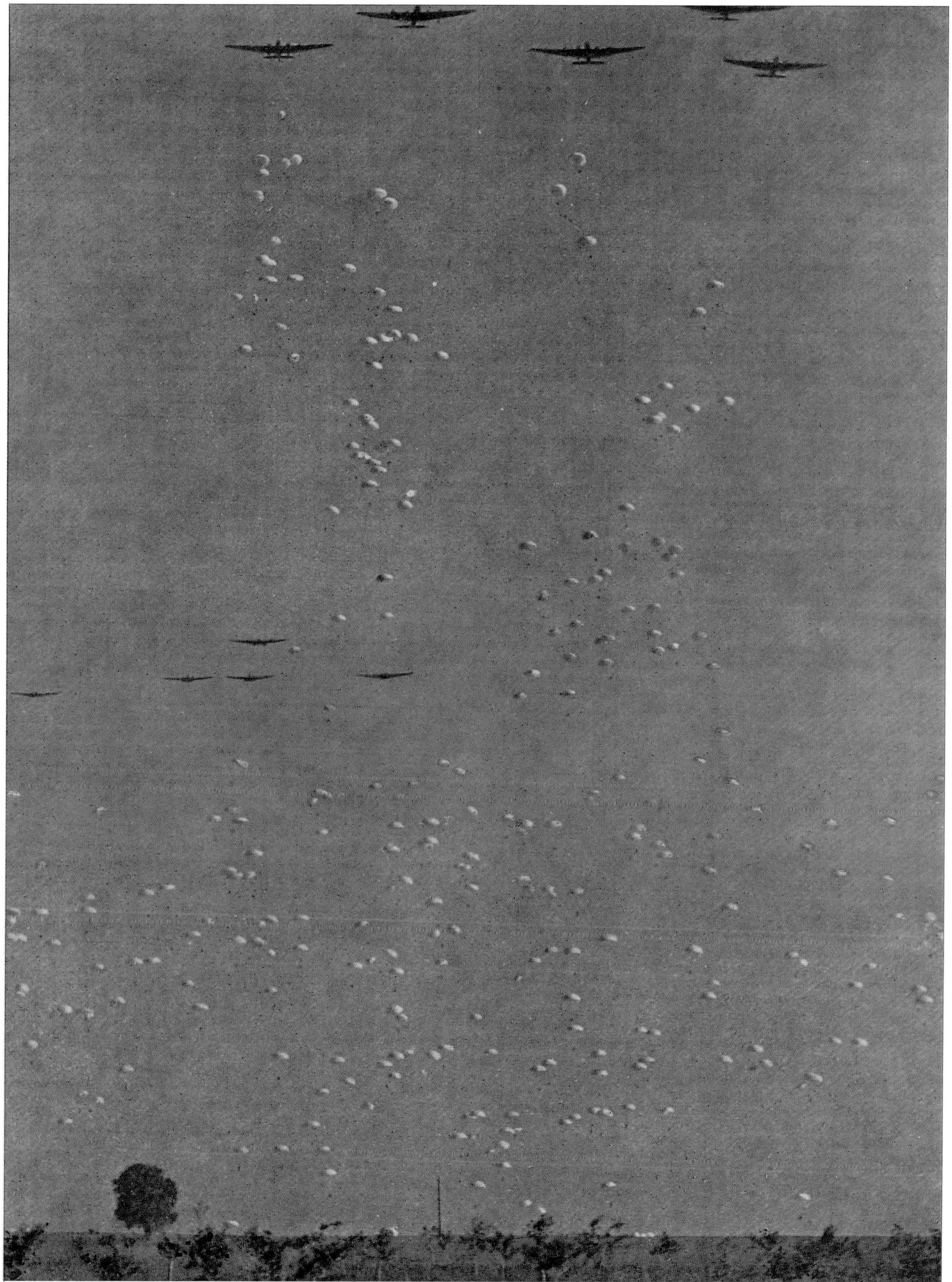

Bei dem Manöver in Kiew proben u. a. 500 sowjetische Fallschirmspringer für den Ernstfall.

## Manöver in Kiew soll dem Westen Wehrhaftigkeit demonstrieren

**Oktober.** *In der Gegend von Kiew halten das sowjetische Heer und die Luftwaffe ihr großes Herbstmanöver ab. Da die Sowjetunion einen Angriffskrieg von seiten der westlichen Staaten befürchtet, hat sie in den letzten Jahren den Ausbau ihrer Streitkräfte zielstrebig verfolgt. Im allgemeinen Rüstungswettlauf der Großmächte wurde die sowjetische Armee innerhalb der letzten vier Jahre von 562 000 auf 960 000 Mann aufgestockt. Gleichzeitig betreibt die UdSSR eine massive technische Aufrüstung in der Luft, zu Wasser und zu Land.*

## Niederlande stoppt die Benzinausfuhr

**9. Oktober.** »Zur Förderung der internationalen Zusammenarbeit im Dienste des Friedens und zum Schutze eigener lebenswichtiger Interessen in Zeiten internationaler Spannungen« ermächtigt die Erste Kammer des niederländischen Parlaments die Regierung einstimmig, Ausfuhrverbote für bestimmte Waren zu erlassen.

Gleich im Anschluß an diese Ermächtigung verbietet die Regierung mit sofortiger Wirkung die Ausfuhr von Benzin. Das starke Sinken der Inlandsvorräte bei gleichzeitig starker Nachfrage des Auslandes machen diese Maßnahme nötig, um den eigenen Bedarf im Land zu decken. Für viele Handelspartner geht damit die Niederlande als wichtiger Rohstofflieferant verloren.

Die Ermächtigung der niederländischen Regierung ermöglicht dem Land darüber hinaus die Teilnahme an den vom Völkerbundrat beschlossenen Sanktionen gegen Italien (→ 11. 10./S. 170). Ebenso können die Niederlande jetzt unabhängig von den Völkerbundbeschlüssen eigene Sanktionsmaßnahmen in die Wege leiten. Der niederländische Ministerpräsident Hendrikus Colijn kündigt am selben Tag Gesetze an, die die Ausfuhr von Waren nach Italien und die Gewährung von Krediten an das kriegführende Land grundsätzlich verbieten.

## Liberale gewinnen Wahlen in Kanada

**15. Oktober.** Bei den Wahlen zum kanadischen Parlament erleidet die regierende konservative Partei eine schwere Niederlage.

Die liberale Partei unter der Führung von William Lyon Mackenzie King gewinnt 171 Sitze, die Konservativen verlieren 92 Sitze und verfügen nur noch über 41 Sitze im Parlament. Aufgrund der erdrutschartigen Verluste erklärt der konservative Premierminister Richard Bedfort Bennett am 26. Oktober seinen Rücktritt. Als Nachfolger Bennetts übernimmt Mackenzie King das Amt des Premier.

Mitentscheidend für den Wahlausgang waren Versprechungen Mackenzie Kings, im Falle eines Sieges Maßnahmen zur Bewältigung der Arbeitslosigkeit zu ergreifen.

Verkehr 1935:

# Rasern wird Kampf angesagt

Die von Führer und Reichskanzler Adolf Hitler angestrebte »Motorisierung der Deutschen«, die durch den Bau eines umfassenden Autobahnnetzes und der Steigerung der PKW-Produktion gefördert wird, macht 1935 bei einem Anstieg der Verkehrsunfälle die Verkehrssicherheit zu einem der vordringlichsten Themen im Land.
Während 1934 die Zahl der Verkehrstoten 4101 betrug, wächst sie 1935 schon auf 4840. Die PKW-Produktion steigt im gleichen Zeitraum von 147 000 auf 205 000.
Zur Eindämmung der Unfälle wird eine Vielzahl neuer Regeln erlassen. Verkehrspolizisten erhalten eine besondere Schulung, die ihnen eine effektivere Kontrolle des Straßenverkehrs und seiner Teilnehmer ermöglichen soll. Verkehrssünder müssen neben verschärften Strafen mit einem »Sonderunterricht« rechnen, der sie ausführlich über die »Reichsstraßenverkehrsordnung« informiert. Zur Verhinderung der häufigen Unfälle an Bahnübergängen werden neue und sichere Doppelschranken eingeführt, die mit zusätzlichen Heulsirenen und Nebelstrahlern ausgestattet sind und auch das fahrlässige Überfahren eines unbeschrankten Bahnüberganges ausschließen sollen.
Der immer stärker werdende Straßenverkehr erfordert auch im Ausland größere Sicherheitsvorkehrungen. In Großbritannien werden erstmals Bedarfsampeln eingerichtet, die der Fußgänger durch Knopfdruck betätigt und die ihm das sichere Überqueren verkehrsreicher Straßen ermöglichen. In fast allen Ländern werden Tempolimits in den Städten eingeführt.
Hohes Verkehrsaufkommen verursacht in den Großstädten oftmals chaotische Zustände. Erste Hochstraßen sorgen für eine Entkrampfung der Situation, der Straßenbau wird verstärkt vorangetrieben.
Unter dem Schlagwort »Safety first« startet die US-amerikanische Polizei in Zusammenarbeit mit der gesamten Presse, den Autokonzernen, Lebensversicherungen und Elternvereinigungen eine umfangreiche Aufklärungs- und Verhütungskampagne zur Bekämpfung der auch in den USA dramatisch angestiegenen Zahl der Verkehrstoten. Allein 1934 starben auf US-amerikanischen Straßen 33 980 Menschen, was im Vergleich zu 1932 einen Anstieg von 23% bedeutet. Neben der rücksichtslosen Anwendung der Verkehrsvorschriften auch bei weniger schweren Vergehen werden drastische Maßnahmen zur Unfallverhütung ergriffen. Zeitschriften veröffentlichen detaillierte Beschreibungen von Unfällen und deren Folgen. Viele Verkehrsrichter lassen Verkehrssünder zur Strafe die Berichte vorlesen, abschreiben und auswendig lernen. Zur Warnung werden stark beschädigte Autos an verkehrsreichen Punkten abgestellt, um die Folgen überhöhter Geschwindigkeit oder technischer Mängel an Fahrzeugen zu dokumentieren. Als Abschreckungsmaßnahme werden manche Verurteilte sogar in Leichenschauhäuser geführt, wo sie die Opfer von Verkehrsunfällen ansehen müssen. Mit umfangreichen Plakataktionen sowie Filmen über Verkehrssicherheit versucht die US-Polizei die Bürger, von denen bereits jeder vierte im Besitz eines Autos ist, zu umsichtigem und sicherem Fahrverhalten zu bewegen.

*Der zunehmende Individualverkehr fordert neue Wege im Straßenbau wie hier die im Bau befindliche Oakland-Bay-Bridge, die auf einer Länge von 7,015 km die Städte San Francisco und Oakland miteinander verbindet.*

*Die neue Autobahnteilstrecke München–Holzkirchen wird von Adolf Hitler eingeweiht. Auf der linken Fahrbahn sind Reiseomnibusse zu sehen, die in Zukunft auf der Autobahn, der »Straße des Führers«, regelmäßig verkehren sollen.*

*»Schadhafte Bremsen verursachten diesen Unfall« warnt das Plakat zu diesem Auto, das zur Abschreckung durch die New Yorker Straßen fährt.*

*Ziehharmonikaartig aufgestellte Leitplanken am Straßenrand sollen die Sicherheit der Verkehrsteilnehmer in unübersichtlichen Kurven schützen helfen.*

*In Bremen erhalten Verkehrssünder Sonderunterricht. Am Sonntagmorgen um acht Uhr müssen sie zum gemeinschaftlichen »Nachsitzen« antreten.*

*An einer der gefährlichsten und unfallträchtigsten Kreuzungen Londons wurde eine Fußgängerbedarfsampel eingerichtet, die auf Knopfdruck reagiert.*

*In Preußen überwachen Motorpatrouillen der Polizei den Verkehr auf den Landstraßen. Der Beifahrer fordert den Autofahrer zum Anhalten auf.*

*Um das Verkehrschaos in der Millionenstadt New York zu entzerren, wurden über die alten Straßen neue und höhergelegene Ausweichstraßen gebaut.*

*Nach den neuesten Erkenntnissen der Straßenbautechnik wurde diese kreuzungsfreie, schleifenförmige Straßenverbindung in Stockholm konzipiert.*

*An sechs Eintopfsonntagen, die im Winter 1935/36 zugunsten des Winterwerks stattfinden, soll die Bevölkerung spenden.*

*Der Gauleiter von Franken, Julius Streicher, bei der Eintopfmahlzeit mit seiner Familie.*

*In Berlin werden an 12 großen Plätzen in der Stadt Erbsen mit Speck ausgegeben.*

*Um Engpässe aufzufangen, gibt es Dosenfleisch als »Fleisch im eigenen Saft«.*

# Das Opfer am Sonntag: Blutwurst mit Wurstkartoffeln

**13. Oktober.** Im ganzen Deutschen Reich findet der erste »Eintopfsonntag« des Jahres zugunsten des Winterhilfswerks (WHW) statt. Allein in Berlin sammeln 75 000 freiwillige Helfer 375 000 RM für die Organisation.

Die Bevölkerung wird aufgefordert, an diesem Tag nur Eintopfgerichte zu essen und den Differenzbetrag gegenüber einer normalen Sonntagsmahlzeit der Hilfsorganisation zu spenden. Dabei steht die Opferbereitschaft des Einzelnen, der zur Stärkung der »Volksgemeinschaft« auf den persönlichen Genuß verzichtet, laut NS-Propaganda im Vordergrund.

In allen Städten geben offizielle Stellen Eintopfmahlzeiten aus, jeder Deutsche soll am »Tisch der Volksgemeinschaft« Platz nehmen. SA-Kapellen sorgen für passende Tischmusik. Um ihre »Nähe zum Volk« unter Beweis zu stellen, nehmen an diesen Veranstaltungen auch führende Repräsentanten des Regimes teil.

Der mehrmals im Jahr stattfindende »Eintopfsonntag« gehört zu einer Reihe von Maßnahmen, die im Rahmen des WHW organisiert werden. So finden z. B. Straßen- und Haussammlungen statt, es werden Mindestspendensätze erhoben, die zwangsweise vom Lohn oder Gehalt abgezogen werden, oder es werden Reichswinterhilfslotterien durchgeführt.

Das WHW wurde im Winter 1931/32 von privaten Wohlfahrtsverbänden wie dem Deutschen Roten Kreuz, dem Paritätischen Wohlfahrtsverband und der Deutsch-Israelitischen Gemeinde als Reaktion auf die sozialen Folgen der Weltwirtschaftskrise gegründet. Arbeitslose und Bedürftige erhielten aus einem Fonds Lebensmittel-, Möbel- und Geldspenden.

Nach der Machtergreifung Hitlers wurde die Organisation der Nationalsozialistischen Volkswohlfahrt (NSV) unterstellt, dem Spitzenverband der freien Wohlfahrtspflege, der allein berechtigt ist, Sammlungen durchzuführen. Der bis dahin große Kreis der Spendenempfänger wurde nun auf »politisch und rassisch zuverlässige« Personen eingeschränkt.

Mit Appellen an die Solidarität der »Volksgemeinschaft« und an die Opferbereitschaft der Bevölkerung werden die Aktivitäten der Organisation propagandistisch unterstützt. Mit Hilfe umfangreicher Werbekampagnen des Propagandaministeriums wird die Bevölkerung zum »Sozialismus der Tat«, zu aktiver Unterstützung der Bedürftigen aufgefordert. Nach dem Willen Adolf Hitlers soll die Winterhilfe einen wichtigen »Beitrag zur Erziehung des Volkes zum sozialistischen Denken leisten«.

Als Bestandteil der nationalsozialistischen Sozialpolitik dient das WHW sowohl der Selbstdarstellung des Regimes wie der Stärkung der inneren Stabilität. Besonders im Zeichen der angespannten Versorgungslage im Nahrungsmittelbereich, die durch die massive Kriegswirtschaft noch verschärft wird, soll bei der Bevölkerung der Eindruck einer umfassenden sozialen Absicherung geweckt werden.

*Feldküchen verteilen auf vielen Plätzen Eintopfgerichte für 50 Rpf. SA-Kapellen geben dem kargen Mittagstisch einen offiziellen Charakter.*

*»Vorratskammern der Opferbereitschaft« nennt die Zeitschrift »Die Woche« die Spendenlager des Winterhilfswerks. Helfer verteilen Schuhe, Kleider und Lebensmittel an Familien und Bedürftige.*

*Mit einem Aufruf zur »nationalsozialistischen Solidarität« eröffnet Adolf Hitler das Winterhilfswerk 1935/36 in der Berliner Krolloper.*

# Trauung unterm Hakenkreuz

**10. Oktober.** Im Berliner Lehrervereinshaus wird die erste Trauung nach dem Ritual der »Deutschen Volkskirche« durchgeführt. Auf die Frage an die Brautleute, ob sie gewillt seien, die Ehe einzugehen, antworten beide »Jawohl, Heil Hitler«. Bei der Zeremonie hängt über dem Altar statt des christlichen Kreuzes das Hakenkreuz der NSDAP.

Die »Deutsche Volkskirche«, die 1927 von Artur Dinter gegründet wurde, bejaht in ihrer Lehre zwar das Christentum, sie lehnt das Erlöserprinzip jedoch ab. Christus verehrt sie als »arischen« Helden, um den sie eine neue Kirche bilden will, die gleichermaßen gegen die »jüdisch-evangelische« wie die »jüdisch-römische« Kirche kämpft. Für dieses Ziel und um ein »zeitgemäßes Heilandbild« aufzubauen, »reinigt« Dinter die Bibel von allem »jüdischen Beiwerk«.

Der Chemielehrer Dinter wurde bekannt durch seinen antisemitischen Roman »Sünde wider das Blut« (1917), von dem bis 1934 260 000 Exemplare verkauft wurden. Früh schloß er sich der NSDAP an und wurde 1925 für »treue Dienste« während Hitlers Haftzeit mit dem Amt des kommissarischen Gauleiters von Thüringen belohnt. Über den Weg zur »Wiederherstellung einer reinen Heilandslehre« zerstritten sich Dinter und Hitler, der während der Aufbauphase der NSDAP jeden Streit mit den konfessionellen Kirchen vermeiden wollte und Dinter den Posten als Gauleiter entzog. 1928 als »parteischädigend« aus der Partei ausgeschlossen, bemüht sich Dinter seither vergeblich um die Wiederaufnahme in die NSDAP. Die »Deutsche Volkskirche« wird 1937 endgültig von seiten des Staates verboten.

# Staat prüft »Ehetauglichkeit«

**18. Oktober.** In Ergänzung des »Gesetzes zur Verhütung erbkranken Nachwuchses« vom 14. Juli 1933 erläßt die Reichsregierung das »Gesetz zum Schutz der Erbgesundheit des deutschen Volkes«, kurz »Ehegesundheitsgesetz« genannt.

Durch das Gesetz wird das Eherecht unter dem Gesichtspunkt der »Erbpflege« neu geregelt. Eine Ehe darf nicht zustande kommen, wenn

- ▷ einer der Verlobten an einer mit Ansteckungsgefahr verbundenen Krankheit leidet, die eine erhebliche Schädigung der Gesundheit des anderen Teils oder der Nachkommen befürchten läßt
- ▷ einer der Verlobten entmündigt ist oder unter vorläufiger Vormundschaft steht
- ▷ einer der Verlobten, ohnc entmündigt zu sein, an einer geistigen Störung leidet, welche die Ehe für die Volksgemeinschaft unerwünscht erscheinen läßt
- ▷ einer der Verlobten an einer Erbkrankheit im Sinne des »Gesetzes zur Verhütung erbkranken Nachwuchses« leidet.

Vor der Eheschließung müssen Heiratswillige ein Zeugnis des Gesundheitsamtes einholen, das sog. Ehetauglichkeitszeugnis, das nachweist, daß kein Ehehinderungsgrund im Sinne des Gesetzes vorliegt. »Erschlichene« Eheschließungen werden für nichtig erklärt und mit Gefängnisstrafen belegt.

Neben der »Rassenpflege«, die mit dem Nürnberger »Blutschutzgesetz« (→ 15. 9./S. 149) gesetzlich geregelt wurde, findet mit diesem Gesetz die diskriminierende Idee der »Erbpflege« Eingang in das Eherecht. Die »Reinigung« des deutschen Volkes von »erbuntüchtigen Individucn« führt in der Konsequenz zur Vernichtung »unwürdigen« Lebens (Euthanasie).

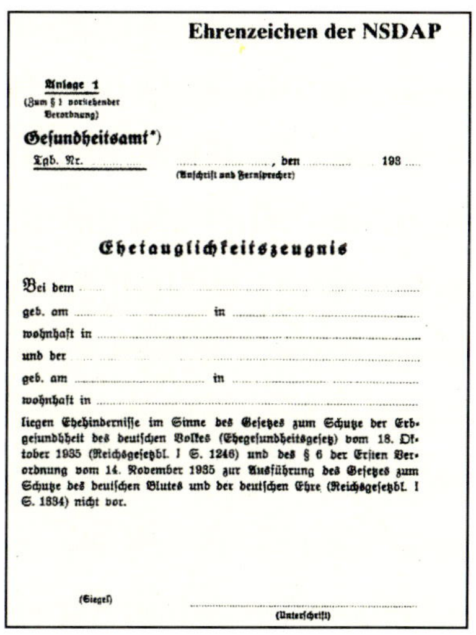

Ehrenzeichen der NSDAP

Anlage 1
(Zum § 1 vorstehender Verordnung)

Gesundheitsamt*)
Tgb. Nr. ........ , den ........ 193 ....
(Anschrift und Fernsprecher)

Ehetauglichkeitszeugnis

Bei dem ........
geb. am ........ in ........
wohnhaft in ........
und der ........
geb. am ........ in ........
wohnhaft in ........

liegen Ehehindernisse im Sinne des Gesetzes zum Schutze der Erbgesundhheit des deutschen Volkes (Ehegesundheitsgesetz) vom 18. Oktober 1935 (Reichsgesetzbl. I S. 1246) und des § 6 der Ersten Verordnung vom 14. November 1935 zur Ausführung des Gesetzes zum Schutze des deutschen Blutes und der deutschen Ehre (Reichsgesetzbl. I S. 1334) nicht vor.

(Siegel) ........ (Unterschrift)

*Das vom Gesundheitsamt ausgestellte »Ehetauglichkeitszeugnis« ist Voraussetzung für die Eheschließung.*

*Beim Wartburgfest verkündet Staatsminister Adolf Wagner die Auflösung der »Deutschen Burschenschaft«.*

# Auflösung der Burschenschaft erzwungen

**8. Oktober.** Unter dem Druck der NSDAP beschließt die Bundesleitung der »Deutschen Burschenschaft«, in der insgesamt 110 Verbindungen zusammengefaßt sind, ihre Selbstauflösung.
Die einzelnen Organisationen werden nun in den »Nationalsozialistischen Deutschen Studentenbund« (NSDStB) eingegliedert und sollen den Grundstock für eine neue, umfassende Studentenorganisation bilden, die ausschließlich nach nationalsozialistischen Gesichtspunkten aufgebaut werden soll.
Wenige Tage zuvor hatte bereits das Studentenkorps »Kösener SC« seine Selbstauflösung beschlossen. Gegen die Korporation wurde der Vorwurf »cliquenhafter Exklusivität« erhoben. Sie habe die ursprünglichen Ideale des Studententums, die Kameradschaft und Ehre, zu einem einseitigen Extrem verzerrt.
Bereits im Juni hatte Reichsjugendführer Baldur von Schirach die jetzigen Maßnahmen vorbereitet, als er die Mitgliedschaft in einer Korporation und der Hitlerjugend (HJ) für unvereinbar erklärte und damit praktisch eine Aufnahmesperre für Burschenschaften verhängte.

*Aufmarsch der farbentragenden Studentenschaft in Berlin: Trotz der erzwungenen Selbstauflösung dauert es mehrere Jahre, bis sämtliche Burschenschaften in »Kameradschaften« des NS-Studentenbundes umgewandelt sind.*

### *Mit Band und Kappe für die Einheit*

Die Burschenschaften entstanden zu Beginn des 19. Jahrhunderts als Einigungsbewegung der bis dahin zersplitterten Studentenschaft. Die farben- und waffentragenden Korporationen forderten über die Reform des studentischen Lebens hinaus das Ende der deutschen Kleinstaaterei und die Schaffung eines deutschen Nationalstaates. Am 18. Oktober 1818 unterzeichneten Vertreter von 14 Universitäten die Verfassung einer »Allgemeinen Deutschen Burschenschaft«. In ihrem liberal-nationalen Programm forderten die Burschenschaften u.a. die staatliche, wirtschaftliche und kirchliche Einigung Deutschlands, eine konstitutionelle Monarchie mit Ministerverantwortung, eine einheitliche Rechtsprechung sowie Rede- und Pressefreiheit. Nach der Gründung des Deutschen Reichs 1871 verloren progressive politische Zielsetzungen an Bedeutung. Der Gesamtverband der Burschenschaften spaltete sich in den reformerischen »Allgemeinen« Deutschen Burschenverband« und die konservative »Deutsche Burschenschaft« auf.

## Geschichte wird bewußt gefälscht

**19. Oktober.** Das am 1. Juli gegründete »Reichsinstitut für Geschichte des neuen Deutschlands« wird in Berlin feierlich eröffnet.
Die unter der Aufsicht des Reichswissenschaftsministeriums stehende Einrichtung soll der historischen Forschung im Dienst der nationalsozialistischen Bewegung neue Impulse geben und sie »mit den lebendigen Triebkräften des nationalsozialistischen Regimes zu verbinden«. Dabei erscheint das Dritte Reich letztlich als Vollendung der geschichtlichen Entwicklung im Deutschen Reich.
Unter der Leitung des ehemaligen Mitarbeiters des »Völkischen Beobachters« und fanatischen Antisemiten, Walter Frank, wird besonders die »rassische Dimension der Geschichte« betont und die Überlegenheit der »arischen« Völker gegenüber den »minderwertigen Rassen« in zahlreichen Publikationen herausgestellt.
Die Geschichtsbetrachtung der Nationalsozialisten legt das Hauptgewicht auf den Anfang des Jahrhunderts. Der Weltkrieg wird als ungeheure Auflehnung der Deutschen gegen eine Welt von Feinden gewertet, der »Versailler Diktatfrieden« als Entwürdigung des Volkes betrachtet. So glorifiziert diese Geschichtsinterpretation die Machtergreifung der Nationalsozialisten als gelungene Selbstbefreiung des deutschen Volkes.

## Chemiker stellt Sexualhormon her

**18. Oktober.** Der Schweizer Chemiker Leopold Ružička gibt bei einem Vortrag vor der US-amerikanischen Chemischen Gesellschaft in Washington die künstliche Herstellung des männlichen Sexualhormons Testosteron bekannt. Testosteron ist zur Bestimmung der sekundären Geschlechtsmerkmale notwendig.
Ende 1934 war es dem Professor an der Eidgenössischen Technischen Hochschule in Zürich mit seinem deutschen Kollegen Adolf Friedrich Johann Butenandt bereits gelungen, das Hormon Androsterron zu isolieren und synthetisch zu reproduzieren. 1939 wird beiden für ihre Forschungsarbeit der Nobelpreis für Chemie zugesprochen.

Essen und Trinken 1935:

# »Ernährungsschlacht« beschert bescheiden gedeckten Tisch

Trotz Wirtschaftsaufschwung steht die Versorgung der deutschen Bevölkerung mit Lebensmitteln im Zeichen drastischer Engpässe. Insbesondere Butter, Schmalz, Eier und Fleisch sind schlecht oder nur sehr teuer zu bekommen. Um für die Aufrüstung der Wehrmacht Devisen zu sparen, verfügt die Reichsregierung Importkürzungen bei Konsumgütern und besonders stark bei Nahrungsmitteln. So werden in den ersten acht Monaten des Jahres 1935 nur noch 2220 statt, wie im gleichen Zeitraum des Vorjahres, 34 062 Schweine eingeführt. Der Import von frischem Schweinefleisch sinkt von 8400 auf 5800 t.

Die nationalsozialistische Regierung bemüht sich, den Verbrauch der Bevölkerung von knapp gehaltenen und relativ hochwertigen Lebensmitteln auf reichliche und eher minderwertige Nahrung umzustellen. So wird der Kauf von Fisch anstelle von Fleisch und von Marmelade statt Fett propagiert. Als Resultat dieser Politik, die durch die Verfügbarkeit und den Preis der entsprechenden Lebensmittel unterstützt wird, steigt der Konsum von Marmelade und Fisch an.

Gleichzeitig werden Herstellung und Verbrauch einheimischer Produkte wie Kartoffeln gegenüber Importgütern gefördert. Die NS-Regierung flankiert diese für die Rüstung notwendigen ökonomischen Maßnahmen mit großangelegten symbolischen Aktionen wie dem jährlichen »Erntedanktag« (→ 6. 10./S. 180) oder den sog. Eintopfsonntagen (→ 13. 10./S. 176). Diese Solidarveranstaltungen dienen dazu, die Bevölkerung auf die schwierige Versorgungslage einzustimmen, die gleichzeitig zum nationalen Opfer für ein höheres Ziel stilisiert wird. Als sei die Landwirtschaft ein Krieg mit anderen Mitteln, ist häufig von der agrarischen »Erzeugungsschlacht« die Rede.

Im Vergleich etwa zur britischen Bevölkerung, die mehr Fleisch, Zucker und Eier zu sich nimmt, ernähren sich die Deutschen wesentlich bescheidener: Der Schwerpunkt liegt bei Roggenbrot, Kohl, Kartoffeln und Margarine. Im Vergleich zu den Jahren der Weimarer Republik ist ein sinkender Verbrauch von Obst, Gemüse und Fleisch zu beobachten.

Die Kaufkraft der meisten Deutschen läßt den Konsum bestimmter knapper Nahrungsmittel ohnehin nur sehr eingeschränkt zu. Ein männlicher Facharbeiter muß z. B. für ein halbes Pfund Butter durchschnittlich seinen Bruttostundenlohn von 78 Rpf zahlen, Hilfsarbeiter und Frauen (Bruttostundenlohn 62 bzw. 45 Rpf) sogar noch mehr. Ähnlich unerschwinglich sind Eier, Kaffee oder Speck. Obwohl die Preise vieler Lebensmittel gesetzlich festgelegt sind, kommt es immer wieder zu Überschreitungen, weil die Landwirte mit den Höchstgrenzen unzufrieden sind.

### Pro-Kopf-Konsum von Nahrungsmitteln im Deutschen Reich

(in kg)

| Jahr | Kartoffeln | Obst | Gemüse | Fleisch | Milch und Milchprodukte |
|---|---|---|---|---|---|
| 1910 | 227 | 41 | 63 | 47 | 371 |
| 1928 | 169 | 43 | 55 | 51 | 379 |
| 1929 | 168 | 58 | 55 | 50 | 386 |
| 1934 | 181 | 58 | 49 | 52 | 382 |
| 1935 | 175 | 39 | 47 | 50 | 378 |

### Lebensmittelpreise

| Ware | RM/kg | Ware | RM/kg,l |
|---|---|---|---|
| Butter | 3,00 | Reis | 0,45 |
| Eier (St.) | 0,11 | Weißkohl | 0,19 |
| Schw.fleisch | 1,60 | Salzheringe | 0,64 |
| Rindfleisch | 1,46 | Räucherspeck | 2,17 |
| Weizenmehl | 0,47 | Kaffee | 5,29 |
| Kartoffeln | 0,0 | Vollmilch | 0,23 |
| Zucker | 0,77 | Bier | 0,73 |

### Lebenshaltungskosten

(Index = 100, 1928)

| Jahr | Ernährung | Wohnung | Heizung/Beleuchtung | Kleidung | Gesundheit |
|---|---|---|---|---|---|
| 1928 | 100 | 100 | 100 | 100 | 100 |
| 1929 | 102 | 100 | 103 | 101 | 101 |
| 1930 | 95 | 102 | 104 | 96 | 97 |
| 1931 | 86 | 105 | 101 | 81 | 89 |
| 1932 | 76 | 96 | 93 | 66 | 80 |
| 1933 | 74 | 96 | 93 | 63 | 78 |
| 1934 | 77 | 96 | 93 | 65 | 80 |
| 1935 | 78 | 96 | 92 | 69 | 81 |

(Berechnet nach dem Verbrauch einer 5-köpfigen Arbeiterfamilie 1934)

*Um ihren Nährwert zu konservieren, werden Kartoffeln im Herbst in einer »Kartoffel-Waschmaschine« gedämpft und in Silos eingesäuert.*

*Unter der Überschrift »Was verbraucht eine Großstadt?« veröffentlicht die Wochenzeitung »Illustrierter Beobachter« eine Serie von Bildern, die den täglichen Verbrauch von Kartoffeln, Milch, Brot und Bier in der Reichshauptstadt Berlin in witzigen und überdimensional angelegten Fotomontagen darstellen.*

*Neuartige Kühlschränke mit Gefrierfächern kommen auf den Markt.*

*Eine elektrische Waschmaschine, bei der Gas die Temperatur regelt.*

*Ein modernes Badezimmer mit Gasbadeofen und Gasheizofen*

# Elektroherd für jedes Heim

Gemäß nationalsozialistischer Frauenideologie – »Die Frau gehört ins Haus« –, die den Platz weiblicher Selbstverwirklichung in der »Volksgemeinschaft« am heimischen Herd verortet, bemüht sich die Gebrauchsgüterindustrie, die Arbeit im Haushalt durch ihre Produkte so angenehm wie möglich zu gestalten. Gezielte Werbung, die sich an die »praktische Hausfrau« wendet, sorgt für den Absatz zusätzlicher Konsumgüter wie Kaffeemaschinen, Grillgeräte, Küchenmotoren, Warmwasserspeicher, Wasch- und Bohnermaschinen, mit deren Produktion die Firma Siemens in großem Umfang beginnt.

Von der Ankurbelung der Privatwirtschaft verspricht sich Adolf Hitler auch eine Belebung der Rüstungskonjunktur. Für jeden Bürger soll die Leistungsfähigkeit des Deutschen Reichs durch ein großes Konsumgüterangebot deutlich werden. Die Freizeitindustrie nimmt sichtbar Aufschwung. Fotoapparate, Zelte, Campingzubehör und sogar Wohnwagen finden verstärkten Absatz. Volksempfänger und Volkswagen sollen darüber hinaus gesteigerte Lebensqualität dokumentieren.

*Der Handstaubsauger: Für jede Hausfrau unentbehrlich*

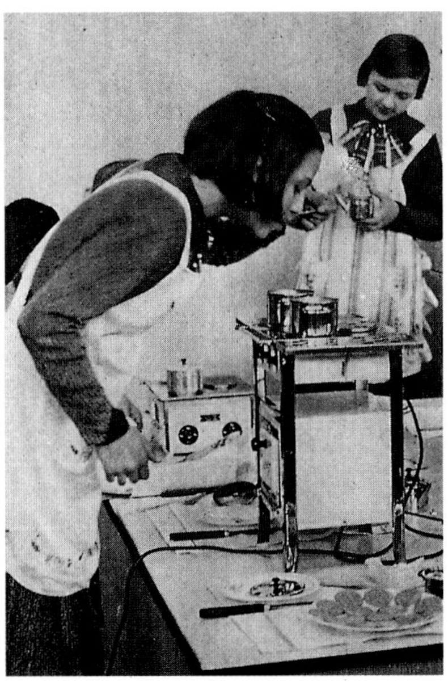

*An Herden werden Mädchen an die Hausfrauenrolle gewöhnt.*

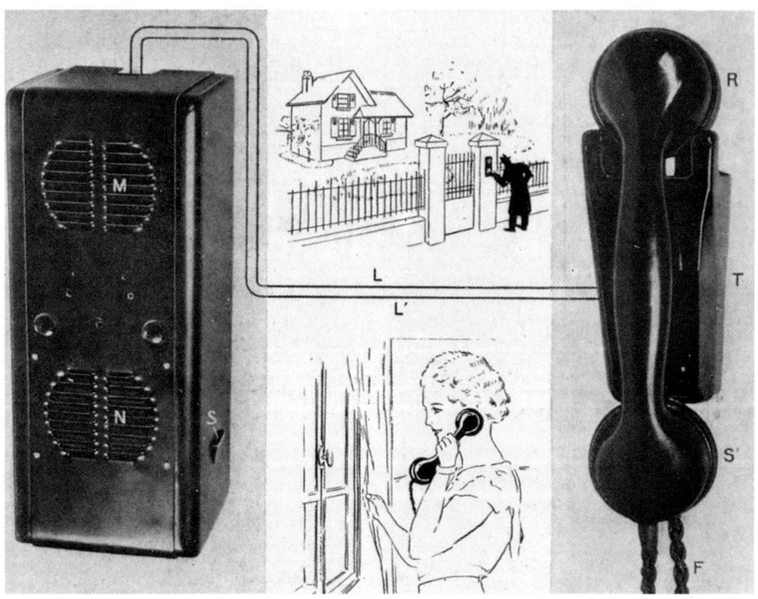


*Wie man aus sicherer Entfernung und ohne die Türe zu öffnen mit einem Besucher sprechen kann, zeigt dieser Plan einer Gegensprechanlage.*

## Erntedankfest mit Militärvorführung

**6. Oktober.** Auf dem Bückeberg bei Hameln findet vor einer Mio. Menschen die Erntedank-Kundgebung der Reichsregierung statt.

In 200 Sonderzügen werden aus dem ganzen Reich die Teilnehmer zu der Großveranstaltung gefahren, die mit dem Auftritt von Führer und Reichskanzler Adolf Hitler ihren Höhepunkt erlebt.

Im Rahmenprogramm veranstaltet die Wehrmacht ein großes Schaugefecht. Die militärische Vorführung soll das Zusammengehörigkeitsgefühl der Volksgemeinschaft stärken.

In allen Reden werden der Bauer als der Erzeuger der »Nahrungsfreiheit« und der Soldat als ihr Beschützer beschworen. »Kein Stand weiß so gut die Wehrhaftigkeit zu schützen wie gerade der deutsche Landstand. Alle Mühe und Arbeit des Bauern ist umsonst, wenn der Ertrag seiner Arbeit nicht von einem scharfem Schwert geschützt wird« führt Reichsbauernführer Richard Walther Darre in seiner Ansprache aus. Hitler versucht in seiner Rede besonders, die Versorgungsengpässe im Nahrungsmittelbereich der vergangenen Monate herunterzuspielen; er beschwört die gemeinsamen »noch vor uns liegenden« Aufgaben und verwahrt sich gegen jegliche Kritik. Jeder, der sich nicht selbst vernichten wolle, müsse im Kampf um die Stabilität der Wirtschaft hinter der Regierung stehen.

## Richtfest für NS-Monumentalbau

**12. Oktober.** In Berlin wird das Richtfest des neuen Reichsluftfahrtministeriums in Anwesenheit des Oberbefehlshabers der Luftwaffe Hermann Göring mit großem Zeremoniell gefeiert.

5000 Arbeiter nehmen an der Veranstaltung teil, die nach der Parade einer Luftfahrtabteilung mit einem Festmahl im Berliner Sportpalast ihren Abschluß findet.

Das neue Gebäude ist im typischen Monumentalstil der NS-Architektur gebaut. In dem mit 2500 Zimmern ausgestatteten Bau sollen alle Abteilungen des Ministeriums Platz finden. Als erster von vier weiteren Großbauten, die in Berlin geplant sind, wird der gigantische Zweckbau 1936 fertiggestellt.

Szenen aus Max Reinhardts Film »Ein Sommernachtstraum«: Die Kosten des aufwendigen Werkes betragen etwa 3 648 000 RM.

## Reinhardt verfilmt Shakespeares »Ein Sommernachtstraum«

**9. Oktober.** *In London und New York wird Max Reinhardts Verfilmung der William Shakespeare-Komödie »Ein Sommernachtstraum« uraufgeführt. Die englische Filmzeitschrift »The Cinema« lobt den Film als erste authentische Umsetzung eines Shakespeare-Stückes.*
*Mit aufwendigen szenischen Effekten setzt Reinhardt das komplexe, in der griechischen Mythologie angesiedelte Schauspiel um Theseus Vermählung mit der Amazonenkönigin Hippolyta filmisch um. Untermalt wird das Werk von der Musik Felix Mendelssohn-Bartholdys, die von dem österreicherischen Komponisten Eric Wolfgang Korngold für die Filmfassung bearbeitet wurde. In den Hauptrollen sind u. a. Mickey Rooney, Olivia de Haviland und James Cagney zu sehen.*
*Die Filmfassung basiert auf Reinhardts erfolgreicher Bühneninszenierung am Broadway im Jahr 1905.*

## »Nigger-Jazz« als undeutsch verfemt

**12. Oktober.** Auf der Intendantentagung im großen Sendesaal des Münchner Funkhauses verbietet Reichssendeleiter Eugen Hadamovsky dem gesamten deutschen Rundfunk das Spielen von sog. Nigger-Jazz.
In seiner Ansprache sagt Hadamovsky: »Nachdem wir zwei Jahre lang mit den Kulturbolschewisten aufgeräumt haben, wollen wir auch mit den in unserer Unterhaltungs- und Tanzmusik verbliebenen zersetzenden Elementen Schluß machen«. Gleichzeitig gibt Hadamovsky die Einrichtung eines neuen Prüfungsausschusses für deutsche Tanzmusik bekannt.
In seiner praktischen Anwendung betrifft das Verbot die gesamte ausländische Unterhaltungsmusik. Die Rhythmik des Jazz wiederspricht allen Ordnungsvorstellungen nationalsozialistischer Musikkritiker, die deutsche Ohren vor jeglichen »artfremden« Einflüssen schützen wollen. Trotz des Verbotes wird Jazzmusik, meist als »Swing«, in vielen Clubs weiterhin gespielt.

## »Mjölnir«: Karriere mit dem Bleistift

**17. Oktober.** Auf Anweisung von Führer und Reichskanzler Adolf Hitler wird der Grafiker und Maler Hans Schweitzer zum »Reichsbeauftragten« für künstlerische Formgebung ernannt.
Schon in den 20er Jahren hatte Schweitzer unter dem Pseudonym »Mjölnir«, Name des Hammers des germanischen Gottes »Thor«, die nationalsozialistische Bewegung mit seinen Karikaturen unterstützt und ihre Gegner bekämpft. Im NS-Regime avancierte er zum Starkarikaturisten, wurde zum Vorsitzenden des Reichsausschusses der Pressezeichner und schließlich sogar zum Professor ernannt.
Der Schriftleiter des »Völkischen Beobachter«, Hans Diebow, lobt die Arbeit des NS-Karikaturisten: »Der Bleistift hackt Gesichtszüge auf das Papier, knapp, nüchtern, nordisch ... Die eisenharte Entschlossenheit des Siegerwillens springt von dem Blatt Zeitungspapier in Auge und Hirn des braunen Kampfgenossen ... Wir tragen alle ein Braunhemd. Wir haben alle das harte Mjölnir-Gesicht«.

# November 1935

| Mo | Di | Mi | Do | Fr | Sa | So |
|---|---|---|---|---|---|---|
| | | | | 1 | 2 | 3 |
| 4 | 5 | 6 | 7 | 8 | 9 | 10 |
| 11 | 12 | 13 | 14 | 15 | 16 | 17 |
| 18 | 19 | 20 | 21 | 22 | 23 | 24 |
| 25 | 26 | 27 | 28 | 29 | 30 | |

**1. November, Freitag**

Nach Wiedereinführung der allgemeinen Wehrpflicht rückt der erste Rekrutenjahrgang (1914) zur Ableistung seiner einjährigen Dienstpflicht bei der Wehrmacht ein. → S. 186

Im deutschen Kriegsministerium wird ein Wehrwirtschaftsstab eingerichtet. Er soll – als Verbindungsstelle zwischen Wehrmacht und Wirtschaft – die Organisation der Aufrüstung verbessern.

Bei einer Polizeiaktion gegen kommunistische Geheimorganisationen werden in Berlin mehr als 60 Personen verhaftet. Unter ihnen befinden sich auch Mitglieder des illegalen Zentralkomitees.

**2. November, Samstag**

Die Zeitschrift des Vatikan »Civilita Cattolika«, die unter dem direkten Einfluß des Papstes steht, spricht sich in einem Artikel für die Verleihung eines Mandates über Abessinien an Italien aus. Es dürfe nicht mehr länger gewartet werden, wenn man »ernste Unruhen in Europa und vielleicht in der Welt vermeiden wolle« (→ 3. 10./S. 168).

Bei einem internationalen Schwimm-Wettbewerb in Budapest unterbietet der US-Amerikaner Adolphe Kiefer den Weltrekord des Japaners Kiyokawa über 400 m Rücken, den dieser seit 1933 mit 5:30,4 min hält. Kiefer schwimmt die Strecke in 5:22,6 min (→ 9. 11./S. 195).

**3. November, Sonntag**

Bei einer gelenkten Volksabstimmung in Griechenland votieren 95% der Bevölkerung für die Wiedereinführung der Monarchie und die Rückkehr König Georgs II. (→ 25. 11./S. 192).

Bei einer Tagung der »Republikanischen Sozialisten«, der »Französischen Sozialisten« und der »Neo-Sozialisten« in Paris schließen sich diese Organisationen zur »Republikanisch-Sozialistischen Union« zusammen. → S. 193

In einem Schwergewichtsboxkampf verliert der Deutsche Walter Neusel gegen Exweltmeister Primo Carnera durch technischen K.o. in der vierten Runde. → S. 195

**4. November, Montag**

Reichswirtschaftsminister Hjalmar Schacht bestätigt in einem Schreiben an die Reichswirtschaftskammer, daß durch die Ausführungsbestimmungen zu den Nürnberger Gesetzen (→ 10. 9./S. 148) eine Entrechtung der deutschen Juden auch auf wirtschaftlichem Gebiet bevorsteht. Wegen der Ungewißheit der Regelung kommt es in jüdischen Geschäftskreisen zu zahlreichen überstürzten Geschäftsverkäufen.

In einer Tagesmeldung der Gestapo heißt es, daß die für das »Winterhilfswerk des deutschen Volkes« geforderten Spendensätze, die per Anschlag auf der Schiffswerft Blohm & Voss in Hamburg bekanntgegeben wurden, von 60% der Belegschaft eingehalten wurden (→ 4. 7./S. 123).

**5. November, Dienstag**

Das Parteihoheitszeichen der NSDAP wird zum Hoheitszeichen des Deutschen Reiches. Gleichzeitig verordnet Hitler die Einführung einer neuen Reichskriegsflagge, die der alten kaiserlichen Kriegsflagge ähnelt.

Das Berliner Landgericht verurteilt die Generalprokuratorin der Genossenschaft »Unserer lieben Frau«, Anna Schroers, »wegen Devisenvergehen« zu zehn Jahren Zuchthaus, zehn Jahren Ehrverlust und 250 000 RM Geldstrafe (→ 17. 5./S. 89).

Wegen der angespannten Versorgungslage aufgrund des Krieges mit Abessinien findet in Italien der erste »fleischlose« Tag statt (→ 3. 10./S. 168).

Marianne Hoppe spielt in dem deutschen Spielfilm »Anschlag auf Schweda«, der in Berlin uraufgeführt wird, die Hauptrolle. Regie führte Karl Heinz Martin.

**6. November, Mittwoch**

Um internationalen Boykottbewegungen im Hinblick auf die Olympischen Spiele 1936 in Berlin entgegenzuwirken, verspricht Hitler vor der ausländischen Presse, alle antijüdischen Zeichen während der Spiele beseitigen zu lassen.

Bei den Wahlen zum Repräsentantenhaus im Staat New York erhalten die Republikaner 83 (bisher 73) und die Demokraten 67 (bisher 73) Sitze. Dieses Ergebnis wird als Niederlage für Präsident Franklin D. Roosevelt gewertet, der früher das Amt des Gouverneurs im Staat New York bekleidete.

Ein großes italienisches Modehaus, das seinen Modellkleidern bisher französische Namen zu geben pflegte, nennt sie nun »Asmara«, »Takasse«, »Harrar« und »Schebeli«, Namen, die in Italien aus den täglichen Frontberichten aus Abessinien bekannt sind.

**7. November, Donnerstag**

In einer Regierungserklärung gibt Führer und Reichskanzler Adolf Hitler bekannt, daß das Deutsche Reich sich nicht an Sanktionen gegen Italien beteiligt (→ 11. 10./S. 170).

Wegen seiner Konkurrenz zur SA wird der 1918 gegründete Soldatenbund »Stahlhelm« von Reichsinnenminister Wilhelm Frick endgültig aufgelöst. In der Begründung für diesen Schritt heißt es, der »Stahlhelm« sei ein Sammelbecken staatsfeindlicher oder die Partei ablehnender Elemente. → S. 187

Im ersten »Rassenschandeprozeß« verurteilt das Altonaer Landgericht einen Juden aufgrund der Nürnberger Gesetze zu neun Monaten Gefängnis. In der Urteilsbegründung wird betont, daß schon die Absicht zu sexuellem Verkehr mit einer Arierin als versuchte Rassenschande anzusehen sei. → S. 188

Das Deutsche Reich und Ungarn schließen ein Wirtschaftsabkommen, das für 1936 eine erhebliche Ausfuhrsteigerung von Schweinefett, Speck und Schweinen von Ungarn ins Deutsche Reich vorsieht. Im Gegenzug wird die Ausfuhr von Chemikalien und Textilien nach Ungarn erheblich angehoben.

**8. November, Freitag**

Im Münchner Bürgerbräukeller beginnt zum Gedenken an den gescheiterten Hitlerputsch die zweitägige »Feier des Sieges und der Auferstehung der Toten des 9. November 1923« (→ 9. 11./S. 187).

Italienische Truppen erobern die abessinische Stadt Makale (→ 3. 10./S. 168).

**9. November, Samstag**

In München werden bei den Feierlichkeiten zum Gedenken des gescheiterten Hitlerputsches die 16 Toten des 9. November 1923 in neueingerichteten Ehrentempeln beigesetzt. → S. 187

In den USA gründet sich innerhalb der »American Federation of Labor« (AFL), der amerikanischen Gewerkschaft, das Committee for Industrial Organization (CIO). Die neue Gewerkschaft vertritt auch – im Gegensatz zur AFL – die Interessen der ungelernten Arbeiter.

Bei einem Internationalen Schwimmwettkampf in Breslau stellt der US-Amerikaner Adolphe Kiefer einen neuen Weltrekord über 100 m Rücken auf. Mit 1:04,9 min verbessert er seinen erst vor einem Monat aufgestellten Rekord um 1,3 sec. → S. 195

**10. November, Sonntag**

In einem Brief an den Exil-Vorstand der Sozialdemokratischen Partei Deutschlands (Sopade) erläutert das Zentralkomitee der Exil-KPD die Einheitsfrontbeschlüsse der »Brüsseler Parteikonferenz« (→ 3. 10./S. 172).

Bei den Europameisterschaften der Gewichtheber in Paris gewinnen vier Deutsche die Titel. Im Federgewicht stellt Heinrich Walter mit 297,5 kg einen neuen Weltrekord auf. → S. 195

**11. November, Montag**

Das Propagandaministerium in Berlin verfügt die Beschlagnahmung einer Ausgabe der britischen »Times«. Die Zeitung hat sich kritisch mit der Judenverfolgung im Deutschen Reich befaßt.

In der Zeitung des Nationalsozialistischen Deutschen Ärztebundes wird zur Förderung des erbgesunden Nachwuchses die Einführung einer amtlichen Ehevermittlung verlangt.

Die US-Amerikaner Albert Stevens und Orvil Anderson stellen mit dem größten bislang konstruierten Stratosphärenballon »Explorer« einen neuen Weltrekord im Höhenflug auf. → S. 195

**12. November, Dienstag**

Um den akuten Versorgungsschwierigkeiten im Lande entgegenzuwirken, verbietet die deutsche Reichsregierung die Ausfuhr wichtiger Lebensmittel und industrieller Rohstoffe.

Der Korrespondent des »Völkischen Beobachters« in London, Friedrich Thost, wird wegen politischer Aktivitäten aus Großbritannien ausgewiesen. Thost unterhält enge Beziehungen zur britischen Faschistengruppe um Oswald Mosley. Seine Ausweisung steht auch im Zusammenhang mit Maßnahmen der Nationalsozialisten gegen britische Staatsangehörige im Deutschen Reich.

Vier Mitarbeiter der Scherl Druckerei in Berlin werden wegen eines Fehlers im »Berliner Lokalanzeiger« verhaftet. In einer Ausgabe des Blattes wurde eine Rede des Stellvertreters des Führers Rudolf Heß veröffentlicht. Heß hatte die NSDAP als die »schicksalhafte Freiheitsbewegung des deutschen Volkes« bezeichnet. Im »Lokalanzeiger« las man statt dessen von der »schicksalhaften Freiheitsberaubung« des deutschen Volkes. Die Gestapo glaubt an eine politische Demonstration des Druckereipersonals.

Eine Menge von etwa 700 Menschen begeht in Altair im US-Bundesstaat Texas Lynchmorde an zwei 16jährigen Schwarzen, die des Mordes an einem weißen Mädchen beschuldigt werden. → S. 193

**13. November, Mittwoch**

Bei antibritischen Unruhen in Kairo gibt es drei Todesopfer, 147 Menschen werden verletzt (→ 12. 12./S. 204).

**14. November, Donnerstag**

Mehrere Durchführungsverordnungen zu den Nürnberger Gesetzen treten in Kraft. Die Rechte der Juden werden weiter drastisch eingeschränkt. Alle Juden ohne Ausnahme werden aus dem Staatsdienst entlassen (→ 15. 9./S. 148).

Bei den Unterhauswahlen in Großbritannien behält die konservative Regierungskoalition weiterhin die Mehrheit. Die Konservativen verlieren 72 Mandate und verfügen nunmehr über 380 Sitze im Parlament. Die oppositionelle Arbeiterpartei gewinnt 94 Sitze hinzu, kommt jedoch nicht über 153 Mandate.

In Berlin wird der als »künstlerisch wertvoll« ausgezeichnete deutsche Spielfilm »Mazurka« unter der Regie von Willi Forst uraufgeführt. Die Hauptrollen spielen Pola Negri, die in ihrer ersten deutschen Tonfilmrolle zu sehen ist, und Albrecht Schönhals.

**15. November, Freitag**

Propagandaminister Joseph Goebbels beruft den Reichskultursenat als »repräsentatives Forum« deutscher Kultur. In seiner Rede erklärt Goebbels: »Es ist im Kulturleben unseres Volkes kein Jude mehr tätig«.

Mit der Aufführung von Richard Wagners »Meistersingern« wird in Berlin-Charlottenburg das umgebaute deutsche Opernhaus wiedereröffnet.

*»Männliche« Abenteuer verspricht dieses Werbeplakat für die Motor-HJ den 10- bis 14jährigen Pimpfen. Die im Deutschen Jungvolk organisierten Pimpfe sind die Jüngsten in der nationalsozialistischen Jugendbewegung.*

Die von Rudolf Steiner gegründete Anthroposophische Gesellschaft wird im ganzen Reich verboten. →S. 189

### 16. November, Samstag

Bei einer Schießerei zwischen Mitgliedern der faschistischen französischen Frontkämpferorganisation »Croix de feu« (Feuerkreuz) und linken Demonstranten, die gegen ein Treffen der Vereinigung demonstrieren, werden in Limoges drei Menschen erschossen und mehr als 30 verletzt (→14. 7./S. 120).

### 17. November, Sonntag

In einer Rede zum Abschluß des Reichsbauerntages in Goslar bezeichnet Hitler-Stellvertreter Rudolf Heß die »Erzeugungsschlacht« der deutschen Bauern als »eine Abwehrschlacht gegen den Bolschewismus«. Reichslandwirtschaftsminister Richard Walther Darré schiebt die Schuld für die Butterverknappung im Deutschen Reich auf die Weimarer Regierungen.

### 18. November, Montag

Mit dem landesweiten Hissen der italienischen Flagge und Appellen faschistischer Politiker für den Boykott ausländischer Waren wird in Italien auf den Beginn der Völkerbundsanktionen geantwortet (→11. 10./S. 170).

Spanische Kriegsgerichte in Gijon und Cadiz verurteilen drei Personen zum Tode und elf zu langjährigen Haftstrafen. Ihnen wird die Beteiligung am Aufstand in der Provinz Asturien im Oktober 1934 vorgeworfen (→17. 1./S. 24).

Auf der »Korrosionstagung« der Deutschen Gesellschaft für Metallkunde in Berlin wird beraten, wie man Rostschäden, deren Gesamtvolumen auf ein bis zwei Mrd. RM jährlich geschätzt werden, senken kann.

### 19. November, Dienstag

Das norwegische Nobel-Komitee beschließt in Oslo, den Friedensnobelpreis für dieses Jahr nicht zu vergeben. Der Preis wird 1936 nachträglich an den deutschen Publizisten Carl von Ossietzky verliehen (→10. 12./S. 206).

Wegen antijüdischer Ausschreitungen der Studentenschaft wird die Universität Budapest für einen Tag geschlossen.

Am New Yorker Civic Repertory Theatre wird Bertolt Brechts Drama »Die Mutter« in englischer Sprache uraufgeführt. Brecht selbst, der auch den Proben beiwohnte, hält die Aufführung wegen »politischer Ahnungslosigkeit« für »sehr verhunzt«.

In Berlin wird der deutsche Film »Friesennot«, ein Bauerndrama über das Problem der Volksdeutschen in der Sowjetunion, uraufgeführt. Der Regisseur ist Peter Hagen. Die Reichspropagandaleitung der NSDAP verleiht den Film selbst.

### 20. November, Buß- und Bettag

Zum Buß- und Bettag verlesen Pfarrer der Bekennenden Kirche in ganz Preußen eine regimekritische Kanzelbotschaft. Darin wird u.a. der Ausschluß qualifizierter Theologen von den deutschen Universitäten beklagt.

In Johannesburg beginnt die zehntägige Panafrikanische Gesundheitskonferenz. Neben Ärzten aus 20 afrikanischen Staaten beraten Spezialisten aus aller Welt über Gesundheitsprobleme in Afrika. →S. 191

Die deutsche Artistentruppe »Rivels« trennt sich. In einem Prozeß vor dem Frankfurter Landgericht, in dem es vor allem um gegenseitige finanzielle Forderungen geht, einigt man sich u.a. darauf, daß beide verbleibenden Gruppenteile weiterhin vom Trapez aus dem Publikum zurufen dürfen: »Akrobat schööööön!«.

### 21. November, Donnerstag

In Ausführung des »Reichsbürgergesetzes« vom 15. September 1935 verbietet Reichswirtschaftsminister Hjalmar Schacht jüdischen Maklern ihre Tätigkeit an deutschen Börsen (→15. 9./S. 148).

Ein von der ägyptischen Wafd-Partei ausgerufener anti-britischer Generalstreik wird in Ägypten weitgehend befolgt. Auch die arabischen Zeitungen des Landes erscheinen nicht. Sie protestieren damit gegen das britische Verbot, über die jüngsten Unruhen in Ägypten zu berichten (→12. 12./S. 204).

Als Reaktion auf die Völkerbundsanktionen im Zusammenhang mit dem Abessinienkrieg schickt das italienische Kriegsministerium 100000 in Ostafrika stationierte Soldaten für drei Monate nach Hause. Dort sollen sie ihrer Arbeit nachgehen, um trotz internationaler Boykottmaßnahmen Italiens wirtschaftliches Überleben zu sichern.

Im US-Bundesstaat New Jersey wird der 16jährige Jugendliche Jacob Cimiengo wegen Mordes zum Tode verurteilt.

Das Schauspiel »La Guerre de Troie n'aura pas lieu« (Der trojanische Krieg findet nicht statt) von Jean Giraudoux wird in Paris uraufgeführt.

Igor Strawinskis Konzert für zwei Klaviere wird in Paris uraufgeführt. Strawinski selbst und sein Sohn Soulima sind die Solisten.

### 22. November, Freitag

In der Pariser Comédie des Champs-Elysées wird Armand Salacrous Schauspiel »L'Inconnue d'Arras« (Die Unbekannte von Arras) uraufgeführt.

Durch schwere Unwetter kommen in Süditalien etwa 100 Menschen ums Leben. Die meisten Opfer werden bei Catanzaro in der Provinz Kalabrien durch Erdrutsche verschüttet.

### 23. November, Samstag

Zur Förderung der Geburtenzahlen erhalten 50000 kinderreiche Familien im Deutschen Reich je 400 RM.

In Sofia tritt der bulgarische Ministerpräsident Andreas Tóschew mit seinem gesamten Kabinett zurück. Neuer Ministerpräsident wird Georg Kiosse-Iwánow, der ein Ende des autoritären Regimes und den Übergang zu parlamentarischen Verhältnissen verspricht. →S. 193

### 24. November, Sonntag

Ein Militärputsch in den nordostbrasilianischen Provinzen Rio Grande do Norte und Pernambuco wird innerhalb von vier Tagen durch loyale Regierungstruppen niedergeschlagen. →S. 193

In zahlreichen französischen Städten veranstalten die Gewerkschaften des öffentlichen Dienstes Protestaktionen gegen das radikale Sparprogramm der Regierung, das durch Notverordnungen eingeleitet worden war (→17. 7./S. 121).

Die Burg Erwitte im Teutoburger Wald wird als »Reichsschulungsburg« der NSDAP eingeweiht.

### 25. November, Montag

Nach 12jährigem Exil kehrt König Georg II. nach Griechenland zurück. In Athen wird ihm ein triumphaler Empfang bereitet. →S. 192

Der Berliner Oberbürgermeister Heinrich Sahm wird aus der NSDAP ausgeschlossen, weil seine Familie mehrfach in jüdischen Geschäften eingekauft haben soll. →S. 188

Das Propagandaministerium verbietet jüdischen Künstlern, Pseudonyme zu benutzen, durch die sie als Arier erscheinen könnten. Laut Gesetz dürfen im Deutschen Reich jüdische Künstler nur vor jüdischem Publikum auftreten.

Die Bank von Frankreich erhöht in Paris den Diskontsatz ungewöhnlich stark von 5 auf 6%. Damit will sie den starken Goldabfluß aus Frankreich stoppen, der u.a. mit den heftigen Auseinandersetzungen zwischen faschistischen und Volksfrontgruppen im Land zusammenhängt.

### 26. November, Dienstag

Etwa zwei Drittel der polnischen Arbeiter im Bergbau Oberschlesiens und ein Drittel der Stahlarbeiter beginnen einen dreitägigen Streik für kürzere Arbeitszeiten, höhere Löhne und bessere Arbeitsbedingungen.

Eine deutsche Regierungskommission trifft in Österreich ein, um eine deutsch-österreichische Vereinbarung über den Tausch von Schlachtvieh gegen Ruhrkohle in die Tat umzusetzen und das Vieh auszusuchen.

### 27. November, Mittwoch

In Berlin feiert die NS-Freizeitorganisation »Kraft durch Freude« ihren zweiten Jahrestag. →S. 194

Japanische Truppen besetzen strategisch wichtige Punkte in und um Peking. Die Stadt gehört zu den Gebieten in Nordchina, deren Loslösung von der Zentralregierung in Nanking und Anlehnung an Japan seit Wochen erwartet wird.

Nachdem es tagelang wegen der Unruhen in Brasilien nicht landen konnte, legt das deutsche Luftschiff »Graf Zeppelin« am Landemast in Pernambuco an. Mit 119 Stunden Nonstop-Flug stellt es damit unfreiwillig einen neuen Rekord auf.

### 28. November, Donnerstag

Der Gesundheitsausschuß des tschechoslowakischen Abgeordnetenhauses veröffentlicht in Prag ein Gutachten, demzufolge Kinder in den sudetendeutschen Gebieten des Staates überwiegend unterernährt sind. Ein hoher Prozentsatz der Kinder weist Folgekrankheiten wie Tuberkulose und Rachitis auf.

Die deutsche Reichsregierung vereinbart mit den Regierungen Argentiniens, Brasiliens und Chiles, die Gesandtschaften in den jeweiligen Hauptstädten in den Status von Botschaften zu erheben. Dieser symbolische Schritt soll die intensiver gewordenen Beziehungen zwischen dem Deutschen Reich und Lateinamerika illustrieren.

### 29. November, Freitag

Die Deutschlandhalle in Berlin wird in Gegenwart von Adolf Hitler eingeweiht. Die Mehrzweckhalle hat ein Fassungsvermögen von 20000 Personen. →S. 189

60 Menschen ertrinken beim Kentern zweier chinesischer Fährboote auf dem Liutang-Fluß in der Provinz Kiangsu.

### 30. November, Samstag

Auf einer Pressetagung in Köln beschreibt Propagandaminister Joseph Goebbels die Aufgabe der deutschen Presse als »Dienstverhältnis zum Staat«.

Reichswirtschaftsminister Hjalmar Schacht warnt in Berlin vor der exzessiven Anwendung nationalsozialistischer Ideologie in der Wirtschaft. In einer Rede weist er darauf hin, daß gerade in der planwirtschaftlichen »Erzeugungsschlacht« Agrarromantik, wie sie für die NS-Ideologie typisch ist, moderne Industrie nicht ersetzen könne.

Eine Vorabzensur aller Schriftstücke, die von der regimekritischen Bekennenden Kirche veröffentlicht werden oder zwischen Pfarreien zirkulieren, ordnet Reichskirchenminister Hanns Kerrl an.

Zum 17. Jahrestag der Gründung Jugoslawiens (1918) verfügt König Peter II. eine Amnestie für 1200 politische Gefangene.

Der griechische König Georg II. erläßt eine Amnestie für die Beteiligten der März-Revolte unter Eleftherios Wenizelos (→11. 3./S. 56). Gleichzeitig löst Konstantin Demerdzis Georg Kondylis als Ministerpräsident ab, der gegen die Amnestie war (→25. 11./S. 192).

**Das Wetter im Monat November**

| Station | Mittlere Lufttemperatur (°C) | Niederschlag (mm) | Sonnenscheindauer (Std.) |
|---|---|---|---|
| Aachen | 7,7 (6,0) | 28 (67) | — (62) |
| Berlin | 5,6 (3,9) | 38 (46) | — (50) |
| Bremen | 7,0 (5,3) | 47 (60) | — (50) |
| München | 3,7 (3,0) | 38 (53) | — (54) |
| Wien | 5,4 (4,5) | 26 (53) | 72 (58) |
| Zürich | 5,5 (3,3) | 51 (72) | 78 (51) |

( ) Langjähriger Mittelwert für diesen Monat
– Wert nicht ermittelt

*Titelseite der Novemberausgabe der Zeitschrift »Die Neue Linie«. Besonders in den 20er Jahren gehörte das Kulturmagazin, in dem bedeutende Fotografen ihre Werke veröffentlichten, zur künstlerischen Avantgarde.*

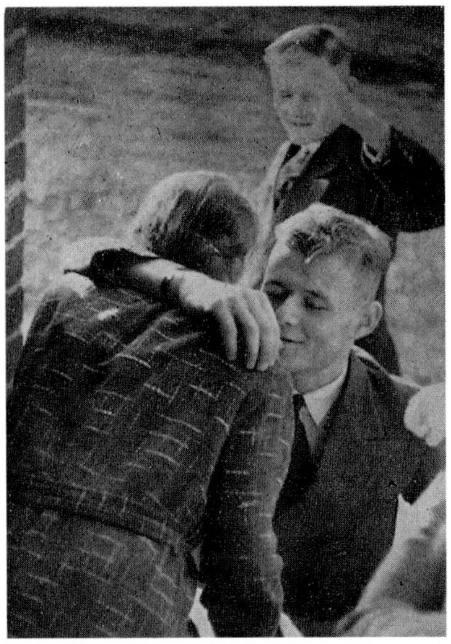

*Die deutschen Zeitschriften widmen dem Dienstantritt der 21jährigen Rekruten große Bildberichte. Darin wird immer wieder auf die im März wiedergewonnene deutsche »Wehrfreiheit« hingewiesen. Die Abbildungen sind dem Bildbericht der »Berliner Illustrirten Zeitung« entnommen (v. l.): Rekruten verabschieden sich von der Mutter; auf dem Marsch zur Kaserne in Quedlinburg; Einkleidung der Rekruten; erster Drill in Reih und Glied auf dem Kasernenhof.*

# Erster Rekrutenjahrgang tritt den Dienst mit der Waffe an

**1. November.** Nach der Wiedereinführung der allgemeinen Wehrpflicht im Deutschen Reich am → 16. März 1935 (S. 50) rückt der erste Rekrutenjahrgang zur Ableistung seiner einjährigen Dienstpflicht in die Kasernen ein.

Die Rekruten des Jahrgangs 1914 sind seit den im Versailler Friedensvertrag von 1919 festgelegten Truppenbeschränkungen für das Deutsche Reich die ersten Männer, die wieder zum Dienst mit der Waffe antreten. Die Studenten der Jahrgänge 1911 bis 1913 werden zum freiwilligen Eintritt in die Wehrmacht für 11 Monate aufgefordert.

Aufgrund des neuen Wehrgesetzes gliedert sich die deutsche Wehrmacht in die drei Waffengattungen Heer, Kriegsmarine und Luftwaffe. Der oberste Befehlshaber ist Führer und Reichskanzler Adolf Hitler. Oberbefehlshaber der Wehrmacht ist Reichskriegsminister Werner von Blomberg, dem wiederum die drei Oberbefehlshaber des Heeres, der Kriegsmarine und der Luftwaffe unterstehen. Das Heer ist in drei Gruppen mit den Standorten Berlin, Kassel und Dresden unterteilt. Diese Gruppen bestehen aus mehreren Korps, die unter dem Kommando eines Generalleutnants stehen und weiter untergliedert sind in Divisionen und Sondertruppen. Die drei Kavalleriedivisionen werden in Potsdam, Breslau und Insterburg stationiert.

In den deutschen Zeitungen wird der Einzug der Rekruten in die Kasernen mit patriotischem Überschwang gefeiert. Die »Berliner Illustrirte Zeitung« kommentiert das Ereignis: »Für die neuen Rekruten, für die Garnisonsstädte war dieses Einrücken des ersten Jahrgangs das lebendige Erlebnis des Umschwungs, der für Deutschlands Stellung in der Welt begonnen hat.«

*Vor der Musterungsstelle schmücken junge Frauen die Rekruten mit Blumen.*

*Ausbildung im Gelände: Schleichen*

*Maschinengewehrtrupp auf dem Weg zu einer Übung*

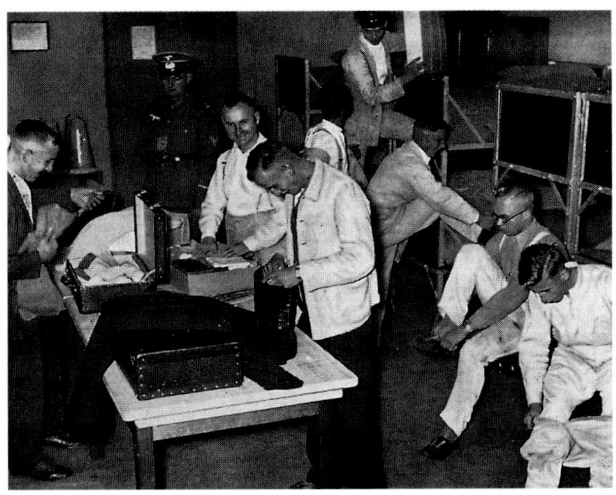

*Junge Soldaten richten sich in der gemeinsamen Stube ein.*

# »Stahlhelm« von Hitler aufgelöst

**7. November.** Führer und Reichskanzler Adolf Hitler löst den »Nationalsozialistischen Deutschen Frontkämpferbund«, den früheren »Stahlhelm«, wegen seiner Konkurrenz zur SA auf.

In seinem Schreiben an den Bundesführer des Soldatenbundes, Franz von Seldte, begründet Hitler die Auflösung der Organisation mit der Wiedereinführung der allgemeinen Wehrpflicht (→16. 3./S. 50): Dadurch sei das Ziel des »Stahlhelms« erfüllt. In seinem Antwortschreiben beteuert Seldte seine »aufrichtige Dankbarkeit« für die Auflösung des Verbandes.

Der am 25. Dezember 1918 von Seldte gegründete Soldatenbund hatte ursprünglich die Bekämpfung von Sozialismus und Kommunismus zum Ziel. Er sollte zudem der Verbreitung des »Geistes der Frontkameradschaft« dienen, der auch stärkeren Einfluß auf die politischen Entscheidungen nehmen sollte. Bald richtete sich der Kampf des »Stahlhelms« gegen die Weimarer Republik und die »Schmach des Versailler Diktatfriedens«. In einem Kampfaufruf der Organisation hieß es: »Wir hassen mit ganzer Seele den augenblicklichen Staatsaufbau, seine Form, seinen Inhalt, sein Werden und Wesen... Wir hassen diesen Staatsaufbau, weil er uns die Aussicht versperrt, unser geknechtetes Vaterland zu befreien und das deutsche Volk von der erlogenen Kriegsschuld zu reinigen, den... Lebensraum im Osten zu gewinnen, das deutsche Volk wieder wehrhaft zu machen...«

Die Organisation wandte sich gegen den »überstaatlichen« Katholizismus und zeichnete sich durch einen deutlichen Antisemitismus aus. Durch eine Vorform des »Arierparagraphen« wurde Juden die Mitgliedschaft in dem Soldatenbund schon vor 1933 verwehrt.

Obwohl der »Stahlhelm« Hitlers Machtergreifung massiv unterstützte, wurden schon kurz darauf seine jüngeren Jahrgänge in die SA eingegliedert. Im März 1934 folgte die Umbenennung der Organisation in »Nationalsozialistischer Deutscher Frontkämpferbund«. Nach der Auflösung der Organisation hebt Hitler für die ehemaligen »Stahlhelm«-Mitglieder die Aufnahmesperre der NSDAP auf.

*Fahnenträger von NSDAP-Verbänden und Arbeitsdienst haben auf dem Königsplatz Aufstellung genommen.*

# Propagandaaktion für 16 tote Putschisten

Den 12. Jahrestag des gescheiterten Hitlerputsches nutzt das NS-Regime am 8./9. November 1935 zu einer pathosgeladenen Rückschau auf die Ursprünge der Bewegung. Der Demonstrationszug auf die Feldherrnhalle unter der Führung Adolf Hitlers und Erich Ludendorffs kostete 1923 nach Zusammenstößen mit Ordnungskräften 20 Menschen – darunter 16 Putschisten – das Leben.

Die Toten aus den eigenen Reihen stellt Hitler nun als »treue Zeugen unserer Bewegung« in den Mittelpunkt einer pseudoreligiösen und symbolträchtigen Trauerinszenierung auf dem Münchner Königsplatz. So werden zunächst vor großem Aufgebot von SA, SS, NS-Kraftfahrkorps, Arbeitsdienst und Hitlerjugend die Särge der Toten feierlich in neuerrichtete Ehrentempel überführt. Im Anschluß werden 1200 Hitlerjungen und 600 BDM-Mädchen öffentlich in die NSDAP aufgenommen.

Wie Hitler selbst die Veranstaltung interpretiert wissen will, erläuterte er am Abend zuvor in seiner seit 1923 jährlich stattfindenden Rede im Bürgerbräukeller: »Während die Gegner uns vernichtet zu haben glaubten, ist in Wirklichkeit der Samen der Bewegung mit einem Schlage über ganz Deutschland hinausgeschleudert worden...«

Hitler stilisiert vor allem sich selbst als alten Mitkämpfer, den ausschließlich die Sorge um die nationale Sache antreibt. Hoher symbolischer Rückbezug und das Bemühen, der nationalsozialistischen Bewegung eine gemeinsame Geburtsstunde sowie Märtyrer zu geben, bestimmen den Gehalt der Feier. Solche Massenaufmärsche, die nach innen und nach außen ein Gefühl der Stärke und der Geschlossenheit vermitteln, sind fester Bestandteil nationalsozialistischer Selbstdarstellung.

*Die Angehörigen der getöteten Nationalsozialisten von 1923 nehmen als Ehrengäste an den Trauerfeierlichkeiten auf dem Münchner Königsplatz teil. Mit dem gewohnten Pathos versucht Hitler, einer Witwe Trost zu spenden. Am selben Tag erläßt er eine Verordnung, nach der alle schwerbeschädigten NSDAP-Mitglieder eine Ehrenunterstützung erhalten.*

# »Rassenschande«-Urteile

**7. November.** In den ersten »Rassenschandeprozessen« werden die Urteile gesprochen. Das Altonaer Landgericht verurteilt einen Juden wegen versuchter »Rassenschändung« zu neun Monaten Gefängnis, ein Kölner Gericht verhängt wegen desselben Vergehens eine einjährige Haftstrafe.

Die Urteile werden aufgrund des Nürnberger Gesetzes »zum Schutz des deutschen Blutes und der deutschen Ehre« vom → 15. September 1935 (S. 149) gesprochen, das den sexuellen Verkehr zwischen Juden und »Ariern« unter Strafe stellt. Im Anschluß an diesen Gesetzeserlaß war es zu einer Flut von Anzeigen gegen Juden gekommen. Zahlreiche Strafanträge kamen durch Denunziationen zustande.

*»Rassenschänder« – als »abschreckendes Beispiel« zur Schau gestellt*

In der Urteilsbegründung weist das Altonaer Gericht darauf hin, daß bereits die Absicht zu sexuellem Verkehr mit einer »Arierin« als »Rassenschande« zu betrachten sei, was eine völlig willkürliche Handhabung der Bestimmungen ermöglicht.

Das Kölner Gericht verurteilt einen ehemaligen Korrespondenten des »Berliner Tageblatts«, der sein langjähriges Verhältnis mit einer »Arierin« nach den Nürnberger Gesetzen nicht beendet hat.

Diese Urteile stehen am Anfang einer Reihe von Prozessen, die oft mit viel drastischeren Urteilen enden. In den folgenden Jahren führen »Rassenschandeanzeigen« häufig auch ohne Verfahren zur Einlieferung in Konzentrationslager.

# NSDAP schließt OB Sahm aus

**25. November.** Der Berliner Oberbürgermeister Heinrich Sahm wird aus der NSDAP ausgeschlossen. Die Partei begründet den Ausschluß mit zu geringen Spenden Sahms für das Winterhilfswerk. Außerdem wirft man ihm und seiner Familie vor, immer noch in jüdischen Geschäften einzukaufen.

Eigentlicher Hintergrund des Ausschlusses ist jedoch die beabsichtigte Neuorganisation in der Verwaltung Berlins. Die Selbstverwaltungsrechte der Stadt und die Befugnisse des Bürgermeisters sollen stark eingeschränkt werden.

*Nach seinem Rücktritt wird Sahm zum Gesandten in Oslo ernannt.*

Bereits am 15. März 1933 wurde der preußische Innenminister Julius Lippert als »Staatskommissar in der Hauptstadt« eingesetzt. Nach und nach bemächtigte er sich der Aufgaben des Oberbürgermeisters.

Lippert, der »alte Kämpfer der Bewegung«, war bereits 1923 in die NSDAP eingetreten. Er profilierte sich als Hauptschriftleiter der 1927 gegründeten Berliner Zeitung »Der Angriff«, die er zu einem der gefürchtetsten nationalsozialistischen Kampfblätter machte. Sahm trat erst 1933 der Partei bei. Mit der Berufung Lipperts zum »Staatskommissar in der Hauptstadt« wurde Sahms Position als Berliner Oberbürgermeister systematisch untergraben und seine Handlungsfreiheit immer stärker eingeschränkt.

Nach seinem Ausschluß aus der Partei tritt Sahm am 9. Dezember vom Amt des Bürgermeisters zurück, das er vier Jahre lang innehatte.

## Rechtsunsicherheit öffnet Willkürurteilen Tür und Tor

Die nationalsozialistische Rechtsprechung ist durch ihren verordnungsrechtlichen Charakter von Anfang an darauf ausgerichtet, eine große Rechtsunsicherheit zu schaffen. Strafnormen werden beliebig den jeweiligen Anforderungen der Machthaber angepaßt. Der juristische Grundsatz »Nulla poena sine lege« – Keine Strafe ohne Urteil – wird im NS-Strafrecht fallengelassen. Statt dessen wird die Bestrafung in das persönliche Ermessen des Richters gestellt, der nach dem »gesunden Volksempfinden« urteilen soll, ob ein Täter eine Strafe verdient oder nicht. Ebenso ist es einem Richter freigestellt, über das Strafmaß zu entscheiden. Er kann z. B. einen Sittlichkeitsverbrecher je nach Gutdünken zu einer Freiheitsstrafe oder zum Tode verurteilen.

Straftatbestände werden bewußt so weit gefaßt, daß eine Vielzahl unterschiedlichster Vergehen auf der Grundlage einer einzigen Verordnung abgeurteilt werden können. Die Straftat selbst verliert an Bedeutung. Ausschlaggebend für die Verurteilung ist die Gesinnung des Täters. Wer keine der »Volksgemeinschaft« ergebene Gesinnung erkennen läßt, muß oftmals schon wegen geringer Vergehen mit drastischen Strafen rechnen.

Die Einweisung in ein Konzentrationslager ist auch bei Bagatellvergehen eine häufige Maßnahme der Gerichte. In Karlsruhe werden z. B. fünf Mitglieder des Studentenkorps »Saxo Borussia« in ein Konzentrationslager eingewiesen, weil sie während einer Rundfunkrede Adolf Hitlers auf einer Sektflasche blasend ein Lokal betreten haben. Dieselbe Strafe erhalten vier Mitarbeiter der Berliner Scherl Druckerei wegen eines Fehlers im »Berliner Lokalanzeiger«. In dem Blatt wurde eine Rede von Hitlers Stellvertreter Rudolf Heß zitiert, der die nationalsozialistische Partei als die »schicksalhafte Freiheitsbewegung« des deutschen Volkes bezeichnet hatte. Statt dessen war in der Zeitung von der »schicksalhaften Freiheitsberaubung des deutschen Volkes« zu lesen.

Immer neue Verordnungen ermöglichen es den Gerichten, »Arbeitsscheue und andere asoziale Personen« in Konzentrationslager einzuweisen. »Staatsfeindliche Äußerungen« oder »Sabotage am Aufbauwerk des Führers« sind ebenfalls ausreichende Gründe für eine Einweisung.

Als Protest gegen diese Maßnahmen bleibt der Bevölkerung meistens nur die Flucht in den Flüsterwitz. Wo keine Kritik möglich ist, dienen diese Witze als ein Ventil für aufgestaute Aggressionen und als letztes Zeichen einer oppositionellen Haltung. Wie sehr das NS-Regime auch diese letzte Form des Widerstandes verfolgt, zeigt die Tatsache, daß wegen Flüsterwitzen in den Kriegsjahren sogar Todesurteile verhängt werden.

***Beliebte Flüsterwitze***

▷ Die NS-Organisation wird ausgebaut. Man erfaßt die Jüngeren in der HJ, die noch Jüngeren im Jungvolk, die Jüngsten werden in den NS-Kindergärten geschult, und jetzt sollen auch die Säuglinge organisiert werden. Sie tragen dann den Titel »AA-Männer«.

▷ Wie muß die deutsche Weihnachtsgans sein? Fett wie Göring, braun wie die Partei und gerupft wie das deutsche Volk.

▷ Hitler schickt von Papen nach Rom, um den Papst für den Nationalsozialismus zu gewinnen. Er kommt unverrichteter Dinge zurück. Hitler beauftragt Goebbels, aber auch der scheitert. Nun wird Göring mit der Aufgabe betraut. Schon bald erhält Hitler folgendes Telegramm: Auftrag ausgeführt. Papst tot. Vatikan brennt. Tiara paßt. Dein Heiliger Vater.

## Anthroposophie als subversiv verboten

**15. November.** Die von Rudolf Steiner gegründete Anthroposophische Gesellschaft wird im ganzen Deutschen Reich verboten.
In der Begründung für das Verbot heißt es, die Organisation trage staatsfeindlichen und staatsgefährdenden Charakter. Sie sei international eingestellt und unterhalte noch

Der 1861 geborene Rudolf Steiner übte einen nachhaltigen Einfluß auf das allgemeine kulturelle Leben aus. Seine anthroposophische Bewegung schuf neue Richtungen in der Pädagogik, der Medizin, in den Geisteswissenschaften und sogar in der Architektur. Steiner starb am 30. März 1925.

enge Beziehungen zu ausländischen Juden, Freimaurern und Pazifisten. Ferner verfolge sie individualistische und damit den nationalsozialistischen Erziehungsgrundsätzen entgegengesetzte Ziele.
Die Anthroposophische Gesellschaft, die Rudolf Steiner am 2. Dezember 1913 gründete, dient der Verbreitung seiner von christlichem, indischem, gnostischem und kabbalistischem Gedankengut beeinflußten Weltanschauungslehre. Steiners Anthroposophie (griech.: Weisheit vom Menschen) sieht den Menschen in eine sich stufenweise entwickelnde Welt gestellt, die er einfühlend und erkennend nachvollzieht. Auf diese Weise erlangt er »höhere« seelische Fähigkeiten, die ihm zu übersinnlichen Erkenntnissen verhelfen.
Besondere Verbreitung fand die Steinersche Lehre durch das »Goetheanum«, dem wissenschaftlichen Zentrum der Anthroposophischen Gesellschaft und durch die »Freien Waldorfschulen«. Die Waldorfschulen legen einen besonderen Schwerpunkt auf die musische Ausbildung. Steiners anthroposophisches Menschenbild findet hier seine pädagogische Umsetzung.
Indem sie jede Autoritätsgläubigkeit ablehnt, steht die anthroposophische Pädagogik in grundsätzlicher Opposition zum nationalsozialistischen »Führerprinzip«.
Die als »Brutstätten der Talmuderei« verunglimpften acht privaten Waldorfschulen werden 1938 ebenfalls verboten.

Unter dem Beifall von 20 000 Zuhörern hält Adolf Hitler zur Einweihung der Deutschlandhalle in Berlin eine emphatisch-patriotische Rede.

Außenansicht der neuen Halle im Berliner Bezirk Charlottenburg. Das gigantische Gebäude ist 25 m hoch, 160 m breit und 120 m tief.

## Berlin: 20 000 Menschen feiern die neue Deutschlandhalle

**29. November.** *Nach nur neun Monaten Bauzeit wird in Berlin die Deutschlandhalle mit einer Großkundgebung des NSDAP-Gaues Groß-Berlin feierlich ihrer Bestimmung übergeben.*
*Bei der Kundgebung ist die Halle bis auf den letzten Platz gefüllt. In seiner Rede hebt Führer und Reichskanzler Adolf Hitler hervor, daß der Bau der gigantischen Halle ein erneuter Beweis für die unmittelbare Verbindung zwischen Führung und Masse sei. »Das Volk, das mich gerufen hat, wird mich auch nie verlassen«, sagt Hitler unter den Beifallsstürmen der versammelten »Volksgenossen«.*
*Die Halle, in der 20 000 Menschen Platz finden, ist hauptsächlich als Ort für nationalsozialistische Massenkundgebungen gedacht. Sie ist aber auch als repräsentative Sportstätte für die bevorstehenden Olympischen Spiele 1936 eingeplant. Darüber hinaus soll das neue Wahrzeichen Berlins für kulturelle Ereignisse wie Theateraufführungen, Musikveranstaltungen, Ausstellungen, Zirkusvorführungen, Revuen u. ä. genutzt werden.*
*Mit ihren vielfältigen Nutzungsmöglichkeiten gilt die Deutschlandhalle als einzigartig in Europa. Die Gesamtkosten für den Bau belaufen sich auf 3,9 Mio. RM. Die Halle erstreckt sich auf einer 60 000 m² großen Grundfläche. Allein die Arena der Halle nimmt 35 000 m² ein. Eine freitragende Dachkonstruktion aus Stahl sorgt für ungehinderte Sicht von allen Plätzen.*

Gesundheit 1935:

# Vehikel der Rassenideologie

Die medizinische Versorgung – ablesbar an der Relation Ärzte/Pflegepersonal–Bevölkerung – hat sich im Deutschen Reich während der 20er Jahre positiv entwickelt. Nach einem Einbruch im Gefolge der Weltwirtschaftskrise Anfang der 30er Jahre stabilisiert sich die insgesamt verbesserte Situation in der Mitte des Jahrzehnts. Unter Gesundheitspolitik versteht die nationalsozialistische Regierung allerdings wesentlich mehr als lediglich die Sicherstellung der medizinischen Versorgung für die Bevölkerung und die staatliche Unterstützung von Krankheitsvorsorge: Über Maßnahmen, die als Gesundheitspolitik deklariert werden, verfolgen die NS-Machthaber ihre rassenideologischen Ziele. Sie legen Gesundheit als eine Art Pflicht fest, die zu befolgen das ganze Volk aufgerufen ist.

Die Umsetzung sowohl von Rassenideologie als auch von Gesundheitsaufsicht besorgen zu einem großen Teil die staatlichen Gesundheitsämter. Sie wurden nach dem 1933 erlassenen »Gesetz über die Vereinheitlichung des Gesundheitswesens« eingerichtet. Den dort beschäftigten Amtsärzten fällt zunehmend die Aufgabe zu, im Interesse der angestrebten »Volksgesundheit« die jeweilige »Erbgesundheit« ihrer Patienten zu überprüfen. So entscheiden Amtsärzte über Zwangssterilisationen, die nach dem »Gesetz zur Verhütung erbkranken Nachwuchses« vom 14. Juli 1933 seit 1934 durchgeführt werden. Rund 200 000 Menschen werden aufgrund bestimmter Erkrankungen (→20. 1./S. 21) zwischen 1934 und 1936 sterilisiert. In manchen Fällen wird auch auf die legale Fassade für Zwangssterilisierungen verzichtet, wie bei den sog. Rheinlandbastarden (→11. 3./S. 53). Weil diese farbigen Kinder – insgesamt 385 – an späterer Fortpflanzung gehindert werden sollen, das Erbkrankheitsgesetz in ihrem Fall aber nicht greift, berät der »Sachverständigenausschuß für Bevölkerungs- und Rassenpolitik« im März 1935 über mögliche legale und illegale Vorgehensweisen. 1937 werden die Kinder schließlich zwangssterilisiert.

Das Jahr 1935 steht im Zeichen einer Fortsetzung und Akzentuierung der nationalsozialistischen »Rassenhygiene«: Die Fortpflanzung schwacher, kranker oder sonstwie unerwünschter Personen wird verhindert, »erwünschte« Fortpflanzung gefördert. Zum Zweck einer »erbbiologischen Bestandsaufnahme des deutschen Volkes« werden ab Juni 1935 sog. Beratungsstellen für Erb- und Rassenpflege eingerichtet, die u. a. über die Gewährung von Ehestandsdarlehen entscheiden (→14. 1./S. 20).

Ein weiteres Instrument zur Lenkung von Eheschließungen stellt das Erbgesundheitsgesetz vom Oktober 1935 dar. Es sieht für eine Reihe von Erb- oder sonstigen Krankheiten sowie im Fall der Entmündigung eines der Partner Eheverbote vor. Betroffen sind auch Ehen, die vor Erlaß des Gesetzes geschlossen wurden. Der nur noch mühsam als Gesundheitspolitik zu kaschierende Charakter dieser Diskriminierungsmaßnahmen wird besonders deutlich im »Gesetz zum Schutz des deutschen Blutes und der deutschen Ehre« vom →15. September 1935 (S. 149), das Eheschließungen und Geschlechtsverkehr zwischen Juden und »Deutschblütigen« verbietet.

Einen Aufschwung erlebt im Deutschen Reich die während der Weimarer Republik noch »Gewerbehygiene« genannte Arbeitsmedizin. Sie dient aber weniger, wie in den 20er Jahren, der Prävention von Arbeitsunfällen und Berufskrankheiten, sondern vielmehr der Steigerung der Arbeitsleistung. Die Betriebsärzte übernehmen zunehmend auch Überwachungsfunktionen, um etwaige »Simulanten« aufzuspüren. Je weiter die Arbeitslosigkeit sinkt, desto akuter wird die Parole von der Gesundheit als nationaler Pflicht. Die Kampagnen des Amtes »Schönheit der Arbeit« (1935: »Sonne und Grün allen Schaffenden«) für hygienische, gut belichtete und belüftete Arbeitsplätze können nicht darüber hinwegtäuschen, daß sich die Leistungsanforderungen in den Betrieben immer weiter verschärfen. Entsprechend nehmen Arbeitsunfälle zwischen 1933 und 1936 um 55% zu.

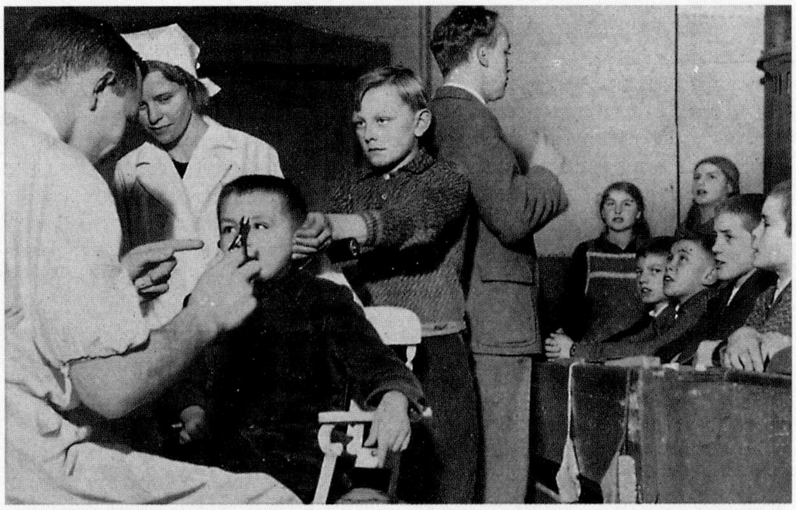

*Der Schulzahnarzt behandelt, die Klasse singt für den Patienten. Die Krankenkassen wenden 1935 104 Mio. RM für Zahnbehandlung auf.*

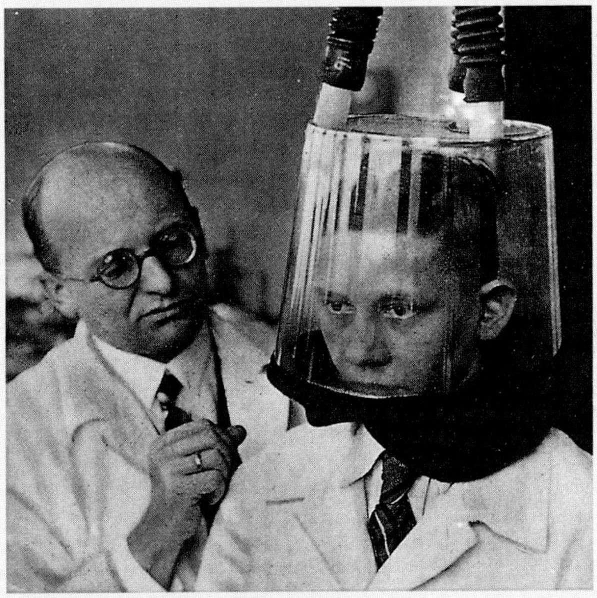

*Durch die Messung des Sauerstoffverbrauchs soll mit diesem Gerät im Dortmunder Kaiser-Wilhelm-Institut für Arbeitsphysiologie die Leistungsfähigkeit arbeitsloser Testpersonen bestimmt werden. Medizin dient im NS-Staat vor allem der Leistungssteigerung. Ärzte sind in NS-Organisationen stark vertreten.*

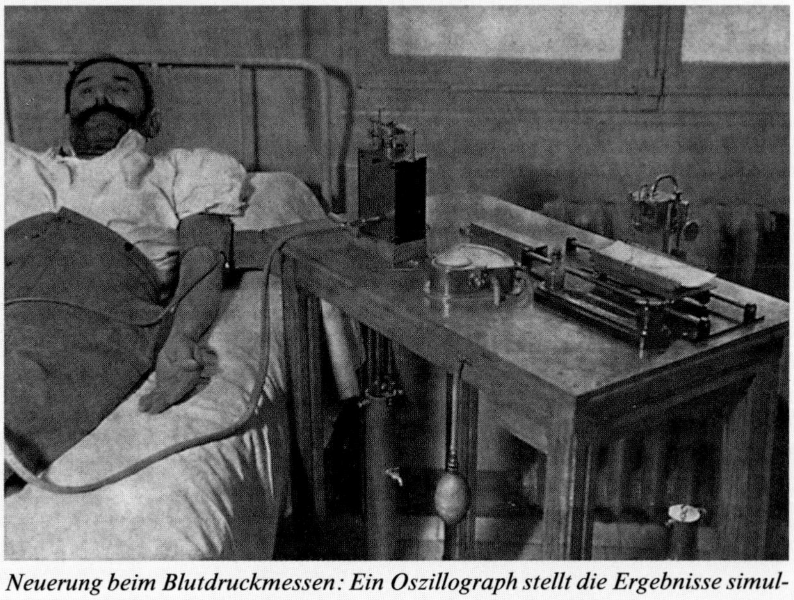

*Neuerung beim Blutdruckmessen: Ein Oszillograph stellt die Ergebnisse simultan zum Meßvorgang auf einem Papierstreifen graphisch dar.*

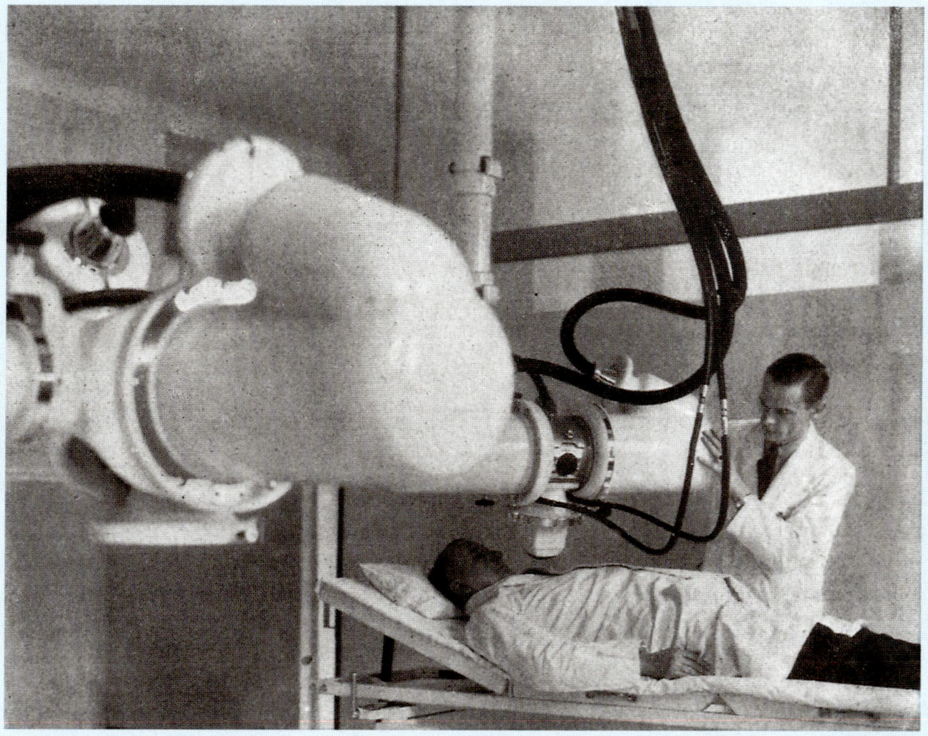

*Röntgenapparat im Berliner Virchow-Krankenhaus, einem Zentrum der Krebsbehandlung*

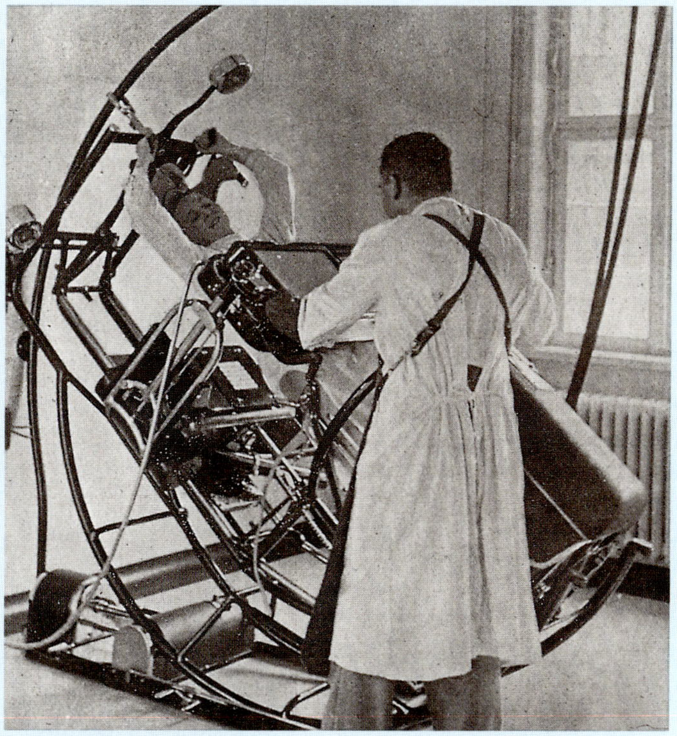

*Kopfstand beim Arzt: Verstellbarer Durchleuchtungsapparat*

*Moderner Krankenhaussaal mit 14 Betten; Zweibettzimmer sind unüblich.*

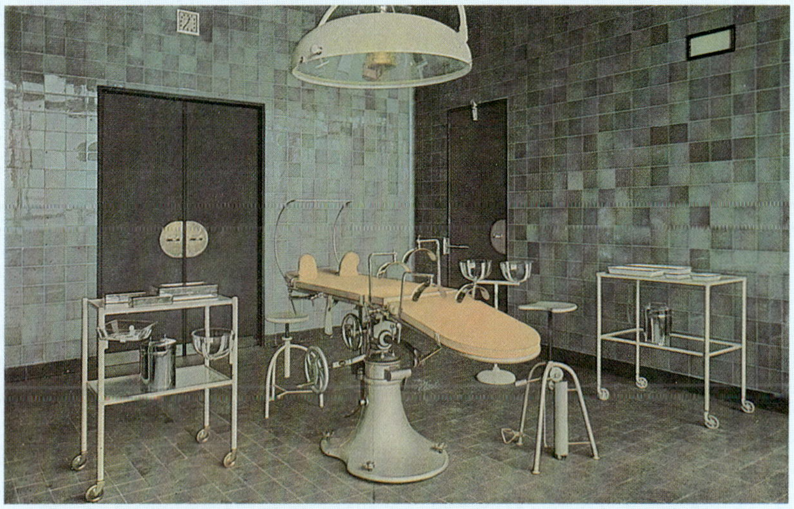

*Ein Operationssaal des neuen französischen Krankenhauses in Clichy*

*Raum für die Gerätesterilisation*

*Quarantänezimmer in Clichy*

## Ernährung weltweit Gesundheitsproblem

Die Auffassung, daß Gesundheit bzw. Krankheit zu einem wichtigen Teil das Resultat sozialer Verhältnisse ist, manifestiert sich 1935 in internationalen wissenschaftlichen Konferenzen und in nationalen Untersuchungen. Eine panafrikanische Gesundheitskonferenz, bei der im November Ärzte aus 20 afrikanischen Staaten sowie weitere Mediziner aus aller Welt Gesundheitsprobleme in Afrika erörtern, dokumentiert gleichzeitig den Wunsch, diese Schwierigkeiten durch gemeinsame Aktionen anzugehen.

Die Vertreter eines Völkerbundausschusses, der im September 1935 in Genf tagt, stellen weltweit Gesundheitsprobleme aufgrund mangelnder, oder aber – auch in den Industriestaaten verbreitet – falscher Ernährung fest. Eine Unterhausdebatte in London illustriert, daß auch im relativ wohlhabenden Großbritannien Gesundheit vom sozialen Status abhängt: Die britischen Parlamentarier zeigen sich u.a. alarmiert über die steigende Müttersterblichkeit aufgrund armseliger Lebensverhältnisse.

# Restauration in Griechenland: Georg II. kehrt zurück

**25. November.** König Georg II. kehrt nach 12jährigem Exil in London triumphal in seine Heimat nach Griechenland zurück. Bei einer Volksabstimmung am 3. November haben die Griechen für die Wiedereinführung der Monarchie und die Rückkehr des Königs votiert.

Georgs Einzug in Athen gestaltet sich zu einem Volksfest gigantischen Ausmaßes: Schon von Patras aus, wo der Dampfer des zurückgerufenen Monarchen in den Golf von Korinth einfährt, begleiten Zehntausende an den Ufern die restliche Wegstrecke bis zur Hauptstadt. In den Dörfern an der Küste werden Salutschüsse abgefeuert und Freudenfeuer entzündet. Zahlreiche Schiffe begleiten den königlichen Dampfer.

Beim Empfang in Athen überreicht der bisherige Regierungschef Georg Kondylis dem Monarchen sein Rücktrittsgesuch. Der Armeegeneral Kondylis hat die Restauration in Griechenland auf Kosten der republikanischen Staatsform entscheidend vorangetrieben. In einem militärischen Staatsstreich entmachtete er im Oktober 1935 Premierminister Panajotis Tsaldáris und erzwang die Wiedereinführung der monarchischen Verfassung von 1911. Die bereits im Juni angesetzte Volksabstimmung über die Wahl zwischen parlamentarischer Republik und konstitutioneller Monarchie fand unter dem Druck von Kondylis am 3. November 1935 in stark manipulierter Form statt: Der Wahlzettel ließ keine Alternative zu, sondern lediglich die Möglichkeit der Bestätigung von Monarchie und Rückkehr des Königs. Nach offiziellen Angaben stimmten 1,5 Mio. Griechen für die Restauration, nur 33 000 dagegen. Das Ergebnis spiegelt auch die große Enttäuschung der griechischen Bevölkerung über die zurückliegenden, häufig chaotischen Jahre der Republik im Anschluß an den Ersten Weltkrieg wider.

*Georg II. amtierte vor seinem Exil nur 1921–1923 als griechischer König.*

*△ Nach Bekanntwerden des Abstimmungsergebnisses am 3. November: Soldaten feiern den noch im Exil lebenden Georg II. Nicht nur große Teile der Armee wünschen eine Rückkehr zur Monarchie in Griechenland. Auch die Bevölkerung hat sich nie wirklich mit der Republik angefreundet, u. a. weil ihr Hauptrepräsentant Elefthérios Weniselos nicht sehr beliebt ist. Ihm wird die Verwicklung Griechenlands in die Balkankriege 1912 und 1913 sowie in den Ersten Weltkrieg (1917/18) angekreidet.*

*◁ Symbol für den nach wie vor starken Ruf nach der Monarchie in Griechenland: Mit einer überdimensionalen Krone wird der König bei seiner Rückkehr begrüßt. Die Konstruktion auf der Athener Zitadelle wird nachts beleuchtet und ist von der ganzen Stadt aus sichtbar.*

## Weltwirtschaftskrise gab den Monarchisten Auftrieb

Nach einem Wahlsieg der liberalen Partei im Dezember 1923 forderte der designierte griechische Ministerpräsident Elefthérios Weniselos Georg II. zum Verlassen des Landes auf. Der König ging mit seiner Familie ins Londoner Exil. Weniselos' Vorgehen wurde durch eine Volksabstimmung im April 1924 gestützt, bei der etwa zwei Drittel der wahlberechtigten Griechen für die Vertreibung des Königs stimmten.

Die Auseinandersetzung zwischen griechischen Royalisten und Befürwortern einer republikanischen Staatsform reichen bis in die Jahre vor dem Ersten Weltkrieg zurück. Weniselos war dabei stets die Symbolfigur für die republikanische Seite. Er wurde 1910 zum ersten Mal Ministerpräsident, setzte gegen König Konstantin I. den Kriegseintritt Griechenlands auf der Seite der Alliierten durch, mußte aber auch immer wieder Rückschläge hinnehmen: So verließ er nach einer vernichtenden Wahlniederlage im November 1920 vorübergehend das Land. Nachdem Griechenland zwischen 1924 und 1928 insgesamt elf Regierungen und ebensoviele Militärputsche zu ertragen hatte, leitete wiederum Weniselos als Ministerpräsident eine Phase der Stabilität ein, die von 1928 bis 1932 andauerte. Die Weltwirtschaftskrise zerstörte den mühsam erreichten, relativen Wohlstand der Griechen. Das gab den ohnehin noch populären und im Militär stark vertretenen monarchistischen Kräften Auftrieb. Weniselos zog sich zurück, nachdem er an den Wirtschaftsproblemen gescheitert war und überließ das Feld 1933 dem neuen Ministerpräsidenten Panajotis Tsaldáris. Im Oktober 1935 gelangt General Kondylis durch einen Putsch an die Macht. Damit war der Weg für die Restauration endgültig geebnet.

## Bulgarien: Tóschew stürzt über Reform

**23. November.** Nach dem Rücktritt des Verkehrs- und des Finanzministers reicht der bulgarische Ministerpräsident Andreas Tóschew die Demission seines gesamten Kabinetts ein. König Boris III. ernennt den bisherigen Außenminister Georg Kiosse-Iwánow zum neuen Ministerpräsidenten.
In seiner nur sieben Monate dauernden Amtszeit war es Tóschew nicht gelungen, eine Verfassungsreform auszuarbeiten und ein neues Wahlgesetz zu verabschieden, wozu er durch ein königliches Manifest beauftragt worden war.
Die neue Regierung hat schwierige Aufgaben vor sich: Die Verfassungsreform, die Durchführung der anstehenden Parlamentswahlen, die Liquidierung des autoritären Regimes und die Vorbereitung des Übergangs zu parlamentarischen Verhältnissen im Land.
Kiosse-Iwánow gilt als ein Vertrauter des Königs und als Anhänger der jugoslawisch-bulgarischen Zusammenarbeit, die für das Land von großer Bedeutung ist. Das Scheitern der Regierung Tóschew ist insbesondere auch auf die Mißerfolge in der Beziehung zu diesem westlichen Nachbarland Bulgariens zurückzuführen.

*Im Süden der USA: Ein Schwarzer wird öffentlich ausgepeitscht.*

*Kinder demonstrieren 1932 gegen das Todesurteil für neun schwarze Jugendliche, die in Alabama eine weiße Frau vergewaltigt haben sollen.*

## Schwarze Jugendliche in Texas gelyncht

**12. November.** In Altair (US-Bundesstaat Texas) entführt eine aufgebrachte Volksmenge zwei halbwüchsige Schwarze aus dem örtlichen Gefängnis und erhängt sie an einem Baum.
Die schwarzen Jugendlichen wurden des Mordes an einem weißen Mädchen beschuldigt. Ohne den Prozeß abzuwarten, lyncht die Menge von etwa 700 Personen die vermeintlichen Täter.
Ein weiterer Lynchmord geschieht in Ripley (West-Virginia), wo ein schwarzer US-Amerikaner ebenfalls weißer Selbstjustiz zum Opfer fällt und gehängt wird.
Lynchmorde an Schwarzen sind im Süden der USA an der Tagesordnung, wobei die Täter – oft angesehene Bürger – nur selten zur Rechenschaft gezogen werden. Offizielle Statistiken verzeichnen zwischen 1882 und 1930 in den USA rund 4600 Lynchmorde, überwiegend an Schwarzen.
Während sich Rassismus in den Südstaaten der USA in Form offener Gewalt zeigt, nimmt er im Norden subtilere Züge an: Die schwarze Minderheit – rund 11% der US-Bevölkerung – hat unter einer doppelt so hohen Arbeitslosigkeit zu leiden wie Weiße, lebt in den schlechtesten Wohngegenden und hat kaum die Chance sozialen Aufstiegs.

## *Rebellion blutig niedergeschlagen*

**24. November.** *In den nordostbrasilianischen Bundesstaaten Pernambuco und Rio Grande do Norte rebellieren Teile der Armee.*
*Den Aufständischen gelingt es, mehrere Städte einzunehmen und die Rebellion auch in andere Regionen des Landes hineinzutragen – u. a. in die Hauptstadt Rio de Janeiro. Die Regierung unter Präsident Getúlio Dornelles Vargas verhängt den Kriegszustand über das ganze Land. Es gelingt ihr, den Aufstand innerhalb von vier Tagen niederzuschlagen.*
*Hinter der Rebellion steht der ehemalige Armeeoffizier und Vargas-Verbündete Luis Carlos Prestes, dessen »Nationale Freiheitsallianz« einen autonomen sozialistischen Staat im Nordosten Brasiliens errichten will.*

▷ Zeugnis der heftigen Kämpfe: Der zerschossene Eingang einer Infanteriekaserne in Rio

## Neue Linkspartei in Frankreich

**3. November.** In Paris konstituieren drei von der Sozialistischen Partei Frankreichs abgespaltene Gruppierungen eine neue Partei, die »Republikanisch-Sozialistische Union«.
Bei den Gruppen handelt es sich um die »Republikanischen Sozialisten«, die »Französischen Sozialisten« und die »Neo-Sozialisten«. Sie sind politisch zwischen den beiden dominierenden Kräften des französischen Parteiensystems, den Liberalen und den Sozialisten, angesiedelt. Zum Präsidenten der Union wird Joseph Paul-Boncour gewählt, der in der Vergangenheit mehrmals Ministerposten innehatte. Die neue Partei wird in der Nationalversammlung 50 bis 60 der insgesamt 490 Abgeordneten stellen. Die Vereinigung der Splittergruppen zu einer gemäßigt linken Partei wird in Frankreich als Beitrag zur Konsolidierung der antifaschistischen Volksfront (→ 14. 7./S. 120) gewertet.

# Seit zwei Jahren »Kraft durch Freude«

**27. November.** Die NS-Freizeitorganisation »Kraft durch Freude« (KdF) feiert in Berlin ihr zweijähriges Bestehen.

Bei seiner Ansprache sagt Propagandaminister Joseph Goebbels: »Der deutsche Arbeiter besitzt heute wirklich, wie es 1910 versprochen und nie ausgeführt wurde, seine Theater, seine Orchester und Festsäle, er hat seine eigene Dampferflotte, auf der er durch die Weltmeere kreuzen kann.«

Die deutsche Presse lobt die Leistungen der KdF anläßlich des Jubiläums – so der »Düsseldorfer Mittag«: »Die ›Kraft durch Freude‹ hat wieder Leben, das Zukunft ist, Bewegung, die das Blut wieder strömen läßt, dem Volkskörper eingehaucht, der erkaltet schien. Sie hat Kunst und Kultur der Nation, die zum Vorrecht einzelner Schichten zu werden drohte, zum Gemeingut für alle gemacht.«

Die Organisation »Kraft durch Freude« wurde am 27. November 1933 innerhalb der Deutschen Arbeitsfront (DAF) gegründet. Ziel der KdF ist es, durch umfangreiche Freizeitprogramme besonders die Arbeiterschaft für die Ideen des Nationalsozialismus zu gewinnen. Die zahlreichen Aktivitäten der Organisation werden in verschiedenen Ämtern organisiert:

- ▷ Das »Amt Feierabend« veranstaltet neben kulturellen Veranstaltungen wie Konzerten, Theateraufführungen, Vorträgen u. ä. auch politische Abendkurse.
- ▷ Das »Sportamt« organisiert vor allem den Betriebssport und bietet Sportkurse für jedermann an, durch die die Leistungsfähigkeit und auch die »Wehrkraft« der Bevölkerung gesteigert werden sollen.
- ▷ Das »Amt Schönheit der Arbeit« ist mit der Verbesserung der Arbeitsbedingungen befaßt und will die nationalsozialistische Idee der »Ästhetik der Arbeit« verbreiten.
- ▷ Durch das »Amt Wehrmachtsheime« wird die KdF mit der Wehrmacht und dem Reichsarbeitsdienst verbunden.
- ▷ Das »Amt Reisen, Wandern und Urlaub« veranstaltet kostengünstige Urlaubsreisen für jedermann.

Besonders durch ihre großangelegten Urlaubsfahrten erfreute sich die KdF bald großer Beliebtheit in der Bevölkerung. Durch enorme finanzielle Zuschüsse aus den Mitteln der DAF können die Reisen weit unter Selbstkostenpreis angeboten werden. Eine Wochenfahrt Berlin–Oberbayern einschließlich Fahrt, Verpflegung, Unterkunft und Führung kann beispielsweise für 39 RM gebucht werden, eine 14tägige Italienrundfahrt für 155 RM.

Die Kreuzfahrten der KdF werden bei Auslandsreisen auch gezielt für propagandistische Zwecke eingesetzt. Als »deutsche Flotte des Friedens« sollen die KdF-Schiffe den Friedenswillen des Deutschen Reichs im Ausland unterstreichen und nationalsozialistisches Gedankengut verbreiten helfen. Im Krieg werden die KdF-Dampfer als Truppentransporter eingesetzt und die Ferieneinrichtungen zu Lazaretten umgebaut.

Auf dem Weg nach Madeira: Der KdF-Dampfer »Oceana« mit mehreren hundert Urlaubern an Bord.

*Bus mit Urlaubern im Bayerischen Wald; als Reiseziele bietet die KdF vor allem touristisch wenig erschlossene Gebiete an.*

*Die »Reichsautobahn-Schauspieltruppe« der KdF gibt in einer Gemeinschaftsbaracke eine Vorstellung für Autobahn-Arbeiter.*

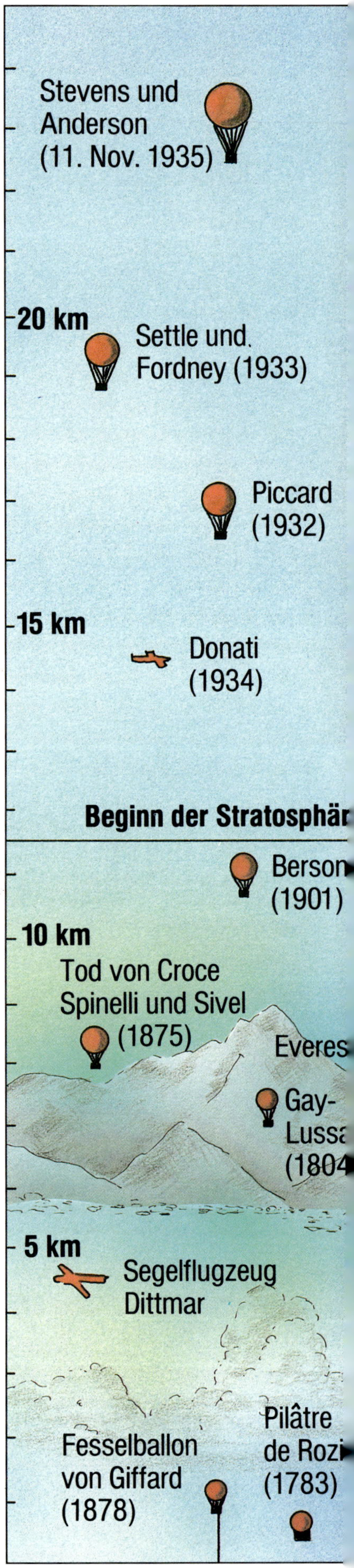

△ Der Ballon der »Explorer II« füllt sich erst beim Aufstieg vollständig.
◁ Eroberer des Luftraums: Rekordhöhen aus den letzten 150 Jahren

## *22 km über der Erde – in einem Ballon*

**11. November.** *In dem bislang größten Stratosphärenballon »Explorer II« stellen die US-amerikanischen Offiziere Albert Stevens und Orvil Anderson mit 22,612 km einen Höhenweltrekord auf.*
*Von Rapid City im US-Bundesstaat South-Dakota aus startet Stevens seinen dritten Versuch, in die Stratosphäre vorzudringen. Den ersten Anlauf nahm er 1934; beim Erreichen der oberen Luftschichten riß jedoch die Ballonhülle. Die Besatzung konnte sich damals mit Hilfe von Fallschirmen retten. Sein zweiter Versuch, die Stratosphäre per Ballon zu erreichen, scheiterte ebenfalls.*
*Der jetzt geglückte Rekordversuch verläuft auch nicht ohne Zwischenfälle. Beim Füllen des Ballons mit Helium reißt die Hülle 7 m weit auf. Techniker können den Schaden jedoch bald beheben. Stevens und Anderson steigen in der 3 m hohen, geschlossenen Gondel in viereinhalb Stunden in die Rekordhöhe von über 22 km auf. Der Ballon erreicht dabei eine Aufstiegsgeschwindigkeit von 200 m pro Minute. In der Stratosphäre zeigen die Meßinstrumente eine Außentemperatur von minus 56,5° Celsius. Innerhalb der Gondel liegt die Temperatur bei 10° C unter dem Gefrierpunkt.*
*Während des Abstiegs kommt es in einer Höhe von 8400 m zu einem zweiten dramatischen Zwischenfall. Die Piloten melden der nationalen geographischen Gesellschaft in Washington, mit der sie ständigen Funkkontakt haben, einen Riß in der Gondel. Mit Hilfe eines Spezialkittes gelingt es ihnen jedoch, den Riß zu schließen und den Austritt von Sauerstoff zu verhindern. Nach einer Flugzeit von insgesamt acht Stunden und elf Minuten landet der Ballon wohlbehalten rund 400 km von seinem Ausgangsort entfernt in der Nähe von White Lake im US-Bundesstaat South-Dakota.*
*Das Unternehmen dient vor allem militärisch-wissenschaftlichen Zwekken. Mit Hilfe von automatisch arbeitenden Instrumenten werden umfangreiche Messungen durchgeführt. Automatische Kameras machen Farbaufnahmen, die wichtige Aufschlüsse für die Erforschung des Weltraums geben.*

## Kiefer – König der Rückenschwimmer

**9. November.** Am ersten Tag eines Internationalen Wettkampfs in Breslau schwimmt der US-Amerikaner Adolphe Kiefer mit 1:04,9 min Weltrekord über 100 m Rücken.
Kiefer verbessert seinen erst im Vormonat in Krefeld aufgestellten Weltrekord um 1,3 sec. Die deutschen Schwimmer Hans Schwarz (1:11 min) und Ernst Schlauch (1:11,6 min) belegen mit deutlichem Rückstand die Plätze zwei und drei.
Bereits am 2. November unterbot Kiefer beim Budapester Schwimmfest den seit Oktober 1933 von dem Japaner Masaj Kiyokawa gehaltenen Rekord über 400 m Rücken von 5:30,4 min deutlich. Kiefer legte die Strecke in 5:22,6 min zurück, um die Rekordleistung bald darauf auf 5:17,8 min zu schrauben.
Seine Überlegenheit auf den Rückenstrecken hatte Kiefer auch schon am 11. April unter Beweis gestellt. In Chicago verbesserte er damals seinen eigenen Weltrekord über 200 m Rücken mit 2:24,0 min um eine halbe Sekunde.

## Vier Deutsche sind am stärksten

**10. November.** Bei den Europameisterschaften im Gewichtheben, die in Paris ausgetragen werden, gewinnen vier deutsche Athleten die Titel und sorgen für den Sieg der deutschen Mannschaft in der Nationenwertung.
Der Federgewichtler Walter verbessert im Dreikampf, der sich aus beidarmigem Drücken, Reißen und Stoßen zusammensetzt, mit 297,5 kg den bisher von dem Österreicher Franz Richter gehaltenen Weltrekord um 2,5 kg.
Karl Jansen zeigt sich in der Leichtgewichtklasse in überlegener Form. Mit einem Gesamtergebnis von 325 kg verweist er den österreichischen Titelverteidiger Fein (322,5 kg) auf den zweiten Platz.
Rudolf Ismayr und Gottschalk sorgen im Mittelgewicht für einen deutschen Doppelerfolg. Ismayr erringt mit 360 kg den Titel, Gottschalk belegt mit 345 kg den zweiten Platz.
Europameister im Schwergewicht wird Josef Manger, mit einer Dreikampfleistung von 395 kg.

# Schnelles Ende für Neusel

**3. November.** Der deutsche Schwergewichtsboxer Walter Neusel verliert in New York gegen den italienischen Exweltmeister Primo Carnera in der vierten Runde durch technischen K. o.
Vor rund 17 000 Zuschauern im Madison Square Garden legt Carnera von Anfang an ein hohes Tempo vor. Neusel muß gleich in der ersten Runde eine Reihe von Kopftreffern einstecken. Erst in der dritten Runde gelingt es ihm, den 29jährigen Carnera mit mehreren Schlägen in Bedrängnis zu bringen. Neusel wird immer stärker, doch Carnera bringt ihm in der vierten Runde mit einem linken Haken eine lange, stark blutende Platzwunde über dem rechten Auge bei, die den Deutschen zum unerwartet frühen Abbruch des Kampfes zwingt.

*Diese Szene aus der vierten Runde läßt das nahe Ende des Kampfes zwischen Neusel (r.) und Carnera ahnen: Der Deutsche verliert durch eine Platzwunde über dem rechten Auge zusehends die Orientierung und steht kurz vor der vierten Niederlage in seiner Laufbahn.*

Kunst 1935:

# Hitlers »Kunstverderber« sind Abstrakte und Surrealisten

Die »Reinigung« des deutschen Kulturlebens von »undeutschen und artfremden Elementen« wird 1935 systematisch fortgesetzt. Besonders heftig sind die Angriffe der NS-Kulturideologen gegen die künstlerische Avantgarde. Die Vertreter von Kunstrichtungen wie Surrealismus und abstrakter Malerei werden von Adolf Hitler als »traditionsfeindliche Kunstverderber« diffamiert und vollends aus dem kulturellen Leben verdrängt.

Zahlreiche moderne Künstler wie z. B. Otto Dix, Max Beckmann, Paul Klee, Käthe Kollwitz oder Oskar Schlemmer werden ihrer Lehrämter enthoben, erhalten Ausstellungsverbote oder werden aus der Preußischen Akademie der Künste ausgeschlossen. George Grosz, Wassily Kandinsky, Oskar Kokoschka, Kurt Schwitters und viele andere emigrieren und versuchen ihre Arbeit im Exil fortzusetzen. Im Jahr 1937 werden die Bilder all dieser Künstler in der Wanderausstellung »Entartete Kunst« als »zersetzende« Werke zur Schau gestellt.

Für jeden Künstler ist die Mitgliedschaft in der Reichskulturkammer obligatorisch, die 1935 bereits 100 000 Mitglieder zählt. Um seinen Beruf ausüben zu können, muß jeder Maler, Graphiker, Bildhauer und Architekt der Reichskammer der bildenden Künste angehören, die der Reichskulturkammer untergeordnet ist. Durch diese Einrichtungen, in denen nur »politisch und rassisch zuverlässige« Künstler zugelassen sind, kann das gesamte Kulturschaffen im Deutschen Reich zentral geleitet und kontrolliert werden.

Ziel der offiziellen NS-Kulturpolitik ist die Darstellung und Verbreitung nationalsozialistischer Ideen und Ideale sowie die Verkörperung »rassischer Eigenarten«. Kunst wird im Nationalsozialismus zu einem Propagandamittel herabgewürdigt.

Nach der NS-Kulturideologie ist einzig der »Arier« zu kulturellen Schöpfungen fähig. Seine kulturellen Errungenschaften muß er immer wieder gegen den »Kulturzerstörer«, den Juden, verteidigen. In der NS-Malerei dominieren Bilder, die den »arischen« Menschen in seiner »Würde und Überlegenheit« zeigen. Allen Kunstwerken liegt die Forderung nach der Verherrlichung des rassischen Schönheitsideals zugrunde. Stilistisch stehen sie in der Tradition des Realismus des 19. Jahrhunderts. Beliebte Motive sind Kriegshelden, Schlachtszenen, typisierte Darstellungen von Mutter und Kind sowie Portraits des »Führers« in entschlossener und tatkräftiger Pose.

Außerhalb der Grenzen des Deutschen Reichs gehört Mitte der dreißiger Jahre der Surrealismus zu den dominierenden Strömungen in der Kunstszene. In Kopenhagen und auf den Kanarischen Inseln finden internationale Surrealisten-Ausstellungen statt. André Breton, ein Wortführer der literarischen Surrealisten, ohrfeigt den sowjetischen Schriftsteller Ilja Ehrenburg, weil dieser die Surrealisten beleidigt hat. Auf dem »Weltkongreß zur Verteidigung der Kultur« wird Breton deshalb Redeverbot erteilt.

Zusammen mit Georges Bataille gründet Breton die Gruppe »Contre-Attaque« (Gegenangriff), eine antifaschistische Kampfvereinigung revolutionärer Intellektueller, der sich zahlreiche surrealistische Künstler anschließen.

Inspiriert von den Sprachexperimenten der Surrealisten, schreibt Pablo Picasso erste surrealistische Gedichte. Die bedeutendste Arbeit in seinem ansonsten allerdings wenig fruchtbaren Schaffensjahr 1935 ist die ungewöhnlich große Radierung »Minotauromanie«, ein eindrucksvoll düsteres Werk.

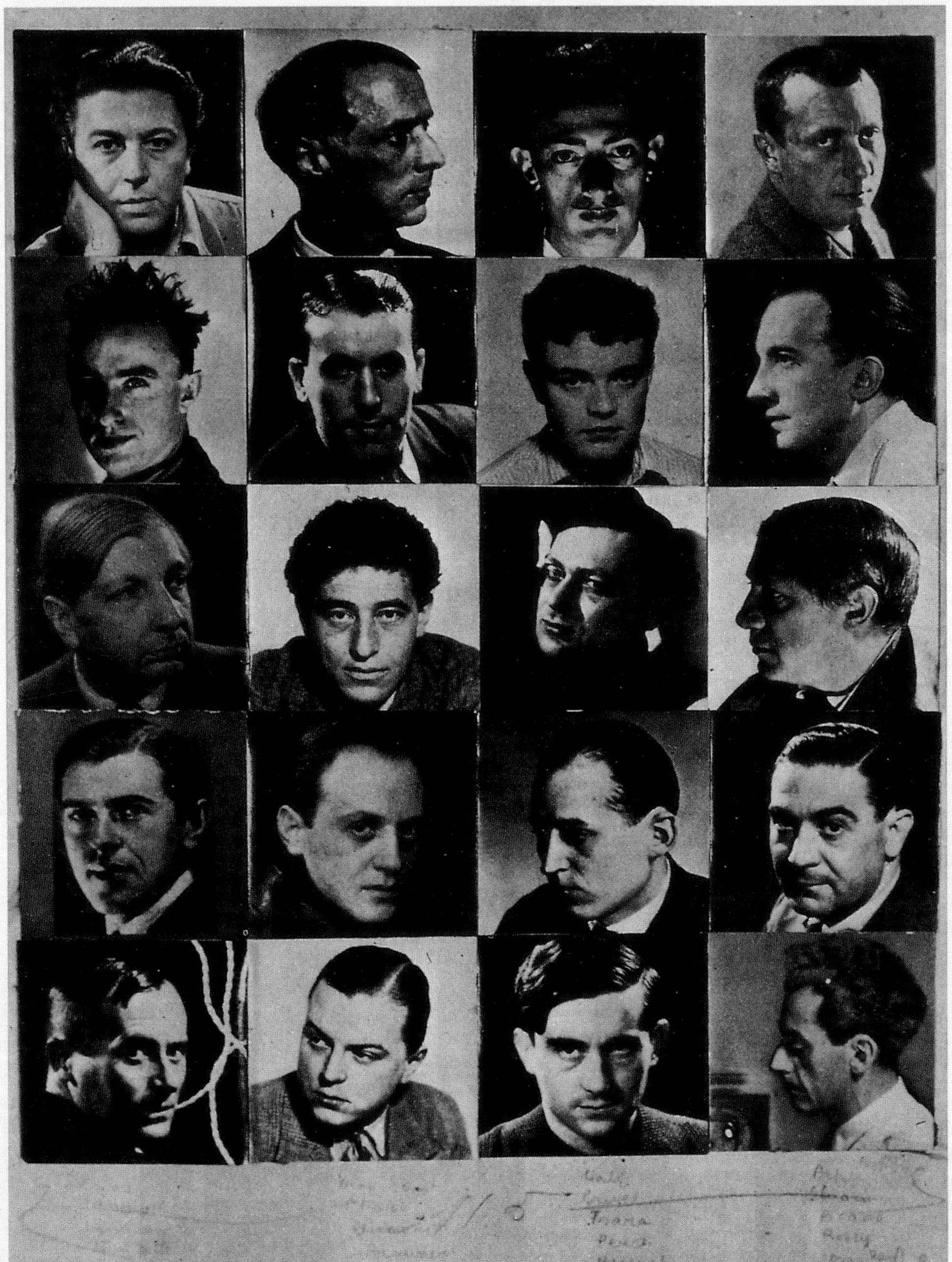

*Man Rays »L'échiquier Surréaliste« (1934). Die Fotomontage zeigt 20 bedeutende surrealistische Künstler (v. l.):*

*◁ André Breton (39 Jahre), Schriftsteller; die Maler Max Ernst (44); Salvador Dalí (31); Hans Arp (48);*

*◁ Yves Tanguy (35), Maler; René Char (28), Lyriker; René Crevel (35, Selbstmord 1935), Schriftsteller; Paul Eluard (39), Lyriker;*

*◁ Giorgio de Chirico (47), Maler; Alberto Giacometti (34), Bildhauer; Tristan Tzara (39), Schriftsteller; Pablo Picasso (54), Maler, Graphiker, Bildhauer;*

*◁ René Magritte (37), Maler; Victor Brauner (32), Maler; der Schriftsteller Benjamin Péret (36) und Gui Rosey;*

*◁ Joan Miró (42), Maler; E. L. T. Mesens (32), Dichter; George Hugnet (29), Schriftsteller und Filmemacher; Man Ray (45), Maler, Fotograf und dadaistischer Objektkünstler.*

△ »Tennisspieler« (Willi Baumeister, 1935; Museum Folkwang, Essen). Baumeister wurde 1933 von den Nationalsozialisten aus seiner Frankfurter Professur entlassen.

▷ »Die brennende Giraffe« (Salvador Dalí, 1935; Kunstmuseum Basel) gehört zu den Hauptwerken des spanischen Malers, der Zustände des Unterbewußtseins darstellt.

◁ »Erwartung« (Richard Oelze, 1935; The Museum of Modern Art, New York). Oelzes berühmtes Landschaftsbild wird als dumpfe Vorahnung des bevorstehenden Krieges gedeutet. Das Bild drückt Ohnmacht und lähmendes Entsetzen angesichts einer unabwendbaren Gefahr aus. Die handwerklich genauen Werke des Malers, der seine Kunst bei Otto Dix in Dresden erlernte, werden von figurativen Elementen dominiert. Der 1900 in Magdeburg geborene Oelze führt ein unstetes Wanderleben zwischen Ascona, Berlin, dem Gardasee und Paris, wohin er 1933 mit einem der letzten Züge über die noch offene Grenze flieht. Obwohl ihn Bilder von Max Ernst und René Magritte tief beeindrucken, schließt sich der Einzelgänger Oelze dem Pariser Kreis der Surrealisten nicht enger an. Ein Jahr nach der Ausstellung »Entartete Kunst« und ein Jahr vor dem absehbaren Kriegsausbruch kehrt Oelze 1938 ins Deutsche Reich zurück, um sich in Worpswede niederzulassen, mit dessen lokaler Kunsttradition er allerdings nichts gemein hat.

# Dezember 1935

| Mo | Di | Mi | Do | Fr | Sa | So |
|---|---|---|---|---|---|---|
| | | | | | | 1 |
| 2 | 3 | 4 | 5 | 6 | 7 | 8 |
| 9 | 10 | 11 | 12 | 13 | 14 | 15 |
| 16 | 17 | 18 | 19 | 20 | 21 | 22 |
| 23 | 24 | 25 | 26 | 27 | 28 | 29 |
| 30 | 31 | | | | | |

**1. Dezember, Sonntag**

Die Türkei, Iran, Irak und Afghanistan schließen einen Nichtangriffspakt ab.

In Paris wird die Kuppel des »Trocadero« gesprengt. Das in den achtziger Jahren des 19. Jahrhunderts anläßlich der Weltausstellung entstandene Gebäude wird in der nächsten Zeit vollständig abgetragen. An seinem Standort wird mit dem Bau des Palais de Chaillot begonnen.

**2. Dezember, Montag**

In Straßburg wird Marcel Bucard, Führer der rechtsradikalen »Francisten« in Frankreich, zusammen mit 110 Anhängern der Partei verhaftet. Damit reagieren die Behörden auf die zunehmende Kritik der Linksparteien an der nachgiebigen Haltung der Regierung Laval gegenüber paramilitärischen Vereinigungen (→6. 12./S. 203).

Über 1000 Studenten demonstrieren in Kairo gegen die britische Afrikapolitik (→12. 12./S. 204).

**3. Dezember, Dienstag**

Die französischen Vertreter im marokkanischen Haushaltsausschuß beschließen, aus Protest gegen die Wirtschafts- und Finanzpolitik Frankreichs die Zusammenarbeit mit den französischen Verwaltungsbehörden einzustellen. Damit schließen sie sich den Klagen der Marokkaner an, die sich durch die restriktive Haushaltspolitik der Kolonialmacht Frankreich geknebelt fühlen. Die Politik der Franzosen führte zu drastischen Versorgungsschwierigkeiten der marokkanischen Bevölkerung bei wichtigen Lebensmitteln.

**4. Dezember, Mittwoch**

Der Internationale Gerichtshof in Den Haag erklärt die Änderung des Danziger Strafgesetzbuches, das den Grundsatz »Kein Verbrechen ohne Strafe« eingeführt hat, für verfassungswidrig. Dieses Rechtsprinzip öffne der Richterwillkür »Tür und Tor« (→7. 4./S. 72; 5. 7./S. 123).

Vor 72 000 Zuschauern gewinnt England in London ein Fußball-Länderspiel gegen Deutschland 3:0. →S. 207

**5. Dezember, Donnerstag**

Ein Prager Gericht verurteilt den Führer der »Schwarzen Front«, Otto Strasser, wegen Verstoßes gegen das Telegraphengesetz zu fünf Monaten Haft ohne Bewährung. Die revolutionär-nationalsozialistische Organisation hatte in Prag einen Schwarzsender installiert. →S. 204

Franz Ritter von Epp, Leiter des Kolonialpolitischen Amtes der NSDAP, fordert in Hamburg die Rückgabe der ehemaligen deutschen Kolonien. Es bestehe ein klarer Rechtsanspruch auf diese Gebiete, da die »koloniale Schuldlüge längst als Machwerk erkannt« sei.

Hans Steinhoff führte Regie in dem deutschen Film »Ammenkönig«, der in Berlin uraufgeführt wird. Neben Gustav Knuth sind Käthe Gold und Richard Romanowsky in den Hauptrollen zu sehen.

**6. Dezember, Freitag**

Das französische Parlament nimmt nach mehrtägiger Debatte einen Gesetzentwurf zur Auflösung von sog. Wehrverbänden an. Darüber hinaus wird das Tragen von Waffen bei Demonstrationen unter Strafe gestellt. Damit wird auf die monatelangen bürgerkriegsartigen Auseinandersetzungen zwischen Rechten und Linken reagiert. →S. 203

In Hamburg hält Preußens Ministerpräsident Hermann Göring eine Rede, in der er Aufrüstung und Lebensmittelknappheit im Deutschen Reich unmittelbar miteinander verknüpft: »Entweder kaufen wir Butter und verzichten auf die Freiheit, oder aber wir erstreben die Freiheit und verzichten dann auf die Butter«.

Der tschechische Oberste Gerichtshof verurteilt in Prag acht Personen zu teilweise langjährigen Haftstrafen wegen Spionage für das Deutsche Reich. Die Hauptangeklagte, die 25jährige Anna Dienel, erhält 15 Jahre verschärfte Kerkerhaft.

Der Operettenfilm »Im weißen Rößl« von Carl Lamac wird in Wien uraufgeführt. In der deutsch-österreichischen Gemeinschaftsproduktion spielen Christl Mardayn, Theo Lingen und Hermann Thimig die Hauptrollen.

**7. Dezember, Samstag**

In Nürnberg wird in Anwesenheit von Führer und Reichskanzler Adolf Hitler zwei Tage lang der 100jährige Geburtstag der deutschen Eisenbahn gefeiert. Am 7. Dezember 1835 wurde die Linie Nürnberg–Fürth eröffnet. →S. 205

Am »Tag der nationalen Solidarität« werden bei Straßensammlungen im ganzen Deutschen Reich für das Winterhilfswerk über 4 Mio. RM gespendet (→4. 7./S. 123).

Verschiedene internationale Boykottbewegungen gegen die im Deutschen Reich stattfindenden XI. Olympischen Spiele 1936 gründen in Paris das antifaschistische »Comité international pour le respect de l'esprit Olympique« (Internationales Komitee zur Verteidigung des olympischen Gedankens; →1. 9./S. 162).

**8. Dezember, Sonntag**

Aufgrund der verstärkten antibritischen Studentenunruhen in Ägypten ermächtigt die ägyptische Regierung in Kairo die Polizei, in Menschenmengen hineinzuschießen. Außerdem verfügt sie die Schließung der Kairoer Universität sowie dreier anderer Hochschulen des Landes, die als Hauptunruheherde gelten (→12. 12./S. 204).

Der Dachverband der US-amerikanischen Leichtathleten, Boxer und Ringer beschließt auf seiner Jahresversammlung in New York die Teilnahme an den Olympischen Spielen 1936 in Berlin. Diese Entscheidung bedeutet eine Niederlage der internationalen Boykottbewegung (→1. 9./S. 162).

Im Deutschen Reich findet der zweite »Eintopfsonntag« zugunsten des Winterhilfswerkes statt. Allen Gaststätten ist vorgeschrieben, drei bestimmte Eintopfgerichte anzubieten.

Im Endspiel um den deutschen Fußball-Vereinspokal schlägt der 1. FC Nürnberg vor 55 000 Zuschauern in Düsseldorf Schalke 04 2:0. Der Wettbewerb wird 1935 zum ersten Mal ausgetragen.

**9. Dezember, Montag**

In London beginnt die zweite Flottenkonferenz, auf der u. a. die Hauptseemächte Großbritannien, USA, Japan, Frankreich und Italien über die Begrenzung der internationalen Flottenrüstung verhandeln. →S. 202

Der britische Außenminister Samuel Hoare und der französische Ministerpräsident Pierre Laval schließen in Paris ein Abkommen, nachdem sich Großbritannien bereit erklärt, die Annexion großer Teile Abessiniens durch Italien zu dulden. →S. 202

Ein Runderlaß von Reichsinnenminister Wilhelm Frick macht den Ariernachweis für alle deutschen Beamten und deren Ehepartner verbindlich. Jüdische Beamte sollen vorzeitig in den Ruhestand versetzt werden.

Bei Lille wird die erste französische Fabrik zur Herstellung von Benzin aus Kohle eingeweiht.

In Paris lesen deutsche Emigranten aus den Werken des im Konzentrationslager Papenburg-Esterwegen einsitzenden jüdischen Publizisten Carl von Ossietzky. Das Motto lautet: »Ossietzky antwortet Hamsun«. Der norwegische Literaturnobelpreisträger Knut Hamsun, der in diesem Jahr der nationalsozialistischen Partei seines Landes beitrat, hat Ossietzky in Zeitungsartikeln mehrfach angegriffen und ihm unpatriotisches Verhalten vorgeworfen (→10. 12./S. 206).

**10. Dezember, Dienstag**

Konrad Henlein, Vorsitzender der von der NSDAP unterstützten Sudetendeutschen Partei (SdP), beteuert in einer Rede vor dem Royal Institute of International Affairs in London die Unabhängigkeit seiner Partei von den Nationalsozialisten. Weiter beklagt er, daß die sudetendeutsche Minderheit in der Tschechoslowakei weiter massiv unterdrückt werde (→19. 5./S. 90).

Die königliche Akademie der Wissenschaften in Stockholm verleiht dem Deutschen Hans Spemann den Nobelpreis für Medizin und Physiologie. Die Franzosen Frédéric Joliot-Curie und seine Frau Irène bekommen den Preis für Chemie, der Brite James Chadwell den für Physik. Literatur- und Friedensnobelpreis werden in diesem Jahr nicht verliehen. →S. 206

An der Warschauer Universität kommt es zu Auseinandersetzungen zwischen polnischen und jüdischen Studenten. Die polnischen Studenten fordern, daß die Juden gesonderte Plätze einnehmen.

**11. Dezember, Mittwoch**

In Berlin veröffentlichen 44 führende deutsche Politiker, meist NSDAP-Mitglieder, einen Appell an die deutschen Eltern, mindestens vier Kinder aufzuziehen. So sollen die Leistungen des nationalsozialistischen Staates für die Zukunft gesichert werden.

Die NS-Parteizeitung »Der Angriff« berichtet in einer groß aufgemachten Meldung von der Verhaftung des Berliner Domkapitulars Georg Banasch am 22. November wegen »dringenden Verdachts des Verrats von Staatsgeheimnissen«. Besonders im letzten Viertel des Jahres haben die Verhaftungen von katholischen Geistlichen und politischen Regimegegnern durch die Gestapo erheblich zugenommen.

Weil ein Abgeordneter bei einer Sitzung des belgischen Parlaments in Brüssel flämisch spricht, verlassen die französisch sprechenden Abgeordneten aller Parteien demonstrativ den Sitzungssaal. In Belgien schwelt seit der Staatsgründung 1830 der Konflikt zwischen dem flämischen Bevölkerungsteil und den französischsprachigen Wallonen. →S. 203

**12. Dezember, Donnerstag**

Der ägyptische König Fuad I. unterzeichnet in Kairo ein Dekret, durch das die parlamentarische Verfassung von 1923 wiederhergestellt wird. →S. 204

**13. Dezember, Freitag**

Durch ein Reichsgesetz wird das Fernsehen im Deutschen Reich der »Sicherung der Luftfahrt, des Luftschutzes und der Landesverteidigung« untergeordnet. Die Fernsehtechnik fällt in Zukunft in den Zuständigkeitsbereich der Reichspost (→22. 3./S. 59).

Das Energiewirtschaftsgesetz stellt die deutschen Gas- und Elektrizitätsunternehmen sowie alle anderen Bereiche der Energiewirtschaft unter eine straffe Reichsaufsicht.

**14. Dezember, Samstag**

Der Staatspräsident der Tschechoslowakei, Tomáš Garrigue Masaryk, tritt im Alter von 85 Jahren von seinem Amt zurück. →S. 203

Bei Wernigerode im Harz wird nach einjähriger Bauzeit die Zillertalsperre fertiggestellt. Die Staumauer ist 175 m lang und 54 m hoch.

Der US-amerikanische Schwergewichtsboxer Joe Louis schlägt seinen spanischen Herausforderer Paolino Uzcudun vor 20 000 Zuschauern im New Yorker Madison Square Garden durch technischen K. o. in der vierten Runde.

*Die Zeitschrift »Die Woche« stimmt auf der Titelseite ihrer Ausgabe vom 4. Dezember 1935 auf das bevorstehende Weihnachtsfest ein.*

### 15. Dezember, Sonntag

Der Niederländer Max Euwe wird in Amsterdam Schachweltmeister. In insgesamt 30 Partien schlägt er den bisherigen Titelträger Alexandr Aljochin aus der UdSSR knapp. → S. 207

### 16. Dezember, Montag

Der abessinische Kaiser Haile Selassie I. lehnt den Pariser Friedensplan für Ostafrika ab. Der sog. Laval-Hoare-Plan stelle eine Verletzung der Prinzipien des Völkerbundes dar und belohne den Angreifer Italien, heißt es in der Begründung (→ 9. 12./S. 202).

In Hamburg wird das musikalische Lustspiel »Liebeslied« uraufgeführt. Unter der Regie von Fritz Peter Buch und Herbert B. Fredersdorf spielen u.a. Carola Höhn, Rudolf Platte und Paul Hörbiger.

### 17. Dezember, Dienstag

Das Reichsjustizministerium erläßt einheitliche Vorschriften für die 27 Sondergerichte im Deutschen Reich. Die Aufgabe der Gerichte sei u.a. die Abwehr »heimtückischer Angriffe staatsfeindlicher Elemente auf Staat und Partei«. Es komme bei den Verfahren nicht darauf an, ob die Sondergerichte zuständig seien, sondern nur, ob die rasche Aburteilung von Bedeutung sei. Vor den Sondergerichten werden Schnellverfahren auch bei Straftaten abgehalten, die eigentlich in den Zuständigkeitsbereich von Amts- oder Landesgerichten fallen.

Ein Gericht in Siegen verurteilt einen katholischen Priester aus Kirchhundem zu vier Jahren Gefängnis wegen Angriffe gegen das NS-Regime. Diese Angriffe hätten in dem Ort eine anti-nationalsozialistische Stimmung geschürt und im Sommer zur Erschießung eines Mitglieds des Arbeitsdienstes geführt, heißt es in der Urteilsbegründung.

Die Douglas DC-3 startet zu ihrem Erstflug. Die Maschine der amerikanischen Fluggesellschaft American Airlines bietet bis zu 32 Passagieren Platz. → S. 205

### 18. Dezember, Mittwoch

In einer gemeinsamen Protestnote verurteilen Sozialdemokraten und Kommunisten in Paris die Hinrichtung des deutschen Kommunisten Rudolf Claus am 17. Dezember. Diese Erklärung ist das erste gemeinsam unterschriebene Dokument von führenden deutschen Sozialdemokraten und Kommunisten seit der Errichtung der Diktatur.

Nach dem Rücktritt des tschechoslowakischen Staatspräsidenten Tomáš Garrigue Masaryk wird Eduard Beneš zu seinem Nachfolger im Amt gewählt (→ 14. 12./S. 203).

In religiös-patriotischen Zeremonien in Norditalien schenken italienische Eheleute dem Staat ihre Eheringe als Beitrag zur Finanzierung des Abessinien-Feldzuges. Allein in der Provinz Triest kommen 40 000 Ringe zusammen. → S. 204

In Tampa (US-Bundesstaat Florida) werden sechs Polizisten unter Mordanklage verhaftet. Sie haben den Arbeiterführer Joseph Shoemaker, der wegen des Verdachts kommunistischer Aktivitäten von der örtlichen Polizei verhört worden war, verprügelt, geteert und gefedert. Shoemaker starb an den Folgen dieser Mißhandlungen.

### 19. Dezember, Donnerstag

Der Präsident der Reichsfilmkammer, Oswald Lehnich, erläßt eine Anordnung, die deutschen Soldaten in Uniform den Kinoeintritt zum halben Preis gestattet.

Aufgrund des Reichsbürgergesetzes (→ 15. 9./S. 148) fordert die Fachgruppe Hochschullehrer des NS-Juristenbundes unter Vorsitz von Carl Schmitt, den Rechtsbegriff »Mensch« abzuschaffen, da er die Verschiedenheiten von Volksgenosse, Reichsbürger, Ausländer, Jude usw. verdecke und verfälsche.

Der deutsche Kriegs- und Abenteuerfilm »Henker, Frauen und Soldaten« wird in München uraufgeführt. Unter der Regie von Johannes Meyer spielen u.a. Hans Albers und Charlotte Susa.

### 20. Dezember, Freitag

Reichskirchenminister Hanns Kerrl beruft ein Verwaltungskomitee für Kirchenangelegenheiten in vier preußischen Provinzen und in Sachsen. Damit wird der Kirche das Recht genommen, Verwaltungsaufgaben, wie die Ernennung von Pastoren, die Einberufung von Synoden usw. wahrzunehmen (→ 16. 7./S. 124).

In Berlin gelangt der bayerische Schwank »Kirschen in Nachbars Garten« zur Uraufführung. In den Hauptrollen sind Karl Valentin, Liesl Karlstadt, Adele Sandrock und Rotraut Richter zu sehen. Regie führte Erich Engel.

### 21. Dezember, Samstag

Alle jüdischen Ärzte an öffentlichen Krankenhäusern werden nach einer Durchführungsverordnung zu den Nürnberger Gesetzen zum Ausscheiden aus dem Krankenhausdienst gezwungen.

Der deutsche Journalist und Schriftsteller Kurt Tucholsky begeht im schwedischen Exil Selbstmord. Die Nationalsozialisten hatten Tucholsky 1933 ausgebürgert. → S. 206

Per Gesetzesdekret wird in Italien der Große Faschistische Rat zur obersten gesetzgebenden Körperschaft des Staates erhoben. Damit wird die von Ministerpräsident und Duce Benito Mussolini wiederholt angekündigte Ausschaltung des Anfang 1934 neugewählten Parlaments vollzogen.

Alfred P. Sloan, Präsident der US-amerikanischen General Motors Corporation, kündigt ein Weihnachtsgeschenk in Höhe von 5 Mio. US-Dollar (12,35 Mrd. RM) für die Mitarbeiter seiner Firma an. Jeder der 200 000 Beschäftigten erhält zu Weinachten 25 Dollar (61,75 RM).

In Berlin findet die Uraufführung einer deutschen Filmversion von Henrik Ibsens Drama »Stützen der Gesellschaft« statt, das im norwegischen Werft- und Kleinstadtmilieu spielt. Unter der Regie von Detlef Sierck spielen Heinrich George und Maria Krahn die Hauptrollen.

### 22. Dezember, Sonntag

Der Reichsminister für Luftfahrt, Hermann Göring, warnt die deutschen Bauern vor dem »Hamstern« von Lebensmitteln. Immer wieder ist es in den letzten Wochen zum privaten Verkauf von landwirtschaftlichen Erzeugnissen gekommen, wobei die vom Staat festgelegten Preise weit überschritten wurden. Die Gestapo werde rücksichtslos gegen die »Saboteure der Volksernährung« vorgehen, heißt es in der Erklärung Görings.

Als Nachfolger von Samuel Hoare wird der bisherige britische Minister für Völkerbundangelegenheiten, Robert Anthony Eden, neuer Außenminister Großbritanniens.

### 23. Dezember, Montag

Der österreichische Bundeskanzler Kurt Schuschnigg kündigt in einer Weihnachtsansprache im Radio eine umfangreiche Amnestie für politische Gefangene an. Von der Amnestie profitieren sowohl die Sozialisten, die an den Kämpfen im Februar 1934 beteiligt waren, als auch eine große Anzahl von Nationalsozialisten, die an dem Umsturzversuch im Juli 1934 mitgewirkt hatten.

Lilian Harvey, Willy Fritsch und Willy Birgel spielen die Hauptrollen in dem deutschen Spielfilm »Schwarze Rosen«, der in Berlin uraufgeführt wird. Karl Heinz Martin führte Regie.

Der deutsche Spielfilm »Die weiße Hölle vom Piz Palü«, eine Tonfassung des gleichnamigen Stummfilms aus dem Jahr 1929, wird in Berlin uraufgeführt. Unter der Regie von Arnold Fanck spielt Leni Riefenstahl die Hauptrolle.

### 24. Dezember, Dienstag

Bei einem schweren Zugunglück in Groß-Heringen, Thüringen, sterben 33 Menschen, 17 Insassen werden verletzt.

### 25. Dezember, 1. Weihnachtstag

Ein Brand zerstört fast die Hälfte des Pinienbestandes des Tafelbergs und den gesamten Baumbestand des Devil Peak in Südafrika. Wochenlange Trockenheit begünstigte die Ausbreitung der Flammen.

### 26. Dezember, 2. Weihnachtstag

Reichsinnenminister Wilhelm Frick erläßt eine zweite Erweiterungsverordnung zum »Reichsbürgergesetz« (→ 15. 9./S. 148), nach der ehemalige jüdische Beamte nur noch »Staatsmitglieder« oder »Bürger zweiter Klasse« und nicht mehr »Reichsbürger« sind.

### 27. Dezember, Freitag

Anläßlich der ersten Kabinettsitzung der neuen chinesischen Regierung erklärt Marschall Chiang Kai-shek, daß China bereit sei, freundschaftliche Verhandlungen mit seinen Nachbarn zu führen. Wegen der Autonomiebestrebungen in Nordchina und des wachsenden Einflusses Japans war es zu Zusammenstößen zwischen beiden Ländern gekommen (→ 10. 6./S. 104).

### 28. Dezember, Samstag

Uruguay bricht die diplomatischen Beziehungen zur Sowjetunion ab. In der Begründung für diesen Schritt heißt es, die Sowjetunion habe Uruguay zu einem »Mittelpunkt der kommunistischen Werbetätigkeit in Südamerika« gemacht.

In einer Rede vor dem französischen Parlament erklärt Ministerpräsident Pierre Laval, daß ohne eine Annäherung an das Deutsche Reich niemals eine Garantie für den Frieden gegeben sein werde.

Der Hochkommissar des Völkerbundes für jüdische und sonstige Flüchtlinge aus dem Deutschen Reich, James G. MacDonald, reicht seinen Rücktritt ein. Als Grund für seine Demission gibt MacDonald die unüberschaubare Zunahme diskriminierender Maßnahmen gegen Juden im Deutschen Reich an. Das Hochkommissariat, mit dem er beauftragt worden sei, könne nichts Wesentliches für die Betroffenen tun.

### 29. Dezember, Sonntag

Der französische Schriftsteller Antoine de Saint-Exupéry startet zu einem Langstreckenflug Paris–Saigon, auf dem er 200 km vor Kairo notlanden muß. Erst nach fünftägigem Marsch durch die Wüste wird er gerettet. → S. 205

Die sowjetische Regierung beschließt die Wiedereinführung des Weihnachtsbaumes. Damit er keine religiöse Bedeutung erhält, soll der Baum nicht zu Weihnachten, sondern erst am Silvestertag aufgestellt werden.

### 30. Dezember, Montag

In der Sowjetunion werden alle Beschränkungen des Zugangs zu den Hochschulen und technischen Lehranstalten aufgehoben, die für Sowjetbürger aufgrund ihrer sozialen Stellung oder Herkunft bestanden.

Der deutsche Abenteuer- und Spionagefilm »Der höhere Befehl« wird in Berlin uraufgeführt. Lil Dagover, Karl Ludwig Diehl und Heli Finkenzeller spielen unter der Regie von Gerhard Lamprecht die Hauptrollen.

### 31. Dezember, Dienstag

Alle jüdischen Beamten einschließlich der Frontkämpfer werden aufgrund einer Verordnung zu den Nürnberger Gesetzen entlassen.

Das Reichspropagandaministerium in Berlin verfügt ein Verbot jeglicher Werbung im Rundfunk.

**Das Wetter im Monat Dezember**

| Station | Mittlere Lufttemperatur (°C) | Niederschlag (mm) | Sonnenscheindauer (Std.) |
|---|---|---|---|
| Aachen | 2,6 ( 3,1) | 79 (62) | — (49) |
| Berlin | 0,8 ( 0,7) | 35 (41) | — (36) |
| Bremen | 2,5 ( 2,2) | 36 (54) | — (33) |
| München | –1,2 (–0,7) | 37 (44) | — (41) |
| Wien | 0,8 ( 0,9) | 32 (51) | 44 (41) |
| Zürich | –0,4 ( 0,2) | 119 (73) | 29 (37) |

( ) Langjähriger Mittelwert für diesen Monat
– Wert nicht ermittelt

*Julius Streichers nationalsozialistisch-antisemitisches Wochenblatt »Der Stürmer« hetzt auf seiner Titelseite im Dezember in bekannter Weise gegen die Juden, die als Weltverschwörer und Geldeintreiber diffamiert werden. Streicher, der zu den größten Judenhassern der NSDAP gehört, war maßgeblich am Zustandekommen der Nürnberger Rassengesetze beteiligt, die ihm allerdings nicht weit genug gingen.*

# Der Stürmer

**Deutsches Wochenblatt zum Kampfe um die Wahrheit**

HERAUSGEBER: JULIUS STREICHER

| Nummer 50 | Erscheint wöchentl. Einzel-Nr. 20 Pfg. Bezugspreis monatlich 84 Pfg. zuzüglich Postbestellgeld. Bestellungen bei dem Briefträger oder der zuständ. Postanstalt. Nachbestellungen a. d. Verlag. Schluß der Anzeigenannahme: 14 Tage vor Erscheinen. Preis für Geschäfts-Anz.: Die ca. 22 mm breite, 1 mm hohe Raum-Zeile im Anzeigenteil —.25 RM. | Nürnberg, im Dezember 1935 | Verlag Der Stürmer, Julius Streicher, Nürnberg-A, Pfannenschmiedsgasse 19. Verlagsleitung: Max Fink, Nürnberg-A, Pfannenschmiedsgasse 19. Fernsprecher 21830. Postscheckkonto Amt Nürnberg Nr. 105. Schriftleitung: Nürnberg-A, Pfannenschmiedsgasse 19. Fernsprecher 21872. Redaktionsschluß: Freitag (nachmittags). Briefanschrift: Nürnberg 2, Schließfach 393 | 13. Jahr 1935 |
|---|---|---|---|---|

## Die Rädelsführer

### Riesenskandal in Paris / Riesenskandal in Belgrad / Skandale in aller Welt / Juden in der Hauptrolle

Zur Zeit beschäftigt sich die Oeffentlichkeit zweier Länder mit zwei Riesenkorruptionsprozessen. Frankreich und Jugoslawien. In Frankreich ist es der **Stavisky-Prozeß**, der ein immer größeres Ausmaß annimmt. In Jugoslawien ist es der Prozeß gegen **Schlesinger** und Genossen. Beide Prozesse haben miteinander außerordentliche Aehnlichkeit. In beiden Fällen gehören die Rädelsführer der jüdischen Rasse an. In beiden Fällen wurden Schiebungen und Bestechungen in größtem Umfang durchgeführt. In beiden Fällen sind Regierungsleute und Abgeordnete darin verwickelt. Der Prozeß in Belgrad (Jugoslawien) ist vor kurzem zu Ende gebracht worden. Einhundertzwanzig Angeklagte saßen auf der Anklagebank. Unglaubliche Verbrechen kamen zu Tage. **Enteigneter Forstbesitz war verschoben, Dokumente waren gefälscht, Riesensummen waren unterschlagen, Bestechungen waren durchgeführt worden.** Der Hauptangeklagte war der Jude **Adolf Schlesinger**. Er erhielt sieben Jahre Zuchthaus. Der **Stavisky-Prozeß** aber ist noch nicht zu Ende. Er wird noch längere Zeit in Anspruch nehmen. Er ist noch größer und unerhörter als der **Schlesinger-Prozeß** in Belgrad. Der Hauptschuldige jedoch, der Jude **Stavisky** kann nicht mehr abgeurteilt werden. Er hat sich selbst gerichtet, er hat sich erschossen.

Der Nichtjude, der von der Judenfrage keine Ahnung hat, wird es als einen „Zufall" betrachten, daß in diesen beiden Korruptionsprozessen Juden die Rädelsführer sind. Der Wissende denkt anders. Er weiß, es kann gar nicht anders sein. Er weiß, es ist kein Zufall, daß bei allen derartigen Riesenskandalen die treibenden Kräfte der jüdischen Rasse angehören. Er weiß, es ist kein Zufall, daß die drei größten Korruptionsprozesse in Deutschland gegen drei Juden geführt werden mußten. Gegen die Juden **Barmat, Kutisker,** und **Sklarek**. Er weiß, es ist kein Zufall, daß vor kurzem auch

### Aus dem Inhalt

**Juden beten für Italien**
**Frankfurter Zeitung und Mischehe**
**Siegfried Kahn**
**Grauenhaftes Verbrechen an einer deutschen Frau**
**Das Haus der Hüte**
**Hildesheimer Juden unter sich**
**Die Praxis der jüdischen Ärztin Irma Kraus**

### Los vom Materialismus

**Der Teufel Geld hat stets gesiegt / Wo Egoismus überwiegt —
Jedoch Alljudas Macht zerfällt / Dort, wo ein Volk zusammenhält**

## Die Juden sind unser Unglück!

# Japaner scheitern – Flottenkonferenz geht baden

**9. Dezember.** Der britische Premierminister Stanley Baldwin eröffnet die zweite Londoner Flottenkonferenz, auf der Vertreter von elf Staaten über eine Begrenzung der Seerüstung beraten. Die Konferenz scheitert faktisch im Januar 1936 am Austritt Japans.
Neben den Hauptseemächten Großbritannien, USA, Japan, Frankreich und Italien nehmen noch Australien, Kanada, Indien, Irland, Neuseeland und Südafrika an der Konferenz teil. Hauptthema ist Japans Forderung nach Gleichberechtigung mit den beiden führenden Seemächten Großbritannien und USA. Diese Gleichberechtigung war dem asiatischen Staat, der zu den großen Gewinnern des Ersten Weltkrieges zählte, auf den Flottenkonferenzen in Washington (1921/22) und London (1930) verweigert worden. Die jetzige Konferenz wurde notwendig, weil das zunehmend auf imperialen Einfluß in Südostasien bedachte Japan das Washingtoner Abkommen im Dezember 1934 fristgerecht zum Ende des Jahres 1936 aufkündigte.
Die japanische Regierung fordert eine gemeinsame Obergrenze der Gesamttonnage für die jeweiligen nationalen Flotten, und – aus finanziellen Gründen – die Abschaffung schwerer Schiffsklassen und Waffentypen. Im übrigen soll es gleichgültig sein, mit welchen Schiffstypen diese Tonnagengrenze erreicht wird. Die anderen Mächte halten aber an ihrer Forderung nach Obergrenzen für einzelne Schiffstypen fest. Daraufhin verlassen die Japaner am 15. Januar 1936 die Konferenz.

| | England | Amerika | Japan | Frankreich | Italien |
|---|---|---|---|---|---|
| Schlachtschiffe | 15 474750 | 15 455400 | 9 272070 | 9 185925 | 4 86532 |
| | — — | — — | — — | 2 53000 | 2 70000 |
| Flugzeugträger | 8 127050 | 4 92600 | 6 99420 | 2 32146 | 1 496( |
| | 1 ? | 3 54500 | 2 16600 | — — | — — |
| Kreuzer | 54 369206 | 26 220275 | 33 215055 | 17 152964 | 26 102281 |
| | 7 55400 | 11 108550 | 3 25500 | 6 45600 | 3 22539 |
| Zerstörer | 169 198084 | 223 249840 | 96 116943 | 70 106723 | 96 96929 |
| | 18 24520 | 53 84050 | 10 13680 | 21 29856 | 6 5358 |
| U-Boote | 54 55299 | 85 7ı 310 | 56 69600 | 96 82511 | 73 52455 |
| | 6 6570 | 15 20130 | 8 11600 | 15 14089 | 14 10494 |
| Gesamtstärke | 300 1224389 | 353 1088825 | 200 773088 | 194 560269 | 200 406350 |
| | 32 86490 | 82 267230 | 22 58380 | 44 142545 | 25 108391 |

*△ Runde der Konferenzteilnehmer während der Eröffnungssitzung im Empfangssaal des britischen Außenministeriums. Premierminister Stanley Baldwin begrüßt die Verhandlungsdelegationen. Zum Konferenzpräsidenten wird der britische Außenminister Samuel Hoare gewählt, der wegen seiner Vorschläge zum Abessinienkonflikt wenig später zurücktreten muß. Am Ort des Geschehens wurde vor genau zehn Jahren Geschichte gemacht: Hier unterzeichneten das Deutsche Reich und eine Reihe ehemaliger Feindmächte am 1. Dezember 1925 die Locarno-Verträge.*

*◁ Die Grafik aus der deutschen Zeitschrift »Die Woche« zeigt die Flottenstärke der Hauptseemächte (Stand vom 1. 10. 1935). Die Zahl der Schiffe ist jeweils fett gedruckt, klein daneben die Gesamttonnage. In der zweiten Zeile sind die im Bau befindlichen Schiffe mit Tonnage aufgeführt. Der für die jeweiligen Staaten wichtigste Schiffstyp ist unterstrichen.*

*Am Tag der Niederlage: Samuel Hoare mit seiner Frau unmittelbar nach dem Rücktritt als Minister*

# »Geschenke« für Italien führen zum Eklat

**9. Dezember.** Großbritanniens Außenminister Samuel Hoare und der französische Ministerpräsident Pierre Laval beschließen in Paris einen gemeinsamen Lösungsvorschlag für den Krieg zwischen Italien und Abessinien (→3. 10./S. 168). Wegen seiner Nachgiebigkeit Italien gegenüber löst der Vorschlag internationale Proteste aus und führt zum Rücktritt Hoares.
Der Hoare-Laval-Plan sieht große territoriale Zugeständnisse Abessiniens vor, obwohl die Italiener vom Völkerbund als Aggressor in dem Konflikt gebrandmarkt worden sind. So soll Italien die abessinischen Provinzen Tigre und Ogaden erhalten. In einem weiteren, bislang abessinischen Gebiet soll Rom das Recht auf Kolonisation durch italienische Siedler gewährt werden. Die Vorschläge gehen sehr weit auf die Kolonialforderungen des faschistischen Italien ein und ignorieren vollkommen die Rechte der Abessinier. Sie sind aber auch ein Affront gegenüber dem Völkerbund, dessen Vermittlungsbemühungen Hoare und Laval mit ihrem Alleingang unterlaufen. Mit dem Plan wird deutlich, daß Großbritannien und Frankreich trotz ihres Votums für Völkerbundsanktionen nicht bereit sind, energisch gegenüber Italien aufzutreten. Mit den Zugeständnissen soll verhindert werden, daß sich Mussolini im Kriegsfall auf die Seite des Deutschen Reiches schlägt.
Nicht nur die abessinische Regierung lehnt den Vorschlag entrüstet ab, auch die Öffentlichkeit in Frankreich und Großbritannien ist über den »Verrat am Völkerbund« aufgebracht. Als auch Großbritanniens Premierminister Stanley Baldwin die Aktion scharf kritisiert, tritt Hoare am 18. Dezember als Außenminister zurück. Sein Nachfolger wird der bisherige Völkerbundsminister Anthony Eden.

# Frankreichs Wehrverbände ohne Waffen

**6. Dezember.** Mit 408 gegen 179 Stimmen nimmt die französische Nationalversammlung in Paris drei Gesetzesvorlagen der Regierung an, mit denen Ministerpräsident Pierre Laval die rechtsextremen, paramilitärischen »Ligen« bekämpfen will.
Nach dem ersten Gesetz kann der Innenminister Vereinigungen auflösen, die den Charakter von Privatmilizen haben oder zu bewaffneten Kundgebungen aufrufen. Außerdem wird das Tragen von Uniformen oder Abzeichen entsprechender Gruppen verboten. Das zweite Gesetz untersagt die Bewaffnung bei politischen Kundgebungen, das dritte ermöglicht ein schärferes gerichtliches Einschreiten gegen die Urheber von Todesdrohungen, ein von den Wehrverbänden oft benutztes Mittel zur Einschüchterung ihrer Gegner.
Der Schritt der Nationalversammlung spiegelt die Furcht vor den zunehmenden politisch motivierten Gewalttaten wider (→ 14. 7./S. 120).
Verantwortlich für den Terror sind in erster Linie Wehrverbände wie die »Action française«, die »Jeunesses patriotes« oder die »Croix de feu« (Feuerkreuzler). Allein die »Croix de feu« zählen 700 000 Mitglieder in ihren Reihen.
Im Zuge der Wirtschaftskrise in Frankreich (→ 17. 7./S. 121) und der daraus erwachsenen sozialen Spannungen gehören blutige Auseinandersetzungen zwischen Anhängern der Ligen und Sozialisten bzw. Kommunisten zur Tagesordnung, wobei die Gewalt in der Regel von den rechten Wehrverbänden ausgeht. Sie verlieren durch die Maßnahmen der Nationalversammlung ihren Charakter und wandeln sich im Juni 1936 in Parteien um.

*»Croix-de-feu«-Demonstration in Paris; die paramilitärische Organisation von François de La Rocque stand im Februar 1934 am Rand eines Putsches.*

# Im Sprachenstreit kein Ende in Sicht

**11. Dezember.** Im belgischen Parlament in Brüssel kommt es während einer Plenarsitzung zum Eklat, weil ein Abgeordneter der flämisch-katholischen Fraktion bei seiner Rede flämisch spricht. Daraufhin verlassen die französischsprachigen Abgeordneten aller Parteien ostentativ den Saal.
Die Flamen und die wirtschaftlich dominierenden Wallonen liegen seit der Staatsgründung Belgiens 1830 miteinander im Streit. In der Sprachenfrage findet er seinen deutlichsten Ausdruck. Flämischen Forderungen entsprechend fördert die belgische Regierung die Gleichberechtigung der Sprachen. In Schulen, Universitäten und seit April 1935 auch in Gerichten muß mit Ausnahme der Hauptstadt Brüssel nur die Sprache der jeweiligen Region beherrscht und gesprochen werden. Die traditionell benachteiligten Flamen fürchten aber, daß durch die zunehmende politische Annäherung Belgiens an Frankreich die erreichte Gleichstellung untergraben wird.

# »Vater der ČSR« tritt zurück

**14. Dezember.** Mit Tomáš Garrigue Masaryk verläßt in der Tschechoslowakei einer der großen Staatsmänner der Zwischenkriegszeit die politische Bühne. Der weltweit anerkannte und geschätzte 85jährige tritt aus Altersgründen vom Amt des Staatspräsidenten zurück. Dieses Amt hat er seit der Gründung der Tschechoslowakei im November 1918 ausgeübt. Nachfolger von Masaryk wird der bisherige Außenminister Eduard Beneš.
Mit keinem anderen Namen verknüpft sich die Geschichte des Unabhängigkeitskampfes von Tschechen und Slowaken unter der Herrschaft Österreich-Ungarns wie mit dem Masaryks. Der am 7. März 1850 im böhmischen Hodonin (Göding) geborene Slowake promovierte im Alter von 26 Jahren an der Wiener Universität, wo er drei Jahre später als Philosophiedozent tätig wurde. 1882 nahm er eine Professur an der tschechischen Universität in Prag an. Masaryk war ein scharfer Kritiker der katholischen Kirche und der österreichisch-ungarischen Monarchie. Seine Kritik machte aber auch vor dem eigenen Lager nicht halt: So wandte er sich entschieden gegen panslavistische Tendenzen und gegen die Verklärung der eigenen Geschichte.
Weil er den emotionalen Nationalismus der Jungtschechen, für die er ab 1891 eine Zeitlang aktiv war, ablehnte, gründete Masaryk 1900 seine eigene Partei, die »Realistenpartei«. Als Gegner des österreichisch-ungarischen und deutschen Imperialismus und Vertreter der tschechischen Unabhängigkeitsbewegung stellte sich Masaryk im Ersten Weltkrieg auf die Seite der Alliierten. Zunächst von Westeuropa, dann von Rußland und den USA aus setzte er sich weiter für eine autonome Tschechoslowakei ein. Der Zusammenbruch der Mittelmächte und die Fürsprache so prominenter Politiker wie US-Präsident Woodrow Wilson ermöglichte 1918 die Entstehung des neuen Staates nach Masaryks Vorstellungen.
Nach 17jähriger Präsidentschaft hinterläßt Masaryk seinem Nachfolger Eduard Beneš ein Land, in der die Behandlung der Minderheiten – Sudetendeutsche, Ungarn und slowakischen Gruppen – nach wie vor zu den wichtigsten ungelösten Problemen gehören.

*Viermal wurde Masaryk von 1918 bis 1934 zum Präsidenten gewählt.*

*Kanzler Samal (r.) verliest die Abdankungsurkunde (v. l. die Parlamentschefs Soukup und Malypetr, Masaryk, Ministerpräsident Hodza).*

# Ägypten: König und Briten geben nach

**12. Dezember.** Der ägyptische König Fuad I. verfügt in Kairo die Wiederherstellung der demokratischen Verfassung von 1923, die er 1930 suspendiert hat.

Die Verfassung sah eine konstitutionelle Monarchie vor, nachdem Ägypten 1922 von der Protektoratsmacht Großbritannien die begrenzte Unabhängigkeit zugebilligt worden war. Nach belgischem Muster entworfen, führte die Verfassung ein Zweikammerparlament und das allgemeine Wahlrecht für Männer ein. Wegen wachsender Gegensätze zwischen der nationalistischen Wafd-Partei, die mehrmals bei Wahlen erfolgreich war, und dem König löste Fuad das Parlament 1930 auf. Er oktroyierte dem Land eine neue Verfassung, die ihn mit diktatorischen Vollmachten ausstattete.

Die Wiedereinsetzung der parlamentarischen Verfassung geht vor allem auf den Druck der Wafd-Partei zurück, die sich der völligen Unabhängigkeit von Großbritannien verschrieben hat. In den von Fuad nach 1930 ernannten Regierungen sieht die Wafd Statthalter britischer Interessen. Auch nach der formalen Unabhängigkeit Ägyptens sind nämlich britische Truppen zur Sicherung des Sueskanals und auf verschiedenen Militärbasen im Land. Die britische Regierung – in Ägypten durch einen Hochkommissar vertreten – verweigerte lange die Zustimmung zum erneuten Verfassungswechsel. Deshalb kam es in den letzten Monaten zu blutigen Straßenunruhen in Kairo. Aufgrund der gespannten Situation in Nordafrika (Abessinienkrieg, →3. 10./S. 168) entscheidet sich London zum Einlenken in der Verfassungsfrage. So hofft man, wenigstens die militärischen Stützpunkte in Ägypten aus der erregten öffentlichen Debatte heraushalten zu können.

*Ausgebrannte Straßenbahn in Kairo; besonders Studenten beteiligten sich in den letzten Wochen an gewalttätigen antibritischen Demonstrationen.*

## Eheringe als »patriotisches Kriegsopfer«

**18. Dezember.** Am »Tag der Trauringe« sind in ganz Italien die Eheleute zum Spenden ihrer Eheringe aufgefordert. Das Opfer wird von der Bevölkerung als Beitrag zu den Kriegskosten in Abessinien gefordert (→5. 10./S. 168).

In religiös-patriotischen Zeremonien werden allein in der Provinz Triest 40 000 Eheringe gesammelt und eingeschmolzen. König Viktor Emanuel III. und seine Frau führen in Rom den Aufmarsch der Spender an. Vaterländische Lieder singend, steigen sie die Stufen zum Nationaldenkmal empor, um am Grab des unbekannten Soldaten ihre goldenen Eheringe gegen Stahlringe einzutauschen.

In einer anschließend verlesenen Botschaft an das Volk verherrlicht die italienische Königin die Trauringe als »Symbol ersten Glücks und letzten Verzichts«, die dazu beitragen sollen, den »Triumph der Kultur Roms in dem erlösten Afrika« herbeizuführen.

*Als »Anti-Sanktionsopfer« spenden italienische Frauen im Londoner Büro der Faschistischen Partei Italiens Goldschmuck für den Krieg.*

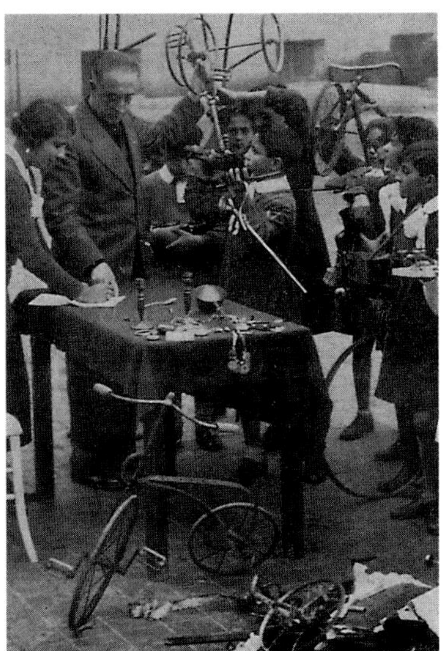

*Für die Produktion von Waffen liefern Kinder Spielzeug aus Metall ab.*

## NS-Propaganda in Prag gestoppt

**5. Dezember.** Wegen Vergehens gegen das Telegraphengesetz verurteilt ein Prager Gericht Otto Strasser, den Führer der Kampfgemeinschaft revolutionärer Nationalsozialisten »Schwarze Front«, zu fünf Monaten Gefängnis ohne Bewährung.

Strassers Organisation richtete 1934 in Zahory, in der Nähe von Prag, einen geheimen Kurzwellensender ein, der die Reden ihres Führers bis ins Deutsche Reich ausstrahlte. Monatelang forderte Strasser über den Schwarzsender zum Mord an Adolf Hitler auf. Weil die tschechoslowakischen Behörden auch nach der Intervention des deutschen Gesandten in Prag nicht gegen den Sender vorging, griff die Gestapo ein. Sie ließ in der Nacht vom 23. auf den 24. Januar 1935 den aus dem Deutschen Reich emigrierten Ingenieur des Senders, Rudolf Formis, ermorden.

Im Anschluß an die Bluttat versuchte die deutsche Gesandtschaft, Otto Strasser die Schuld an dem Verbrechen zuzuschieben. Mit der Verurteilung Strassers kommt Prag der Forderung der Reichsregierung nach, die Möglichkeiten politischer Betätigung für Emigranten in der Tschechoslowakei einzuschränken.

Strasser trat 1925 in die NSDAP ein, für die er schon vorher durch Veröffentlichungen im »Völkischen Beobachter« geworben hatte. Sein Ziel war eine radikal-sozialistische Ausrichtung der Partei. Zusammen mit seinem Bruder Gregor forderte er die Sozialisierung der Schwerindustrie und vertrat eine an der Sowjetunion ausgerichtete Außenpolitik. Während sein Bruder vergeblich versuchte, den linken Flügel der Partei abzuspalten, trat Otto Strasser 1930 aus der NSDAP aus und gründete zusammen mit »Nationalbolschewisten« und enttäuschten Kommunisten die Kampfgemeinschaft »Schwarze Front«. Nach der Machtergreifung Hitlers emigrierte Strasser und führte vom Ausland aus seinen Kampf gegen das Regime im Reich weiter.

Gregor Strasser war zunächst – bis 1930 – Reichsorganisationsleiter der NSDAP, konnte seine Ideen jedoch nicht gegen Hitler durchsetzen. Er resignierte und gab 1932 alle Parteiämter auf. Dennoch wurde er im Zuge der »Säuberungen« nach dem sog. Röhm-Putsch im Juni 1934 von der SS ermordet.

Die Ausstellung zeigt eine Nachbildung der »Adler«, die 1835 mit zwei Bierfässern als Frachtgut die Strecke Nürnberg–Fürth erstmals fuhr.

## *100 Jahre deutsche Eisenbahn – Jubiläumsfeier in Nürnberg*

**7. Dezember.** *Die Stadt Nürnberg feiert mit einer großen Ausstellung den 100. Geburtstag der deutschen Eisenbahn. Am 7. Dezember 1835 war der erste Eisenbahnabschnitt zwischen Nürnberg und Fürth eröffnet worden. Der Zug mit dem Namen »Adler« legte damals die 6 km lange Strecke mit einer Durchschnittsgeschwindigkeit von 24 km/h zurück. Vor den Spitzen der Reichsregierung und der NSDAP sowie ausländischen Gästen lobt Hitler die deutsche Eisenbahn als ein sozialistisches Unternehmen, das auch ohne privatkapitalistische Entlohnung beispiellose wirtschaftliche Erfolge gezeigt habe. Die Reichsbahn sei ein Beweis dafür, daß auch auf der Grundlage von Pflichtbewußtsein, Dienstfreude und Gemeinschaftssinn vorbildliche Leistungen möglich seien.*

*Im Mai dieses Jahres war der zweite Abschnitt der geplanten elektrischen Nord-Süd-Verbindung im Deutschen Reich, die Strecke Augsburg–Nürnberg, dem allgemeinen Personenzugverkehr übergeben worden.*

## Saint-Exupéry vor Verdursten gerettet

**29. Dezember.** Der französische Schriftsteller und Pilot Antoine de Saint-Exupéry startet in Paris zu einem Langstreckenflug nach Saigon. Nach einer Notlandung entkommt der renommierte Dichter nur knapp dem Tod.

Ein Maschinenschaden zwingt Saint-Exupéry, etwa 200 km westlich der ägyptischen Hauptstadt Kairo in der Wüste notzulanden. Gemeinsam mit seinem Mechaniker beginnt er einen fast hoffnungslosen Marsch auf der Suche nach Hilfe. Die Rettung kommt nach fünf Tagen, als ein Beduine die beiden halbverdursteten Flieger findet.

Bereits zum vierten Mal überlebt Saint-Exupéry einen Flugzeugunfall. Zuletzt ist er 1932 beim Absturz eines von ihm geflogenen Wasserflugzeuges beinahe im Mittelmeer ertrunken. Seine Erlebnisse verarbeitet der bei der Air France beschäftigte leidenschaftliche Pilot in Romanen und Erzählungen, z. B. »Vol de Nuit« (»Nachtflug«, 1931) oder »Terre des Hommes« (»Wind, Sand und Sterne«, 1939).

# DC-3: Ein Verkehrsflugzeug erobert den Luftraum

**17. Dezember.** Die zweimotorige »DST« (Douglas Sleeper Transport) startet zu ihrem ersten Flug. Im Auftrag der American Airlines hat Douglas die »DC-2« zur »DST« mit 14 Schlafkabinen weiterentwickelt. Die normale Ausführung mit 21 Sitzplätzen wird unter der Bezeichnung »DC-3« zu einem der erfolgreichsten Flugzeuge der Welt.

Das Flugzeug des 1920 von D. W. Douglas gegründeten US-amerikanischen Flugzeugkonzerns Douglas Aircraft Co. ist seinen Konkurrenzmodellen mit einer Fluggeschwindigkeit von 290 km/h weit überlegen. Die Maschine geht 1936 in Serienproduktion. 1939 hat sie einen Anteil von 90% am Weltluftverkehr.

Seit Beginn der 30er Jahre zeigt sich ein deutlicher Aufschwung des zivilen Luftverkehrs. Zwischen den europäischen und amerikanischen Fluggesellschaften besteht ein harter Konkurrenzkampf. Als Geburtsstunde der modernen Luftfahrt gilt das Erscheinen der Boeing 247, die am 8. 2. 1933 vorgestellt wurde. Mit seiner Stromlinienform, den niedrigen Betriebskosten und den guten Flugleistungen stellte das Flugzeug damals alle Konkurrenzmodelle in den Schatten.

Schon mit dem Bau der DC-1, die im Juli 1933 in die Lüfte ging, übertraf Douglas die Boeing 247. 1934 folgte die DC-2, die ihre endgültige Version in der erfolgreichen DC-3 findet.

### *Passagierflugverkehr 1932–1935*

| Passagiere pro geflogener Kilometer | | | | |
|---|---|---|---|---|
| Land | 1932 | 1933 | 1934 | 1935 |
| Vereinigte Staaten | 2,8 | 3,5 | 4,6 | 5,7 |
| Deutsches Reich | 3,1 | 3,8 | 3,7 | 4,6 |
| Frankreich | 2,3 | 3,0 | 2,5 | 3,4 |
| Großbritannien | 8,1 | 9,3 | 9,0 | 7,3 |
| Niederlande | 2,2 | 3,8 | 4,3 | 3,9 |
| Belgien | 2,3 | 3,3 | 3,5 | 5,0 |
| Italien | 3,6 | 3,7 | 4,2 | 6,3 |

*American Airlines hat ursprünglich zehn Douglas »DST« (Abb.) bestellt. Nach dem Erstflug ordert die Fluggesellschaft acht »DST« und zwölf »DC-3«.*

*Der Fortschritt im Luftverkehr treibt in den 30er Jahren hin und wieder kuriose Blüten: »Expreßbeförderung« von Kraftwagen in den USA.*

# Nobelpreis für deutschen Zoologen

**10. Dezember.** Im Stockholmer Konzerthaus überreicht König Gustav V. von Schweden die Nobelpreise für Medizin, Physik und Chemie. Literatur- und Friedensnobelpreis werden in diesem Jahr nicht verliehen.
Den Nobelpreis für Medizin nimmt der deutsche Wissenschaftler Hans Spemann entgegen. Der 1869 in Stuttgart geborene Zoologe, der vor seinem Studium erst eine Buchhändlerlehre absolvierte, wird für seine Forschungen auf dem Gebiet der Keimentwicklung, die ihn zur Entdeckung des »Organisator-Effektes« im empryonalen Stadium führten, ausgezeichnet. Als Vertreter der Physiologie erforscht Spemann biologische Entwicklungsvorgänge. Ab 1908 arbeitet er als Professor für Zoologie an der Universität Rostock. Von 1914 bis 1919 war er zweiter Direktor des Kaiser-Wilhelm-Instituts für Biologie in Berlin. nach dem Ersten Weltkrieg erhielt er einen Ruf als Professor an die Universität Freiburg im Breisgau.

*Gustav V. von Schweden gratuliert Hans Spemann (r.) zum Nobelpreis.*

*In feierlichem Rahmen findet die Verleihung der Auszeichnungen statt. In der ersten Reihe sitzen die Preisträger (v. l.): Hans Spemann, Iréne Joliot-Curie, Frédéric Joliot-Curie und James Chadwick.*

Der Nobelpreis für Physik wird dem Briten James Chadwick für die Entdeckung des Neutrons verliehen. Chadwick, 1891 in Manchester geboren, machte die Entdeckung des Elementarteilchens 1932. Gemeinsam mit Protonen bilden Neutronen einen Atomkern. Das Neutron hat keine elektrische Ladung. Somit kann es bei ausreichender Geschwindigkeit in andere Atomkerne eindringen und Umwandlungen bewirken. Chadwick arbeitete von 1921 bis 1935 mit dem bedeutenden Experimentalphysiker Ernest Rutherford in Cambridge zusammen. Zur Zeit ist er als Professor für Physik in Liverpool tätig.
Der Nobelpreis für Chemie geht an das französische Ehepaar Frédéric Joliot und Irène Joliot-Curie, 1897 als Tochter des bedeutenden Wissenschaftler-Ehepaares Marie und Pierre Curie geboren. 1934 entdeckten sie die künstliche Radioaktivität sowie neue radioaktive Isotope, nachdem sie Atomkerne der Elemente Bor und Aluminium mit Alpha-Teilchen beschossen hatten. Mit früheren Experimenten im Bereich der Kernphysik leisteten sie zudem fundamentale Vorarbeiten für die Entdeckung des Neutrons durch ihren britischen Wissenschaftskollegen James Chadwick.

## Auslandsproteste für Ossietzky

Bereits seit einiger Zeit laufen internationale Bemühungen, die Nominierung Carl von Ossietzkys für den Friedensnobelpreis zu unterstützen. Der unbequeme Publizist, der in der Nacht des Reichstagsbrandes am 27. Februar 1933 verhaftet wurde und seitdem in Konzentrationslagern interniert ist, wird als unbeugsamer Pazifist von den NS-Schergen schwer mißhandelt. Ossietzky war seit 1927 Chefredakteur der »Weltbühne«, die er nutzte, um für den Frieden und gegen Aufrüstung und einen drohenden Krieg zu schreiben. Bereits 1931 wurde er für einen Artikel über die illegale Aufrüstung der Reichswehr verhaftet und unter dem Vorwurf des Landesverrates zu 18 Monaten Gefängnis verurteilt.
1936 erhält Carl von Ossietzky rückwirkend den Friedensnobelpreis des Jahres 1935, den er trotz massiven Drucks des NS-Regimes annimmt.

Für den im KZ Papen-Esterwegen inhaftierten Publizisten Carl von Ossietzky setzen sich zahlreiche Organisationen – wie z. B. das Internationale Rote Kreuz – ein.

# Kurt Tucholsky begeht im schwedischen Exil Selbstmord

**21. Dezember.** Der seit 1933 wegen seiner jüdischen Herkunft aus dem Deutschen Reich ausgebürgerte Journalist, Theaterkritiker und Schriftsteller Kurt Tucholsky verübt in seinem Exil in Hindås bei Göteborg Selbstmord. Der 45jährige resignierte an den politischen Verhältnissen in seiner Heimat.
Der linksbürgerliche Gesellschaftskritiker machte sich seit 1926 vor allem als Mitarbeiter der Zeitschrift »Die Weltbühne« einen Namen. »Die Weltbühne«, eine Wochenzeitschrift für Politik, Kunst und Wirtschaft, ging 1918 aus der Theaterzeitschrift »Die Schaubühne« hervor. In der »Weltbühne« kritisierte Tucholsky auf brillante und scharfsinnige Weise den Militarismus, Nationalismus und das Großkapital der Weimarer Republik. Mit satirischen Mitteln prangerte er diese Schattenseiten der Weimarer Republik an, ohne den Glauben an ihre demokratische Substanz zu verlieren. Ein Beispiel hierfür bietet sein 1929 entstandenes Werk »Deutschland, Deutschland über alles! Ein Bilderbuch.«
Seit 1913 benutzte Tucholsky verschiedene Pseudonyme, wie etwa Peter Panter, Theobald Tiger, Ignaz Wrobel oder Kaspar Hauser. 1924 wechselte er als Korrespondent nach Frankreich, bevor er 1929 nach Schweden übersiedelte.

*Der berühmte deutsche Satiriker und radikale Pazifist Kurt Tucholsky*

Kurt Tucholsky warnte als einer der herausragenden Intellektuellen bereits seit den frühen 20er Jahren vor der heraufziehenden nationalsozialistischen Gefahr. Seine Bücher wurden nach seiner Ausbürgerung im Deutschen Reich zunächst verboten, später verbrannt.
Tucholsky verfaßte auch heitere Erzählungen und Liebesromane wie »Rheinsberg. Ein Bilderbuch für Verliebte« (1912), »Träumereien an preußischen Kaminen« (1920) und »Schloß Gripsholm« (1931).

Ministerpräsident Hermann Göring beim gezielten Speerwurf

Rumpfbeugen im KZ – beliebte »Disziplin« bei den Aufsehern

Deutsche Richter trainieren »Beilschwingen«

## John Heartfields »Olympiaprogramm« – Antifaschistischer Widerstand mit der Kamera

*In der in Prag erscheinenden »Arbeiter-Illustrierten-Zeitung« (AIZ) veröffentlicht der deutsche Graphiker und Bühnenbildner John Heartfield im Vorfeld der Olympischen Spiele 1936 in Berlin »sein Programm« für die nationalsozialistische Prestigeveranstaltung.*

*Heartfield alias Helmut Herzfeld bringt in der AIZ zahlreiche seiner antifaschistischen Fotomontagen heraus. Die z. T. illegal im Deutschen Reich verbreitete, politisch und ideologisch der KPD nahestehende AIZ gehörte zu den herausragenden Produkten der proletarisch-revolutionären Kultur der 20er und 30er Jahre. Heartfields Fotomontagen nehmen in der Zeitung, die bis 1933 in Berlin erschien, eine besondere politische wie künstlerische Rolle ein.*

*Heartfield entwickelte sich in den 20er Jahren während der Dada-Periode und unter Einfluß George Grosz' zum »Künstler neuen Typus«, zum »eingreifend-operierenden« Künstler. Er begnügte sich nicht damit, das Zeitgeschehen kommentierend-karikierend zu interpretieren, sondern wollte selbst mit seiner Kunst Politik machen, in das Weltgeschehen verändernd eingreifen.*

*Unter seinem Einfluß entwickelte sich die Fotomontage zum politischen Agitationsmittel, das der mittlerweile 44jährige Heartfield vor allem als Mittel der Antikriegspropaganda, aber auch bei der Gestaltung von Buchumschlägen einsetzt. Durch geschickte Verbindung von Wort und Bild versucht er, über Aufrüstung und Entrechtung aufzuklären.*

# Keine Chance gegen England

**4. Dezember.** In einem Fußball-Länderspiel unterliegt die deutsche Nationalmannschaft England in London 0:3.

65 000 begeistert mitgehende Zuschauer im Stadion der »Tottenham Hotspurs« erleben eine von Beginn an drückend überlegene englische Mannschaft, die allerdings zunächst ihre guten Chancen nicht nutzen kann. Erst kurz vor der Halbzeit geht der Gastgeber durch ein Tor von Mittelstürmer Camsell 1:0 in Führung. Nach einer Stunde Spielzeit trifft Ernst Lehner für Deutschland, aber der Jubel ist nur kurz: Der Schiedsrichter erkennt das Tor wegen Abseits nicht an. Das englische Team krönt seine auch technisch hervorragende Leistung gegen den Außenseiter durch zwei weitere Treffer von Camsell und Bastin.

*Strafraumszene vor dem deutschen Tor (v. l.): Janes, Szepan und Goldbrunner beim Versuch, den Flugkopfball eines englischen Spielers abzufangen. Die deutsche Elf hat weitaus größere Schwierigkeiten als ihr Gegner mit dem regendurchtränkten Boden im Stadion.*

Gespannt verfolgen die Beobachter das Spiel des Herausforderers Euwe (r.) gegen Aljochin.

## Amateur entthront Weltmeister Aljochin

**15. Dezember.** *Der Niederländer Max Euwe gewinnt in Amsterdam die Schachweltmeisterschaft und entthront Alexandr Aljochin aus der UdSSR, der seit 1927 Titelträger ist. Nach 30 Partien hat Euwe im Saal des Hotels »Bellevue« den Wettkampf, der auf reges Interesse in der Bevölkerung gestoßen ist, knapp für sich entschieden. Aljochin nimmt nach dem 40. Zug in der letzten Partie das zweite Remis-Angebot des besser postierten Euwe an und unterliegt mit 14½ zu 15½ Punkten. Aljochin, 1892 in Moskau geboren, errang 1927 den Weltmeistertitel gegen José Raúl Capablanca y Graupera und verteidigte ihn zweimal (1929, 1934) gegen Nikolai N. Bogoljubow. Mit dem Mathematiklehrer Euwe, 1901 in Amsterdam geboren, ist nun zum ersten Mal ein Amateurspieler Schachweltmeister geworden.*

Theater 1935:

# Theater vom geistigen Stillstand im Dritten Reich erfaßt

Das Theaterleben im Deutschen Reich ist 1935 weitgehend von der internationalen Entwicklung abgeschnitten. Mit der Gründung der Reichstheaterkammer innerhalb der Reichskulturkammer am 1. November 1933 und dem Erlaß des Reichstheatergesetzes vom 15. Mai 1934 wurde die vollständige Gleichschaltung der Bühnen vollzogen.

Das internationale Ansehen, das das deutsche Theater mit expressionistischen, sozialkritischen und avantgardistischen Stücken während der Weimarer Republik erlangt hatte, ging nach der Machtübernahme der Nationalsozialisten weitgehend verloren. Die propagandistische Wirkung des Theaters wird seither bewußt in den Dienst des nationalsozialistischen Aufbauwerkes gestellt. Nach der »personellen Umgestaltung« und hierarchischen Ausrichtung des Theaterwesens machen sich die »Säuberungen« auch auf den Spielplänen der Theater bemerkbar.

Hier haben vornehmlich »unverdächtige« Klassiker, leichte Komödien und derbe, aber »lehrreiche« Volksstücke Konjunktur. Allein die Berliner Bühnen nehmen eine Sonderstellung ein, da die Reichshauptstadt als kulturelles Aushängeschild des Reichs ausgebaut werden soll. Künstler wie Gustaf Gründgens und Heinz Hilpert genießen in Berlin relativ große Freiheiten. Gründgens inszeniert 1935 u.a. Johann Wolfgang von Goethes »Egmont«, aber auch »Thomas Paine« von Hans Johst, dem Präsidenten der Reichsschrifttumskammer und repräsentativen NS-Dramatiker.

Erklärtes Ziel ist die Schaffung eines neuen Nationaltheaters, das einem breiten Publikum zugänglich gemacht werden soll. Theaterbesuche werden zur »nationalen Pflicht«, Wanderbühnen und die Reichsautobahnbühnen bringen ideologisch gefärbte oder »völkische« Stücke auch in die letzten Winkel der Provinz. Durch den Bau von Freilichtbühnen wird versucht, die Zahl der kulturinteressierten »Volksgenossen« zu erhöhen.

Zum wichtigsten Exiltheater deutscher Künstler entwickelt sich das Zürcher Schauspielhaus. Hier hatte bereits 1934 Friedrich Wolfs »Professor Mamlock« Premiere, ein Stück, das auch 1935 das wichtigste Werk gegen Rassismus und Judenhetze ist und häufig gespielt wird.

Bertolt Brechts Werke finden international ebenfalls große Beachtung. In New York führt das Civic Repertory Theatre beispielsweise Brechts »Mutter« in englischer Sprache auf. Im Thälmann-Klub in Moskau spielt eine Amateurschauspielgruppe Brechts Stück »Die Rundköpfe und die Spitzköpfe« in deutscher Sprache.

## Größere Experimentierfreudigkeit auf internationalen Bühnen

Während im Deutschen Reich die Entwicklung im Theaterwesen stagniert, zeigen die internationalen Bühnen eine große Experimentierfreudigkeit.

Der französische Schriftsteller Antonin Artaud versucht seine 1932/33 entstandene Idee vom »Théatre de la Cruauté« (Theater der Grausamkeit) zu realisieren. In anarchistischer Auflehnung gegen Tradition und Gesellschaft will er die grausame Wirklichkeit des individuellen und kosmischen Lebens auf der Bühne darstellen. Dafür greift Artaud besonders auf nonverbale Ausdrucksmittel wie Lichteffekte oder Gebärden zurück, die das dramatische Geschehen z.T. bis ins Halluzinatorische steigern. In Paris inszeniert Artaud 1935 das Renaissancestück »Les Cenci«, in dem er selbst die Hauptrolle übernimmt.

Ebenfalls in Paris, im Théâtre de l'Athénée, gelangt Jean Giraudoux' Stück »Der trojanische Krieg findet nicht statt« zur Uraufführung. In dem Ränkespiel zwischen Trojanern und Griechen klagt Giraudoux Verantwortungslosigkeit, Nationalismus und blindwütige Propaganda an. Die Seherin Kassandra läßt Giraudoux das über Europa heraufziehende Unheil aussprechen: »Der nächste Krieg steht vor der Tür«.

Das spanische Theater erlebt mit der Uraufführung von Federico Garcia Lorcas Drama »Doña Rosita bleibt ledig oder Die Sprache der Blumen« einen Angriff gegen die traditionelle Rolle der Frau und die spanische Gesellschaftsform. Ihre Erziehung zu Unwissenheit und Unterordnung verhindert Doña Rositas Rebellion gegen die von Männern bestimmte Tradition und zerstört ihr Lebensglück.

Der sowjetische Autor Isaak E. Babel stellt sein Stück »Marija« fertig, das das Schicksal einer russischen Adelsfamilie nach der Oktoberrevolution thematisiert. Die Personen des Dramas sind Außenseiter der neuen Gesellschaft, die in ihren alten, standesgemäßen Denkgewohnheiten verhaftet bleiben und deshalb scheitern.

(Siehe auch Übersicht »Uraufführungen« im Anhang.)

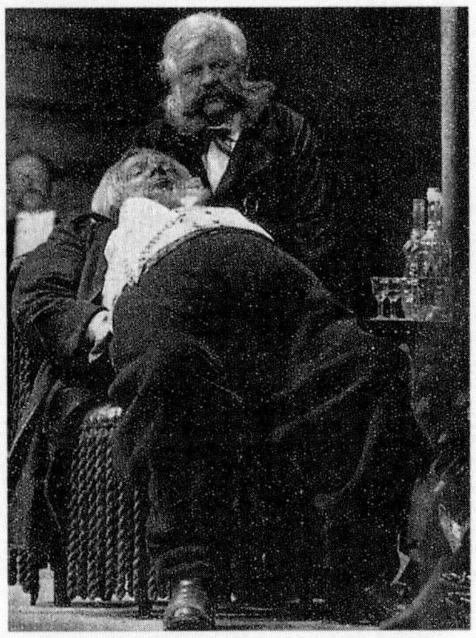

*Albert Florath (liegend) und Walther Werner in Nikolai W. Gogols Erfolgsstück »Revisor«, das von Jürgen Fehling im Kleinen Haus des Staatstheaters in Berlin mit großer Zuschauerresonanz inszeniert wird.*

*Anläßlich des Geburtstages von Adolf Hitler wird im »Theater des Volkes« in Berlin Richard Euringers »Deutsche Passion 1933« aufgeführt. Als »Guter Geist« ist Paul Wagner auf der Bühne zu sehen.*

*William Shakespeares »Lustige Weiber von Windsor« im Münchener Residenztheater: Otto Wernicke als »Sir John Falstaff« (r.) und Rudolf Vogal als »Fluth« in der Verkleidung als »Herr Bach«.*

*Der aus zahlreichen Rollen bekannte Otto Gebühr in der Titelrolle der volkstümlichen Düsseldorfer Lokalposse »Schneider Wibbel« von Hans Müller-Schlösser im Berliner »Theater am Nollendorfplatz.*

Werner Krauss in seiner Glanzrolle als König Lear in dem gleichnamigen Shakespeare-Stück, das von Gustav Gründgens in Berlin inszeniert wird.

»Thomas Paine« von NS-Dramatiker Hanns Johst ist ein Erfolg im Staatlichen Schauspielhaus in Berlin; Abb.: Walther Werner (l.), Lothar Müthel

## Künstler arrangieren sich mit dem Regime

Zahlreiche Künstler passen sich bereitwillig dem neuen »Geschmack« an und steigen mit völkischen Stükken aus ihrer schriftstellerischen Bedeutungslosigkeit zu plötzlichem Ruhm auf. »Sie zitterten danach, ranzukommen«, beschreibt Heinrich Mann die Haltung der unverhofft zu Ruhm gelangten.
Ebenso arrangieren sich zahlreiche Schauspieler und Regisseure mit dem Regime. Gustaf Gründgens' Karriere im Dritten Reich ist nur ein Beispiel für die schwierige Gratwanderung zwischen Anpassung und Verweigerung. Als international anerkannter Künstler genießt er die Protektion des Preußischen Ministerpräsidenten Hermann Göring, der ihm als Intendant des Staatlichen Schauspielhauses relativ große Freiheiten gewährt. Um die »nichtarischen« Mitglieder seines Berliner Ensembles vor dem Zugriff der Nationalsozialisten zu schützen, muß Gründgens jedoch Zugeständnisse machen.
Neben Heinrich George, Werner Krauss und Emil Jannings gehört Gründgens zu den gefeierten Schauspielern des Dritten Reichs. In seinem Roman »Mephisto« (1936) nimmt Klaus Mann die Figur Gründgens' als Vorlage für eine Abrechnung mit einem Typ von Schauspieler, der »ein Affe der Macht und ein Clown zur Zerstreuung der Mörder« ist.

Der beliebte Schauspieler Heinz Rühmann, besonders bekannt aus dem Film »Die drei von der Tankstelle«, tritt zusammen mit Dolly Haas in Molières »George Dandin« am »Deutschen Theater« in Berlin auf.

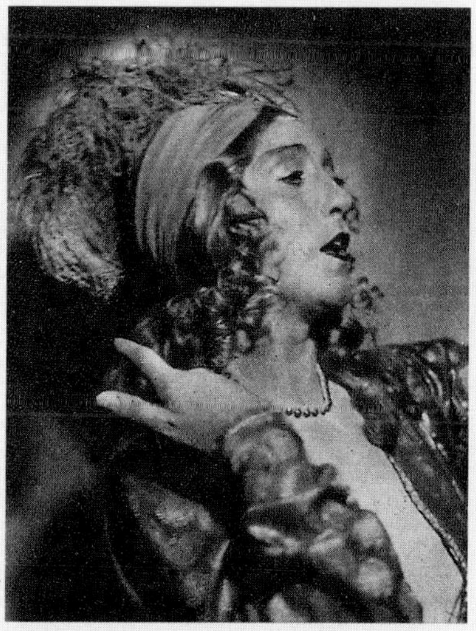

Käthe Dorsch spielt die Hauptrolle in dem Schauspiel »Die Hexe von Passau« von Richard Bullinger, das 1935 unter der Regie von Heinz Hilpert im »Deutschen Theater« in Berlin uraufgeführt wird.

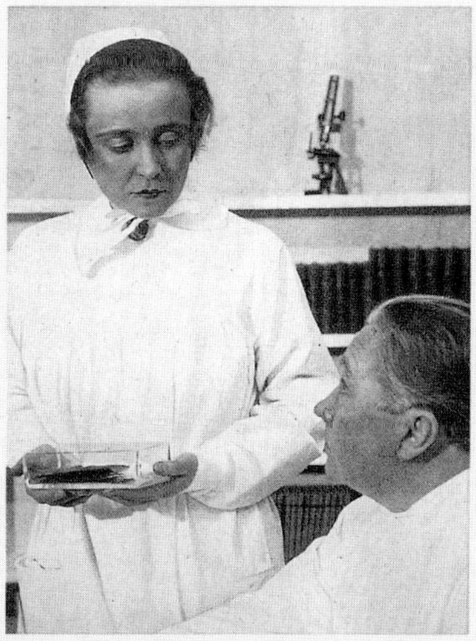

Paul Wegener als Arzt und Käthe Haag als treue Assistentin in dem britischen Gesellschaftsstück »Gentlemen« von Sidney Philipps, das den Kampf zwischen Pflicht und Liebe eines Arztes thematisiert.

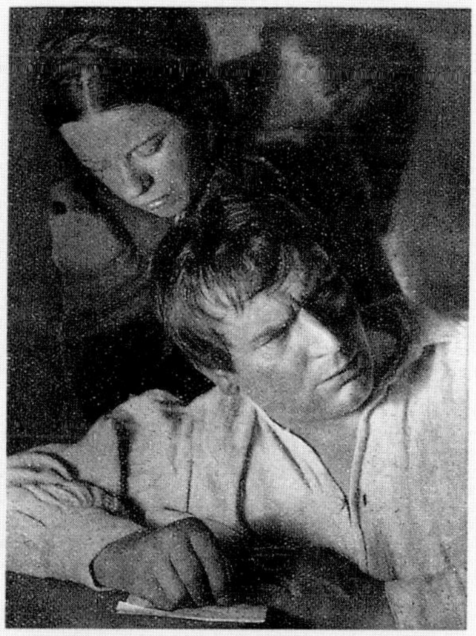

Am Berliner »Renaissance Theater« spielen Bertha Drews und Hermann Erhardt die Titelrollen in Wolfgang Möllers Erstlingswerk, dem Schauspiel »Aufbruch nach Kärnten«, das einhellig positiv besprochen wird.

*Auf vielen Gabentischen nehmen Miniaturausführungen von Panzern, Flugabwehrkanonen und Kriegsflugzeugen einen wichtigen Platz ein.*

*Idylle unterm Weihnachtsbaum: Neben Spielzeug erhalten die meisten deutschen Kinder nützliche Geschenke wie Kleidung, Schuhe oder Bücher.*

# Weihnachtsfest mit deutschem Karpfen

**24. Dezember.** Auf eine »weiße Weihnacht« müssen die Deutschen 1935 verzichten. Bei naßkaltem Wetter mit Temperaturen knapp über dem Gefrierpunkt will sich Festtagsstimmung nicht so leicht einstellen. Unter dem Weihnachtsbaum liegen in diesem Jahr vornehmlich praktische Geschenke, die für den täglichen Gebrauch bestimmt sind. Neben technischen Geräten für den Haushalt werden Kleider, Wäsche und Schuhe verschenkt. Bei den Kindern erfreuen sich elektrische Eisenbahnen, Stahlbaukästen und vor allem auch Kriegsspielzeug großer Beliebtheit.

Die vorweihnachtlichen verkaufsoffenen Sonntage, der »Kupferne«, der »Silberne« und der »Goldene Sonntag« werden von den Familien zu Großeinkäufen genutzt. Zum Fest leistet sich die deutsche Familie den wegen der Versorgungsschwierigkeiten bei Frischfleisch sonst unerschwinglichen Braten. Auf vielen Weihnachtsmärkten im Deutschen Reich wird besonders mit Christbäumen und Baumschmuck ein gutes Geschäft gemacht.

Unter der Parole »Wieder daheim« wird das Weihnachtsfest im Saargebiet zu einer patriotischen Demonstration der Zugehörigkeit zum Deutschen Reich hochstilisiert.

Deutsche Zeitungen heben hervor, daß die Saarländer mit größeren Anschaffungen bis zum Wiederanschluß an das Deutsche Reich gewartet hätten, um gute deutsche Qualitätsware erstehen zu können. Statt auf südländische Delikatessen griffen die Saarländer jetzt auf deutsche Markenartikel zurück. Deutscher Seefisch sei geradezu eine Sensation für die saarländische Hausfrau, statt der Straßburger Mastgans würde auf vielen Festtagstischen nun ersatzweise ein fetter deutscher Karpfen serviert.

Um das Fest als Demonstration der deutschen »Volksgemeinschaft« zu nutzen, werden im ganzen Reich Gemeinschaftsfeiern veranstaltet. Das Winterhilfswerk beschert 5,2 Mio. Kinder und deren Eltern. Am 22. Dezember, dem »Tag der nationalen Solidarität« sammeln prominente Staats- und Parteifunktionäre 4,2 Mio. RM für das Winterhilfswerk. Der preußische Ministerpräsident Hermann Göring überreicht persönlich 500 ausgesuchten Berliner Kindern Geschenke.

Der Heiligabend wird von einem schweren Eisenbahnunglück in Thüringen überschattet, das 33 Todesopfer und 17 Verletzte fordert. Ein aus Berlin kommender D-Zug überfährt bei der Einfahrt in den Bahnhof Groß-Heringen ein Haltesignal und stößt bei hohem Tempo mit einem entgegenkommenden Personenzug zusammen.

*Mit Silvesterpunsch wird das alte Jahr verabschiedet. Die »Berliner Illustrirte Zeitung« bietet zum Jahresende ein »Fotojahrbuch 1935« (r.) an.*

## »Silvesterblei« nach Buenos Aires

**Dezember.** Auf die Deutsche Reichspost kommt zum Jahresende eine Flut von außergewöhnlichen Aufträgen zu. Schon im November geht die erste Weihnachts- und Neujahrspost nach Übersee und in andere entfernte Gegenden der Erde ab. Sie erreicht erst nach einer Beförderungsdauer von sechs bis acht Wochen ihr Ziel.

»Volksgenossen« in aller Welt, die z. B. für deutsche Unternehmen auf »Montage« sind, sollen auch zum Jahreswechsel nicht auf ihre heimischen Genüsse verzichten. So werden Silvester-Pfannkuchen nach Honolulu, Neuseeland oder Peru geschickt; deutsche Monteure der AEG in Japan erhalten Silvesterpunsch-Extrakt, um auch im Ausland den Jahreswechsel nach heimischem Brauch feiern zu können.

Auf die ausdrückliche Bitte ihrer im Ausland tätigen Mitarbeiter hin senden die Siemens-Schuckert-Werke ihnen »Silvesterblei« zu. Die »gewichtigen« Sendungen gehen ins Nildelta, nach Sumatra und nach Buenos Aires. Auf die Tradition des Bleigießens zu Silvester sollen die Mitarbeiter auch in ihren weit vom Deutschen Reich entfernten Arbeitsplätzen nicht verzichten müssen.

# Vormarsch der Diktaturen geht weiter: »Der Brutale siegt«

Daß ihre Regierungen ausschließlich friedliche Absichten hegen, werden die Politiker auch 1935 nicht müde zu betonen. Führer und Reichskanzler Adolf Hitler versichert der ungläubigen internationalen Öffentlichkeit, das Deutsche Reich rüste nur um des Friedens willen. Italiens Ministerpräsident und Duce Benito Mussolini benennt den italienischen Überfall auf Abessinien um – in einen Akt der Selbstverteidigung, mithin einen notwendigen Einsatz im Interesse weltpolitischer Stabilität.

Die Realität weltweiter Aufrüstung und zunehmender Spannungen – gerade in Europa – stellt die Friedensbeteuerungen in Frage. Mit dem irischen Präsidenten Eamon de Valera bleibt es dem Vertreter eines kleinen, machtpolitisch nicht interessierten Staates vorbehalten, vor dem Völkerbund illusionslos offen die tatsächliche Situation beim Namen zu nennen: »Heutzutage ist der Zynismus unser Lehrer. Der Brutale siegt und nur der Dummkopf glaubt an die Werte [des Völkerbundes].«

***Keine »kollektive Sicherheit«***

Die Aussichten auf ein erfolgreiches System kollektiver Sicherheit in Europa werden immer geringer. Zwar bemüht sich vor allem Großbritannien um den Abschluß mehrseitiger Verträge, die einen europäischen Krieg unwahrscheinlich machen würden; diese Politik ist allerdings trotz aufwendiger diplomatischer Aktivitäten der Briten zum Scheitern verurteilt: Die deutsche Regierung lehnt kollektive Sicherheitsbündnisse kategorisch ab. Die Hoffnung, das Deutsche Reich würde sich auf ein »Ostlocarno« einlassen, sinken ebenfalls auf Null. Im Locarno-Vertrag hatte die deutsche Regierung um Außenminister Gustav Stresemann 1925 die nach dem Ersten Weltkrieg oktroyierte Westgrenze akzeptiert. Die Gebietsverluste im Osten dagegen, den vielgeschmähten »polnischen Korridor«, erkennt die nationalsozialistische Regierung nach wie vor nicht an.

In seiner »13-Punkte-Rede« im Mai erteilt Hitler einem von allen europäischen Mächten unterzeichneten Paktsystem eine deutliche Absage. Er favorisiert zweiseitige Verträge, die in der Konsequenz nicht mehr allgemeine Sicherheit bedeuten, der NS-Außenpolitik aber größere Spielräume lassen.

***Rüstung als »Gleichberechtigung«***

Die Kriegsabsichten der nationalsozialistischen Politik nehmen 1935 deutliche Konturen an. Hitlers Friedensrhetorik – »das nationalsozialistische Deutschland will den Frieden aus tiefinnersten weltanschaulichen Überzeugungen« – steht in krassem Gegensatz zu den innerhalb eines einzigen Jahres ergriffenen Maßnahmen: Mit der Wiedereinführung der allgemeinen Wehrpflicht, dem Aufbau der Luftwaffe und der forcierten Flottenrüstung, bei der auch wieder U-Boote gebaut werden, bricht die Reichsregierung offen den Versailler Friedensvertrag. Zur Rechtfertigung führt Hitler die von den Siegermächten des Weltkrieges über ein Jahrzehnt lang verweigerte »Gleichberechtigung« des Deutschen Reiches an.

Die ab 1935 rapide wachsenden Rüstungsausgaben sind zwar Resultat nationalsozialistischer Außenpolitik, sie beeinflussen aber auch das tägliche Leben der deutschen Bevölkerung: Sie muß im Interesse der übergeordneten nationalen Ziele Versorgungsengpässe und einen spartanischen Lebensstandard in Kauf nehmen.

Der Mittag
Illustrierte Tageszeitung für Sport/Verkehr/Politik/Kunst
Silvester 1935
Friedensjahr Olympia
Der Mittag im Zeichen der fünf Ringe
Mussolini kündigt Kampfpause an
D. G. A. Lowe, der englische Olympiasieger, schreibt dem Mittag:
Baron de Coubertin der Wiedererwecker der Olympischen Spiele:
Die Auslandspresse an den Führer:
„Sie waren im abgeschlossenen Jahr ein Hort des Friedens!“

*Zum Jahresausklang die Vorschau auf das kommende Großereignis: Der Düsseldorfer »Mittag« widmet seine Silvesterausgabe den Spielen der XI. Olympiade, die 1936 in Berlin ausgetragen wird. Obwohl speziell das faschistische Italien und das nationalsozialistische Deutsche Reich dem Jahr 1935 einen aggressiven Stempel aufgedrückt haben, werden beide Mächte nun im milden Licht der Friedlichkeit präsentiert: Kampfpause in Abessinien und Hitler als »Hort des Friedens«.*

***Die Reaktion: Beschwichtigung***

Die Demokratien Großbritanniens und Frankreichs landen scheinbar einen großen Erfolg, als es ihnen gelingt, das faschistische Italien in die sog. Stresa-Front einzubinden. Die drei Staaten verurteilen auf der Konferenz von Stresa im April 1935 die einseitige deutsche Wiederaufrüstung. Auf lange Sicht gesehen bleibt die Wirkung von Stresa aber gering, weil keine konkreten Schritte gegen die deutsche Politik eingeleitet werden. Im Gegenteil beginnt Großbritannien 1935 seine Politik des »Appeasement«, der Beschwichtigung des aggressiven NS-Staates. Einen ersten wichtigen Ausdruck findet diese Taktik, die sich vier Jahre später als fataler Fehler herausstellt, im britisch-deutschen Flottenabkommen vom Juni 1935. Hier wird der deutschen Regierung von der Seemacht Großbritannien freie Hand für die Flottenaufrüstung und den Bruch des Versailler Vertrages in Form der Wiedereinführung von U-Booten gewährt.

***Völkerbund hilflos gegen Italien***

Zögerliches Taktieren bestimmt die Politik der Großmächte auch im Hinblick auf den größten internationalen Krisenherd des Jahres 1935, den lange vorhersehbaren Überfall Italiens auf Abessinien im Oktober. Eigene Kolonialinteressen Frankreichs und Großbritanniens und das Kalkül, Italien weiter in der »Stresa-Front« zu behalten, stehen einem wirkungsvollen Eingreifen im Weg. Die vom Völkerbund beschlossenen Sanktionen hindern Mussolini nicht, den Krieg erfolgreich weiterzuführen und den ostafrikanischen Staat 1936 zu annektieren. Für den Völkerbund ist der Krieg ein Schlag ins Gesicht, zumal die kriegführenden Parteien Mitglieder der Staatengemeinschaft sind. Der Völkerbund muß ohnmächtig zusehen, wie sich die Mitgliedsstaaten an ihren jeweiligen Interessen orientieren; die Prinzipien des Völkerbundes bleiben dabei auf der Strecke.

***Späte Antwort der Linken***

Aufstieg und Konsolidierung rechter Diktaturen in Europa und Fernost kennzeichneten die 20er und frühen 30er Jahre. Erst jetzt, Mitte der 30er Jahre, entwickeln Kommunisten und Sozialisten Ansätze der Zusammenarbeit gegen Faschismus und Nationalsozialismus. Der Moskauer Weltkongreß der Kommunistischen Internationale legt im Juli 1935 Kooperation mit der Sozialdemokratie und anderen »bürgerlichen« Parteien als neue Strategie fest. Die jahrelange Fehde zwischen den antifaschistischen Kräften soll nun durch eine Politik der gemeinsamen »Volksfront« abgelöst werden. Erste konkrete Auswirkungen dieses Schwenks kommen in Frankreich zum Tragen: Gegen die Bedrohung der Republik durch bewaffnete, rechtsextreme Wehrverbände schließen sich Kommunisten und Sozialisten zusammen, im Mai 1936 gelangt unter Ministerpräsident Léon Blum die erste Volksfrontregierung Europas an die Macht.

# Neue Postwertzeichen 1935 im Deutschen Reich

*Sonderausgabe zum 7. Reichsparteitag der NSDAP in Nürnberg*

*Sonderausgabe zum 12. Jahrestag des Hitlerputsches 1923*

*Sondermarken 100 Jahre Deutsche Bahn*

*Sonderausgabe zur Schütz-, Bach- und Händelfeier, zuerst ausgegeben am 21. Juni 1935*

*Sondermarke zum Heldengedenktag für die im Ersten Weltkrieg Gefallenen*

*Wohltätigkeitsausgabe für die Deutsche Nothilfe*

*Wohltätigkeitsausgabe für die Olympischen Winterspiele 1936*

*Sondermarke zum Reichsberufswettkampf 1935, Erstausgabe am 26. April*

*Fanfarenbläser der Hitler-Jugend: Sondermarke zum Welttreffen der HJ*

*Sondermarke zur Saarabstimmung (13. 1. 1935): »Die Saar kehrt zur Mutter Deutschland zurück«, zuerst ausgegeben am 16. Januar 1935*

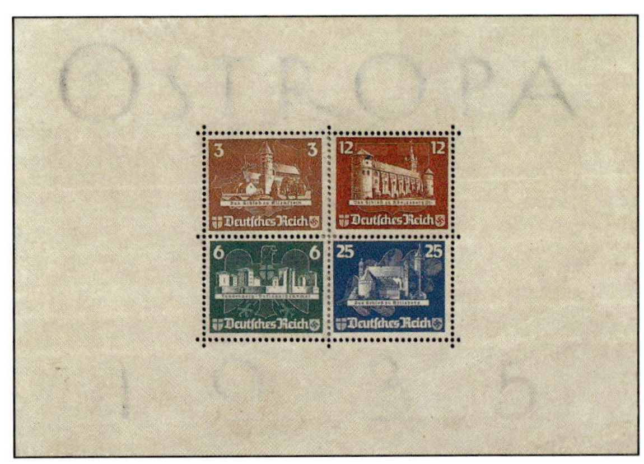


*Sonderausgabe zur Osteuropäischen Briefmarken Ausstellung »OSTROPA« in Königsberg*

## Die Regierungen des Deutschen Reichs, Österreichs und der Schweiz 1935

*Neben den Staatsoberhäuptern des Deutschen Reichs, Österreichs und der Schweiz sind in der Zusammenstellung die einzelnen Kabinette des Jahres 1935 in chronologischer Reihenfolge enthalten. Hinter den Namen der wichtigsten Regierungsmitglieder steht in Klammern der Zeitraum ihrer Tätigkeit.*

### Deutsches Reich

*Staatsform:*
Nach dem Führergrundsatz aufgebauter Einheitsstaat (Diktatur)
*Reichspräsident:*
Adolf Hitler (NSDAP; 1934–1945)

*Führer und Reichskanzler:*
Adolf Hitler (NSDAP; 1933–1945)
*Auswärtiges:*
Konstantin Freiherr von Neurath (parteilos; 1933–1938)
*Inneres:*
Wilhelm Frick (NSDAP; 1933–1943)
*Finanzen:*
Johann Ludwig Graf Schwerin von Krosigk (parteilos; 1932–1945)
*Wirtschaft:*
Hjalmar Schacht (parteilos; 1934–1937; bis 30. 1. 1935 kommissarisch)
*Arbeit:*
Franz Seldte (NSDAP; 1933–1945)
*Justiz:*
Franz Gürtner (parteilos; 1933–1941)
*Volksaufklärung und Propaganda:*
Joseph Goebbels (NSDAP; 1933–1945)
*Wehr (ab 21. 5. 1935: Krieg):*
Werner von Blomberg (1933–1938)
*Luftfahrt:*
Hermann Göring (NSDAP; 1933–1945)
*Oberbefehlshaber der Luftwaffe:*
Hermann Göring (NSDAP; 7. 3. 1935–1945)
*Forsten:*
Hermann Göring (NSDAP; 1934–1945)
*Post:*
Paul Freiherr Eltz von Rübenach (parteilos; 1933–1937)
*Verkehr:*
Paul Freiherr Eltz von Rübenach (1933–1937)
*Ernährung:*
Richard Walther Darré (NSDAP; 1933–1942)
*Wissenschaft, Erziehung und Volksbildung:*
Bernhard Rust (NSDAP; 1. 5. 1934–1945)
*Kirchen (neu geschaffen am 18. 7. 1935):*
Hanns Kerrl (NSDAP; 18. 7. 1935–1941)
*Reichsminister ohne Geschäftsbereich:*
Rudolf Heß (NSDAP; 1933–1941), Hanns Kerrl (NSDAP; 1934–18. 7. 1935), Hans Frank (NSDAP; 1934–1945)
*Reichskommissar für den Arbeitsdienst:*
Konstantin Hierl (NSDAP; 1934–1945)
*Reichskommissar für den Sport:*
Hans von Tschammer und Osten (NSDAP; 1933–1943)
*Reichskommissar für Rohstoffwirtschaft:*
Jean Puppe (1934–1937)
*Reichskommissar für die Preisbildung:*
Karl Goerdeler (1933–1. 7. 1935; danach bis 1936 nicht besetzt)
*Reichskommissar für die Rückgliederung des Saargebiets:*
Josef Bürckel (NSDAP; 11. 2. 1935–1941)
*Staatssekretär und Chef der Reichskanzlei (ab 1937 Minister):*
Hans Heinrich Lammers (NSDAP; 1933–1945)
*Reichspressechef:*
Walter Funk (NSDAP; 1933–1938)

**Die Reichsstatthalter**
*Anhalt und Braunschweig:*
Wilhelm Loeper (1933–23. 10. 1935), Fritz Sauckel (beauftragt 29. 11. 1935–1937)
*Baden:*
Robert Wagner (1933–1945)
*Bayern:*
Franz Ritter von Epp (1933–1945)
*Hamburg:*
Karl Kaufmann (1933–1945)
*Hessen:*
Jakob Sprenger (1933–1945)
*Lippe und Schaumburg-Lippe:*
Alfred Meyer (1933–1945)
*Mecklenburg und Lübeck:*
Friedrich Hildebrandt (1933–1945)
*Oldenburg und Bremen:*
Karl Röver (1933–1942)
*Preußen:*
Adolf Hitler (1933–1945; mit der Ausübung der Geschäfte ist von 30. Januar 1935 bis 1945 Hermann Göring beauftragt)
*Sachsen:*
Martin Mutschmann (1933–1945)
*Thüringen:*
Fritz Sauckel (1933–1945)
*Württemberg:*
Wilhelm Murr (1933–1945)

### Österreich

*Staatsform:*
Republik
*Bundespräsident:*
Wilhelm Miklas (christlichsozial; 1928–1938)

**1. Kabinett Schuschnigg (1934–17. 10. 1935):**
*Bundeskanzler:*
Kurt Schuschnigg (christlichsozial; 1934–1938)
*Vizekanzler:*
Ernst Rüdiger Starhemberg (1934 bis 1936)
*Äußeres:*
Egon Berger Waldenegg (beauftragt 1934–17. 10. 1935, danach Minister 17. 10. 1935–1936)
*Innere Verwaltung (zugleich Generalkommissar):*
Emil Fey (1934–17. 10. 1935)
*Justiz:*
Egon Berger-Waldenegg (1934–17. 10. 1935)
*Unterricht:*
Kurt Schuschnigg (christlichsozial; 1933–1936)
*Finanzen:*
Karl Buresch (christlichsozial; 1933–17. 10. 1935)
*Handel und Verkehr:*
Fritz Stockinger (1933–1936)
*Soziale Verwaltung (auch beauftragt mit den Angelegenheiten der berufsständischen Neuordnung):*
Odo Neustädter-Stürmer (1934–17. 10. 1935)
*Landesverteidigung:*
Kurt Schuschnigg (christlichsozial; 1934–1938)
*Landwirtschaft:*
Josef Reither (1934–17. 10. 1935)
*Sicherheit:*
Ernst Rüdiger Starhemberg (beauftragt 1934–17. 10. 1935)
*Staatssekretär für Sicherheit:*
Hans Hammerstein-Equord (1934–17. 10. 1935)
*Staatssekretär für Landesverteidigung:*
Wilhelm Zehner (1934–1938)
*Staatssekretär für Justiz:*
Karl Karwinsky (1934–17. 10. 1935)
*Staatssekretär für Landwirtschaft:*
Ulrich Ilg (1934–17. 10. 1935)
*Staatssekretär für Unterricht:*
Hans Pernter (1934–1936)
*Staatssekretär für Arbeiterschutz:*
Johann Großauer (1934–17. 10. 1935)

**2. Kabinett Schuschnigg (17. 10. 1935–1936)**
*Bundeskanzler:*
Kurt Schuschnigg (christlichsozial; 1934–1938)
*Vizekanzler:*
Ernst Rüdiger Starhemberg (1934 bis 1936)
*Äußeres:*
Egon Berger Waldenegg (beauftragt 1934–17. 10. 1935, danach Minister 17. 10. 1935–1936)
*Innere Verwaltung:*
Eduard Baar-Baarenfels (17. 10. 1935–1936)
*Justiz:*
Robert Winterstein (17. 10. 1935–1936)
*Unterricht:*
Kurt Schuschnigg (christlichsozial; 1933–1936)
*Finanzen:*
Ludwig Draxler (17. 10. 1935–1936)
*Handel und Verkehr:*
Fritz Stockinger (1933–1936)
*Soziale Verwaltung:*
Josef Dobretsberger (17. 10. 1935–1936)
*Landesverteidigung:*
Kurt Schuschnigg (christlichsozial; 1934–1938)
*Landwirtschaft:*
Ludwig Strobl (17. 10. 1935–1936)
*Sicherheit:*
Eduard Baar-Baarenfels (17. 10. 1935–1936)
*Ohne Geschäftsbereich:*
Karl Buresch (christlichsozial; 17. 10. 1935–1936)
*Staatssekretär für Landesverteidigung:*
Wilhelm Zehner (1934–1938)
*Staatssekretär für Land- und Forstwirtschaft:*
August Kraft (17. 10. 1935–1936)
*Staatssekretär für Unterricht:*
Hans Pernter (1934–1936)
*Staatssekretär für soziale Verwaltung:*
Theodor Znidarić (17. 10. 1935–1936)

### Schweiz

*Staatsform:*
Bundesrepublik
*Bundespräsident:*
Rudolf Minger (Bauern-, Gewerbe- und Bürgerpartei; 1935)

*Justiz und Polizei:*
Johannes Baumann (freisinnig; 1934–1940)
*Äußeres:*
Giuseppe Motta (katholisch-konservativ; 1920–1940)
*Inneres:*
Philipp Etter (katholisch-konservativ; 1934–1959)
*Finanzen und Zölle:*
Albert Meyer (freisinnig; 1934–1938)
*Militär:*
Rudolf Minger (BGB; 1929–1940)
*Volkswirtschaft:*
Edmund Schultheß (freisinnig; 1912–13. 2. 1935), Hermann Obrecht (freisinnig; 4. 4. 1935–1940)
*Post und Eisenbahn:*
Marcel Pilet-Golaz (freisinnig; 1930–1940)

# Das Deutsche Reich, Österreich und die Schweiz 1935 in Zahlen

*Die Statistiken für die drei deutschsprachigen Länder umfassen eine Auswahl von grundlegenden Daten. Es wurden vor allem Daten aufgenommen, die innerhalb der einzelnen Länder vergleichbar sind. Maßgebend für alle Angaben waren die amtlichen Statistiken. Die Zahlen beziehen sich auf die jeweiligen Staatsgrenzen von 1935. Nicht in allen gesellschaftlichen Bereichen finden jährliche Erhebungen statt, so daß mitunter die Daten aus früheren Jahren aufgenommen werden mußten. Das Erhebungsdatum ist jeweils angegeben (unter der Rubrik »Stand«). Die aktuellen Zahlen des Jahres 1935 werden – wo möglich – durch einen Vergleich zum Vorjahr relativiert. Wichtige Zusatzinformationen zum Verständnis einzelner Daten sind in den Fußnoten enthalten.*

## Deutsches Reich

| Erhebungsgegenstand | Wert | Vergleich Vorjahr (%) | Stand |
|---|---|---|---|
| **Fläche** (km²) | 470 713,65 | ± 0 | 1.1.1935 |
| **Bevölkerung** | | | |
| Wohnbevölkerung | 66 871 000 | + 0,7 | 1935 |
| männlich | 32 086 000 | – | 16.6.1933 |
| weiblich | 33 943 000 | – | 16.6.1933 |
| Einwohner je km² | 142,1 | + 0,7 | |
| Ausländer | 756 760 | – | 16.6.1933 |
| Privathaushalte | 17 695 000 | – | 16.6.1933 |
| Einpersonenhaushalte | 1 482 000 | – | 16.6.1933 |
| Mehrpersonenhaushalte | 16 213 000 | – | 16.6.1933 |
| Lebendgeborene | 1 263 976 | + 5,5 | 1935 |
| Gestorbene | 792 018 | + 9,3 | 1935 |
| Eheschließungen | 651 435 | – 12,0 | 1935 |
| Ehescheidungen | 50 259 | – 8,2 | 1935 |
| **Familienstand der Bevölkerung** | | | |
| Ledige insgesamt | 31 795 000 | – | 31.12.1934 |
| männlich | 16 111 000 | – | 31.12.1934 |
| weiblich | 15 684 000 | – | 31.12.1934 |
| Verheiratete | 30 172 000 | – | 31.12.1934 |
| Verwitwete und Geschiedene | 4 117 000 | – | 31.12.1934 |
| männlich | 1 011 000 | – | 31.12.1934 |
| weiblich | 3 106 000 | – | 31.12.1934 |
| **Religionszugehörigkeit** | | | |
| Christen insgesamt | 62 875 224 | – | 16.6.1933 |
| katholisch | 21 760 065 | – | 16.6.1933 |
| evangelisch | 41 080 024 | – | 16.6.1933 |
| sonstige | 35 135 | – | 16.6.1933 |
| Juden | 502 799 | – | 16.6.1933 |
| andere | 2 651 425 | – | 16.6.1933 |
| **Altersgruppen** | | | |
| unter 5 Jahren | 4 890 000 | – | 31.12.1934 |
| 5 bis unter 10 Jahren | 5 331 000 | – | 31.12.1934 |
| 10 bis unter 15 Jahren | 5 908 000 | – | 31.12.1934 |
| 15 bis unter 20 Jahren | 3 904 000 | – | 31.12.1934 |
| 20 bis unter 30 Jahren | 12 418 000 | – | 31.12.1934 |
| 30 bis unter 40 Jahren | 11 048 000 | – | 31.12.1934 |
| 40 bis unter 50 Jahren | 8 462 000 | – | 31.12.1934 |
| 50 bis unter 60 Jahren | 7 102 000 | – | 31.12.1934 |
| 60 bis unter 70 Jahren | 4 838 000 | – | 31.12.1934 |
| 70 bis unter 80 Jahren | 2 245 000 | – | 31.12.1934 |
| 80 und darüber | 490 000 | – | 31.12.1934 |

[1] Hauptberuflich Erwerbstätige und Erwerbslose
[2] Jahresdurchschnitt
[3] Durchschnitt aus 72 Gemeinden

| Erhebungsgegenstand | Wert | Vergleich Vorjahr (%) | Stand |
|---|---|---|---|
| **Die zehn größten Städte** | | | |
| Berlin | 4 243 000 | – | 16.6.1933 |
| Hamburg | 1 129 000 | – | 16.6.1933 |
| Köln | 757 000 | – | 16.6.1933 |
| München | 735 000 | – | 16.6.1933 |
| Leipzig | 714 000 | – | 16.6.1933 |
| Essen | 654 000 | – | 16.6.1933 |
| Dresden | 642 000 | – | 16.6.1933 |
| Breslau | 625 000 | – | 16.6.1933 |
| Frankfurt am Main | 556 000 | – | 16.6.1933 |
| Dortmund | 541 000 | – | 16.6.1933 |
| **Erwerbstätigkeit** | | | |
| Erwerbspersonen[1] | 32 296 074 | – | 16.6.1933 |
| männlich | 20 817 033 | – | 16.6.1933 |
| weiblich | 11 479 041 | – | 16.6.1933 |
| nach Wirtschaftsbereichen | | | |
| Land- und Forstwirtschaft, Tierhaltung und Fischerei | 9 342 785 | – | 16.6.1933 |
| Produzierendes Gewerbe | 13 052 982 | – | 16.6.1933 |
| Handel und Verkehr | 5 932 069 | – | 16.6.1933 |
| Sonstige | 3 968 238 | – | 16.6.1933 |
| Arbeitslose | 2 151 039 | – 20,9 | 1935[2] |
| Arbeitslosenquote (in %) | 11,6 | – 3,3 | 1935[2] |
| **Betriebe** | | | |
| Landwirtschaftliche Betriebe | 3 075 454 | – | 1933 |
| Bergbau und verarbeitendes Gewerbe | 1 679 331 | – | 1933 |
| Baugewerbe | 263 055 | – | 1933 |
| Handel, Gastgewerbe, Reiseverkehr | 1 630 785 | – | 1933 |
| davon Banken, Versicherungen | 47 973 | – | 1933 |
| **Außenhandel** | | | |
| Einfuhr (Mio. RM) | 4 159 | – 6,6 | 1935 |
| Ausfuhr (Mio. RM) | 4 270 | + 2,5 | 1935 |
| Ausfuhrüberschuß (Mio. RM) | 111 | – | 1935 |
| **Verkehr** | | | |
| Eisenbahnnetz (km) | 68 548 | + 0,6 | 1935 |
| Beförderte Personen (in 1000) | 1 478 400 | + 5,0 | 1935 |
| Beförderte Güter (in 1000 t) | 403 000 | + 0,1 | 1935 |
| Straßennetz, Reichsstraßen (km) | | | |
| Autobahn | 112 | – | 1935 |
| Bestand an Kraftfahrzeugen | 2 112 641 | + 14,1 | 1935 |
| davon Pkw | 797 775 | + 20,6 | 1935 |
| davon Lkw | 244 258 | + 27,4 | 1935 |
| Zulassung fabrikneuer Kfz | 353 292 | + 44,7 | 1935 |
| Binnenschiffe zum Gütertransport (Tragfähigkeit in t) | 490 000 | + 3,8 | 1.1.1935 |
| Beförderte Güter (t) | 99 223 000 | + 5,4 | 1935 |
| Handelsschiffe/Seeschiffahrt (BRT) | 3 737 000 | – 1,9 | 1935 |
| Beförderte Güter (t) | 44 096 000 | + 3,4 | 1935 |
| Luftverkehr | | | |
| Beförderte Personen | 209 875 | + 26,6 | 1935 |
| Beförderte Güter (t) | 3 891 800 | + 20,9 | 1935 |
| **Bildung** | | | |
| Schüler an | | | |
| Volksschulen | 7 639 901 | – | 1931/32 |
| Mittelschulen | 229 671 | – | 1931/32 |
| höheren Schulen | 778 440 | – | 1931/32 |
| Studenten | 72 802 | – 21,4 | 1935 |
| **Rundfunk** | | | |
| Hörfunkteilnehmer | 7 583 841 | + 12,8 | 1935/36 |
| **Gesundheitswesen** | | | |
| Ärzte | 47 624 | + 0,3 | 1935 |
| Zahnärzte | 32 377 | + 3,6 | 1935 |

| Erhebungsgegenstand | Wert | Vergleich Vorjahr (%) | Stand |
|---|---|---|---|
| Krankenhäuser | 4864 | − 1,2 | 1935 |
| **Sozialleistungen** | | | |
| Mitglieder der gesetzlichen Krankenversicherung | 19472416 | + 4,5 | 1935 |
| Rentenbestand | | | |
| Rentenversicherung der Arbeiter | 3404643 | + 0,3 | 1935 |
| Rentenversicherung der Angestellten | 389347 | + 7,4 | 1935 |
| Knappschaftliche Rentenversicherung | 398795 | +12,2 | 1935 |
| Empfänger von | | | |
| Arbeitslosengeld und Krisenfürsorge | 1137816 | − 5,9 | 1935 |
| Wohlfahrtshilfe | 464879 | −46,7 | 1935 |
| **Löhne und Gehälter** | | | |
| Bruttostundenverdienst/Tariflohn in Rpf | | | |
| Wochenarbeitszeit in der Industrie (Stunden) | 44,46 | − 0,3 | 1935 |
| Stundenlohn | | | |
| männlicher Facharbeiter (Rpf) | 78,0 | ± 0 | 1935 |
| männlicher Hilfsarbeiter (Rpf) | 61,9 | ± 0 | 1935 |
| weiblicher Hilfsarbeiter (Rpf) | 45,1 | – | 1935 |
| **Preise** | | | |
| Einzelhandelspreise ausgewählter Lebensmittel (RM)[3] | | | |
| Butter, 1 kg | 3,00 | + 1,4 | 1935 |
| Weizenmehl, 1 kg | 0,47 | ± 0 | 1935 |
| Schweinefleisch, 1 kg | 1,60 | + 7,4 | 1935 |
| Rindfleisch, 1 kg | 1,46 | + 2,1 | 1935 |
| Eier, 1 Stück | 0,11 | +10,0 | 1935 |
| Kartoffeln, 5 kg | 0,46 | + 2,2 | 1935 |
| Vollmilch, 1 l | 0,23 | + 4,5 | 1935 |
| Zucker, 1 kg | 0,77 | ± 0 | 1935 |
| Kaffee, 1 kg | 5,29 | − 0,8 | 1935 |
| 5-Personen-Arbeitnehmer-Haushalt mit mittlerem Einkommen (1913/14 = 100) | 123,0 | + 1,6 | 1935 |

| Erhebungsgegenstand | Bremen | Berlin | Breslau | Aachen | Stuttgart | München |
|---|---|---|---|---|---|---|
| **Klimatische Verhältnisse** | | | | | | |
| Mittl. Lufttemperatur (°C) | | | | | | |
| Januar | 1,7 | −0,4 | −2,4 | 1,6 | 0,5 | −3,0 |
| Februar | 3,9 | 2,6 | 1,3 | 3,9 | 3,9 | 1,2 |
| März | 4,4 | 3,0 | 0,8 | 5,4 | 5,2 | 2,3 |
| April | 8,5 | 8,4 | 8,6 | 7,9 | 9,1 | 7,1 |
| Mai | 11,5 | 11,5 | 11,5 | 10,8 | 12,7 | 10,8 |
| Juni | 18,1 | 18,8 | 18,9 | 17,0 | 19,6 | 18,0 |
| Juli | 17,9 | 18,8 | 18,1 | 18,4 | 20,7 | 18,8 |
| August | 17,8 | 17,4 | 18,2 | 17,6 | 18,8 | 17,1 |
| September | 14,6 | 14,3 | 14,8 | 14,7 | 16,1 | 14,5 |
| Oktober | 9,9 | 9,0 | 9,5 | 9,4 | 10,5 | 9,1 |
| November | 7,0 | 5,6 | 5,4 | 7,7 | 6,7 | 3,7 |
| Dezember | 2,5 | 0,8 | 0,7 | 2,6 | 1,9 | −1,2 |
| Eistage[1] | 9 | 19 | 32 | 13 | 18 | 38 |
| Frosttage[2] | 61 | 77 | 100 | 53 | 60 | 117 |
| Sommertage[3] | 29 | 36 | 49 | 34 | 60 | 42 |
| Gewittertage | 24 | 12 | 26 | 25 | 15 | 29 |
| Niederschlagsmengen (mm) | | | | | | |
| Januar | 49 | 56 | 17 | 90 | 31 | 40 |
| Februar | 75 | 72 | 45 | 105 | 75 | 96 |
| März | 25 | 30 | 72 | 31 | 29 | 27 |
| April | 64 | 105 | 35 | 158 | 115 | 95 |
| Mai | 61 | 50 | 48 | 52 | 91 | 75 |
| Juni | 95 | 74 | 56 | 114 | 71 | 93 |
| Juli | 81 | 29 | 54 | 24 | 44 | 129 |
| August | 39 | 79 | 32 | 40 | 72 | 65 |
| September | 107 | 34 | 58 | 108 | 42 | 75 |
| Oktober | 69 | 68 | 122 | 117 | 82 | 121 |
| November | 47 | 38 | 32 | 28 | 16 | 38 |
| Dezember | 36 | 35 | 14 | 79 | 46 | 37 |
| Tage mit Schneedecke | 16 | 42 | 56 | 14 | 16 | 70 |

[1] Tage, an denen die Temperatur zeitweise unter 0 °C sinkt
[2] Tage, an denen die Temperatur ständig unter 0 °C bleibt
[3] Tage, an denen das Maximum der Temperatur über 25 °C liegt
[4] Wohnbevölkerung Ende 1935
[5] Letzte verfügbare Angabe (Volkszählung)

## Österreich

| Erhebungsgegenstand | Wert | Vergleich Vorjahr (%) | Stand |
|---|---|---|---|
| **Fläche** (km$^2$) | 83868 | ±0 | 1935 |
| **Bevölkerung** | | | |
| Wohnbevölkerung[4] | 6758824 | – | 1935 |
| männlich | 3247826 | – | 1935 |
| weiblich | 3510898 | – | 1935 |
| Einwohner je km$^2$ | 80,6 | – | 1935 |
| Ausländer | 289305 | – | 1934 |
| Lebendgeborene | 89151 | −2,4 | 1935 |
| Gestorbene | 92108 | +7,4 | 1935 |
| Eheschließungen | 45696 | +3,5 | 1935 |
| Ehescheidungen | 5968 | −5,5 | 1935 |
| **Familienstand der Bevölkerung** | | | |
| Ledige insgesamt | 3530433 | – | 22. 3. 1934[5] |
| männlich | 1770968 | – | 22. 3. 1934[5] |
| weiblich | 1759465 | – | 22. 3. 1934[5] |
| Verheiratete | 2627095 | – | 22. 3. 1934[5] |
| Verwitwete und Geschiedene | 598185 | – | 22. 3. 1934[5] |
| männlich | 169055 | – | 22. 3. 1934[5] |
| weiblich | 434129 | – | 22. 3. 1934[5] |
| **Religionszugehörigkeit** | | | |
| Christen insgesamt | 6448478 | – | 22. 3. 1934[5] |
| katholisch | 6116250 | – | 22. 3. 1934[5] |
| evangelisch | 295452 | – | 22. 3. 1934[5] |
| altkatholisch | 36776 | – | 22. 3. 1934[5] |
| Juden | 191481 | – | 22. 3. 1934[5] |
| andere | 7105 | – | 22. 3. 1934[5] |
| konfessionslos | 106080 | – | 22. 3. 1934[5] |
| **Altersgruppen** | | | |
| unter 5 Jahren | 468659 | – | 1934[5] |
| 5 bis unter 10 Jahren | 538804 | – | 1934[5] |
| 10 bis unter 15 Jahren | 591325 | – | 1934[5] |
| 15 bis unter 20 Jahren | 392682 | – | 1934[5] |
| 20 bis unter 30 Jahren | 1183335 | – | 1934[5] |
| 30 bis unter 40 Jahren | 1100705 | – | 1934[5] |
| 40 bis unter 50 Jahren | 883543 | – | 1934[5] |
| 50 bis unter 60 Jahren | 762309 | – | 1934[5] |
| 60 bis unter 70 Jahren | 518876 | – | 1934[5] |
| 70 und darüber | 308087 | – | 1934[5] |
| **Die zehn größten Städte** | | | |
| Wien | 1874130 | – | 1934[5] |
| Graz | 152841 | – | 1934[5] |
| Linz | 108970 | – | 1934[5] |
| Salzburg | 63231 | – | 1934[5] |
| Innsbruck | 61005 | – | 1934[5] |

## Statistische Zahlen 1935

| Erhebungsgegenstand | Wert | Vergleich Vorjahr (%) | Stand |
|---|---|---|---|
| Wiener Neustadt | 36798 | – | 1934[1] |
| St. Pölten | 36247 | – | 1934[1] |
| Klagenfurt | 29671 | – | 1934[1] |
| Villach | 23831 | – | 1934[1] |
| Steyr | 22512 | – | 1934[1] |
| **Erwerbstätigkeit** | | | |
| Erwerbspersonen[2] | 3170272 | – | 1934[1] |
| nach Wirtschaftsbereichen | | | |
| Land- und Forstwirtschaft, Tierhaltung und Fischerei | 1003961 | – | 1934[1] |
| Verarbeitendes Gewerbe und Industrie | 1036735 | – | 1934[1] |
| Dienstleistungen | 1012044 | – | 1934[1] |
| Bergbau, Salinenwesen, Torfgräberei | 22841 | – | 1934[1] |
| Sonstige | 94691 | – | 1934[1] |
| Arbeitslose | 322501 | – 7,2 | Juni 1935 |
| **Betriebe** | | | |
| Landwirtschaftliche Betriebe | 433360 | – | 1930[3] |
| Bergbau, Salinen, Sudhütten | 83 | + 6,4 | 1935 |
| **Außenhandel** | | | |
| Einfuhr (Mio. Schilling/Mio. RM) | 1219,7 (595,6) | + 4,1 | 1935 |
| Ausfuhr (Mio. Schilling/Mio. RM) | 907,2 (443) | + 3,8 | 1935 |
| Einfuhrüberschuß (Mio. Schilling/Mio. RM) | 312,5 (156,6) | + 5,3 | 1935 |
| **Verkehr** | | | |
| Eisenbahnnetz[4] (km) | 5842 | ± 0,0 | 1935 |
| Beförderte Personen (in 1000) | 579574 | + 4,8 | 1935 |
| Beförderte Güter (in 1000 t) | 26554 | + 4,5 | 1935 |
| Bestand an Kraftfahrzeugen | 45166 | + 7,9 | 1935 |
| davon Pkw | 21789 | + 15,3 | 1935 |
| davon Lkw | 13921 | + 1,7 | 1935 |
| Zulassung fabrikneuer Kfz | 2967 | + 32,0 | 1935 |
| Luftverkehr | | | |
| Beförderte Personen | 29173 | + 48,0 | 1935 |
| Beförderte Güter (t) | 940 | + 38,2 | 1932 |
| **Bildung** | | | |
| Schüler an | | | |
| Grundschulen | | | |
| Realschulen | 13517 | + 0,3 | 1934/35 |
| Realgymnasien | 30366 | + 2,7 | 1934/35 |
| Gymnasien | 15202 | + 0,1 | 1934/35 |
| Studenten | 18556 | – 3,8 | WS 1935/36 |
| **Rundfunk** | | | |
| Hörfunkteilnehmer | 560120 | + 6,2 | 1935 |
| **Sozialleistungen** | | | |
| Mitglieder der Arbeiter-Krankenversicherung | 737788 | – | 1935 |
| Mitglieder der Angestelltenversicherung | 349106 | – 0,3 | 1935 |
| Empfänger von | | | |
| Arbeitslosengeld und -hilfe | 238133 | – 9,8 | Juni 1935 |
| **Finanzen und Steuern** | | | |
| Gesamtausgaben des Staates (Mio. Schilling/Mio. RM) | 1397,8 (682,5) | – 0,4 | 1935 |
| Gesamteinnahmen des Staates (Mio. Schilling/Mio. RM) | 1244,5 (607,7) | – 4,5 | 1935 |
| Schuldenlast des Staates (Mio. Schilling/Mio. RM) | 3698,5 (1805,9) | + 4,9 | 31.12.1935 |

| Erhebungsgegenstand | Wert | Vergleich Vorjahr (%) | Stand |
|---|---|---|---|
| **Preise** | | | |
| Index der Einzelhandelspreise (1914 = 100) | 140 | – 1,4 | 1935 |
| Einzelhandelspreise ausgewählter Lebensmittel (Schilling/RM)[5] | | | |
| Butter, 1 kg | 4,40 (2,15) | ± 0 | Juli 1935 |
| Weizenmehl, 1 kg | 0,70 (0,34) | ± 0 | Juli 1935 |
| Schweinefleisch, 1 kg | 3,60 (1,76) | + 20,0 | Juli 1935 |
| Rindfleisch, 1 kg | 2,80 (1,37) | – 7,1 | Juli 1935 |
| Eier, 1 Stück | 0,12 (0,06) | + 9,1 | Juli 1935 |
| Kartoffeln, 1 kg | 0,28 (0,14) | + 27,3 | Juli 1935 |

| Erhebungsgegenstand | Wien | Salzburg | Graz | Klagenfurt | Innsbruck | Feldkirch |
|---|---|---|---|---|---|---|
| **Klimatische Verhältnisse** | | | | | | |
| Mittl. Lufttemperatur (°C) | | | | | | |
| Januar | –2,3 | –3,2 | –2,9 | –4,5 | –4,8 | –3,3 |
| Februar | 1,6 | 1,4 | 0,7 | –1,2 | 0,4 | 1,4 |
| März | 3,1 | 3,1 | 3,3 | 2,5 | 3,0 | 2,6 |
| April | 9,3 | 7,7 | 9,4 | 8,3 | 7,8 | 7,6 |
| Mai | 12,6 | 11,6 | 12,3 | 12,2 | 11,8 | 11,1 |
| Juni | 19,7 | 18,3 | 19,3 | 19,8 | 19,0 | 17,8 |
| Juli | 20,1 | 18,4 | 19,4 | 20,1 | 18,7 | 18,5 |
| August | 18,6 | 17,3 | 18,1 | 18,0 | 16,8 | 16,1 |
| September | 15,5 | 14,7 | 14,1 | 13,7 | 14,3 | 14,0 |
| Oktober | 11,3 | 9,9 | 11,3 | 11,0 | 9,7 | 9,1 |
| November | 5,4 | 4,5 | 4,8 | 4,0 | 5,5 | 4,9 |
| Dezember | 0,8 | –0,1 | –0,7 | –3,0 | –0,9 | –0,7 |
| Niederschlagsmengen (mm) | | | | | | |
| Januar | 36 | 76 | 31 | 54 | 60 | 60 |
| Februar | 73 | 118 | 39 | 59 | 143 | 135 |
| März | 49 | 56 | 18 | 19 | 47 | 58 |
| April | 80 | 162 | 63 | 84 | 68 | 121 |
| Mai | 90 | 140 | 135 | 107 | 101 | 111 |
| Juni | 18 | 129 | 74 | 53 | 79 | 96 |
| Juli | 46 | 174 | 78 | 83 | 81 | 140 |
| August | 39 | 102 | 67 | 133 | 83 | 163 |
| September | 23 | 103 | 65 | 96 | 65 | 65 |
| Oktober | 93 | 99 | 136 | 147 | 142 | 168 |
| November | 26 | 54 | 59 | 65 | 47 | 83 |
| Dezember | 32 | 35 | 58 | 92 | 19 | 108 |
| Tage mit Niederschlag | 155 | 174 | 148 | 136 | 177 | 185 |
| Tage mit Schneefall | 47 | 48 | 34 | 26 | 66 | 45 |
| Tage mit Gewitter | 23 | 11 | 30 | 9 | 26 | 25 |

| Erhebungsgegenstand | Wien | Salzburg | Graz | Neusiedl am See | Innsbruck | Bödele bei Bregenz |
|---|---|---|---|---|---|---|
| Sonnenscheindauer (Std.) | | | | | | |
| Januar | 46 | 56 | 81 | 76 | 55 | 62 |
| Februar | 92 | 74 | 112 | 82 | 84 | 70 |
| März | 163 | 172 | 172 | 172 | 164 | 169 |
| April | 148 | 112 | 164 | 154 | 110 | 84 |
| Mai | 274 | 237 | 227 | 253 | 181 | 207 |
| Juni | 331 | 275 | 296 | 302 | 255 | 261 |
| Juli | 280 | 259 | 276 | 259 | 257 | 271 |
| August | 244 | 204 | 211 | 221 | 178 | 194 |
| September | 228 | 194 | 243 | 233 | 197 | 187 |
| Oktober | 117 | 65 | 101 | 104 | 78 | 44 |
| November | 72 | 75 | 74 | 80 | 85 | 106 |
| Dezember | 44 | 47 | 63 | 54 | 56 | 72 |

[1] Letzte verfügbare Angabe (Volkszählung)
[2] Hauptberuflich Erwerbstätige und Erwerbslose
[3] Letzte verfügbare Angabe (Landwirtschaftliche Betriebszählung)
[4] Bundesbahn
[5] in Wien

## Schweiz

| Erhebungsgegenstand | Wert | Vergleich Vorjahr (%) | Stand |
|---|---|---|---|
| **Fläche** (km²) | 41 294,9 | – | 1935 |
| **Bevölkerung** | | | |
| Wohnbevölkerung | 4 157 350 | +0,3 | 1935 |
| männlich | 1 958 349 | – | 1930[1] |
| weiblich | 2 108 051 | – | 1930[1] |
| Einwohner je km² | 100,7 | +0,4 | 1935 |
| Ausländer | 355 522 | – | 1930[1] |
| Privathaushalte | 1 002 915 | – | 1930[1] |
| Lebendgeborene | 66 378 | –1,3 | 1935 |
| Gestorbene | 50 233 | +7,3 | 1935 |
| Eheschließungen | 30 495 | –6,1 | 1935 |
| Ehescheidungen | | – | |
| **Familienstand der Bevölkerung** | | | |
| Ledige insgesamt | 2 258 337 | – | 1930[1] |
| männlich | 1 114 709 | – | 1930[1] |
| weiblich | 1 143 628 | – | 1930[1] |
| Verheiratete | 1 530 068 | – | 1930[1] |
| Verwitwete und Geschiedene | 277 995 | – | 1930[1] |
| männlich | 77 253 | – | 1930[1] |
| weiblich | 200 742 | – | 1930[1] |
| **Religionszugehörigkeit** | | | |
| evangelisch | 2 330 303 | – | 1930[1] |
| römisch-katholisch | 1 629 043 | – | 1930[1] |
| christ-katholisch | 37 307 | – | 1930[1] |
| Juden | 17 973 | – | 1930[1] |
| andere | 51 774 | – | 1930[1] |
| **Altersgruppen** | | | |
| unter 5 Jahren | 325 122 | – | 1930[1] |
| 5 bis unter 10 Jahren | 347 651 | – | 1930[1] |
| 10 bis unter 15 Jahren | 325 618 | – | 1930[1] |
| 15 bis unter 20 Jahren | 363 122 | – | 1930[1] |
| 20 bis unter 30 Jahren | 730 520 | – | 1930[1] |
| 30 bis unter 40 Jahren | 606 450 | – | 1930[1] |
| 40 bis unter 50 Jahren | 502 742 | – | 1930[1] |
| 50 bis unter 60 Jahren | 428 653 | – | 1930[1] |
| 60 bis unter 70 Jahren | 280 361 | – | 1930[1] |
| 70 bis unter 80 Jahren | 127 329 | | 1930[1] |
| 80 und darüber | 28 832 | – | 1930[1] |
| **Die zehn größten Städte** | | | |
| Zürich | 317 700 | +0,9 | 1935 |
| Basel | 160 300 | +1,0 | 1935 |
| Genf | 124 450 | –1,2 | 1935 |
| Bern | 120 400 | +0,9 | 1935 |
| Lausanne | 85 500 | +2,2 | 1935 |
| St. Gallen | 63 900 | –0,2 | 1935 |
| Winterthur | 55 750 | +0,4 | 1935 |
| Luzern | 52 650 | +1,2 | 1935 |
| Biel | 38 650 | +0,5 | 1935 |
| La Chaux-de-Fonds | 31 600 | –1,4 | 1935 |
| **Erwerbstätigkeit** | | | |
| Erwerbspersonen[2] | 1 942 626 | – | 1930[1] |
| männlich | 1 331 358 | – | 1930[1] |
| weiblich | 611 268 | – | 1930[1] |
| nach Wirtschaftsbereichen | | | |
| Land- und Forstwirtschaft | 413 336 | – | 1930[1] |
| Industrie, Handwerk, Baugewerbe | 848 762 | – | 1930[1] |
| Dienstleistungen | 680 528 | – | 1930[1] |
| Ausländische Arbeitnehmer | 210 190 | – | 1930[1] |
| Arbeitslose | 82 468 | +26,0 | 1935 |
| **Betriebe** | | | |
| Land- und Forstwirtschaft | 238 469 | – | 1929[3] |
| Industrie, Handwerk, Gewerke | 103 360 | – | 1929[3] |
| Dienstleistungen | 112 877 | – | 1929[3] |
| **Außenhandel** | | | |
| Einfuhr (Mio. sFr./Mio. RM) | 1283,3 (1038,1) | –10,5 | 1935 |
| Ausfuhr (Mio. sFr./Mio. RM) | 821,9 (664,9) | – 2,6 | 1935 |
| Einfuhrüberschuß (Mio. sFr./Mio. RM) | 461,3 (373,2) | –21,8 | 1935 |
| **Verkehr** | | | |
| Eisenbahnnetz (km) | 5 820 | ± 0,0 | 1935 |
| Beförderte Personen (in Mio.) | 381,0 | – 4,5 | 1935 |
| Beförderte Güter (in Mio. t) | 20,9 | – 4,1 | 1935 |
| Straßennetz (km) | 16 506 | + 0,3 | 1935 |
| Bestand an Kraftfahrzeugen | 91 860 | + 1,2 | 1935 |
| davon Pkw | 70 765 | + 1,5 | 1935 |
| davon Lkw | 18 909 | + 0,4 | 1935 |
| Luftverkehr | | | |
| Beförderte Personen | 91 429 | + 8,1 | 1935 |
| Beförderte Güter (t) | 6 253 | –16,7 | 1935 |
| **Bildung** | | | |
| Schüler an | | | |
| Primarschulen | 476 088 | + 0,6 | 1935/36 |
| Sekundarschulen und unteren Mittelschulen | 75 896 | – 1,8 | 1935/36 |
| Gymnasien, oberen Mittelschulen | 13 776 | + 8,0 | 1935/36 |
| Studenten | 8 738 | – 0,4 | 1935/36 |
| **Rundfunk** | | | |
| Hörfunkteilnehmer | 418 499 | +14,4 | 1935 |
| **Gesundheitswesen** | | | |
| Ärzte | 3 456 | + 2,5 | 1935 |
| Zahnärzte | 1 209 | + 5,1 | 1935 |
| **Sozialleistungen** | | | |
| Mitglieder der gesetzlichen Krankenversicherung | 1 937 179 | + 2,4 | 1935 |
| **Finanzen und Steuern** | | | |
| Gesamtausgaben des Staates (Mio. sFr./Mio. RM) | 503,9 (407,6) | + 4,9 | 1935 |
| Gesamteinnahmen des Staates (Mio. sFr./Mio. RM) | 485,4 (392,7) | + 7,0 | 1935 |
| Schuldenlast des Staates (Mio. sFr./Mio. RM) | 2308,2 (1867,2) | + 1,9 | 1935 |
| **Löhne und Gehälter** | | | |
| Bruttostundenverdienst | | | |
| männlicher Arbeiter (sFr./RM) | 1,36 (1,10) | – 2,2 | 1935 |
| weiblicher Arbeiter (sFr./RM) | 0,70 (0,57) | – 1,4 | 1935 |
| **Preise** | | | |
| Einzelhandelspreise ausgewählter Lebensmittel (sFr./RM) | | | |
| Butter, 1 kg | 4,69 (3,79) | ± 0 | 1935 |
| Weizenmehl, 1 kg | 0,35 (0,28) | ± 0 | 1935 |
| Schweinefleisch, 1 kg | 2,77 (2,24) | –14,5 | 1935 |
| Rindfleisch, 1 kg | 2,41 (1,95) | – 2,4 | 1935 |
| Eier, 1 Stück | 0,11 (0,09) | ± 0 | 1935 |
| Kartoffeln, 1 kg | 0,18 (0,15) | + 5,9 | 1935 |

[1] Letzte verfügbare Angabe (Volkszählung)
[2] Hauptberuflich Erwerbstätige und Erwerbslose
[3] Letzte verfügbare Angabe (Betriebszählung)

| Erhebungsgegenstand | Wert | Vergleich Vorjahr (%) | Stand |
|---|---|---|---|
| Vollmilch, 1 l | 0,31 (0,25) | ± 0 | 1935 |
| Zucker, 1 kg | 0,35 (0,28) | + 20,7 | 1935 |
| Kaffee, 1 kg | 2,86 (2,31) | – 2,1 | 1935 |
| Index der Lebenshaltungskosten (1914 = 100) | 128 | – 0,8 | 1935 |

| Erhebungsgegenstand | Zürich | Basel | Bern | Genf | Davos | Lugano |
|---|---|---|---|---|---|---|
| **Klimatische Verhältnisse** | | | | | | |
| Mittl. Lufttemperatur (°C) | | | | | | |
| Januar | –1,6 | –0,9 | –2,2 | –0,3 | –9,2 | 1,1 |
| Februar | 2,4 | 3,2 | 1,7 | 3,9 | –5,4 | 4,5 |
| März | 3,8 | 4,2 | 3,2 | 5,0 | –4,1 | 7,1 |
| April | 7,8 | 8,6 | 7,7 | 9,1 | 0,9 | 10,5 |
| Mai | 11,7 | 11,7 | 10,9 | 12,6 | 5,1 | 12,6 |
| Juni | 18,5 | 18,5 | 17,6 | 19,2 | 12,6 | 20,4 |
| Juli | 19,8 | 19,8 | 18,9 | 21,1 | 13,1 | 22,1 |
| August | 16,8 | 17,6 | 16,3 | 18,1 | 11,0 | 19,6 |
| September | 15,0 | 15,1 | 14,3 | 16,2 | 8,9 | 16,9 |
| Oktober | 9,3 | 9,3 | 8,7 | 10,4 | 3,7 | 12,5 |
| November | 5,5 | 5,6 | 4,7 | 6,4 | –0,4 | 7,7 |
| Dezember | –0,4 | 0,5 | –0,8 | 1,5 | –6,4 | 1,8 |
| Niederschlagsmengen (mm) | | | | | | |
| Januar | 45 | 42 | 32 | 24 | 45 | 12 |
| Februar | 167 | 76 | 140 | 93 | 212 | 125 |
| März | 33 | 32 | 64 | 18 | 57 | 2 |

| Erhebungsgegenstand | Zürich | Basel | Bern | Genf | Davos | Lugano |
|---|---|---|---|---|---|---|
| April | 137 | 93 | 126 | 88 | 71 | 100 |
| Mai | 105 | 126 | 76 | 36 | 69 | 266 |
| Juni | 89 | 60 | 138 | 77 | 65 | 132 |
| Juli | 76 | 26 | 82 | 25 | 79 | 96 |
| August | 95 | 82 | 100 | 157 | 124 | 222 |
| September | 101 | 81 | 129 | 84 | 51 | 83 |
| Oktober | 190 | 115 | 154 | 93 | 177 | 355 |
| November | 51 | 37 | 60 | 161 | 74 | 288 |
| Dezember | 119 | 120 | 118 | 157 | 128 | 251 |
| Tage mit Schneefall | 39 | 39 | 34 | 16 | 83 | 17 |
| Tage mit Gewitter | 11 | 9 | 18 | 12 | 6 | 23 |
| Tage mit Nebel | 18 | 22 | 51 | 7 | 13 | 1 |
| Tage mit hellem Wetter | 45 | 50 | 61 | 74 | 67 | 110 |
| Tage mit trübem Wetter | 165 | 161 | 155 | 149 | 132 | 116 |
| Sonnenscheindauer (Std.) | | | | | | |
| Januar | 45 | 46 | 53 | 69 | 78 | 132 |
| Februar | 68 | 70 | 67 | 82 | 68 | 146 |
| März | 182 | 152 | 177 | 189 | 162 | 232 |
| April | 102 | 82 | 100 | 137 | 118 | 187 |
| Mai | 213 | 196 | 194 | 240 | 156 | 132 |
| Juni | 278 | 252 | 270 | 317 | 245 | 274 |
| Juli | 303 | 308 | 307 | 350 | 220 | 303 |
| August | 213 | 203 | 218 | 255 | 159 | 214 |
| September | 212 | 192 | 215 | 242 | 171 | 233 |
| Oktober | 50 | 35 | 48 | 84 | 71 | 90 |
| November | 78 | 83 | 71 | 50 | 90 | 81 |
| Dezember | 29 | 33 | 27 | 35 | 52 | 78 |

# Staatsoberhäupter und Regierungen ausgewählter Länder 1935

*Die Einträge zu den wichtigsten Ländern des Jahres 1935 informieren über die Staatsform (hinter dem Ländernamen), Titel und Namen des Staatsoberhaupts sowie in Klammern dessen Regierungszeit. Es folgen – soweit vorhanden – die Regierungschefs, bei wichtigeren Ländern auch die Außenminister des Jahres 1935; jeweils in Klammern stehen die Zeiträume der Amtsausübung. Eine Kurzdarstellung gibt – wo es sinnvoll erscheint – einen Einblick in die innen- und außenpolitische Situation des Landes. Über bewaffnete Konflikte und Unruhegebiete, auf die hier nicht näher eingegangen wird, informiert der Anhang »Kriege und Krisenherde des Jahres 1935« gesondert.*

**Abessinien (Äthiopien)**

Kaiserreich; *Kaiser:* Haile Selassie I. (1930–1936, 1941–1974)

**Afghanistan**

Königreich; *König:* Mohammed Sahir (1933–1973)
*Ministerpräsident:* Sardar Muhammad Haschim Chan (1929–1946)

**Ägypten**

Königreich; *König:* Fuad I. (1922–1936, zuvor Sultan 1917–1922)
*Ministerpräsident:* Muhammad Taufiq Nasim Pascha (1920/21, 1922/23, 1934–1936)
*Britischer Oberkommissar* (ab 1936 *Botschafter*)*:* Miles Wedderburn Lampson (1933–1936 bzw. 1936–1946)

**Albanien**

Königreich; *König:* Zogu I. (1928–1939)
*Ministerpräsident:* Panteleemon Evangjeli (1921, 1922/23, 1930–22. 10. 1935), Mehd Frasheri (22. 10. 1935–1936)

**Algerien**

Französisches Nebenland; *Generalgouverneur:* Jules Carde (1930–1935), Georges Le Beau (1935–1940)
Algerien: Politisch und wirtschaftlich dem Mutterland angegliedertes französisches Nebenland, das dem französischen Innenministerium untersteht

**Annam**

Kaiserreich unter französischem Protektorat; *Kaiser:* Bao-Dai (1925–1945, danach Staatschef von Vietnam 1945–1955)
Annam ist Teil der Indochinesischen Union.

**Argentinien**

Bundesrepublik; *Präsident:* Augustín Pedro Justo y Rólan (1932–1938)

**Australien**

Bundesstaat im Britischen Empire; *Premierminister:* Joseph Alois Lyons (1931–1939)
*Britischer Generalgouverneur:* Isaac Alfred Isaacs (1931–1936)

**Belgien**

Königreich; *König:* Leopold III. (1934–1951)
*Ministerpräsident:* Georges Theunis (katholisch; 1921–1925, 1934–19. 3. 1935), Paul van Zeeland (katholisch; 26. 3. 1935–1937)
*Außenminister:* Paul Hymans (1918–1920, 1924/25, 1927–1934, 1934–19. 3. 1935), Paul van Zeeland (26. 3. 1935–1936)

**Bhutan**

Königreich; *König:* Jigme Wangchuk (1926–1952)
Das Land erkennt die britisch-indische Vormacht an (Kontrolle der Außenpolitik), regelt seine inneren Angelegenheiten jedoch selbständig.

**Birma**

Provinz von Britisch-Indien; *Generalgouverneur:* Hugh Stevenson (1932–1936)
Birma wurde 1886 von Großbritannien annektiert und wird als Provinz von Britisch-Indien verwaltet. Das 1935 erlassene Gesetz über die Lostrennung Birmas von Indien tritt 1937 in Kraft.

**Bolivien**

Republik; *Präsident:* José Luis Tejada Sorzano (1934–1936)

**Brasilien**

Diktatur; *Präsident:* Getúlio Dornelles Vargas (1930–1945)
*Außenminister:* José Carlos de Macedo Soares (1934–1937)

**Bulgarien**

Königreich/Diktatur; *König:* Boris III. (1918–1943)
*Ministerpräsident:* Kimon Georgiew (1934–22. 1. 1935), Petko Zlatew (22. 1.–18. 4. 1935), Andreas Tóschew (21. 4.–23. 11. 1935), Georg Kiosse-Iwanow (23. 11. 1935–1939, *Außenminister* 21. 4. 1935–1940)

**Chile**

Republik; *Präsident:* Arturo Alessandri y Palma (1920–1924, 1932–1938)

**China**

Republik; *Präsident:* Lin Sen (1932–1943)
*Präsident des Exekutiv-Rats:* Wang Ching-wei (1930, 1932–1935), Chiang Kai-shek (1927, 1930–1931, 12. 12. 1935–1937, 1939–1944, 1947)

**Costa Rica**

Republik; *Präsident:* Jiménez Oreamuno (1910–1912, 1924–1928, 1932–1936)

**Dänemark**

Königreich; *König:* Christian X. (1912–1947)
*Ministerpräsident:* Thorvald Stauning (1924–1926, 1929–1942)
*Außenminister:* Peter R. Munch (1929–1940)

**Danzig**

Freie Stadt; *Völkerbundskommissar:* Sean Lester (1933–1936)
*Senatspräsident:* Artur Greiser (NSDAP, 1934–1939)
Danzig, das bis 1919 zu Preußen gehörte, ist nach den Bestimmungen des Versailler Vertrags eine zum polnischen Zollgebiet gehörende Freie Stadt, die auch außenpolitisch von Polen vertreten wird.

**Dominikanische Republik**

Diktatur; *Präsident:* Rafael Leónidas Trujillo y Molina (1930–1938, 1942–1952, Diktator de facto bis 1961)

**Ecuador**

Republik; *Präsident:* José María Velasco Ibarra (1934–21. 8. 1935, 1952–1956), Federico Páez (26. 9. 1935–1937)

**El Salvador**

Republik/Diktatur; *Präsident:* Maximiliano Hernández Martínez (1932–1944)

**Estland**

Republik; *Minister- und Staatspräsident:* Konstantin Päts (1923/24, 1931/32, 1932/33, 1933–1938)

**Finnland**

Republik; *Präsident:* Pehr Evind Svinhufvud (1931–1937)
*Ministerpräsident:* Toivo Kivimäki (1932–1936)

**Frankreich**

Republik; *Präsident:* Albert Lebrun (1932–1940)
*Kabinett Flandin* (1934–30. 5. 1935):
*Ministerpräsident:* Pierre Étienne Flandin (1934–30. 5. 1935)
*Außenminister:* Pierre Laval (1932, 1934–1936)
*Kabinett Bouisson* (1.–4. 6. 1935):
*Ministerpräsident:* Fernand Bouisson (1.–4. 6. 1935)
*Außenminister:* Pierre Laval (1932, 1934–1936)
*3. Kabinett Laval* (7. 6. 1935–1936):
*Ministerpräsident und Außenminister:* Pierre Laval (1931/32, 7. 6. 1935–1936)

**Griechenland**

Republik/Königreich ab Oktober 1935; *Präsident:* Alexander Zaimis (1929–1935)
*Reichsverweser:* Georg Kondylis (Oktober bis 3. 11. 1935)
*König:* Georg II. (1922–1924, 3. 11. 1935–1947)
*Ministerpräsident:* Panajotis Tsaldáris (1932/33, 1933–10. 10. 1935), Georg Kondylis (1926, 10. 10.–25. 11. 1935), Konstantin Demerdzes (30. 11. 1935–1936)

**Großbritannien**

Königreich; *König:* Georg V. (1910–1936)
*Premierminister:* James Ramsay MacDonald (Labour; 1924, 1929–7. 6. 1935), Stanley Baldwin (konservativ; 1923/24, 1924–1929, 7. 6. 1935–1937)
*Außenminister:* John Simon (1931–7. 6. 1935), Anthony Eden (7. 6. 1935–1938, 1945, 1951–1955)

**Guatemala**

Diktatur; *Präsident:* Jorge Ubico Castañeda (1931–1944)

**Haiti**

Republik; *Präsident:* Stenio Vincent (1930–1941)

**Honduras**

Diktatur; *Präsident:* Tiburcio Carías Andino (1933–1948)

**Indien (Britisch-Indien)**

Britisches Vizekönigreich; *Vizekönig:* Freeman Freeman-Thomas 1st Viscount Ratendone of Wellington (1931–1936)

**Indochinesische Union**

Französisches Protektorat; *Generalgouverneur:* René Robin (1934–1936)

**Irak**

Königreich; *König:* Ghasi I. (1933–1939)
*Ministerpräsident:* Ali Dschewdet al-Ajjubi (1934–23. 2. 1935), Dschamil Bey Midfa'i (1933/34, 4.–16. 3. 1935, 1937/38, 1941, 1953), Jasin Pascha al-Haschimi (1924/25, 17. 3. 1935–1936)

**Iran**

Kaiserreich; *Schah:* Resa Pahlawi (1925–1941)
*Ministerpräsident:* Mohammad Ali Khan Foroughi (1925/26, 1933–2. 12. 1935, 1941/42)
*Mahmud Dscham* (3. 12. 1935–1939)

**Irland**

Republik (Freistaat im britischen Empire); *Premierminister:* Eamon de Valera (Fianna Fáil; 1921–1922, 1932–1948, 1951–1954, 1957–1959)
*Letzter britischer Generalgouverneur:* Donald Buckley (1932–1936)

**Island**

Republik (in Personalunion mit Dänemark bis 1944); *Ministerpräsident:* Hermann Jonasson (1934–1942)

**Italien**

Königreich/Diktatur; *König:* Viktor Emanuel III. (1900–1946)
*Ministerpräsident:* Benito Mussolini (1922–1943, 1943–1944); *Außenminister* 1922–1929, 1932–1936, 1943; *Innenminister* 1922–1924, 1926–1943; *Kriegsminister* 1933–1943; *Marineminister* 1933–1943; *Luftfahrtminister* 1933–1943)

**Japan**

Kaiserreich; *Kaiser:* Hirohito (1926–1989), *Ministerpräsident:* Keisuke Okada (1934–1936)

**Jemen (Sana)**

Königreich; *König:* Hamid Ad Din Jahja (1918–1948, davor Imam 1904–1918)

**Jordanien**

Siehe Transjordanien

**Jugoslawien**

Königreich; *König:* Peter II. (1934–1941)
*Regent:* Prinz Paul (1934–1941)
*Ministerpräsident:* Bogoljub Jeftić (1934–20. 6. 1935), Milan Stojadinović (23. 6. 1935–1939)

**Kambodscha**

Königreich unter französischem Protek-

torat; *König:* Sisovath Monivong (1927/28–1941)
Kambodscha ist ein zur Indochinesischen Union gehörendes französisches Protektorat.

**Kanada**

Parlamentarische Monarchie im britischen Commonwealth mit dem britischen Monarchen (König Georg V.) als Staatsoberhaupt; *Premier- und Außenminister:* Richard Bedford Bennett (1930–25. 10. 1935), William Lyon Makkenzie (1921–1926, 1926–1930, 25. 10. 1935–1948)

**Katalonien**

Republik; *Präsident:* Antonio Jiménez Arenas (1934–1936)

**Kirchenstaat**

Siehe Vatikanstadt

**Kolumbien**

Republik; *Präsident:* Alfonso López Pumarejo (1934–1938)

**Korea**

Japanisches Generalgouvernement Chosen (1910–1945); *Generalgouverneur:* Kazushige Ugaki (1931–1936)

**Kuba**

Republik; *Präsident:* Carlos Mendieta Montefur (1934–11. 12. 1935), José A. Barnet y Vinagres (12. 12. 1935–1936)

**Kuwait**

Emirat unter britischem Protektorat; *Emir:* Scheich Ahmad (1921–1950)

**Laos**

Königreich unter französischem Protektorat; *König:* Sisavong Vong (1904–1959)
Laos ist seit 1893 ein zur Indochinesischen Union gehörendes französisches Protektorat.

**Lettland**

Republik/Diktatur; *Präsident:* Albert Kviēsis (1930–1936)
*Ministerpräsident:* Karlis Ulmanis (1918/19, 1919–1921, 1925/26, 1931, 1934–1940, *Staatspräsident* 1936–1940)

**Libanon**

Französisches Völkerbundsmandat; *Präsident:* Habib Pascha as-Sad (1934–1936)

**Liberia**

Republik; *Präsident:* Edwin J. Barclay (1930–1943)

**Liechtenstein**

Fürstentum; *Fürst:* Franz I. (1929–1938)

**Litauen**

Republik/Militärdiktatur; *Diktator:* Antanas Smetona (1919–1922, 1926–1940)
*Ministerpräsident:* Josef Tubelis (1929–1938)

**Luxemburg**

Großherzogtum; *Großherzogin:* Charlotte (1919–1964)
*Ministerpräsident:* Joseph Bech (1926–1937, 1953–1958)

**Mandschukuo**

Kaiserreich unter japanischem Protektorat; *Kaiser:* Engk'e Erdemtü (1932/34–1945, als P'u I letzter *Kaiser von China* 1908–1912)

**Marokko**

Sultanat unter französischem Protektorat; *Sultan:* Sidi Muhammad V. (1927–1955, 1955–1957, *König* 1957–1961)
*Großwesir:* Muhammad al-Muqri (1917–1955)
*Französischer Resident:* Henri Ponsot (1933–1936)

**Memelgebiet**

Autonomer Staat unter Litauen (1924–1939); *Landespräsident:* Jurgis Bruvelaitis (1934–5. 11. 1935), August Baldschus (28. 11. 1935–1939)
Die *Landespräsidenten* sind von Litauen oktroyiert.

**Mexiko**

Bundesrepublik; *Präsident:* Lázaro Cárdenas (1934–1940)

**Monaco**

Fürstentum; *Fürst:* Ludwig II. (1922–1949)

**Mongolische Volksrepublik**

Volksrepublik; *Präsident:* Amor Gochighigin Bumatsende (1934–1953)
*Ministerpräsident:* Korlin Tschoibalsan (1924–1952)

**Nepal**

Königreich; *König:* Tribhuvana (1911–1950, 1952/53)
*Ministerpräsident:* Maharadscha Sri Dschuddha Schamscher Rana (1931–1945)

**Neuseeland**

Dominion im britischen Commonwealth; *Premierminister:* George William Forbes (1930–27. 11. 1935), Michael Joseph Savage (27. 11. 1935–1940)
*Britischer Generalgouverneur:* Charles Bathurst (ab 1935: *1. Viscount*) Bledisloe (1929–12. 4. 1935), George Vere Arundell Monckton-Arundell *8. Viscount Galway* (12. 4. 1935–1940)

**Nicaragua**

Republik; *Präsident:* Juan Bautista Sacasa (1933–1936, davor *Gegenpräsident* 1926)

**Niederlande**

Königreich; *Königin:* Wilhelmina (1890–1948)
*Ministerpräsident:* Hendrikus Colijn (1925, 1933–1939)
*Außenminister:* Andries Cornelis Dirk de Graeff (1933–1937)

**Nordirland**

Teil des Vereinigten Königreichs von Großbritannien und Nordirland; *Ministerpräsident:* James Craig Viscount Craigavon (1921–1940)

**Norwegen**

Königreich; *König:* Haakon VII. (1905–1957)
*Ministerpräsident:* Johan Ludwig Mowinckel (1924–1926, 1928–1931, 1933–16. 3. 1935), Johan Nygaardsvold (19. 3. 1935–1940)

**Oman**

Sultanat; *Sultan:* Said bin Taimur (1932–1970)

**Palästina**

Britisches Völkerbundsmandat; *Oberkommissar:* Arthur Grenfell Wauchope (1931–1938)

**Panama**

Republik; *Präsident:* Harmodio Arias (1931, 1932–1936)

**Paraguay**

Republik; *Präsident:* Eusebio Ayala (1921/23, 1932–1936)

**Persien**

Siehe Iran

**Peru**

Republik/Diktatur; *Präsident:* General Oscar Raimundo Benavides (1933–1939)

**Philippinen**

Gouvernement der USA mit beschränkter Autonomie (souverän ab 1946); *Präsident:* Manuel Luis Quezón y Molina (17. 9. 1935–1942/44)
*US-Generalgouverneur (ab 15. 11. 1935: US-Oberkommissar)*: Frank Murphy (1933–1935/1935–1937)

**Polen**

Republik (autoritär regierter Staat); *Präsident:* Ignacy Mościcki (1926–1939)
*Ministerpräsident:* Leo Kozlowski (1934–28. 3. 1935), Valerius Slawek (1930, 1930/31, 29. 3.–12. 10. 1935), Marian Zyndram-Kościalkowski (13. 10. 1935–1936)
*Außenminister:* Józef Beck (1932–1939)

**Portugal**

Republik/Diktatur; *Präsident:* António Oscar Fragoso Carmona (1926–1951)
*Ministerpräsident:* Antonio de Oliveira Salazar (1932–1968)

**Rumänien**

Königreich; *König:* Karl II. (1930–1940)
*Ministerpräsident:* Gheorghe Tătărăscu (1934–1937, 1939–1940)
*Außenminister:* Nikolaus Titulescu (1927/28, 1932–1936)

**Sansibar**

Sultanat unter britischem Protektorat; *Sultan:* Chalifa II. (1911–1960)

**Saudi-Arabien**

Königreich; *König:* Abd Al Asis Ibn Saud (1932–1953)

**Schweden**

Königreich; *König:* Gustav V. (1907–1950)
*Ministerpräsident:* Per Albin Hansson (Sozialist; 1932–1936 und erneut von 1936–1946)
*Außenminister:* Richard Sandler (1932–1939)

**Siam**

Siehe Thailand

**Sowjetunion**

Siehe UdSSR

**Spanien**

Republik; *Präsident:* Niceto Alcalá Zamora y Torres (1931–1936)
*Ministerpräsident:* Alejandro Lerroux y Carcía (1933, 1933/34, 1934–20. 10. 1935), Joaquín Chapaprieta y Terragosa (25. 10.–9. 12. 1935), Manuel Portela Valladares (31. 12. 1935–1936)

**Südafrikanische Union**

Dominion im britischen Commonwealth mit dem britischen Monarchen (König Georg V.) als Staatsoberhaupt; *Ministerpräsident:* James Barry Munnick Hertzog (1924–1939)
*Generalgouverneur:* George Herbert Hyde Villiers Earl of Clarendon (1931–1937)

**Syrien**

Französisches Völkerbundsmandat; *Präsident:* Muhammad Ali Abid (1932–1936)
*Ministerpräsident:* Tadsch ad-Din al-Hasani (1925/26, 1928–1931, 1934–1936)
*Französischer Oberkommissar:* Damien Duc de Martel (1931–1938)

**Thailand**

Königreich; *König:* Rama VII. Prajadhipok (1925–2. 3. 1935), Rama VIII. Ananda Mahidol (2. 3. 1935–1946)
*Ministerpräsident:* Phya Bahol Pholghahuya Sena (1934–1938)

**Tibet**

Autonomer Staat unter der Herrschaft eines *Dalai-Lama*; *14. Dalai-Lama:* Tenzin Gjatso (1935 geboren und gefunden, 1939 inthronisiert, im Exil ab 1950)
*6. Pantschen-Lama:* Tschökji Njima (1883–1937)

**Transjordanien**

Emirat unter britischem Protektorat; *Emir:* Abd Allah Ibn Al Husain (1921–1946, *König* 1946–1951)
*Ministerpräsident:* Ibrahim Haschim (1933–1938)

**Tschechoslowakei**

Republik; *Präsident:* Tomáš Garrigue Masaryk (1918/20–14. 12. 1935), Eduard Beneš (18. 12. 1935–1938, 1945–1948)
*Ministerpräsident:* Johann Malypetr (1932–6. 11. 1935), Milan Hodža (9. 11. 1935–1938)

**Tunesien**

Französisches Protektorat; *Bei:* Ahmad II. (1929–1942)
*Französischer Generalresident:* Marcel Peyrouton (1933–1936)

**Türkei**

Republik; *Präsident:* Mustafa Pascha, seit 1934 genannt Kemal Atatürk (1923 bis 1938)
*Ministerpräsident:* Mustafa Ismet Pascha, seit 1934 genannt Ismet Inönü (1923–1937)
*Außenminister:* Teyfik Rüstü Aras (1923–1938)

**UdSSR**

Republik; *Parteichef:* Josef W. Stalin (1922–1953)
*Präsident (Vorsitzender des Präsidiums des Obersten Sowjets):* Michail I. Kalinin (1919/1923–1946)
*Ministerpräsident (Vorsitzender des Rats der Volkskommissare):* Wjatscheslaw M. Molotow (1930–1941)
*Außenminister:* Maxim M. Litwinow (1930–1939)
*Verteidigung:* Kliment J. Woroschilow (1925–1940)

**Ungarn**

Monarchie/Diktatur; *(König):* Otto II. (1922–1944/45) lebt in Bayern, nachdem sein Vater, König Karl IV. (†1922), 1921 an der Rückkehr nach Ungarn gehindert wurde. 1921 Thronenthebung durch die Nationalversammlung.
*Reichsverweser (Diktator):* Miklós Horthy (1920–1944)
*Ministerpräsident:* Gyula Gömbös von Jákfa (1932–1936)
*Außenminister:* Koloman Kania von Kanya (1933–1939)

**Uruguay**

Republik/Diktatur; *Präsident:* Gabriel Terra (1931–1938)
Das Land bricht 1935 die Beziehungen zur UdSSR ab.

**USA**

Bundesrepublik; *32. Präsident:* Franklin Delano Roosevelt (Demokrat; 1933 bis 1945)
*Vizepräsident:* John Nance Garner (1933–1941)
*Außenminister:* Cordell Hull (1933–1944)

**Vatikanstadt**

Absolute Monarchie; *Papst:* Pius XI. (1922–1939)
*Kardinalstaatssekretär:* Eugenio Pacelli (1930–1939, danach als Pius XII. *Papst* bis 1958)

**Venezuela**

Republik; *Präsident:* Juan Vicente Gómez (1908–1929, 1931–18. 12. 1935), Eleazar López Contreras (vorläufige Präsidentschaft: 31. 12. 1935–1936, endgültig: 1936–1941)

# Kriege und Krisenherde des Jahres 1935

*Die herausragenden politischen und militärischen Krisensituationen des Jahres 1935 werden – alphabetisch nach Ländern geordnet – im Überblick dargestellt.*

## Waffenstillstand im Chaco-Krieg

Der dreijährige Chaco-Krieg zwischen Bolivien und Paraguay wird durch ein Waffenstillstandsabkommen am 12. Juni 1935 beendet. Ein Friedensvertrag, in dem Paraguay der größte Teil des umstrittenen Chaco-Gebietes zugesprochen wird, folgt 1938.
Grenzstreitigkeiten aus dem 19. Jahrhundert und die Interessen rivalisierender Ölgesellschaften lagen dem Konflikt zugrunde, der mit großer Brutalität ausgetragen wurde und 100 000 Menschen das Leben gekostet hat.

## Saargebiet wieder deutsch

Nach einer Volksabstimmung wird das Saargebiet am 1. März 1935 wieder dem Deutschen Reich eingegliedert. Das Saargebiet war 1920 der treuhänderischen Verwaltung des Völkerbunds unterstellt worden. Französische Versuche, die Bevölkerung zum Anschluß an Frankreich zu bewegen, sind erfolglos geblieben. Bei der vom Versailler Vertrag vorgesehenen Volksabstimmung über die politische Zukunft des Saargebiets hatten sich am 13. Januar 91 % der Saarbevölkerung für das Deutsche Reich ausgesprochen. Mit der Rückgewinnung des Saarlands erringt das nationalsozialistische Deutsche Reich einen großen außenpolitischen Prestigegewinn.

## Nürnberger Gesetze gegen Juden

Der nach Nürnberg einberufene Deutsche Reichstag verabschiedet auf dem Nürnberger Reichsparteitag der NSDAP am 15. September 1935 per Akklamation das »Reichsbürgergesetz« und das »Gesetz zum Schutze des deutschen Blutes und der deutschen Ehre« (Nürnberger Gesetze).
Beide Gesetze bedeuten die legale Festschreibung der seit 1933 von den Nationalsozialisten praktizierten öffentlichen Diskriminierung der Juden und stellen eine weitere Verschärfung ihrer Verfolgung im Deutschen Reich dar. Die Gesetze und ihre Bestimmungen degradieren die deutschen Juden zu Staatsbürgern zweiter Klasse und zu Menschen minderen Rechts. Reichsbürger kann nur noch sein, wer »deutschen oder artverwandten Blutes« ist. Den Juden steht weder ein Stimmrecht in politischen Angelegenheiten zu, noch sind sie berechtigt, ein öffentliches Amt zu bekleiden. Außereheliche Beziehungen und Eheschließungen zwischen Juden und und arischen Deutschen sind unter Strafe verboten.

## Hitler führt Wehrpflicht ein

Der deutsche Führer und Reichskanzler Adolf Hitler gibt am 16. März 1935 die Einführung der allgemeinen Wehrpflicht bekannt, entgegen den Bestimmungen des Versailler Vertrags.

## Flottenabkommen mit London

Im deutsch-britischen Flottenabkommen vom 18. Juni 1935 erklärt sich Großbritannien mit deutscher Seeaufrüstung bis zu 35 % der britischen Kriegsflotte einverstanden, bei den U-Booten sogar mit einem Verhältnis von 45 : 100. Frankreich protestiert vergeblich gegen dieses Abkommen.

## Putsch in Griechenland

Die während der Weltwirtschaftskrise erstarkten royalistischen Parteien proklamieren am 12. Oktober 1935 nach einem Staatsstreich die Wiedereinführung der Monarchie. Nach einem gefälschten Plebiszit kehrt der frühere König Georg II. im November wieder auf den griechischen Thron zurück.
Georg mußte 1917 nach der Absetzung seines Vaters Konstantin I. durch die Entente-Mächte zugunsten seines jüngeren Bruders Alexander dem Thron entsagen und ging ins Exil in die Schweiz. Als sein Vater 1922 zum zweitenmal abdanken mußte, wurde Georg II. König, mußte jedoch nach der Ausrufung der Republik 1924 das Land erneut verlassen. Bereits kurz nach seiner erneuten Inthronisierung im November 1935 ermächtigt er 1936 General Ioannis Metaxas zur Errichtung einer Diktatur. Während der deutschen Besetzung von 1941 bis 1944 hält sich Georg II. im Exil in Ägypten, Südafrika und London auf. 1946 besteigt er nach einer weiteren Volksabstimmung wieder den Thron.

## Italienisch-Äthiopischer Krieg

Italien fällt am 3. Oktober 1935 nach Ablehnung von Schlichtungsvorschlägen des Völkerbunds und ungeachtet weltweiter Proteste in das Kaiserreich Äthiopien ein, das es im Mai 1936 annektiert. Den 18 gut ausgerüsteten italienischen Divisionen, die von Norden aus Eritrea und von Süden aus Somali nach Äthiopien einmarschieren, stehen abessinische Krieger in zum Teil mittelalterlicher Ausrüstung (Pfeil und Bogen) ohne Chance gegenüber.
Die Besetzung des ostafrikanischen Staats ist Teil des faschistischen Imperialismus. Der italienische Ministerpräsident und Duce Benito Mussolini erstrebt die Herrschaft über das adriatische Meer (»Mare nostro«) und die Erweiterung des italienischen Kolonialbesitzes in Nordafrika.

## Japan dehnt Einfluß in China aus

Mit militärischem und politischem Druck auf die nordöstlichen Provinzen Chinas setzt Japan seine Expansionspolitik im Fernen Osten fort. Die Vorbereitungen für die Etablierung eines »autonomen Nordchina« unter japanischer Kontrolle stoppt Tokio allerdings überraschend im November 1935.
China ist auch ohne diese weitere Spaltung politisch zerrissen: Neben der Nanking-Zentralregierung unter Chiang Kaishek besteht im Süden die Kantonregierung; in der Provinz Schensi haben die Kommunisten unter Mao Tse-tung nach dem Ende des Langen Marsches eine eigene Regierung errichtet. Die Japaner setzten am 1. März 1934 in dem von ihnen 1932 gegründeten Satellitenstaat Mandschukuo den letzten Kaiser von China, P'u I., zum Kaiser ein. Die Proklamation zum Kaiserreich diente der Legitimierung des neuen Staats, der von den Großmächten nicht anerkannt wird. Die Gründung von Mandschukuo, das aus ehemals chinesischen Provinzen besteht, hängt mit den imperialistischen Plänen Japans zusammen. Durch die Herauslösung einzelner Gebiete aus China soll die republikanische Regierung in Nanking geschwächt werden.

## »Langer Marsch« beendet

Die chinesischen Kommunisten unter der Führung von Mao Tse-tung beenden 1935 den sog. Langen Marsch, der über eine Wegstrecke von 12 000 km aus der Provinz Kiangsi nach dem Nordwesten Chinas, in die Provinz Schensi führte. Der Lange Marsch – über Gebirgspässe, durch weite Steppen und Sümpfe – nahm ein ganzes Jahr in Anspruch. Die Kommunisten haben 1931 in Kiangsi eine Sowjetrepublik gegründet und den Landbesitz der Großgrundbesitzer an die Kleinbauern verteilt. Die Nanking-Regierung unter Chiang Kai-shek, der sich 1927 von den Kommunisten getrennt hatte, sah die kommunistische Republik als Bedrohung an und führte mehrere Vernichtungsfeldzüge gegen sie. Die Kommunisten behaupteten sich zunächst dank ihrer besseren Taktik gegenüber den Regierungstruppen, erst im fünften Feldzug siegte die Armee Chiang Kai-sheks. Es gelang den Kommunisten jedoch, sich im Oktober 1934 mit 90 000 Mann zurückzuziehen. Im Oktober 1935 erreichen die Hauptkräfte dieser Armee mit nur noch 7 000 Mann Schensi.

## Philippinen erhalten Teilautonomie

Die USA gewähren den Philippinen am 15. November 1935 Teilautonomie. Ein US-Hochkommissar kontrolliert weiterhin Außenpolitik und Verteidigung. Die Philippinen befinden sich seit 1898 im Besitz der USA. Seit langem fordern die Einwohner die Unabhängigkeit.

## Komintern befürwortet Volksfront

Auf dem Siebten Weltkongreß der Komintern (Kommunistische Internationale) in Moskau vom 25. Juli bis zum 20. August wird der gemeinsame Kampf mit den westlichen Demokratien gegen das nationalsozialistische Deutsche Reich beschlossen. Die Volksfrontpolitik wird zur praktischen Richtschnur erhoben: Koalitionen sollen nicht nur zwischen kommunistischen und sozialdemokratischen, sondern auch mit linksbürgerlichen Parteien geschlossen werden.

# Ausgewählte Neuerscheinungen auf dem Buchmarkt 1935

*Die Auswahl berücksichtigt nicht nur Neuerscheinungen von literarischem oder wissenschaftlichem Wert, sondern auch vielgelesene Bücher des Jahres 1935. Innerhalb der einzelnen Länder sind die erschienenen Werke alphabetisch nach Autoren geordnet.*

## Deutsches Reich

Henry Benrath
**Die Kaiserin Konstanze**
*Roman*
Henry Benrath (1882–1949), eigentlich Albert Heinrich Rausch, verfaßte zahlreiche an August von Platen und Stefan George geschulte Gedichtsammlungen, erzielt seine Hauptererfolge jedoch mit historisch-biographischen Romanen, denen jahrelange Forschungen vorausgingen. In dem ersten dieser Romane, »Die Kaiserin Konstanze«, der bei der Deutschen Verlags-Anstalt in Stuttgart erscheint, behandelt er das tragische Schicksal der Gattin des viel jüngeren Königs und späteren Kaisers Heinrich VI., der Mutter des späteren Kaisers Friedrich II. Durch ihre Heirat kam es zu der politisch bedeutsamen Verknüpfung des Stauferhauses mit Sizilien.

Werner Bergengruen
**Der Großtyrann und das Gericht**
*Roman*
Werner Bergengruen (1892–1964) kritisiert in dem in einem italienischen Stadtstaat zur Zeit der Renaissance spielenden Roman »Der Großtyrann und das Gericht«, erschienen in der Hanseatischen Verlags-Anstalt in Hamburg, den Machtmißbrauch eines Herrschers ebenso wie die Feigheit seiner Untertanen, die dem Tyrannen aus Furcht keinen Widerstand entgegensetzen. Doch ist dieses Werk kein Aufruf zum Widerstand, im Gegenteil werden Tyrann und Untertanen praktisch von jeder Verantwortung entlastet, da die göttliche Ordnung auf Erden niemals verwirklicht werden könne und das menschliche Handeln immer unzulänglich und schuldhaft sei. In der Präambel heißt es: »Es ist in diesem Buche zu berichten von den Versuchungen der Mächtigen und von der Leichtverführbarkeit der Unmächtigen und Bedrohten... es soll davon auf eine solche Art berichtet werden, daß unser Glaube an die menschliche Vollkommenheit eine Einbuße erfahre. Vielleicht, daß an seine Stelle ein Glaube an des Menschen Unvollkommenheit tritt; denn in nichts anderem kann ja unsere Vollkommenheit bestehen als in eben diesem Glauben.«

Friedrich Bischoff
**Die goldenen Schlösser**
*Roman*
Der schlesische Lyriker und Erzähler Friedrich Bischoff (1896–1976) hat mit dem beim Propyläen-Verlag in Berlin erschienenen Roman »Die goldenen Schlösser« seinen ersten literarischen Erfolg. In seinem Roman schildert er die schlesische Landschaft und gestaltet in ihr das Wunderbare und Geheimnisvolle von irrationalen Kräften aus den Naturtiefen. Märchenhaftes und Wirklichkeit werden dabei ineinander verwoben. Hauptfigur ist das Findelkind Agnete. Es übt auf seinen Ziehvater, einen Dorfgastwirt, einen positiven Einfluß aus, bis sich dieser einer Frau zuwendet, die von Agnete grundverschieden ist. Daraufhin verschwindet Agnete wieder ins Unbekannte, aus dem sie gekommen ist.

Alfred Döblin
**Pardon wird nicht gegeben**
*Roman*
Alfred Döblin (1878–1957), der Autor von »Berlin Alexanderplatz« (1929), schildert in dem Roman »Pardon wird nicht gegeben«, der beim Querido-Verlag in Amsterdam erscheint, die Entwicklungsgeschichte einer Familie von der Jahrhundertwende bis zur Weltwirtschaftskrise Ende der 20er Jahre. Karl, die Hauptfigur, entscheidet sich zu spät, von der bürgerlichen Seite in das Lager der Revolutionäre überzuwechseln. Er gerät zwischen die Fronten und wird erschossen, denn »Pardon wird nicht gegeben«.

Ernst Gläser (Glaeser)
**Der letzte Zivilist**
*Roman*
Ernst Gläser (1902–1963) begann als Linksradikaler und wurde als Pazifist berühmt. Als 1933 seine Schriften wegen »zersetzendem Pazifismus« verboten wurden, emigrierte er in die Schweiz, kehrt jedoch 1939 zurück und wird Hauptschriftsteller einer Wehrmachtzeitung auf Sizilien. Nach dem Zweiten Weltkrieg rechtfertigt er seine Haltung mit dem Schlagwort »innere Emigration«. – Der in 23 Sprachen übersetzte Antikriegsroman »Jahrgang 1902« (1928) begründete seinen Ruhm. In dem beim Verlag Europäischer Merkur in Paris erschienenen Roman »Der letzte Zivilist« (1935) schildert er kolportagehaft die Zustände im Deutschen Reich während der Weimarer Republik vor der Machtübernahme der Nationalsozialisten. Auch dieser Roman wird ein großer Erfolg; er wird in 21 Sprachen übersetzt.

Wolfgang Langhoff
**Die Moorsoldaten**
**13 Monate Konzentrationslager**
*Tatsachenbericht*
Der in Zürich erschienene Tatsachenbericht »Die Moorsoldaten. 13 Jahre Konzentrationslager« von Wolfgang Langhoff (1901–1966) ist eines der »ersten öffentlichen Dokumente über das wahre Gesicht des Dritten Reiches und einer der ersten Versuche, die Welt zu warnen und zur Abwehr der drohenden Gefahr aufzurufen«, wie es im Vorwort der ersten legalen Ausgabe in Deutschland (1946) heißt. Der Regisseur und Schauspieler Langhoff, als KPD-Mitglied nach dem Reichstagsbrand in Schutzhaft genommen, schildert die grauenhaften Erlebnisse in den Konzentrationslagern im Börgermoor im Emsland und in der Lichtenburg bei Torgau. Er erzählt »von jenem anderen und besseren Deutschland, das hinter Stacheldraht im eigenen Land gefangen saß, von seinem Leidensweg und Opfermut, von den Peinigungen und Foltern, denen dieses bessere Deutschland ausgeliefert war, von der Geburtsstunde der Kameradschaft und von der heranwachsenden Einheit aller Antifaschisten in diesen Lagern«. Das Buch wird weltberühmt. Das »Lied der Moorsoldaten« wird eines der bekanntesten deutschen antifaschistischen Lieder des 20. Jahrhunderts.

Wilhelm Lehmann
**Antwort des Schweigens**
*Gedichte*
Beim Widerstands-Verlag in Berlin erscheint unter dem Titel »Antwort des Schweigens« die erste repräsentative Gedichtsammlung des Lyrikers und Erzählers Wilhelm Lehmann (1882–1968). An den Naturgedichten Lehmanns schulte sich eine ganze Generation deutscher Lyriker. 1923 erhielt er den Kleistpreis, 1952 den Kunstpreis des Landes Schleswig-Holstein und 1953 den Lessingpreis der Stadt Hamburg mit der Begründung: »In einer zerrissenen Zeit hat er, unberührt vom Schwanken der künstlerischen Maßstäbe, durch eine reine und vollkommene Leistung ein gültiges Werk gestaltet. Seine Gedichte vereinen Lebendiges und kunstvoll Geformtes. So wird das Geheimnis des Stils noch einmal Wirklichkeit.« Das Land Schleswig-Holstein bezeichnete Lehmann 1963 bei der Verleihung des Kulturpreises der Stadt Kiel »mit seiner heidnischen Schönheit als die Mutter meiner Dichtung«. Das Urteil Oskar Loerkes, mit dem Lehmann zeitlebens befreundet war, zeigt die Problematik in Lehmanns Naturlyrik: »Es fliegt bei ihm von Schmetterlingen und Vögeln, stäubt von Sporen und Samen, kriecht von Würmern, wächst von Blumen und Gräsern – nicht nur im Freien, sondern auch in den Häusern, den Herzen, Hirnen und Adern der Menschen, denn seine vielen Naturgleichnisse sind so eindringlich, daß der zweite Teil des Gleichnisses selbständig zu leben beginnt, den ersten Gast erdrückt und auslöscht.«

Erich Ludendorff
**Der totale Krieg**
*Politisch-militärische Schrift*
Erich Ludendorff (1865–1937), deutscher Heerführer während des Ersten Weltkriegs, fordert in der politisch-militärischen Schrift »Der totale Krieg« die Einbeziehung der Zivilbevölkerung in den Krieg. Alle menschlichen, materiellen und moralischen Reserven des deutschen Volks müßten im Falle einer kriegerischen Auseinandersetzung mobilisiert werden.
Ludendorff besiegte zusammen mit Paul von Hindenburg in der Schlacht bei Tannenberg (1914) die 2. russische Armee, gewann 1916 als 1. Generalquartiermeister eine fast unbegrenzte Macht und beeinflußte die gesamte Kriegführung und Politik im Reich so stark, daß man von einer Ludendorff-Diktatur sprach: Er erklärte 1917 den uneingeschränkten U-Boot-Krieg, schleuste die Sowjetrevolutionäre, darunter Wladimir I. Lenin, aus der Schweiz nach Rußland und trug wesentlich zum Sturz von Reichskanzler Theobald von Bethmann-Hollweg bei. 1918, als sich die deutsche Niederlage abzeichnete, wurde er von Kaiser Wilhelm II. wegen seiner widersprüchlichen Haltung in der Waffenstillstandsfrage entlassen. Nach dem Krieg nahm Ludendorff am Kapp-Putsch (1920) und am Hitler-Putsch (1923) teil, blieb aber in der nationalsozialistischen Bewegung ohne Bedeutung. Er gründete eigene Zeitschriften im Kampf gegen Juden, Jesuiten, Freimaurer und andere »überstaatliche Mächte« und begründete mit seiner Frau Mathilde den sektiererischen Tannenbergbund mit antisemitischen und völkischen Zielsetzungen.

Heinrich Mann
**Die Jugend des Königs Henri Quatre**
*Roman*
»Die Jugend des Königs Henri Quatre«, erschienen beim Verlag Querido in Amsterdam, ist der erste Teil des historischen Romans um den französischen König Heinrich IV. von dem in der Emigration lebenden deutschen Erzähler, Dramatiker und Essayisten Heinrich Mann (1871–1950), dem älteren Bruder des Literaturnobelpreisträgers Thomas Mann. Der zweite Teil dieses Werks, dem umfangreiche Quellenstudien vorausgingen, erscheint 1938 unter dem Titel »Die Vollendung des Königs Henri Quatre«. Mann stilisiert den König zum Ahnherrn des modernen revolutionären Sozialismus. Durch wirtschaftliche, politische und gesetzgeberische Maßnahmen fördert Heinrich IV. den Wohlstand des Volkes – jeder soll »sonntags ein Huhn im Topf haben« – und vermehrt seine Rechte in dem Wissen, »daß nur ein glückliches Volk das Glück des Staates macht«. Er wird der »gute König« des Volks, denn: »Nichts ist so volkstümlich wie Gutsein.«

Eugen Roth
**Ein Mensch**
**Heitere Verse**
*Gedichte*
Der literarische Durchbruch gelingt Eugen Roth (1895–1976) mit dem Gedichtband »Ein Mensch. Heitere Verse«, der beim Verlag Duncker in Weimar erscheint. In satirisch-ironischer Weise, aber aus »gütigem Herzen« deckt er hier menschliche Schwächen und Unzulänglichkeiten auf. Alle Gedichte beginnen mit den Wörtern »Ein Mensch«. Das erfolgreiche Werk erreicht 1967 die Auflage von einer Million. 1948 folgt der Band »Mensch und Unmensch«, 1964 »Der letzte Mensch«.

William Stern
**Allgemeine Psychologie auf personalistischer Grundlage**
*Psychologische Abhandlung*
Der deutsche Psychologe und Philosoph William Stern (1871–1938), der Begründer der differentiellen Psychologie und Entdecker der Konvergenztheorie, emigrierte 1933 in die USA. Hier veröffentlicht er seine »Allgemeine Psychologie auf personalistischer Grundlage«. Nach Professuren in Breslau und Hamburg lehrt Stern an der Harvard und der Duke University. Als einer der Pioniere der modernen Psychologie stellte er die Konvergenztheorie auf, die eine Verbindung zwischen Welt und Mensch, Außen und Innen herzustellen versucht. Er begründete die differentielle Psychologie, die sich im Gegensatz zur allgemeinen Psychologie um die Erfassung unterschiedlicher Eigentümlichkeiten bemüht auf der Basis von Typen-, Alters-, Gruppen- und Geschlechtsunterschieden. Er gilt auch als einer der Begründer der angewandten Psychologie, die psychologische Einsichten auf das soziale und kulturelle Leben

anwendet. Ferner prägte er als Maß für die Intelligenzhöhe die Bezeichnung Intelligenzquotient, worunter der Quotient aus Intelligenz und Lebensalter verstanden wird.

Ludwig Tügel
**Pferdemusik**
*Roman*
Der beim Verlag Langen-Müller in München erschienene Roman »Pferdemusik« von Ludwig Tügel (1899–1972) ist der erste Teil einer Trilogie, die 1950 mit »Die Charoniade oder Auf dem Strom des Lebens« und 1963 mit »Ein ewiges Feuer« fortgesetzt wird. Thema des zwischen Realismus und Magisch-Überwirklichem schwankenden Werks ist das Schicksal der Kriegsheimkehrer. Thüme, die Hauptfigur, versucht vergeblich nach dem Krieg, die Vergangenheit zu vergessen. Er trifft eine Jugendfreundin wieder und lernt sie lieben.

Alfred Weber
**Kulturgeschichte als Kultursoziologie**
*Geschichtsphilosophisch-historisches Werk*
Der Nationalökonom und Soziologe Alfred Weber (1868–1958), Bruder des Sozialökonomen, Wirtschaftshistorikers und Soziologen Max Weber, war von 1907 bis 1933 Professor in Heidelberg (erneut ab 1945). Er entwickelte eine multikausale historisch-soziale Kulturtheorie und die industrielle Standortlehre. Eines seiner Hauptwerke ist das im Exil in Leiden erschienene geschichtsphilosophisch-historische Werk »Kulturgeschichte als Kultursoziologie«, das als Antwort auf die Kulturkreistheorie Oswald Spenglers gedacht ist. Weber untersucht hier die wirtschaftlich-politischen Bedingungen, aus denen heraus sich Kulturen entwickelt haben. Dabei geht er davon aus, daß das Handeln des Menschen durch den Versuch bestimmt wird, »unter einer unwiderstehlichen Gewalt mit und in dieser Welt lebendige überzweckmäßige, eben kulturelle Dinge, Gestalthaftigkeiten und seelische Haltungen zu vollbringen oder an ihnen teilzuhaben«.

Ernst Wiechert
**Hirtennovelle**
*Erzählung*
Fluchthaltung und Illusion bestimmen das Werk Ernst Wiecherts (1887–1950), der nach der Machtergreifung durch die Nationalsozialisten im Deutschen Reich geblieben ist und hier, wie nur wenige andere, eine aufrechte Widerstandshaltung einnimmt, zugleich jedoch versucht, sich »jenseits der Zeit« zu halten. In seinen Romanen, Erzählungen und Novellen stellt er grüblerisch-empfindsam in der Auseinandersetzung mit der Natur seiner ostpreußischen Heimat und ihren einzelgängerischen Menschen die Frage nach dem Sinn der Welt und der Gerechtigkeit Gottes und propagiert das sinnerfüllte »Einfache Leben« (1939). In der »Hirtennovelle« opfert ein ostpreußischer Hirtenjunge, Inbegriff des »einfachen Menschen«, sein Leben, um ein Lamm zu retten. – 1938 wird Wiechert wegen Widerstands gegen die Staatsgewalt im KZ Buchenwald inhaftiert, wo er in der Anstaltsbibliothek seine eigenen Bücher vorfindet.

## Frankreich

Georges Bernanos
**Ein Verbrechen**
(Un Crime)
*Roman*
Nach dem großen Erfolg seines Erstlingswerks »Unter der Sonne Satans« (1926) konnte der zu diesem Zeitpunkt 38jährige Versicherungsagent Bernanos (1888–1948) seinen ungeliebten Beruf aufgeben und sich ganz dem literarischen Schaffen widmen, wo er eine der zentralen Gestalten des Renouveau catholique wurde, einer katholischen Erneuerungsbewegung in der Literatur, die Ende des 19. Jahrhunderts entstanden war. Schon in seinem ersten Roman gestaltet Bernanos das Thema, das ihn auch in seinen späteren Werken interessiert: Das Ringen des Satans um die menschliche Seele; der immerwährende Kampf zwischen Gott und Satan im Herzen des Menschen. In »Ein Verbrechen« überträgt er diese Thematik auf das Genre des Kriminalromans: Die Mörderin eines Priesters tritt in Verkleidung seine Nachfolge an. Am Schluß begeht sie Selbstmord. – Die deutsche Übersetzung erscheint 1935.

Louis Guilloux
**Das schwarze Blut**
(Le Sang noir)
*Roman*
»Das schwarze Blut« von Louis Guilloux (1899–1980) wird einer der in Frankreich erfolgreichsten Romane zwischen den beiden Weltkriegen. Guilloux schildert die bitteren letzten 24 Stunden im Leben eines Philosophieprofessors in einer bretonischen Kleinstadt. Trotz seines überlegenen Wissens besitzt er seinen Schülern und Kollegen gegenüber keinerlei Autorität und ist Zielscheibe ihres Spotts, weil er mit einer ehemaligen Prostituierten zusammenlebt. Er nimmt sich das Leben.

Sacha Guitry
**Wenn ich mich recht erinnere**
(Si j'ai bonne mémoire)
*Memoiren*
Mit »Wenn ich mich recht erinnere« legt der französische Dramatiker, Schauspieler und Regisseur Sacha Guitry (1885–1957) seine Memoiren vor. Die Hauptrollen seiner über 130 Theaterstücke in der Tradition des Pariser Boulevardtheaters schrieb der fünfmal verheiratete Guitry für seinen Vater Lucien Guitry, Charakterdarsteller und Regisseur an der Comédie Française. Neben mehreren Biographien (Louis Pasteur, Wolfgang Amadeus Mozart) verfaßte er die Autobiographie »Wenn ich mich recht erinnere« (1935) sowie eine Reihe von Drehbüchern. Er schrieb Romane und drehte amüsante historische Filme.

## Großbritannien

Archibald Joseph Cronin
**Die Sterne blicken herab**
(The Stars Look Down)
*Roman*
Der Roman »Die Sterne blicken herab« wird der erste Welterfolg des schottischen Romanciers Archibald Joseph Cronin (1896–1981). Das im Waliser Bergbaumilieu spielende, sozial engagierte Werk wendet sich gegen die skrupellose Ausbeutung der Arbeiter im Kapitalismus. – Die deutsche Übersetzung erscheint 1935.

## Island

Kristmann Gudmunsson
**Kinder der Erde**
(Björn jardar)
*Roman*
Kristmann Gudmunsson (1902–1983), einer der meistübersetzten isländischen Romanciers, außerordentlich populär im Deutschen Reich der 30er Jahre, schildert in dem Roman »Kinder der Erde« das harte Leben isländischer Bauern. – Die deutsche Übersetzung erscheint 1937.

## Schweiz

Karl Barth
**Credo**
*Theologische Schrift*
Der schweizerische reformierte Theologe Karl Barth (1886–1968) war Professor in Göttingen, Münster und Bonn, ehe er wegen seiner Sympathie für die Sozialdemokratie, seiner Mitgliedschaft in der Bekennenden Kirche und seiner entschiedenen Ablehnung der NS-nahen Deutschen Kirche 1935 das Deutsche Reich verlassen muß. Im selben Jahr erscheint seine theologische Schrift »Credo«. Der Titel verweist auf das Grundprinzip der Barthschen Theologie: den Glauben. Barth gibt dem Gottesverständnis der protestantischen Theologie eine neue Richtung, indem er den von Friedrich Schleiermacher stammenden Gedanken vom Sich-Eins-Fühlen des Menschen mit Gott verwirft und den unendlichen Abstand zwischen Gott und Menschen betont, der die Kluft nicht aus eigener Kraft überbrücken könne, sondern einzig durch den Glauben an Gott, der sich im »Wort« durch Christus geoffenbart habe. Diese »dialektische Theologie«, als deren Mitbegründer Barth gilt, hält jede Diskussion über den Gottesbegriff für nutzlos und unangemessen.

## USA

William Faulkner
**Wendemarke**
(Pylon)
*Roman*
In dem Roman »Wendemarke« verläßt William Faulkner (1897–1962), Literaturnobelpreisträger 1950, die fiktive Welt des Yoknapatawpha County seiner früheren Romane und wendet sich der Großstadt zu. Geschildert wird aus der Perspektive eines Zeitungsreporters die Geschichte eines Teams von Flugartisten – zwei Männer, eine Frau und der aus dieser Dreiecksehe hervorgegangene Sohn –, die sich nicht nur durch ihren Beruf, sondern auch durch die Art ihres Zusammenlebens, durch ihre Bindungslosigkeit u. a. bewußt außerhalb der bürgerlichen Gesellschaft gestellt haben. Als der Kunstflieger Roger Shuman bei einem Flug mit einem als unsicher geltenden Flugzeug abstürzt und ums Leben kommt, zieht die Frau mit dem Kind und dem Mechaniker weiter; der Reporter, der die Frau inzwischen liebt, bleibt allein zurück. – Die deutsche Übersetzung dieses Romans erscheint 1936.

Sinclair Lewis
**Das ist bei uns nicht möglich**
(It Can't Happen Here)
*Roman*
»Das ist bei uns nicht möglich« ist der einzige rein politische Roman von Sinclair Lewis (1885–1951). Er warnt vor der Möglichkeit faschistischer Herrschaft in den USA. Dabei malt Lewis die Herrschaft der Faschisten in den Vereinigten Staaten nach deutschem Muster aus (Propagandafeldzüge, Verteufelung der Juden, Machtübernahme, Gründung einer SS-ähnlichen Truppe, Errichtung von Arbeits- und Konzentrationslagern u. a.). Im Roman wird der Diktator durch Intrigen in den eigenen Reihen zu Fall gebracht. – Die deutsche Übersetzung erscheint 1936 in Amsterdam.

John Steinbeck
**Die wunderlichen Schelme von Tortilla Flat**
(Tortilla Flat)
*Roman*
John Steinbecks (1902–1968) einfach und direkt gehaltene sozialkritische und humoristische Schilderungen des kalifornischen Landlebens verbinden schockierenden Naturalismus mit romantisch-sentimentaler Mystifizierung; sie kreisen um das schicksalhaft vorbestimmte Ringen des Menschen mit seinen bösen und guten Trieben. In »Die wunderlichen Schelme von Tortilla Flat« beschreibt Steinbeck – Literaturnobelpreisträger des Jahres 1962 – in lockerer Szenenfolge das unbeschwerte Leben einer Gruppe von Mischlingen (Paisanos). – Die deutsche Übersetzung des Romans erscheint 1943.

Thomas Wolfe
**Von Zeit und Strom**
**Eine Legende vom Hunger des Menschen in der Jugend**
(Of Time and the River
A Legend of Man's Hunger in His Youth)
*Roman*
Thomas Wolfe (1900–1938), achtes Kind eines Steinmetzen, begann wenig erfolgreich als Dramatiker. In seinem ersten Roman, »Schau heimwärts, Engel! Eine Geschichte vom begrabenen Leben« (1929), erzählt er seine eigene Lebensgeschichte von der Geburt bis zum Abschluß seiner Studien. »Von Zeit und Strom« ist die Fortsetzung dieses autobiographischen Werks; geschildert werden die Wanderjahre der Hauptfigur Eugen Grant, ein Aufenthalt in Europa und die Rückkehr in die Vereinigten Staaten, wo er sich dem Schreiben widmet. In einer Folge von vier Romanen versucht Wolfe, die private Legende vom einsamen jungen Menschen zu einem nationalen Mythos zu stilisieren. Es folgen »Geweb und Fels« (postum 1939) und »Es führt kein Weg zurück« (postum 1940). – Die deutsche Übersetzung von »Von Zeit und Strom« erscheint 1936.

# Uraufführungen Schauspiel, Oper, Operette und Ballett 1935

*Die bedeutendsten Uraufführungen aus Schauspiel, Oper, Operette und Ballett sind alphabetisch nach Autoren/Komponisten geordnet.*

## Deutsches Reich

Werner Egk
**Die Zaubergeige**
*Spieloper in drei Akten*
Die auf einem Marionettentheaterstück Franz von Poccis basierende Spieloper »Die Zaubergeige« ist der erste große Erfolg von Werner Egk (1901–1983). Am 22. Mai 1935 wird sie in Frankfurt am Main uraufgeführt. Zu der volkstümlichen Märchenhandlung komponierte Egk eine überwiegend rhythmische Musik mit einigen bitonalen Klangschichtungen. 1954 bringt Egk in Stuttgart eine gestraffte Neufassung heraus.

Richard Strauss/Stefan Zweig
**Die schweigsame Frau**
*Komische Oper in drei Akten*
Der über 70jährige Richard Strauss (1864–1949) gerät wegen seines Eintretens für den Juden Stefan Zweig in große Schwierigkeiten mit dem nationalsozialistischen Regime. Zweig schrieb das Libretto für die Strauss-Oper »Die schweigsame Frau« nach der gleichnamigen Komödie von Ben Jonson. Unter der Leitung von Karl Böhm wird das im leichten Konversationston der alten Opera buffa gehaltene Werk am 24. Juni 1935 in Dresden uraufgeführt. Da Zweigs Name trotz des Widerstands der NS-Machthaber auf dem Premierenplakat abgedruckt ist, verschwindet das Werk nach wenigen Aufführungen vom Spielplan und wird in Deutschland erst nach dem Zweiten Weltkrieg wieder aufgeführt.

Günther Weisenborn
**Die Neuberin**
*Komödiantenstück*
Günther Weisenborn (1902–1969), vor der Machtübernahme durch die Nationalsozialisten einer der meistgespielten deutschen Dramatiker, seit 1933 mit Schreibverbot belegt, dramatisiert in dem Stück »Die Neuberin« das Leben der deutschen Schauspielerin und Theaterprinzipalin Friederike Caroline Neuber. Das als »Komödiantenstück« bezeichnete Werk wird am 24. Mai 1935 im Theater am Kurfürstendamm in Berlin unter einem Pseudonym des Autors uraufgeführt, in Buchform erscheint es nicht. Am Ende des Stücks treten die Schauspieler vor das Publikum, rühmen die Verdienste der Neuberin, die dafür wirkte, daß »Emilia Galotti«, »Faust«, »Nathan«, »Woyzeck« und »Rose Bernd« auf dem Theater heimisch wurden, und fordern dazu auf, aus dem Kampf dieser »wirklichen« Künstlerin zu lernen.

## Dänemark

Kjeld Abell/Sven Möller Kristensen
**Die Melodie, die verschwand**
(Melodien, der blev væk)
*Komödie mit Liedtexten*
Als Dramatiker führt Kjeld Abell (1901–1961) die dänische Bühnenkunst vom Naturalismus zum symbolistisch-poetischen Theater. Leitmotiv seiner Werke ist die Öde des bürgerlichen Daseins, aus dem er den verbürgerlichten Menschen durch Phantasie befreien will. Seine bekanntesten Dramen sind »Die Melodie, die verschwand«, uraufgeführt am 6. September 1935 in Riddersalen in Kopenhagen, und »Anna Sophie Hedwig« (1939). Die Komödie »Die Melodie, die verschwand« mit ihren Liedern – Texte von Sven Möller Kristensen (*1909) – gilt als ein Vorläufer des Musicals. Das Stück um einen Durchschnittsspießer verbindet in der Art Ferdinand Raimunds Übersinnliches mit Alltäglichem und verwendet musikalische, pantomimische und symbolische Elemente. »Die Melodie, die verschwand« wird das erfolgreichste Werk Abells. Allein im Riddersalen wird es mehr als 500mal aufgeführt.

## Frankreich

Jean Giraudoux
**Der trojanische Krieg findet nicht statt**
(La Guerre de Troie n'aura pas lieu)
*Drama in zwei Akten*
Jean Giraudoux (1882–1944) verbindet in idealistischer Manier klassizistisch-humanistische und spätromantische Ideen zu einer neuen dramatischen Form, die skeptisch und zugleich ironisch politische oder menschliche Probleme aufgreift, oft in antikisierender Verkleidung. Mit dem Drama »Der trojanische Krieg findet nicht statt«, das am 21. November 1935 im Théâtre de l'Athénée uraufgeführt wird, will er die Völker Europas vor der drohenden Kriegsgefahr warnen. Der Titel erweist sich als Ironie, menschliche Vernunft kann sich noch so große Mühe geben, um das drohende Unheil abzuwenden: Der trojanische Krieg findet doch statt. Nicht ein einzelner Anlaß, sondern »eine gewisse allgemeine Geneigtheit, die von der entsprechenden Atmosphäre und einer jeweiligen Stimmung in der Welt abhängt«, ist die wahre Ursache aller kriegerischen Auseinandersetzungen, meint Ulysses. – Die deutsche Erstaufführung findet 1946 statt.

Armand Salacrou
**Die Unbekannte von Arras**
(L'Inconnue d'Arras)
*Schauspiel in drei Akten*
Armand Salacrous (*1899) traumhaft-surreales Stück »Die Unbekannte von Arras«, das am 22. November 1935 in der Comédie des Champs-Elysées in Paris uraufgeführt wird, gilt als Vorläufer des existentialistischen Dramas. Der Selbstmörder Ulysses erlebt im Augenblick des Todes noch einmal die Stationen seines Lebens, die ihn geprägt haben, ist jedoch nun imstande, sie richtig einzuschätzen. Er erkennt die Verlogenheit aller Ereignisse, sein Leben scheint nur aus Mittelmäßigkeit bestanden zu haben. Nur die Begegnung mit einem unbekannten Mädchen aus Arras, dem er einmal geholfen hat, widersteht dieser Umwertung aller Erlebnisse, sie hat nichts von ihrer ursprünglichen Reinheit eingebüßt.

## Großbritannien

T. S. Eliot
**Mord im Dom**
(Murder in the Cathedral)
*Geistliches Spiel in zwei Teilen und einem Zwischenspiel*
Der reißerische Titel »Mord im Dom« des Dramas von T. S. Eliot (1888–1965), Literaturnobelpreisträger 1948, steht nicht für ein aktionsgeladenes äußeres Geschehen, sondern ist eine Ironisierung von Publikumserwartungen: Entscheidend ist das innere Drama, das sich in den Hauptpersonen des Stücks abspielt und im Mord an Thomas Becket, dem Erzbischof von Canterbury, in der Kathedrale von Canterbury gipfelt. Uraufgeführt wird das Schauspiel am 10. Mai 1935 in der Kathedrale von Canterbury. Eliot ist weniger am politischen Hintergrund des Geschehens interessiert, an der Auseinandersetzung zwischen geistlichem Machtanspruch, repräsentiert in der Gestalt Thomas Beckets, und der Herrschaft des weltlichen Feudaladels, dargestellt in der Gestalt von König Heinrich II. Ihm geht es um die Frage, wie ein Mensch zum Märtyrer und Heiligen werden kann. Im Zwischenspiel verkündet Becket, der wahre Märtyrer sei jener, »der zum Werkzeug Gottes geworden ist, dessen Wille in Gottes Willen aufgeht, der nichts mehr für sich selbst begehrt, nicht einmal den Ruhm des Märtyrers«. – Die deutsche Erstaufführung findet 1947 statt.

## Jugoslawien

Jakov Gotovac
**Ero der Schelm**
(Ero s onoga svijeta)
*Komische Oper in drei Akten*
Der kroatische Komponist Jakov Gotovac (1895–1982), einer der bedeutendsten Vertreter der nationalkroatischen Musik, erringt mit der komischen Oper »Ero der Schelm«, die am 2. November 1935 in Zagreb uraufgeführt wird, einen internationalen Erfolg. Gotovac verbindet rhythmische Volkstänze und Melodien und schwungvolle Tanzweisen.

## Spanien

Federico García Lorca
**Doña Rosita bleibt ledig**
**oder Die Sprache der Blumen**
**Granadiner Dichtung um das Jahr 1900**
(Doña Rosita la Soltera
o El lenguaje de las flores
Poema granadino del novecientos)
*Dramatische Romanze in drei Akten*
Die dramatische Romanze »Doña Rosita bleibt ledig oder Die Sprache der Blumen«, die am 13. Dezember 1935 im Teatro Principal Palace in Barcelona uraufgeführt wird, zählt zu den schönsten und poetischsten Stücken Federico García Lorcas (1898–1936) und ist zugleich eine Anklage gegen die gesellschaftlichen Konventionen in Spanien, die die Frauen in eine Art Gefängnis zwingen.
Die junge, schöne, temperamentvolle Waise Rosita lebt im Haus ihres Onkels. Rosita ist mit einem Vetter verlobt, der nach Amerika übergesiedelt ist. Jahr um Jahr wartet die junge Frau auf seine Rückkehr und weist alle anderen Verehrer ab. 15 Jahre vergehen, Rosita wird alt, wartet aber noch immer in unwandelbarer Treue auf die Rückkehr ihres Verlobten. Die Illusion ist das einzige, was Rosita aufrechterhält, aus ihr kann sie sich auch nicht lösen, als sie erfährt, daß ihr Verlobter seit langem in Amerika verheiratet ist. Sie wartet weiter. Als ihr Onkel stirbt, muß das Haus verkauft werden.

## USA

George Gershwin
**Porgy und Bess**
(Porgy And Bess)
George Gershwin (1898–1937) begann seine Karriere 1914 als Berufsmusiker und hatte mit Schlagern, Songs, Operetten und Revuen großen Erfolg. Berühmt wurde er 1924 mit der »Rhapsody in Blue«, einem Klavierkonzert mit Jazzorchester. Anläßlich einer Europareise schrieb er 1928 die Fantasie »Ein Amerikaner in Paris«. 1935 entstand sein bekanntestes Werk, die Oper »Porgy and Bess«, die am 30. September in Boston uraufgeführt wird. Wie für die meisten seiner anderen Bühnenwerke schrieb sein Bruder Ira Gershwin das Libretto, hier gemeinsam mit DuBose Heyward. Mit »Porgy und Bess« hat Gershwin eine »amerikanische« Oper komponiert, die in den Südstaaten der USA spielt und in der ausschließlich Schwarze als Darsteller auftreten. In die »ernste« Musik integrierte er Jazz-Elemente, ohne dem symphonischen Charakter Abbruch zu tun oder dem Jazz seine Ursprünglichkeit zu nehmen.

Clifford Odets
**Wachet auf und singet!**
(Wake up and Sing!)
*Schauspiel in drei Akten*
Das Schauspiel »Wachet auf und singet!« über eine in ärmlichen Verhältnissen lebende jüdische Familie in der Bronx gilt als Meisterwerk von Clifford Odets (1906–1963). Am 19. Februar 1935 wird das Stück im Belasco Theatre in New York uraufgeführt. Geschildert werden der milieubedingte Existenzkampf einer Familie und die zwischen Anpassung und Rebellion schwankenden Verhaltensweisen der einzelnen Familienmitglieder. Der auf ein Jesaja-Zitat des Alten Testaments zurückgehende Titel wird als Botschaft des Dramas verstanden

Clifford Odets
**Warten auf Lefty**
(Waiting for Lefty)
*Schauspiel in einem Akt*
Clifford Odets (1906–1963) war 1931 als Schauspieler Mitbegründer des Group Theatre in New York. Das Group Theatre lehnt das Startheater am Broadway ab, es pflegt nach dem Vorbild Konstantin S. Stanislawskis das Ensemblespiel und bringt Stücke von sozialem Belang auf die Bühne. Das Team des Group Theatre führt die meisten von Odets' Stücken auf, so auch das erste von ihm verfaßte Drama, »Warten auf Lefty«, das am 26. März 1935 im Belasco Theatre in New York Premiere hat. Die Bühne stellt die Rednertribüne einer Taxifahrergewerkschaftsversammlung dar, die Gewerkschaftsführer haben Platz genommen, nur ihr Sprecher, Lefty Costello, ist noch nicht eingetroffen. In diese Rahmenhandlung sind Episoden eingeblendet, die den Existenzkampf einzelner Taxifahrer in einen politischen Zusammenhang stellen.

# Filme 1935

*Die neuen Filme des Jahres 1935 sind im Länderalphabet und hier wiederum alphabetisch nach Regisseuren aufgeführt. Bei ausländischen Filmen steht unter dem deutschen Titel der Originaltitel.*

## Deutsches Reich

Erich Engel
**Pygmalion**
Erich Engels als »künstlerisch wertvoll« ausgezeichneter Film »Pygmalion«, der am 2. September 1935 in Berlin uraufgeführt wird, ist eine Verfilmung der gleichnamigen Komödie des irischen Dramatikers George Bernard Shaw, Literaturnobelpreisträger 1925. Der Phonetikprofessor Henry Higgins (Gustaf Gründgens) unterrichtet aufgrund einer Wette das Blumenmädchen Eliza Doolittle (Jenny Jugo), deren Gassenjargon ihm aufgefallen ist, befreit sie vom Cockney-Akzent und ihren Gossenmanieren und macht aus ihr eine gesellschaftsfähige Dame. – Das erfolgreiche Werk um die Thematik der weiblichen Emanzipation und des Gegensatzes zwischen Schein und Sein wird mehrmals verfilmt (nach Engel 1938 von Anthony Asquith und Leslie Howard), weltberühmt wird es 1956 durch das Musical »My Fair Lady« von Frederick Loewe.

Willi Forst
**Mazurka**
Pola Negri erringt internationalen Ruhm in der Hauptrolle des Films »Mazurka«, der am 14. November 1935 unter der Regie von Willi Forst in Berlin uraufgeführt wird. Pola Negri war nach ihrem zehnjährigen Aufenthalt in den USA in das Deutsche Reich zurückgekehrt und wurde hier als Jüdin angefeindet. Sie wandte sich persönlich an den deutschen Führer und Reichskanzler Adolf Hitler, der sie als Nicht-Jüdin bestätigen ließ. In dem Melodram »Mazurka« spielt sie eine alternde Kabarett-Künstlerin, die in dem Mann (Albrecht Schoenhals), der ihre Tochter (Ingeborg Theek) verführen will, denjenigen wiedererkennt, der einst ihre eigene Ehe zum Scheitern brachte.

Harry Piel
**Artisten**
Mit dem als »künstlerisch wertvoll« ausgezeichneten Film »Artisten«, der am 12. März 1935 in Berlin uraufgeführt wird, feiert der deutsche Filmschauspieler, Regisseur und Produzent Harry Piel ein besonderes Jubiläum: Es ist sein 100. Film. Piel ist Regisseur und Hauptdarsteller in diesem im Zirkusmilieu spielenden Streifen. Piel hatte als Regisseur von Actionfilmen von Anfang an so großen Erfolg, daß er bereits 1915 seine erste Produktionsgesellschaft gründen konnte. 1918/19 drehte er die fünfteilige Detektivfilmserie um Heinrich Schroth als Joe Deebs. In den 20er und 30er Jahren wird er als waghalsiger Held zahlreicher Sensationsfilme bekannt, die z. T. von Piel selbst vorgenommene Raubtierdressuren enthielten.

Leni Riefenstahl
**Triumph des Willens**
Leni Riefenstahls Kultfilm »Triumph des Willens« über den Nürnberger NSDAP-Parteitag von 1934 und den deutschen Führer und Reichskanzler Adolf Hitler beeinflußt auch weit über die nationalsozialistische Zeit hinaus die Filmwelt. Am 28. März 1935 wird dieser Propagandafilm, der die Führung von NS-Deutschland im In- und Ausland bekanntmachen soll, in Berlin uraufgeführt. Sein Einfluß vor allem im anglo-amerikanischen Raum reicht bis weit in die 80er Jahre hinein. 140 Mitarbeiter, darunter 40 Kameraleute mit ihren Assistenten unter der fotografischen Leitung von Sepp Allgeier, waren an der Aufzeichnung dieses 114-Minuten-Werks, für das Herbert Windt die Musik komponierte, beteiligt. Vor allem dieser technische Aufwand wird bis heute von Cineasten bewundert.

Arthur Robison
**Der Student von Prag**
Einer der ersten deutschen Stummfilme, die Weltruhm erlangten, »Der Student von Prag« von Stellan Rye mit Paul Wegener in der Hauptrolle (1913), kommt als Tonfilmremake in die Kinos. Bereits 1926 hatte es ein Stummfilmremake gegeben mit Conrad Veidt in der Rolle des Studenten Balduin, der sein Spiegelbild dem dämonischen Wucherer Scapinelli (Werner Krauss) verkauft und sich selbst tötet, als er sich seines Doppelgängers durch einen Pistolenschuß für immer entledigen will. Die Neufassung mit Adolf Wohlbrück als Balduin und Theodor als teuflischer Verführer wird am 10. Dezember 1935 in Berlin uraufgeführt.

Reinhold Schünzel
**Amphitryon – Aus den Wolken kommt das Glück**
Willy Fritsch in der Doppelrolle als Götterkönig Jupiter und als thebanischer Hauptmann Amphitryon sowie Käthe Gold als Hauptmannsgattin Alkmene, auf die Jupiter ein Auge geworfen hat, sind die Stars der Doppelgänger- und Verwechselungskomödie »Amphitryon – Aus den Wolken kommt das Glück« von Reinhold Schünzel. Am 18. Juli wird dieses Film-Musical, zu dem Franz Doelle die Musik komponierte, in Berlin uraufgeführt.

Detlef Sierck
**April, April**
»April, April« ist der erste lange Spielfilm von Detlef Sierck (Douglas Sirk). Am 24. Oktober 1935 wird er in Berlin uraufgeführt. Carola Höhn, Albrecht Schoenhals, Werner Finck und Lina Carstens sind die Hauptdarsteller in dieser Komödie um einen Bäcker, der Direktor einer Backwarenfabrik wird und dem dieser Erfolg so zu Kopf steigt, daß seine Freunde ihm einen Streich spielen: Sie schicken ihm einen falschen Prinzen zu Besuch.

Detlef Sierck
**Stützen der Gesellschaft**
Der Film »Stützen der Gesellschaft«, der am 21. Dezember 1935 in Berlin uraufgeführt wird, ist eine Verfilmung von Henrik Ibsens gleichnamigem Theaterstück. Heinrich George als Konsul Bernick und Maria Krahn als Betty Bernick spielen die Hauptrollen in diesem Gesellschaftsstück, das in einer norwegischen Kleinstadt spielt. In weiteren Hauptrollen sind zu sehen Horst Teetzmann als Bernicks Sohn Olaf und Albrecht Schoenhals als Johann Tönnessen, der die dunklen Punkte im Leben des angesehenen und erfolgreichen Konsuls Bernick kennt. Der Film wird mit dem Prädikat »künstlerisch wertvoll« ausgezeichnet.

Hans Steinhoff
**Der alte und der junge König**
Emil Jannings als der preußische König Friedrich Wilhelm I., Werner Hinz als Kronprinz Friedrich und Claus Clausen als sein Freund Leutnant Katte sowie Leopoldine Konstantin, Carola Höhn und Marieluise Claudius sind die Hauptdarsteller in Hans Steinhoffs historischem Film »Der alte und der junge König«, der am 29. Januar 1935 in Stuttgart uraufgeführt wird. Erzählt wird die Geschichte von der gescheiterten Flucht des preußischen Kronprinzen Friedrich, des späteren Königs Friedrich der Große, und seinem Freund Katte, den der alte König hinrichten läßt. Der Film wird mit dem Prädikat »staatspolitisch und künstlerisch besonders wertvoll« ausgezeichnet.

Gustav Ucicki
**Das Mädchen Johanna**
Am 26. April 1935 wird im Berliner Ufa-Palast am Zoo Gustav Ucickis historischer Film »Das Mädchen Johanna« über die französische Nationalheilige Jeanne d'Arc uraufgeführt. Hauptdarstellerin in diesem als »staatspolitisch und künstlerisch besonders wertvoll« ausgezeichneten Film, der auf jeglichen Romantizismus verzichtet, ist Angela Salloker. Gustaf Gründgens spielt König Karl von Frankreich. In weiteren Hauptrollen sind Heinrich George, René Deltgen, Erich Ponto, Theodor Loos, Aribert Wäscher, Veit Harlan u. a. zu sehen.

## Frankreich

Jacques Feyder
**Die klugen Frauen**
(La kermesse héroique)
Gleichzeitig in französischer und in deutscher Fassung mit verschiedenen Darstellern dreht Jacques Feyder die im 17. Jahrhundert spielende Filmkomödie »Die klugen Frauen«, die ein internationaler Erfolg Feyders wird. Als spanische Soldateska eine Stadt in Flandern besetzen, verstecken sich die Männer und überlassen es ihren Frauen, mit den unwillkommenen Gästen fertigzuwerden. Die zeitgenössische Kritik hebt besonders die Bauten und Kostüme im Stil der alten niederländischen Maler hervor. Der Film wird vielfach als Huldigung an den Maler Pieter Breughel verstanden.

Jean Renoir
**Toni**
(Toni)
»Toni« ist der erste einer Reihe sozial engagierter Filme, die Jean Renoir Ende der 30er Jahre dreht. Er gilt zugleich als Vorläufer des Neorealismus. Die Geschichte wurde nach Gerichtsakten rekonstruiert: Der italienische Gastarbeiter Toni (Charles Blavette) verliebt sich in Frankreich in die Spanierin Josepha (Célia Montalvan), die jedoch die Geliebte ihres Vetters ist und einen anderen heiratet. Toni heiratet ebenfalls, wird jedoch nach zwei Jahren Ehe von seiner Frau aus dem Haus gejagt, weil er immer an Josepha denkt. Er zieht sich in die Berge zurück, wo er den Hof beobachtet, auf dem Josepha mit ihrem Mann lebt. Der Film wird am 22. Februar in Paris uraufgeführt.

## Großbritannien

Alfred Hitchcock
**Die 39 Stufen**
(The Thirty-Nine Steps)
»Die 39 Stufen« zählt zu den berühmtesten Thrillern Alfred Hitchcocks aus den 30er Jahren. Er weist eine für den Regisseur typische Konstellation auf: Ein ahnungsloser Kanadier (Robert Donat) gerät durch einen Zufall zwischen zwei Fronten. Er lernt eine Spionin (Lucie Mannheim) kennen, die in seiner Londoner Wohnung ermordet wird. Der Kanadier versucht, ihren Auftrag zu Ende zu führen. Dabei wird er sowohl von der Polizei, die ihn für den Mörder hält, als auch von einem Agentenring gejagt.

## UdSSR

Alexandr P. Dowschenko
**Aerograd**
(Aerograd)
Alexandr P. Dowschenkos zweiter Tonfilm, »Aerograd«, ist wie »Iwan« (1932) eine Art politisches Poem. Gezeigt wird der Kampf des sowjetischen Jägers Gluschak (Semjon Schagajda), der Feinde aus einem Gebiet im Fernen Osten vertreibt, wo die sowjetische Stadt Aerograd errichtet werden soll.

Grigori M. Kosinzew/Leonid S. Trauberg
**Maxims Jugend**
(Junost Maxima)
»Maxims Jugend« ist der erste Teil der »Maxim«-Filmtrilogie von Grigori M. Kosinzew und Leonid S. Trauberg, in der die revolutionären Ereignisse in Rußland am Beispiel der politischen Entwicklung eines jungen Arbeiters namens Maxim verfolgt werden.

## USA

John Ford
**Der Verräter**
(The Informer)
Mit dem Beifall der Kritik, der enthusiastischen Aufnahme durch das Publikum und durch die vier Oscars, die der [illegible] »Der Verräter« erhält, wird John Ford einem der wichtigsten Regisseure Hollywoods. In der Verfilmung des gleichnamigen Romans von Liam O'Flaherty behandelt Ford den irischen Freiheitskampf gegen die Engländer. Gypo (Victor McLaglen) wird aus einer Gruppe von Freiheitskämpfern ausgestoßen und verrät eines der Mitglieder (Wallace Ford). Er wird von einem Exekutivkommando der Gruppe erschossen.

Frank Lloyd
**Meuterei auf der ›Bounty‹**
(Mutiny on the ›Bounty‹)
Frank Lloyds »Meuterei auf der ›Bounty‹« ist ein aktionsgeladener, auf See spielender Kostümfilm. Erzählt wird die Meuterei auf dem britischen Kriegsschiff »Bounty« auf der Fahrt in die Südsee 1789. Charles Laughten spielt den tyrannischen Kapitän Bligh, Clark Gable den Offizier Fletcher, der sich an die Spitze der Meuterer stellt.

# Sportereignisse und -rekorde des Jahres 1935

*Die Aufstellung erfaßt Rekorde, Sieger und Meister in wichtigen Sportarten. Aufgenommen wurden nur solche Wettbewerbe, die in den vergangenen Jahren bereits regelmäßig ausgetragen worden sind oder ab 1935 kontinuierlich zu den Sportprogrammen gehören. Sportarten in alphabetischer Reihenfolge.*

## Automobilsport

| **Grand-Prix-Rennen** | | | |
|---|---|---|---|
| Großer Preis von (Tag) Kurs/Strecke (Länge) | Sieger (Land) | Marke | Ø km/h |
| Belgien (14. 7.) Spa-Francorchamps (505,376 km) | Rudolf Caracciola (GER) | Mercedes | 157,369 |
| ČSR (29. 9.) Brünn (495,414 km) | Bernd Rosemeyer (GER) | Auto Union | 132,595 |
| Deutschland (28. 7.) Nürburgring (501,82 km) | Tazio Nuvolari (ITA) | Alfa Romeo | 121,090 |
| Avus (26. 5.) Berlin (196 km) | Luigi Fagioli (ITA) | Mercedes | 239,447 |
| Eifel (16. 6.) Nürburgring (250,91 km) | Rudolf Caracciola (GER) | Mercedes | 117,574 |
| England (5. 10.) Donington Park (513,250 km) | Richard Shuttleworth (GBR) | Alfa Romeo | 107,225 |
| Frankreich (23. 6.) Montlhéry (500 km) | Rudolf Caracciola (GER) | Mercedes | 124,528 |
| Nizza (321,4 km) | Tazio Nuvolari (ITA) | Alfa Romeo | 105,316 |
| Pau (221,25 km) | Tazio Nuvolari (ITA) | Alfa Romeo | 83,964 |
| Italien (8. 9.) Monza (502,97 km) | Hans Stuck (GER) | Auto Union | 137,080 |
| Pescara (139,402 km) | Achille Varzi (ITA) | Auto Union | 106,070 |
| Turin (122,64 km) | Tazio Nuvolari (ITA) | Alfa Romeo | 115,239 |
| Monaco (22. 4.) Monte Carlo (318 km) | Luigi Fagioli (ITA) | Mercedes | 93,607 |
| Schweiz (25. 8.) Bern-Bremgarten (509,6 km) | Rudolf Caracciola (GER) | Mercedes | 144,770 |
| Spanien (22. 9.) Lasarte-St. Sebastian (519,45 km) | Rudolf Caracciola (GER) | Mercedes | 164,050 |
| Penya Rhin, Montjuich-Barcelona (265,3 km) | Luigi Fagioli (ITA) | Mercedes | 107,234 |
| Tripolis (524 km) | Rudolf Caracciola (GER) | Mercedes | 197,993 |
| Tunesien Karthago (504 km) | Achille Varzi (ITA) | Auto Union | 162,869 |
| **Langstreckenrennen** | | | |
| Kurs/Dauer (Tag) | Sieger (Land) | Marke | Ø km/h |
| Indianapolis/500 ms (30. 5.) | John Petillo (USA) | Wetteroth-Offenhauser | 170,977 |
| Le Mans/24 h (15./16. 6.) | Hindmarsh/Fontes | Lagonda | 125,283 |
| Mille Miglia (14. 4.) Brescia-Rom-Brescia (1615,7 km) | Carlo Pintacuda (ITA)/ Della Stuffa (ITA) | Alfa Romeo | 114,753 |
| Targa Florio (28. 4.) Sizilien (432 km) | Antonio Brivio-Sforza (ITA) | Alfa Romeo | 79,149 |
| Tourist Trophy (7. 9.) Ards-Belfast (769,65 km) | Freddy Williams Dixon (GBR) | Riley | 123,765 |
| **Rallyes** | | | |
| Monte Carlo | Charles Lahaye-Quatresous | Renault | |

## Boxen/Schwergewicht

| Ort/Tag | Weltmeister (Land) | Gegner | Ergebnis |
|---|---|---|---|
| New York/13. 6. | James J. Braddock (USA) | Max Baer (USA) | PS 15 Rd. |

## Eiskunstlauf

| Turnier | Ort | Datum |
|---|---|---|
| Weltmeisterschaften | Budapest (Herren, Paare) | 16./17. 2. |
| | Wien (Damen) | 8./9. 2. |
| Europameisterschaften | St. Moritz | 23.–26. 1. |
| Deutsche Meisterschaften | Garmisch-Partenkirchen | |

| Turnier | Ort | Datum |
|---|---|---|
| **Einzel** | **Herren** | **Damen** |
| Weltmeister | Karl Schäfer (AUT) | Sonja Henie (NOR) |
| Europameister | Karl Schäfer (AUT) | Sonja Henie (NOR) |
| Deutsche Meister | Ernst Baier (Berlin) | Maxi Herber (München) |
| **Paarlauf** | | |
| Weltmeister | Emilie Rotter/Laszlo Szollas (UNG) | |
| Europameister | Maxi Herber/Ernst Baier (GER) | |
| Deutsche Meister | Maxi Herber (München)/Ernst Baier (Berlin) | |

## Fußball

| **Länderspiele** | Ergebnis | Ort | Tag |
|---|---|---|---|
| *Deutschland (+ 13/= 1/– 3)* | | | |
| Deutschland–Schweiz | 4:0 | Stuttgart | 27. 1. |
| Holland–Deutschland | 2:3 | Amsterdam | 17. 2. |
| Frankreich–Deutschland | 1:3 | Paris | 17. 3. |
| Belgien–Deutschland | 1:6 | Brüssel | 28. 4. |
| Deutschland–Irland | 3:1 | Dortmund | 8. 5. |
| Deutschland–Spanien | 1:2 | Köln | 12. 5. |
| Deutschland–Tschechoslowakei | 2:1 | Dresden | 26. 5. |
| Norwegen–Deutschland | 1:1 | Oslo | 27. 6. |
| Schweden–Deutschland | 3:1 | Stockholm | 30. 6. |
| Deutschland–Finnland | 6:0 | München | 18. 8. |
| Luxemburg–Deutschland | 0:1 | Luxembourg | 18. 8. |
| Deutschland–Rumänien | 4:2 | Erfurt | 15. 9. |
| Deutschland–Estland | 5:0 | Stettin | 15. 9. |
| Deutschland–Lettland | 3:0 | Königsberg | 13. 10. |
| Deutschland–Bulgarien | 4:2 | Leipzig | 20. 10. |
| England–Deutschland | 3:0 | London | 4. 12. |
| *Österreich (+ 1/= 2/– 3)* | | | |
| Österreich–Italien | 0:2 | Wien | |
| Österreich–Polen | 5:2 | Wien | |
| Polen–Österreich | 1:0 | Warschau | |
| Tschechoslowakei–Österreich | 0:0 | Prag | |
| Ungarn–Österreich | 6:3 | Budapest | |
| Österreich–Ungarn | 4:4 | Wien | |
| *Schweiz (+ 4/= 1/– 3)* | | | |
| Deutschland–Schweiz | 4:0 | Stuttgart | 27. 1. |
| Tschechoslowakei–Schweiz | 3:1 | Prag | 17. 3. |
| Schweiz–Ungarn | 6:2 | Zürich | 14. 4. |
| Schweiz–Irland | 1:0 | Basel | 5. 5. |
| Belgien–Schweiz | 2:2 | Brüssel | 30. 5. |
| Schweiz–Frankreich | 2:1 | Genf | 27. 10. |
| Schweiz–Norwegen | 2:0 | Zürich | 3. 11. |
| Ungarn–Schweiz | 6:1 | Budapest | 10. 11. |

| **Landesmeister** | |
|---|---|
| Deutschland | FC Schalke 04–VfB Stuttgart 6:4 (Köln, 23. 6.) |
| Österreich | Rapid Wien |
| Schweiz | Lausanne Sports |
| Belgien | Union St. Gilloise |
| Dänemark | Boldklubben 93 |
| England | FC Arsenal London |
| Finnland | IFK Helsinki |
| Frankreich | FC Sochaux-Montbeliard |
| Holland | Philips Eindhoven |
| Italien | Juventus Turin |
| Jugoslawien | BSK Belgrad |
| Norwegen | Frederikstad |
| Polen | Ruch Bismarckhütte |
| Schottland | Glasgow Rangers |
| Schweden | IFK Göteborg |
| Spanien | Betis Sevilla |

| **Landespokal** | |
|---|---|
| Deutschland | 1. FC Nürnberg–FC Schalke 04 2:0 (Düsseldorf, 8. 12.) |
| Österreich | Austria Wien–WAC Wien 5:1 |
| Schweiz | Lausanne Sports–Nordstern Basel 10:0 |
| England | Sheffield Wednesday–West Bromwich Albion 4:2 |
| Frankreich | Olympique Marseille–Stade Rennes 3:0 |
| Holland | Feyenoord Rotterdam |

| Landespokal | |
|---|---|
| Schottland | Glasgow Rangers–Hamilton Academical 2:1 |
| Spanien | FC Sevilla–Sabadell 3:0 |

## Gewichtheben/Schwergewicht

| Weltrekordhalter (Land) | Dreikampf | Drücken | Reißen | Stoßen |
|---|---|---|---|---|
| Josef Manger (GER) | 402,5 kg | 135,5 kg | | |
| Paul Wahl (GER) | | | 130,0 kg | |
| Saied Nosseir (EGY) | | | | 167,0 kg |

## Leichtathletik

**Deutsche Meisterschaften** (Berlin, 3./4. 8.)

| Disziplin | Sieger (Ort) | Leistung |
|---|---|---|
| *Männer* | | |
| 100 m | Erich Borchmeyer (Stuttgart) | 10,5 |
| 200 m | Karl Neckermann (Frankfurt) | 21,6 |
| 400 m | Helmut Hamann (Berlin) | 49,2 |
| 800 m | Hans König (Hamburg) | 1:54,4 |
| 1500 m | Friedrich Schaumburg (Oberhausen) | 3:54,3 |
| 5000 m | Max Syring (Wittenberg) | 15:07,2 |
| 10 000 m | Heinrich Haag (Darmstadt) | 31:41,6 |
| Marathon | Heinrich Brauch (Berlin) | 2:39:20,0 |
| Mannschaft | Post-SV Stephan Breslau | |
| 110 m Hürden | Erwin Wegner (Schöneberg) | 14,6 |
| 400 m Hürden | Hans Scheele (Hamburg) | 54,1 |
| 3000 m Hindernis | Willi Heyn (Wünsdorf) | 9:42,2 |
| 4 × 100 m | nicht ausgetragen | |
| 4 × 400 m | nicht ausgetragen | |
| Hochsprung | Gustav Weinkötz (Köln) | 1,93 |
| Stabhochsprung | Julius Müller (Kuchen) | 4,00 |
| Weitsprung | Wilhelm Leichum (Wünsdorf) | 7,73 |
| Dreisprung | Willi Drechsel (Thalheim) | 14,99 |
| Kugelstoß | Hans Woellke (Berlin) | 15,33 |
| Diskuswurf | Ernst Lampert (Saarbrücken) | 46,65 |
| Hammerwurf | Erwin Blask (Königsberg) | 49,17 |
| Speerwurf | Gottfried Weimann (Leipzig) | 69,09 |
| Zehnkampf | Erwin Huber (Stuttgart) | 6793 |
| 50 km Gehen | Karl Hähnel (Erfurt) | 5:02:19,3 |
| Mannschaft | Reichsbahn-SV Berlin | |
| *Frauen* | | |
| 100 m | Käthe Krauss (Dresden) | 11,8 |
| 80 m Hürden | Anni Steuer (Duisburg) | 12,2 |
| 4 × 100 m | nicht ausgetragen | |
| Hochsprung | Elfriede Kaun (Kiel) | 1,53 |
| Weitsprung | nicht ausgetragen | |
| Kugelstoß | nicht ausgetragen | |
| Diskuswurf | Gisela Mauermayer (München) | 44,63 |
| Speerwurf | Gerda Goldmann (Charlottenburg) | 42,32 |
| Fünfkampf | nicht ausgetragen | |

**Weltrekorde** (Stand: 31. 12. 1935)

| Disziplin | Name (Land) | Leistung | Datum | Ort |
|---|---|---|---|---|
| *Männer* | | | | |
| 100 m | Percy Williams (CAN) | 10,3 | 09. 08. 1930 | Toronto |
| 200 m (Gerade)* | Jesse Owens (USA) | 20,3y | 25. 05. 1935 | Ann Arbor |
| 200 m (Kurve) | William Applegarth (GBR) | 21,2 | 04. 07. 1914 | London |
| | James Carlton (AUS) | 20,6y | 16. 01. 1932 | Sydney |
| 400 m | William Carr (USA) | 46,2 | 05. 08. 1932 | Los Angeles |
| 800 m | Thomas Hampson (GBR) | 1:49,7 | 02. 08. 1932 | Los Angeles |
| 1000 m | Jules Ladoumègue (FRA) | 2:23,6 | 19. 10. 1930 | Paris |
| 1500 m | Bill Bonthron (USA) | 3:48,8 | 30. 06. 1934 | Milwaukee |
| Meile | Glenn Cunningham (USA) | 4:06,7 | 16. 06. 1934 | Princeton |
| 3000 m | Henry Nielsen (DAN) | 8:18,4 | 24. 07. 1934 | Stockholm |
| 5000 m | Lauri Lehtinen (FIN) | 14:17,0 | 19. 06. 1932 | Helsinki |
| 10 000 m | Paavo Nurmi (FIN) | 30:06,2 | 31. 08. 1924 | Paris |
| 110 m Hürden | Percy Beard (USA) | 14,2 | 06. 08. 1934 | Oslo |
| 400 m Hürden | Glenn Hardin (USA) | 50,6 | 26. 07. 1934 | Stockholm |
| 3000 m Hindernis* | George Lermond (USA) | 9:08,4 | 18. 06. 1932 | Cambridge |
| 4 × 100 m | USA | 40,0 | 07. 08. 1932 | Los Angeles |
| 4 × 400 m | USA | 3:08,2 | 07. 08. 1932 | Los Angeles |
| Hochsprung | Walter Marty (USA) | 2,06 | 28. 04. 1934 | Palo Alto |
| Stabhochsprung | Keith Brown (USA) | 4,39 | 01. 06. 1935 | Boston |
| Weitsprung | Jesse Owens (USA) | 8,13 | 25. 05. 1935 | Ann Arbor |
| Dreisprung | Jack Metcalfe (AUS) | 15,78 | 14. 12. 1935 | Sydney |
| Kugelstoß | Jack Torrance (USA) | 17,40 | 05. 08. 1934 | Oslo |
| Diskuswurf | Willi Schröder (GER) | 53,10 | 28. 04. 1935 | Magdeburg |
| Hammerwurf | Patrick Ryan (USA) | 57,77 | 17. 08. 1913 | New York |
| Speerwurf | Matti Järvinen (FIN) | 76,66 | 07. 09. 1934 | Turin |
| Zehnkampf | Hans-Heinrich Sievert (GER) | 8467,62 | 7./8. 7. 1934 | Hamburg |
| *Frauen* | | | | |
| 100 m | Stanislawa Walasiewiczowna (POL) | 11,7 | 26. 08. 1934 | Warschau |
| | Helen Stephens (USA)* | 11,6 | 08. 06. 1935 | Kansas City |
| 200 m | Stanislawa Walasiewiczowna (POL) | 23,6 | 15. 08. 1935 | Warschau |
| 400 m* | Nellie Halstead (GBR) | 56,8 | 11. 07. 1931 | London |
| 800 m | Lina Radke-Batschauer (GER) | 2:16,8 | 02. 08. 1928 | Amsterdam |
| 1500 m* | Anna Muschkina (URS) | 5:07,0 | 16. 09. 1934 | Alma Ata |
| 80 m Hürden | Ruth Engelhard (GER) | 11,6 | 11. 08. 1934 | London |
| 4 × 100 m | USA | 46,9 | 07. 08. 1932 | Los Angeles |
| 4 × 200 m | Deutschland | 1:45,8 | 26. 06. 1931 | Neurössen |
| Hochsprung | Jean Shiley (USA) | 1,65 | 07. 08. 1932 | Los Angeles |
| | Mildred Didrikson (USA) | 1,65 | 07. 08. 1932 | Los Angeles |
| Weitsprung | Kinue Hitomi (JAP) | 5,98 | 20. 05. 1928 | Osaka |
| Kugelstoß | Gisela Mauermayer (GER) | 14,38 | 15. 07. 1934 | Warschau |
| Diskuswurf | Gisela Mauermayer (GER) | 47,12 | 25. 08. 1935 | Dresden |
| Speerwurf | Nan Gindele (USA) | 46,74 | 18. 06. 1932 | Chicago |
| Fünfkampf | Gisela Mauermayer (GER) | 377 | 10./11. 8. 34 | London |

* inoffiziell, nicht offiziell anerkannt
y = Yardstrecke

**Deutsche Rekorde** (Stand: 31. 12. 1935)

| Disziplin | Name (Ort) | Leistung | Datum | Ort |
|---|---|---|---|---|
| *Männer* | | | | |
| 100 m | Arthur Jonath (Bochum) | 10,3 | 05. 06. 1932 | Bochum |
| 200 m | Helmut Körnig (Berlin) | 20,9 | 19. 08. 1928 | Berlin |
| 400 m | Jochen Büchner (Magdeburg) | 47,8 | 02. 09. 1928 | Berlin |
| 800 m | Otto Peltzer (Stettin) | 1:51,6 | 03. 07. 1926 | London |
| 1000 m | Otto Peltzer (Stettin) | 2:25,8 | 19. 09. 1927 | Paris |
| 1500 m | Otto Peltzer (Stettin) | 3:51,0 | 11. 09. 1926 | Berlin |
| 3000 m | Willi Bolze (Hamburg) | 8:35,3 | 11. 09. 1928 | Düsseldorf |
| 5000 m | Max Syring (Wittenberg) | 14:49,6 | 01. 10. 1931 | Berlin |
| 10 000 m | Heinrich Haag (Darmstadt) | 31:00,8 | 24. 08. 1935 | Helsinki |
| 110 m Hürden | Erwin Wegner (Berlin) | 14,5 | 02. 07. 1935 | Weißenfels |
| 400 m Hürden | Hans Scheele (Altona) | 53,2 | 09. 09. 1934 | Turin |
| 4 × 100 m | Nationalstaffel | 40,6 | 14. 06. 1932 | Kassel |
| | SC Charlottenburg | 40,8 | 22. 07. 1929 | Breslau |
| 4 × 400 m | Nationalstaffel | 3:14,1 | 09. 09. 1934 | Turin |
| | SC Teutonia Berlin | 3:17,2 | 07. 08. 1928 | Köln |
| Hochsprung | Gustav Weinkötz (Köln) | 1,98 | 22. 07. 1934 | Frankfurt |
| Stabhochsprung | Gustav Wegner (Halle) | 4,12 | 28. 06. 1931 | Amsterdam |
| Weitsprung | Wilhelm Leichum (Wünsdorf) | 7,73 | 03. 08. 1935 | Berlin |
| Dreisprung | Arthur Holz (Berlin) | 14,99 | 01. 07. 1922 | Berlin |
| Kugelstoß | Hans Woellke (Berlin) | 16,33 | 08. 09. 1935 | Berlin |
| Diskuswurf | Willy Schröder (Magdeburg) | 53,10 | 24. 04. 1935 | Magdeburg |
| Hammerwurf | Erwin Blask (Königsberg) | 51,66 | 01. 09. 1935 | Berlin |
| Speerwurf | Gottfried Weimann (Leipzig) | 73,40 | 27. 08. 1933 | Danzig |
| Zehnkampf | Hans-Heinrich Sievert (Hamburg) | 8790,46 | 7./8. 7. 1934 | Hamburg |
| *Frauen* | | | | |
| 100 m | Marie Dollinger (Nürnberg) | 11,9 | 15. 07. 1934 | Warschau |
| 200 m | Käthe Krauß (Dresden) | 24,6 | 02. 07. 1934 | Berlin |
| 800 m | Lina Radke-Batschauer (Breslau) | 2:16,8 | 02. 08. 1928 | Amsterdam |
| 80 m Hürden | Ruth Engelhard (Berlin) | 11,6 | 11. 08. 1934 | London |
| 4 × 100 m | Nationalstaffel | 47,5 | 24. 06. 1934 | Lennep |
| | TSV 1860 München | 48,8 | 20. 07. 1930 | Nürnberg |
| Hochsprung | Elfriede Kaun (Kiel) | 1,60 | 22. 07. 1935 | Wuppertal |
| Weitsprung | Selma Grieme (Bremen) | 5,91 | 23. 08. 1931 | Hannover |
| Kugelstoß | Gisela Mauermayer (München) | 14,38 | 15. 07. 1934 | Warschau |

## Leichtathletik (Fortsetzung)

**Deutsche Rekorde** (Stand: 31. 12. 1935)

| Disziplin | Name (Ort) | Leistung | Datum | Ort |
|---|---|---|---|---|
| Diskuswurf | Gisela Mauermayer (München) | 47,12 | 25.08.1935 | Dresden |
| Speerwurf | Ellen Braumüller (Berlin) | 44,64 | 12.06.1932 | Berlin |
| Fünfkampf | Gisela Mauermayer (München) | 377 | 10./11.8.34 | London |

## Pferdesport

| Disziplin/Turnier | Sieger (Land) | Pferd (Gestüt) | Tag |
|---|---|---|---|
| **Galopprennen** | | | |
| Deutsches Derby | W. Printen | Sturmvogel | 30.6. |
| Prix de l'Arc de Triomphe | | Samos | |
| **Trabrennen** | | | |
| Deutsches Derby | Charly Mills (IRL) | Probst (Brümmer) | |
| Prix d'Amerique | A. Finn | | |
| **Turniersport** | | | |
| *Springreiten* | | | |
| Deutsches Derby | G. Temme | Egly | |

## Radsport

| Disziplin, Ort | Plazierung, Name (Land) | Zeit/ Rückstand |
|---|---|---|
| **Straßenweltmeisterschaft** (Brüssel) | | |
| Profis (202 km) | 1. Jean Aerts (BEL) | |
| | 2. Montero | |
| | 3. Gustave Danneels | |
| Amateure (162 km) | 1. Mancini (ITA) | |
| | 2. Charpentier | |
| | 3. Grundhal | |
| **Rundfahrten** (Etappen) | | |
| Tour de France (27) | 1. Romain Maes (BEL) | 141:32:00 |
| Datum: 4.–28.7. | 2. Ambrogio Morelli (ITA) | 17:52 |
| Länge: 4334 km<br>93 Starter, 46 im Ziel | 3. Felicien Vervaecke (BEL) | 24:06 |
| Giro d'Italia (20) | 1. Vasco Bergamaschi (ITA) | 113:22:46 |
| Datum: 18.5.–9.6. | 2. Giuseppe Martano (ITA) | 3:07 |
| Länge: 3567 km<br>102 Starter, 62 im Ziel | 3. Giuseppe Olmo (ITA) | 6:12 |
| Tour de Suisse (7) | 1. G. Rinaldi (FRA) | 55:16:24 |
| Datum: 24.–31.8. | 2. Leo Amberg (SUI) | 1:44 |
| Länge: 1708 km | 3. Garnier (BEL) | 4:56 |

## Schwimmen

**Deutsche Meisterschaften** (Plauen)

| Disziplin | Sieger (Ort) | Leistung |
|---|---|---|
| *Männer* | | |
| Freistil 100 m | Helmut Fischer (Bremen) | 1:00,0 |
| Freistil 200 m | Hans Gauke (Stettin) | 2:22,1 |
| Freistil 400 m | Gerhard Nüske (Stettin) | 5:12,1 |
| Freistil 1500 m | Otto Przywara (Hindenburg) | 21:07,1 |
| Freistil 4 × 100 m | Bremischer SV | 4:12,3 |
| Freistil 4 × 200 m | Magdeburg 1896 | 9:43,0 |
| Brust 200 m | Artur Heina (Gladbeck) | 2:51,3 |
| Brust 4 × 200 m | Hellas Magdeburg | 12:06,5 |
| Rücken 100 m | Hans Schwarz (Wünsdorf) | 1:09,7 |
| Lagenstaffel | Magdeburg 1896 | 5:14,0 |
| Stromschwimmen 7500 m | Walter Geschke (Dessau) | 50:01,0 |
| Meeresschwimmen 3000 m | Heinz Meißner (Hannover) | 45:05,0 |
| Kunstspringen | W. Mahraun (Berlin) | 151,95 |
| Turmspringen | Hermann Stork (Frankfurt) | 117,63 |
| Wasserball | nicht ausgespielt | |
| *Frauen* | | |
| Freistil 100 m | Gisela Arendt (Charlottenburg) | 1:11,3 |
| Freistil 400 m | Ruth Halbsguth (Charlottenburg) | 5:56,8 |
| Freistil 3 × 100 m | Nixe Charlottenburg | 3:45,8 |
| Brust 200 m | Martha Genenger (Krefeld) | 3:05,3 |
| Brust 3 × 200 m | Nixe Charlottenburg | 10:01,8 |
| Rücken 100 m | Christel Rupke (Ohligs) | 1:23,0 |
| Lagenstaffel | Nixe Charlottenburg | 5:52,5 |
| Stromschwimmen 7500 m | E. Kastl (Bremerhaven) | 54:51,0 |
| Meeresschwimmen 3000 m | Käthe Hänicke (Dresden) | 59:18,0 |
| Kunstspringen | Hertha Schieche (Spandau) | 85,53 |
| Turmspringen | Hertha Schieche (Spandau) | 36,87 |

**Weltrekorde** (Stand: 31. 12. 1935)

| Disziplin | Name (Land) | Leistung | Datum | Ort |
|---|---|---|---|---|
| *Männer* | | | | |
| Freistil 100 m | Peter Fick (USA) | 56,6 | 05.03.1935 | Newhaven |
| Freistil 200 m | Jack Medica (USA) | 2:07,2 | 12.04.1935 | Chicago |
| Freistil 400 m | Jack Medica (USA) | 4:38,7 | 30.08.1934 | Honolulu |
| Freistil 800 m | Shozo Makino (JAP) | 9:55,8 | 15.09.1934 | Tokio |
| Freistil 1500 m | Arne Borg (SWE) | 19:07,2 | 02.09.1927 | Bologna |
| Freistil 4 × 100 m | Deutschland | 4:03,4 | 26.10.1935 | Norderney |
| Freistil 4 × 200 m | Japan | 8:52,2 | 19.08.1935 | Tokio |
| Brust 100 m | John Higgins (USA) | 1:10,8 | 22.02.1935 | Newhaven |
| Brust 200 m | Jacques Cartonnet (FRA) | 2:39,6 | 04.05.1935 | Paris |
| Rücken 100 m | Adolphe Kiefer (USA) | 1:04,9 | 09.11.1935 | Breslau |
| Rücken 200 m | Adolphe Kiefer (USA) | 2:24,0 | 11.04.1935 | Chicago |
| *Frauen* | | | | |
| Freistil 100 m | Willie den Ouden (HOL) | 1:04,8 | 15.04.1934 | Rotterdam |
| Freistil 200 m | Willie den Ouden (HOL) | 2:25,3 | 08.09.1935 | Kopenhagen |
| Freistil 400 m | Willie den Ouden (HOL) | 5:16,0 | 12.07.1934 | Rotterdam |
| Freistil 800 m | Laura Kight (USA) | 11:34,4 | 21.07.1935 | Manhattan Beach |
| Freistil 1500 m | Helen Madison (USA) | 23:17,2 | 15.07.1931 | New York |
| Freistil 4 × 100 m | Niederlande | 4:33,3 | 14.04.1934 | Rotterdam |
| Brust 100 m | Hanni Hölzner (GER) | 1:24,5 | 15.01.1935 | Kopenhagen |
| Brust 200 m | Hideko Maehata (JAP) | 3:00,4 | 30.09.1933 | Tokio |
| Rücken 100 m | Eleanor Holm (USA) | 1:16,3 | 15.01.1935 | Chicago |
| Rücken 200 m | Hendrika Mastenbroek (HOL) | 2:49,6 | 20.01.1935 | Amsterdam |

**Deutsche Rekorde** (Stand: 31. 12. 1935)

| Disziplin | Name (Ort) | Leistung | Datum | Ort |
|---|---|---|---|---|
| *Männer* | | | | |
| Freistil 100 m | Helmut Fischer (Bremen) | 58,0 | 27.10.1935 | Norderney |
| Freistil 200 m | Hermann Heibel (Bremen) | 2:14,7 | 27.10.1935 | Norderney |
| Freistil 400 m | Raimund Deiters (Köln) | 4:55,6 | 01.12.1932 | Düsseldorf |
| Freistil 800 m | Hans Freese (Bremen) | 10:50,4 | 06.07.1935 | Paris |
| Freistil 1500 m | Hans Freese (Bremen) | 20:39,0 | 06.07.1935 | Paris |
| Freistil 4 × 100 m | Bremischer SV | 4:03,4 | 26.10.1935 | Norderney |
| Freistil 4 × 200 m | Bremischer SV | 9:16,4 | 27.10.1935 | Norderney |
| Brust 100 m | Joachim Balke (Dortmund) | 1:12,5 | 16.11.1935 | Magdeburg |
| Brust 200 m | Erwin Sietas (Hamburg) | 2:42,4 | 16.03.1935 | Düsseldorf |
| Rücken 100 m | Ernst Küppers (Bremen) | 1:08,4 | 18.03.1934 | Magdeburg |
| Rücken 200 m | Hans Schwarz (Wünsdorf) | 2:34,0 | 28.11.1935 | Bremen |
| *Frauen* | | | | |
| Freistil 100 m | Gisela Arendt (Berlin) | 1:08,9 | 26.10.1935 | Norderney |
| Freistil 200 m | Ruth Halbsguth (Berlin) | 2:38,8 | 27.10.1935 | Norderney |
| Freistil 400 m | Ruth Halbsguth (Berlin) | 5:45,3 | 26.10.1935 | Norderney |
| Freistil 800 m | Gerda Stegmann (Magdeburg) | 13:00,2 | 01.08.1932 | Magdeburg |
| Freistil 1500 m | Gerda Stegmann (Magdeburg) | 25:11,2 | 27.08.1932 | Magdeburg |
| Freistil 4 × 100 m | Nixe Charlottenburg | 5:01,1 | 30.06.1935 | Berlin |
| Brust 100 m | Hanni Hölzner (Plauen) | 1:24,5 | 15.01.1935 | Kopenhagen |
| Brust 200 m | Martha Genenger (Krefeld) | 3:00,8 | 16.03.1935 | Düsseldorf |
| Rücken 100 m | Gisela Arendt (Berlin) | 1:20,4 | 17.08.1934 | Magdeburg |
| Rücken 200 m | Christel Rupke (Ohligs) | 3:01,4 | 11.01.1935 | Ohligs |

## Ski alpin

| Disziplin | Herren | Damen |
|---|---|---|
| **Weltmeisterschaften** (Mürren) | | |
| Abfahrt | Willi Zingerle (AUT) 3:30,4 | Christl Cranz (GER) 3:27,2 |
| Slalom | Toni Seelos (AUT) 106,1 | Anny Rüegg (SUI) 142,2 |

| Disziplin | Herren | Damen |
|---|---|---|
| Kombination | Toni Seelos (AUT) | Christl Cranz (GER) |
| **Deutsche Meister** | | |
| Kombination | R. Sörensen | Christl Cranz |
| **Österreichische Meister** | | |
| Kombination | Gottfried Wolfpaus | Emmy Ripper |
| **Schweizer Meister** | | |
| Abfahrt | Fritz Steuri | Jeanette Kessler |
| Slalom | Arnold Glatthardt | Anny Rüegg |
| Kombination | nicht ermittelt | Jeanette Kessler |

## Tennis

| Turnier | Ort | Datum |
|---|---|---|
| Wimbledon | London | 24.6.–6.7. |
| French Open | Paris | |
| US Open | Forest Hills (Einzel)<br>Chestnut Hill (Doppel) | |
| Australian Open | Melbourne | |
| Internationale Deutsche | Hamburg | |
| Davis-Cup-Endspiel | Wimbledon | 28.–30.7. |

| Turnier | Sieger (Land) – Endspielgegner (Land) | Ergebnis |
|---|---|---|
| *Herren-Einzel* | | |
| Wimbledon | Fred Perry (GBR) – Gottfried von Cramm (GER) | 6:2, 6:4, 6:4 |
| French Open | Fred Perry (GBR) – Gottfried von Cramm (GER) | 6:3, 3:6, 6:1, 6:3 |
| US Open | Wilmer Allison (USA) – Sidney B. Wood (USA) | 6:2, 6:3, 6:3 |
| Australian O. | Jack Crawford (AUS) – Fred Perry (GBR) | 2:6, 6:4, 6:4, 6:4 |
| Int. Deutsche | Gottfried von Cramm (GER) – Szigelti (UNG) | 6:3, 6:3, 6:3 |
| Davis-Cup | Großbritannien – USA | 5:0 |
| *Damen-Einzel* | | |
| Wimbledon | Helen Wills-Moody (USA) – Helen Jacobs (USA) | 6:3, 3:6, 7:5 |
| French Open | Hilde Krahwinkel-Sperling (GER/DAN) – S. Mathieu (FRA) | 6:2, 6:1 |
| US Open | Helen Jacobs (USA) – Sarah Palfrey-Fabyan (USA) | 6:1, 6:4 |
| Australian O. | Dorothy Round (AUS) – Nancye Wynne-Bolton (AUS) | 1:6, 6:1, 6:3 |
| Int. Deutsche | Hilde Krahwinkel-Sperling (GER/DAN) | |
| *Herren-Doppel* | | |
| Wimbledon | Jack Crawford (AUS)/Adrian Quist (AUS) – Wilmer Allison (USA)/John Van Ryn (USA) | 6:3, 5:7, 6:2, 5:7, 7:5 |
| French Open | Jack Crawford (AUS)/Adrian Quist (AUS) – Vivian McGrath (AUS)/Don Turnbull (AUS) | 6:1, 6:4, 6:2 |
| US Open | Wilmer Allison (USA)/John Van Ryn (USA) – Donald Budge (USA)/Gene Mako (USA) | 6:4, 6:2, 6:4 |
| Australian O. | Jack Crawford (AUS)/Vivian McGrath – Pat Hughes (GBR)/Fred Perry (GBR) | 6:4, 8:6, 6:2 |
| Int. Deutsche | Henner Henkel/Denker (GER) | |
| *Damen-Doppel* | | |
| Wimbledon | Freda James (GBR)/Kay Stammers (GBR) – Simone Mathieu (FRA)/Hilde Sperling (DAN) | 6:1, 6:4 |
| French Open | Margaret Scriven/Kay Stammers (GBR) – Ida Adamoff/Hilde Sperling (DAN) | 6:4, 6:0 |
| US Open | Helen Jacobs (USA)/Sarah Palfrey-Fabyan (USA) – Carolin A. Babcock (USA)/Dorothy Andrus (USA) | 6:4, 6:2 |
| Australian O. | Evelyn Dearman (AUS)/Nancye W. Lyle (AUS) – Louise Bickerton (AUS)/Nellie Hopman (AUS) | 6:3, 6:4 |
| Int. Deutsche | Schneider/Rollin-Conquerque | |
| *Mixed* | | |
| Wimbledon | Fred Perry (GBR)/Dorothy Round (GBR) – Harry Hopman (AUS)/Nellie Hopman (AUS) | 7:5, 4:6, 6:2 |
| French Open | Marcel Bernard (FRA)/Lolotte Payot (FRA) – A. M. Legeay (FRA)/Sylvia Henrotin (FRA) | 4:6, 6:2, 6:4 |
| US Open | E. Maier/Sarah Palfrey-Fabyan (FRA) – Roderich Menzel (GER)/Kay Stammers (GBR) | 6:3, 3:6, 6:4 |
| Australian O. | Christian Boussus (FRA)/Louise Bickerton (AUS) – V. G. Kirby (AUS)/Mrs. Bond (AUS) | 1:6, 6:3, 6:3 |
| Int. Deutsche | Henner Henkel (GER)/Cilly Aussem (GER) | |

## Abkürzungen zu den Sportseiten

| | | | | | | | | | |
|---|---|---|---|---|---|---|---|---|---|
| AFG | Afghanistan | CUB | Kuba | IND | Indien | NEP | Nepal | SIN | Singapur |
| ARG | Argentinien | DAN | Dänemark | IRA | Iran | NIC | Nicaragua | SOV | Sowjetunion |
| AUS | Australien | ECU | Ecuador | IRK | Irak | NOR | Norwegen | SPA | Spanien |
| AUT | Österreich | EGY | Ägypten | IRL | Irland | NSE | Neuseeland | SUI | Schweiz |
| BEL | Belgien | EST | Estland | ISL | Island | PAN | Panama | SWE | Schweden |
| BOL | Bolivien | FIN | Finnland | ITA | Italien | PAR | Paraguay | THA | Thailand |
| BRA | Brasilien | FRA | Frankreich | JAP | Japan | PER | Peru | TUN | Tunesien |
| BUL | Bulgarien | GBR | Großbritannien | LET | Lettland | PHI | Philippinen | TUR | Türkei |
| CAN | Kanada | GER | Deutschland | LIE | Liechtenstein | POL | Polen | UNG | Ungarn |
| CHI | Chile | GRE | Griechenland | LIT | Litauen | POR | Portugal | URU | Uruguay |
| CHN | China | GUA | Guatemala | LUX | Luxemburg | RUM | Rumänien | USA | Vereinigte Staaten |
| COL | Kolumbien | HAI | Haiti | MCO | Monaco | SAF | Südafrika | | von Amerika |
| COS | Costa Rica | HOL | Holland | MEX | Mexiko | SAL | El Salvador | VEN | Venezuela |
| ČSR | Tschechoslowakei | HON | Honduras | MON | Mongolei | SAN | San Marino | YUG | Jugoslawien |

# Nekrolog

*Bekannte Persönlichkeiten aus allen Bereichen des gesellschaftlichen Lebens, die im Jahr 1935 gestorben sind, werden – alphabetisch geordnet – in Kurzbiographien dargestellt.*

**Astrid**
Prinzessin von Schweden und Königin der Belgier seit 1934 (* 17. 11. 1905, Stockholm), kommt am 29. August 1935 bei einem Autounfall in Küßnacht am Rigi in der Schweiz ums Leben.
Astrid heiratete 1925 den späteren König Leopold III. von Belgien. Sie ist die Mutter des späteren Königs Baudouin I. (König ab 1951), des Prinzen Albert und der späteren luxemburgischen Großherzogin Joséphine Charlotte (Großherzogin ab 1964).

**Hans Baluschek**
deutscher Maler und Grafiker (*9. 5. 1870, Breslau), stirbt am 27. September 1935 in Berlin.
Baluschek stellte als kritischer Realist das Leben der Kleinbürger, Arbeiter und Proletarier vor allem Berlins dar (Zyklus »Opfer«, 1906). Der oft pessimistisch-ironischen Klage dieser Bilder entsprechen dunkle, dumpfe Farben. Darüber hinaus malte er Berliner Stadtansichten, Industrie- und Eisenbahnbilder, schuf Buchillustrationen und Gebrauchsgrafiken und entwarf Bühnendekorationen.

**Henri Barbusse**

französischer Schriftsteller (*17. 5. 1873, Asnières bei Paris), stirbt am 30. August 1935 in Moskau.
Der Antikriegsroman »Das Feuer. Tagebuch einer Korporalschaft« (1916) von Henri Barbusse wurde in mehr als 60 Sprachen übersetzt und erhielt 1917 nachträglich den Prix Goncourt für 1914. Nach seiner Entlassung aus der Armee im August 1916 bemühte sich Barbusse, ehemalige Soldaten in einer sozialistischen, antimilitaristischen, übernationalen Einheitsfront zusammenzuschließen, in der »Association Républicaine des Anciens Combattants« (Republikanische Veteranen-Vereinigung; gegründet 1917). Er schildert in seinem erfolgreichen Werk ungeschminkt die Schrecken des Krieges aus der Sicht des einfachen Landsers, dessen eigentliche Feinde nicht die gegnerischen Soldaten im Schützengraben sind, sondern die Kriegsgewinnler, die Privilegierten, der Klerus; Krieg ist nichts Heroisches, nichts Schönes, sondern Leid und Schmutz.

**Alban Berg**
österreichischer Komponist (*9. 2. 1885, Wien), stirbt am 24. Dezember 1935 in Wien.
Berg gilt neben seinem Lehrer Arnold Schönberg und seinem Mitschüler Anton Webern als klassischer Vertreter der Zwölftonmusik (Kammerkonzert für Klavier, Violine und 13 Holzbläser, 1925, Violinkonzert »Dem Andenken an einen Engel«, gewidmet Manon Gropius, 1935). Die Oper »Wozzeck«, die am 14. Dezember 1925 in Berlin uraufgeführt wurde, gilt als sein Hauptwerk. Aus der schon 1921 vollendeten Oper wurden 1924 in Frankfurt am Main »Drei Bruchstücke für Gesang und Orchester« uraufgeführt, die den Komponisten über Nacht berühmt werden ließen. Die Berliner Uraufführung wurde geteilt aufgenommen. Konservative Kritiker lehnten das Werk radikal ab, große Teile von Presse und Publikum stimmten jedoch begeistert zu. Die Oper, für deren Aufbau Berg fast ausschließlich Formen der absoluten instrumentalen Musik verwendete, fand rasch Verbreitung und wurde bis zum Verbot im Dritten Reich an allen großen Bühnen der Welt gegeben. »Wozzeck« ist eine wörtliche Vertonung von Georg Büchners als Fragment hinterlassenem Drama »Woyzeck«.
Die ersten beiden Akte von Bergs unvollendeter Zwölftonoper »Lulu« – nach Frank Wedekinds Dramen »Erdgeist« und »Die Büchse der Pandora« – werden 1937 in Zürich uraufgeführt. Wie in »Wozzeck« beweist Berg auch hier, daß sich Zwölftonmusik und theaterwirksames, spannendes Opernschaffen nicht widersprechen. Die Musik ist aus einer einzigen Zwölftonreihe entwickelt, vielfach werden Formen der absoluten Musik verwendet, hinzu kommen symphonische Zwischenspiele und der Einsatz moderner Tanzrhythmen. »Lulu« findet rasch Verbreitung an allen großen Bühnen Europas. Die deutsche Erstaufführung findet 1953 in Essen statt. In Paris hat 1979 die von Friedrich Cerha um den dritten Akt nach Skizzen Bergs ergänzte Fassung Premiere.

**Paul Bourget**
französischer Schriftsteller (*2. 9. 1852, Amiens), stirbt am 25. Dezember 1935 in Paris.
Bourget, Verfasser psychologischer Romane und Erzählungen, gilt als Antagonist des Naturalisten Emile Zola. Er ging von der These aus, daß Literatur lebendige Psychologie zu sein habe, und wandte die psychoanalytische Methode auf die Literatur an (Essay »Psychologische Abhandlung über zeitgenössische Schriftsteller«, 1883–1886). Seine bedeutendsten Romane sind »Eine Liebestragödie« (1886), »André Cornelis« (1887), »Der Schüler« (1889), »Der Emigrant« (1907) und »Der Sinn des Todes« (1915).

**Adolf Damaschke**
deutscher Sozialpolitiker und Nationalökonom (*24. 11. 1865, Berlin), stirbt am 30. Juli 1935 in Berlin.
Damaschke, ursprünglich Lehrer in den Arbeitervierteln Berlins, war einer der Führer der Bodenreformbewegung. Ab 1898 leitete er den politisch neutralen Bund Deutscher Bodenreformer, dessen Programm so formuliert wurde: »Der Bund Deutscher Bodenreformer tritt dafür ein, daß der Boden, die Grundlage aller nationalen Existenz, unter ein Recht gestellt werde, das seinen Gebrauch als Werk- und Wohnstätte befördert, das jeden Mißbrauch mit ihm ausschließt und das die Wertsteigerung, die er ohne die Arbeit des einzelnen erhält, möglichst dem Volksganzen nutzbar macht.« Damaschkes Buch »Die Bodenreform« (1902) wurde das Grundwerk der Bodenreformbewegung.

**Charles Demuth**
US-amerikanischer Maler (*8. 11. 1883, Lancaster/Pennsylvania), stirbt am 25. Oktober 1935 in Lancaster.
Demuth war ein Vertreter des Precisionismus, der vom Kubismus beeinflußten Variante des Neuen Realismus in den USA (Kubo-Realismus). Er schuf Kabarett- und Zirkusszenen, Stilleben, Blumenstücke, Aquarelle und sog. Plakatporträts.

**Alfred Dreyfus**

französischer Offizier (*9. 10. 1859, Mülhausen), stirbt am 12. Juli 1935 in Paris.
Der jüdische Hauptmann Alfred Dreyfus wurde 1894 in einem juristisch unhaltbaren Verfahren durch ein französisches Kriegsgericht wegen angeblicher Spionage für das Deutsche Reich zu Degradierung und lebenslänglicher Verbannung verurteilt. Obwohl bald Beweise für seine Unschuld vorlagen, hielten Generalstab und Kriegsministerium ebenso wie Antisemitisten, Nationalisten, der Klerus u. a. rechtsgerichtete Kreise an der Schuld des Verurteilten fest, während Liberale, Republikaner und zahlreiche Intellektuelle – an ihrer Spitze Emile Zola – die Wiederaufnahme des Verfahrens forderten. 1899 wurde Dreyfus in einem Revisionsprozeß unter offenem Rechtsbruch erneut verurteilt, wenig später jedoch begnadigt. Der französische Senat in Paris genehmigte 1900 ein von der Regierung Pierre Waldeck-Rousseau vorgelegtes Amnestiegesetz, das alle noch nicht rechtskräftig beendeten Prozesse, die mit der Dreyfus-Affäre zusammenhingen, für erloschen erklärte. Ehe die Abgeordneten über das Gesetz verhandeln konnten, wurde das Parlament bis zum November vertagt. Damit sollte unter die schwerste innenpolitische Krise der Dritten Republik der Schlußstrich gezogen werden. Dreyfus protestierte gegen das Amnestie-Gesetz, durch das ihm die gerichtliche Aufhebung seiner Verurteilung verwehrt wurde. Erst 1906 wurde Dreyfus rehabilitiert.

**Carl Duisberg**

deutscher Chemiker und Industrieller (*26. 9. 1861, Wuppertal-Barmen), stirbt am 19. März 1935 in Leverkusen.
Duisberg betrieb Grundlagenforschung, arbeitete über neue Farben und erwarb sich vor allem bei der Entwicklung der Teerfarben große Verdienste (Erfindung von Benzopurpurin, Benzoazurin, Azofuchsin, Victoriaschwarz u. a.). Als Vorstandsvorsitzender der Farbenfabriken Bayer war er 1925 maßgeblich an der Gründung der I. G. Farbenindustrie AG beteiligt.

**Paul Dukas**
französischer Komponist und Musikkritiker (*1. 10. 1865, Paris), stirbt am 17. Mai 1935 in Paris. Seinen größten Erfolg erzielte Dukas, ein Vertreter des französischen Impressionismus, mit dem sinfonischen Scherzo »Der Zauberlehrling« (1897) – nach der gleichnamigen Ballade von Johann Wolfgang Goethe – mit bedeutender instrumentaler Koloristik. Bekannt wurden ferner seine Sinfonie C-Dur (1897), die Oper »Ariane und Blaubart« (1907, nach Maurice Maeterlinck) und die Tanzdichtung »La Péri (1912). Fast alle Kompositionen nach 1912 vernichtete Dukas.

**Helmut von Gerlach**
deutscher Publizist und Politiker (*2. 2. 1866, Mönchmotschelnitz/Schlesien), stirbt am 1. August 1935 im Exil in Paris.
Von Gerlach, Gründungsmitglied der pazifistischen Deutschen Friedensgesellschaft (1892), zählte 1896 neben Friedrich Naumann zu den Gründern des Nationalsozialen Vereins, für den er ab 1898 die »Hessische Landeszeitung« herausgab. Von 1903 bis 1906 war er als Abgeordneter der Freisinnigen Vereinigung, der sich die meisten Mitglieder des Nationalsozialen Vereins 1903 angeschlossen hatten, Mitglied des Reichstags. 1908 gründete er mit Theodor Barth und Rudolf Breitscheid die Demokratische Vereinigung. Während des Ersten Weltkriegs trat er als bedingungsloser Pazifist hervor. Nach der Novemberrevolution war er von November 1918 bis März 1919 Unterstaatssekretär im preußischen Innenministerium. Von 1921 bis 1922 gehörte er der linksliberalen Deutschen Demokratischen Partei an, in der er aber wegen seines radikalen Pazifismus keine große Rolle spielte. Während der Weimarer Republik kämpfte er als Chefredakteur der »Welt am Montag« gegen Militarismus und Rechtsradikalismus. Darüber hinaus war er Vorsitzender der Deutschen Liga für Menschenrechte und Mitglied des Bundes Neues Vaterland. 1933 emigrierte von Gerlach zunächst nach Österreich, später nach Frankreich.

**Arthur Henderson**

britischer Labour-Politiker, Friedensnobelpreisträger 1934 (*13. 9. 1863, Glasgow), stirbt am 20. Oktober 1935 in London.
Henderson war von 1908 bis 1911, von 1914 bis 1922 und von 1931 bis 1934 Vorsitzender der Labour Party. Unter James Ramsey MacDonald war er von 1929 bis 1931 Außenminister. Wegen seiner Verdienste als Präsident der Genfer Abrüstungskonferenz 1932/33 erhielt er 1934 den Friedensnobelpreis verliehen.

**Magnus Hirschfeld**
deutscher Nervenarzt und Sexualforscher (*14. 5. 1868, Kolberg), begeht am 15. Mai 1935 im Exil in Nizza Selbstmord.
Hirschfeld gründete als »Spezialarzt für seelische Sexualleiden« 1919 das Institut für Sexualwissenschaft in Berlin. Er setzte sich besonders für die Straffreiheit der Homosexualität (»Die Homosexualität des Mannes und des Weibes«, 1914)

und anderer abweichender Sexualverhalten ein, befürwortete die Geburtenkontrolle und forderte gesetzliche Erleichterungen für Ehescheidungen. Weitere Werke: »Sexualpathologie« (1917–1920), »Geschlechtskunde« (1925–1930), »Geschlecht und Verbrechen« (1931).

### Erich von Hornbostel

österreichischer Musikforscher (* 25. 2. 1877, Wien), stirbt am 28. November 1935 in der Emigration in Cambridge.
Von Hornbostel widmete sich ab 1901 in Berlin tonpsychologischen und musikwissenschaftlichen Forschungen. Von 1906 bis 1933 leitete er das Berliner Phonogrammarchiv. Aufgrund seiner zahlreichen Abhandlungen über exotische Musiksysteme gilt er als Begründer der Musikethnologie.

### Max Freiherr Hussarek von Heinlein

österreichischer Politiker und Kirchenrechtler (* 3. 5. 1865, Preßburg), stirbt am 7. März 1935 in Wien.
Hussarek von Heinlein war von November 1911 bis Juni 1917 Minister für Unterricht und Kultus in den Kabinetten Karl von Stürgkh, Ernest von Koerber und Heinrich von Clam-Martinitz. Vom 25. Juli bis zum 22. bzw. 27. Oktober 1918 war er der vorletzte Ministerpräsident der Donaumonarchie. Während seiner Amtszeit erließ Kaiser Karl I. am 16. Oktober 1916 das Manifest »An meine getreuen österreichischen Völker!«, in dem er die Auflösung des staatlichen Zusammenhangs der österreichischen Länder und die Bildung von Nationalstaaten ankündigte. Als Hussarek von Heinlein kurz vor dem Zusammenbruch der Donaumonarchie durch Heinrich Lammasch als Ministerpräsident ersetzt wurde, wandte er sich wieder dem akademischen Lehrfach zu. Sein Hauptwerk ist der »Grundriß des österreichischen Staatskirchenrechts« (1899).

### Hugo Junkers

deutscher Flugzeugkonstrukteur und Industrieller (* 3. 2. 1859, Rheydt), stirbt am 3. Februar 1935 in Gauting.
Junkers, Gründer der Junkers & Co. Fabrik für Gasapparate zur Warmwasserversorgung und Raumheizung (1895), war von 1897 bis 1912 Professor für Wärmetechnik an der Technischen Hochschule Aachen. 1907 meldete er ein Patent für den Doppelkolbenmotor (Junkers-Motor), 1910 für ein Nurflügelflugzeug an. 1915 vollendete er die J 1, das erste Ganzmetallflugzeug der Welt mit freitragenden Flügeln, das er ab 1916 in Serienherstellung baute. 1918 meldete er die Flugzeugpatente »Tiefdecker« und »Flugzeug mit direkt belasteten Flügeln« an und gründete 1919 in Dessau die Junkers-Flugzeugwerk AG, in der im selben Jahr das erste Ganzmetall-Verkehrsflugzeug (F 13) fertiggestellt wurde. Ebenfalls in Dessau gründete er 1924 die Junkers-Motorenbau GmbH. 1929 vollendete er den ersten Schweröl-Flugzeugmotor, der auf dem Doppelkolbenprinzip basierte. 1930 folgte das viermotorige Großflugzeug G 38 mit zweistöckigem Rumpf und Fahrgastkabinen in den Tragflächen. Mit der Produktion der dreimotorigen Ju 52/3m mit Wellblechbeplankung begann er 1931. In den Junkers-Werken, die 1936 in den Besitz des Deutschen Reichs übergehen, werden auch zahlreiche Militärflugzeuge entwickelt, darunter der Sturzkampfbomber (»Stuka«) Ju 87.

### Thomas Edward Lawrence

bekannt als »Lawrence von Arabien«, britischer Archäologe, Schriftsteller und militärischer Agent (* 15. 8. 1888, Tremadoc/Wales), stirbt an den Folgen eines Motorradunfalls am 19. Mai 1935 in Moreton in der englischen Grafschaft Dorset.
Als britischer Agent unterstützte und organisierte Lawrence den Aufstand der Araber gegen die türkisch-osmanische Vorherrschaft auf der arabischen Halbinsel im Jahr 1916. Als Gegenleistung für die arabische Parteinahme im Ersten Weltkrieg auf der Seite der Alliierten stellte Lawrence ein vom osmanischen Reich unabhängiges arabisches Königreich in Aussicht. Zu diesem Versprechen stand er auch während der Versailler Friedenskonferenz 1919, konnte aber die Aufteilung des Nahen Ostens in britische und französische Interessenssphären nicht verhindern. 1926 veröffentlichte Lawrence seine berühmte Darstellung des Araberaufstands von 1916, »Seven Pillars of Wisdom« (Deutsch 1936: »Die sieben Säulen der Weisheit«).

### Max Liebermann

deutscher Maler und Grafiker (* 20. 7. 1847, Berlin), stirbt am 8. Februar 1935 in Berlin.
Liebermann gilt als Hauptmeister des deutschen Impressionismus. Unter Liebermanns und Walter Leistikows Führung wurde 1898 die Berliner Secession gegründet, nachdem Kaiser Wilhelm II. Leistikows Gemälde »Abendstimmung am Grunewaldsee« zurückgewiesen hatte. Sie ging hervor aus der 1892 entstandenen Vereinigung der XI mit Liebermann und Leistikow an der Spitze sowie der Freien Künstlervereinigung, die 1893 als Reaktion auf die Schließung einer Ausstellung mit Gemälden des Norwegers Edvard Munch entstanden war. Die Berliner Secession setzte gegen die durch Anton von Werner vertretene Kunstpolitik des wilhelminischen Kaiserhauses den Impressionismus durch und verhalf einer bürgerlichen, in Ansätzen auch sozialkritischen Kunst zum Durchbruch. Während die Wiener Secession für den Jugendstil stand, war der Name der Berliner Secession mit dem Impressionismus verbunden. Mit 15 Jahren Verspätung war der Impressionismus von Frankreich nach Deutschland gekommen, zu einer Zeit, als die Ergebnisse der französischen Kritik am Impressionismus bereits nach Deutschland einzustrahlen begannen. Liebermann schilderte den Menschen meist als den die Natur Genießenden (Alsterbilder, 1910), beim Baden, Reiten, Tennis- und Polospielen (»Polospieler«, 1902/03). Zu seinen bedeutendsten Arbeiten zählen auch zahlreiche Porträts (»Selbstbildnis«, 1902, »Ferdinand Sauerbruch«, 1932). Bekannt sind ferner seine Arbeiten zur Amsterdamer Judengasse (1905–1908). 1920 wurde Liebermann Präsident der Preußischen Akademie der Künste. Nach der Machtergreifung durch die Nationalsozialisten legte er dieses Amt nieder und trat aus der Akademie aus. Viele seiner Gemälde wurden als entartet aus öffentlichem Besitz entfernt.

### Kasimir Sewerinowitsch Malewitsch

sowjetischer Maler (* 23. 2. 1878, Kiew), stirbt am 15. Mai 1935 in Leningrad.
Malewitsch gelangte nach impressionistischen Anfängen über Fauvismus und Kubismus zu einer immer stärkeren Geometrisierung und Entpersönlichung der menschlichen Figur (»Heumahd«, 1911) bis hin zur gegenstandslosen Kunst (»Schwarzes Quadrat auf weißem Grund«, 1913). In seinen gegenstandslosen geometrischen Kompositionen sah er die »volle Befreiung der Kunst vom Gegenstand«. 1915 schrieb er das Manifest »Vom Kubismus zum Suprematismus«. Seine Kunst bezeichnete er als Suprematismus wegen der Suprematie (Vorherrschaft) der reinen Empfindung: nur das »innere Erlebnis« des Künstlers bestimme dabei die – oft dynamische – Anordnung der geometrischen Formelemente. Nach der Oktoberrevolution lehrte er u. a. in Moskau, wo er Entwürfe für Industrieformgestaltung schuf und sog. Architektona entwarf, Idealmodelle von Baukörpern für eine neue Gesellschaft, z. B. »Planiten«, die als Raumstädte mit eigener Gravitation die Erde umkreisen sollten.

### Iwan Wladimirowitsch Mitschurin

sowjetischer Botaniker (* 27. 10. 1855, Dolgoje = Mitschrowka/Gebiet Rjasan), stirbt am 7. Juni 1935 in Koslow, das 1932 in Mitschurinsk umbenannt wurde.
Durch Aufpfropfen und Kreuzung entwickelte Mitschurin mehr als 300 neue Obstsorten, darunter besonders frostbeständige Züchtungen, die den Anbau von Obstbäumen auch im Norden der Sowjetunion ermöglichten.

### Alexander Moissi

österreichischer Schauspieler italienischer Herkunft (* 2. 4. 1880, Triest), stirbt am 22. März 1935 in Wien.
Moissi kam 1898 ohne deutsche Sprachkenntnisse nach Wien, um Gesang zu studieren, wurde von Josef Kainz und Paul Schlenther für die Bühne entdeckt und kam über Prag nach Berlin, wo er 1906 in das Ensemble Max Reinhardts eintrat und einer der beliebtesten Darsteller des Deutschen Theaters wurde. Sein größter Erfolg war die Rolle des Fedja in Leo N. Tolstois Drama »Der lebende Leichnam« (1913). Andere Glanzrollen waren der Jedermann, Romeo, Hamlet, Tasso, Franz Moor und Oswald in Henrik Ibsens Drama »Gespenster«.

### Fernando António Nogueira de Seabra Pessoa

portugiesischer Dichter (* 13. 6. 1888, Lissabon), stirbt am 30. November 1935 in Lissabon.
Pessoa, der unter vier verschiedenen Namen vier verschiedene Arten von Gedichten verfaßte, gilt als bedeutendster Lyriker der neueren portugiesischen Literatur. Als Schäfer Alberto Caeiro besang er in diesseitsbezogenen Versen die Natur, als Arzt Ricardo Reis in elegischem Stil Schicksal und Mythologie, als Ingenieur Alvaro de Campos in futuristischen Formen den Fortschrittsglauben und behandelte als Pessoa existentialistische Fragen. Zu seinen Lebzeiten erschien nur ein Band mit portugiesischen Gedichten, »Mensagem« (Botschaft, 1933).

### Józef Klemens Piłsudski

polnischer Politiker und Marschall (* 5. 12. 1867, Zulowo = Sulowo bei Wilna), stirbt am 12. Mai 1935 in Warschau.
Piłsudski war ab Ende des 19. Jahrhunderts einer der Vorkämpfer für die Unabhängigkeit Polens, das zu diesem Zeitpunkt keinen Staat bildete, sondern unter Rußland, Österreich-Ungarn und Preußen aufgeteilt war. Während des Ersten Weltkriegs kämpfte er als Organisator und Führer der polnischen Legionen auf seiten der Mittelmächte und wurde 1916 bei der Proklamation des Königreichs Polen durch das Deutsche Reich und Österreich-Ungarn Mitglied des Staatsrats, trat jedoch 1917 aus dem Staatsrat aus, da die polnischen Forderungen nach mehr Unabhängigkeit gegenüber den deutschen und österreichungarischen Exekutivorganen nicht erfüllt wurden. Nach dem Ende des Ersten Weltkriegs übertrug ihm der polnische Regentschaftsrat die Staatsgewalt als »Staatschef« mit diktatorischen Vollmachten (bestätigt vom ersten polnischen Parlament am 20. Februar 1919). Im Russisch-Polnischen Krieg stießen polnische Truppen bis Kiew vor, die russische Gegenoffensive konnte dank des strategischen Geschicks von Piłsudski vor Warschau aufgehalten werden (»Wunder an der Weichsel«). Im Friedensvertrag von Riga wurde die polnische Ostgrenze 1921 weit über die 1919 festgelegte Curzon-Linie nach Osten vorgeschoben. 1922 zog sich Piłsudski aus der Politik zurück, führte jedoch 1926 einen Staatsstreich durch und errichtete ein autoritäres Regime. Die Wahl zum Präsidenten lehnte er ab, hatte jedoch als Kriegsminister und Generalinspekteur der Streitkräfte bis zu seinem Tod die eigentliche Macht inne. In diese Zeit fallen der polnisch-sowjetische Nichtangriffsvertrag (1932) und der deutsch-polnische Nichtangriffspakt (1934).

### Alfred Roller

österreichischer Bühnenbildner (* 2. 10. 1864, Brünn), stirbt am 21. Juli 1935 in Wien.
Roller, Gründungsmitglied der Wiener Secession (1898), besorgte von 1903 bis 1907 die Ausstattungen der Wiener Hofoper unter Gustav Mahler im Sinne des von Richard Wagner geforderten Gesamtkunstwerks (»Tristan und Isolde«, 1903, »Don Giovanni«, 1905). Er ging von dem Prinzip aus, die Gestaltung des Bühnenbilds ausschließlich der Musik zu entnehmen. 1909 wurde er Direktor der Kunstgewerbeschule in Wien und 1918 zugleich Vorstand des Ausstattungswesens der Bundestheater.

**Otto Schott**
deutscher Chemiker (*17. 12. 1851, Witten), stirbt am 27. August 1935 in Jena.
Schott gründete 1882 mit Ernst Abbe und Carl Zeiss das Jenaer Glaswerk Schott & Gen., wo er zahlreiche Spezialgläser entwickelte, darunter das Jenaer Glas. 1919 übertrug er seinen Anteil am Jenaer Glaswerk der Carl-Zeiss-Stiftung.

**Reinhold Seeberg**
deutscher evangelischer Theologe (*5. 4. 1859, Pörrafer/Livland), stirbt am 23. Oktober 1935 in Ahrenshoop.
Seeberg war von 1898 bis 1928 Professor für systematische Theologie, Dogmengeschichte und neutestamentliche Exegese in Berlin, übernahm 1909 die Präsidentschaft des Kirchlich-Sozialen Bunds und leitete von 1922 bis 1932 den Zentralausschuß für innere Mission. Sein Hauptarbeitsgebiet war die Dogmengeschichte. Als Vertreter einer »modern-positiven« Theologie verstand er Religion als Bestätigung geistiger Lebendigkeit, die vom absoluten göttlichen Willen gewirkt und durch das Wollen des menschlichen Geistes geschichtlich verwirklicht wird. Seine Hauptwerke: »Lehrbuch der Dogmengeschichte« (1895–1898), »Die Grundwahrheiten der christlichen Religion« (1903), »System der Ethik« (1911), »Christliche Dogmatik« (1924/25).

**Paul Signac**
französischer Maler und Grafiker (*11. 11. 1863, Paris), stirbt am 15 August 1935 in Paris.
Signac, der als Impressionist begann, begründete 1883/84 mit Georges Seurat den Neuimpressionismus bzw. Pointillismus, bei dem relativ reine Farben in kurzen Strichen (»Farbkommata«) nebeneinander aufgetragen werden (Pointillismus zu französisch point = Punkt). Signac malte vor allem Landschaften, darunter zahlreiche Ansichten von Saint-Tropez, Häfen und Seestücke.

**Kurt Tucholsky**

deutscher politisch-satirischer Journalist und Schriftsteller (*9. 1. 1890, Berlin), scheidet am 21. Dezember 1935 in der Emigration in Hindäs bei Göteborg durch Freitod aus dem Leben.
Tucholsky wurde 1913 Mitarbeiter an Siegfried Jacobsohns Zeitschrift »Die Schaubühne«, deren Gesicht er vor allem nach 1918, als der Name nach Erweiterung der Themenkreise in »Die Weltbühne« geändert wurde, maßgeblich mitbestimmte (bis 1933). Seine fast 2500 Kritiken, Feuilletons, satirischen Skizzen, Polemiken, Pamphlete, Porträts, Gedichte und Chansons weisen ihn als einen der bedeutendsten deutschen Satiriker und Moralisten aus. 1929 veröffentlichte er das im Untertitel als »Ein Bilderbuch« bezeichnete polemische Werk »Deutschland, Deutschland über alles!« mit Fotomontagen von John Heartfield. Die hier gesammelten Satiren, die er zum Teil bereits in der »Weltbühne« und in anderen linksintellektuellen Zeitschriften veröffentlicht hatte, stellen einen radikalen Angriff gegen den deutschen Militarismus, das kapitalistische Wirtschaftssystem, die Klassenjustiz und das Anwachsen reaktionärer nationalistischer Strömungen dar. Das Zusammenwirken von entlarvenden und anklagenden Bildern und Texten erklärt den heftigen Sturm der Entrüstung, der nach dem Erscheinen des Buches bei der politischen Rechten ausbrach. Weitere bekannte Buchveröffentlichungen Tucholskys sind die Erzählung »Rheinsberg. Ein Bilderbuch für Verliebte« (1912), die »Träumereien an preußischen Kaminen« (1920) und der Roman »Schloß Gripsholm« (1931).

# Personenregister

*Das Personenregister enthält alle in diesem Buch genannten Personen (nicht berücksichtigt sind mythologische Gestalten und fiktive Persönlichkeiten sowie Eintragungen im Anhang mit Ausnahme des Nekrologs). Die Herrscher und Angehörigen regierender Häuser mit selben Namen sind alphabetisch nach den Ländern ihrer Herkunft geordnet. Kursive Zahlen verweisen auf Abbildungen.*

## A



## B



## C



## D



## E



## F

# Sachregister

*Das Sachregister enthält Suchwörter zu den in den einzelnen Artikeln behandelten Ereignissen sowie Hinweise auf die im Anhang erfaßten Daten und Entwicklungen. Kalendariumseinträge sind nicht in das Register aufgenommen. Während politische Ereignisse im Ausland unter den betreffenden Ländernamen zu finden sind (Beispiel »Verfassung« unter »Ägypten«), wird das politische Geschehen im Deutschen Reich unter den entsprechenden Schlagwörtern erfaßt. Begriffe zu herausragenden Ereignissen des Jahres sind ebenso direkt zu finden (Beispiel »Langer Marsch« eben dort). Ereignisse und Begriffe, die einem großen Themenbereich (außer Politik) zuzuordnen sind, sind unter einem Oberbegriff aufgelistet (Beispiel »Fotomontage« unter »Kunst«).*

**Texte**

© für Werner Hecht, Brecht. Sein Leben in Bildern und Texten: Suhrkamp Taschenbuch Verlag, Frankfurt, für Eugen Roth, Ein Mensch: Carl Hanser Verlag, München.

**Abbildungen**

Bettmann Archiv, New York (17); Bildarchiv Paturi/VW, Rodenbach (1); Charmet, Paris (1); Daimler-Benz AG/Archiv, Stuttgart (1); Deutsches Literaturarchiv/Schiller National-museum/Fred Stein, Marbach (2); Deutsches Museum, München (1); Emanuel Hoffmann-Stiftung/Kunstmuseum Basel (1); S. Fischer-Verlag, Frankfurt (2); Folkwang Museum Essen (1); Archiv Gerstenberg, Wietze (1); Harenberg Kommunikation, Dortmund (509); Historia-Foto, Hamburg (1); Archiv Dr. Karkosch, Gilching b. München (1); Katholische Nachrichtenagentur, Frankfurt (4); Keystone Pressedienst, Hamburg (8); Robert Lebeck, Hamburg (1); Library of Congress, Farm Secunty, Administration Washington DC/USA (3); Ingrid Loschek, Gräfelfing (1); Adam Opel AG/Archiv, Rüsselsheim (1); Paul-Hindemith-Institut, Frankfurt (1); Popperfoto, London/GB (1); Archiv Fred Prieberg, Diersheim (1); Rheinisches Bildarchiv, Köln (1); Schwaneberger-Verlag, München (35); Stadtarchiv Nürnberg (3); Stiftung Deutsche Kinemathek, Berlin (1); Süddeutscher Verlag, München (17); Jörg Weigelt, Hannover (4); Dr. Christian Zentner, München (2);

© für die Karten und Grafiken:
Harenberg Kommunikation, Dortmund (14)

© für die Abbildungen:
Willi Baumeister: »Tennisspieler«, 1935 Christa Gutbrod-Baumeister, Stuttgart 1989
Salvador Dalí: »Die brennende Giraffe«, 1935 VG Bild-Kunst, Bonn 1989
Man Ray: »L'échiquier Surréaliste«, 1934 VG Bild-Kunst, Bonn 1989
Richard Oelze: »Erwartung«, 1935 Ellida Schargo von Alten, Aerzen 1989